索尔·贝娄
书信集
LETTERS

〔美〕索尔·贝娄 著
杨晓荣 译

人民文学出版社
PEOPLE'S LITERATURE PUBLISHING HOUSE

著作权合同登记号　图字 01-2019-7837

Saul Bellow
Letters

图书在版编目(CIP)数据

索尔·贝娄书信集/(美)索尔·贝娄著;杨晓荣译. —北京:人民文学出版社,2021
(索尔·贝娄作品集)
ISBN 978-7-02-015695-5

Ⅰ.①索… Ⅱ.①索… ②杨… Ⅲ.①索尔·贝娄-书信集 Ⅳ.①K837.125.6

中国版本图书馆 CIP 数据核字(2019)第 263101 号

责任编辑　甘　慧　邱小群
封面设计　钱　珺

出版发行　人民文学出版社
社　　址　北京市朝内大街 166 号
邮政编码　100705

印　　制　上海盛通时代印刷有限公司
经　　销　全国新华书店等

开　　本　720 毫米×1000 毫米　1/16
印　　张　47
字　　数　760 千字
版　　次　2021 年 5 月北京第 1 版
印　　次　2021 年 5 月第 1 次印刷

书　　号　978-7-02-015695-5
定　　价　145.00 元

如有印装质量问题,请与本社图书销售中心调换。电话:010-65233595

目 录

导　言

“这种关切或者信任或者爱
本身就很重要”

有人劝索尔·贝娄写自传的时候，他总说没什么好写的，就一点：自行了割礼[①]以来，他就一直忙得要命。忙着写小说，偶尔写写杂文；忙着谈恋爱，结婚，当父亲，离婚，交友，结怨，悲伤；忙于历史大事，忙于文学小事；忙于大量读书，忙于恪尽教职，教书一直教到耄耋之年。尤其是忙着写信。大作家并不全都擅长写信；说实在的，一流人物中写信敷衍了事者可以拉出一个长长的名单来。写信似乎是一种可以独立存在的天分，像艺术天分一样神秘莫测。细数上个世纪那些英语书信写作高手——弗吉尼娅·伍尔夫[②]，戴·赫·劳伦斯[③]，哈特·克兰[④]，凯瑟琳·安妮·波特[⑤]，伊夫林·沃[⑥]，塞缪尔·贝克特[⑦]，约翰·契弗[⑧]，威廉·马克斯韦尔[⑨]，伊丽莎白·毕晓普[⑩]，罗伯特·洛威尔[⑪]，弗兰纳里·奥康纳[⑫]，詹姆斯·梅利尔[⑬]——可以看到这些人的个性五花八门，并没有共同的特征。有人写日记，有人不写。有人著述颇丰，有人相比之下作品就很少。最多只能说，他们每个人都在自己的书信中过着一种现实之外的丰富生活，其精彩程度足以让

① 男孩割礼是犹太人传统的宗教仪式，一般在出生后第八天举行。贝娄此处显然是在开玩笑。（凡是没有标明是“原注”的注释均为译注。）

② 弗吉尼娅·伍尔夫（Virginia Woolf，1882—1941），英国作家。

③ 戴维·赫伯特·劳伦斯（David Herbert Lawrence，1885—1930），英国作家。

④ 哈特·克兰（Hart Crane，1899—1932），美国诗人。

⑤ 凯瑟琳·安妮·波特（Katherine Anne Porter，1890—1980），美国作家。

⑥ 伊夫林·沃（Evelyn Waugh，1903—1966），英国作家。

⑦ 塞缪尔·贝克特（Samuel Beckett，1906—1989），爱尔兰作家。

⑧ 约翰·契弗（John Cheever，1912—1982），美国作家。

⑨ 应指小威廉·基珀斯·马克斯韦尔（William Keepers Maxwell，Jr.，1908—2000），美国作家。

⑩ 伊丽莎白·毕晓普（Elizabeth Bishop，1911—1979），美国诗人、作家。

⑪ 罗伯特·洛威尔（Robert Lowell，1917—1977），美国诗人。

⑫ 玛丽·弗兰纳里·奥康纳（Mary Flannery O'Connor，1925—1964），美国作家。

⑬ 詹姆斯·梅利尔（James Merrill，1926—1995），美国诗人。

这些书信本身就成为文学的一个部分。

贝娄写信的对象包括了四代人——他的上一代，他自己这一代，还有下面两代，海量信息从他的信中喷涌而出，汇成一幅精细的自画像，同时也是一幅时代肖像。和他通信的有各色人等，其中包括他先后几任妻子①，他的儿子们，还有他自幼交下的朋友，他的作家同行，情人和前情人，学生和前学生，喜欢他的和不喜欢他的读者，请求他看看自己作品的追随者（他似乎总是来者不拒），还有宗教怪人，追着他要签名的人（数以百计），着了魔似的阿谀逢迎者，笔迹狂人，以及重度精神病患者。

贝娄在书信中可以同时激情迸发而又滑稽有趣，这对熟稔其小说的读者来说不足为奇。以下是从艾尔弗雷德·卡津②档案中摘选的几个例子。先看这一段，1950年1月③寄自巴黎："而且我深信不疑：他［司汤达④］对《现代》杂志⑤的处理方式一定和我一样，也就是说，先浏览一下那上面最新的**蠢话**⑥，以毫不留情的轻蔑观察一番苦闷的新鲜皱纹，然后把西蒙娜⑦的那些情色文章拿去让猫吃了退烧，再把剩下的部分给格［雷格］⑧，让他剪小人玩；他还不认字呢，一派天真，成天高高兴兴的。"再看1964年夏天⑨，寄自玛莎葡萄园岛⑩："我们有了点驻岛学会的影子。在这个小小的菲茨杰拉德村⑪里，斯泰伦⑫是我们的领袖。然后是莉莲·赫尔曼⑬，我居然让她面露**羞涩**了。还有菲尔·拉夫⑭，卡尔·马克思⑮的传

---

① 索尔·贝娄一生5次结婚，前4次都以离婚结束。
② 艾尔弗雷德·卡津（Alfred Kazin，1915—1998），美国作家、文学批评家。
③ 见1950年1月28日致艾尔弗雷德·卡津。
④ 司汤达（Stendhal，1783—1842），法国小说家马里-亨利·贝尔（Marie-Henri Beyle）的笔名。
⑤《现代》（*Les Temps Modernes*）杂志创办于1945年，代表人物是让-保罗·萨特（Jean-Paul Sartre，1905—1980），法国存在主义大师。
⑥ "蠢话"原文为法语词sottise。
⑦ 西蒙娜·德·波伏瓦（Simone de Beauvoir，1908—1986），法国存在主义作家，女权运动创始人之一。
⑧ 索尔·贝娄的大儿子。另外两个儿子是亚当和丹尼尔。此外他还有个女儿娜奥米·罗斯。
⑨ 见1964年7月22日致艾尔弗雷德·卡津。
⑩ 玛莎葡萄园岛（Martha's Vineyard），在美国马萨诸塞州东南海岸附近，旅游度假胜地。
⑪ 这应该是作者杜撰的一个地名。1966年接受《巴黎评论》访谈时，贝娄曾说弗·斯·菲茨杰拉德（Francis Scott Fitzgerald，1896—1940）是他很喜欢的一个美国作家。
⑫ 小威廉·克拉克·斯泰伦（William Clark Styron，Jr.，1925—2006），美国作家。
⑬ 莉莲·赫尔曼（Lillian Hellman，1905—1984），美国作家。
⑭ 即菲利普·拉夫（Philip Rahv，1908—1973），美国社会文化批评家，生于乌克兰，后移居美国。菲尔（Phil）是菲利普的昵称。
⑮ 卡尔·马克思（Karl Marx，1818—1883），德国思想家、哲学家、经济学家、革命导师。

统在他这里保持了生机。我很喜欢菲利普，他是**自家人**①，他以一种不公开的大众普及型讲座方式②给我们开了一门**高端政治**③课，我听得兴趣盎然。为什么我们不能相互谅解然后就不再彼此伤害了呢？”还有这一段，寄自佛蒙特州西布莱特伯勒（West Brattleboro，Vermont），1983 年夏天④：“我不那么热衷于写信了，这绝对是真的；沉默并没有让我感觉愉快；相反，我也很想知道我为什么很少回信。或许是因为我一直拿着捕蝶网在外面转，想捕捉自己成熟完美的形态，那东西好像总是马上就要落在一朵花上了（而且就此落定），可终究没有落下来，因为还没找到那朵花呢。这样解释**也许**就比较充分了。”

上面摘选的这几段里口气都十分友好，而贝娄和卡津的关系却远非风平浪静。把这批信件通读下来就会发现，贝娄暴怒的时候和他深情款款的时候一样多。不过他们之间再次互生敌意之后的 1982 年夏天⑤，他却发出了这样一封信：

亲爱的艾尔弗雷德：

祝你生日快乐，愿你拥有赞美、爱、长寿——反正要什么有什么。别在意鸡毛蒜皮，鸡毛蒜皮到头来什么也不是。

比你小五天的人敬上

他和同代人中其他人的关系都没有这么反复无常。约翰·契弗他是很喜欢的，俩人之间不同的风格和传统让他兴奋。书信中双方都彬彬有礼，属于大师对大师的那种口气，但又非常亲近。下面是契弗请贝娄阅读《猎鹰者监狱》⑥校样时他给契弗的回复：“我能读一下你的书吗？我愿意免费旅行去往上都⑦，一路由特洛伊

---

① 原文是意第绪语词 mishpokhe，即 mishpocheh，意思是“家人（family）”。

② 原文是 Chatauqua course，可译为肖托夸讲座。肖托夸是纽约州的一个湖，1874 年卫理公会牧师在湖边举办了第一次户外集会式的宣讲活动，此后形成传统，每年夏季这里都有讲座等各种大众普及式的文化教育类活动。

③ 原文是德语词 Hochpolitik。

④ 见 1983 年 6 月 17 日致艾尔弗雷德·卡津。

⑤ 见 1982 年 6 月 7 日致艾尔弗雷德·卡津。

⑥《猎鹰者监狱》（*Falconer*），约翰·契弗的小说，1977 年出版。

⑦ 上都（Xanadu，又名 Xamdu 或 Shangdu）：中国元朝的夏都，今内蒙古自治区锡林郭勒盟正蓝旗草原上有元上都遗址。英国诗人塞缪尔·泰勒·柯勒律治（Samuel Taylor Coleridge，1772—1834）的名诗《忽必烈汗》（*Kubla Khan*）描述了他梦中元上都安乐宫的华美壮观。

的海伦[①]服侍吗？[……]这个周末我得去纽约，还要到普林斯顿去看我儿子亚当在《暴风雨》[②]中扮演安东尼奥这个重要角色，[……]我也想见到你，但不知何时才能从荣耀与震惊交织的这一团乱麻中脱身。”[③]（他刚刚获得诺贝尔奖[④]。）两年后，契弗请他为美国艺术文学学会[⑤]提名褒奖作家，他又巧言作态道：“我们年轻的时候混在纽约，那个时候可没有什么奖，现在看着五花八门的这些奖项，贪婪和嫉妒让我没法活了。”契弗特别请求他提名应予褒奖的批评家，贝娄的回复是：“批评家我可提不出来，除非是提名把谁钉死在十字架上。”[⑥]最后，1981年12月[⑦]，他得知契弗病重，写下了这些：“在电话里和你交谈以后，我不断地想到你。有很多话可说，但我不想说了，那些话你不听也罢。我想告诉你的是：我们相处的时间并不多，但你我之间心气相通。我想这一定程度上是因为我们从事的职业具有自我教化的性质。我试试看能不能说得更清楚一点——我们的灵魂诉诸同样的教育，我们都有勇气在美国大众化训练的敌视下把这种基于内心的教育坚持下来，正因为如此，我们才相互吸引。不错，还有别的更深层次的共鸣，可我太笨，还不太明白。此刻我只能说说我想到的原因。[……]我读你集子里那些短篇小说的时候就很感动，因为我从字里行间看到了这个蜕变的过程。这种灵魂蜕变的行动才是真正的价值所在，其他的都无所谓。为此我喜欢上了你。我喜欢你的很多方面，但这一点我尤为看重。”

他给拉尔夫·埃里森[⑧]写的信就轻松活泼，无拘无束，因为他们曾经同宿

---

① 特洛伊（Troy）是古希腊城邦国家。海伦（Helen）是古希腊神话中人间第一美女，与特洛伊王子私奔，引发特洛伊战争。

②《暴风雨》（*The Tempest*），莎士比亚名剧。威廉·莎士比亚（William Shakespeare，1564—1616），文艺复兴时期英国戏剧家，诗人。

③ 见1976年11月10日致约翰·契弗。

④ 贝娄1976年获诺奖。

⑤ 这里的美国艺术文学学会（the American Academy of Arts and Letters）是这个组织1992年以后的名称，原信中编者在此补入的说明为美国艺术文学学会暨协会（American Academy and Institute of Arts and Letters），是其写信当年即1978年的名称。这个学会位于纽约，其名称变动了几次：1898年成立时，名为The National Institute of Arts and Letters（国家艺术文学协会），1904年更名为The American Academy and [National] Institute of Arts and Letters（美国艺术文学学会暨[国家]协会），1992年改为现名即美国艺术文学学会（又译美国艺术文学学院、美国艺术文学院）。“学会暨协会”这个名称反映了两级系统：两百五十位杰出的艺术家与文学家组成协会（Institute），其中五十位组成学会（Academy）。1993年后，这种分级系统取消，所有成员拥有相同地位。

⑥ 见1978年5月18日致约翰·契弗。

⑦ 见1981年12月9日致约翰·契弗。

⑧ 拉尔夫·沃尔多·埃里森（Ralph Waldo Ellison，1914—1994），美国黑人作家、批评家。

舍，早年都为争取得到承认努力奋斗过。1961 年春季学期他在波多黎各大学[①]教书的时候写道：“我还是继续做我的事，和流浪狗还有蜥蜴一起漂泊，脑子里想着香蕉叶能以多少种方式裂开。这里的狗都具有亚洲特点，血统不纯，成群结伙地四处游荡。所有时髦的地方，现代化的大学楼里，自助餐厅里，到处都能看见——凉爽的教室里总有几条猎犬在睡觉，晚上就号叫，打架。不过是狗和狗互相打，不是和老鼠打。老鼠是另一个庞大的种群，红褐色的，无所畏惧。闹市区的空地上有，海滨那个专用的网球俱乐部里也有。发现赌桌上有几只老鼠在看比赛，我不会感觉吃惊。还有猫鼬家族。猫鼬消灭了蛇，可现在谁都不知道怎么解决猫鼬抓鸡这个问题了。这地方动物的事就说这么多吧。这个岛很美。城里却是臭气熏天。这里的人活得漫无目标，快乐而好奇，喜欢花里胡哨的东西。司机们开着车看书，一边开车一边唱歌、吃饭，还一边开车一边干那事。”[②]

给约翰·贝里曼[③]的信就是另一副调门了。生命的脆弱和艺术的艰辛成为关注的中心。1963 年 10 月[④]，一场难以预料的国家悲剧[⑤]即将到来，此时贝娄的情绪已经很低落了：“我不能说我们一切都好。我的终生好友奥斯卡·塔科夫[⑥]星期三突发心脏病去世。我感觉宁愿自己去死也不愿承受这些死亡，一个接一个的，都是我最好的朋友。这种状况让人耗尽心力。到头来侥幸还活着都感觉是件可耻的事了。只要死亡是我们最终都要面对的现实，偷生就**确实**没什么光彩可言。不过是在等着让独眼巨人[⑦]找到我们罢了。”贝娄和贝里曼的友谊植根于文学同道之感；其间愉悦源自相互敬重。贝娄在 1966 年春天写道：“你用这些诗延长了我的生命租期。灵感激发的眩晕是最稳定的状态。这是诗人对光速和固体微粒无规则运动[⑧]的回答。我们没有圣城，也许吧，但我们实实在在地拥有‘梦幻

---

① 波多黎各（Puerto Rico）是美国在加勒比海地区的一个自治邦，波多黎各大学（the University of Puerto Rico）拥有十一个校区。

② 给拉尔夫·埃里森的这封信未注日期。

③ 约翰·贝里曼（John Berryman，1914—1972），美国诗人。

④ 见 1963 年 10 月 19 日致约翰·贝里曼。

⑤ 似指时任美国总统约翰·肯尼迪于 1963 年 11 月 22 日遇刺身亡。

⑥ 奥斯卡·塔科夫（Oscar Tarcov，1915—1963），贝娄的朋友。

⑦ 原文为 Cyclops，即古希腊神话中的独眼巨人，荷马史诗《奥德赛》中讲述了独眼巨人吃人的故事。

⑧ 原文为“物质的布朗运动（the Brownian motion of matter）”。

之歌’[1]。”[2]

在写给下一代人的信中，比如在给菲利普·罗斯[3]、辛西娅·奥奇克[4]、斯坦利·埃尔金[5]的信里，人们看到的就是一个很不情愿地接受了大师地位的人，虽然他扮演这个角色很少有得心应手的时候。令人印象极为深刻的是他对这三人的回复方式截然不同。1969 年 12 月[6]，贝娄给罗斯回信，感谢他在来信中谈到了《赛姆勒先生的行星》[7]："你简短的来信对我大有益处，虽然我还不知道回信该说些什么，也不知道该怎么说。那些所谓罗织罪名的人当然会磨刀霍霍。他们根本就不具备你我对文学那种天真的或许也是幼稚的爱。[……] 这个行当里我觉得有些用处的人不多。但是我一头撞进芝加哥（那是十二年前?）看了你的短篇小说以后，就知道你有真功夫。我小的时候还有铁匠呢，铁锤敲击铁砧那种真家伙对真家伙的声音，我从来没有忘记过。"

而 1974 年秋[8]，贝娄对罗斯《想象犹太人》（*Imagining Jews*）一文的回应是："看到你在《纽约书评》（*New York Review* [*of Books*]）上的那篇文章我非常高兴。我不太认同你的看法——期望不能太高——但是我会慢慢考虑你说的话。这就是我的水蟒之法。消化的时间很长，进入一种昏睡状态。当然我并不是弗洛伊德[9]的崇拜者。有段时间我头脑发热，崇拜过赖希[10]的心理分析方法。现在我是什么把柄也没有。人们对我是既提不起也放不下。"最后是十二年过去了，贝娄写下了这些话："我想再次感谢你在伦敦对我的照顾。你也看出来了，我那个时候情绪非常低落。皇家体育俱乐部正合我意。肖斯塔科维奇[11]的四重奏对我大有好

① "梦幻之歌"（Dream Songs），指约翰·贝里曼 1964 年出版并赢得普利策奖的《梦歌 77 首》（*77 Dream Songs*）。
② 这封信未收入本书。
③ 菲利普·罗斯（Philip Roth，1933—2018），美国作家。
④ 辛西娅·奥奇克（Cynthia Ozick，1928— ），美国作家。
⑤ 斯坦利·埃尔金（Stanley Elkin，1930—1995），美国作家。
⑥ 见 1969 年 12 月 12 日致菲利普·罗斯。
⑦《赛姆勒先生的行星》（*Mr. Sammler's Planet*），索尔·贝娄的小说，1970 年出版。该书出版后受到了一些批评，但也为作者赢得了 1971 年的美国国家图书奖。
⑧ 见 1974 年 10 月 14 日致菲利普·罗斯。
⑨ 西格蒙德·弗洛伊德（Sigmund Freud，1856—1939），奥地利心理学家。
⑩ 威廉·赖希（Wilhelm Reich，1897—1957），奥地利裔美国心理分析专家，弗洛伊德的学生。
⑪ 德米特里·德米特里耶维奇·肖斯塔科维奇（Dmitri Dmitriyevich Shostakovich，1906—1975），苏联作曲家、钢琴家。

处。极度的痛苦差不多都能由艺术来覆盖。尽管不完全如此。盖不住的地方总是有的。”[①]

贝娄给奥奇克的信里主题是历史，比如1987年夏天[②]他写道：“四十年代我忙忙碌碌，一心要当小说家，无暇关注时局。我竭力参与‘文学’，满脑子都是艺术，都是语言，都是在美国这个舞台上的奋斗，都是要让自己的才能得到承认，要不就是和我在《党派评论》[③]的那些伙伴一样，关注的都是现代主义、马克思主义、新批评，都是艾略特[④]、叶芝[⑤]、普鲁斯特[⑥]等等——什么都参与，唯独没有关注波兰那些可怕的事件。逐渐意识到这种难以启齿的逃避之后，我甚至都不知道如何在我的内心世界中开始接纳这件事。这一点是绝对无法否认的。而且我真的能说出——其他人也是一样——该做些什么或者这个‘事情’**必须**如何应对吗？四十年代末以来我一直在思考这件事，有的时候我想象着自己**可以**看出一些东西。然而这种思考可能得出的结论也许没什么意义。[……][⑦]我甚至都无从说起我们当中的哪个人在这种事情里可能承担什么责任，因为这件罪行涉及面太广，把所有人都逼到了面临最后审判[⑧]的地步。”

给斯坦利·埃尔金的信口气比较亲近，回忆的色彩更浓，也透露出更多的内心活动。1992年春[⑨]他写道：“我年轻的时候十分热衷于和艾萨克·罗森菲尔德[⑩]这些朋友通信。他1956年去世了，还有几个人也是五十年代去世的，不知从何时起，我的私人信件不像过去那样写得很长了，这是挺悲哀的一件事，我现在才开始明白个中原委。并不是因为我耗尽了朋友情谊。而是习惯改变了。不再倾泻浪漫情怀。我们青少年时期非常**俄国化**，或许也是在练习当作家吧。让我意识到这一点的正是艾萨克。他搬到纽约去以后，我几乎每个星期都从芝加哥给他写信。然后过了些年，有一天他对我说：‘希望你不要介意。我们从西区搬走的时候’

---

① 见1986年4月27日致菲利普·罗斯。

② 见1987年7月19日致辛西娅·奥奇克。

③《党派评论》(*Partisan Review*)，美国纽约著名文化政治刊物，创办于1934年，2003年停刊。

④ 指托马斯·斯特恩斯·艾略特(Thomas Stearns Eliot，1888—1965)，美国出生的英国诗人、文学批评家。

⑤ 威廉·巴特勒·叶芝(William Butler Yeats，1865—1939)，爱尔兰诗人、作家。

⑥ 马塞尔·普鲁斯特(Marcel Proust，1871—1922)，法国小说家。

⑦ 后面的原信中没有这个方括号括起来的省略部分。

⑧ 即根据在世时行善还是作恶，由上帝决定死后上天堂还是下地狱。

⑨ 见1992年3月12日致斯坦利·埃尔金。

⑩ 艾萨克·罗森菲尔德(Isaac Rosenfeld，1918—1956)，美国作家。

（当然是搬到‘村里’[①]去）‘我把你的信都扔了。’他的意思很清楚，就是要让我震惊，言外之意是我会觉得这是文学史上的重大损失。我没有那种感觉。其实是我摆脱了未来可能出现的一种窘境。

“但是治好了这个毛病并不是一件好事——我是说热衷于写信这个毛病。我意识到至关重要的基础已经不复存在了。我认识的人里多半都有过这种经历，只是方式不同——那是一个逐渐消减的过程，向内心隐秘意识回归，一种吝啬的状态。”

尽管贝娄再次声明他丧失了写信的技能，他中老年时期写出的大量信件却证明事情并非如此。他年轻时写给罗森菲尔德的那些信件丢失固然是一种不幸，但他早期和晚期写就的数百封书信都可以弥补这个缺憾。贝娄曾经写道：“发现一个人生命中的心路历程，解读他留下的痕迹，是一件特别令人感动的事。”本书收入的七百零八封信记录了他的心路历程，为我们提供了能以最近的距离观察他的视角。

“他发过誓，要献身于伟大的命运，”他的旧友亦是对手卡津写道，“他要比我们其他人承担更多的工作。”在美国文学史上，贝娄是职业生涯延续时间最长的人之一，而且好像也确实是在各方面都超乎常人——他志向高远，学识渊博，视野开阔，他的作品精彩纷呈，成就源源不断。他如鱼得水。这里收集的书信全方位展示了他是个什么样的人，但这些信所勾勒出的自传式叙述讲的主要还是一个艺术家的故事。他每天最重要的事就是尽全力写出小说的下一页，无论写得好还是不好。翻阅贝娄留下的资料，可以看到他做出了多少努力，取得了多少成就。芝加哥大学雷根斯坦图书馆（Regenstein Library，University of Chicago）直线排列长度达一百四十英尺的资料里包含了手稿、笔记本、通讯录、预约簿、收到的邮件、寄出邮件的复写副本和（后来的）影印副本、照片、报纸和杂志剪报、个人物品等等。其中有：他年迈的移民父亲写给他的一封信，口气很霸道，日期是 1953 年 9 月 23 日，贝娄早期的杰作《奥吉·马奇历险记》（*The Adventures of*

① 原文是 the Village，指纽约曼哈顿（Manhattan）的格林威治村（the Greenwich Village），时为美国文化人士的一个聚居地。

Augie March）就是那个月出版的："写信。给我。**你们还都归我管**。爸。"1961 年 9 月 8 日约翰 · 肯尼迪[1]给他的一封信："我希望政府和艺术之间的这种合作能够持续下去并取得成功。肯尼迪夫人和我对任何建议都特别感兴趣……"等等。一份法律文书，证明一个名叫索尔 · 贝娄的人于 1943 年 8 月 3 日在伊利诺伊州的芝加哥市（Chicago，Illinois）按规定宣誓后作证说他归化为美国公民一事有效，因有 5689081 号入籍证书为证。(他和家人是 1924 年 7 月 4 日从魁北克抵达美国的。换言之，这位同代人中最杰出的美国小说家，以无与伦比的才能描绘了美国街头底层社会的狡黠和上流社会高雅人士的愚蠢，力图用细致入微的方式写出美国城市的喧嚣，而他自己直到将近三十岁的时候才正式成为美国人。)

在 1980 年代早期的资料里，还有一张老式的名片，上面用潦草的细长字体写着："明天即周五下午 5 点到你住的酒店，希望能见到你。祝好。萨姆 · 贝克特[2]。"第二天下午他们的确见了面，地点是圣日耳曼德佩区蒙塔朗贝尔街 7 号皇家桥酒店的酒吧里[3]。现代主义活生生的代表渴望见到和现代主义干仗的伟大人物。结果是几乎什么都没说。他们的会面与普鲁斯特和乔伊斯著名的会面并无不同。迟疑不决的寒暄过后，普鲁斯特问乔伊斯对松露的看法，乔伊斯十分窘迫，只好说他喜欢松露，等等。后来报道的这次会面有多个版本，大部分看起来都经过了美化。不管会面中说了什么，有一件事是清楚的：强大的对手都不愿意再次见面。

贝娄和贝克特也是同样。如果贝克特读过贝娄第一部正式出版的小说《晃来晃去的人》(*Dangling Man*)，他或许会在书中看到这样两句简短的对话：

> "如果你能看见，你觉得你会看见什么？"
> "我说不准。也许会看见，我们是心灵脆弱的天使之子。"[4]

——然后想，他自己有没有可能写出这两句话来，因为《等待戈多》[5]中的弗

① 约翰 · 菲茨杰拉德 · 肯尼迪（John Fitzgerald Kennedy，1917—1963），时任美国总统，昵称"杰克"(Jack)。
② 即塞缪尔 · 贝克特，萨姆（Sam）是塞缪尔的昵称。
③ 原文是 Hôtel Pont Royal，7 rue de Montalembert，Saint-Germain-des-Prés，在巴黎。
④ 这是书中主人公约瑟夫日记里一系列自我内心对话中的两句。
⑤《等待戈多》(*Waiting for Godot*)，塞缪尔 · 贝克特 1952 年剧作。

拉基米尔对埃斯特拉岗，《终局》[1]中的纳格对内尔，都有可能说出这样的话。但是贝克特这个善良大度的人，对贝娄身上所有那些和他自己对立的特点很可能做出的回应就是：一种泰然自若的人本主义信念，此外还有对死后那个世界的笃信。最后一道防线，最后一根稻草，末路，**终局**[2]——所有这些思考方式，所有这些对无价值的隐喻，在贝娄那种本质上就活跃开朗的想象看来都令人厌恶。

有张照片是他行受戒礼[3]那年拍的，一个帅气清爽的小男孩，穿着灯笼裤和吊带袜，戴着眼镜，温和地对着镜头微笑。阳光明媚，正值草木葱郁的季节。他一只手里拿着一本翻开的书。不太容易看到的是，他胳膊里还夹着一本书。没有时间去浪费，有那么多书要读呢：托克维尔[4]、司汤达、巴尔扎克[5]、陀思妥耶夫斯基[6]、马克思、福楼拜[7]、迪尔凯姆[8]、托尔斯泰[9]、韦伯[10]、康拉德[11]、弗雷泽[12]、德莱塞[13]、马林诺夫斯基[14]、博厄斯[15]、温德姆·刘易斯[16]、戴·赫·劳伦斯。这种"超级生活"，如他在《洪堡的礼物》(*Humboldt's Gift*) 中所称，即永不知足的读书渴望，从童年起就成为对"看重生计、讲究实用、满眼大钞小钱、付现拿货走人的芝加哥"一种必不可少的补充。除了界区街[17]上那个由摊贩、裁缝、菜贩、鱼贩、肉贩、**无所不能的风云人物**[18]、兜售东西的人还有**乞丐**[19]构成的街头世界之外，能让人对新鲜事物产生莫大兴趣的就是读书这件事了，就像无比

---

① 《终局》(*Endgame*)，塞缪尔·贝克特1957年剧作。
② 此处"终局"的原文是法语 fin de partie，即英语中的 endgame。
③ 犹太男孩十三岁时要举行受戒礼 (bar-mitzvah)，或称成年礼。
④ 阿历克西·德·托克维尔 (Alexis-Charles-Henri Clérel de Tocqueville，1805—1859)，法国历史学家、政治学家。
⑤ 奥诺雷·德·巴尔扎克 (Honoré de Balzac，1799—1850)，法国作家。
⑥ 费奥多尔·米哈伊洛维奇·陀思妥耶夫斯基 (Fyodor Mikhailovich Dostoyevsky，1821—1881)，俄国作家。
⑦ 居斯塔夫·福楼拜 (Gustave Flaubert，1821—1880)，法国作家。
⑧ 埃米尔·迪尔凯姆 (Émile Durkheim，1858—1917)，又译为爱弥尔·涂尔干，法国社会学家、人类学家。
⑨ 列夫·尼古拉耶维奇·托尔斯泰 (Lev Nikolayevich Tolstoy，1828—1910)，俄国作家。
⑩ 马克斯·韦伯 (Max Weber，1864—1920)，德国社会学家、哲学家、政治经济学家。
⑪ 约瑟夫·康拉德 (Joseph Conrad，1857—1924)，波兰出生的英国作家。
⑫ 詹姆斯·乔治·弗雷泽 (James George Frazer，1854—1941)，英国人类学家、宗教历史学家。
⑬ 西奥多·德莱塞 (Theodore Dreiser，1871—1945)，美国作家。
⑭ 布罗尼斯拉夫·马林诺夫斯基 (Bronislaw Malinowski，1884—1942)，波兰出生的英国人类学家。
⑮ 弗朗茨·博厄斯 (Franz Boas，1858—1942)，德裔美国人类学家。
⑯ 珀西·温德姆·刘易斯 (Percy Wyndham Lewis，1882？—1957)，英国画家、作家。
⑰ 原文是 Division Street，又译迪维申大街。
⑱ 原文是意第绪语：ganzer (gants) macher。
⑲ 原文是意第绪语：shnorrers (shnorer)。

好客的书们发出了热情的邀请一样。“我内心充实。我认真地读我最喜欢的作家写的书。我在摇摇晃晃的轻轨车厢里读莎士比亚，读俄国人的书，读康拉德、弗洛伊德、马克思、尼采①，没什么系统，就是渴望着唤起激情。”②

贝娄的书卷气使得很多批评家把他归为有思想的小说家。不错，他的主人公都是知识分子——但都是一接触现实生活就发现所学不堪一击的那种知识分子。他展示出思想付诸经验的检验时是多么无用而可笑。刮开一层表皮，你就会发现这些知识分子都是有血有肉的大活人，一边奋斗，一边困惑。比如在《赫索格》(*Herzog*) 里，贝娄描写了一个学者摩西·赫索格，因为没有能力像乔治·艾略特③《米德尔马契》④里的卡索朋先生写出《所有神话之秘诀》一样完成他的巨著《浪漫主义的根源》，引发了一连串滑稽可笑的事情，自己却黯然神伤。然后他最好的朋友又给他戴上了绿帽子，让他再次丢脸，不料这却消除了他的障碍。他发现自己能写了——不过不是写浪漫主义。他运笔如飞写的是信。不是本书收录的这种贴邮票寄出的信。不是这种，而是不会寄出的信，这些信挽救了赫索格，这通狂写把这位失败的浪漫主义学者——通过贝娄式的精彩逆转——变成了写作的目标本身，即一个真正的浪漫主义者。让别人去玩虚无主义吧，随他们的便；对赫索格来说，生活还是济慈⑤眼中的生活——培养灵性的溪谷。他曾想以间接方式来解决的那个问题，现在用不着细想就明白了，那原本就是一种与生俱来的权利。他的屈辱成了启迪崇高的基础。他写信的对象在他心目中始终都是十分圣洁的一群。比如赫索格给他童年的朋友夏皮罗写道：“但我们绝不能忘记，天才的想象是多么迅速地变成了知识分子的罐装产品。斯宾格勒⑥的‘普鲁士社会主义’成了罐头泡菜，荒原⑦观念成了老生常谈，异化成了廉价的精神兴奋剂，小人物装模作样地诉说着痛骂着不真实和孤独感。我不能接受这种愚蠢的乏味。我们谈

---

① 弗里德里希·威廉·尼采（Friedrich Wilhelm Nietzsche，1844—1900），德国哲学家、思想家。

② 本书《导言》和年表中的很多这类自述式摘录都出自犹太裔罗马尼亚作家诺曼·马内阿（Norman Manea，1936— ）1999年与索尔·贝娄的访谈，见本书编者后记及致谢。这个访谈的中译本为《索尔·贝娄访谈录：在我离去之前，结清我的账目》(*Saul Bellow: Setting My Account Before I Go Away, A Words & Images Interview*，2013)(中信出版集团，2015)。

③ 乔治·艾略特（George Eliot），英国女作家玛丽·安·埃文斯（Mary Ann Evans，1819—1880）的笔名。

④《米德尔马契》(*Middlemarch*)，乔治·艾略特1872年的小说。

⑤ 约翰·济慈（John Keats，1795—1821），英国诗人。

⑥ 奥斯瓦尔德·斯宾格勒（Oswald Spengler，1880—1936），德国哲学家、历史学者。

⑦ 现代派著名诗人托·斯·艾略特有长诗《荒原》(*The Waste Land*，1922)。

的是人类整个的生命啊。这个主题太伟大、太深刻，容不得这种软弱，这种胆怯——太深刻了、太伟大了，夏皮罗。”社会科学家摩根弗吕从他读研究生的时候起就给他留下了亲切的记忆，在给摩根弗吕的信里赫索格写道：“亲爱的摩根弗吕博士，东非奥杜威峡谷①的最新证据说明，人类的祖先可能不是性情平和的树栖型类人猿，而是一种在地面居住的食肉型类人猿，会群体捕猎动物，用棍棒或者动物的股骨把猎物的头骨打碎。这听起来很糟糕，摩根弗吕，因为乐观的人认为人性中含有慈悲心，是有希望的。”赫索格还给上帝写信，在他感觉生活无法突破藩篱的时候，他就和创作出他的那个人一样，不由自主地相信上帝：“我的大脑费了多大的劲才保持了连贯的理性啊。我一向不擅于此。但是我很想遵循你不可知的意愿，不用什么标志物就接受这个意愿，接受你。也就是接受最为重要的一切，特别是如果我被迫放弃这一切的话。”最后也最动人的是，他在给他过世已久的母亲写的信里说道：“你赋予我的生命一直都很奇特，或许我不得不继承的死亡其实更为稀奇古怪。我有时希望死亡加快脚步，巴不得它早点到来。但我一如既往还停留在永恒的这一边。这也没什么关系，因为我还有些事情要做。而且我希望是静悄悄地做。我最早设定的目标有些好像已经溜掉了。”

人们喜欢摩西·赫索格，因为他盲目，因为他倒霉，因为他瞎忙一气。最后人们喜欢上的是这个心灵脆弱的天使之子，因为他成熟了。写完这些信，他就不再说话。在这本书的高潮部分，一只画眉吟唱着夜曲，赫索格的内心里，自我和灵魂相谈甚欢：“不过你想要的是什么呢，赫索格?”“可我要的就是这个啊——并不是个孤立的东西。我很满意自己的存在，就这样随遇而安，可以在这儿住多久就住多久。”他把帽子里装满了鲜花：蔷薇花，萱草花，牡丹花。“现在，他给谁都不写信了。不写。一个字都不写。”憎恶、愤怒、仇恨、嫉妒、自怜——全都化为很自然的虔诚。而这种虔诚，经贝娄的仿拟艺术点化，是具有最终决定意义的，不管来自奥杜威峡谷的消息有多么糟糕。

小说的力量来自情感的谦恭而非宏大思想的光芒。小说能够经久不衰，是因为其中蕴含着一种信任——这种信任往往很难持续——即信任他人的生存。贝娄说：“这种关切或者信任或者爱本身就很重要。”我们可以从《洪堡的礼物》中摘

① 指该处的远古遗址，在坦桑尼亚。

录一段予以说明，而类似描写在贝娄的作品中比比皆是。这个场景是在界区街上一家老式的俄罗斯澡堂里："米奇是经特许在这儿卖小吃的，他煎肉片，炸土豆饼，用大菜刀切卷心菜来凉拌，把葡萄柚切成四瓣（好用手拿着吃）。身材壮硕的老人们从热气蒸腾的浴室里走出来，裹着床单像山一样坐着，胃口惊人。房间下面，侍者弗拉努什往炽热的大鹅卵石上泼水来制造蒸汽。这些石头堆成一堆，像罗马人的弹药库一样。为了不让自己的脑袋烤焦，弗拉努什戴了一顶撕掉帽檐的湿毡帽。除此之外，他一丝不挂。他像一只红色的火蜥蜴一样爬上前去，用棍子把炉门上的闩给拨开，因为炉子烫得没法碰，然后他手脚着地，两个蛋蛋吊在长长的肌腱上荡来荡去，干净的肛门像一只眼睛朝外瞪着，他向后退去，摸索着找水桶。他往里泼水，石块轰然冒出火星，嘶嘶作响。喀尔巴阡山区里大概已经没有哪个村子还在这么做了。"

弗拉努什出现了又消失了，可他是不朽的，成了一个无法抹去的存在。

从五十年代起，贝娄所说的"我那些已经去世的故人"①数量越来越多，这是很自然的事。漫长的一生中积累下来的信件不可避免地带有这样的意味：你爱的人纷纷逝去，断然无处可寻，只在记忆中留存。七十五岁以后，上一代人已经不复存在；八十五岁以后，自己这一代人也所剩无几了。就像他八十岁时写的最后一个短篇《在圣劳伦斯河畔》（*By the Saint Lawrence*）中的罗勃·雷克斯勒一样，贝娄不再把死亡视为丑陋的入侵者。这个比喻已经改变。现在死亡是普遍存在的磁场，无法抗拒，要把我们全都收入囊中。不过现在的感觉是此前从未有过的，那种活着的欣喜若狂——还有逝者音容宛在的幻觉——带着祝福在雷克斯勒心头留下深刻的印象。他回忆起第一次遭遇死亡的情景：在拉钦②，铁路大干线平交道口，一个男人被迎面驶来的火车撞死。为了看得更清楚一些，罗比③站在艾尔伯特表哥T型福特轿车的踏板上，看到了路基上的那些人体碎块。艾尔伯特和罗比回到家里对罗茜姨妈讲了这件事，她听后放低嗓门嘟囔了几句祷词。晚年回想起来，很久以前的这一天突然间从记忆里活了过来。那时发生的一切此刻似乎重现

① 见本书《生平年表》1993年所选贝娄的一段自述。

② 拉钦（Lachine），加拿大魁北克南部城市，现为蒙特利尔市的一部分。

③ 罗勃的昵称。

了。老罗勃·雷克斯勒变成了年轻的罗比，抚摸着表哥艾尔伯特短短的鬈发，艾尔伯特用力把他的手推开。“雷克斯勒以后就会知道，他看到的这些就是他的一生——他的存在——而这一切都产生于爱。”

这样一句小说中的话体现了最高端的艺术。贝娄的书信是挂毯的另一面，迄今为止还没有人看到过：那上面挂着很多缠绕打结的线头，图案和光彩夺目的正面相反。他把自己的小说称为“隐秘人格的一般写作”。本书收录的特殊写作展示了奋斗、喜悦、渴望——还有意志，以及具有英雄气概的自我加压——正是这一切，孕育出了那些不朽之作。

——本杰明·泰勒

生平年表

1912—1913年　艾布拉姆·贝罗[①]在俄国受审，罪名是以伪造的文书经商，之后他不得不逃离俄国。（“老爸在彼得堡谋生，日子过得相当富裕。他做农产品生意，到处跑。他是埃及洋葱和西班牙水果最大的进口商。”）移居加拿大魁北克省的拉钦，当时那是圣劳伦斯河边的一个村子，安顿下来以后，妻子莱莎（莉莎）·戈登·贝罗[②]和三个孩子也随即来到此地——泽尔达（简），生于1906年；莫夫斯卡（莫伊舍，莫里斯），生于1908年；施缪尔（塞缪尔）[③]，生于1911年。艾布拉姆什么营生都干，在面包房烤过面包，做过废旧物品生意，还小批量进口纺织品。家人的姓改成了贝娄斯[④]。

1915年　6月10日，第四个孩子所罗门（即后来的索尔）[⑤]出生于拉钦镇第八大道130号。

1918—1919年　全家从拉钦搬到蒙特利尔。（“我们住在圣多米尼克街，街名取自一个教会的好人[⑥]，但是也有流本[⑦]那样的人，老得都快走不动了，不是在去会堂[⑧]的路上，就是从会堂回来——什么样的人都有。住在这一带的人都奇奇怪怪的，大部分人说意第绪语。”）艾布拉姆想了各种办法挣钱，都不成功。所罗门开始接受宗教教育。（“我家离河边不远，在一面漫坡上，我经常走到街对面到我的拉比[⑨]那儿去。他叫希卡·斯坦（Shikka Stein），长得很像中国人。[……] 他教我**《希伯来语字母表》**[⑩]，然后我们开始读**犹太教《创世记》**[⑪]，我觉得太有意思了。里面的人起码都是我的亲戚啊。比如那些叫亚伯拉罕、以

---

① 艾布拉姆·贝罗（Abram Belo），即亚伯拉罕·贝娄（Abraham Bellow）。贝娄家人在移民北美后姓名都按英语习惯做了调整，见后注。

② 莱莎（莉莎）·戈登·贝罗（Lescha［Liza］Gordin Belo）。

③ 泽尔达（简）(Zelda［Jane］)，莫夫斯卡（莫伊舍，莫里斯）(Movscha［Moishe，Maurice］)，施缪尔（塞缪尔）(Schmule［Samuel］)。

④ 贝娄斯（Bellows），后来去掉了结尾的s，成为贝娄（Bellow）。

⑤ 所罗门（索尔）(Solomon［Saul］)。

⑥ 圣多米尼克（Saint Dominique）是十五世纪西班牙宗教裁判所的主持人。

⑦ 流本（Reuben），又译鲁本、勒乌本等，《圣经·旧约》中雅各（Jacob）和利亚（Leah）的长子，因犯错误而失去长子权利。

⑧ 原文为shul，犹太教会堂。

⑨ 拉比（rabbi），犹太教中的老师、有学问的人或智者。

⑩ 原文为*Aleph Beis*。

⑪ 原文为*Breishis*（英文中的*Genesis*），是犹太教《圣经·旧约》中《妥拉》(*Torah*，即《摩西五经》）的首卷。

撒、夏娃① 什么的。所以对我来说，这的确就像是个寻根的过程。我那个时候四岁，脑袋晕乎乎的。走出希卡·斯坦的寓所以后，我总会坐在我家门前的路牙子上，把听到的东西再回想一番。”）在街上说法语，在家里说意第绪语。

1923 年　美国禁止售酒的《沃尔斯特德法案》② 生效以后，艾布拉姆主要靠在加美边界上贩私酒养家。所罗门八岁的时候得了腹膜炎和肺炎；在皇家维多利亚医院住了六个月康复。（“我住院住了很久，那段时间里开始看书。有人推着装满书的手推车到处转［……］病人可以从里面挑几本来看；大部分都是傻乎乎的童话，不过有的时候会碰上一本像样的。”）

1924 年　艾布拉姆去了芝加哥，在亲戚路易斯·德沃金（Louis Dworkin）的面包房干活。7 月 4 日，其他家庭成员以非法方式进入美国，到达芝加哥和他团聚。住在洪堡公园。此时全家人的姓是贝娄。（其后几年里，莫里斯和萨姆③ 两兄弟都把这个姓结尾处的 s 又加了上去。）所尔④ 在拉斐特学校（Lafayette School）和哥伦布小学（Columbus Elementary）注册入学。艾布拉姆千方百计挣钱。（“我父亲什么生意都做，经常是些古里古怪的事。比如说，他把木头卖给芝加哥犹太人开的面包房作燃料。他在面包房干过，芝加哥的犹太人面包师他都认识。这些人当然愿意从他那儿买。不过这么一来，我父亲就得跑到密歇根州和威斯康星州盛产木料的山里去，把不成材的木头和废木料全买下来，用货车运回芝加哥，再卖到他熟悉的那些面包房里去。”）

1928 年　所尔和艾萨克·罗森菲尔德一起用意第绪语模仿《杰·艾尔弗雷德·普鲁弗洛克的情歌》⑤ 写了一首诗。（“十三岁的时候，我在芝加哥有个非常要好的朋友。我们俩都喜欢调皮捣蛋，经常把名诗译成意第绪语，或者用意第绪语仿写，纯粹为了好玩。我们模仿托·斯·艾略特就是为此。于是就有了：房间里 / 女人们来往穿行 / 谈论着卡尔·马克思和列宁……⑥”）父母灌输形成了所尔早期对十九世纪俄国文学的热爱。

---

① 以撒（Isaac）、夏娃（Chava）都是犹太教《圣经》中的人名，对应的现代英语人名或译名是艾萨克、伊芙（Eve）。

②《沃尔斯特德法案》（*Volstead Act*）即禁酒法案，于 1920 年 1 月开始在美国生效。

③ 萨姆是塞缪尔的昵称。

④ 所尔（Sol）是所罗门的昵称，后拼写调整为 Saul，即索尔。

⑤《杰·艾尔弗雷德·普鲁弗洛克的情歌》（*The Love Song of J. Alfred Prufrock*）是托·斯·艾略特的一首长诗。

⑥ 原文为意第绪语：In dem zimmer / vu die waibers zinnen / redt men fun Karl Marx und Lenin ... 这是对艾略特原诗第 13、14 行的模仿，原诗句为：In the room the women come and go/Talking of Michelangelo. 汤永宽译文为：房间里的女人们来往穿梭 / 谈论着米凯朗琪罗。

1930 年 从萨宾初级中学（Sabin Junior High）毕业以后，进入图里高级中学（Tuley High School），除了罗森菲尔德以外，又结识了许多朋友，其中有：奥斯卡·塔科夫，路易斯·西得兰①，阿贝·考夫曼（Abe Kaufman），萨姆·弗莱菲尔德②，戴维·佩尔茨③，海门·斯莱特（Hymen Slate），路易斯·拉斯科（Louis Lasco），斯图尔特·布伦特④，罗莎琳·图里克⑤，乔治·里迪⑥，内森·古尔德（Nathan Gould），赫伯特·帕辛⑦，耶塔·巴尔舍夫斯基⑧，思蒂·科根⑨。（“这些孩子的父母都是芝加哥的面包师、裁缝、小贩、保险代理、熨烫工、割草工、杂货店主，有的男孩儿家里还是靠救济度日的，他们看公共图书馆里那些用麻布加固的书，热情高涨，感觉自己踏上了小说王国的土地，觉得这才是他们真正的天下，他们发现了自己与生俱来的权利，倾听着来自伟大的文化世界那些令人难以置信的新鲜信息，相互交谈的内容是心智、社会、艺术、宗教、认识论，而这一切发生的地点是芝加哥。”）和儿时好友西德尼·贾·哈里斯⑩——后来成为《芝加哥每日新闻》（*Chicago Daily News*）著名的专栏作者——合作写小说。西德尼把写好的书稿拿到纽约；有人表示了兴趣，其中就有约翰·多斯·帕索斯⑪和帕斯卡尔·科维奇⑫。（“纽约的专家读了我们的书稿，照他们的看法，西德尼显然技高一筹。出版商科维奇向他约了一本写芝加哥革命青年的书，预付了他两百块稿费。根据出版界先知们的判断，我和我父亲一起去做买卖会干得很不错。”）

1931—1932 年 尽管是大萧条时期，艾布拉姆的运气却有了好转。全家从洪堡公园西搬到洪堡公园东。（“我们属于这个国家的核心力量。大街小巷里，露天看台上，我们都如鱼得水。我记得身材魁梧、声音洪亮的休杰曼［Sugerman］先生，他是界区街上的礼定屠宰师⑬，电台播出民主党候选人名单的时候，他跟着大声

---

① 路易斯·西得兰（Louis Sidran，？—1968），贝娄的朋友。

② 即塞缪尔·弗莱菲尔德（Samuel Freifeld），萨姆（Sam）是塞缪尔的昵称。

③ 戴维·佩尔茨（David Peltz，1915—2011），贝娄中学同学。

④ 斯图尔特·布伦特（Stuart Brent，1912—2010），贝娄中学同学，后为芝加哥书商。

⑤ 罗莎琳·图里克（Rosalyn Tureck，1914—2003），贝娄的中学同学，后为音乐家。

⑥ 乔治·里迪（George Reedy，1917—1999），贝娄中学同学，后曾任白宫总统新闻秘书。

⑦ 赫伯特·帕辛（Herbert Passin，1916— ），贝娄中学同学，后为人类学家。

⑧ 耶塔·巴尔舍夫斯基（Yetta Barshevsky，1915—1996），婚后名为耶塔·巴什·沙赫特曼（Yetta Barsh Shachtman）。贝娄中学同学，美国社会主义活动家。

⑨ 思蒂·科根（Zita Cogan）这个名字原文里的 Zita 源自意大利语或希腊语，是女孩名字，音译通常为思蒂而不是齐塔。

⑩ 西德尼·贾斯廷·哈里斯（Sydney Justin Harris，1917—1986），美国记者、作家。

⑪ 约翰·多斯·帕索斯（John Dos Passos，1896—1970），美国作家。

⑫ 帕斯卡尔·阿夫拉姆·科维奇（Pascal Avram Covici，1885—1964），罗马尼亚出生的犹太裔美国出版人。

⑬ 原文为 schochet（即 shochet），有译者音译为“杀喜托”。犹太教有《礼定屠宰法》，只有按照此法屠宰的动物才可以食用，礼定屠宰师都经过专门训练，考试通过后注册执业，并常父子相传。

吟唱出各州的名称，那年民主党提名的总统候选人是罗斯福①。休杰曼先生是用犹太拉比领诵祷文的方式吟唱的，就像站在祈祷台前一样，为自己熟知从 A 到 W 的字母顺序而自豪，俨然一个蓄着犹太拉比式黑胡子的美国爱国者。”）

1933 年　1 月从图里高中毕业以后，在芝加哥卢普区②克莱因专科学院（Crane Junior College）注册入学。在家里，父子之间经常因为政治观点不同发生争执。（“出于某种原因，托洛茨基③在美国一些城市里具有强大的影响力，芝加哥即其中之一。托洛茨基的《俄国革命史》④让人大开眼界——尽管书中大部分内容讲的是政党路线，我们当时都不知道这个。这就引发了家里的冲突，因为我父亲不想让我看和列宁有关的东西。他对这种事情眼光非常敏锐，知道很多苏联二十年代的情况，比我知道得多多了。要是听了他的话，我会顺风顺水，省去很多麻烦，因为他从一开始就说得很清楚了。”）母亲在和乳腺癌搏斗了很长时间以后去世。秋天，所尔跟着罗森菲尔德进了芝加哥大学。（“[艾萨克] 肤色发黄，整体看去属于营养不良。三十年代的芝加哥大学里，这就是知识分子偏爱的面色。”）在海德公园附近提供膳食的寄宿公寓里租下了带家具的房间。

1934 年　艾布拉姆此时已经是卡罗尔煤炭公司的所有人和经理人，他再婚了。所尔和朋友赫布⑤·帕辛一起坐火车流浪，到了纽约和蒙特利尔。两人在底特律被短期拘留。

1935 年　家庭经济状况发生逆转。艾布拉姆供不起所尔上芝加哥大学了。转学到西北大学（Northwestern University）；学习英语文学；同时师从当时著名的社会科学家梅尔维尔·让·赫斯科维茨⑥学习人类学。（“我得知，适用于非洲马塞人的道理不适用于因纽特人。后来我还发现严以养德的说法其实很不可靠。不过年轻的时候研究那些古里古怪的或者说是愚蠢的民俗，确实让我有点晕头转向。二十岁出头，我就是个文化相对主义者了。”）

1936 年　在《西北日报》（*The Daily Northwestern*）发表数篇文章，署名为“索尔·贝娄”。

---

① 富兰克林·德拉诺·罗斯福（Franklin Delano Roosevelt，1882—1945），亦称“小罗斯福”，1932 年起任美国总统，连任四届，直至病逝于任中。美国大萧条时期，他推行的“新政”（New Deal）挽救了美国经济。

② 芝加哥卢普区（Chicago Loop）是该市高架铁路环线以内市中心商业区的行政区名称。

③ 列昂·托洛茨基或列夫·达维多维奇·托洛茨基（Leon Trotsky/ Lev Davidovich Trotsky，1879—1940），俄国革命家、革命理论家。

④《俄国革命史》（*History of the Revolution*），1930 年出版。

⑤ 赫布（Herb）是赫伯特的昵称。

⑥ 梅尔维尔·让·赫斯科维茨（Melville Jean Herskovits，1895—1963），美国人类学家，东欧裔犹太人。

1937 年　为《灯塔》(*The Beacon*) 月刊供稿，获任该刊副主编。与《斯塔兹·洛尼根》的知名作者詹姆斯·托·法雷尔[①]结交。贝娄从西北大学毕业，获人类学学士学位。获威斯康星大学麦迪逊分校（University of Wisconsin，Madison）社会学及人类学系研究生奖学金；罗森菲尔德此时已经是该校的博士生。

1938 年　两个学期后，放弃研究生学习，返回芝加哥。短期参与公共事业振兴署[②]的工作，为中西部作家写传记。与安妮塔·戈什金（Anita Goshkin）结婚，安妮塔是印第安纳州（Indiana）拉斐特市人，在美国西北部激进人士的圈子里很引人注目，父母是克里米亚[③]犹太移民，赫布·帕辛对她的回忆是“心直口快，胸部丰满，相当固执”。贝娄开始在位于［芝加哥］南密歇根大道（South Michigan Avenue）的裴斯泰洛齐–福禄贝尔教师学院[④]工作，教人类学和英语。他布置阅读的文学作品包括福楼拜、陀思妥耶夫斯基、德莱塞和劳伦斯的小说。

1939 年　开始写作《鲁本·维特菲尔德》(*Ruben Whitfield*)，这是他第一次尝试写小说。“我在街上遇到了一位教授，他问了我一个很难回答的问题。这位 L 博士[⑤]是欧洲学者，学识渊博。因为谢顶，他把头发都剃光了；这世上的事他无所不知；他很严厉，但脸上常挂着微笑，这是因为他从容不迫，并不是因为他觉得有什么事情好笑。他快步穿行在车流中的时候也在看书，以拉丁文速记方式记笔记，用的是一套他自己发明的符号。他目光透过镶着金边的圆形眼镜片，脸上因为这礼貌的询问而堆起了皱纹，他问道，‘啊？**小说家**[⑥]过得怎么样？’**小说家**不太走红。**小说家**以缺乏良好教育的感官拥抱世界，在热恋着豪华壮美的同时却也热恋着愚蠢和污秽。他那种不招人待见的怪异让他自己心中隐隐作痛。据他自己所知，他是芝加哥仅有的一个全职**小说家**（除了纳尔逊·艾尔格林[⑦]以外），他感觉到了自己的处境是何等古怪（有

---

① 詹姆斯·托马斯·法雷尔（James Thomas Farrell，1904—1979），美国作家，代表作是《斯塔兹·洛尼根三部曲》(*The Studs Lonigan Trilogy*)。

② 美国的公共事业振兴署英文简称为 WPA，即 The Works Progress Administration，1935 年成立，1939 年更名为 Work Projects Administration，部门名称的关键词是“就业促进”，这是罗斯福推进“新政”期间成立的政府机构之一，“公共事业振兴署”是通用译名。

③ 克里米亚（Crimea）在乌克兰南部。

④ 裴斯泰洛齐–福禄贝尔教师学院（Pestalozzi-Froebel Teachers College）：约翰·海因里希·裴斯泰洛齐（Johan Heinrich Pestalozzi，1746—1827）是瑞士民主主义教育家，弗里德里希·威廉·奥古斯特·福禄贝尔（Friedrich Wilhelm August Froebel，1782—1852）是德国教育家，幼儿园的创立者。

⑤ 根据格雷格·贝娄在《索尔·贝娄之心：长子回忆录》(*Saul Bellow's Heart: A Son's Memoir*) 里对此事的记载（见该书中译本第 49 页），这应该是指俄裔美国社会学家、政治学家内森·莱茨（Nathan Leites，1912—1987）。

⑥ 原文为法语词 romancier，意为“小说家”，英语环境中有时可扩展其义成为“浪漫主义小说家”，前注格雷格书中即如是译。

⑦ 纳尔逊·艾尔格林（Nelson Algren，1909—1981），美国小说家。

时他把这种古怪想象成缺胳膊少腿)。[……] 我必须指出的一点是，市场上的贩子、搬家具的小工、装蒸汽管道的师傅、打制工具的匠人日子都比他好过。他们起码用不着费神来解释自己是干什么的。”

1940 年　阅读司汤达的作品。还有戴·赫·劳伦斯的游记《墨西哥之晨》(*Mornings in Mexico*)。和帕辛一起去墨西哥城。(“我们和托洛茨基约好去看他，到了他家门口，心情很激动，感觉非同寻常。我们说要见托洛茨基，他们说你们是谁啊，我们说我们是报社记者。他们说托洛茨基在医院。于是我们到医院去，要求见托洛茨基，他们打开门说，他在里面，我们就走进去，看到了托洛茨基。他刚刚去世。那天早上他遇刺了。他身上全是血，裹着带血的绷带，他的白胡子浸透了血。”)

1941 年　短篇小说《两个早晨的独白》(*Two Morning Monologues*) 为菲利普·拉夫接受，发表于《党派评论》。

1942 年　《鲁本·维特菲尔德》显然是放弃了。另一部长篇小说《暗黑的树》(*The Very Dark Trees*) 完成，柯尔特出版社 (Colt Press) 的威廉·罗斯 (William Roth) 接受了书稿，报酬是一百五十元。在纽约，贝娄和罗森菲尔德住在一起。(“在七十六街，放着面包片的烤箱里有时会窜出几只蟑螂。满屋子烟味儿，一身褐色的短腿小狗跑来跑去，没什么规矩，还咬书呢；百叶窗总是关着的 [阳光有害!]，烟灰缸都满得溢出来了。”) 与文学代理人马克西姆·利伯[①]签约，结识艾尔弗雷德·卡津和戴尔莫·施瓦茨[②]。征兵局因贝娄患疝气两次推迟他入伍。柯尔特出版社的出书计划被迫中止。威廉·罗斯送来五十块钱以示抚慰。贝娄烧掉《暗黑的树》书稿。读到里尔克[③]的《马尔特·劳里兹·布拉格手记》[④]，很受启发。(“我发现还有这种作家，然后他就变成了一首暗藏的歌，不分白天黑夜，始终在我的耳朵里回响。”) 开始写作长篇小说《晃来晃去的人手记》[⑤]。

1943 年　申请古根海姆基金[⑥]失败。惠特克·钱伯斯[⑦]拒绝了他的申请，因为他受

---

① 马克西姆·利伯 (Maxim Lieber，1897—1993)，当时美国纽约著名文学代理人。

② 戴尔莫·施瓦茨 (Delmore Schwartz，1913—1966)，美国作家、批评家。

③ 雷纳·马利亚·里尔克 (Rainer Maria Rilke，1875—1926)，本名勒内·卡尔·威廉·约翰·约瑟夫·马利亚·里尔克 (René Karl Wilhelm Johann Josef Maria Rilke)，奥地利诗人。

④《马尔特·劳里兹·布拉格手记》(*The Notebooks of Malte Laurids Brigge*，德文原书名为 Die Aufzeichnungendes Malte Laurids Brigge)，里尔克创作的日记体小说，译名又为《布拉格手记》或《马尔特手记》。

⑤《晃来晃去的人手记》(*The Notebook of a Dangling Man*)，这是仿里尔克作品的原拟书名，后改为《晃来晃去的人》(*Dangling Man*)。

⑥ 古根海姆基金 (Guggenheim Fellowship)，由 1925 年建立的美国古根海姆基金会每年颁发，以资助作家和学者完成工作。

⑦ 惠特克·钱伯斯 (Whittaker Chambers，1901—1961)，美国作家、编辑。

雇于《时代》(*Time*)周刊，为这家刊物写影评。得到《大英百科全书》(*Encyclopaedia Britannica*)兼职编辑工作。(“艾萨克·罗森菲尔德说过，每年花费不超过一千块钱就能当个穷人，七八百块钱也行。”)小说节选开始在《党派评论》上连载。入伍第三次推迟①。

1944 年　《晃来晃去的人》于 1944 年 3 月 23 日由先锋出版社（Vanguard Press）的詹姆斯·亨勒②主持出版；埃德蒙·威尔逊③在《纽约客》(*The New Yorker*)杂志上对该书做出高度评价，称“对于大萧条和战争期间成长起来的整整一代人来说，这是反映他们心理状况最真实的作品之一”。4 月，安妮塔生下儿子格雷格。此时贝娄的文学代理是拉塞尔与沃尔肯宁文学代理公司的创办人之一亨利·沃尔肯宁④。

1945 年　进入商船队。派驻位于布鲁克林羊头湾⑤的大西洋总部。日本投降后即无事可做。开始写下一个长篇《受害者》(*The Victim*)，贝娄的打算是写成“一部犯罪小说”。

1946 年　第二次申请古根海姆基金失利。受雇于明尼苏达大学明尼阿波利斯校区（University of Minnesota，Minneapolis）担任英语助教。资深同事中有罗伯特·佩恩·沃伦⑥，俩人后来成为终生好友。此外还结识了时任明尼阿波利斯市市长的休伯特·汉弗莱⑦。

1947 年　第一次到欧洲，去了巴黎、巴塞罗那、马德里、马拉加、格拉纳达⑧。11 月，《受害者》由先锋出版社出版。(“写《受害者》的时候，我接受的是一种福楼拜式的标准。这种标准当然不错，但结果让我感觉十分压抑 [……] 作家应该能够轻松、自然、充分地表现自己，他所采取的形式应该可以让他的头脑和能量都完全放开。为什么要别别扭扭地受形式的约束呢？情感也是可以模仿的吗？一定要‘正确’才行吗？为什么要强迫自己像英国人或者《纽约客》的作者那样写作呢？我很快就明白了，自己根本就不是说官

---

① 这是指加入美国陆军。贝娄后来加入了亦军亦民的美国商船队（United States Merchant Marine）。

② 詹姆斯·亨勒（James Henle，1928—1952），美国出版商。

③ 埃德蒙·威尔逊（Edmund Wilson，1895—1972），美国作家、批评家、文学家。

④ 亨利·沃尔肯宁（Henry Volkening，1902—1972），美国文学代理。拉塞尔与沃尔肯宁（Russell & Volkening）文学代理公司的另一创办人为迪尔姆伊德·拉塞尔（Diarmuid Russell，1902—1973），爱尔兰裔美国文学代理及出版商。

⑤ 布鲁克林羊头湾（Sheepshead Bay，Brooklyn）在纽约。

⑥ 罗伯特·佩恩·沃伦（Robert Penn Warren，1905—1989），美国诗人，文学批评家。

⑦ 全名小休伯特·霍雷肖·汉弗莱（Hubert Horatio Humphrey，Jr.，1911—1978），美国政治人物，1965 年至 1969 年任美国副总统。

⑧ 马拉加（Málaga）、格拉纳达（Granada）都是西班牙城市。

话的料。”）

1948—1949年 获古根海姆基金。在《党派评论》上发表《西班牙来信》(*Spanish Letter*)。和先锋出版社解除合作关系，转向维京出版社（Viking）；编辑是蒙罗·恩格尔[①]。与妻子安妮塔和儿子格雷格同去巴黎，在那里住了两年。巴黎的美国友人和熟人有玛丽·麦卡锡[②]，莱昂纳尔·阿贝尔[③]，威廉·菲利普斯[④]，赫伯特·戈尔德[⑤]，詹姆斯·鲍德温[⑥]，还有早年在芝加哥时就认识的朋友哈罗德·卡普兰即“卡比”[⑦]。通过卡比，又结识了乔治·巴塔耶[⑧]，莫里斯·梅洛-庞蒂[⑨]，阿尔贝·加缪[⑩]，阿瑟·凯斯特勒[⑪]，切斯瓦夫·米沃什[⑫]和尼科拉·乔洛蒙蒂[⑬]。对法国思想界的状态产生强烈反感：“我用古根海姆基金去了巴黎，有件事我算是看清楚了，《现代》杂志对马克思主义和左翼政治思想的了解还不如我上高中的时候多呢。”开始写新作品《螃蟹与蝴蝶》(*The Crab and the Butterfly*)，然后停了下来。一个春天的早晨，看着环卫工人打开水龙头，阳光下水沟里的水闪闪发亮，决定写一部不一样的小说。(“我从清洗街道的人们身边走开，默默地对自己说，‘我是美国人，生于芝加哥。’这里的‘我’并不是指我自己。我心里想的是二十年代中期，芝加哥奥古斯塔大街上我的一个小玩伴，叫奥吉。二十年代末期以后我就没见过他；如今四十年代都快过完了。我的朋友后来怎么样了，我说不上来。我忽然觉得，这个孩子长相俊美，率性而聪明，还精力旺盛，要是虚构他一生的故事，想必很值得一写。奥吉让我认识了美国语言，这种语言的魅力是他个性里诸多魅力中的一种。从他身上我不经意间学会了行事不拘一格，以自己的方式留下印记——先敲门者先入门。”）1949年3月，在《党派评论》发表短篇小说《佩普博士的布道》(*Sermon by Dr. Pep*)。10月，在《评论》杂志[⑭]发表《犹太作家与英语文学传统》(*The Jewish Writer and the English*

---

① 蒙罗·恩格尔（Monroe Engel，1921—2014），小说家、美国文学学者、编辑，在哈佛大学担任创意写作课程负责人多年。

② 玛丽·特里萨·麦卡锡（Mary Therese McCarthy，1912—1989），美国女作家、批评家。

③ 莱昂纳尔·阿贝尔（Lionel Abel，1910/1911—2001），美国犹太裔剧作家、评论家。

④ 威廉·菲利普斯（William Phillips，1907—2002），与菲利普·拉夫同为《党派评论》的创办人和主要编辑。

⑤ 赫伯特·戈尔德（Herbert Gold，1924—　），美国小说家。

⑥ 詹姆斯·鲍德温（James Baldwin，1924—1987），美国黑人作家、戏剧家、社会评论家。

⑦ 哈罗德·卡普兰（Harold Kaplan，1916—2015），昵称“卡比”（Kappy），美国文学批评家、学者，也是《党派评论》的作者。

⑧ 乔治·巴塔耶（Georges Bataille，1897—1962），法国评论家，小说家。

⑨ 莫里斯·梅洛-庞蒂（Maurice Merleau-Ponty，1908—1961年），法国心理学家、哲学家、作家。

⑩ 阿尔贝·加缪（Albert Camus，1913—1960），法国小说家、哲学家、戏剧家、评论家。

⑪ 阿瑟·凯斯特勒（Arthur Koestler，1905—1983），又译亚瑟·库斯勒，匈牙利裔英国作家。

⑫ 切斯瓦夫·米沃什（Czesław Miłosz，1911—2004），波兰裔美国诗人、散文家、文学史家。

⑬ 尼科拉·乔洛蒙蒂（Nicola Chiaromonte，1905—1972），意大利作家。

⑭《评论》(*Commentary*）月刊，由美国犹太人委员会于1945年创办。

Literary Tradition）。旅居罗马，见到伊尼亚齐奥·西洛内[1]，阿尔贝托·莫拉维亚[2]，艾尔莎·莫兰蒂[3]。在古希腊咖啡馆[4]度过许多夜晚。在《哈珀时尚》（*Harper's Bazaar*）发表短篇小说《朵拉》（*Dora*）。12月，造访伦敦，除会见出版人约翰·莱曼[5]以外，还见了西里尔·康诺利[6]，亨利·格林[7]，斯蒂芬·斯彭德[8]。

1950年 4月，在萨尔茨堡研讨会[9]上演讲。游览威尼斯、佛罗伦萨、罗马、波西塔诺、卡普里岛[10]。9月回到美国，和家人在纽约皇后区安顿下来。《意大利小说：没有希望》（*Italian Fiction: Without Hope*）发表于《新领袖》（*The New Leader*）杂志；《加利纳之行》（*Trip to Galena*）发表于《党派评论》。

1951年 《德莱塞和艺术的胜利》（*Dreiser and the Triumph of Art*）（弗·奥·马西森[11]《西奥多·德莱塞》书评）发表于《评论》。短篇小说《石墙边》（*By the Rock Wall*）发表于《哈珀时尚》。在纽约，开始由切斯特·拉斐尔医生（Dr. Chester Raphael）实施赖希疗法。（“我成了威廉·赖希的信徒，有两年时间，我躺着接受这种裸体疗法，展示自己动物的一面。这是我干过的一件荒唐事，可我总是为这种荒唐的事情所吸引。”）《写自传的纪德》（*Gide as Autobiographer*）（安德烈·纪德[12]《伪币制造者》[13]书评）发表于《新领袖》。《古利·麦克道尔在芝加哥往日风光俱乐部的致辞》（*Address by Gooley*

---

① 伊尼亚齐奥·西洛内（Ignazio Silone，1900—1978），又译伊格纳齐奥·斯隆，本名塞康蒂诺·特兰奎里（Secondino Tranquilli），意大利作家。

② 阿尔贝托·莫拉维亚（Alberto Moravia，1907—1990），意大利小说家、记者。

③ 艾尔莎·莫兰蒂（Elsa Morante，1912—1985），意大利作家。

④ 罗马的古希腊咖啡馆（Antico Caffè Greco）是许多文化名人乐于光顾之处，1760年开业，在意大利古老程度仅次于威尼斯（Venice）开业于1720年的花神咖啡馆（Caffè Florian）。

⑤ 约翰·莱曼（John Lehmann，1907—1987），英国诗人、文学家，1936年创办《新写作》（*New Writing*）期刊。

⑥ 西里尔·弗农·康诺利（Cyril Vernon Connolly，1903—1974），英国作家、文学批评家，时任文学杂志《地平线》（*Horizon*）的编辑。

⑦ 亨利·格林（Henry Green，1905—1973），本名亨利·文森特·约克（Henry Vincent Yorke），英国作家。

⑧ 斯蒂芬·哈罗德·斯彭德爵士（Sir Stephen Harold Spender，1909—1995），英国诗人、作家。

⑨ 萨尔茨堡研讨会（Salzburg Seminars）自1947年起每年在奥地利萨尔茨堡举办，为欧美之间的一个文化研究交流平台。

⑩ 佛罗伦萨（Florence）、波西塔诺（Positano）、卡普里岛（Capri）都是意大利名胜。

⑪ 弗朗西斯·奥托·马西森（Francis Otto Matthiessen，1902—1950），美国学者、文学批评家。

⑫ 安德烈·纪德（André Gide，1869—1951），法国作家。

⑬《伪币制造者》（*The Counterfeiters*），纪德的长篇小说，1926年出版。

MacDowell to the Hasbeens Club of Chicago）发表于《哈德逊评论》(*The Hudson Review*）季刊（后收入纳尔逊·艾尔格林编辑的《纳尔逊·艾尔格林自辑孤独怪物集》① 一书）。第二次造访萨尔茨堡。

1952年 春季学期在里德学院②、俄勒冈大学（University of Oregon)、华盛顿大学(University of Washington）授课。见到西奥多·罗特克③ 和迪伦·托马斯④。为《党派评论》翻译艾·巴·辛格⑤ 的《傻瓜吉姆佩尔》(*Gimpel the Fool*)，这是辛格的作品第一次以英语面世。贝娄的《贫民区里的笑声》(*Laughter in the Ghetto*)（肖洛姆·阿莱赫姆⑥《康托尔之子莫吐儿历险记》⑦ 书评）发表于《星期六文学评论》⑧。为《评论》写拉尔夫·埃里森《隐形人》(*Invisible Man*）一书的书评；后与埃里森及其妻范妮（Fanny）成为终生好友。6月，第一次住进纽约萨拉托加泉的艺术家聚居地雅都⑨。秋季，开始在普林斯顿给戴尔莫·施瓦茨当助教，结识约翰·贝里曼，俩人从此成为挚友。（"他脑子里装的几乎全是文学。经常是一见我来，他嘴里就冒出个'啊？'意思是要跟我来一场文学讨论了。讨论的也许是那天他正在琢磨的《暴风雨》，或者《堂吉诃德》⑩；也许是格雷厄姆·格林⑪，或者约翰·奥哈拉⑫；要么就是[莫里斯·] 戈古尔⑬ 对耶稣的看法，或者弗洛伊德对梦的看法。[……] 每次只谈一个重要的话题。不瞎聊。"）《奥吉·马奇历险记》节选《救生艇上的经历》(Interval in a Lifeboat）发表于《纽约客》。遇见桑德拉·恰克巴索夫⑭，她刚从本宁顿学院⑮ 毕业，在《党派评论》当接待员。（"我可以跟菲利普·拉夫出去，也可以跟索尔出去，"后来回忆起这一段的时候她常说，"我

---

①《纳尔逊·艾尔格林自辑孤独怪物集》(*Nelson Algren's Own Book of Lonesome Monsters*)，1963年出版。
② 里德学院（Reed College），在美国俄勒冈州波特兰市东南面。
③ 西奥多·休布纳·罗特克（Theodore Huebner Roethke，1908—1963)，美国诗人。
④ 迪伦·托马斯（Dylan Thomas，1914—1953)，威尔士诗人、作家、记者。
⑤ 艾萨克·巴什维斯·辛格（Isaac Bashevis Singer，1904 [1902?] —1991)，波兰出生的美国犹太作家，先用希伯来语后用意第绪语写作，大部分作品都已译成英文。
⑥ 肖洛姆·阿莱赫姆（Sholem Aleichem，1859—1916)，本名所罗门·诺莫维奇·拉宾诺维奇（Solomon Naumovich Rabinovich)，乌克兰出生的美国犹太作家，用意第绪语写作。
⑦《康托尔之子莫吐儿历险记》(*The Adventures of Mottel the Cantor's Son*)，又译《莫吐儿传奇》，汉语译本为《莫吐儿》。
⑧《星期六文学评论》(*Saturday Review of Literature*）为周刊，后改为《星期六评论》，1920年创刊，1968年停刊。
⑨ 雅都（Yaddo)，又译亚多，美国纽约附近萨拉托加泉（Saratoga Springs）一处十九世纪庄园遗址，现由一公司管理，为文化界人士提供短期住宿写作环境，类似艺术园区。
⑩《堂吉诃德》(*Don Quixote*)，西班牙作家塞万提斯的长篇小说。
⑪ 格雷厄姆·格林（Graham Greene，1904—1991)，英国作家。
⑫ 约翰·奥哈拉（John O'Hara，1905—1970)，爱尔兰裔美国作家。
⑬ 莫里斯·戈古尔（Maurice Goguel，1880—1955)，法国神学家。
⑭ 全名亚历桑德拉（桑德拉）·恰克巴索夫（Alexandra [Sondra] Tschacbasov)。
⑮ 本宁顿学院（Bennington College)，在美国佛蒙特州。

选了索尔。”)

1953 年 《海明威与男子汉形象》(*Hemingway and the Image of Man*)(菲利普·扬[①]《欧内斯特·海明威[②]》书评)发表于《党派评论》。贝娄开始在位于纽约州哈德逊河畔安南代尔(Annandale-on-Hudson)的巴德学院(Bard College)教书。住在不远处的巴里敦(Barrytown),此地产业所有人为钱勒·查普曼,著名美国文学家约翰·杰伊·查普曼[③]之子。7 月,第二次住进雅都。9 月,《奥吉·马奇历险记》出版,大受好评。(“我早期的书都写得直白体面。好像一定要达到亨·沃·福勒[④]的要求似的。但是写《奥吉·马奇历险记》的时候,我就很想创造出一种新型的美国式句子。大概就是雅俗融合吧。二十世纪最优秀的英语写作中就有这种写法——乔伊斯[⑤]的、卡明斯[⑥]的作品里都有。街头语言和一种高雅语体结合在一起。[……] 我觉得《奥吉·马奇历险记》代表了一种对小众艺术及其强加于人的各种禁忌所做出的反抗。我真实的愿望是要接‘地气’。我找到了——或者说我觉得自己找到了——可以**流畅地表达自己**的一条新路。无论好坏,反正这样做的确让我有了自己的风格。要不就是我希望这样去理解吧。与众不同也许当时并非好事,可这是我的性格使然。这个结果不可避免——对付不可避免的事情最好的办法就是把它看作好事。”)在巴德学院结识了艾尔玛·布兰代斯[⑦]、海因里希·布吕赫[⑧]、汉娜·阿伦特[⑨]、西奥多·霍夫曼(Theodore Hoffman)、安东尼·赫克特[⑩]、西奥多·韦斯[⑪]、基思·博茨福德[⑫]、杰克·路德维格[⑬]。

1954 年 《冈萨加手稿》(*The Gonzaga Manuscripts*)发表于《发现》(*Discover*)。《我怎样写奥吉·马奇的故事》(*How I Wrote Augie March's Story*)发表于《纽约时报书评》(*The New York Times Book Review*)。《个人纪录》(*A Personal Record*)

---

① 菲利普·扬(Philip Young,1918—1991),美国学者、海明威研究专家。

② 欧内斯特·米勒·海明威(Ernest Miller Hemingway,1899—1961),美国作家。

③ 约翰·杰伊·查普曼(John Jay Chapman,1862—1933),美国作家。钱勒·阿姆斯特朗·查普曼(Chanler Armstrong Chapman,1901—1982)是他四个孩子中的最后一个,曾娶美国作家亨利·詹姆斯(Henry James)的侄女为妻。

④ 亨利·沃森·福勒(Henry Watson Fowler,1858—1933),英国教师、英语用法专家、牛津系列词典编撰者。

⑤ 詹姆斯·乔伊斯(1882—1941),爱尔兰作家,《尤利西斯》(*Ulysses*,1922)的作者。

⑥ 爱德华·埃斯特林·卡明斯(Edward Estlin Cummings,1894—1962),美国诗人、作家,姓名常写成 e. e. cummings。

⑦ 艾尔玛·布兰代斯(Irma Brandeis,1905—1990),美国学者、文学经典研究专家。

⑧ 海因里希·布吕赫(Heinrich Blücher,1899—1970),德国诗人、哲学家,汉娜·阿伦特的丈夫。

⑨ 约翰娜 / 汉娜·阿伦特(Johanna/Hannah Arendt,1906—1975),德裔犹太人,美国政治理论家、哲学家。

⑩ 安东尼·埃文·赫克特(Anthony Evan Hecht,1923—2004),美国诗人。

⑪ 西奥多·拉塞尔·韦斯(Theodore Russell Weiss,1916—2003),美国诗人、文学杂志编辑。

⑫ 基思·博茨福德(Keith Botsford,1928—2018),生于比利时并长居欧洲的美国作家、编辑、记者。

⑬ 杰克·巴里·路德维格(Jack Barry Ludwig,1922—2018),美国犹太作家,生于加拿大。

（乔伊斯·卡里[1]《非蒙主佑》[2]书评）发表于《新共和》（*The New Republic*）杂志。因《奥吉·马奇历险记》一书获国家图书奖（National Book Award）。与安妮塔分居，辞去巴德学院教职。在马萨诸塞州韦尔弗利特（Wellfleet, Massachusetts）度夏，正在该地的朋友和熟人有艾尔弗雷德·卡津，玛丽·麦卡锡和哈佛大学（Harvard University）教授哈里·莱文[3]。

1955年 艾布拉姆·贝娄因动脉瘤去世。（“我在葬礼上流泪了，我大哥就对我说，‘别再像个移民那样行事！’他有几个生意上的朋友在场，所有这些不加掩饰的情感流露他都觉得丢人。”）短篇小说《将为人父者》（*A Father-to-Be*）发表于《纽约客》。代表《记者》（*The Reporter*）采访具有传奇色彩的芝加哥骗子“黄仔”韦尔（“Yellow Kid” Weil）。第二次获古根海姆基金。《陀思妥耶夫斯基眼中的法国人》（*The French as Dostoyevsky Saw Them*）发表于《新共和》。在内华达州里诺市[4]住下来，等待离婚。

1956年 2月，在里诺与桑德拉结婚。阿瑟·米勒[5]也在等待离婚，与玛丽莲·梦露[6]住进了不远处的小屋。《爱丁堡的拉比之子》（*Rabbi's Boy in Edinburgh*）（戴维·戴希斯[7]《两个世界》[8]书评）发表于《星期六文学评论》。9月，在雅都见到约翰·契弗，贝娄后来认为，契弗代表了当代美国小说创作的最高水平。贝娄用父亲留给自己的八千块钱遗产，买下了纽约州蒂沃里[9]一处破败的住房。在社会研究新学院[10]授课。11月，《抓住时机》（*Seize the Day*）在《党派评论》上刊出。（“我觉得对旧时代的芝加哥人来说，《抓住时机》里面的纽约人在情感上贫瘠了一些，或者说比较肤浅。我们中西部的人情感更为充实，也可以说更为丰富。我觉得我很庆幸自己能对付纽约，但是我在纽约的奋斗从来没赢过，我也从来没有以一个人所拥有的全部热情去回应过那里发生的任何事情。”）《恶棍大学》（*The University as Villain*）发表于《国家》（*The Nation*）周刊。

---

① 阿瑟·乔伊斯·卢内尔·卡里（Arthur Joyce Lunel Cary，1888—1957），英国作家，生于北爱尔兰。

②《非蒙主佑》（*Except the Lord*），乔伊斯·卡里的长篇小说，第二个三部曲之二，1953年出版。

③ 哈里·塔奇曼·莱文（Harry Tuchman Levin，1912—1994），美国学者、文学批评家。

④ 美国内华达州里诺市（Reno，Nevada）在二十世纪上半叶的一个地方特色是办离婚手续简单，不问理由，只要交费后住六个月即可，很多人专程来这里离婚，因此当时里诺甚至号称“世界离婚之都”。

⑤ 阿瑟·米勒（Arthur Miller，1915—2005），美国犹太人剧作家。

⑥ 玛丽莲·梦露（Marilyn Monroe，1926—1962），美国演员。

⑦ 戴维·戴希斯（David Daiches，1912—2005），苏格兰文学史学者、文学批评家、作家、犹太人。

⑧ 该书全名为《两个世界：爱丁堡的犹太童年》（*Two Worlds：An Edinburgh Jewish Childhood*），是作者的回忆录。

⑨ 蒂沃里（Tivoli）是美国纽约州达奇斯县（Dutchess County）的一个村子。

⑩ 纽约市的新学院（New School）又称新学院大学（New School University）、纽约社会研究新学院（The New School for Social Research，NSSR），创立于1919年，大部分位于格林威治村一带。

1957 年　1 月，桑德拉生下儿子亚当。贝娄在写一部新小说，启示基于巴里敦业主钱勒·查普曼的故事，但有很多虚构。在明尼苏达大学任教，与贝里曼是同事。蒂沃里的房子，贝娄夫妇不在的时候，是埃里森夫妇即拉尔夫和范妮住着。5 月，贝娄出席芝加哥大学理查德·斯特恩①主持的写作讲习班，见到了二十四岁的菲利普·罗斯，罗斯当时是英语讲师，贝娄看了他尚未发表的短篇小说《犹太人的改宗》②，十分欣赏。第四次也是最后一次入住雅都。秋季学期在西北大学授课。

1958 年　继续写以查普曼为原型的小说，书名此时定为《雨王亨德森》(*Henderson the Rain King*)。秋季学期再次到明尼阿波利斯任教。

1959 年　《世界深度读者，小心!》(*Deep Readers of the World*, *Beware!*) 发表于《纽约时报书评》。3 月，《雨王亨德森》出版。("很多书评批评我屈服于无法无天的疯狂冲动，放弃了城市背景和犹太主题。而我仍然坚持认为我的题材说到底还是美国。")《功成名就的沼泽》(*The Swamp of Prosperity*)（菲利普·罗斯《再见，哥伦布》[*Goodbye*, *Columbus*] 书评）发表于《评论》。结识年轻的小说作者爱丽丝·亚当斯③。写剧本，题目多次改动，先后拟为《布米奇》(*Bummidge*)、《上层的深度》(*The Upper Depths*)、《文科百态》(*Scenes from Humanitis*)，后定名为《最后的分析》(*The Last Analysis*)。与桑德拉分居。

1960 年　桑德拉要求离婚。贝娄按美国国务院安排，到波兰和南斯拉夫④讲学；玛丽·麦卡锡同行。("索尔和我分手了，但我们仍然是朋友，"麦卡锡在后来写给汉娜·阿伦特的信里说，"不过他交友太小心翼翼，太容易受伤，真的，就是对他拿定主意要好好交往的人他也这样。他现在的状态比在波兰那会儿要好些了，可我昨天送他走的时候还是很为他难过，他孤零零地一个人去意大利，就像奥吉，带着一副满不在乎的苦笑，消失在远方。")在以色列，见到现代希伯来文写作大家萨·约·阿格农⑤。去了那不勒斯、罗马、巴黎、爱丁堡、曼彻斯特。在伦敦，会见新的出版商乔治·韦登菲尔德⑥；为欢迎贝娄举办的招待会上，出席者有斯蒂芬·斯彭德、安东尼·鲍威尔⑦、路易斯·麦

---

① 理查德·古斯塔夫·斯特恩（Richard Gustave Stern，1928—2013），美国作家，在芝加哥大学任教四十多年。

② 菲利普·罗斯的这个短篇《犹太人的改宗》(*The Conversion of the Jews*) 讲一个小男孩对宗教信仰的一点疑问，首发于 1958 年，后收入他 1959 年的小说集《再见，哥伦布》(*Goodbye*, *Columbus*)。

③ 爱丽丝·亚当斯（Alice Adams，1926—1999），美国小说家，以短篇小说著称，她第一部有影响的作品长篇小说《无心之爱》(*Careless Love*) 1966 年才出版，其后作品渐多，并获得多种荣誉。

④ 南斯拉夫（Yugoslavia）全名是南斯拉夫联邦人民共和国，后解体为塞尔维亚、黑山、克罗地亚、斯洛文尼亚、马其顿、波斯尼亚六个国家。塞尔维亚境内有两个自治省：科索沃和伏伊伏丁那。

⑤ 萨缪尔·约瑟夫·阿格农（Shmuel Yosef Agnon，1888—1970），以色列作家、希伯来文小说家。

⑥ 阿瑟·乔治·韦登菲尔德（Arthur George Weidenfeld，1919—2016），英国出版商、慈善家、专栏作家。

⑦ 安东尼·戴莫克·鲍威尔（Anthony Dymoke Powell，1905—2000），英国小说家。

克尼斯[1]、卡尔·米勒[2]、约·博·普雷斯特利[3]等等。《尘封的珍宝》(*The Sealed Treasure*)发表于《泰晤士报文学增刊》(*Times Literary Supplement*)。开始写长篇小说《赫索格》。创办季刊《高贵的野蛮人》(*The Noble Savage*),并与基思·博茨福德和杰克·路德维格一起承担编辑工作;后来在该刊发表文章的作者有拉尔夫·埃里森、阿瑟·米勒、纳尔逊·艾尔格林、约瑟芬·赫布斯特[4]、哈罗德·罗森伯格[5]、约翰·贝里曼、霍华德·内梅罗夫[6]、赫伯特·戈尔德、哈维·斯威多斯[7]、托马斯·品钦[8]、罗伯特·库弗[9]、朱尔斯·菲弗[10]、爱德华·霍格兰[11]、伯·哈·弗里德曼[12]、丹·韦克菲尔德[13]、辛西娅·奥奇克、约翰·霍兰德[14]、唐纳德·芬克尔[15]、西摩·克里姆[16]、托马斯·伯杰[17]、马乔里·法伯(Marjorie Farber)、路易·加洛[18]。发觉桑德拉和自己的同事(也是固执的竞争者)杰克·路德维格已经有了一年多不正当的关系。6月与桑德拉以离婚收场。贝娄陷入热恋,对方是苏珊·格拉斯曼(Susan Glassman),芝加哥著名内科医生之女。

1961年　春季学期在波多黎各大学任教。《赫鲁晓夫[19]文学札记》(*Literary Notes on Khrushchev*)发表于《绅士》(*Esquire*)杂志。11月,与苏珊·格拉斯曼结婚,秋季学期在芝加哥大学任教。

1962年　《浮想联翩二三事》(*Facts That Put Fancy to Flight*)发表于《纽约时报书评》。与众多美国文学文化界名流一起,出席白宫为欢迎安德烈·马尔罗[20]举办的宴会。(贝娄后来曾说,肯尼迪总统“是可以和知识分子友好相处的,因为

---

① 弗雷德里克·路易斯·麦克尼斯(Frederick Louis MacNeice,1907—1963),爱尔兰诗人、剧作家。
② 卡尔·弗格斯·康纳·米勒(Karl Fergus Connor Miller,1931—2014),英国文学编辑、批评家、作家。
③ 约翰·博因顿·普雷斯特利(John Boynton Priestley,1894—1984),英国作家。
④ 约瑟芬·赫布斯特(Josephine Herbst,1892—1969),美国女作家、记者。
⑤ 哈罗德·罗森伯格(Harold Rosenberg,1906—1978),美国作家、哲学家、美术评论家。
⑥ 霍华德·内梅罗夫(Howard Nemerov,1920—1991),美国诗人。
⑦ 哈维·斯威多斯(Harvey Swados,1920—1972),美国作家、社会批评家。
⑧ 托马斯·品钦(Thomas Pynchon,1937—　),美国小说家。
⑨ 罗伯特·库弗(Robert Coover,1932—　),美国作家。
⑩ 朱尔斯·菲弗(Jules Feiffer,1929—　),美国漫画家、作家。
⑪ 爱德华·霍格兰(Edward Hoagland,1932—　),美国作家。
⑫ 伯纳德·哈珀·弗里德曼(Bernard Harper Friedman,1926—2011),美国作家、艺术批评家。
⑬ 丹·韦克菲尔德(Dan Wakefield,1932—　),美国作家。
⑭ 约翰·霍兰德(John Hollander,1929—2013),美国诗人、文学批评家。
⑮ 唐纳德·芬克尔(Donald Finkel,1929—2008),美国诗人。
⑯ 西摩·克里姆(Seymour Krim,1922—1989),美国作家、编辑、文学批评家。
⑰ 托马斯·路易斯·伯杰(Thomas Louis Berger,1924—2014),美国小说家。
⑱ 路易·加洛(Louis Gallo),美国南方诗人、作家。
⑲ 尼基塔·谢尔盖耶维奇·赫鲁晓夫(Nikita Sergeyevich Khrushchev,1894—1971),时为苏联领导人。
⑳ 安德烈·马尔罗(André Malraux,1901—1976),法国小说家、艺术理论家,时为法国政府文化事务部部长。

谢天谢地，他用不着自己成为其中一员。”）为西奥多·索罗塔洛夫①编辑的罗森菲尔德文集《暴行时代》（*An Age of Enormity*）写序。西北大学授予贝娄荣誉博士学位。《最后的分析》初期版本《文科百态——闹剧一场》（*Scenes from Humanitis — A Farce*）发表于《党派评论》。芝加哥大学任命贝娄为其社会思想委员会（Committee on Social Thought）的教授，为期五年，该委员会成员中还有社会学家爱德华·希尔斯②、宗教史学家米尔恰·伊利亚德③、古典学者戴维·格雷纳④。威廉·福克纳⑤去世。首次与格雷纳共同主持研讨课，后来又合作多次。在英语系里，小说家理查德·斯特恩后来成为贝娄又一位关系密切的助手和朋友。《小说未来何去何从？》（*Where Do We Go from Here? The Future of Fiction*）发表于《密歇根评论季刊》（*Michigan Quarterly Review*）。为西里尔·康诺利的《地平线》杂志写影评。

1963年　儿时好友奥斯卡·塔科夫心脏病发作去世，享年四十八岁。贝娄在《大西洋月刊》（*Atlantic Monthly*）发表《作家之为道学家》（*The Writer as Moralist*）。巴德学院授予贝娄荣誉博士学位。编辑《犹太短篇小说名作选》（*Great Jewish Short Stories*）并为该书撰写导言。（“我们不创造历史和文化。我们只是出现了而已，这由不得自己选择。我们随遇而安，尽力而为。面对一片混杂，我们不得不照单全收——收下不洁，收下悲剧，收下希望。”）在《国家》杂志对《比阿特丽斯·韦伯⑥美国日记》（*Beatrice Webb's American Diary*）一书发表评论。

1964年　3月，苏珊生下儿子丹尼尔。贝娄夫妇在玛莎葡萄园岛度夏，正在当地的朋友和熟人有莉莲·赫尔曼、威廉·斯泰伦和罗丝·斯泰伦夫妇⑦、罗伯特·布鲁斯坦⑧；赫伯特·伯格霍夫⑨和乌塔·哈根⑩是住在贝娄家里的客人。9月，《赫索格》出版。（“赫索格说，‘你老婆有了个情人，你打算怎么办？从书架上抽一本斯宾诺莎⑪的书，看看他对外遇是怎么讲的？要不就看他

① 西奥多·索罗塔洛夫（Theodore Solotaroff，1928—2008），美国文学编辑，创办了《新美国评论》杂志（*The New American Review*，后“新”字去掉，为《美国评论》）。

② 爱德华·希尔斯（Edward Shils，1910—1995），美国社会学家，以对知识分子的研究闻名。

③ 米尔恰·伊利亚德（Mircea Eliade，1907—1986），罗马尼亚宗教学家、宗教史学家、小说家。

④ 戴维·格雷纳（David Grene，1913—2002），美国古典学者，以翻译古希腊文学作品闻名。

⑤ 威廉·福克纳（William Faulkner，1897—1962），美国作家。

⑥ 玛莎·比阿特丽斯·韦伯（Martha Beatrice Webb，1858—1943），帕斯菲尔德男爵夫人（Baroness Passfield），英国社会改革家，费边社会主义者。

⑦ 威廉·斯泰伦的妻子是美国诗人、记者罗丝·伯贡德·斯泰伦（Rose Burgunder Styron）。

⑧ 罗伯特·桑福德·布鲁斯坦（Robert Sanford Brustein，1927—　），美国戏剧评论家、剧作家。

⑨ 赫伯特·伯格霍夫（Herbert Berghof，1909—1990），奥地利出生的美国演员、导演、表演指导。

⑩ 乌塔·赛拉·哈根（Uta Thyra Hagen，1919—2004），德裔美国演员、戏剧教师，伯格霍夫的妻子。

⑪ 巴鲁赫·德·斯宾诺莎（Baruch de Spinoza，1632—1677），犹太裔荷兰哲学家。

对人性的束缚是怎么讲的?'换句话说吧，你会发现你那些高深的学问都没用，你耗费心力获得的修养很荒谬。")连续四十二周名列畅销书榜；精装本售出十四万两千册。10月，《最后的分析》在百老汇贝拉斯科剧院(Belasco Theater)首演。("在《最后的分析》里，一个小丑被迫有了思想，于是和他眼前的那些现代画家、诗人、音乐家一样，他成了个理论家。我对自学成才的人还有哲学和科学的业余爱好者从来就没有抵抗力，很喜欢看着高雅文化以民主的精神广为传播。")评论趋于负面；演出二十八场后停演。10月，维京出版社恩格尔离去后即深为贝娄所信任的编辑帕斯卡尔·科维奇因心脏病发作去世。贝娄把蒂沃里的住宅捐赠给巴德学院。

1965年　此时凯瑟琳·卡弗[1]是贝娄在维京出版社的编辑。独幕剧本《瘤子》(*A Wen*)发表于《绅士》。因《赫索格》获国家图书奖；贝娄接受该奖时说："没有黎民百姓，小说家就只不过是个古董，将来只能放在某个毫无生机的博物馆走廊里，在玻璃展柜里陈列着。"市长理查德·约·戴利[2]代表中部作家学会(Society of Midland Authors)将五百元奖金授予贝娄。(贝娄后来说："艺术不是市长的那盘菜。不过说实在的，不是又怎么样?我倒是宁愿他对诗歌不感兴趣，总比像斯大林[3]那样有兴趣要好。")6月，出席白宫举办的艺术节，埃德蒙·威尔逊、罗伯特·洛威尔等人拒绝参加。在白宫东厅，贝娄朗读了《赫索格》节选；约翰·赫西[4]朗读了《广岛》(*Hiroshima*)节选；德怀特·麦克唐纳[5]在与会者中散发反战请愿书。(约翰逊总统事后说："为了让我丢脸，他们来了；为了让我丢脸，他们对我视而不见。")贝娄第二次在玛莎葡萄园岛度夏。获福明托文学奖[6]。又一部独幕剧本《橙子蛋奶酥》(*Orange Soufflé*)在《绅士》发表。

1966年　接受《巴黎评论》[7]的深度访谈，主持人是戈登·劳埃德·哈珀(Gordon Lloyd Harper)。《抓住时机》改编为剧本，由赫伯特·伯格霍夫执导，迈克·尼科尔斯[8]扮演剧中的汤米·威廉(Tommy Wilhelm)，以研讨会的形

---

① 凯瑟琳·德弗兰斯·卡弗(Catharine DeFrance Carver，1921—1997)，美国文学编辑。

② 理查德·约瑟夫·戴利(Richard Joseph Daley，1902—1976)，美国官员，来自芝加哥本地爱尔兰裔劳工阶层，在芝加哥连任市长达二十一年。

③ 约瑟夫·维萨里奥诺维奇·斯大林(Joseph Vissarionovich Stalin，1878—1953)，原姓朱加什维利(Jughashvili)，格鲁吉亚人，苏联政治家。

④ 约翰·理查德·赫西(John Richard Hersey，1914—1993)，美国作家、记者，较早将虚构作品中讲故事的技巧用于非虚构报道。

⑤ 德怀特·麦克唐纳(Dwight Macdonald，1906—1982)，美国作家、编辑、影评家、社会批评家。

⑥ 福明托文学奖(Formentor Prize)是法国的一个文学奖，获奖作品不限于法国文学，原文是 The Prix Formentor，福明托是法国地名。这个奖 1961 年开始颁发，1967 年后停止，2011 年恢复。

⑦《巴黎评论》(*Paris Review*)是一家美国办的文学杂志。

⑧ 迈克·尼科尔斯(Mike Nichols，1931—2014)，德裔美国电影和戏剧导演、演员。

式在意念剧场（Theatre of Ideas）上演。贝娄接受《生活》(*Life*) 杂志稿约，为正在竞选纽约州参议员的罗伯特·肯尼迪[1]写人物简介；跟随肯尼迪活动一个星期后失去信心，放弃了这件事。在美国笔会全国代表大会（PEN Congress）上做了主题发言，反响不佳，发言中他说："目前我们拥有一个很大的文学共同体，还有一种**姑且**[2]称之为文学文化的东西，我觉得这东西非常不好。"见到玛格丽特·斯塔茨（Margaret Staats)。贝娄独幕剧汇总的《身体欠佳》(*Under the Weather*）在伦敦时运剧院（Fortune Theatre）首演，评论整体不错。7月，戴尔莫·施瓦茨去世。10月，《身体欠佳》在纽约百老汇科特剧院（Cort Theater）上演，由谢莉·温特斯[3]担任主演；饱受批评；不到两个星期即停演。与妻子苏珊分居。开始写长篇小说《赛姆勒先生的行星》。维京出版社的凯瑟琳·卡弗离职，丹佛·林德利[4]成为贝娄的编辑。

1967年 到中东为《每日新闻报》(*Newsday*）采访"六日战争"[5]。("很多死者是光着脚的，因为在逃跑中扔掉了鞋。只有几个人戴着头盔。有些人包着头布。离开加沙后，我就没见到活着的埃及人，除了一伙被俘的狙击手，蒙着眼睛捆绑着躺在一辆卡车里。帐篷里的人都跑了。用旧麻袋和破塑料布搭起来的棚子里空无一人，只有几条狗嗅来嗅去，当然还有大群的苍蝇。") 在纽约东汉普顿度夏以作休整，当地的友人有索尔·斯坦伯格[6]和哈罗德·罗森伯格。在美国多地高校演讲，题目是《怀疑论和生活的深度》(*Skepticism and the Depth of Life*)。

1968年 春天在瓦哈卡[7]和玛姬[8]·斯塔茨在一起；夏天在东汉普顿。9月在塞尔贝罗尼别墅，这是洛克菲勒基金会在科莫湖[9]的一处疗养胜地，贝娄在这里和年轻诗人路易丝·格吕克[10]成了朋友。童年好友路易斯·西得兰因癌症去世。

---

① 罗伯特·弗朗西斯·肯尼迪（Robert Francis Kennedy，1925—1968），美国政客、律师，约翰·肯尼迪的弟弟，昵称"博比（Bobby）"。

② 原文是法语：faute de mieux。

③ 谢莉·温特斯（Shelley Winters，1920—2006），美国影视舞台三栖演员。

④ 丹佛·林德利（Denver Lindley，1904—1982），美国翻译家、编辑。

⑤ "六日战争"又称第三次中东战争，阿拉伯国家称为六月战争，因发生于1967年6月初，战事起于以色列"先发制人"，占领了加沙地带、西奈半岛、约旦河西岸、耶路撒冷旧城等大片土地，结果是埃及、约旦、叙利亚联军大败，数十万阿拉伯平民逃离家园沦为难民。

⑥ 索尔·斯坦伯格（Saul Steinberg，1914—1999），罗马尼亚裔美国犹太人、插画家。

⑦ 瓦哈卡（Oaxaca），墨西哥南部瓦哈卡州首府。

⑧ 玛姬（Maggie）是玛格丽特的昵称。

⑨ 科莫湖（Lake Como），意大利伦巴第地区的一处名胜，塞尔贝罗尼别墅（Villa Serbelloni）位于湖边的贝拉吉奥小镇。

⑩ 路易丝·伊丽莎白·格吕克（Louise Elisabeth Glück，1943—　），美国诗人。

短篇小说集《莫斯比的回忆》(*Mosby's Memoirs*) 10 月出版。和苏珊离婚。阿伦·艾舍 (Aaron Asher) 接替丹佛·林德利成为贝娄在维京出版社的编辑。在伦敦，贝娄和自己的英国出版商乔治·韦登菲尔德会谈。偶遇格雷厄姆·格林。12 月，约翰·斯坦贝克 ① 去世。

1969 年　1 月，约瑟芬·赫布斯特去世。贝娄开始接受精神分析治疗，主持者是芝加哥大学的海因茨·科胡特 ②，精神分析学中颇有影响的"自体心理学"学派由他创立。6 月，回到贝拉吉奥小镇上的塞尔贝罗尼别墅；8 月，在楠塔基特 ③ 岛。《赛姆勒先生的行星》在《大西洋月刊》上连续刊出。

1970 年　萨·约·阿格农去世。《赛姆勒先生的行星》单行本出版。贝娄访问内罗毕 ④ 和亚的斯亚贝巴 ⑤。在普度大学 ⑥ 发表演说，题目是《如今的文化：有骂声，有笑声》(*Culture Now: Some Animadversions, Some Laughs*)，批评一些出版物上流行的先锋派作品，这些出版物里就包括威廉·菲利普斯和理查德·波瑞尔 ⑦ 主编的《党派评论》。接受纽约大学授予的荣誉博士学位。6 月，在耶路撒冷的艺术家聚居地"和平社区" ⑧。

1971 年　《如今的文化》发表于菲利普·拉夫主编的季刊《现代时刻》(*Modern Occasions*)。贝娄因《赛姆勒先生的行星》获国家图书奖。《最后的分析》以外百老汇戏剧演出的形式在方圆剧院恢复上演 ⑨；评论转好；五周后停演。

1972 年　约翰·贝里曼在明尼阿波利斯从华盛顿大道桥上跳下身亡。("信念对抗绝望，爱情对抗虚无，一直都是他奋斗和诗作中的主题。他艺术追求所需要的一切，都来自他本人，来自他的头脑、他的才智。他呕心沥血，不惜付出全部体力。终于把生命消耗殆尽。") 哈佛大学和耶鲁大学授予贝娄荣誉

---

① 小约翰·厄恩斯特·斯坦贝克 (John Ernst Steinbeck, Jr., 1902—1968)，美国作家。

② 海因茨·科胡特 (Heinz Kohut, 1913—1981)，奥地利出生的美国精神分析学家、芝加哥大学教授。

③ 楠塔基特 (Nantucket) 是美国马萨诸塞州东南沿海的一处度假胜地，由楠塔基特岛和周围小岛构成。

④ 内罗毕 (Nairobi)，非洲肯尼亚首都。

⑤ 亚的斯亚贝巴 (Addis Ababa)，非洲埃塞俄比亚首都。

⑥ 普度大学 (Purdue University)，位于美国印第安纳州西拉斐特市 (West Lafayette)。

⑦ 理查德·波瑞尔 (Richard Poirier, 1925—2009)，美国文学批评家。

⑧ "和平社区"原文为希伯来语词 Mishkenot Sha'ananim，字面意思为 Peaceful Habitation。这是耶路撒冷老城外犹太人的第一个定居点，由摩西·蒙蒂菲奥里爵士 (Sir Moses Montefiore) 建于 1860 年，因此现在常用的名称是蒙蒂菲奥里区。这里原来是贫民居住，现在已经改建为时尚街区。

⑨ 外百老汇 (Off-Broadway) 戏剧演出是小型专业性演出，与百老汇的营利性演出相对立，形成互补，一般成本较低，风格自由。这种演出和剧院所在地关系不大，如当地的方圆剧院 (Circle in the Square) 就在曼哈顿中心地区，是百老汇剧院之一。

学位[1]。6月，埃德蒙·威尔逊去世。贝娄去日本旅行。尼科拉·乔洛蒙蒂去世。亨利·沃尔肯宁去世；贝娄新雇用的文学代理人是沃尔肯宁十分信任的下属哈丽特·沃瑟曼（Harriet Wasserman）。哈维·斯威多斯去世。11月，在史密森学会[2]发表演讲，题目是《技术时代的文学》(*Literature in the Age of Technology*)。

1973年　出席芝加哥人智学[3]学会的系列会议。4月起，在英格兰东萨塞克斯郡罗德梅尔村弗吉尼亚和伦纳德·伍尔夫夫妇的乡间旧宅里住了六个星期。通过米尔恰和克莉丝蒂内尔（Christinel）·伊利亚德夫妇的关系，结识了西北大学数学教授、罗马尼亚出生的亚历珊德拉·约内斯库·图尔恰[4]。现在伊丽莎白·尼布尔·西夫顿（Elisabeth Niebuhr Sifton）是贝娄在维京出版社的编辑。12月，菲利普·拉夫去世。

1974年　长篇小说《洪堡的礼物》写作正在进行，《花花公子》(*Playboy*) 发表了节选，标题与书名相同。对人智学及其创立者鲁道夫·施坦纳的著作兴趣渐增。（"我承认确实让施坦纳给迷住了。因所知有限，我还不能自称为施坦纳的崇拜者。我内心中大学教授的那一部分很想对批评他的人来一场即时测验，看他们对施坦纳到底是否做足了功课。"）11月，与亚历珊德拉·约内斯库·图尔恰结婚。《绅士》发表了《洪堡的礼物》第二篇节选，题为《仅存者的负担》(*Burdens of a Lone Survivor*)。

1975年　出席白宫欢迎英国首相哈罗德·威尔逊[5]的宴会。到英国和欧文·巴菲尔德[6]交谈，巴菲尔德是律师也是哲学家，对施坦纳的学说笃信不移，贝娄对人智学的兴趣即源自他的著作《拯救外观：偶像崇拜研究》(*Saving the Appearances: A Study in Idolatry*)。8月，《洪堡的礼物》出版。10月起在以色列居留三个月，为随笔写作收集资料；采访亚·布·耶霍舒亚[7]，阿摩司·奥

---

① 哈佛大学和耶鲁大学（Yale University）在同一天授予贝娄荣誉博士学位。

② 史密森学会（Smithsonian Institution）于1846年创立于华盛顿，是美国政府资助的半官方性质的博物馆联合机构，下设十四所博物馆和一所国立动物园。

③ 人智学（anthroposophy）又译人类智慧学，是精神科学中的一种学说，主张用科学方法来研究人的智慧和人类与宇宙万物之间的关系，把人类作为研究一切知觉的中心，认为人能够认知人类本性，由奥地利/德国哲学家鲁道夫·施坦纳（又译史代纳）(Rudolf Steiner，1861—1925）创立。

④ 亚历珊德拉·约内斯库·图尔恰（Alexandra Ionescu Tulcea，1935—　），罗马尼亚裔美国数学家。

⑤ 詹姆斯·哈罗德·威尔逊（James Harold Wilson，1916—1995），英国政治家。

⑥ 欧文·巴菲尔德（Owen Barfield，1898—1997），英国哲学家、作家、文学批评家、诗人。

⑦ 亚伯拉罕·"布里"·耶霍舒亚（Abraham "Boolie" Yehoshua，1936—　），又译A. B. 约书亚，以色列作家，《纽约时报书评》称其为"以色列的福克纳"。

兹[①]，阿巴·埃班[②]，耶路撒冷市长特迪·科勒克[③]，总理伊扎克·拉宾[④]。亚历珊德拉在耶路撒冷的希伯来大学（Hebrew University）讲授概率论。11月，莱昂纳尔·特里林[⑤]去世；12月，汉娜·阿伦特去世。

1976年 因《洪堡的礼物》获普利策奖。随笔《耶路撒冷去来》(*To Jerusalem and Back*）在《纽约客》上连续刊出；单行本10月出版。12月，贝娄获诺贝尔奖，因其“作品中融合了对当代文化人性化的理解和微妙的分析”。在斯德哥尔摩发表的演讲重复了以往的观点：“我们绝不能允许知识分子支配我们的一切。让他们来操纵艺术对他们自己也并无好处。难道他们看小说的时候，除了从中发现支持他们自己看法的东西以外，别的就不该有所发现了吗？我们生于这个世界就是为了玩这种游戏吗？”[⑥]

1977年 芝加哥第一区法院宣布贝娄1968年与苏珊离婚案中的财产处分无效，认定贝娄低估了当时和其后的版税收入，判决他提高离婚赡养费和子女抚养费。3月，在华盛顿特区杰弗逊人文学科讲座（Jefferson Lectures in the Humanities）发表两次演讲，对芝加哥生活做了长篇回忆。(“三十年代我第一次到纽约的时候，看到第三大道高架轻轨离出租公寓楼的客厅窗户那么近，大为吃惊。芝加哥到处都有很多空地；丑陋但是宽敞，经常可以看到数量巨大的东西，视野开阔，一片空旷，但总是让人觉得不太可靠；到处是灰色，到处是褐色，大块的云。火车摇摇晃晃地穿过紫罗兰色的夏日傍晚，驶过洁净的铁轨[那是唯一洁净的东西]，掠过芝加哥众多人家的后院，那里有灰色的木制门廊，脏兮兮的灰色楼梯，粗大的木架，一条条滑轮晾衣绳。在芝加哥南部，火车直接驶入煤场的烟雾中。可怕的怪味好像把太阳也传染了，弄得太阳虽然明晃晃的，却也雾腾腾的。”）5月，获美国艺术文学学会暨协会小说金奖；约翰·契弗宣读授奖辞。9月，库克县巡回法院认定贝娄藐视法庭，因为他没有给苏珊支付赡养费和子女抚养费；判决是十天监禁；这一结果后来获得改判。秋季学期在马萨诸塞州剑桥市[⑦]。在布兰代斯大学[⑧]授课，亚历珊德拉

---

① 阿摩司·奥兹（Amos Oz，1939—　），以色列作家、记者。

② 阿巴·埃班（Abba Eban，1915—2002），以色列外交官、语言学者。

③ 特迪·科勒克（Teddy Kollek，1911—2007），匈牙利出生的以色列官员，连任五届耶路撒冷市长，长达二十多年。

④ 伊扎克·拉宾（Yitzhak Rabin，1922—1995），以色列政治家，1995年11月4日被刺身亡。

⑤ 莱昂纳尔·特里林（Lionel Trilling，1905—1975），美国文学批评家、作家。

⑥ 这段话中有好几处都从宋兆霖先生的译文中得到启发，谨此致谢。

⑦ 美国马萨诸塞州剑桥市（Cambridge）紧邻波士顿市西面，是哈佛大学和麻省理工学院（Massachusetts Institute of Technology，MIT）所在地（马萨诸塞州旧译麻省，这个校名按专有名词约定俗成原则保留旧译）。

⑧ 布兰代斯大学（Brandeis University）在波士顿西面十四公里的沃尔瑟姆（Waltham）镇，是一所私立研究型大学，有“犹太哈佛”之称。

也在该校授课。结识莱昂·维瑟蒂尔①，时为哈佛大学犹太历史与哲学研究生。获任麦克阿瑟"天才"奖（MacArthur "genius" grants）获奖者委员会成员，职责是挑选获奖者，任期五年。

1978 年　离开维京出版社，改与哈珀与罗出版公司（Harper & Row）签约，新编辑是哈维·金斯伯格（Harvey Ginsberg）。7 月，哈罗德·罗森伯格去世；8 月，伊尼亚齐奥·西洛内去世。和亚历珊德拉一起去罗马尼亚探望她病危的母亲、前罗马尼亚卫生部长弗洛莉卡·巴格达萨尔（Florica Bagdasar）。伊利诺伊州上诉法院判决被告索尔·贝娄付给原告苏珊·格拉斯曼·贝娄五十万元以解决由二人 1968 年离婚引发的财产处分纠纷。

1979 年　3 月，吉恩·斯塔福德②去世。在佛蒙特州西哈利法克斯（West Halifax）度夏。整个秋天在写新小说《院长的十二月》（*The Dean's December*）。

1980 年　首次与社会思想委员会同事艾伦·布鲁姆③共同主持研讨课，后来又合作多次。（几年下来，研讨课讲过的作家里包括了莎士比亚、卢梭④、司汤达、陀思妥耶夫斯基、狄更斯⑤、乔伊斯、普鲁斯特、托尔斯泰，还有莎士比亚⑥。）戴维·格雷纳有时也到场。哈维·金斯伯格离开哈珀与罗出版公司；爱德华·伯林盖姆（Edward Burlingame）现在是贝娄的编辑。

1981 年　参加图里高中聚会。5 月，在牛津大学布雷森诺斯学院（Brasenose College，Oxford）发表演说。6 月，在西班牙阿尔梅利亚（Almería，Spain）看望巴丽·艾利森⑦。纳尔逊·艾尔格林去世。在巴黎，会见塞缪尔·贝克特。

1982 年　2 月，《院长的十二月》出版。6 月，约翰·契弗去世。（"我觉得，约翰和我之间彼此看重，不是因为我们的共同之处，而是因为我们的不同之处。他是地道的美国佬；我呢，来自芝加哥，是犹太移民的儿子。他的声音，他的风格，他的幽默，都和我不同。他的习惯是沉默寡言，我的习惯是……反正不一样。摆平这些不同之处成了约翰的事。他处理得轻松自如，不过是把人性的本质放在首位罢了；首先就是人——他本人，我本人——然后才是别的东西——阶级出身，社会历史。我也算阅人无数了，可从来没见过像他这样处

① 莱昂·维瑟蒂尔（Leon Wieseltier，1952—　），美国作家、批评家、杂志编辑。
② 吉恩·斯塔福德（Jean Stafford，1915—1979），美国女作家。
③ 艾伦·戴维·布鲁姆（Allan David Bloom，1930—1992），美国哲学家、古典学者。
④ 让-雅克·卢梭（Jean-Jacques Rousseau，1712—1778），法国启蒙思想家。
⑤ 查尔斯·狄更斯（Charles Dickens，1812—1870），英国小说家、社会批评家。
⑥ 原文如此。"莎士比亚"重复了。
⑦ 巴丽·艾利森（Barley Allison，？—1989），贝娄的友人，曾在出版社担任编辑部负责人。

理这种事的——我的意思是说，处理得如此了无痕迹。”）贝娄和亚历珊德拉又住进佛蒙特州西哈利法克斯租来的房子里。他们开始在贝娄买下的旁边一块地上盖新房子。短篇小说《口无遮拦的人》（*Him with His Foot in His Mouth*）发表于《大西洋月刊》。

1983 年　在刚落成的新房子里度夏。12 月，《在罗斯福先生的时代》（*In the Days of Mr. Roosevelt*）发表于《绅士》。

1984 年　2 月，中篇小说《今天过得怎么样？》（*What Kind of Day Did You Have?*）发表于《名利场》（*Vanity Fair*）杂志。5 月，短篇小说集《口无遮拦的人》出版。拉钦公共图书馆更名为索尔·贝娄公共图书馆。重访出生地第八大道130 号。6 月，莉莲·赫尔曼去世。贝娄到卡普里岛接受马拉帕特奖①；莫拉维亚出席。贝娄请在当地定居的作家雪莉·哈泽德②带他游览了乔维别墅③，这原是古罗马皇帝提比略④的宫殿遗址，贝娄 1950 年来过。（“这也许是我最后一次机会了。”）8 月底，主持在佛蒙特州威尔明顿（Wilmington）召开的国际研讨会，为期五天，与会者有切斯瓦夫·米沃什、海因里希·伯尔⑤、安德烈·西尼亚夫斯基⑥、阿兰·贝桑松⑦、皮埃尔·哈斯纳⑧、莱斯泽克·科拉科夫斯基⑨、艾伦·布鲁姆、露丝·普拉瓦尔·贾布瓦拉⑩、沃纳·丹豪瑟⑪等。

1985 年　3 月，第一个妻子安妮塔去世。5 月，大哥莫里斯去世，6 月是二哥萨姆去世。亚历珊德拉要求离婚。贝娄离开北区（North End），搬到海德公园。在佛蒙特寂然度过七十岁生日。艾尔莎·莫兰蒂去世。贝娄在纽约道德文化学会⑫演讲。

---

① 马拉帕特奖（Malaparte Prize）是意大利颁发的一个奖，名称来自意大利作家、诗人、记者库尔齐奥·马拉帕特（Curzio Malaparte，1898—1957），他在那不勒斯海湾卡普里岛上的住宅曾获世界建筑杰作奖，世称马拉帕特别墅。

② 雪莉·哈泽德（Shirley Hazzard，1931—　），澳大利亚作家。

③ 乔维别墅（Villa Jovis），又称朱庇特别墅（Villa of Jupiter），也在卡普里岛上。

④ 提比略（Tiberius，前 42—37），又译提庇留或提贝里乌斯。

⑤ 海因里希·伯尔（Heinrich Böll，1917—1985），德国作家。

⑥ 安德烈·多纳托维奇·西尼亚夫斯基（Andrei Donatovich Sinyavsky，1925—1997），苏联 / 俄罗斯作家，文学批评家，笔名艾布拉姆·特兹（Abram Tertz）。（本书原文中“西尼亚夫斯基”的拼写为 Sinyavski。）

⑦ 阿兰·贝桑松（Alain Besançon，1932—　），法国历史学家。

⑧ 皮埃尔·哈斯纳（Pierre Hassner，1933—2018），法国政治学者。

⑨ 莱斯泽克·科拉科夫斯基（Leszek Kołakowski，1927—2009），波兰思想史学者。

⑩ 露丝·普拉瓦尔·贾布瓦拉（Ruth Prawer Jhabvala，1927—2013），德国出生的英籍作家、电影编剧，曾居印度，后定居美国。

⑪ 沃纳·丹豪瑟（Werner Dannhauser，1929—2014），德裔美国政治学者。

⑫ 道德文化学会（Ethical Culture Society）或译《伦理教化学会》，欧美多地都有，是十九世纪“道德运动（Ethical Movement）”的产物，意在张扬世俗道德传统，有宗教色彩。

1986 年　离开哈珀与罗出版公司，改与威廉·莫罗出版公司（William Morrow & Company）签约；哈维·金斯伯格再次成为贝娄的编辑。出席在纽约召开的国际笔会①会议。在伦敦笔会发言。3 月，伯纳德·马拉默德②去世；4 月，米尔恰·伊利亚德去世。与贾妮斯·弗里德曼（Janis Freedman）恋情日深。在海德公园多切斯特大道 5825 号开始共同生活。12 月，西德尼·贾·哈里斯去世。

1987 年　为艾伦·布鲁姆的《美国精神的封闭》③撰写导言。（“这样的文风似乎有一种古板的经典味道——‘真理’，‘智者’，‘善’，‘人’——所以在现代读者眼里是有缺陷的，但我们无论如何也不能否认的是，我们对这种语言的排斥背后其实隐藏着一种负疚感，因为我们现代的言论太浅薄了，而且经常都是些垃圾。”）和贾妮斯一起旅行，去了卢加诺、米兰、普罗旺斯的艾克斯、里昂④、耶路撒冷。在海法参加作家会议；出席者中有布鲁姆、马丁·艾米斯⑤和亚·布·耶霍舒亚。《更多的人死于心碎》（*More Die of Heartbreak*）由威廉·莫罗出版公司出版。在阿默斯特学院⑥授课。在特伦顿学院⑦（Trenton College）举行读书活动。

1988 年　从罗纳德·里根⑧手里接受自由勋章。（“在公共生活领域，我从没见过任何人像他这样，以艺术家的活力，从容不迫，把自己的角色扮演得这么好。”）4 月，保罗·米拉诺⑨去世。贝娄离开威廉·莫罗出版公司，重新与维京出版社合作。在犹太出版学会（Jewish Publication Society）于费城召开的会上发言，题目是《犹太作家在美国》（*A Jewish Writer in America*）。春季学期在达特茅斯学院⑩授课，然后和贾妮斯一起去意大利。在阿布鲁佐⑪接受了斯坎诺文学奖（Scanno Prize）。在巴黎，贝娄和贾妮斯住在克利翁大饭店

---

① 国际笔会（PEN International）又称世界作家协会。

② 伯纳德·马拉默德（Bernard Malamud，1914—1986），美国犹太作家。

③《美国精神的封闭》（*The Closing of the American Mind*）又译《走向封闭的美国精神》，国内有译林出版社 2007 年译本。

④ 卢加诺（Lugano）是瑞士旅游城市，米兰（Milan）是意大利北部城市，普罗旺斯的艾克斯（Aix-en-Provence）和里昂（Lyon）都是法国城市。下一句中的海法（Haifa）是以色列西北部港市。

⑤ 马丁·路易斯·艾米斯（Martin Louis Amis，1949—　），英国小说家。

⑥ 阿默斯特学院（Amherst College）是一所私立文科学院，位于美国马萨诸塞州的阿默斯特镇。

⑦ 特伦顿学院（Trenton College）在美国新泽西州（New Jersey）首府特伦顿市。上文提及的阿默斯特学院在纽约北面的马萨诸塞州，而特伦顿所在的新泽西州在纽约南面，两地相距甚远。

⑧ 罗纳德·里根（Ronald Reagan，1911—2004），时任美国总统。

⑨ 保罗·米拉诺（Paolo Milano，1905—1988），贝娄好友，意大利期刊编辑、文学批评家。

⑩ 达特茅斯学院（Dartmouth College）是一所历史悠久的私立学院，在美国新罕布什尔州的汉诺佛（Hanover）小镇上。

⑪ 阿布鲁佐（Abruzzo）是意大利南部的一个区。

(Hôtel Crillon)，和艾伦·布鲁姆及迈克尔·Z. 吴[1]一起度假。

1989 年 开始写两部长篇小说：《所有的弹珠还都算数》(*All Marbles Still Accounted For*)[2]和《攸关爱情》(*A Case of Love*)(生前两部都未完成)。马尔科姆·考利[3]去世。3 月，贝娄出版了《偷窃》(*A Theft*)。6 月，巴丽·艾利森[4]去世。8 月 25 日，在佛蒙特州威尔明顿和贾妮斯·弗里德曼结婚。利用芝加哥大学休假期间，在波士顿大学（Boston University）秋季学期授课，并在该校开设讲座。同时在哈佛大学发表演说。9 月，罗伯特·佩恩·沃伦去世；10 月是玛丽·麦卡锡。贝娄到华盛顿接受笔会授予的马拉默德奖[5]。在俄克拉荷马州巴特尔斯维尔市（Bartlesville，Oklahoma）接受赫尔默里奇杰出作家奖[6]。中篇小说《贝拉罗莎暗道》(*The Bellarosa Connection*) 于 12 月出版。塞缪尔·贝克特去世。

1990 年 短篇小说《我留下的纪念》(*Something to Remember Me By*) 发表于《绅士》。在纽约，贝娄在为瓦茨拉夫·哈维尔[7]举行的庆祝会上发言。5 月，和贾妮斯一起去阿姆斯特丹[8]（Amsterdam）和伦敦。和马丁·艾米斯成为好友。在牛津大学做罗马尼斯语[9]讲座。在伦敦唐宁街 10 号，和玛格丽特·撒切尔[10]一起喝茶。(“她并不需要我。她问的问题都自己回答了。”) 与贾妮斯在英格兰南部的锡德茅斯（Sidmouth）度迟到的蜜月。6 月 10 日，约翰·奥尔巴赫[11]、艾尔·格罗策[12]、思蒂·科根、索尔·斯坦伯格、埃莉诺·克拉克[13]、罗莎娜·沃伦[14]、基思·博茨福德、威廉·阿罗史密斯[15]、菲利普·罗斯、克莱

---

① 迈克尔·Z. 吴（Michael Z. Wu），艾伦·布鲁姆的同伴，布鲁姆把自己最后一本书《爱情与友谊》(*Love and Friendship*) 题献给了他。

② 贝娄身后此书出版时去掉了“还”(still) 一字。

③ 马尔科姆·考利（Malcolm Cowley，1898—1989），美国作家、诗人、文学批评家、记者。

④ 此处“艾利森”的拼写为 Alison，与前面（1981 年）略有不同。

⑤ 这个奖常写为 PEN/Malamud Award 即“笔会 / 马拉默德奖”。马拉默德曾任国际笔会美国分会会长。

⑥ 这个奖的全称是 Peggy V. Helmerich Distinguished Authors Award 即“佩吉·V. 赫尔默里奇杰出作家奖”，由塔尔萨市–县图书馆（Tulsa City-County Library）颁发。

⑦ 瓦茨拉夫·哈维尔（Václav Havel，1936—2011），捷克剧作家，1990 年出任捷克斯洛伐克联邦总统。

⑧ 阿姆斯特丹（Amsterdam）是荷兰首都。

⑨ 罗马尼斯语（Romanes）又称吉卜赛语（吉卜赛人又称罗姆人），与犹太人用的意第绪语、德语等都有关系。

⑩ 玛格丽特·撒切尔（Margaret Thatcher，1925—2013），英国政治家，1990 年是她任英国首相和保守党领袖最后一年。

⑪ 约翰·奥尔巴赫（John Auerbach，1922—2002），以色列作家。

⑫ 即艾尔伯特·格罗策（Albert Glotzer，1908—1999），白俄罗斯裔美国犹太移民，美国托洛茨基主义运动发起人，常化名艾尔伯特·盖茨（Albert Gates）发表文章。艾尔（Al）是昵称。

⑬ 埃莉诺·克拉克（Eleanor Clark，1913—1996），美国作家。

⑭ 罗莎娜·费尔普斯·沃伦（Rosanna Phelps Warren，1953— ），美国诗人、学者，埃莉诺·克拉克和罗伯特·佩恩·沃伦的女儿。

⑮ 威廉·艾尔斯·阿罗史密斯（William Ayres Arrowsmith，1924—1992），美国古典学者、翻译家。

尔·布鲁姆①等人突然齐聚佛蒙特州威尔明顿市的贝蒂·希尔曼小厨师餐厅（Betty Hillman's Petit Chef），出席贾妮斯悄悄为贝娄安排的七十五岁生日聚会，让贝娄大为惊喜。（“聚会带有浓厚的契诃夫风格，”罗斯回忆说。“人们站起来，热泪盈眶，再坐下。”）在纽约，接受美国文学杰出贡献奖（Medal for Distinguished Contribution to American Letters）。开始学习拉丁文；读《恺撒纪事》（*Caesar's Commentaries*）。阿尔贝托·莫拉维亚9月去世。10月，市长理查德·迈·戴利②在芝加哥艺术学院（Art Institute of Chicago）为贝娄再次举行生日庆祝会。和贾妮斯一起旅行，到蒙特利尔、圣安东尼奥、迈阿密、辛辛那提③讲学、读书。

1991年 继续写作《所有的弹珠还都算数》和《攸关爱情》。冬天和贾妮斯去意大利和以色列。应布鲁诺·巴托雷蒂④邀请，在佛罗伦萨讲莫扎特。为《假日旅行》（*Travel Holiday*）杂志写了《冬游托斯卡纳⑤》（*Winter in Tuscany*）。在恺撒利亚的“海上田野”基布兹农场⑥看望友人约翰和诺拉⑦·奥尔巴赫夫妇。参加图里高中聚会。7月，艾萨克·巴什维斯·辛格去世。艾伦·布鲁姆病重；贝娄和贾妮斯每天都去照料他。

1992年 4月，参加在罗比楼⑧举办的餐会，庆祝社会思想委员会成立五十周年。布鲁姆出席；10月，布鲁姆去世，死因是艾滋病引起的并发症。（“那些因为他的精英主义思想而指责他的人，面对他那么明显——我还得加一句——又那么仁慈的优越超群，想让他怎么办呢？”）威廉·巴雷特⑨去世。

1993年 威廉·阿罗史密斯去世⑩。比娜·卡姆兰尼（Beena Kamlani）现在是贝娄在维京出版社的编辑。随笔集《集腋成裘》（*It All Adds Up*）出版。从3月

---

① 克莱尔·布鲁姆（Claire Bloom，1931— ），英国演员，菲利普·罗斯的妻子。

② 理查德·迈克尔·戴利（Richard Michael Daley，1942— ），理查德·约瑟夫·戴利的长子，自1989年起至2011年连任芝加哥市长达二十二年，超过其父一年。

③ 圣安东尼奥（San Antonio）在美国得克萨斯州（Texas）南部，迈阿密（Miami）在佛罗里达州（Florida），辛辛那提（Cincinnati）在俄亥俄州（Ohio）。

④ 布鲁诺·巴托雷蒂（Bruno Bartoletti，1926—2013），意大利歌剧指挥。

⑤ 托斯卡纳（Tuscany），意大利的一个区。

⑥ 恺撒利亚（Caesarea）是以色列一处古罗马遗址，在特拉维夫（Tel Aviv）和海法之间；基布兹（Kibbutz）是以色列特有的集体农场；这个农场位于地中海岸边，叫Sdot Yam（本书原文为S'dot Yam），对应的英文是Sea Fields，意为“海上田野”。

⑦ 诺拉·奇尔顿（Nola Chilton，1922— ）是美国出生的以色列著名舞台剧导演。

⑧ 罗比楼（Robie House）又称罗宾家宅，是芝加哥大学海德公园校区一个建于1910年的宅院，原为私人住宅，设计风格为日式或草原式，获评为美国国家历史地标建筑。

⑨ 威廉·巴雷特（William Barrett，1913—1992），美国哲学家、批评家。

⑩ 据维基百科，阿罗史密斯逝于1992年2月。

到5月，和贾妮斯住在巴黎；应历史学家弗朗索瓦·福雷[①]的邀请，在雷蒙德·阿隆学院（Raymond Aron Institute）授课。4月，到葡萄牙和匈牙利讲学。波士顿大学校长约翰·西尔伯[②]邀请贝娄到该校任教；贝娄接受了，结束了在芝加哥大学三十年的教学工作，和贾妮斯一起把家搬到了波士顿。（“我生命中最好的时光都给了芝加哥，离婚法庭上他们说得对。[……] 人们问我，你为什么要走呢？我说，我沿街走去，总会想起我那些已经去世的故人，我受不了了，该走了。这儿住过我的一个女朋友，那儿我参加过聚会，还有那儿我去开过会，诸如此类。我那么熟悉的人，我那样爱过的人，多半都不在了。”）11月，应邀去艾奥瓦大学（University of Iowa），在弗兰克·康罗伊[③]主持的写作讲习班上讲课。在多伦多大学（University of Toronto）做会议发言。

1994年 艾萨克和瓦西莉奇（Vasiliki）·罗森菲尔德夫妇的儿子乔治·萨兰特（George Sarant）去世。3月，贝娄在波士顿公共图书馆举办的餐会上受到表彰。在艾德菲大学[④]讲学，4月，在哈佛大学讲学。应邀到俄勒冈州波特兰市和西雅图市[⑤]演讲。11月，在加勒比海上的圣马丁岛[⑥]休工作假期间，因食用受到污染的鱼，发生严重的肉毒鱼类中毒。回到波士顿，从感恩节到元旦一直在住院。

1995年 1月，爱德华·希尔斯去世。贝娄继续在波士顿大学的教学工作；因仍在康复中，所以在海湾州路[⑦]的家里授课。恢复出行能力后，回到芝加哥大学海德公园校区，在曼德尔厅（Mandel Hall）对座无虚席的听众发表演说，题目是《民主体制下的文学》（*Literature in a Democracy*）。在密歇根州立大学（Michigan State University）探望友人沃纳·丹豪瑟并讲学。拉尔夫·埃里森4月去世[⑧]。斯坦利·埃尔金6月去世。7月，贝娄最后一部短篇小说《圣劳伦斯河畔》发表于《绅士》。和基思·博茨福德一起创办新的文学期刊《文坛消息》[⑨]。12月，接受胆囊手术。

1996年 贝娄夫妇离开海湾州路的公寓，搬到布鲁克莱恩[⑩]的房子里。埃莉诺·克拉

---

① 弗朗索瓦·福雷（François Furet，1927—1997），法国历史学家。

② 约翰·西尔伯（John Silber，1926—2012），美国学者，任波士顿大学校长多年。

③ 弗兰克·康罗伊（Frank Conroy，1936—2005），美国作家。

④ 艾德菲大学（Adelphi University）是纽约的一所私立大学。

⑤ 西雅图（Seattle）在美国俄勒冈州北面的华盛顿州，离波特兰（Portland）不远。

⑥ 圣马丁（Saint Martin）是法国和荷兰共管的一个小岛。

⑦ 海湾州路（Bay State Road）一带是波士顿大学的一个宿舍区和办公区。

⑧ 拉尔夫·埃里森逝于1994年4月16日，而不是1995年4月。可参见本书贝娄1995年4月4日的演讲词。

⑨《文坛消息》原文 *News from the Republic of Letters* 中的 Republic of Letters 又译为“文学共和国或文学界”，这一概念源自十七、十八世纪的启蒙思想家伏尔泰、卢梭等人。

⑩ 贝娄的家在马萨诸塞州诺福克县（Norfolk County）的布鲁克莱恩市（Brookline），属大波士顿地区（Greater Boston）。

克2月去世。为准备题为《急于求成的年轻人：小说中野心勃勃的年轻人》(*Young Men on the Make*：*Ambitious Young Men in the Novel*) 的研讨会，贝娄重读了陀思妥耶夫斯基的《罪与罚》(*Crime and Punishment*)。(“俄国人有一种魅力，很容易让人受到感染——要对马克斯·韦伯①主义说对不起了。他们的社会常规允许他们自由表达对自然和人类的情感。我们对情感表达的传统态度则是比较严格克制的。我们必须谨小慎微，坚忍自制，遵守各种清规戒律。我们缺乏俄国人的那种开放坦率。我们的路要窄一些。”) 为备课还读了《高老头》②，《红与黑》③，《远大前程》④，《嘉莉妹妹》⑤，《了不起的盖茨比》⑥。在波士顿大学给大学教授们开讲座。在哈佛大学和皇后学院⑦举行读书活动。开始写《拉维尔斯坦》(*Ravelstein*)，这是以艾伦·布鲁姆的生活和死亡为原型创作的小说。断绝了与哈丽特·沃瑟曼长达二十五年的业务联系，安德鲁·威利⑧签约成为贝娄的文学代理。迈耶·夏皮罗⑨3月去世。12月，贝娄的前妻苏珊因动脉瘤去世，时年六十三岁。

1997年 中篇小说《真情》(*The Actual*) 4月出版。7月，弗朗索瓦·福雷突然去世。贝娄在华盛顿特区参加自己的肖像在国家肖像馆 (National Portrait Gallery) 展出揭幕仪式。像往年一样，春、夏、秋三季贝娄夫妇大部分时间在佛蒙特度过。欧文·巴菲尔德12月去世，享年九十九岁。

1998年 在纽约，贝娄参加了在第九十二街希伯来青年会⑩举行的拉尔夫·埃里森悼念仪式。在东北大学、波士顿学院、地标学院⑪讲学。接受马丁·艾米斯为英国广播公司⑫电视纪录片所做的访谈。在波士顿，出席宴会，参加郊游，和新老朋友聚会，其中有露丝和莱恩·怀斯夫妇⑬、斯蒂芬妮·纳

---

① 马克斯·韦伯的代表作如《新教伦理与资本主义精神》(*The Protestant Ethic and the Spirit of Capitalism*) 等推崇社会的理性化发展。

②《高老头》(*Le Père Goriot*)，巴尔扎克1835年的长篇小说。

③《红与黑》(*The Red and the Black*，法语原文 *Le Rouge et le Noir*)，司汤达1830年的长篇小说。

④《远大前程》(*Great Expectations*)，狄更斯1861年的长篇小说。

⑤《嘉莉妹妹》(*Sister Carrie*)，德莱塞1900年的长篇小说。

⑥《了不起的盖茨比》(*The Great Gatsby*)，菲茨杰拉德1925年的长篇小说。

⑦ 应指纽约市立大学皇后学院 (Queens College，City University of New York)。

⑧ 安德鲁·威利 (Andrew Wylie，1947—)，美国书商，文学代理。

⑨ 迈耶·夏皮罗 (Meyer Schapiro，1904—1996)，立陶宛出生的美国艺术史学家。

⑩ 这个地址原文是 92nd Street Y.，其中 Y. 代表希伯来青年会，即 Young Men's and Young Women's Hebrew Association (YM-YWHA)。

⑪ 东北大学 (Northeastern University) 和波士顿学院 (Boston College) 都是私立研究型大学，都在波士顿。地标学院 (Landmark College) 又译兰玛克学院，在佛蒙特州，为学习有障碍的学生所建。

⑫ 英国广播公司 (British Broadcasting Corporation，BBC) 是英国最大的新闻媒体，政府出资。

⑬ 露丝·怀斯 (Ruth Wisse，1936—)，乌克兰出生的美国学者，哈佛大学犹太文学和比较文学教授，其丈夫为莱恩·怀斯 (Len Wisse)。

尔逊（Stephanie Nelson）、基思和娜塔莉（Nathalie）·博茨福德夫妇、罗莎娜·沃伦、朱迪丝（Judith）和克里斯托弗·里克斯夫妇①、蒙罗和布伦达（Brenda）·恩格尔夫妇。4月，赖特·莫里斯②去世。6月，艾尔弗雷德·卡津去世。在佛蒙特，常与贝娄夫妇一起就餐聚会的有沃尔特·波赞③、赫布和利比·希尔曼夫妇④、阿瑟和琳达·科普兰夫妇（Arthur and Lynda Copeland）、弗兰克·马尔蒂斯（Frank Maltese）；经常来访的有菲利普·罗斯、诺曼和塞拉（Cella）·马内阿夫妇、琼和乔纳森·克莱因巴德（Joan and Jonathan Kleinbard）夫妇、索尼娅和哈维·弗里德曼夫妇（Sonya and Harvey Freedman）、温迪·弗里德曼（Wendy Freedman）、罗伯特·弗里德曼（Robert Freedman）、马丁和伊莎贝尔（Isabel）·艾米斯夫妇。

1999年　索尔·斯坦伯格5月去世。6月，詹·法·鲍尔斯⑤去世。贝娄接受罗马尼亚小说家诺曼·马内阿长时间深度访谈，访谈内容后发表于《杂录》季刊⑥。继续写作《拉维尔斯坦》。爱丽丝·亚当斯去世。9月，贝娄在蒙特利尔讲学。怀孕已数月的贾妮斯和他一起去了拉钦，参观索尔·贝娄图书馆。贝娄接受菲利普·罗斯的系列访谈。12月23日在波士顿，贾妮斯生下女儿娜奥米·罗斯·贝娄（Naomi Rose Bellow）。（“我敢说，这世上没有哪个孩子会像我新得的这个一样，拥有这么好的母亲。”）

2000年　《拉维尔斯坦》出版。在纽约莲花俱乐部（Lotos Club）举行了庆祝会。卡尔·夏皮罗⑦去世。贝娄在哈佛大学朗读《拉维尔斯坦》节选。获新英格兰图书馆奖（New England Library Award）。夏天到佛蒙特来看望贝娄的有菲利普·罗斯、马内阿夫妇、克莱因巴德夫妇、艾米斯夫妇。10月，贝娄、贾妮斯、罗茜⑧到圣路易斯⑨看望克莱因巴德夫妇。

2001年　《短篇小说集》（*Collected Stories*）出版，序作者贾妮斯·弗里德曼·贝娄，导言作者詹姆斯·伍德⑩。

2002年　贝娄身体不适，但继续在波士顿大学任教，并邀请詹姆斯·伍德和自己共同

① 克里斯托弗·布鲁斯·里克斯爵士（Sir Christopher Bruce Ricks，1933—　），英国文学批评家、学者。
② 赖特·莫里斯（Wright Morris，1910—1998），美国作家、摄影家。
③ 沃尔特·波赞（Walter Pozen），贝娄的律师朋友。
④ 赫布和利比·希尔曼夫妇（Herb and Libby Hillman），贝娄家的邻居。
⑤ 詹姆斯·法尔·鲍尔斯（James Farl Powers，1917—1999），美国作家。
⑥《杂录》（*Salmagundi*）是一份面向大众的文科杂志，1969年起在美国纽约的斯基德莫尔学院（Skidmore College）出版。
⑦ 卡尔·杰伊·夏皮罗（Karl Jay Shapiro，1913—2000），美国诗人。
⑧ 罗茜（Rosie）是罗斯的昵称。
⑨ 圣路易斯（St. Louis），美国密苏里州（Missouri）东部港市。
⑩ 詹姆斯·道格拉斯·格雷厄姆·伍德（James Douglas Graham Wood，1965—　），英国作家、文学批评家。

主持研讨课。约翰·奥尔巴赫去世。

2003 年 美国经典书库出版社（Library of America）开始出版统一装帧的五卷本索尔·贝娄文集。贾妮斯请罗杰·卡普兰[①]、马丁·艾米斯、基思·博茨福德、詹姆斯·伍德等和贝娄共同主持每周一次的研讨课。罗莎琳·图里克去世。贝娄的姐姐简·贝娄·考夫曼（Jane Bellow Kauffman）去世，享年九十七岁。

2004 年 贝娄获波士顿大学荣誉博士学位。久病不愈。戴维·格雷纳 9 月去世[②]。贝娄依然与妻女冬天住在马萨诸塞州的布鲁克莱恩，夏天住在佛蒙特。

2005 年 4 月 5 日，索尔·贝娄逝于布鲁克莱恩自己家里，在举行过犹太传统仪式后，葬于佛蒙特州布莱特伯勒的布莱特伯勒公墓。

① 罗杰·卡普兰（Roger Kaplan）是哈罗德·卡普兰的儿子。

② 据维基百科，戴维·格雷纳逝于 2002 年 9 月。

第一辑
1932—1949

****

冬日下午，地冻五英尺，芝加哥的寒冷似乎有着猎头的野蛮人那种威力，能让人的脸都皱成一团，这时身处盐渍得白花花的街道上，周围全是溅满泥点的汽车，你会百感交集，而这是人在芝加哥所特有的一种状态，那里面枯燥与兴奋混在一起，生活的天地狭窄逼仄，其中却给出一种强烈的提示，告诉你自己的活动空间有多大，灵魂的扩展与紧缩并行，因为匮乏、困境和令人绝望的条件所限而觉得束手束脚，同时也因为渴望获取更多而觉得需要采取某些“不切实际”的办法。对这种状态的确是无可奈何。朝哪个方向扩展？发展成什么样子？回答只能是接受这种条件，就像赌徒接受荒谬的结果，病人接受自己得了怪病这个事实。在一座四百万人的城市里，碰上这种倒霉事的人也就十来个。唯一的补救办法是读小说，写小说。

——《杰弗逊讲座演讲》

1932 年

致耶塔·巴尔舍夫斯基

1932 年 5 月 28 日，密歇根，南黑文

决定［写在信封背面，字迹潦草］

我亲爱的耶塔：

我知道这封信会让你很意外，当然比我突然离开要好点，可也还是意外。我也没想到会这样。我只来得及匆忙带上我的游泳衣，还拿了几张纸。今天的事弄得我脑子里乱哄哄的，可我还是要利用这个机会给你写信，耶塔，好想和你说说在我心里积攒下来琢磨了好几个星期的话，这些话在我脑海中翻来滚去，就是不知道怎么说出来。面对你我张不开口，耶塔，全是因为没把握，胆小。真的，我承认我是个胆小鬼。我们大家在内心里其实都是胆小鬼，但是承认了，胆小也就不算什么事了。

天黑了，寂寞的风吹得树叶沙沙作响，像是在说悄悄话。夜色中不知何处，一只鸟迎风啼叫。我哥哥在隔壁轻声打鼾，没完没了。乡村在沉睡。密歇根湖里的波浪愤怒地朝着房子涌来，却无法接近墙脚，只能怒吼着退去。我头顶的灯摇来晃去，又晃去摇来。那影子投在纸上，投在我脸上。我想啊想啊，耶塔，随波逐流，随着夜，随着无穷大无限远，而我所有的思绪都是围绕着你的。但是我这些围绕着你的思绪并不全是温情，这里有针刺，有鞭笞。要不咱们还是言归正传？

你心里可能会说："真会玩弄辞藻啊。"因为你有一副青共联[1]的头脑。要不就是："这个杠头笨牛贝娄，听见什么话了？"

可你还是会一直都有一种不祥的预感，你会一直祈祷。（因为你很虔诚，

① 即美国的青年共产主义联盟（Young Communist League）。

耶塔。）

“他为什么要写信呢，这个傻瓜，他为什么不等回来再说，好让我吓唬吓唬他？”

我不喜欢大惊小怪。比大惊小怪和菠菜还要让我不喜欢的只有我自己。你也许会觉得我疯了？我就是疯了。可我手中有笔；我如鱼得水，我藐视你。（此处有一段长长的静默，然后狂风突起般发出一声叹息，不屈不挠的贝娄豪情满怀，全力以赴继续前进。）

近来你我之间出现了明显的裂痕。好像那位屡教不改的［内森·］戈尔茨坦有点心神不定。你好像在他人面前把你对他的喜爱之情表现得太过分了。情况的确很严重。（插一句：耶塔，一定要把我这几句话给戈尔茨坦看看。）你听着，我要放弃你，这不是在做什么牺牲，我也不想瞒着谁。我讨厌牺牲，讨厌殉难——那些东西都虚伪透顶——都是野蛮人死守教条和狂热的表现——那背后的动机，而且是戴着面具的动机，让人厌恶——里面藏着的，不过是个人主义的自我中心而已。

所以我们分手是双方同意的。你带着半真半假的兴趣去听戈尔茨坦的马克思主义高谈阔论；我舒舒服服地躺在时间和空间醉人的怀抱里抑制着欲望和希望。东方人是信命的知道吗？可能是因为我有点返祖吧，我想说的是：“该来的总会来。”所以我很满足。我不后悔。我会把自己包裹起来躲一段时间养养伤。也许会从苦行者那种具有哲学意义的平静中寻求慰藉。人总是要为自己的行动寻找正当理由的。隐居就是为一件正确的事里出现的错误寻找正当理由的一个途径。有好几个星期的时间，我这个年轻的理想主义者会以一种玩世不恭的态度撇着嘴，用一只疲惫的眼睛看着这个肮脏的世界，把自己的悲伤和感情奉献于珀尔的脚下。如果她不屑一顾，我就回家，去写让人心碎的诗，拉小提琴。不这样做，我就会陷入一种昏睡中才有的满足感，只是爱情一结束，昏睡也就结束了。因为爱情让人发昏。

我和你绝交，即是为此。

我们仍然可以做泛泛之交的朋友。不过到了我已老迈昏聩你也臃肿不堪的那个时候，或许我们可以和解。中间这段时间，就快快乐乐地过吧——我那臭名昭著的猜疑心要是不捣乱的话，我也会尽力在珀尔这里获得满足。

所以，耶塔，
这就算说再见了——
你可以随意处置这封信。

这封信是现存最早的一封贝娄写的信，当时他还不满十七岁，显然是和一个哥哥一起在度假。内森·戈尔茨坦不久即与耶塔结婚。1940 年代他们离婚后，耶塔嫁给了马克斯·沙赫特曼[1]。珀尔的身份信息未知。

① 马克斯·沙赫特曼（Max Shachtman，1904—1972），波兰犹太裔美国左翼理论家。

1937年

致詹姆斯·托·法雷尔

［未注日期］［芝加哥］

亲爱的法雷尔先生：

也许您会觉得很惊讶，《灯塔》杂志的副主编居然会和您的政治观点一致，可事实的确如此。我和艾尔·格罗策说了好几次，请他帮我给您写封信。我懒得再和他说了；我敢肯定他没写。也许他不屑于把他那种马基雅维利[①]式的天才浪费在鸡毛蒜皮的信件上吧。

如果您能告诉我为什么选择了这份杂志，从［西德尼·］哈里斯的信里您对他得出了什么印象，您认为这份杂志承担的是什么角色，您觉得这份杂志能不能有些用处，我就和您详细说一说这份杂志的来龙去脉，并且说明我在其中起的作用。我先给您透露一点信息：就编辑工作而言，我没法让这份杂志转向左翼，因为哈里斯是个十分精明的机会主义杂种，他不会允许的。但是如果本刊作者都是举国闻名的布尔什维克作家，杂志可以因此增加分量，那么我们可以很快就让哈里斯靠边站。

斯大林的追随者已经把他开除了，而且强烈谴责这份杂志。本地共产党分管教育的主管杰克·马丁（Jack Martin）给哈里斯写了一封信，说他是一张法西斯主义唱片，是盖世太保[②]的代理人，还有几种缺乏创意的说法。不知怎么弄的，斯大林的追随者们不再遵守集中的纪律，而是通过加入自由主义小组分散开来了。他们人分得太散，马丁的指示还没有传达到全体成员呢，每天都有满脸稚气的青共联小男孩来要版面，要登美国青年全国代表大会或者基督教青年联合会的会讯，这些版面哈里斯都免费提供，甚至用得很浪费。

---

① 尼科洛·马基雅维利（Niccolò Machiavelli，1469—1527），意大利政治思想家、历史学家，代表作《君主论》，后人取其要旨形成马基雅维利主义，主要特点是权谋不择手段。

② 盖世太保（the Gestapo）：纳粹德国秘密警察。

我们当然还没有失去共产党这个客户。因为我们周围挤满了自由主义者，而［厄尔·］白劳德[1]的部下也必然要聚在自由主义者身边，就像果蝇必然要聚在美味的香蕉上一样。如果哈里斯觉得有利可图，和解就有可能。不管是暗杀掉一个顾忌还是用刀捅伤一个原则，哈里斯都不在乎，只要能盈利就行。

期待您的回信。

谨致问候。

贝娄时为《灯塔》月刊的副主编，这份杂志是他的儿时朋友西德尼·贾·哈里斯创办的，自我宣传为"芝加哥的自由主义杂志"，这个编辑立场与贝娄年轻时对布尔什维克主义的同情并不相投。在这封信里，他的意图是要和法雷尔这位托洛茨基主义者、《斯塔兹·朗尼根》三部曲的作者联起手来。厄尔·白劳德1932年成为美国共产党领导人。在他任总书记期间，他支持人民阵线[2]，其政策是与自由主义者友好相处，支持罗斯福的"新政"，但这一政策受到斯大林的制裁。白劳德作为共产党的候选人参加了1936年的总统大选，得到80195张选票。艾尔伯特·格罗策（1908—1999）是美国托洛茨基主义运动的一个发起人，也是在托洛茨基流亡土耳其马尔马拉海普林基波岛上的时候登岛看望他的第一个西方人；格罗策在那里给他当秘书和警卫，时间不长。1937年，他在墨西哥城给约翰·杜威[3]带领的使团当速记员，这个使团的任务是揭露斯大林指控托洛茨基所采用的欺诈手段。格罗策后来成为贝娄终生的朋友。

致奥斯卡·塔科夫

1937年9月29日，麦迪逊

亲爱的奥斯卡：

今晚真是过写信节了，我写了四封信。传递消息，或者不如说制造消息，我是一点儿也不累，因为从时间和空间来说都没什么确实很重要的消息，除了一条，

---

① 厄尔·白劳德（Earl Browder，1891—1973），美国政治活动家，当时美国共产党的领导人。

② 人民阵线（the Popular Front）是1930年代中期形成的一个欧洲反法西斯政党联盟。

③ 约翰·杜威（John Dewey，1859—1952），美国哲学家、心理学家。

就是艾萨克［·罗森菲尔德］复活了。艾萨克的骨髓里开始冒出了一点儿软骨。谁知道呢，再长长有可能长成骨头吧。他现在是个一本正经的学者了，要是他控制好自己，不再做他那些自说自话的演说，明年他就会成为一个地道的君子。他认真读书，无休无止。突然间他就严肃起来了，这一个星期都没有露出超现实主义的迹象。

理直气壮地批评人一向非常容易。那个星期六我找你的茬自然无可宽恕。就因为那件事，我欠了你多少人情，就招了多少骂，你的毛病也分摊给了我。此外，我既不知道也不确定是什么原因导致你做出那样的事，在那种情况下，我确实是按照自己生命中无意识的私密部分所给出的提示去做了。

可你他妈的真是烦人。而且虽然我不该那么不耐烦，这次吵架的起因也有很长时间了。我觉得是你造成的。你的放荡轻佻简直无所不用其极，我都受不了了。你的做法背离了纽约，背离了你的母亲，也背离了珀尔；这样做就是回到了一种隐晦却十分痛苦的自我认识，我说过这种一知半解的状态会造成压力，其他事情一派混乱也会把你压垮，你却以那种狂放不羁的姿态拒不接受。我说的这些话不全对，可也不全错。起码有点真理的萌芽吧，否则我的生活也太出类拔萃了。

我猜艾萨克把我生病的事告诉你了。我现在还是很虚弱，兔子的肚皮都比我结实。现在我要躺下了。

祝好。

奥斯卡·塔科夫（1915—1963）和艾萨克·罗森菲尔德始终是贝娄最亲密的儿时好友；仨人在芝加哥洪堡公园区相邻的几条街道上一起长大。1937 年春天，贝娄从西北大学毕业，获人类学学士学位，同时得到了威斯康星大学麦迪逊校区社会学和人类学系的研究生奖学金，而罗森菲尔德那时已经是该校的博士生了。

致奥斯卡·塔科夫

1937 年 10 月 2 日，麦迪逊

亲爱的奥斯卡：

先说说我家的事：果不其然，我走以前家里大闹了一场。我父亲像海绵一样软硬不吃，轻易不肯让步。他的生意经跟着他钻进了私人生活，他用各种顾忌折磨着他爱的人，而那些顾忌都是他从那个我极为讨厌的世界学来的。他开始像波洛纽斯[1]那样唠唠叨叨地教训我，痛骂我所有的朋友，警告我，恳求我，什么招都用，就差没有诅咒我了。当然了，他把我坚持的所有事情都给诅咒了，这也等于是诅咒我啊。前天晚上他把我折腾得要死。阿特·贝尔斯托克[2]的事已经结束了，可老头一发现阿特到过俄国，马上就用他自己那番道理加辱骂攻击他。我刚要走，他就开始骂我，我一下子火了，一五一十地告诉他在我的人品范畴中他在哪个位置、我对他的建议怎么看，还有就是我打算按我认为适当的方式生活。你可以想象，我和他说这些话的时候没有丝毫犹豫不决，也没有一点低声下气。我告诉老头，要是他不想给我在麦迪逊读书所需要的那点少得可怜的生活补贴，我就留在芝加哥，找个工作，找个老婆，永远离开家生活，这其实也挺好的。我连喊带骂，煤仓震得嗡嗡直响，老头没法，使出最后一招，硬说有人找他，悄悄地溜进夜色里去了。我再次听到和这件事有关的消息是，老头很伤心，因为我没给他写信。发生这样一场冲突之后，难道他还指望着一份爱的宣言吗？老太婆［贝娄的继母］给你打电话就是为这个；想看我是不是给你透露过什么。

今天上午收到我哥萨姆的一封信，信里催我赶快给老头写信，我想我现在得写了。可我跟他说什么呢？他对我的看法和我的真实状况差太远了。在他眼里，我就是个不成器的孩子，长大成人了却没什么追求，也就是没有发家的雄心壮志，根本没有能力达到他那个世界的要求。（他错了，我不是没有那个能力，而是没有那个愿望。）我父亲，大概还有所有像他一样的父亲，对教育有着一种极为幼稚的看法。他们认为除了实际生活以外，教育就是件例行公事，教育应该让人具备一种和物质本体（钱）紧密相关的上流社会优秀气质。他们不去设想这种教育会对道德生活和智能生活产生什么影响，而且我怀疑他们根本就没听说过还有个美学生活。他们不发神经的时候都是好人，说到底，我们又能指望他们怎么样呢？如果我们真想把学来的那些概念付诸实施，那这种冲突就必然发生。我和老头之间

---

① 波洛纽斯（Polonius）是莎翁名剧《哈姆雷特》（*Hamlet*）里的大臣，奥菲莉亚（Ophelia）的父亲，说话极为啰嗦。

② 阿特·贝尔斯托克（Art Bherstock）或指贝娄在西北大学的朋友朱利安·贝尔斯托克（Julian Behrstock）的哥哥亚瑟·贝尔斯托克。阿特是亚瑟（Arthur）的昵称。

的连接点在哪里？我该和他说什么？以他的方式来看，他是个举世罕见的珍品。比如：他夸口说他看过普希金[①]、莱蒙托夫[②]、契诃夫[③]、托尔斯泰、屠格涅夫[④]、陀思妥耶夫斯基的全部作品。我相信。可他怎么能睁眼看着这些人却又竭力像他自己表现出来的那个样子行事呢？[……]

我家的事就说到这儿。

看来你要学人类学了，我的天！这比英语系要好太多了。要是不以学一种挣钱的技能为目标的话，这个专业就是最好的选择。这是到目前为止社会科学里最有活力的学科。你既然要读书，我觉得这就是最好的学科，对你帮助最大。当然了，你得学会保持平衡，不过学人类学要比学英语好办一些。至于如何满足财务要求好让你修完学业么——**那再简单不过了**[⑤]。好学生有大量的奖学金和助学金。你不知道很多作家在社会知识方面有多么幼稚。咱们这个时代的倾向是无论如何都要把道德高尚看得高于美学素养的。我觉得咱们谁都不是纯正的美学家。艾萨克是最接近的，也不行。人类学里有些东西会有点麻烦——史前史和体质人类学，还有描写人类学里的一些内容。可那毕竟都是人类学里最不重要的部分。我把那些东西看成必需的手段，也就是社会哲学的工具。费点力气，用一用，然后就可以甩到一边去了。进而言之，若是长于理性思维，即便在工具中，都能发现某些神奇之处。

你一定要见见［亚历山大·］戈登威泽。就连艾萨克都完全让这个人征服了。一个完美的世界公民，一个完美的知识分子。他了解毕加索[⑥]，不次于他了解钦西安人[⑦]的宗教，他了解莫扎特，就像他了解巴斯蒂安[⑧]，他还了解托马斯神学[⑨]，就

① 亚历山大·谢尔盖耶维奇·普希金（Alexander Sergeyevich Pushkin，1799—1837），俄罗斯诗人、小说家、“俄罗斯文学之父”。

② 米哈伊尔·尤里耶维奇·莱蒙托夫（Mikhail Yuryevich Lermontov，1814—1841），俄罗斯“民族诗人”、作家、画家。

③ 安东·巴甫洛维奇·契诃夫（Anton Pavlovich Chekhov，1860—1904），俄罗斯的世界级短篇小说巨匠、剧作家。

④ 伊凡·谢尔盖耶维奇·屠格涅夫（Ivan Sergeyevich Turgenev，1818—1883），俄罗斯小说家、剧作家。

⑤ 原文是法语：Rien n'est plus simple。——原注

⑥ 巴勃罗·毕加索（Pablo Picasso，1881—1973），西班牙画家。

⑦ 钦西安人（原文为 Tshimshiam，应为 Tshimshiam）是北美洲北太平洋沿岸的印第安人。

⑧ 阿道夫·巴斯蒂安（Adolf Bastian，1826—1905），德国民族学家、人类学的学科奠基人。

⑨ 原文是 Thomism，又译托马斯主义，指中世纪意大利神学家和经院哲学家托马斯·阿奎那（Thomas Aquinas，1225—1274）的神学和哲学体系。

像他了解波利尼西亚[①]。你一定要看看他书架上的那些书。[艾尔弗雷德·路·] 克罗伯[②]旁边就是西德尼·胡克[③]，还有列宁，当然还有很多托洛茨基的小册子。研讨会上他可以一开口就滔滔不绝，用一个小时的时间讨论埃利泽·雷克吕斯[④]的人类学思想，那可是个无政府主义的地理学家，克鲁泡特金[⑤]的挚友啊。他是个钢琴鉴赏家，是个美学家，是个布尔什维克，是个教养深到骨子里去的人。

我在听大师金博尔·杨[⑥]开的高阶社会心理学研讨课，和他一起主持这门课的是他的朋友 [艾利赛奥·] 维瓦斯[⑦]，艾萨克会很高兴在信里和你说说这个人。还有一门介绍古典经济学家的课，一门欧洲史前史。

我猜你看完这封信用了大半个钟头。慢慢琢磨去吧。

亚历山大·亚历山德罗维奇·戈登威泽（Alexander Alexandrovich Goldenweiser，1880—1940），乌克兰出生的社会科学家，弗朗茨·博厄斯[⑧]的学生，因在图腾崇拜方面的开创性研究和充满魅力的教学风格而极受敬重。1937—1938 学年他住在威斯康星大学麦迪逊校区。

致奥斯卡·塔科夫

［邮戳标识为 1937 年 10 月 13 日，威斯康星，麦迪逊］

亲爱的奥斯卡：

我要怎么帮你才好？我能做什么？只要我能做到的，我都会全心全意去做。就是在地狱里躺在你身边，我也会尽全力帮你。可地狱是给咱们祖先用的。对咱

---

① 波利尼西亚（Polynesia）是太平洋中部一个巨大的三角形岛群，包含新西兰、夏威夷群岛等在内，大小岛屿上的居民生态十分丰富。

② 艾尔弗雷德·路易斯·克罗伯（Alfred Louis Kroeber，1876—1960），美国文化人类学家。

③ 西德尼·胡克（Sydney Hook，1902—1989），美国政治理论家、实用主义者、早期信奉马克思主义。

④ 埃利泽·雷克吕斯（Élisée Reclus，1830—1905），法国地理学家、作家、无政府主义者。

⑤ 彼得·阿列克塞维奇·克鲁泡特金（Peter Alexeyevich Kropotkin，1842—1921），俄国地理学家、革命家、无政府共产主义创始人。

⑥ 金博尔·杨（Kimball Young，1893—1972），美国社会心理学家。

⑦ 艾利赛奥·维瓦斯（Eliseo Vivas，1901—1993），美国哲学家、文学批评家。

⑧ 弗朗茨·博厄斯（Franz Boas，1858—1942），德裔美国人类学家、语言学家，开创了现代人类学的四个分支：体质人类学、语言学、考古学、文化人类学，被称为“美国人类学之父”。

们来说，什么事都没那么简单。我提不出什么建议，一方面是因为我和你的情况相差太大，另一方面是因为我自己的问题还远远没有解决呢。

我是个怪人，奥斯卡。我身上老是发生没法解释的怪事。此刻我深陷于爱情之中，我想我得继续爱下去，因为这是我的救赎。可换成你，你就没法在爱情中得到救赎。看出咱俩有多么不同了吧？就连咱俩对爱情的容量都不一样。

你得自己解决自己的问题了。你得跟自己的心魔角力，因为我虽然此刻已经把我的心魔压倒在地，可他还在乱踢，并没有认输。

尽管如此，我觉得你的路子是对的。不要放弃人类学；我但愿自己能接受人类学的全部内容。人类学没准能让你更接近真理，也没准能让你更加快乐。如果你在其中发现了一个领域可以让你施展拳脚，你肯定起码会感觉更加自由。要是有哪个学科能做到这一点，那就是人类学了。你看看《一个帕帕戈女人的自传》（美国人类学会回忆录丛书）[①] 这本书，就会明白我的意思。那是美国人类学会出版的一部专著，在期刊阅览室一定能找到。去年才出版。看了这本书，你会发现这世上还有那么多不同的宇宙存在。还有其他的生命，带着泥土的颜色[②]，像洞穴的墙壁一样狭窄，却仍然像岩石一样宽广、像狼一样自由凶猛。

看看这本书，然后给我回信。

祝好。

致奥斯卡·塔科夫

［邮戳标识为 1937 年 12 月 7 日，威斯康星，麦迪逊］

亲爱的奥斯卡：

我是狠下心来，匆匆忙忙给你写这封信的；这样对你真是很不像话。不过现在正是论文准备阶段。我手头有好几篇论文要写，也许超出了我应该承担的工作量。结果自然就是，我得承受比平时更多的焦虑。我知道我把很多时间都浪费在

① 书名原文是 *The Autobiography of a Papago Woman*，*Memoirs of the A.A.A.*，作者 Ruth Murray Underhill。这是这套回忆录丛书的第 46 种，初版 1936 年。A.A.A. 是美国人类学会（American Anthropological Association）的缩写；“帕帕戈”（Papago）是北美印第安人的一个部落。

② 原文 the color of clay，或暗指上帝用泥土造人。

了抽烟和瞎忙上面，工作的时间反而不多。可我改不了这个习惯。

艾萨克的论文是以乔西亚·罗伊斯[1]的“绝对”概念为主题的，从他一开始写论文起，他就让人无法忍受，到现在都这样。哲学系要是给十足的模棱两可和谨言慎行的含糊其辞颁发桂冠，他们应该把枝叶最鲜嫩的那一顶颁给艾萨克。如果这篇论文得到［马克斯·卡·］奥托[2]首肯，艾萨克就能留下来。否则他就得回家。不过在写作过程中他突然发现，他有事干的时候，没有芝加哥他也能过得很好。艾萨克将来会怎么样，比我还要难以预料呢。

我没空详细问你对人类学的感觉。要是你想主动提供什么信息，我乐得洗耳恭听，因为如果我有必要劝你打消某些念头，那我最好还是现在就开始准备。

祝好。

两个学期后，贝娄放弃研究生学习，返回芝加哥，和安妮塔·戈什金结婚，安妮塔是印第安纳州拉斐特市人，克里米亚犹太移民的女儿，在美国西北部激进人士的圈子里很引人注目——“心直口快，胸部丰满，相当固执”，这是贝娄高中的朋友赫布·帕辛对她的回忆。

① 乔西亚·罗伊斯（Josiah Royce，1855—1916），美国哲学家，黑格尔绝对唯心主义的倡导者。

② 马克斯·卡尔·奥托（Max Carl Otto，1876—1968），德裔美国哲学家。

1939 年

致奥斯卡 · 塔科夫

1939 年 10 月［？］［芝加哥］

亲爱的奥斯卡：

你说得非常对。你走以前我们本应好好谈谈的。不过也非常坦率地说，你走的时候我并没有想着和你谈。不是生气，也不是厌烦，而是“不太高兴”，有一种疏离的感觉，几乎无所谓了。我不需要从你那儿得到什么，见不见你，和你谈不谈，都关系不大。你走还是留，对我都一样。说实在的，你走了以后，我觉得空气都要清爽一点了。我现在可是能多坦率就多坦率，把我当时的感觉和心里话都告诉你。我觉得你也可以同样开诚布公。你我都有很多理由这样做。

我现在的看法不一样了，所以你可以给你离开这件事至少加上一个好处。

你不会像艾萨克那样被迫回到芝加哥来，这让我很高兴，他现在心烦意乱，脾气也臭得很，但是已经做好准备，要以同样的全套把式重新开张，继续过他的第二十二个年头。他正在想办法把《意第绪语快讯》(*Yiddish Courier*) 办得有点起色。

我知道你会乐于听到这个消息的：帕辛要参加和解联谊会[①]了，这是个基督教和平主义组织，他还宣布完全[②]放弃马克思主义。我就知道，他会扮演一阵子“皈依基督教”的角色，有科拉的影响嘛，还有他岳父，那个可怕的医生。不过看到他以这种选择来代替政治生涯，还是让人吃惊，而且令人厌恶。如果是出于政治原因这么做，不知怎么我倒觉得完全可以谅解。真实的原因让他的整个行为显

① 和解联谊会（Fellowship of Reconciliation，简称 F.O.R.）是个反战组织，与国际和解联谊会（International Fellowship of Reconciliation，简称 I.F.O.R.）有隶属关系，1914 年由英国基督教教士等发起成立，曾引入中国，名称是唯爱社。

② 原文是拉丁文：in toto。

得那么冷酷而油滑。

他逮住了艾萨克，现在艾萨克也在兜售帕辛的一些观点，却没有意识到他们形成这些观点完全是因为他们只顾愿望而罔顾思考，这是我的看法。

下次写信你问问他吧。安妮塔向你问好……

致奥斯卡·塔科夫

［邮戳标识为 1939 年 12 月 5 日，伊利诺伊，芝加哥］

亲爱的奥斯卡：

听说你生气了，因为我在上次也是仅有的一次给你的信里说“空气都清爽了”。也许正如他们在这里到处说的那样，我那种语义表达太笨了。我想我可以解释一下我的意思。这么一个无关痛痒的说法不应该引起误解的，我有点担心；我那句话好像膨胀得超出预期了，成了一种冒犯。

你不知道（也许现在知道了）咱们这个圈子现在是个什么状态。结婚以后我就出来了，单打独斗，或者说得更准确一点，我就忙别的事去了，这样一来，我想我就看清了我们正在失去的是什么。你，艾萨克，还有其他几个人，深陷于一种非常不愉快的关系中而不能自拔。明面上说——社会定位——这是个友好的群体。而实际上，群体内的友谊很少，更多的是嫉妒、深藏不露的恼怒、厌恶，还有事实上存在的一种需求，就是像理所当然可以利用敌人一样利用朋友。比如说，有几次晚上聚会的时候，几乎可以毫无疑问地看出来你讨厌我。你嘲弄我的那种方式表现得很明显。

这出温情小戏的下一场中出现了两极分化。我给扔到［萨姆·］弗莱菲尔德的阵营里去了；你和艾萨克靠拢，形成新的核心。在这个过程中，你们之间的相互依存强化了。一个人做的事对另一个人做的事起补足作用。一个人的思考、希望、需要、写作、赞美也都同样如此。在我看来，这好像太低能了，既可笑又幼稚。这样两个富于创造力（这是你们希望而且还努力争取成为的状态）的个体就不应该黏得这么紧。老实说吧，就我能看到的状况而言，你们俩抱团是因为无助。你们抱在一起攻击别人，攻击自己，要是在那段时间里你觉得我有的时候显得很可笑，那不妨睁大眼睛好好看看你自己。你死气沉沉，那样子既不好看也不可敬。

你们俩和［阿贝·］考夫曼之所以走得很近，并不是因为你想到的那个原因。我对考夫曼毫无反感，我反感的就是这个原因。很简单。你弱的时候，他表现得很强。他勇敢无畏，不惧冒险，还毫无顾忌，而你是真的非常胆怯。结果周围冒出来很多让人不愉快的粗俗笑话。这就严重败坏了你的名声。我看到的是病态而不是热情的友谊，所以我自然就立刻变成了粗人。我不喜欢你们俩对某个人产生的那种崇拜之情，这个人很出色不假，但他也像任何其他人一样错误百出。你们俩这种神化行为在我看来十分荒谬可笑．受别人骗，还自我欺骗，狂热地深陷其中还笃信不移，老天爷，整个这件事我觉得就是个白痴干的。你们俩的无能为力暴露无遗。真可怜。

我当然经常犯错。但是有了这个资格，我**照样**经常犯错。不过我很容易看出你的错，正如你也很容易看出我的错，而任何时候，我都会把你的错当场告诉你。那天晚上在艾萨克家，我不愿意装出一副谦恭的样子，因为我没有心理准备，而你，整个这件事都是你筹划的，所以你能以上佳的陀思妥耶夫斯基式的风度表现你的谦恭。这件事自始至终让人恶心。考夫曼并没有因此增光。你也没有得到什么好处。你把他推到我的对立面，靠的是一种非常无能的办法，究竟是什么，你自己都不十分清楚。这事简直就是愚蠢透顶。那天晚上我们这些人里连最傻的人都看明白了一件事，那就是你、艾萨克、考夫曼把你们自己当成了某种贵族，好像拥有什么永恒的特权，可以任意踩踏别人的手指。可是你自己的手指被踩的时候，你立刻就咆哮起来，一点犹豫都没有。

你要是看见现在的考夫曼-罗森菲尔德组合，你就会明白我的意思了，也许吧……

你走了，这种事情就没了，所以空气还**就是**清爽了。我可不想哄自己玩儿。今年夏天我们的确**不是**朋友。你把我单挑出来当死敌对待。你没法否认这一点。所以我干吗要装模作样维持一种关系呢。我眼里看到的恶意多于好意。想想那个时候你是什么样子，再来看你指责我的时候能不能问心无愧。你是真理的信徒，有的时候却不能承受真理，这太糟糕了。

我上一封信说的就是这些，只不过没有这么详细。五个月左右的时间过去了，足可以让不快的情绪消退，以我对你曾经有过的好感取而代之。如果你因为我对你说了实话而和我疏远，那可真是最让人难以接受的理由了，我绝不愿意看到这种状况。我希望你接受我的解释。而且我希望你给我回信，因为如果你不回信，我想我就不太可能再给你写信了。艾萨克可能已经告诉你了吧，2 月份我大概要到墨西哥去。

问露茜和希德好。

祝好。

阿贝·考夫曼也是贝娄的高中同学。

1940年

致奥斯卡·塔科夫

［未注日期］［芝加哥］

亲爱的奥斯卡：

咱们别再老写那些东西了。本来就是你提议的嘛，你说相隔这么远，不该那么做。我想你说得对。我可能会提到另一种距离，就是我和领悟之间的距离（还有领悟和行动之间的距离）。你说的关于安妮塔的那些事里，有很多我都绝对不会否认。近来因为她的事我遇到了很多很多麻烦，这两个月里有好几次我们都差点分手。我们有时候吵架其实并不是因为琐事，而是因为彼此之间看什么都不顺眼，根本说不到一块儿去。还有一点就是，当初我们结婚的主要理由不存在了。但是究竟要不要和解，我一直左右为难，因为我的失败已经够多了，我不想再加上一个。

先别管这事了。根据我听到的消息来看，很快就能和你见面了，这才是让人高兴的事呢。

我一直很想你——特别想。也许到不了艾萨克那个程度；我的工作和我要考虑的事比他可多多了。不过我还是很赞成他的意见，觉得你应该留在纽约。[……] 你要是能坚持的话，就待在那儿别动，至少过一段时间再说。

我很可能春天去墨西哥。已经和裴斯泰洛齐［-福禄贝尔教师学院］打了招呼——［……］我想我可以让你去接替我在那儿的工作。这样，只要战争没有爆发，我相信你就会得到一份能给你独立和闲暇的理想工作，过去的一年里，我利用这份独立和闲暇做了不少事。

我那个《鲁本·维特菲尔德》快写好了。到春天就可以完稿。我觉得这本书没有体现出我能达到的最好水平。但是从另一方面说，这个题材也的确更适合于让一个成熟得多的作者、一个成长更为充分的人来写。这其实不是我的活儿。在写作过程中，我的看法和兴趣经常变，每个月我都想回过头去，用一种新的思路来把它重写一遍。有些部分我重写了四遍，结果就出现了多处严重脱节。我现在正在构思的这个更有个人特点，不是既聪明又坚强的那种，我很想赶快开始写这个新的题目，所以《鲁本》① 就处于一种匆忙赶工的状态。这成了一件很痛苦的事情，有的时候甚至到了让人讨厌的地步，有很多次，因为这事整个儿看起来那么浅白愚蠢，我都想放弃了。不过我会把它写到结束为止的。

“结束”这个念头不光是出现在《鲁本》和我的婚姻这两件事里，对运动② 我也有这个想法。派别斗争爆发之前我是置身事外的，可现在整个局面已经变得有些恶心了——老先生③ 恨不得捅［詹姆斯·］伯纳姆④ 一刀，把他踢出运动之外，老前辈们歇斯底里，让人苦恼［……］，论战本身又那么愚蠢——所有这些让我下定决心，少数派屈服并且放弃伯纳姆这种事再来那么几次，我就不干了。

我已经开始看书了，准备重新思考一番布尔什维克主义原则的价值，或者不如说，准备第一次好好学习一下这些原则——主要是［弗兰茨·］伯克瑙⑤、［阿瑟·］罗森贝格⑥、罗莎·卢森堡⑦ 对列宁主义的态度。在我们面临战争的时候，国内仅有的一个革命党却分裂了，这他妈的就是犯罪。我觉得我们也会给压成齑粉的。

艾萨克已经不干了。你觉得如何？

我不打算马上退出。我还在等（还有很多人也在等），想看看这次大会的情况。我可以坚持。我不想在危险降临的当口离开。原因正是危险降临。

替我问候露茜和希德。

祝好。

贝娄试笔性质的第一部长篇小说《鲁本·维特菲尔德》无迹可寻。

---

① 即《鲁本·维特菲尔德》。贝娄信中常有这种简称，只要不妨碍理解，本书译文中都尽量保留原文的说法。
② 指美国的托洛茨基主义运动。
③ 指托洛茨基。见信后说明。
④ 詹姆斯·伯纳姆（James Burnham，1905—1987），美国政治理论家。
⑤ 弗兰茨·伯克瑙（Franz Borkenau，1900—1957），奥地利社会学家、极权主义研究专家。
⑥ 阿瑟·罗森贝格（Arthur Rosenberg，1889—1943），德国马克思主义历史学家。
⑦ 罗莎·卢森堡（Rosa Luxemburg，1870—1919），德国马克思主义政治家、社会主义哲学家、革命家。

贝娄和塔科夫此时仍在其中而罗森菲尔德已经退出的这个政党是社会主义工人党[①]，这个党从属于美国共产党，但持托洛茨基主义立场，与美共主流所持的斯大林主义对立。但是到1939年秋季，工社党本身分裂为两派，多数派的领袖是詹姆斯·帕·坎农[②]，为在墨西哥流亡的托洛茨基（“老先生”）所支持，少数派以马克斯·沙赫特曼和詹姆斯·伯纳姆为首，在《苏德互不侵犯条约》[③]签订、苏联入侵波兰、拉脱维亚、立陶宛、芬兰之后，他们宣布苏联是帝国主义侵略者，是社会主义运动的敌人。1940年4月工社党第三次全国大会上——贝娄在信中提到了这次大会——坎农派得胜，伯纳姆和沙赫特曼与该党百分之四十的党员一起退党，其中包括贝娄和塔科夫。

致奥斯卡·塔科夫

［邮戳标识为1940年12月9日，伊利诺伊，芝加哥］

亲爱的奥斯卡：

我不知道我的兵役登记号，这事你记得吧？现在好了，昨天拿到了我的证明材料，你再也不必感觉“落单”了。我的地方命令编号是282，再怎么延期，我当老百姓的时间也不会超过一年了。我的公民身份掌握在移民局的手里，负责处理我这个案子的人向我保证，最迟1月中旬，我就可以拿到要求入籍的初步申请书。因为除了初步申请书以外不需要别的了，我看不出来有什么机会可以跑掉。我最多只能进二类[④]。

不知道登记号我觉得很高兴。那种状态让我心中平和，那是一种危险降临时的平静。这并不是说我现在就极为焦虑。我的朋友们为此焦躁不安，比我可严重

① 社会主义工人党（Socialist Workers Party，SWP）成立于1938年，简称工社党或社工党。

② 詹姆斯·帕特里克·坎农（James Patrick Cannon，1890—1974），美国政治人物，托洛茨基主义运动的主要人物之一。

③《苏德互不侵犯条约》（*Molotov-Ribbentrop pact*）是1939年8月23日苏联与纳粹德国在莫斯科签订的一份秘密协议，英文名称直译是《莫洛托夫-里宾特洛甫条约》，即以双方代表的姓命名，又称《苏德条约》。该条约划分了双方在东欧地区的势力范围，造成日后苏德对波兰的侵略。缔结这一条约的本意，在德国是为了集中精力对付其他方向的战事，在苏联是为了争取备战时间。

④ 原文为class two，或指美国征兵制中的兵源分类即二类兵源（因身体原因等）。

多了。我甚至都不需要自我安慰。什么都没变嘛。

艾萨克感觉受到了歧视。他不想一个人待在家里。现在他都说起要主动报名参军了，他说这个时候还落在后面是不合适的，因为他珍重的一切都在训练营里。

这当然不是闹着玩的，不过说实话我很吃惊，居然这么长时间没有人来追究我。西方世界里的每个人，还有东方世界里的很多人，不是拿起了武器，就是在武器的威胁下生存，在这种状况下还能继续自由自在地生活，似乎令人难以置信。那是一种运气，但不是为我设计的。那是为这个世界上像赫布·帕辛这样的人设计的，不是为我。记得你得到一份工作而且保住了这份工作的感觉吗？告诉你吧，和我摆脱困境的感觉一样。那种运气不属于我——不属于我们，准确地说。

没人追究啦，自由自在时间太长啦，都不过是偶然现象。倒不如说，这是个迟来的讽刺：我这么个对和“杀戮”或者“粉碎”沾边的东西都极为憎恨、极为害怕的人，居然这么快就给拉进军队里去了。

圣诞节见。

1941 年

致奥斯卡·塔科夫

1941 年 2 月 8 日 ［芝加哥］

亲爱的奥斯卡：

我以为你在家的时候会给我打电话。从周三晚上到周五我都不在城里，我想那段时间里你也许给我打过。大概就是这么回事。

我现在身份完全合法了［在美国居住的加拿大人］，只要不动外国侨民，我就没危险，即便有事，也可以肯定，他们要往营地塞人的时候（我相信会建立一些营地），加拿大侨民拥有相对豁免权。根据到现在为止的迹象来看，因为我不是美国公民，所以不能征召我入伍，虽然我还不能完全安下心来，因为还不能十分确定，但是我可以为这一年做些安排，这一点还是能推断出来的。

你上次来听到的那个故事砍了一半，就以这种状态要发表在《党派评论》的下一期了。这个故事非常独特。我当然很开心，同时也不知道该拿它怎么办了。［德怀特·］麦克唐纳给我来信，问我能不能让他发表前面两个第一人称讲述的部分；他说另外那两个部分削弱了整体效果，应该删掉。没办法，他挑的这两部分是全书的主体，占四分之三的篇幅呢。他问我把“情人”和“政治”改掉行不行，可我不知道他什么意思，尤其不明白他说削弱了整体效果是指什么，就这样稀里糊涂的，也拿不准只留那两个部分会不会给我加分，我还是随它去了。我觉得受到了鼓舞，非常高兴又很疑惑，一时之间什么感觉都有。希望他心中有数吧。

我临去加拿大之前见到了帕辛。我们可说的话不多。周围有人，不可能私下交谈，以后如何也没有说定。我对他并无反感，只要我们双方都没有戴假面具这回事。我绝对不愿被人用于炫耀，也非常讨厌以虚假的随和装作和谁有什么**仅限**

你我之间[1]的亲密关系（这**你我**是假设为大人物的）。帮朋友放松心情不算个什么事，但是要我对赫布这么做太难了，妥协的代价太大。

艾萨克从香槟[2]回来了，精神焕发，又活泼又乐观。最近他有了很多改变——都是好的变化。是不是瓦西莉奇［艾萨克妻子］的功劳我可不知道。不过他很用功，而且成果显著，就在眼前。这两个星期——你大概知道吧——他写了两三首十四行诗，我觉得是他写得最好的作品。**一点一点地，他进入了他自己**[3]。

祝好。

希望地址是对的。真搞不懂，弄出**两个**地名来干什么呀（香槟和厄巴纳）[4]？

致奥斯卡·塔科夫

1941年2月20日，芝加哥

亲爱的奥斯卡：

我想了很长时间，不知如何给你回信。这么说吧，虽然有点自相矛盾，可我期待中你写的信就应该是这样的；信里看得出来一点你的味道了，不是那个一身毛病的奥斯卡，老是坐着冰冷的夜车去看某个没名堂的女孩。现在好了，干那些事儿的是奥斯卡，信里这个也是奥斯卡，不过我还是喜欢在信里看到的这个奥斯卡。至少他和我更为意气相投，更为真实，我的意思是说，当初和他结识，就是因为我们有共同关注的东西，现在这些东西又把他吸引回来了。这个和我更为对路的人，在我眼前失去踪迹已经很久了，我猜对你而言也是同样吧，重新发现了他，自然令人心满意足。

有点意思的是，你的热情让我想起，在你我加上艾萨克这个仨人组合里，我总是像个实验用的兔子一样，最先跳出来做弥合工作。这种角色不太招人喜欢，也不是特别有用，我为此背上了某种责任，成不成都要去努力，这其实非我所愿。可是后来艾萨克成了哲学家，你成了社会学家，我的作用下降，我还是没有感觉

---

① 原文是法语：entre nous。

② 香槟市（Champaign）在伊利诺伊州。

③ 这一句原文是意第绪语：Er vert a mensch，bislechvise。——原注

④ 厄巴纳（Urbana）是香槟县政府所在的城市名。（美国俄亥俄州也有一个香槟县，其县政府所在地也叫厄巴纳。）

到解脱，反而还是不满意。特别不满意的就是你，这倒不是因为你成了“社会学家”，你还不是呢，你上次来的时候我们谈过这一点的。也不是什么要不要停止写作的事。或者不过是随口一说而已。由于缺乏适当的表达方式，你没有像过去那样表现出你的感受能力，甚至都不想去表现某种感受力了，可我们很早以前就都认为这种感受力具有很高的价值，或许还是最重要的价值。艾萨克没有失去这种感受力，我是全力以赴去追求这种感受力，可你呢，好像经常是完全忽略，其中的原因嘛，我可以理解，但不能接受。你在香槟做的事绝不可能对此有所弥补，你也知道，不过推迟的理由还是充分的，说得过去，听天由命也不无缘故——你这几年过得不好，而且很快就要入伍了，等等。可我还是不相信，这些原因就那么重要，居然可以让你放弃记忆、写作和感知事物最基本的要求。

你的来信证明，你的感受力还在，就这一点，足以让我对你的状态感到高兴，抵得过你两年来所有的作为。不过当然喽，我不能只写一句“我很高兴”就算完事嘛。

《党派评论》发我的文章让我极为荣幸，不过说实话我对自己写的这篇东西不能说非常自豪。今天拿到了清样，我简直看不下去，没法按要求做校订。这绝非夸张。我宁愿发表点别的作品。也许我要求太高，过于苛刻；也许我缺乏最基本的素质，就是新闻写作那种漫不经心的态度，不管拿笔划拉出来的是什么，都可以拿去付印；也许尽心竭力太过认真本来就是错的，我早该送去付印而不必严格按标准办事。可是看着桌上的清样，虽然想什么都太晚了，我还是觉得我的想法没错。

《党派评论》用了我的稿子，真心诚意并且合情合理不感觉嫉妒而只会为我高兴的，只有你、艾萨克、萨姆［·弗莱菲尔德］、路易斯［·西得兰］再加上一两个其他的人。让我震惊的是卡比[①]，特别是西莉亚［卡比的妻子］。是这么回事：卡比和我同时寄出稿子，后来他那篇退了回来，还附有一封带鼓励口气的退稿信，信里对稿子第一部分提出了意见，和我们提的差不多。第二天我收到了用稿通知，这对他来说就太难堪了，当然这绝对不难理解。可是卡比的态度却让我有点上火，他说毕竟他才是更有资质的**文学专业的人**[②]，我不过是有点雕虫小技的玩家，什么

① 即哈罗德·卡普兰。

② 原文是法语词 littérateur。

都可以对付的文学多面手而已。好啊，他毫无疑问文学是懂得多，可那又怎么啦，我就是**我自己**，我这个**自己**不喜欢人家把我做的事说成微不足道的鸡毛蒜皮。不过他一直还是挺友好的，我也是。找别扭的是西莉亚，她见到我们以后，并没有表现出坦然自若的风度，可要是没有了这一点，亲密的关系也就只剩打脸了。谁都看得出来，她十分恼怒。

上周三跟赫布［·帕辛］喝了一下午啤酒，完全达到了我的目的，不过我们俩人的表现都不错，能体现出教养和能力。打破行为习惯让他彻底放松下来还需要更多啤酒，超出你的猜测，即便以此为目标，也要冒很大风险，因为第二天很可能要难受一整天，所以我五点就回家了。但是在三个小时的时间里，我受到了很多惩罚，那天晚上感觉很不舒服。我觉得他非常需要有个人可以交谈，这个人要比他老婆更具备想象力，又不能像［费伊–库珀·］科尔[①]或者［梅尔维尔·让·］赫斯科维茨这种人那样太正规。但是有的时候——经常这样——他和这些人说话使用的那种语言会冒出来，像冰钳那样夹你一下。这才是活见鬼呢，被人利用的感觉太糟糕了！我不介意付出自己，可是上当让人恶心，也让我感觉自己实实在在地受到了玷污。这话我真不愿意说出口。如果赫布功成名就，那我很高兴，但是（我讨厌这种行为，于别人如此，于自己也是这样）他为什么要随身带着一块口袋那么大蘸好墨水的印模往朋友的屁股上盖戳呢？这是很差劲的行为，很差劲的趣味，因为所有的谎言都反映出很差劲的趣味。

艾萨克向你问好。他很忙，几乎谁也不见。我每周最多只能回一次家。

祝好。

“卡比”即哈罗德·卡普兰，既是贝娄的好友，也是经常和他争论的对手，尤其是在早年间。卡比战后去了巴黎，然后一直在那里生活。费伊–库珀·科尔和梅尔维尔·让·赫斯科维茨分别是芝加哥大学和西北大学的著名人类学家。

---

① 费伊–库珀·科尔（Fay-Cooper Cole，1881—1961），美国人类学家、芝加哥大学教授。

1942年

致梅尔文·图明[①]

［未注日期］［芝加哥］

最亲爱的梅尔：

我想还是先把这个消息告诉你再说，省得你还要在后面的长文中跋山涉水去找。我回来一个多星期了。我在纽约期间写作的成就可观，尽管还没有找到接受这部小说的出版商。有的出版社对我坦言他们支持的是中产阶级道德观，有的干脆就说这本小说卖不出去。有两家提出给我预付稿费。日晷出版社（Dial Press）要我写一本和军队有关的书，什么样的都行，哪怕是自己流水账式的行止记录，就是不要小说。我这本小说的命运现在就寄托在德怀特·麦克唐纳身上了。他没有太高的指望，我也同样。可能的结果是，《党派评论》发表一部分节选，然后作品石沉大海，等我过世以后书再出版，谢谢上帝，那会儿我就看不到了。不过别急，事情并非只能如此。首先，我有个代理人。他叫马克西姆·利伯，在第五大道靠近四十四街一间阴冷的陋室里工作，厄斯金·考德威尔[②]和阿尔伯特·哈尔珀[③]这些天才都是他的客户。他给我的建议是，我会成名的，只要我学着顺从一点儿，更好说话，别那么冥顽不化，非要达到我的目标不可。关于马克西姆·利伯还有哪些事儿可以说说呢？他属于那种不停地说明自己观点的人。他极少让步。"巴尔扎克是为钱而写作的，"他说，"行啦，别这么不屑一顾。莎士比亚也是，贝多芬也是。你要么接受这种观念，要么继续当无名之辈。等你四十岁的时候，看你还会不会不屑一顾。"我让他放心，我天生如此，改不了了，我会继续不屑一

① 梅尔文·马文·图明（Melvin Marvin Tumin，1919—1994），美国社会学家。见信后说明。此信开头的梅尔（Mel）和后面几封信开头的莫伊什（Moish）、莫伊赛（Moissay）都是梅尔文的昵称。

② 厄斯金·普雷斯顿·考德威尔（Erskine Preston Caldwell，1903—1987），美国作家。

③ 阿尔伯特·哈尔珀（Albert Halper，1904—1984），美国小说家、剧作家。

顾，直到我八十岁，假如我活到那个岁数的话。后边我没说出来的一句是：和利伯这种人打交道毫无疑问会缩短我的寿命。话虽如此，既然我用了他，以后我出版的东西可能就会稍微多点儿了，前提当然是我入伍后还有时间和精力写作。关键是精力，有没有时间倒在其次。不知怎的我是越有压力写得越好。

艾萨克和我最近都在给《新共和》写评论，瓦西莉奇[①]现在是这家杂志社的雇员［……］。她在那儿的位置对我们来说战略意义不可估量，因为可以接触不同类型的编辑，我们——尤其是艾萨克——得到的各种渠道和消息真是五花八门。比如艾萨克就通过他的一个关系成了专门为犹太人委员会（the Jewish People's Committee）写稿子的电台编辑，我是刚要开始为《时代》周刊工作，征兵局就又把我叫去了。我还是1-A[②]类；上星期第二次做了血检，如果我的品行考察通过，两个星期内我就会入伍。

弗莱菲尔德如今在官场可是步步高升，这小子似乎前途无量。不过他是**真的在干活**，晚上八点以前一般都到不了家。经常要写个调查报告什么的，弄到很晚。周六是六七点钟回家，周日和假期都在办公室过。所以别为他没写信生气。他有他的难处。你以后会发现，他现在写信用的是一种很特别的腔调，写起来很费劲。要花很长时间，写的过程极为拘泥，你简直想象不出来——精彩的句子要全部想好，用什么风格合适也要先确定下来，然后才动笔。其实他已经用这种方法写好了一封给你的信，只是还没来得及打出来，我把你的埋怨转达给他的时候，他就是这么说的，谁知道呢。

过几天卡普[③]就要到战争信息局[④]去工作了。有一阵他倒霉极了，运气特别不好。他本来是要到司法部去的。都已经接收他了，联邦调查局等等都通过了。然后，那可是所有的考试都结束以后啊，他发现他申请的那个位置已经取消有一段时间了。他马上动身去纽约，等了十天以后，拿到了另外那个任命。

报告新生儿两例。格罗斯（Gross）家添了个女儿，帕辛家是个儿子，叫托马斯·布里特（Thomas Britt）(好像是这么写的，搞错了就糟了)。噢还有，伊锡

---

① 艾萨克的妻子。

② 应指美国义务兵役制中的1-A类兵源，可以参加任何兵种。

③ 卡普（Kap）也是卡普兰的昵称。

④ 美国的战争信息局（Office for War Information，OWI）创建于第二次世界大战期间，主要负责国内外的战争信息管理和为战争服务的政治宣传。

尔·普尔（Ithiel Pool）家生了个乔纳森·普尔（Jonathan Pool），中名是罗伯特（Robert）。生孩子的情况到目前为止就这些了。其他消息到必要时会由女人们来发布，她们长于此道。

赫伯特和苏茜（Susie）一起在达拉斯住了一个月回来了。她是从山里出来和他见面的。事情的详细经过会永远封存在爱神的档案里。[……] 我不愿意拿任何人的情感来取乐。他们最初的挣扎一般都很真实，即便这种挣扎的表现很可笑。也许我必须转变观念了，我严峻苛刻的头脑判定为可笑的事其实并不罕见，没有必要大惊小怪。也许帕辛让我遗憾的就是他一次又一次出这种事。如果他一生中只有一两次这种事可以炫耀，也许我会觉得对他应该宽容一些。我只是针对苏茜这件事而言。帕辛身上其他方面几乎都让我肃然起敬。说几乎是因为，我还有几点重要的保留意见。我非常理解他对科拉［帕辛当时的妻子］和孩子的态度，不能理解的是，他天性倔强，不可能做错事，却让脚下的裂缝给拖了进去。他到死都不会承认有这么个裂缝存在。他会说得非常肯定，弄得你都糊涂了，要再看看到底有还是没有。当然是有的，那口子张得老大。你扔两块石头进去让他看。看见了吗？可他还是不承认。他呼呼地往下掉，这时你才听见他喊："真的有啊！"还有一点，帕辛的世界观里有些方面我不能信任。那里面有睿智，有很实际的精明干练，但我觉得也比较狭隘，令人悲哀。给他个难题他能解决，给他个堡垒他能摧毁，给他个提示他能给你讲得头头是道。可是在这个世界上他却看不到任何原则，除了对他有用的那些东西以外。他的观念，一言以蔽之，是技术性的，不是诗意的。他对某个目标爱得发狂，只是因为他对爱的投资偏于吝啬。尽管如此，我还是确实非常尊重他、敬重他。如果说我在他身上看到了分量很重的失败，那么我其实也看到了他身上分量很重的成功。帕辛是令人钦佩的。

此时此刻他可是骑虎难下了。他不知道拿科拉怎么办。他对她一向束手无策。他的生理状态总是迅速服从心理状态，这你是知道的。在她面前他占不了上风，虽然他很想而且非常渴望占上风。与此同时他也不知道拿苏茜怎么办。还有萨米[①]的事……他这事你必须想点办法帮帮忙，真的非常有必要。他没出路的，只能是给自己惹个大麻烦。另外他对帕辛而言也是个折磨，因为他还把帕辛当成

① 此处萨米（Sammy）疑指萨姆·弗莱菲尔德。萨米是萨姆的昵称。

知心好友呢。赫布受不了这个。有一次萨米跟他说话的时候，我感觉赫布的心里满是妒忌。他妒忌的倒不是科拉跟他睡过觉，而是科拉和他之间在其他方面也十分亲密，那种关系非常单纯，与肉体无关，他觉得这一点对自己的伤害要大得多。你想想办法怎么样？尽你的力就行。

好了，现在说说你，神圣的山羊耳朵少年[①]，这是卡比对你的称呼。我在此向你提出建议，因为我是元老，有爱心，同时也知道，见我嘲弄帕辛和他的情人，你一定会龇牙咧嘴表示不满。知道吗，你的风流韵事都处理得很轻松，这就让我觉得你的事都没什么大不了。有这种感觉的可不止我一个噢。还没见到你的雪莉。不过要是军队没把我匆忙叫走，我会见到她的。我没有先见之明。我有的只是预感。但我确实知道，隔着几千英里，她很容易显得极为诱人，而如果你明天就在欧文公园路和她睡觉，周六你就会觉得她一文不值了。我就加到两文吧，要么三文，这是为你的操守考虑让你一文，不过也就这些了。你爱情生活里那个俄国的，还有一两个其他什么地方的，这些我还都没忘呢。所以在你采取行动跨越荒漠风雪崇山峻岭组成的联盟把她揽入怀中之前，一定要搞清楚你这是在做什么。你以往的作为让我不得不和你说这些话，这你没法否认。当然了，你不可能自己没有想过这一点。你想过。但是你周围全是香蕉、痢疾、劣质威士忌、摇摇摆摆的**姑娘**[②]、群山、蜥蜴，还有那个光怪陆离、五光十色、令人毛骨悚然又浪漫无稽的**噩梦**[③]余下的东西，在那样一个非现实的环境中，你也许没法做什么理性的决定。我要是你的话，就不会隔这么远的距离做出任何承诺。可是你恐怕注定了倒霉就倒霉在生理冲动上，就像猫注定了坏事就坏在好奇心上一样。我绝对不想妨碍命运之神行事。下周我抽个时间去看看她吧。[……]

东部待我不薄。我在各处都能听到赞誉的声音。在芝加哥这个盆地里我是靠着两三位朋友对我的期望支撑下来的，走出来以后，在纽约这个更大的世界里，我发现人们觉得我很有前途，这些都让我十分欣慰。伯特伦·戴维·沃尔夫[④]说，他看到的美国作家写墨西哥的作品里，我的短篇小说是数一数二的。克莱门

① 希腊神话中有潘（Pan）神，为半人半羊的少年，主管牧人、猎人、农人，常带领精灵跳舞，为旅人驱逐恐惧。潘神亦是森林之神，性好女色，放纵情欲。

② 原文是西班牙语词 muchacha。

③ 原文是法语词 cauchemar。——原注

④ 伯特伦·戴维·沃尔夫（Bertram David Wolfe，1896—1977），美国学者、革命领袖传记作家。

特·格林伯格[①]说……我不想在这儿把这些褒奖的话全都重复一遍，那太像是给自己贴金了。我只说一下都有谁说过类似的话吧：玛丽·麦卡锡，奈杰尔·丹尼斯[②]，艾尔弗雷德·卡津，**广告反胃啦**[③]。安妮塔把你的信转给我了，可别觉得你的信对我不重要噢。

今天上午和你掰扯这些事，我也累了。就此收笔，呈上我的爱。下次从理论上探讨一下你提出的几个问题，此刻我的脑筋可是累得动不起来了。

再见[④]。

你很幸运，审查的人不是海斯办公室[⑤]的大人物。我的天，这里有多少难听话啊。希望不是一位女士来审吧。

梅尔文·马文·图明（1919—1994），后为普林斯顿大学社会学教授，以种族关系方面的著作闻名，此时正在危地马拉做博士论文的实地调研。

致梅尔文·图明

［未注日期］［芝加哥］

最亲爱的莫伊什：

我知道，我的信写得不长，这很不公平。你一定认为，与打字机相伴的人每天必然是看见打字机就能想起来还有哪些信要回。这倒是真的。该回谁的信我都知道，可有的时候就是没法写。我要是详细跟你讲直到不久前我这里始终是个什么状态，你马上就会明白为什么了。但是要都写出来，我得夜以继日花两个月的时间才能说清楚，而你的推理能力又极强，所以就省了这一步吧。你上封信让我

① 克莱门特·格林伯格（Clement Greenberg，1909—1994），犹太裔美国艺术批评家、作家。
② 奈杰尔·福布斯·丹尼斯（Nigel Forbes Dennis，1912—1989），英国作家、批评家、剧作家。
③ 原文是 ad regurgitam，后一词英语原词名词形式是 regurgitation，指反胃或反刍。这是作者的玩笑话。
④ 原文是西班牙语 hasta luego。
⑤ "海斯办公室（the Hays Office）"是对当时美国电影行业组织"美国电影制片人暨发行人协会"的谑称，时任共和党全国委员会主席、基督教长老会长老威尔·海斯是这个协会的总裁。

深为感动，如果我按原来的打算立即给你回信，咱们俩的来往信件就会有一封信提前到达对方手里。不过也只有一封。过去这一个半月里，我只给艾萨克写了一封信，给卡比也只写了一封比较短的信表示歉意，其他什么信都没写。所以你不必感觉受到了忽略。我没有忽略你，真的。我常提起你，结果弄得安妮塔带着她那种心理分析式的微笑开口就是："啊哈？又是你的男朋友啊。"这个玩笑成了她的一个主要话柄了。她知道我有多么想念你，就老是说这种话，因为没有哪个女人喜欢自己并非丈夫或者情人的唯一这种感觉。一旦事关爱情，女人一般就分不清这类事情性质上的区别了。

我一直焦急地盯着信箱，等着看你的小说。(你看，信箱并没有失去活力，还是那个冰冷的马口铁做的小小子宫，时不时的，这个世界会把我生命中的一个部分做成一个小礼物放在那里面送给我。)

上个星期安妮塔让我看了［你写给］她的信。看得出来她和你说了我那本新书的事。那些赞颂的话我可是当之无愧噢。书确实好，到目前为止的感觉都是这样。而且这本书对我很重要，我借此恢复了一部分生命力。直到动笔之前，我一直都处于一种**恍惚的状态**①，像打了麻药一样浑浑噩噩。突然间，我就开始点**狗屎堆**②成金了。感谢上帝赋予人这种炼金术式的能力，这是造人工程中最伟大的业绩。如今把现实中的狗屎堆改造成花园不算什么事，但是让精神世界里的狗屎脱胎换骨变成香花，那还是很了不起的！

只从我目前的短期前景这个角度来看，我绝对完不成已经开始的工作。现在是无人可以独善其身的时候。我们每个人都以不同的方式成为战争的受害者。如果我告诉你我经历的那些事……从求职的过程中死板的条条框框让人失望，到沦为施舍的对象。我不得不从我父亲手里拿钱，这让我十分羞愧。你知道我的傲气有多臭，多么招人讨厌。这种状况真的让我非常难受。我觉得自己整个儿让人抛弃了。没人可以交谈。艾萨克和卡比在纽约干得不错。可怜的官僚萨姆已经给吞没了，他的人性也给吞掉了。他没时间和他们聚会，除了周末，即便如此，还为打扰了他休息而不高兴。塔科夫吗？也不行。我只和阿贝·考夫曼还能保持某种

---

① 原文是意第绪语词 fartroymt。——原注

② 原文是法语词 merde。

人与人之间大体还像回事的交流，话题几乎全都限于思想这个范围之内，主要是美学思想。在其他所有方面，我们的观念都相差太大，没法进行最重要的那种沟通。而我就像个旁观者一样看着自己受害，看着打击狠狠落下，同时亲身承受着这种打击。三个星期以前，我开始写作，直到那个时候为止，我都很想让军队把我带走。越快越好。

现在你大概就能理解这一点了，为什么我没给你写信。本来不想跟你说这个的，可是打字机动得稍快了一点，这些话自己就跑出来了。我拦都拦不住。我脑子里全是这些事，不管什么东西，我一碰，就像迈达斯[①]的点金术反了过来，那东西立刻就变得忧郁灰暗了。我遭受了成年以来第一轮连续打击，真是可怕。那一连串的侮辱里还有些小插曲，我都记不得了。家人。甚至以前的学生。甚至帕辛。甚至**赫斯基**［梅尔维尔·让·赫斯科维茨，贝娄在西北大学时的老师］都把他的小靴子对准了我。上个星期有一天他下午两点半给我打了个电话。我好像是请他当了个推荐人，推荐我进入国家科技专业人员名册。他打电话是要告诉我，填那些表有多麻烦。他是个大忙人，很忙啊！下面这几条，他逐一细说，给我难看：1. 事实证明我失业，因为下午两点半我在家里；2. 我没有资格申请进入这个名册，审查机构根本无需考虑；3. 我的小说前景不明。（他预测了结果，让我自己去体会。）最后，**总体来说**[②]，我一事无成。也许看到这里你就明白了，我说的让狗屎脱胎换骨变成香花是什么意思。我能在仅仅半天的时间里从面对这样一种局面转入写作状态（我恢复状态就花了这么点时间），就说明是我而不是斯奎布[③]发现了“无价成分”。

这个狗杂种[④]！明白我的意思吗？四点钟，我可以告诉自己我百毒不侵了。四点一刻，我又完蛋了。人的幸福多半是前途稳定的产物。我的前途，噗！

---

① 希腊神话里，森林之神和酒神为感谢小亚细亚一古国国王迈达斯的款待而赐予他点金手，他碰到的一切都即刻变成黄金。

② 原文是意第绪语 in algemein。——原注

③ 这句中“斯奎布”的原文贝娄写的是 Squibbs，根据“无价成分”（the Priceless Ingredient）这一说法的来源看，这里指的应是美国一家生物制药公司施贵宝，其宣传口号之一即是：我们每一件产品中的无价成分都是制造者的诚信（the priceless ingredient of every product we make is the integrity of its maker）。施贵宝公司由爱德华·罗宾逊·斯奎布（施贵宝）(Edward Robinson Squibb）医生于 1856 年在纽约创立，1989 年和创立于 1887 年的布里斯托尔·迈耶斯公司合并，形成今日的百时美施贵宝公司（Bristol-Myers Squibb Company，BMS）。

④ 原文是西班牙语 Hijo de la chinga madre！——原注

把你送到千里万里之外去研究原住民的那个组织要是雇你在国内工作，也许对他们才更有好处呢。妯娌间叽叽咕咕错综复杂的关系都不如一个征兵局的行动神秘。两个月里我的身份已经改变三次，据我判断，不出半个月，又要变了。我**盼着**入伍，还有什么好惊讶的呢？与其前途未卜，不如不要前途，很奇怪吗？**你想想看**①。

关于“不要前途”再多讲几句其中道理。我发现，如果我享受和平的好处却没有为和平做出过贡献（不管是什么样的和平；我希望是最好的那种），我会感觉非常不痛快。我知道，身为文学艺术业者，原则上我有权请求免服兵役。这很正当，但是从良心出发我不能提出这种请求。而且这样做也很蠢，你不觉得吗？就像提出申诉请求摆脱传染病一样，理由是总得有人活着把这事记下来吧。不能那样做。也许你还记得《吉姆老爷》②里面那位德国老人的建议：“沉浸于破坏力元素之中吧。”应该是世界把艺术家从破坏力元素中拉出来，而不是艺术家请求世界去这样做。塞万提斯③和摩尔人作战失去了一只胳膊，卡尔德隆④呢，我记得他有一部剧本是坐在无敌舰队一条船的船舱里写出来的。还有苏格拉底⑤。如果我能从这场战争中全身而退，我就写本书，书名就叫《苏格拉底当过兵》(Socrates was a Hoplite)。

亲爱的梅尔，**以上便是**⑥我目前的情景。

我们要搬家了，就这几天。安妮塔找的新工作远在唐宁区，这样我们就得到北区去了。新地址我弄清楚以后尽快告诉你。

盼来信。

祝好。

---

① 原文是法语 Juges en toi-même。——原注

②《吉姆老爷》(*Lord Jim*)是英国作家约瑟夫·康拉德(Joseph Conrad，1857—1924)的小说。

③ 米格尔·德·塞万提斯·萨维德拉(Miguel de Cervantes Saavedra，1547—1616)，欧洲文艺复兴时期西班牙最伟大的作家，代表作《堂吉诃德》。他的左臂包括左手因枪伤而失去功能。

④ 佩德罗·卡尔德隆·德·拉·巴尔卡(Pedro Calderón de la Barca，1600—1681)，西班牙黄金时代的剧作家、诗人、作家，曾从军。

⑤ 苏格拉底(Socrates，公元前 470/469—公元前 399)，古希腊著名思想家、哲学家，后被雅典法庭以侮辱神祇和腐蚀青年思想的罪名判处死刑。

⑥ 原文是法语词 voilà。

致梅尔文·图明

［未注日期］［芝加哥］

最亲爱的莫伊赛：

［……］我跟编辑之间不知怎么有点相互不能理解了。大约两个月以前我写了个短篇，题为《犹太人！》(*Juif！*)，我尽全力在其中融入了针砭的力量和悲剧精神。这个短篇比《死去的詹姆斯》(*The Dead James*) 水平要高得没法说。可是编辑来信表示抱歉，说不能采用，我还从来没有收到过这样的信呢。用他们自己的标准来说，这个短篇写得考究而得体，不次于他们发表的那些怀旧小美文中的任何一篇，但是有过于煽情的倾向。就这么完戏了。［……］

容我再给你举个例子。记得《汽车》(*The Car*) 吗？去年夏天惠特·伯内特[①]［《小说》杂志编辑］很感兴趣。他跟我的代理人说："告诉贝娄，把最后几页好好改改，没准我们能用呢。"我那会儿是穷困潦倒啊，所以把那篇稿子精心打扮了一番寄过去了。三个月以后又给我退回来了。没有解释，没有评论，只有简单的几个字："抱歉，这篇稿子没有通过我的终审。惠·伯。"那期《小说》出来以后我一看，整本都是惠·伯自己粗糙不堪的一篇东西，那是罗伯特·彭斯[②]生平的小说版，里面夹着大块没消化完的苏格兰羊杂布丁。**惠·伯之类小杂种都见鬼去吧。祝你在某个血腥的日子里失去你的那玩意儿，惠·伯。**[③]

我一切照旧。我是隐士，我是熊。谁惹我生气，我就把谁的脑袋咬掉。我见识过一百六十九种品牌的羞辱。

两个星期以前，我把正在写的长篇小说停了下来，因为感觉写得不那么直截了当，然后我就开始另写一本来安抚自己。这一本叫《晃来晃去的人手记》。我的身心全部为之占据。已经写了两万字，还不到整个构思的三分之一。这本书是一个"正直的人"完整的战时绝唱，他竭尽全力，不想沦为无名之辈，却眼睁睁地看着自己给压在地上抬不起头来，于是开始意识到，他也许无论怎样努力也还是

---

① 惠特·伯内特（Whit Burnett，1899—1973），美国作家，美国文学杂志《小说》(*Story*）的创办人。

② 罗伯特·彭斯（Robert Burns，1759—1796），苏格兰著名诗人。

③ 这两句话，前句原文是法语，后句原文是西班牙语：Je m'en fous de tous les WB et les autres enfantes chiennes. Que tu pierde sus miembros en un dia de sangre，W.B.。——原注

得伏在地面上生存，因为时代**要求他**这样。我也不知道**“证明完毕”**[1]以后是什么样子，因为我还没完成证明过程呢。那一定会是其自身逻辑的最终产物。我觉得这本书会以问题而不是答案结束。不过，也不能指望艺术家越俎代庖，把科学家和哲学家的活儿都干了吧。文学艺术作品提出假设，用不同方式验证这些假设，给出答案，但这些答案并不确定。然而也不需要确定，所谓答案只是用歌声唱出人所处的状态。这些答案的确给出了某种真实，真实的悲伤，真实的喜庆，我们真实地带上了永恒的印记，我们也真实地苟且偷生。

我会在一个月内把这本书写完，没有问题，也许还用不了一个月。

现在报告点消息。卡比要出国去了，是出差。不知去往何方；他最有可能去的地方是北非。南太平洋的瓜达尔卡纳尔岛可不讲法语。

伊迪丝［·塔科夫］生了个小女孩，叫米莉亚姆·洁恩；罗谢尔（Rochelle）［·弗莱菲尔德］现在随时都可能生。**这就是生命的意义。**[2]

别跟我开什么玩笑，说你要像电影里的高更[3]那样避开你的崇拜者了。[……]你好像快该回家了吧？把你的材料收拾收拾就回来吧。给下一位人类学者在危地马拉留点工作嘛。别把什么都占了。不过，我觉得你要是见不到三个高官就不应该离开那个国家，这些官员的地位要高于赫布吹牛说他在墨西哥认识的那些人。可能的话，见见总统。我想亲耳听到你对赫布说：“某先生[4]和我讨论了印第安人的问题。我交给他一份关于在六年级讲授康德[5]的备忘录，有八十五页，用西班牙语和六种主要的奇布查语[6]写成。他回赠我三级大鳄勋位，说战后给我拨一笔款子，让我在全国各地给当地人讲授避孕方法，我的代步工具自然就是他的别克汽车，车的前后都以国玺图案为装饰。还有呢，赫布，你肯定不会相信，**他还要把他女儿嫁给我。**[7]她的嫁妆是八万米尔雷或者比索或者管它什么货币，只要是那个地区用的就行，此外还有一年两次环游世界旅行。我获封为皮奇伟部落[8]的一

---

① 原文是数学中使用的拉丁语缩写词“QED（quod erat demonstrandum）”。

② 原文是法语：Voici tout le but humain。——原注

③ 保罗·高更（Paul Gauguin，1848—1903），法国后印象派画家。

④ “先生”原文是西班牙语词 Señor。

⑤ 伊曼努尔·康德（Immanuel Kant，1724—1804），德国哲学家，思想家。

⑥ 奇布查语（Chibchan）是中南美洲的一个语系。

⑦ 原文是意第绪语：er ret mich a shidukh mit sein tochter。——原注

⑧ “皮奇伟（Prtchiwai）”是作者杜撰的一个部落名称。

个酋长，因为我在高级祭司第一次吃意大利腊肠的时候让他喝下了蓖麻油。他们为我加入部落举行了仪式”——此时低头让他看这个仪式留下的疤痕印记——“我走的时候，村民们一边唱歌一边流泪，送了我五十英里。抵达海岸以后，我送给他们每人一个闹钟加五个可口可乐瓶盖来纪念我们的手足之情[①]。”

盼来信。

祝好。

致威廉·罗斯

1942年2月23日，芝加哥

亲爱的罗斯先生：

呈上未经修改的手稿。这是拉夫坚持要我这么做的。小说全长约两百页，也就是六七万字左右。

只有第一章是重写的，其余部分都是初稿。

如果您能尽快审读《暗黑的树》(无论结果好坏)，我将不胜感激，因为军方要我入伍催得很紧，而我想在走前得知此书的处理结果。

顺致诚挚的敬意。

威廉·罗斯是柯尔特出版社的主编，贝娄寄去的《暗黑的树》是他继《鲁本·维特菲尔德》之后写的又一部长篇小说。

致威廉·罗斯

1942年4月2日，芝加哥

亲爱的罗斯先生：

刚接到军方通知，我将于6月15日正式入伍。

面临这一状况，我想尽快处理完手头的事情，尤其是《暗黑的树》。烦请尽早

① 原文是德语词 Bruderschaft。——原注

告知结果。

顺致诚挚的敬意。

又及：不知您对中篇小说是否感兴趣？我这里有几篇，很想发表。

致威廉·罗斯

1942年4月3日，芝加哥

亲爱的罗斯先生：

您的来信把我击倒了；我既不会过于羞怯，也不会铁石心肠视若无睹，所以我坦然承认这一点，而且非常希望自己能想出什么特别的方式来说一声“谢谢您”。就我的状况而言，这是我一定要说的话。

等到11月份没关系，您提出的条件也很优厚。正好现在我不急需预支稿费。我的钱和时间都很充足，可以把小说写完再做些润色。是这样，我在本地一个师范学校兼职教书。征兵局推迟了我的入伍时间，好让我把这学期的课上完。

这部小说的另一个抄本我拿出去让人帮我看了，现在还不知在我们这个行业里哪些落寞的呆子手里转呢。我想把它拿回来，已经找了一段时间了。过几天要是能拿到我就告诉您，这样您就不必把手里的那一本寄回来了。不过要是拿不到的话，还得请您寄给我，因为我这里已经没有了。再次向您表示感谢。我等您下一步的消息，希望有合同。

谨致谢意。

贝娄4月2日的信罗斯写信时显然还没收到。

致威廉·罗斯

1942年6月24日，芝加哥

亲爱的罗斯先生：

我紧赶慢赶，生怕误了时间，结果在入伍检查站因为技术上的原因暂时退回来了。我现在是到7月中旬以前都没事做。因为今年夏天就不在这里了，所以我已经把教书的工作辞了，这样我就有一个月的时间没有收入，除非您能设法给我一些预付。

编辑校订我的手稿要吃点苦头了。我应征离去的头天晚上，朋友们帮着我通读检查了全书，做得十分匆忙。

我不知道校样出来的时候我会在哪里。已经安排了这里的一位朋友帮我看。但那只是为了应付万不得已的情况（比如万一我正在中国或者澳大利亚）。

顺颂编安。

致威廉·罗斯

[邮戳标识为1942年7月29日，伊利诺伊，芝加哥]

亲爱的罗斯：

我太粗心，真该踢我自己一脚。我应该想到问问你，你有些什么安排，是不是有什么免服兵役的情况。相反，我理所当然地认为，你像个神一样，和这些操心事全都无关。这种协调性的工作听起来很有前途，希望你们成功。

你对我的信任让我振奋。你还没见到那个中篇呢，只是听我说挺好而已。我会尽力写到最好的程度，这一点我能保证。过几个星期我就寄去，切盼不致令你失望。

至于那本书，我并不指望很快就有结果，也没有什么特别的焦虑，只是略微有些牵挂，平平常常，似乎相当遥远。我还没有把副本投出去，也没这个打算，等你从东部得到答复再说。到时如果不行，我就把两个本子都寄给麦克唐纳，然后到部队去，其余的事就交给概率定律去管吧。

此致等等。

致威廉·罗斯

[未注日期][芝加哥]

亲爱的罗斯：

坏消息给了我沉重的打击，这你或许也料到了。我原以为那本书起码不用我再操心了。从信中看，你自己的状况也让我感觉很难受。希望你能挽回的损失比你信中透露能够挽回的更多一些。不必再寄钱给我了。要不是我现在急需，那五十块我就给你退回去了，现在是我自己让我自己背上了债。

关于我那份书稿的处置：你觉得可以帮我另找一家出版商吗？用你可以躲过去的难题再来麻烦你，其实我也很不情愿。如果你实在没那个心情再来费这个事，就把稿子寄回来吧，收件人付费。我来想办法处理。我确实觉得你应该把你的收益汇聚起来为战后做准备，想办法保护自己，直到困难时期结束。相信和你打过交道的人大部分都会支持你。也许你可以继续你的事业。无论如何，都不应该放弃这个希望。

不过书稿的事再归纳一下：如果你觉得找不到人接受，就请你把它寄回来，这样我就可以另找几家出版商试试，以免战争把我所有的机会都扼杀殆尽。

谨致慰问，送上最美好的祝愿。

威廉·罗斯也应征入伍，因此暂停了在柯尔特出版社的工作。

致威廉·罗斯

［未注日期］［芝加哥］

亲爱的罗斯：

我还没找人呢。拉夫以麦克唐纳的名义来信说，他来帮我找出版商出这部小说。你觉得怎么样？这样行吗？我不想给你找很多麻烦，你已经对我很好了，超出了你的职责。但是如果你愿意继续为我张罗这件事，我不会让你白忙的，假如奇迹出现，我一定会按代理人的比例给你分成（这是没把握的事，我都拿不定主意该不该提起）。请你从自己的利益出发考虑决定吧，不要为什么责任义务方面的感觉所左右。

有朋友建议我再打印三四个副本以便多投几家。如果你觉得可行并且愿意为我代劳，我就把所需的费用筹齐给你汇去。这件事在这里做没有意义。

别去找［新方向的］［詹姆斯·］劳克林[①]了。他看了开头的六七章，用了

① 詹姆斯·劳克林（James Laughlin，1914—1997），美国诗人，文学出版人，新方向出版公司（New Directions Publishing）的创始人。

六七个月，然后决定不要这本书了。我不喜欢他这种处事方法。他是给惯坏了。想起来要把什么事弄利索了他才会去做，结果就搞得很紧张，否则就那么拖着，直到他有空再说，完全忘了事情还牵涉到其他人，而时间对这些人来说比他意识到的可重要多了。

我想说明一下，对于《暗黑的树》全面修改所能达到的高度，我感觉自己在距离上和时间上都差得很远很远。唉，我还是觉得这本书值得出版，其实是因为：我以后就没时间了，已经开始写的几部长篇，一部也写不完，所以我下决心**一定要**把这一部出版了，这样我才有理由（在战后，如果我们有战后的话）继续我的写作生涯。但这是就写作之为事业而言，非关文学。我相信你的话，正在写一部中篇，这一部嘛，要比那部长篇好五十倍。（为客观起见，应该改为“十倍”。）希望你能说服你的合伙人继续出版这些东西，哪怕你拿出来的都是小作品。

关于代理我的书这件事，我们相互之间的理解一定要十分清晰，而且要尽快。

祝好运。

想办法给你的合伙人最后再捅上一刀。

致威廉·罗斯

［未注日期］［芝加哥］

亲爱的罗斯：

时运不济啊。有人说“孩子，你很有前途”的时候，我鬓发灰白苍老不堪的脑袋再也不会带着骄傲扬起来了。但是另一方面呢，我也多少习惯于此了。我被人暗地里踹一脚的事发生过多次，我都不去想是不是哪个人对我心存恶意了。整体状况就是这样，没别的原因。不用说，你的小腿上也是伤痕累累吧。

除非我们熬过这场战争，也只有到那个时候，我们才能见面，这太糟糕了。出书的事倒在其次。如果上帝认为让我熬过去没啥不妥，那么以后还会有书的，如果你同样得到上帝的庇护，那么毫无疑问你会把那些书出版的。但是在此期间，我想验证我对你的看法。

不要去荷兰港［在阿留申群岛[1]］。你什么时候想写了，而且你所在的地方也不是军事秘密，就写信吧。我不知道我下一步会怎么样。我得到的消息全都不确切。但是身在军中，或者身在远方，我们也许都很需要有人通信。

别为那部书稿担心，你已经远远超额付出了。我会让我纽约的一个朋友接手，尽他所能去找出版商，也许会给麦克唐纳。

我不知道，也没法继续全力关注这件事，即便关注也不起什么作用了。我只能这么去看，你说是吧。

祝你在阿拉斯加好运，上帝与你同在。尽量写信，但如果不是特别想写，就不要写。

再见。[2]

① 阿留申群岛（the Aleutians）位于白令海和北太平洋之间，自阿拉斯加半岛向西伸延至堪察加半岛。荷兰港（Dutch Harbor）在该群岛东部，是美军重要军事基地。从下文看，罗斯此时在阿拉斯加。

② 原文是俄语词 praschai。——原注

1943年

致德怀特・麦克唐纳

［未注日期］［芝加哥］

亲爱的德怀特：

如果你是个写小说的，你就会发现编辑的评语总是又多又乱，而且写得很马虎。我要是有那个精神头来评论一下，我的答复多半只会是一个"啊呸!"。但是我发现你对《汽车》的评语很公正，因此十分乐意给一位编辑送上一束小花，这是破天荒的事。"细节过多容易分散中心，其结果是破坏形式"，这个说法不太准确，却也非常接近实质了。故事构思完成之后，最大的困难就是始终保持构思的焦点清晰明确。我有的时候作品失败并不是因为写得太顺手。如果我写得更粗略一些，也许会更为成功。但是在这种时候，让我感觉极为困难乃至近于崩溃的是如何判断读者的想象力。如果我和读者同体，那就不会如此艰难。可事实就是，我陷入不确定事物的重重包围，经常不能集中精力，把那些让我分心、让我焦虑的细节抛掉。所以我就总是在问自己："这个人物写到什么程度为好？这一点或者那一点我写清楚了吗？某某的行动能让人理解吗？这一点说得太多会不会破坏某个微妙的效果？"等等。

此外，当一个本地征兵局眼中的怪物并不是纯粹的福利。我日复一日，今天不知明天，因为是1A类[①]，又不能回去教书。在这种情况下，把所有的能力发挥到最佳状态是不可能的，而得知自己的才能有缺陷却一时无法改进，几乎也同样给人沉重打击。你的来信正是这个效果。

《晃来晃去的人手记》快要收尾了，这是一部半自传性质的中篇小说，我写得很愉快。另外，这本书也得我自己去找出版商。我的代理马克西[②]・利伯是个爱国

---

① 兵源种类。见1942年致梅尔文・图明第一封信脚注。

② 马克西是马克西姆的昵称。

者，《手记》可不完全是献给胜利的一小把鲜花。

马克西指望我哪天能变成一棵摇钱树。可眼下嘛，他觉得我还是有点离经叛道，我给他寄去书稿，他也不下功夫想办法帮我推销。

去年 12 月我给他寄了个短篇《犹太人!》，我觉得你会喜欢那个故事的。如果你打电话跟他要，他不会不给你，虽然我怀疑他有点斯大林主义倾向。

如果你想用那个短篇，我就从芝加哥给你寄去一份修订稿。利伯手里那份上面有几处需要修改订正的地方。

祝好。

马克西姆·利伯（1897—1993）实际上是暗藏的苏联间谍，所以称他为“爱国者”有点过，说他“有点斯大林主义倾向”又不足。1951 年，利伯意识到要被迫在众议院非美活动委员会[1]作证，对他 1930 年代间谍活动的伙伴阿尔杰·希斯[2]提供不利证词，如果他拒绝合作就会坐牢，在这种情况下，他和妻子明娜逃到了墨西哥的库埃纳瓦卡。后来他们去了华沙，波兰政府在那里为他们提供了住房，还给明娜安排了一个教书的工作。

---

① 美国的“众议院非美活动委员会（House Un-American Activities Committee）”建立于 1938 年，1969 年改为其他名称。

② 阿尔杰·希斯（Alger Hiss，1904—1996），二战时期美国国务院官员，1949 年和 1950 年因作伪证受审，后判刑五年。

1944年

致戴维·贝兹伦

1944年1月25日［芝加哥］

亲爱的戴维：

我也很遗憾，我们没有达成更为一致的相互理解。你我之间突然冒出来的障碍无论属于什么性质，其作用都十分强大。我不能装作理解了这种障碍，实际上也没有下多少功夫去想这究竟是怎么回事。我告诉你这一点并不是想减轻自己懈怠的责任，但是还请你一定不要把这理解为我对你不感兴趣。绝对不是那样。我的兴趣极浓；可我全部身心投入其中的是你们仅限于内部谈论的那些事情，那也是我的政治观点。难道我不该认为政治观点是一个人人性的天职之一吗？我想你不会这么说的。这不是我自负，也不是你所说的疲惫，那是失败的表现。这些都不是。如果我猜得不错的话，你我之间的主要分歧在于，我认为外在形式不一定就能说明人具有成熟气质。我们可以要求这些形式不要像现在这样阻碍这种气质的表现，但是假设有前者就一定有后者，那倒未必。换言之，正确的政治信仰本身什么也保证不了。

做一个勇于变革的人是必需的。但是要说因为我不参与某个政治运动我就称不上是个勇于变革的人，我不承认。如果我看到了哪个运动我应该参加而拒绝参加，也许你的批评还更有道理一些。

我想我本来可以给你看很多东西，让你了解**我**这种类型的政治观点；我原是很愿意那样做的，而且认为那是一种荣幸。

抱歉回信迟了，因为要看校样。恳请来信。

祝好。

戴维·贝兹伦（David Bazelon，1923—1996），多家重要文学和政治期刊撰稿人，著作有《美国的权力：新阶级的政治》(*Power in America*：*The Politics of the New Class*，*1967*）等。

致戴维·贝兹伦

1944年3月20日 ［芝加哥］

亲爱的戴夫[①]：

上星期奥斯卡告诉我说《政治》(*politics*) 杂志要发表你的小说了。很高兴。我读后一定会马上把我的看法告诉你。我不觉得小说发表在哪个杂志上有多大的区别，只要你心目中的读者能看到就行，而《政治》的读者和《党派评论》的读者是差不多的。另外，我觉得你是个作者，写作、发表、让自己为人所知，那是理所当然。起步早点最好。到二十八岁的时候，你的写作会因此而比我成熟得多。你习惯了公开发表意见，节省了大量的时间和精力，免去了为赢得信心而长期奋斗之苦。麦克唐纳［《政治》杂志主编］这人，虽然总体而言我不赞成他的文学主张，但是他了解写作是怎么回事，他的认可说明艾萨克对你的看法是对的，其中也包括我和奥斯卡的看法。一切都还不错。我想顺便给你提个建议，就是不要犯跟我同样的错误，把别人仅仅针对一部作品的批评看得太重。一个人站住或者倒下，并不全靠一篇小说或者一本小说集。

关于你最后那几句话，我想说的是：我并不想劝谁跟着“晃来晃去的人”走进严格管制的状态。那不是什么建议。读一读这本书就能看出来，我只是以讽刺的方式陈述约瑟夫们所处的困境。我不鼓励投降。我讲的是不幸，我想说没人可以用自己的力量挣脱这种不幸。文学艺术家可以在一定程度上做到。但是道德人[②]，或者说一般公民，做不到。他没那个能力。至于我会劝约翰尼（Johnny）怎么做，具体的我说不出来。一般而言我会说：“做个勇于变革的人吧。我们在政治上拥有的一切都不值得保留。”

---

① 戴夫（Dave）是戴维的昵称。下文中的奥斯卡指奥斯卡·塔科夫。

② “道德人（moral man）”或“道德的人”这一概念源自英国经济学家亚当·斯密（Adam Smith，1723—1790）在《道德情操论》中提出的伦理思想，相对于人性中的“经济人”，基于人本性中的利他主义倾向，与人的“世界公民”这一身份相关。

我还要把芝［加哥］大［学］和“名著计划”归入无价值之类。《下午》[1]上的《教育的目的是自由》那篇文章你看到了吗？我觉得德怀特应该发篇文章评论一下。《下午》的信息大部分错误，但主要精神是正确的。对［罗伯特·梅纳德·］哈钦斯[2]的反哺乳主义应该予以郑重其事的公开嘲笑。可以在教师学院找个可靠的人来试试。[……]

我有种感觉，好像德怀特不喜欢我了，因为我和他对战争的看法不一致。尽管如此，要是事实证明我错了，我会很高兴的。

记着写信。

祝好。

致艾尔弗雷德·卡津

1944年3月25日［芝加哥］

亲爱的艾尔弗雷德：

太好了！你是个幸运的犹太小子。祝贺你，羡慕你。我很想到纽约来好好地庆贺一番，风风光光地给你送行。不管怎么说，你就像是我和艾萨克这十几个处境相似的人派出的私人使者，去看看我们的前途如何，看**智慧人**[3]是不是在英格兰比在这儿提供了更多的希望。我们的消息来源差不多也该从记者和政客这里转到我们能信任的人身上了。而且当然了，这对你个人来说也是件大好事。**大喜事啊！**[4]

你猜得不错，我那本书让我感觉非常**痛苦**[5]。很想听听你的看法。目前这个阶段我心里只有忧虑。毫无疑问，这本书不应该写成这个样子，我的写作能力并没有体现出来。换个态度坚决的人，就不会让它出版。可是，唉！到现在我都梦想

---

① 《下午》(*PM*)是1940年到1948年间纽约出版的一份日报，报名PM的意思始终不能确定，其出版人拉尔夫·英格索尔（Ralph Ingersoll）认为可能指该报每日的出版时间“下午”。

② 罗伯特·梅纳德·哈钦斯（Robert Maynard Hutchins，1899—1977），美国教育家，长期担任芝加哥大学校长、名誉校长，“名著”计划（Great Books Project）的推行者。

③ 原文是拉丁语homo sap.，即homo sapien，人类学中称为“智人”或“现代人”，经济学中称为“智慧人”。

④ 原文是意大利语Immenso jubilo!

⑤ 原文是意第绪语词veytig。——原注

着自己能给它个相当正面的评价。文笔是不错的，“世道如此，命运不可能由自己主宰”这个主题也真实可信。其他方面就是凑合了，结果形成个大杂烩，让人家处理得毫不留情，真是活该。但是现在难就难在不知道怎样做才能把自己的强项利用起来。怎么办？艾萨克也为此所苦。他还没到达可以一鸣惊人的高度呢。和我一样，他也仍然处于茫茫林海中的某个地方。万木丛中一棵树，自是刷刷作响，勤奋努力。你知道惊雷从何而来。恕我冒昧，评论家的日子就好过多了。他所需要的故事是现成的；而小说家就得把自己凭着嗅觉像鱼一样瞎撞得到的素材组装成为故事。他还得做些改变，做些整理，让故事活起来。他还得做好准备，以最不加掩饰的状态面对审查。我当然不会说评论家就不需要这样做。我现在有点放肆了，趁着我还没失了分寸，最后我想提一句：［埃德蒙·］威尔逊（你画过这幅画的）说，评论家可以随意摆布更为优秀、更为富有、更为敏感的人物。这是一种巨大的优势，也是一种更为安全的游戏。

还有别的优势呢。本世纪的文坛佳作大部分属于认识类写作。这是不可避免的事。和典型的人生悲欢离合故事相比，毫无关联而体现着各种倾向的事件成千上万，讨论起来都比再现或者改编一个故事要容易得多。不过这个题目可就**说来话长**[1]了。

我想我还是得以宽容的态度接受那些斥责。

顺告：你离开《财富》[2]，我简直太高兴了。不是为你。你不是个喜欢高压的人。你属于我们这个阵营。

这件事也一直让我良心不安。上次在洛克菲勒中心见面的时候，有些事我本来想说得更明白一些，但是不行，一说起来就会扯到其他人的私事。我的事我不在乎，我会合盘托出。等事情烟消云散了，我也就不再遮遮掩掩了。

多联系。

祝好。

---

① 原文是意第绪语词 geshikhte。——原注

②《财富》(*Fortune*）是美国的一家商业杂志，创办于 1929 年。

致吉恩·斯塔福德

［未注日期］［芝加哥］

亲爱的斯塔福德小姐：

你应该记得我吧。贝娄，就是那个从来不给你回电话的人，因为他忙别的事什么都顾不上了。这次主动给你写信是想告诉你，我发现你写得很不错，觉得非常高兴。书我还没看，只看了《党派评论》上登出来的那一章。读这样的文字让人心情振奋。我保留对某些部分提出批评的权利，但是那文笔，那种文笔我是全心全意予以认可的。我说这话不是因为别的，而是因为我付出过努力，所以深知其中甘苦。

碱式水杨酸铋[①]我再也没机会用过，可我还有一大瓶呢。最近一期《党派评论》送来之前，我这里能让我想起你来的只有这瓶药。

顺致美好的祝愿。

斯塔福德的第一部小说即是其惊人巨著《波士顿历险记》(*Boston Adventure*),《党派评论》刊登了该书选段。

致戴维·贝兹伦

1944 年 11 月 20 日，芝加哥

亲爱的戴维：

很高兴你决定把我们中断的通信联系再接起来，虽然你对我写信的频率是否满意还很难说。我不常写信。比如我和艾萨克的通信就差不多停了，可那也许是因为我们俩都像熊一样不活跃。他躲在他的洞里，我躲在我的洞里。不过我觉得我们不属于同一个种。我是黑熊，不是灰熊，成年后不爱社交并非我的特点。

奥斯卡和我说了你的烦恼。都是些挺严肃的事，你可能猜到了，我不会忽略这个机会，一定会把这些事和政治联系起来。自己内心失败就会处处失败。这是我付出了那么多代价才得到的教训。你一定要战胜自己：心理医生、爱情、理智、

① 这是一种常用胃药，原文为拉丁语 Pepto-Bismol，又译佩托比斯摩或派朴托胃药。

社会活动都有助于你。但是参与剧烈变革于你无益，因为那不是个通情达理的地方，那里面没有什么道德规范可讲，理智会受到损害，因为一切都确定无疑。我或许可以继续。你却会为此发疯。不过我请求你在不致发火的前提下想一想，这种行动对你作为一个**公正的人**[①]来说能不能有点用处。对作家来说，这种事是毒药。

我还在写，管它结果如何呢。正在为《党派评论》的比赛赶一部中篇，可是老也写不完，已经扔掉二十页了。

我知道你很快就要开始写了。我准备好了，在此恭候大作。

祝好。

① 原文是个源自德语的词 Mensch。

1945年

致塞缪尔·弗莱菲尔德

［未注日期］

亲爱的萨姆：

我还在新兵训练营就听说你父亲去世了。这是个沉痛的消息。我想到你得知此事的时候会是个什么状态，在某个昏暗的英国城市里，孤零零的。我躺在兵营里自己的被服包上，脑子里想着这件事。没法给你写信。在羊头湾的这段时间里，不管我写什么，都不会让你好过一些。我只是很自然地认为你会理解我的感受。我们的关系如此亲密，不管是谁面对危难都会想到对方。我在羊头湾的做法和你在布兰丁①的做法是一样的。每次遇到一个新的可怕局面我都会对自己说，你也曾面对这种事，不用说还有很多远比这更为险恶。

我没有上船按常规服役。在巴尔的摩②一条状态很糟糕的训练船上待了三个星期以后，我就调到大西洋总部③去做行政工作了。所以我一直在纽约，上个星期才算是解脱了。

我打算去芝加哥，但是不会长住。有可能搬到东部去。我在《大英百科全书》的工作1月1号结束。我想按罗森菲尔德的路子往下走，当自由职业者。

［……］

祝好。

初春时节，在陆军第三次推迟其入伍之后，贝娄进入商船队④，派驻

---

① 布兰丁（Blanding）军营在美国佛罗里达州。

② 巴尔的摩（Baltimore）是美国马里兰州（Maryland）北部一港市。

③ 这是美国商船队的大西洋总部，美国海军的大西洋总部在弗吉尼亚州的诺福克（Norfolk）。

④ 1936年美国国会通过的《商船法》规定，美国商船队在战时属于军队性质，平时是民用性质。

布鲁克林羊头湾的大西洋总部。8月日本投降后，他的服役状态解除。

致詹姆斯·托·法雷尔

1945年9月15日［芝加哥］

亲爱的吉姆[①]：

我正在申请古根海姆基金（吉姆·亨勒［贝娄在先锋出版社的编辑，上一年《晃来晃去的人手记》出版即由他经手］说这次的可能性比较大），如蒙再次同意为我提供支持，我将不胜感激之至。每年都有好几次很想离开芝加哥，最近又在做这个打算了。总感觉芝加哥越来越像西伯利亚。我被判流放来到此地，祈求沙皇赦免，他拒绝了，然后我就加入了革命先驱及其他刑徒的队伍，回到家乡。说真的，芝加哥对我的压迫只有芝加哥人能明白。外地人为此感到恐惧——比如［埃德蒙·］威尔逊《在两个民主国家旅行》（*Travels in Two Democracies*）一书中关于简·亚当斯[②]的文章中就提到这一点——本地人却是始终无法摆脱。

不知你对我的第一本书有什么看法。如果你觉得我太业余，我就拿不准该不该请你支持我申请古根海姆基金了。我问过吉姆·亨勒，他说你觉得我写得不错。我不指望你喜欢《晃来晃去的人手记》，可要是知道你认为我水平太低，应该去用手指头画画而不是写作，我会十分不安的。

谨致敬意。

---

① 吉姆是詹姆斯的昵称。

② 简·亚当斯（Jane Addams，1860—1935），美国社会活动家、作家。

1946 年

致埃德蒙·威尔逊

1946 年 4 月 22 日［芝加哥］

亲爱的威尔逊先生：

非常感谢您对我申请古根海姆基金的支持。您要是看到公告或许已经知道，我落选了。我想到的是，我的《受害者》写作计划中不知哪个方面让委员会里的一些人感觉到了冒犯、敌意甚至恐惧。大纲是直截了当的，我猜是其中的一些讽刺意味让人不舒服。我的感觉是这引起了某人的反感。

但是组织机构的动机和行事方法谁能猜得出来呢？只能像伊克西翁[①]一样求之不得，为之受苦，哪怕是一片飘忽不定的云也抓住不放。

《受害者》已近完成，先锋出版社安排在 1947 年春季出版。和我的第一本书相比，我本人更喜欢这一本。尽管主题如是，我感觉书中却并没有**受气包**[②]的腔调。

再次感谢您费心推荐了我。

谨致敬意。

致亨利·沃尔肯宁

1946 年 2 月 4 日，明尼阿波利斯

亲爱的亨利：

这个星期收到一封信，写信的人叫乔治·奥尔巴赫[③]，他有个剧团叫米内塔街

---

① 伊克西翁（Ixion）是古希腊神话中的一个国王，因追求天后赫拉，被宙斯罚下地狱，捆在一个转动不止燃烧着的轮子上。

② 原文是法语词 souffre-douleur。——原注

③ 疑为美国编剧、制片人乔治·奥尔巴赫（1905—1973）。

12号美国创意剧院[①]，他问我有没有兴趣把《受害者》改编成舞台剧。我向埃里克·本特利[②]打听了一下奥尔巴赫的情况，他的反应非常积极，倒不是说奥尔巴赫怎么好，这个人他并不认识，他说的是和他有联系的那些剧团（演员实验室[③]，好莱坞[④]，等等）。于是我给奥尔巴赫回信说我有兴趣。不过我有意保持了一种模糊的态度，什么也没定下来。本特利还想到，既然戏剧界有人觉得这本书搬上舞台前景应该不错，那其他人或许也有这种感觉，所以他建议和伊利亚·卡赞[⑤]这样的人联系一下。在此特将他的建议转达于你。《朵拉》到了吗？我越琢磨越觉得这个短篇似乎并不好卖。

祝好。

亨利·沃尔肯宁（1902—1972）是拉塞尔与沃尔肯宁文学代理公司的创始人之一，当时首屈一指的文学代理人。自1944年起，他一直是贝娄的代理人，直到1972年去世。

致戴维·贝兹伦

［未注日期］［明尼阿波利斯］

亲爱的戴夫：

你要来就好了。你信中说来不了，我们都很失望。尽管我们习惯了朋友不会太多，毕竟是在大草原上嘛，可我们还是没有循规蹈矩变成苦行僧啊。真的很想见到你。另外你还可以看看这个城市（两个城市呢）和这个大学。这可是有助于你做决定噢。

我同意你的看法，在学校待几年你可以在经济上宽裕一些。现在靠写严肃作品谋生是不可能的。有些东西不得不扔给狼群：哪怕是不给大学，起码也要给

① 米内塔街（Minetta St.）在纽约。
② 埃里克·本特利（Eric Bentley，1916—　），英国出生的美国剧作家、评论家、导演。
③ 演员实验室（the Actor's Lab）是美国的一种演艺培训机构。
④ 好莱坞（Hollywood）是美国加利福尼亚州的一个地名，因聚集了很多电影制作机构，后成为美国电影基地的一个代称。
⑤ 伊利亚·卡赞（Elia Kazan，1909—2003），希腊裔美国导演、制片人、演员、作家。

《新领袖》或《新共和》。我每天授课两小时，或者不到两小时。其余的时间就是我自己的了——每两季课程之间三个星期左右，加上整个夏季。当然有很多让人生气的事，但是不会造成严重后果，虽然说对［西摩·］克里姆和艾萨克来说正相反。我觉得作家在大学里是没法长期待下去的，除非像沃伦那样，同时又是个学者或者评论家。教书经常让我心烦，不过我相信再过两三年我就能从中解脱了。如果《受害者》的影响不负我所望，那就用不了那么长时间。还有呢，就是像你这种情况，对大学已经有了一种宝贵的免疫力。［……］

第二稿我写了一半了。沃伦看过这本书，好像觉得会畅销。他挺喜欢的。我把第一稿给亨勒寄了一份。他不喜欢施洛斯伯格先生（Mr. Schlossberg），认为餐厅那一场是个错误，太老套了。其他部分他都赞不绝口。上星期他寄给我一本考尔德［·威林厄姆］[1]的小说，我已经看了两百页左右。考尔德写得十分野蛮，却偏离了目标。他神经高度紧张。在某些方面能力很强，善于倾听，但总的来说过于激烈而想象力不足。我不知道为什么有那么多南方作家喜欢暴力，真没有必要。福克纳最接近于将暴力予以约束然后将其转化为悲剧，但是他对付脱缰野马也更为困难。

我的感觉是你无论如何都应该坚持写小说。你很可能有写传记的天赋。你当然也应该找到那种最能体现你的灵活也最能释放你的想象力的写作方式。我们都在找。但是现在放弃小说还为时过早。有多少小说家在二十几岁的时候就显示出了多种能力呢？

盼复。

祝好。

考尔德·威林厄姆的这本小说是《终归是好汉》(*End as a Man*)，不久后由先锋出版社出版。

① 考尔德·威林厄姆（Calder Willingham，1922—1995），美国作家、编剧。

1947年

致塞缪尔·弗莱菲尔德

［邮戳标识马德里，日期无法辨识；明信片上是普拉多博物馆藏委拉斯开兹[①]画作《小丑唐·塞巴斯蒂安·德·莫拉》］

亲爱的萨姆——

你我的朋友托马斯·贝克特[②]就是来到这里也不会注意到，这里的人都是烈士，每个人都属于自己，圣人和诗人如果奉献了鲜血，也都是无谓的抛洒。除此之外，诗人们都拥有菲亚特汽车，正餐有十道菜。

致埃德蒙·威尔逊

1947年10月3日，明尼阿波利斯

亲爱的威尔逊先生：

两年前您推荐了我申请古根海姆基金。不知您是否愿意再次推荐我。我的一本新书《受害者》将于11月出版，自己感觉今年的运气会好一些。我知道这类事情会给您添不少麻烦，但这也是按规定行事。

谨致敬意。

致罗伯特·佩恩·沃伦

1947年10月5日，明尼阿波利斯

亲爱的瑞德[③]——

真是很遗憾，时间不凑巧，这次我们没见到你和辛妮娜（Cinina）（安妮塔到

① 迭戈·委拉斯开兹（Diego Velázquez，1599—1660），西班牙黄金时代著名画家。
② 托马斯·贝克特（Thomas à Becket，1118—1170），英国坎特伯雷大教堂大主教，为英王亨利二世派人谋杀，后被封圣。
③ 瑞德（Red）是罗伯特的昵称。

纽约接我来了）。兰伯特·戴维斯（Lambert Davis）说他每天都在盼你们来。我巴不得能多待一个星期呢，可实际上我回到明尼阿波利斯的时候已经开学三天了，我脑袋里全是西班牙和中西部的景象，一个星期大吃大喝，我的血液都快吸收不了了。美国人可以在西班牙保持肥胖，然而出于某种原因，我在那儿却掉了大约二十磅，于是在纽约又采取措施恢复了一些体重，不过恢复得太快了。毫无疑问，吃这么多东西有意识形态上的原因——我们在腓尼基遗址里也许并不壮实，可我们确实吃蒸蛤蜊呀。不管怎么说吧，我还是靠牛奶和鸡蛋活着，大体而言。

与此同时，我打开了行李中的各种手稿，让自己逐渐回到工作状态。我有好几个短篇要写，然后是一部小说。我正在申请古根海姆基金，如果你能允许我请你做我的推荐人，我会非常感谢。

[……] 我希望你推迟出发，等《国王班底》① 上演再走。你跟欧文·皮斯卡托② 和他的助手一定相处得很愉快吧。

安妮塔向你和辛妮娜问好。

祝一切都好。

那年春天，德国侨民导演欧文·皮斯卡托在纽约社会研究新学院的戏剧讲习班上排练沃伦小说《国王班底》改编的舞台剧。贝娄所说的“助手”大概指的是皮斯卡托的妻子兼合作者、舞蹈家玛丽亚·莱伊（Maria Ley）。

致亨利·沃尔肯宁

［未注日期］［明尼阿波利斯］

亲爱的亨利：

这是我对所附信件回复的一个副本，很短，但足以缓和我的愤愤不平。我绝对不想让亨勒出版我的下一部小说了。关于出版业的困难时期，你想说什么都

① 《国王班底》（*All the King's Men*）是罗伯特·佩恩·沃伦的小说，1946 年出版。1947 年，作者以此书获普利策奖，1949 年拍成电影。

② 欧文·皮斯卡托（Erwin Piscator，1893—1966），德国戏剧导演。

是可以的。其实并没有那么难，不过是像［诺曼·卡特科夫[1]的］《我眼前的鹰》（*Eagle at My Eyes*）这种书第一个月要印到三次，（最起码是）没书可用了，只好用我的书来捧场罢了。亨勒预付了我七百五十块。我还欠他钱呢。所以他在信里好像不太高兴。难怪了！

祝好。

很高兴你喜欢《朵拉》。我想《纽约客》不会喜欢的。

致罗伯特·佩恩·沃伦

［邮戳标识为1947年11月17日，明尼苏达，明尼阿波利斯］

亲爱的瑞德：

非常感谢你在古根海姆基金这件事上如此善解人意。我对正规信函有一种神秘的恐惧感。对我来说，给保险公司写信比写小说难，为什么呢，也许哪天一位心理分析师能告诉我吧。无论如何，我是感激不尽。

我真的很喜欢伦纳德·昂格尔[2]夫妇。到目前为止，我们见面的时候身边总是有人——今年秋季的社交旋风令人眼花缭乱——但我想伦纳德和我都把对方看成同样高度（或者低度，随你怎么说）的人。当然还有萨姆·蒙克[3]，也是个非常好的人，这你大概很清楚。还有希夫诺[4]夫妇：鲍勃去年夏天结婚了。简而言之，我们非常幸运。就这个地方本身而言，这么说吧，我知道奥古斯丁[5]说"魔鬼在北方建立了他的城市"是什么意思。我在蒙特利尔和芝加哥住过。［……］

顺便说一下，我的朋友艾萨克·罗森菲尔德不再把流言蜚语叫流言蜚语了，他称之为社会史。我觉得很不错，你说呢？

但愿我有个好借口圣诞节期间去趟纽约。很想去看《国王班底》，但是找不到

① 诺曼·卡特科夫（Norman Katkov，1918—2009），乌克兰出生的美国编剧、小说家。

② 伦纳德·昂格尔（Leonard Unger，1917—2010），美国外交官，中文名为安克志。

③ 即塞缪尔·霍尔特·蒙克（Samuel Holt Monk，1902—1981），美国文学学者。

④ 罗伯特·希夫诺（Robert Hivnor）是贝娄在明尼苏达大学的同事、朋友，剧作家。鲍勃是罗伯特的昵称。

⑤ 希坡的圣奥古斯丁（Saint Augustine of Hippo，354—430），古罗马帝国时期天主教思想家，欧洲中世纪基督教神学、教父哲学的重要代表人物，著有《上帝之城》等，生于北非。

这种借口啊，只能在我那份总是晚到两天的《时报》上看报道了。[……]

问候辛妮娜。

祝好。

致梅尔文·图明

[未注日期][明尼阿波利斯]

亲爱的梅尔——

[……]安妮塔家里的情况非常糟糕。她妈妈去年大儿子去世，深受打击，七十三岁的人，只有黑色的眼睛有点活力，其余部分都是僵硬的。她嫂子（安妮塔哥哥马克斯［Max］的妻子）大约是二十五年前，也就是她十七岁左右的时候，才华突显，给送到意大利和德国去"完成她的音乐学习"，回来后以失败告终，现在给那些带着曲棍球棒和棒球手套的孩子们教钢琴。她总是以文化**上流社会**[①]的姿态和我相处，因为我宁愿玩赫谢尔的［格雷格[②]的］小火车也不愿进入她那个文化**上流社会**，她就想报复我，嘲笑我，对安妮塔的大姐凯瑟琳（Catherine）说："请用你图书馆员的折扣帮我买一本《万斯贝克之斧》[③]吧，这本小说很不错，我想送给我弟弟拉乌尔（Raoul）。"这个可怜的拉乌尔，原来在一个很好的室内乐团拉小提琴，现在是个律师，在华盛顿的外国人财产托管办公室工作。还有凯瑟琳，五十岁了，得了结肠炎，脾气不好，每天用五十种药水洗来洗去。安妮塔家里的事就说到这儿。我要是和你说说我家里的情况——老天爷！我爸爸在我哥哥四十岁那年一次吃饭的时候，花了一个小时讲摩西这个名字的意义。**想想看吧！**[④]

星期六赫谢尔病了，我只好一个人回到明尼阿波利斯。他还没好——我敢肯定，如果我们是同类人的话，他这就是在抗议芝加哥的恐怖，**愿那名字被抹去吧。**[⑤]

---

① 原文是法语：haut monde。

② 格雷格是贝娄的大儿子，昵称"格雷格"；时年三岁，赫谢尔（Herschel）是他意第绪语名字的昵称。

③《万斯贝克之斧》(*The Axe of Wandsbek*)，德国作家阿诺德·茨威格（Arnold Zweig，1887—1968）的小说。

④ 原文是意第绪语：Shtel sikh for!——原注

⑤ 原文是希伯来语：Yemach ha shem。——原注

弗莱菲尔德的状况很不好，陷入困境了，梅尔文。他在德国的时候他父亲去世了，他回来后不得不把生意维持下去以便还债，同时养活母亲。他母亲辛苦照料了他瘫痪的老父亲三十年，现在好像报复一样，成了他的沉重负担。罗谢尔扯着他的一只胳膊，妈妈扯着另一只，三个人都在挨命运的痛打。罗谢尔还在为萨姆在德国的风流韵事惩罚他，他太傻，居然承认了。罗谢尔品行端正，所以不愿意原谅他。

你一定要写下去。萨姆感觉被忽视、被抛弃了。他面临的危险是让精神的荒漠把他生命中难得的天赋消磨掉。我不愿看到这种事发生在萨姆身上，他曾经那样才华横溢。

唉，倒霉事够多的了。这个世界上仍然有美丽，还他妈的有小孩儿，有友谊。

祝福你。

致亨利·沃尔肯宁

［未注日期］［明尼阿波利斯］

亲爱的沃尔肯宁先生：

下面几段录自我即将寄出［给亨勒］的信：

“这两个星期里，我收到了全国各地朋友和熟人的来信，他们看到了对《受害者》的评论，想买这本书，但当地书店却跟他们说从来没有听说过这本书，这让我很失望。我对图书发行的奥秘一无所知，一直天真地以为，每个城市的主要书店都会自动收到几本。得知芝加哥大学书店和伍尔沃斯（Woolworth's）连锁店甚至都不知道我出版了一本新书，我相当震惊。作为一个芝加哥人和一个海德公园地区的人，我感到很受伤。在瑞德·沃伦的评论发表之前，只有少数人知道《受害者》已经出版，那些错过了12月3日《每日新闻》的人再也没有机会知道这件事。因为我得到的评论相当好，我不明白为什么会这样。

“我知道你会再次指责我脱掉了贤者的外衣，说我太没有耐心了，而且你又会说，我要出了五六本书之后才能指望靠写作谋生。但我写得很慢，第五本书还没写完我就要四十岁了，我认为希望我已经完成的东西能发挥最大作用没有什么不合理的。看到自己已经不太可能集中一两年的时间不受干扰连续工作，我就忍不住要抗议面临的不公了。今年我病了一场，教书也让我没有精力写作。我本来希望能请一年假，可那样我就会失去生活来源，于是我看出，明年、后年、大后年都会在大学里消磨殆尽。我认为我的申诉是正当的。我不想成为商业作家，也不想为钱所羁绊。四年来我从没和你讨论过钱的问题，甚至在签合同的时候也没有，除了去年春天我给你写的那封关于这本新书的信以外。那次你很不高兴，你说在出版前五个月就谈什么计划是不可能的事。可是现在这本书出版了，反响不坏，而且发展趋势似乎已经接近了《晃来晃去的人手记》……"

我认为，问一问这本书为什么没有在芝加哥做广告起码并不过分。亨勒只登过三次广告。一次是出版前登在《党派评论》上，一次登在周日的《时报》上，一次登在《星期六评论》上。我不要求他让我成为百万富翁，上帝啊，根本不是那么回事！作为一个小出版商，他好像是挣一点就满足了，而我也必须满足于比他更少的所得。《晃来晃去的人手记》第一年只卖了不到两千本，后来是一年大约一百本。《受害者》预售了两千两百本，要是总共卖掉五千本我就会大为吃惊了。如果这本书能给我挣够一年的生活费，我就不会想到把版权卖给电影，明知要挨宰，还去任人宰割。我敢说，要真是卖了，那对我绝非乐事。我只是需要钱来撑过在明尼阿波利斯的这段生活。

让我不得不以这种口气写信的原因是，我收到亨勒一封简短的信，里面说他希望进步读书俱乐部[①]3月份选《受害者》这本书。书价是七角五分。在我看来，这就等于把书削价处理，停止销售了。进步读书俱乐部的会员中有些人通常会买我这类书。如果这个俱乐部真的处理了两千来本，我的所得就是不到两百块，而市场已经饱和了一半，这个说法可能不专业，随他去吧。

我一直在写短篇小说。我有一堆这样的工作要做，就看身体是否允许，再就是有没有空了。最近我按新的稿费标准给了《党派评论》一篇书信体游记。[……]

我正在计划和埃德·麦吉（Ed McGehee）（已经由您和拉塞尔[②]先生代表）一起选编一本旅游文集，把那篇文章扩展为序言。如果您能帮我们处理这件事，我将非常感激。这本选集的书名可以叫《西班牙旅行者》（*Spanish Travelers*）之类，

① 原文是 Progressive Book Club。美国的很多这种读书俱乐部或读书会是商业性质的，目的在售书。

② 即与沃尔肯宁合作的迪尔姆伊德·拉塞尔。

选文作者都是十八、十九、二十世纪在西班牙旅行的人，其中有许多名家，从卡萨诺瓦①到罗杰·弗莱②。兰登书屋已经对此表示了兴趣，如果您愿意，我们可以列出一个大纲。

请以宽容大度之心阅读这篇情绪过于激烈的文字。

谨致敬意。

又及：我给亨勒写信只是想告诉他，我要和你们恢复关系——这是顺便一说的事。这件事我可就靠您的判断力来决定了，我会按您的建议办，不把这封信寄给亨勒。如果他拐弯抹角地知道了我的不满，结果会很糟糕。

致戴维·贝兹伦

1947年12月1日，明尼阿波利斯

亲爱的戴夫：

我的体重还是在一百六十磅左右，不过除了某种不难理解的紧张之外，我的身体状况还不错，只是比正常状况下更在意衰老和死亡。这也许就解释了我为什么在《修道院》(*Charterhouse*)一书上写下那句题词——“快逃，弗里恩斯……”③还有就是，我的奋战（那两本书）也把我累坏了。我觉得自己一只脚在正确的道路上，另一只脚在别处：我不知道那是什么地方，但或许比我一直认为“正确”的地方更好。不管怎么说吧，反正两只脚不在一起。

《评论》月刊的愚蠢让人非常恼火。我早就认为那篇评论哈米特的文章是你最好的作品之一④。从来没见过以那种方式来说**工作**这个概念的。《党派评论》的老套当然也很让人生气。如果他们要防的是无名之辈，那就应该有人提示他们一下，

---

① 乔万尼·雅克·卡萨诺瓦（Giovanni Jacopo Casanova，1725—1798），意大利冒险家、作家。

② 罗杰·弗莱（Roger Fry，1866—1934），英国画家、艺术评论家。

③《麦克白》剧中，班柯（Banquo）和弗里恩斯（Fleance）遭到伏击，班柯挡住刺客喊道：“快逃，好弗里恩斯，逃，逃，逃！/你也许可以替我报仇。”——原注（《麦克白》[*Macbeth*]为莎士比亚著名悲剧，这里班柯的话用朱生豪译文。贝娄信中所引此句没有“好”字。——译注）

④ 这是指戴维·贝兹伦对美国侦探小说家达希尔·哈米特（Dashiell Hammett，1894—1961）的小说《玻璃钥匙》（*The Glass Key*）所做的评论。

哪些无名之辈的作品他们一直在发表。他们之所以如此，不过是因为觉得《党派评论》是一份很有品位的杂志，就像音乐厅的经理们一样，把贝多芬的名字挂在舞台上方，另一头要是挂着路易·阿姆斯特朗[①]的名字就觉得降低了音乐厅的身份，而文化似乎和神秘的咒语有着什么联系。

关于学校：我想你必须接受现实，就像拉斯柯尔尼科夫[②]接受西伯利亚一样：那是不可或缺的惩罚。我设想着你很快就能做好安排，把文章当学期论文来写。比如，没有理由不可以把评论哈术特的那篇文章视为一篇完全可以接受的学期论文。排除了学业要求这个障碍，你会快活得多。大学里当然到处是笨蛋，可其他机构里也全都是如此。然而头脑和天赋是大学**存在的理由**[③]，不会完全为大学所排斥。不是**完全**排斥。你总能激发起这个**存在的理由**。再说了，你走过了丁尼生[④]，就没人挡得住你去见哈代[⑤]，以此类推。不过这些你都知道。[……]

我和奥斯卡、维克（Vic）、约翰尼一起在芝加哥过的感恩节，一边吃鹅肉，一边设想着挣它一百万的各种计划。我父亲提出让我当矿长，年薪一万。上个星期我成了名人，这对他来说没啥区别。一个矿就是一个矿，而《时代》周刊不过是和风搏斗而已。我对这个提议一笑了之，但在内心深处，我不得不承认他是有道理的。他的直觉不无根据。那些关于我的评论，他只是看了看，并不去读。此举同样甚为高明。这些评论粗俗得难以置信，所以读它干吗？

我很高兴［伊丽莎白·］哈德威克[⑥]没有拿斧子砍我。她很可怕的。

来信。

祝好。

---

① 即路易斯·阿姆斯特朗（Louis Armstrong，1901—1971），美国黑人爵士音乐家。路易（Louie）可用作路易斯的昵称。

② 俄国作家陀思妥耶夫斯基小说《罪与罚》中的人物。

③ 原文是法语：raison d'être。

④ 艾尔弗雷德·丁尼生（Alfred Tennyson，1809—1892），英国桂冠诗人。

⑤ 托马斯·哈代（Thomas Hardy，1840—1928），英国作家。

⑥ 伊丽莎白·哈德威克（Elizabeth Hardwick，1916—2007），美国文学批评家、作家。

1948 年

致詹姆斯·亨勒

［未注日期］

亲爱的吉姆[①]：

你的意思肯定不是说这本书总共销了两千本吧？怎么搞的，你去年 11 月信中说的是预售了两千三百本嘛。你说的两千本是除了预售以外吗？一部小说获得像我这样的评论，这种销量可就太少了。如果你的意思是说总销量就是两千本，那我简直不知道该说什么好了，两年时间里，我拼命工作好付清各种账单，千方百计利用点滴时间来写作。难道我别无出路，只能再过两年同样的日子，而我写出的下一本小说也只卖出区区两千本吗？而且继续出版只卖两千本的书你会认为值得吗？我一点也不明白这是怎么回事。我对此的感觉是又黑又苦，仅此而已。

祝好。

致戴维·贝兹伦

1948 年 1 月 5 日，明尼阿波利斯

亲爱的戴夫：

我完全同意你关于《受害者》的看法，这本书没有达到预期的效果，也不是很成熟。和近期内发表的作品相比，这就算是个成就了。然而以我自己的标准来衡量，这本书的价值今后是会得到承认的。我的头脑和想象力深陷于其中，但我知道，写的过程中不知怎的并没有**放开**，从开始到结束中间出现过不少次游离状态。游离去了几个地方。我能说出来是哪里。而且我得承认，尽管有的时候我为

① 吉姆是詹姆斯的昵称。

这本书投入了大量精力，但出于某些原因，有的时候资源不多我也就算了。比如说，用写奥尔比那样的篇幅来写利文撒尔并不难，但是我想后面应该看得出来，这俩人的有些特点是共同的。我要是多用些笔墨来写利文撒尔，这一点似乎就不明显了。尽管如此，在我自己看来，虽然与人交往中并不明显，我身上还是有着某种不自信，让我不能像你说的那样全力以赴。我装好了炸药，却还没有准备好点燃引信。为什么？因为我正在朝着某个方向努力，还没有抵达目标。记得和你说过，生活于我之所以难，有一个原因就是，我想好好写作，直到我成熟起来，可以随心所欲写出“高水平”的作品，这样一来，我的学徒期就非常艰难而痛苦，我目前就还处于这个阶段。这种熟练工人式的想法既有优点也有缺点。我由此而成了一个匠人——现在很少有作家是这样的——但我也因此而获得了一个避难所，可以躲避终于完工的危险。“主啊，请原谅我，我还在准备，还没有成人。”我就像福音书里的那个年轻人一样，或者说直到最近也还是这样。基督说：“你要将你拥有的一切都交给我，跟从我。”年轻人走开去考虑了一下，结果迷失了方向。考虑是有限度的，哪怕恩惠并不是立竿见影。但是一定有些东西是我不敢放弃的。这不是我不想要就可以不要的事。

我的确认为对［格林尼治］村的感受过于看重有特殊的危险。在这个村里，那么多欲望固定在屈指可数的几个目标上，而这些目标又越来越集中，这就使得人们的追求强度增加，而在可靠性方面发生疏漏和损失。格林威治村对普通人太不友好了，太神秘了。另外，小说家的力度放在人物上而不是放在心理上，这更好写，也更便捷；人的心理源自很多不同的因素，这是很多人认可的看法；把他想象为人物则需要一个人的想象力。格林尼治的村民是心理学方面的诗学理论家，如果对人物的想象不能满足他们对极端的渴望，他们就认为这种想象是幼稚的。用格林威治村的心理学来看，一个人不能写小说，因为那是群体的产物。我想我没说清楚我的意思。

不过我正在写一部中篇，可能会让你大吃一惊。这部小说叫《谁在头顶上呼吸》(*Who Breathes Overhead*)。题目出自席勒[1]的《潜水者》——“在头顶上玫瑰色

---

① 弗里德里希·席勒，全名是约翰·克里斯托弗·弗里德里希·冯·席勒（Johann Christoph Friedrich von Schiller，1759—1805），德国诗人、哲学家、历史学家、剧作家。《潜水者》(*Diver*)是他的叙事诗，文中所引此句原文为：Who breathes overhead in the rose-tinted air may be glad，该诗译者商承祖译自德文原诗的译文为：在玫瑰光中呼吸的世人真开心。

空气中呼吸的人会很高兴”。小说讲的是**热爱命运**[1]，快乐之脉贯穿于我们最深的痛苦之中，故事围绕一个在病房里腐烂将死的人展开。他的臭味冒犯了其他病人。小说主人公为他辩护，因为对他来说，没有什么比生命更有价值，也没有什么比为活下去而奋斗更神圣。这件事的意义我很清楚。学徒期已近尾声。[……]

原指望你能到芝加哥来，一个有成就的学者嘛，可以借圣诞节的机会休息休息，像我一样。

祝好。

致亨利·沃尔肯宁

1948年2月18日，明尼阿波利斯

亲爱的亨利：

[凯瑟琳·] 怀特[2]太太的信写得非常客气。我觉得如果她真的看完了那篇小说，她会要求修改的，但她没有要求修改，这是对的，因为我不愿意也不能为了适应杂志的宗旨做什么改动、压缩或者删除的事。一本杂志的宗旨应该是刊登好故事，把排除枯燥无味置于一切要求之上，这种只图一时之快的做法必然招致不满——就像《纽约客》一样。你看到埃·威尔逊在《评论》上发表的意见了吗?那些看法正中要害。可这是否就意味着他跟那家杂志断绝关系了呢?

亨勒详尽地回答了我的问题，他说从长远来看，我不会失去机会（但是长远是多长呢?），法雷尔和美国所有的严肃作家一样，都面临着同样的难处。我的回答比第一次要温和一些，我说法雷尔的书是在大萧条时期开始出版的，而现在可是盛世啊。在我看来，根本的问题在于，亨勒的组织太小，没有能力把书推销给零售商。阿瑟·伯格霍尔兹（Arthur Bergholz）从卖方的角度非常清楚地解释了整个事情。有很多公司以高价为诱饵追着我要作品。当然我也听说了维京出版社像海怪利维坦[3]一样把莱昂纳尔·特里林整个吞了下去，一下子就让先知的声音消

① 原文是拉丁语：amor fati。

② 凯瑟琳·萨金特·安杰尔·怀特（Katharine Sergeant Angell White，1892—1972），《纽约客》的创始人之一，文学编辑。

③ “利维坦”（Leviathan）的形象起源于《圣经》，指凶恶的海中巨兽或怪物。“维京”（Viking）的本义是“海盗”。贝娄此处是有意将两个词放在一起使用。

失了。尽管如此，那些诱惑还是很诱人的。我能理解你为什么不愿意放弃先锋出版社。但我可以告诉你，我的下一部小说完成以后，要把我重新套到先锋的马车上可要费一番周折。不过到时候我会想办法的。

尽管有这些问题，但是为我之前提到的那本西班牙旅行者的书拟一个大纲或许是个不错的主意。我在《党派评论》上的文章（你看了吗?）可以作个导言。把它拉长一点不是难事。麦吉和我看了一些资料，相信可以选出好文章，编一本引人入胜的选集。这些大出版社需要磨粉的料，是不是？他们的磨都是现成的。出版业现在可能不景气，但对任何一家出版社来说，投上几千块钱把书做好，等高潮重现的时候就全都值了。你能探一探［帕斯卡尔·］科维奇老先生的口风吗?我们急需要钱。[……]

（如你所见）一如以往。

致梅尔文·图明

［未注日期］［明尼阿波利斯］

亲爱的莫伊赛：

走点小运是靠不住的。我又在干我自己都不太理解的事了，因为冥冥中有什么东西命令我去那样做。我到学校去，向佐佐［约瑟夫·沃伦·比奇[①]，明尼苏达大学英语系主任］请了一年的假，其实这就是个说法而已，我们俩都很清楚，我不会回来了。毕竟我现在是个拖家带口的人了，白头发比黑头发还要多。我刚刚出版了一本书，还挺受欢迎的，所以我这样做似乎也不算过分。但是那本书现在已经过了销售高峰，总共卖出了两千两百本左右。

不管怎样，我是下了决心一定要走。我们有点钱，而且我再次提出了古根海姆基金申请，可我老是通不过这个申请，我现在都没有权利指望什么了，除了再一次遭到拒绝。实际上，穷困潦倒而又完全符合条件的作家获奖，艾萨克是我知道的第一个例子。这个奖的获奖者一般都已经有了足够的声望，可以用这种声望

① 约瑟夫·沃伦·比奇（Joseph Warren Beach，1880—1957），昵称佐佐（Zozo），美国诗人、小说家、评论家、学者。

挣钱了。越是拥有，越容易得到。巨额财产的执行人绝对不可能从内心里反对这个伟大的原则。

当然了，我意识到我要对很多事情心怀感激之情。从欧洲回来以后这种意识就更为强烈了。至少我是用我自己的语言写作，而用我自己的语言我拥有两千个读者。代价相当高，但我（我们）还付得起。[而] 在西班牙，这语言是由弗朗西斯科 [·佛朗哥] ① 和教会指定的。

让我高兴的是 ②，[理·帕·] 布莱克默 ③ 对我的评价不错。我希望他没看过我前些时候在《新领袖》上发表的那篇谈小说家和评论家的文章。我想过要把他排除在外，因为我确实从《双重代理》和《伟大的代价》这两本书 ④ 里获益良多，但你既然帮我在他那里沾了点光，我也就不好那么做了。

我从听说过你那本书的社会学者那里得知了一些消息，对你很有利。我知道菲尔·塞尔兹尼克 ⑤ 想在加州用这本书。

说到社会科学，除了乔·格林伯格 ⑥，还有谁会出现在这里的教师队伍中而不被磨去棱角呢？赫斯基 ⑦ 是来这里参加会议的，抱着一堆非洲、海地和爵士乐唱片，还有他那套高谈阔论的老**调子** ⑧。我们俩都没有抬头看对方。但是我问那个学生："这就是人类学的科学吗？"他回答说是，口气不容置疑，于是我毫不留情地痛斥了他一顿。

帕辛一封信也没来过。科拉去找他了，偶尔来信。你和他通信吗？你说他是不是觉得我们属于堕落的西部，把我们放弃了？

希望很快能收到你的来信。别等有了"消息"才写。

祝好。

---

① 弗朗西斯科·佛朗哥（Francisco Franco，1892—1975），西班牙国家元首，独裁者。

② 原文是意第绪语：Freyt mir zeyr。——原注

③ 理查德·帕尔默·布莱克默（Richard Palmer Blackmur，1904—1965），美国文学批评家、诗人。

④ 都是布莱克默的文学批评著作：《双重代理：技艺与说明文集》（*The Double Agent: Essays in craft and elucidation*，1935），《伟大的代价》（*The Expense of Greatness*，1940）。

⑤ 菲利普·塞尔兹尼克（Philip Selznick，1919—2010），美国社会学家、加州大学伯克利分校教授。菲尔（Phil）是菲利普的昵称。

⑥ 约瑟夫·哈罗德·格林伯格（Joseph Harold Greenberg，1915—2001），美国语言学家。乔（Joe）是约瑟夫的昵称。

⑦ 即梅尔维尔·让·赫斯科维茨，人类学家。

⑧ 原文是德语词 Spiel。

致戴维·贝兹伦

1948年3月8日，明尼阿波利斯

亲爱的戴夫：

[……] 我1936年前后上完“浪漫派”这门课以后就没有看过《唐璜》①。那个地方的好处是，你可以花六年左右的时间让自己成熟，然后再开始读书。我只记得“您好啊，缪斯！……这寒暄不多重复”②，还有唐璜和海黛。真可惜。这首诗是我很想重读的作品之一。人在软弱而又很容易受影响的时期遭到迂腐观念的进攻以后，永远都恢复不过来。我要重读的书越来越多，多得简直难以置信。卡拉马佐夫老头③说，人这一生甚至连睡足觉的时间都不够，怎么会有时间去懊悔然后去获得救赎呢？[……] 我很想恢复起来的最重要的几件事里包括音乐和希伯来语，我怕再迟就捡不起来了。每个星期二，我翻译一章《约伯记》④，每个星期三晚上，我和一个叫桑德斯特伦（Sandstrom）的政治科学家二重奏。我还是能做到把每天上午空下来写作，结果就是我在大学里负责的工作给耽误了至少一个月，愿那名字被抹去吧（希伯来语有这个说法）。在那里所有的艰难时刻，我都要靠自己的精神力量挺过去。尽管如此，我的写作时间还是不够，该完成的远远没有完成。自去年10月以来，我只写了一部大约三万字的中篇小说——这是一头让人眼花缭乱的白象，代价高昂却没有用处，出书吧太短了，给杂志吧又太长了。这是我唯一新写的东西。我从自己那堆短篇里拿出来了一个，润色后寄给了拉塞尔和沃尔肯宁，他们推销给了《哈珀时尚》。这个兆头不错，大有希望啊，我有一抽屉的短篇小说初稿呢。这些东西最好能卖出去，因为我请了一年的假——连续三年教书是血肉之躯无法忍受的事——我申请了一份基金，但是我觉得按古根海姆基金的眼光来看，我这人其实并不属于这项基金喜欢的那种类型。

不管怎么说，我反正明年不教书了。下一步打算还不明确。本想去欧洲的，

---

①《唐璜》（*Don Juan*）是英国浪漫主义诗人乔治·戈登·拜伦（George Gordon Byron，1788—1824）的长诗。后文提到的海黛（Haidee）是诗中人物。

② 这是《唐璜》第三章第一节开头一句，原文是：Hail，Muse！et cetera. 这里用的是查良铮的译文。

③ 俄国作家陀思妥耶夫斯基小说《卡拉马佐夫兄弟》（*The Brothers Karamazov*，1880）中的人物。

④《约伯记》（*Book of Job*）是《圣经·旧约》中的一个部分。

可是捷克斯洛伐克发生政变，好像很快就要打仗了，下一个漫漫长夜（最后一次?）就要开始。我们想过去新墨西哥州，可他们在那里试验原子弹。我可不想呼吸中子。要么就去西印度群岛。你有什么想法吗？会对我们有帮助的。[……]

很遗憾你的朋友［菲利普·］里夫[1]的杂志触礁停办了。我现在手里有一篇很长的稿子要投出去，是评论贝尔纳诺斯[2]《快乐》(*Joy*）这本书的。可我没法投，因为当书评用已经过时了，所以我得把它揉进一篇文章里去，免得它发霉了。

请保持爱写信的好习惯。

祝好。

当年2月，苏联支持下的捷共夺取了捷克斯洛伐克的政治和军事权力，在西欧、英国和美国引起了震动。

致约翰·西蒙·古根海姆纪念基金会

1948年3月26日，明尼阿波利斯

亲爱的［亨利·艾伦·］莫伊[3]先生：

过去的一年里，我的收入是大约四千元，其中五百元是写作所得。我和妻子几乎把钱全用光了——我们有个四岁的孩子——虽然我觉得三千五我们也能将就。

我提出申请的时候自然就知道，古根海姆基金的津贴额是两千五百元，当时我就准备好了接受这笔钱，现在仍然如此，目的就是从学术工作中脱身，以便专心写作。明年我没有确定的经济来源。我想把已经写好的东西售出以后，大概会有五百元的收入，也许再稍多一点。

如果我能得到这笔基金，我希望能从1948年10月开始。我打算离开明尼阿波利斯，到纽约州去写作。

谨致敬意。

---

① 菲利普·里夫（Philip Rieff，1922—2006），美国社会学家、文化批评家。后为美国女作家苏珊·桑塔格（Susan Sontag，1933—2004）的丈夫。

② 乔治·贝尔纳诺斯（Georges Bernanos，1888—1948），法国小说家、评论家。

③ 亨利·艾伦·莫伊（Henry Allen Moe，1894—1975）曾长期担任约翰·西蒙·古根海姆纪念基金会（John Simon Guggenheim Memorial Foundation）的负责人。

按惯例，古根海姆基金会在颁发基金之前会要求申请通过的候选人提交下一年的预算。亨利·艾伦·莫伊是该基金会的执行董事。

致梅尔文·图明

1948 年 4 月 21 日，明尼阿波利斯

亲爱的莫伊：

没错，我终于还是变成了古根海姆类型的人。如麦克白夫妇[①]所说，谁会想到这个老人身上有这么多的血呢？不知何故，在我内心深处，潜伏着一种长期以来难以消除的感觉，就是觉得我生来微不足道，没有人会真的看重我留在纸上的标记。上个星期在芝加哥，我告诉父亲我得到了这个基金的时候，他那表情就像看到我三年级时的习字簿里得了个金星一样。是啊，很不错，可生活还是那样，有市场、小巷、卧室，在这些地方，一杯杜松子酒和一盘黄瓜奶油之间就可以把像你这样的人构思出来。那么荣耀在哪里？不在于古根海姆这类东西本身，他说得完全正确。尽管如此，荣耀还是有的。对此他并不是真的很清楚。我说微不足道，不是指生命所赐的天赋受到轻视，这是绝不会为人忽略的；我只是说在评选奖项和荣誉的时候受到轻视。即便是这个意思现在也不再是这么回事了。幸运的是古根海姆基金来得很及时。哈德逊河畔安南代尔的巴德学院给我提供了一份工作，我正要接受呢。要是我像艾萨克获得基金以后一样，也就是干脆休息，那我后年可能还是得到那里去。我非常理解艾萨克的做法，我也很想那样做。拼命干以求入围，真的需要个机会来摆脱苦差事。另外，让土地休耕等待下一轮耕种是个非常可取的做法。这是一种向自然本我的回归，那时严格训练的耕耘和初次尝试的慌张还没有损毁原生的爱好，充满原生禀赋的纯净视野中还不存在某种模式——请原谅我滥用隐喻。简而言之，对作家来说，这就是一种折磨人的生活，就像对社会学教授来说一样，这两种人都有这个本事，能把真正

① 莎翁悲剧《麦克白》中，麦克白夫妇合谋杀害了苏格兰王邓肯（Duncan），这里这句话见该剧第五幕第一场，是麦克白夫人（Lady Macbeth）说的，原文为：Yet who would have thought the old man to have had so much blood in him? 卞之琳的译文是：可是谁会想得到老头儿身上有这么多血？

的目的不当回事。这里我得说句实话，社会学家的罪过更大。我在这儿听他们说话，竭尽全力想对他们公平一些，想理解他们，可我弄不清楚他们是哪种“人”。那肯定不是**现代智人，我的同类**啊！神学家著作里说的那种生物和我要接近得多啦。

［赫伯特·］麦克洛斯基①和艾萨克跟我说了对卡比的不满，意思和上边说得差不多。当然，艾萨克和我属于稍有不同的另一类人：都是芝加哥人，都是作家。而你从纽瓦克②来，对卡普兰知根知底。这一点非常重要，因为卡比是按照自己的形象塑造自己的，他有意要做个巴黎人卡普兰，就把个人经历中不符合这个形象的部分都抛于脑后。这种自我孵化是件很神的事。在重新探索了上帝律法下自由的界限之后（浮士德③），从逻辑上说下一步人就会想办法从别人给他的定义中解脱出来。这就是尼采的“宏大风格”④。一个人的出生和他的原初状况全都是偶然的，没法自由选择。既然他有能力成为他自己选择的那个卡普兰了，为什么还要做那个他母亲生的带着纽瓦克印记的卡普兰呢？你有这个感觉，我也有，帕辛也有。我们之中只有几个人有这种意识，能感觉到我们带出来的这个人缺乏丰富的内涵，不像真实存在的人那样，和他有关的一切以及他所经历的一切赋予了他厚度、营养和肌肉。此外，这种形象永远不可能是**纯洁的**⑤，尤其是当金钱和权力成为其装扮的一个部分，这形象就更是不纯洁。卡比是个官员。所以尽管如此，公平地说，必须承认能抗得住诱惑而不去利用那样宝贵的天赋是很难的，对任何人来说都很难。让生命以这种方式白白流失的都是那些最出色、最强有力、最富有才华的人。为卡比着想，我深深地希望他能恢复过来，以免他的感知能力受到的损害继续发展下去。去年夏天我听他讲集中营的事那个时候就觉得，能触动他的只有那种规模的悲剧，那样巨大的灾难。那么多热爱人类群体的人，对具体的人却无感。他们只听命于一种灌输形成的健康思想，这种思想面对的是一般意义上的人类，是体现为数字的受难者。［……］

---

① 赫伯特·麦克洛斯基（Herbert McClosk［e］y，1917—2006），美国政治学者。

② 纽瓦克（Newark）是美国新泽西州一港市。

③ 德国诗人约翰·沃尔夫冈·冯·歌德（Johann Wolfgang von Goethe，1749—1832）长诗《浮士德》（*Faust*）的主人公。

④ 暗指尼采的超人思想。

⑤ 原文是意第绪语词 reyn。——原注

我收到库尔特［·沃尔夫］[①]的一封信，信里谈了他对《受害者》的看法，让人很不愉快。他对具体问题的批评我倒觉得没什么，我特别不喜欢的是他告诉我“你**还没**上路呢”那种口气，他所有的那些说教，还有他断章取义把我打翻在地的那种方式。他并非他自己以为的那样全是善意。我对自己的看法你也总是不认可。但是我的那些看法即便不很公正，也仍然有必要提出，要是你也面对那么多肆意褒贬，而且手段多达几十种，从历史比较到人身攻击一应俱全，你就会理解了。《受害者》自有其缺陷，但别的很多广受赞誉而且的确很不错的作品也是同样。有些人对自己漠不关心，因此也不能允许别人高度重视人的个性，这种平等主义对终究还是笃信人类行动重要性的作家来说是极其危险的。神，圣人，英雄，都是人的素质在人心目中的形象；公民，市井小民，大众平民，已经成为与之形成反衬的对立面。我反对这种对立的胜利，而库尔特在信中把自己放在了敌人的位置上，成了嫉妒的凯斯卡[②]。《受害者》的成功之处在于这本书影响很大。我认为这是实至名归。最近没有多少书能做到这一点，不管什么意见，要是首先就不承认这个事实，我就不能把它当真。我说话算话。我不想谦虚。我是否真正意识到了自己的缺点，从我今后的书里就能看出来。会看出来的，因为我已经意识到了很多问题，而且都有了非常清楚的认识。

打住。[③]

我们还没决定明年去哪。你有什么主意吗？等你来信。你给我一种非常温暖的感觉，莫伊赛，我可不想让这种感觉再次消失。只有给你和艾萨克写信我才写这么长，在朋友里这可是绝无仅有了。

祝好。

政治学者赫伯特·麦克洛斯基及其妻米琪（Mitzie）此时已是贝娄在明尼苏达大学的好友。

---

① 库尔特·沃尔夫（Kurt Wolff，1912—2003），德裔美国社会学家。

② 凯斯卡是莎翁名剧《裘力斯·恺撒》(*Julius Caesar*）中的一个人物，刺杀恺撒的众多凶手之一，第一刀就是他刺的，该剧第三幕第二场马克·安东尼（Mark Antony）称他为“嫉妒的凯斯卡（envious Casca）”。

③ 原文是意第绪语词 Genug。——原注

致亨利·沃尔肯宁

［未注日期］［明尼阿波利斯］

亲爱的亨利：

［……］我现在教三门课，不是太认真，虽然有助手（两个人）帮我批改论文，可我不能远距离对他们发号施令。我必须在场。上个星期我请了一天假，到芝加哥去听［阿瑟·］凯斯特勒的演讲，现在我就在为此付出代价，加班加点呢。

我还没给亨勒写信。我刚收到他祝贺我获古根海姆基金的信，这个时候怎么能回？不过我今天得到了一点给他写信的动力，我在费城的几个朋友告诉我，他们买不到《受害者》。他们写信给帕塞伊克[①]的朋友，那边也买不到。在罗切斯特问得的结果也一样。最后他们写信给纽约。可还是让人丧气。费城还没有禁售我的书嘛。看来书商们给我打的分是D。上帝把他们变成石头算了！

我不知道［詹·法·］鲍尔斯在你的名单上。我想见见他。你让他下次来明尼阿波利斯的时候给我打电话吧。

还有，你知道有什么好地方我明年可以去的吗？只要切实可行，只要在西半球，哪儿都可以。

我会把那部中篇（快好了）寄给［菲利普·］拉夫，告诉他你是我的代理。［……］

祝好。

致亨利·沃尔肯宁

1948年4月［？］，明尼阿波利斯

亲爱的亨利：

上次我给亨勒写信说，我认为我有权利把所有的时间都用在写作上。他回信说确实如此。然后就没话了。别的出版商可是主动给了我机会。有一位要给我够用一年的钱。我知道你希望我还是继续和先锋出版社合作。你起码不想促成我们

① 帕塞伊克（Passaic），美国新泽西州一城市。后句里的罗切斯特（Rochester）应是美国明尼苏达州的城市。

分手。可我不明白我为什么要继续。我想换个出版社我的日子会更好过一些。

如果我请求亨勒放了我，你觉得他会同意吗？

祝好。

致梅尔文·图明

［未注日期］［明尼阿波利斯］

安妮塔要去欧洲的游说正在迅速走向成功。我一直反对。我不想冒丢掉一年写作时间的风险，法国或者意大利都很可能太好玩太让人分心了。去年秋天我回来以后，精疲力尽，身体状况很糟糕，有两三个月的时间什么也干不成。我的提议是，不去欧洲，就在东部住下来，在离纽约不远的乡村定居。49年我肯定能落实在巴德学院的工作，我想过了，就在纽约州的那个地区买栋房子。我厌倦了转来转去，每年换个房子，不停地适应陌生的床、新的房间、古怪的家具，还有房东太太的怪癖和抱怨。安妮塔本来是赞成我这个主意的。当初说服她离开芝加哥其实也经历了一个非常**痛苦**[①]的过程。可她现在显然是形成迁徙的习惯了。她答应我从国外回来以后我们就定居下来。如我所说，她就要成功了。如果在欧洲一切顺利的话……可是，那儿有很多名胜啊。我还在犹豫，因为安妮塔在墨西哥遇到语言障碍的时候她那个表现太糟糕了，她吓得要命，全身的重量都压在我身上，紧紧地拽着我不放。我受不了这个。这话我从来没说过，或许当时也不太懂，反正那次的后果非常严重。几乎要了我的命。不过她答应在法国不这么干了。卡比和西莉亚也使劲儿怂恿，我呢，到这个星期才第一次真的动心了。7月份离开明尼阿波利斯，我们就又一次无家可归了。有钱的难民，这就是结果。看来你我至少又得有一年时间当不成街坊邻居啦。

你知道的，我总是摆脱不开这样那样的**心理压力**[②]。最近主要的**压力**[③]就是出版的书。《受害者》的失败让我们受到沉重打击。就财务而言，这就是个失败。先锋卖出了不到两千五百本。这事亨勒的责任是很难推脱的。他造成的这次惨败在

① 原文是意第绪语词：veytig。

② 原文是意第绪语词：kopdreyenish。

③ 原文是意第绪语词：dreynish。

出版界传得沸沸扬扬已经好几个月了。[……]

我现在正在写一部中篇，叫《螃蟹与蝴蝶》，《党派评论》可能给我发。拉夫有个想法，觉得应该为中篇小说做点事，他在信里说打算每年发表一部——这是仿效《地平线》等杂志的做法。螃蟹是人类对生命的顽强追求，蝴蝶是螃蟹悄悄接近的生存礼物。螃蟹不能跳，不能跑，只能张开爪子待着，而蝴蝶拍拍翅膀从它头上飞走了。我希望写完这篇之后，暂时不再写“沉重的主题”了。下一步我很想写一本纯粹的喜剧作品，秉承**快乐知识**①的精神，也就是尼采的**快乐科学**②，写响当当的喜剧，而不是《纽约客》那种没有中心的讽刺作品，这个说法是最近才出现的。有一个主题很吸引我，你肯定不会反对的（你反对的东西我绝不会写也不会发表），就是你从危地马拉回来以后那几个星期里那些乐趣无穷的事。其中富有喜剧性的一面你肯定也意识到了，我特别想把它写出来。当然了，没有你颁发的**无障碍通行证**③我是不会动笔的，尽管我脑子里的构思并不是原型的再现。那是个完全不同的人，只有很少几个要素取之于你，都已经改变了形态。

盼来信。

祝好。

致亨利·沃尔肯宁

［未注日期］［明尼阿波利斯］

亲爱的亨利：

亨勒把我放了。不出所料，他很生气，把我斥责了一通，可还是让我解约了。整个事情让我心里很不安，有刺痛的感觉，同时也轻松了，相比之下，毫无疑问是轻松占了上风。我尽了很大的努力克制自己，可是很显然，这事怎么办都不会让人愉快。[……]

我要解约的消息在纽约已经传了几个星期，他肯定已经听说了，等着我主动提出呢。

---

① 原文是法语：le gai savoir。

② 原文是意大利语：gaya scienza。

③ 原文是拉丁语：nil obstat。

但愿你不致挨骂。这里没有一件事是你做的，虽然几乎可以肯定，亨勒会觉得你我最近恢复联系和这事不无关系。也许此事会引发你们之间不和，要真是这样，我这里就提前道个歉吧。

不过现在道路已经打通，我们可以开始考虑计划了。要不就等我完成一部书稿后再找人谈合同，你觉得是不是应该这样才对？

祝好。

致艾尔弗雷德·卡津

1948年5月2日，明尼阿波利斯

亲爱的艾尔弗雷德：

你不来，这里是一片哀怨啊。系里的新主任萨姆·蒙克非常失望，女性教职员们大放悲声，就像弥尔顿[①]笔下的叙利亚少女们伏在奥西利斯的肢体上痛哭一样[②]。对一个将为人父者报告此事完全得体，对不对？还有呢，麦克洛斯基伉俪托我转告你，你的决定让他们很伤心。不过总体而言，我认为你专心写书是明智之举，要是能和你交换位置，英语系没有几个人不会兴高采烈的。

昨天去听了普赛尔[③]的《狄多与埃涅阿斯》，邻座是文字学家艾伦博士先生(Herr Doktor Allen)，这位是竭尽全力要毁了我这场音乐会。首先就问，你来吗？你不来，他很遗憾（连他都遗憾!），然后就回忆起你在的时候，他和麦克道尔(MacDowell)曾经组织了一次旅行，去拜访住在北部的教授。接着是："《星期六文学评论》上给［艾伦·］西格尔[④]先生的新书写评论的那个人说，他是最好的教授小说家，比沃伦[⑤]还好。你觉得是这样吗？"希望西格尔先生不会得意忘形，

① 约翰·弥尔顿（John Milton，1608—1674），英国诗人，代表作《失乐园》(*Paradise Lost*)。

② 奥西利斯（Osiris）又译欧西里斯，是古埃及神话中的人物，他为兄弟所杀并被肢解，其妻将其肢体寻回做成木乃伊，使其复活，后在冥界裁判人死后的去向。弥尔顿在《失乐园》第一卷里提到叙利亚少女哀悼叙利亚的神塔模斯（Thammuz），塔模斯是每年死一次，死后复活。这一卷后面也提到了奥西利斯，但并没有叙利亚少女哀悼他这一细节。贝娄此处显然是将两者揉在了一起。

③ 亨利·普赛尔（Henry Purcell，1659—1695），英国作曲家。《狄多与埃涅阿斯》(*Dido and Aeneas*)是他创作的三幕歌剧。

④ 艾伦·西格尔（Allan［原文为 Allen］Seager，1906—1968），美国小说家，自1935年起至逝世，一直在密歇根大学任教。

⑤ 此处或指明尼苏达大学英语系的约瑟夫·沃伦·比奇。

从首席的位子上掉下来。然后我们就开始谈写书，时光呼啸而过。我只想到一句话："瞧那嫉妒的凯斯卡割开了多深的一道裂口！"[①] 凡是不在《美国现代语言学协会会刊》[②] 和《星期六晚邮》[③] 杂志上发表作品的作家，他们都是那么讨厌！而台上合唱的歌词是"伟大的心灵和自己作对"[④]。不错，办法是当教授，因为对只当作家不满意。

所以我觉得你的选择很英明。

不用说，你喜欢《受害者》让我很高兴——说得更准确一点，是感激。由此我想到卡明斯和某人就《大房间》[⑤] 序言的对话：

"卡明斯先生，您希望读您作品的人更多些吗？"

"更多？不是更深？"

当然了，自豪的小说家认为小说是有深度的。你说这本书的构思比较粗，大致不错。如果我认为这种粗是性格或者气质所致，我就会极为焦虑了。但是我把它理解为痛苦和残酷没有完全同化以及达成和谐的要素没有发展起来的结果。我感觉到了痛苦和残酷，但是不如别人看得清楚，也没有以娴熟的手法把这些化为小说的要素。我只能把痛苦和残酷召唤出来，平铺直叙，其他的如果我做了，我就会觉得假。我想在《受害者》中，自然主义对我的束缚太强了。我不想超出一般的可能性去写这两个人。我逼着自己要把他们写得真实可信，没有充分意识到《受害者》从本质上看也是虚幻的。真应该赋予利文撒尔更高的天分。我也不明白为什么反而给了奥尔比那么多。这有点不合常理：宽以待外人，严以待爱子——这种做法的源头，我想是我父亲。

能和你讨论这个问题，我感激不尽。你我之间这种讨论可是不足啊。

我们还没决定明年去哪。安妮塔一心要去欧洲。她还没说服我，尽管我心里也没有完全排除这个念头。你觉得意大利好玩吗？有什么地方可以推荐吗？我给

---

① 见前面 1948 年 4 月 21 日致梅尔文·图明信的脚注。原句是：See what a rent the envious Casca made！这里的译文以朱生豪译文为本，仅将朱译中"狠心的"恢复为"嫉妒的"。梁实秋此句译文中是"凶狠的"。

② 简称 PMLA，全称 Publications of the Modern Language Association of America。

③ 原文是 the *Post*，疑指 *The Saturday Evening Post* 即《星期六晚邮》，这家期刊在 1940 年代的美国影响很大，主要体现中产阶级趣味。

④ 此句出自普赛尔歌剧《狄多与埃涅阿斯》第三幕第二场群臣的两句合唱，后成为合唱单曲名。见此信后的编者说明。

⑤《大房间》（*The Enormous Room*，1922）是卡明斯的自传体小说。

保罗［·米拉诺］去了信问他的意见，好几个月了，可他没回信。

爱你们俩。问珀尔好。

［……］亨勒和我自上周起解约了。两本书都让他搞得一塌糊涂。

《狄多与埃涅阿斯》第三幕里此处的合唱是："伟大的心灵和自己作对，/亟需救治，却避之不悔。"（Great Minds Against Themselves Conspire，/and shun the cure they most desire.）保罗·米拉诺（1905—1988）是贝娄四十年的好友，《但丁便携读本》（*The Portable Dante*[①]，1947）的编辑，后为意大利新闻周刊《快讯周报》（*L'Espresso*）的文学批评主笔。

致戴维·贝兹伦

1948年5月27日，明尼阿波利斯

亲爱的戴夫——

［……］人类学的问题在于它不充分考虑人的深度。反诗意，所以从根本上说就不真实。不过是像研究植物一样研究人而已。

这里原野上的春天美得不可思议。

祝福你。

致约翰·西蒙·古根海姆纪念基金会

1948年6月4日，明尼阿波利斯

亲爱的莫伊先生：

我们在纽约已经得到承诺的房子不能给我们了，与此同时，我们收到了巴黎朋友的邀请，住处也已经为我们安排妥当，不知古根海姆基金会对我们10月份出

---

① 但丁·阿利基耶里（Dante Alighieri，1265—1321），文艺复兴时期意大利著名诗人。

国有无异议。

谨致问候。

致亨利·沃尔肯宁

1948年6月10日，明尼阿波利斯

亲爱的亨利：

学期之间我有个短暂的假期，我正在打副本，就是我跟你说过的那几个短篇的其中之一。我会给你寄去一份，稿子还很粗糙，你可以大致了解一下故事梗概。这篇很有代表性。我觉得你会认为这个素材可以用于不太重要的杂志，不过也许我的感觉不对。

我见过吉姆·鲍尔斯[①]两次，非常喜欢他。他的妻子异乎寻常地恬静平和，几乎说不出她的其他特点，除了她真的是十分安静以外。我们希望对她有更多的了解。

我的一个朋友阿尔文·施瓦茨[②]有本小说《爆发》(*The Blowtop*)是戴尔出版公司(Dial Press)出的，也让戴尔给毁了，他给我寄来了一本八十页的新小说，我觉得比第一本要好，而且非常、非常好。我已经建议他和你联系，你可能很快就会收到他的信。

谢谢你寄来《出版人周刊》[③]的样张。[维京出版社的][蒙罗·]恩格尔给我寄来一份格雷厄姆·格林《问题的核心》(*The Heart of the Matter*)副本。我认为这是他最好的作品，尽管我还有很多保留意见。宗教作家为什么不能从信仰中获得好处？对这一点他们总是非常胆怯，顾左右而言他。换了我，我就要像狮子一样咆哮。这狮子就是犹大，我觉得。而格林先生是带着他的基督徒羔羊去学校，让老师也就是世俗的力量把这种咆哮给灭掉。我喜欢看稍微放肆一点的东西。

祝好。

---

① 即詹姆斯·法尔·鲍尔斯。吉姆是詹姆斯的昵称。

② 阿尔文·施瓦茨（Alvin Schwartz，1916—2011），美国作家、编辑。

③《出版人周刊》(*Publishers Weekly*，*PW*）创立于1872年，面向出版商、书籍销售商、书籍代理等群体，主要刊登书讯、书籍排名、书评等，在美国国内外都很有影响。

致亨利·沃尔肯宁

1948 年 9 月 27 日，巴黎

亲爱的亨利：

我好像没法适应乘船。出发第二天海上只有点微风，我就很难受了，五脏六腑和大脑好像换了位置，直到越过大洋快要抵达终点的时候，这种感觉才消失。不过还算一切顺利吧，只是挨了几次宰。一张口价格就翻了一番，尽管我们都巴不得长着两个脑袋，每个脑袋上都戴一顶贝雷帽。

下周一我们就搬进租来的公寓里去。房东是位英国老先生，原来是赛车手，现在还给伦敦的赛车杂志写文章，和希腊、葡萄牙的车迷保持通信。我为了拉关系不得不带来的那台新式打字机他喜欢得要命，给拿到戛纳写书去了，我只好凑合着用他的打字机写我的书，希望他的书房不要太冷了。[……]

祝好。

致约翰·西蒙·古根海姆纪念基金会

1948 年 10 月 20 日，巴黎

亲爱的莫伊先生：

我们暂时在巴黎第八区马尔伯[1]街 24 号安顿下来了，这是一套公寓，房东有可能一个月后从尼斯[2]回来，也有可能在尼斯待到 4 月份。我想煤炭业罢工会让他不得不在那里待下去。如果他比我们预想的时间回来得早，我们就可能会搬到意大利去，那里的生活以简朴著称。

谨致问候。

---

① 马尔伯（Marbeuf）是法国北部的一个市镇。

② 尼斯（Nice）是法国东南部地中海沿岸城市。

致塞缪尔和罗谢尔·弗莱菲尔德夫妇

［邮戳无法辨识；明信片上是巴黎，卢森堡花园和宫殿］

亲爱的萨姆、罗谢尔，

我们到处玩，并没有法国化。至少我这个亨利·詹姆斯[①]笔下的美国佬比以往更像个不折不扣的野蛮人了。你们好吗？打算什么时候写一写你们这位胖墩墩的朋友啊？

致蒙罗·恩格尔

1948年10月25日，巴黎

亲爱的蒙罗：

很抱歉我们上船以前处于那么一种混乱状态，不过你肯定也经历过**举家**[②]出游的烦恼，车船票和大大小小的箱子袋子这些，谁也不如自己来安排更为可靠。几个朋友到旅馆来看我们的时候，地上堆满了东西，最后我们总算是把箱子都合上，做好了准备。

我们在巴黎待了近一个月，在一个公寓里住得舒舒服服的，我已经工作了两个星期了，要不是窗下或者房后偶尔爆出连珠炮似的法国话，我此刻可以毫不费力地想象自己还在明尼阿波利斯。只是明尼阿波利斯的房子取暖设施要好得多。我现在不常出去，一想到这个我就很恼火，觉得这种封闭状态都是自找的，而且居然把写作当个职业来做。

我有一种强烈的感觉，我们在法国待不了多久。这个国家还没有开始感受到近期罢工的影响呢。可是三百万吨煤已经化为乌有，人人都知道电力和燃气要减少了。这个城市的有些地方已经开始**间歇停电**[③]了，我们可不想住在漆黑一片的巴黎。

我通过保罗·米拉诺和罗马的人有信件来往，我们正在考虑到那儿去。一两

---

① 亨利·詹姆斯（Henry James，1843—1916），作家，生于美国纽约，大半生在英国写作，后入英国籍。作品常写美国人和欧洲人之间的交往，小说有《美国人》（*The American*）、《一位女士的画像》（*The Portrait of a Lady*）等。

② 原文是法语词 en famille。

③ 原文是法语词 coupure。

个星期之内，我可能自己先去一趟给家人找个住处。

希望你那里一切顺利。能给我来封信吗？这样我就知道联系畅通了。非常喜欢奥登[1]的读本，尽管索福克勒斯[2]和欧里庇德斯那两本着实把我吓住了。每个人都以自己的方式表现勇敢——或愤怒。

祝好。

维京出版社刚刚出版了《希腊便携读本》(*The Portable Greek Reader*)，由威·休·奥登编辑作序。

致奥斯卡和伊迪丝·塔科夫夫妇

[邮戳巴黎，1948年12月1日；明信片上是香榭丽舍大道]

亲爱的奥斯卡、伊迪丝：

你们知道写信对我意味着什么，但如果是直接得到来自西奈[3]的启示，那就是另一回事了。不过我必须坦白，西奈正在通缉我，因我犯了不服从等种种错误。我的写作推迟了，要等我找到方向再说。我现在找到了，准备到意大利去再次迷失。详情即叙。

爱你们。

致亨利·沃尔肯宁

1948年12月17日，巴黎

亲爱的亨利：

别为《佩普博士》[4]太操心了，那是心血来潮之作，很可能谁都看不明白。表

① 威斯坦·休·奥登(Wystan Hugh Auden，1907—1973)，英国出生的美国诗人。

② 索福克勒斯(Sophocles，前497/6—前406/5)，与埃斯库罗斯(Aeschylus，前525—前456)和欧里庇得斯(Euripides，前480年—前406年)并称为古希腊三大悲剧作家之一。

③ 西奈山(Sinai)位于埃及的西奈半岛，犹太史中是上帝发出启示的主要地点，《圣经》记载上帝在此向摩西显灵，并赐予其《十诫》。

④ 指贝娄1949年3月发表于《党派评论》的短篇小说《佩普博士的布道》。

面上看是讲饮食节制，其实是讲我们和现实脱了节。越来越多的事情是在一个越来越虚假的环境中以看不见的方式做出来的，环境鼓励我们忘掉自己对这世间其余造物欠下的债，忘掉我们对辛劳和痛苦欠下的债。这样做是为了让我们能够承担起一个文明各种复杂的任务。从意识形态的角度看，我们这个文明全部的重心一直是爱与温和。那么这和看不见的流血有什么关系呢？哎，你们有这样的革命者呀，他们愿意为了最温和的理由抛尽热血（罗伯斯庇尔①）。他们说不打破鸡蛋就没法做煎蛋。也就是说，他们温和背后的秘密就是残暴。一个人性化的有教养的环境，就像一个表面上温和的人，经常是以同样的方式掩盖着残暴。让枫丹白露②变得和谐的花木修剪给了革命者以启示。佩普博士接着说的是，真正的温和只有在做出个人牺牲的人身上才能找到。这就是这篇小说的逻辑主线。至于写作方式，我觉得不难解释。我从中获得的极大乐趣即是跳过符合要求的形式所设下的种种困难——这形式是某些读者要求的，这些读者又是编辑训练出来的，其目的是在小说中寻找一种动作精确而自由发挥余地很小的舞蹈。于是在并非为我们而写的作品里就有了一种丰富多样的味道：那是狮子嘴里的蜜。与其说这种味道很有勇气进入狮子的嘴里，不如说人们都认为这种形式并不好。人是不会进入别人嘴里的。

我很惊讶，你居然不提《寻找格林先生》（*Looking for Mr. Green*）那个短篇，那是在《佩普博士》之前的什么时候我给你寄去的。我等着你看了以后勃然大怒呢——阿［尔文］·施瓦茨会用这个说法——我已经开始琢磨怎样指责邮局的官僚习气导致邮件丢失了。这个邮件你还是有可能收到的。幸运的是有副本。我这里有一份，还有一份寄给我的朋友保罗·米拉诺了。我觉得这篇小说不适合到处寄给人看——你也有可能觉得小说的内容不太适合。若果真如此，就请找人把文稿重打一份吧，我来付费。这种延误总是让我上火。另外在整理东西的时候，我发现有一个短篇的稿子丢了，叫《石墙》（*The Rock Wall*），我还打算接下来就给你寄去呢。我怀疑是在我们离开明尼阿波利斯之前和一大堆东西一起烧了。

---

① 马克西米连·罗伯斯庇尔（Maximilien Robespierre，1758—1794），法国大革命时期著名领袖人物，据传被杀前由于顾忌自己提倡的人权和法治精神而放弃为自己辩护的机会。

② 枫丹白露（Fontainebleau）是法国巴黎近郊一个地名，有枫丹白露宫，为欧洲著名皇家园林之一。欧洲园林的一个重要特点就是重视花木整形。

就这些了。不管怎么说，我在工作了，最后总会有东西拿出来回报你的耐心。

我们打算去尼斯过圣诞节，1月份我要去意大利待一个月。明年4月我们会一起搬到那儿去，但是现在我想离开一阵子，好好考虑一下小说的写作计划，也许一本，也许几本，我脑子里就有好几本呢。无意中发现了百十来页稿子，那是我三年前开始写的一部小说。看了看仍然感觉不错，可以打出来，不过现在还不想走这一步。

如果《寻找格林先生》那篇稿子还没收到，请给米拉诺打电话。

祝圣诞快乐，一切安好。

致詹·法·鲍尔斯

1948年12月18日，巴黎

亲爱的吉姆：

恭喜你添了个宝宝。大致接受了父亲的身份之后，拥有女儿，免去了恋母情结的内心挣扎，这是天大的好事。儿子不会给你点雪茄，也不会给你拿拖鞋。至于圣母院那些虔诚的乞丐，不知他们是否愿意在这种事上为你求告几句。说到这儿我想起来，我甚至都没有在教堂附近看见过虔诚的乞丐。那一带到处都是兜售"二十种法国姿势"的小贩，要想进入大教堂，起码有五六个伏在使徒塑像脚下的罪人要扑上来提出各种请求。从心理学上看这很有趣，我猜按惯例也有天意在起作用吧。

这里一场雪都没下，可巴黎始终是灰蒙蒙阴沉沉的，我太想看到阳光了。从道理上说，我大可不必关心天气，好好地干我的活就是了。但是古根海姆基金显然有一种末日审判的魔力。罗森菲尔德、莱昂内尔·特里林和纽约的几个人告诉我，最好别打算跟它对着干。我在这儿写了两个短篇，可那部长篇还一个字都没写呢，连好好思考一下都做不到，所以我准备到意大利去转转运。

我在《政治家》① 和《观察家》② 上看到了对《黑暗王子》的评论，都非常好，

① 原文为 *Statesman*，或指英国周刊《新政治家》(*New Statesman*)。

② 《观察家》(*The Spectator*)，英国政治、文化、时事周刊，又译为《旁观者》。

还有几个广告也很不错。[约翰·] 莱曼为你尽心尽力了。我去罗马的时候会留意意大利那边的宣传材料，有了就寄给你。瑞典语是我的书翻译出版的唯一一种语言。我还没看到译本，感觉看到译本的样子我会吓一跳。我正在等着一个朋友尼克·乔洛蒙蒂[①]介绍我见见卡洛·莱维[②]。一定是我推荐了他的《基督停在埃波里》(*Christ Stopped at Eboli*)，我当时是以传教士的热情鼓动每个人都读读这本书的。也许是想借传播好书来挣我教授的薪资吧。[……]

你一定要去拜访一下瑞德·沃伦[③]。那是个非常好的人。[……]

不要停止写作。

祝好。

詹姆斯·法尔·鲍尔斯（1917—1999），贝娄认为他是美国最有才华的作家之一，著有《黑暗王子等短篇小说集》(*Prince of Darkness and Other Stories*，1947)。1962年，他出版了次年为他赢得国家图书奖的小说《神父之死》(*Morte d'Urban*)。

致亨利·沃尔肯宁

［未注日期］弗赖伯格霍夫，弗赖堡[④]

亲爱的亨利：

请原谅，你的来信那么精彩，我的回信却如此糟糕。我不是忙得没空写，时间宽裕得很。我有两封给你的信写了很长还没写完，都塞在我的废纸堆里。没有寄出的原因是收不住笔了——每封信都能写出成百上千万字［……］。昨晚收到你最近一次来信，还有一包寄自巴黎的邮件，里面有《纽约时报》的新闻条目等等。要跟你说说这四个月的事，我能用的办法只有一个，亨利，就是给你讲故事，而不是和你聊天——我渴望着给你讲，虽然我不知道还要过多久我才享受到那种快

① 即尼科拉·乔洛蒙蒂。尼克是尼科拉的昵称。
② 卡洛·莱维（Carlo Levi，1902—1975），意大利犹太人，画家、作家、社会活动家、医生。
③ 即罗伯特·佩恩·沃伦。瑞德是罗伯特的昵称。
④ 在当时的德意志联邦共和国，即西德。

乐。你得做好准备接受这场考验，不管是在多么久远的未来：右手紧紧抓住一瓶你最好的私酿啤酒，忍受我的唠叨，直到高潮退去。

我终于来到了黑森林。几天以前，我凭着一种直觉来到这里——我的内心就像一片黑色的森林，我想这个地名无意识中一直在影响着我。这是个非常美丽的地方——风光景致一派阴郁，自带哥特式[①]的灵魂，我很高兴来到了这里。这地方的人不乏兽性、野蛮、超自然的气质，同时情感丰富，深沉，善良，单纯，他们深深打动着我，让我无以言表，而法国此时已经完全不能给我任何启示了。这无疑是我的错，但是他们的书，他们的艺术，他们的城市，他们的人，他们的谈话——除了他们的美食以外，现在所有这些都对我失去了意义。在巴黎的美国人可能会对此嗤之以鼻——我所说的这些美国人，他们对这一切都很熟悉，也很清楚法国文学和法语文明的重要地位，尽管他们并不看法语书，几乎不说法语，而且从来不和法国人单独相处。

这四个月的事我现在没法和你说得太多。我要告诉你的是，这段时间里我有过平生感觉最糟糕的时候，也有过最美好的时候。总的来说，这段时间过得非常艰难，不过现在都要过去了。我不知道你是否独处过这么长一段时间（很少有人有过这种体验，我也不建议谁这样去做），但如果你的确是个善于思考的人，独处之后你必将收获你最为珍视的一部分成果——那是你辛辛苦苦从你的头脑、内心、精神里发掘所得。我完成的是世界上最为残酷的一种外科手术，可我知道对我来说这样做是对的。这一个半月里我只见到一次我认识的人，我跟你说说怎么回事，你就会多少了解一下我是怎么和熟人切断联系的了——我见到的这个人是弗·斯科特·菲茨杰拉德先生，刻画人类心灵的大师，一两个星期以前，我在日内瓦猝不及防和他巧遇了。我可以简单说说我的旅行路线：我从纽约到了巴黎，除了去鲁昂（Rouen）和巴黎附近的几个地方转了转以外，在巴黎待了将近两个月。我想这段时间是我感觉最不好的时候。我处于一种恍惚的状态，不适合见任何人，可我总是时不时地遇到我认识的人，和他们一起吃饭看戏。我的出版商从英国来，对我很好。他是个非常不错的人，他带我出去见了一些名人，有迈克尔·阿伦[②]

① 哥特式（Gothic）以恐怖、超自然、死亡、颓废、巫术、古堡、深渊、荆棘、黑夜、诅咒、吸血鬼等为标志性元素，文学主题及风格一般为黑暗、恐惧、孤独、绝望等。

② 迈克尔·阿伦（Michael Arlen，1895—1956），亚美尼亚裔英国作家。

先生，还有一些左岸[1]的人。这事持续了不过一天，我不善与人交往，后来也没有回去看他们。无奈之下，我开始在这个喧闹、闷热、不舒服的城市巴黎埋头写作，成果可观。最后我离开了那里，去了瑞士。在蒙特勒（Montreux）我找到了一家非常安静舒适的旅店，房间很好，在阳台上可以俯瞰湖面。接下来的几个星期里，我又写完不少。我在那儿没有一个认识的人——到处都是漂泊不定的英国人和美国老处女在买日内瓦湖的明信片——但是有天晚上，我遇到了前面提到的菲茨杰拉德先生，你昔日的大学同学，普林斯顿校友。珀金斯（Perkins）很喜欢他，说他尽管有种种缺点，其实是个很不错的人，所以我在巴黎的时候给这位弗先生写过一封很短的信，后来弗先生请我到他位于万森纳绿地公园[2]附近的豪华公寓里共进午餐，喝了三四加仑的葡萄酒、白兰地、威士忌等等。那天晚上十点，我总算是离开了他那伙人，他还在丽兹酒吧[3]，身边全是普林斯顿的同学，都是十九岁，都喝醉了，都初出茅庐。他正在兴致勃勃地和他们聊天，讨论为什么加扎扎仨人俱乐部没要乔·津赞多夫[4]。我听见一个小伙子说："乔是个好孩子，斯科蒂[5]，可你知道这人没什么背景啊。"[……]

从那天晚上起我就没见过弗先生，直到我在蒙特勒的赌场和他不期而遇。那是我在那个美丽的地方结束逗留的开端。我得跟你解释一下，我在巴黎见到弗先生那天，他发现我认识一位名声极为不堪的年轻女士，这位女士眼下住在巴黎，正在为她的第二次离婚操心，她的第一段婚姻与美国一个著名的家族有关，正是这样的一批家族，七十年前从醉醺醺的印第安人手上骗取皮毛发了家，如今稳居显贵阶层的顶端。弗先生一发现我认识那位女士就满头冒汗在那儿转来转去，差点把脖子给拧断了。他非要把我叫过来不可（这位大哲学家说："每个作家都会尽力提高自己的社会地位。"），我非常肯定地告诉他，我不会去见这位女士，这位满怀激情的诗人随即想到了一个浪漫故事所有的元素——残酷而放荡的社交美人玩弄着敏感的年轻作家那颗痛苦的心，等等。他急切地问我为什么不愿介入此事。我告诉他这位女士把电报打到美国去要我的地址，给我写过六七次很简单的信，

---

① 左岸（Left Bank）一般指巴黎塞纳河左岸即南岸的几个区，以文化人比较集中为其特点。

② 原文是 the Bois，疑指巴黎的 Bois de Vincennes，即万森纳绿地公园，又译文森特森林。

③ 丽兹酒吧（Ritz Bar）指巴黎丽兹酒店（Hôtel Ritz Paris）里的酒吧，菲茨杰拉德是这里的常客。

④ 加扎扎仨人俱乐部（Triple-Gazzaza Club）和乔·津赞多夫（Joe Zinzendorff）都查无信息。

⑤ 斯科蒂（Scotty）是斯科特（Scott）的昵称。

我初到巴黎，她就派仆人到我住的旅馆来转达她的盛情，我十分感激，接受了她的邀请，到她的公寓去共进午餐，有一两次午餐结束后她还送我回旅馆，后来我发现她在一群毫无价值的人面前拿我当炫耀，骗人家说我疯狂地爱上了她，和我并列展示的是她雇的一个法国小子，年纪轻轻，头发油光水滑，在汽水柜台开瓶子，她向我吹嘘说，这家伙每天晚上都和她睡在一起。（她哑着嗓子低声对我说："我喜欢他的森［身］体。和我睡觉的森［身］体必须是我喜欢的那种才行。"等等。）事情终于结束是因为，她开始一大早就给我在旅馆打电话，说她头天晚上抽了四支麻醉剂，已经"身心俱裂了"，看在上帝的分上她该怎么办，她没见到雷蒙还是罗兰还是路易还是管他叫什么的那个家伙已经四个小时了，他不见了，肯定是出事了，我必须马上想办法，我是她的安慰，她马上要到旅馆来，我必须握住她的手，等等。这太过分了。我才不管路易不见了三个小时还是三十个小时，她抽了四支还是四十支，因为这些人其实什么事都没有，他们装作不顾一切，其实却极为小心，最后绝不会让自己受伤，对我这种求生欲极强的人来说，为这些人活着，让他们靠我养活，我觉得很不明智。

于是我告诉灵魂分析大师弗先生，别跟那个女人说我的事，一个字也别提，无论是我的消息、我的工作，还是我的所在。这话在巴黎我就跟他说过，在瑞士我又跟他说了一次，两次说过之后，他都是立即和她切断了联系——我在蒙特勒的旅居也就此结束。她马上把这些情况全都传递回了美国。令人心碎的信件、电报等等，里面是各种威胁，要来找我啦，要疯啦，要死啦。然后开始直接到我住的旅馆来。我真想把四面墙全砸了——旅馆里的人原先对我非常好，这会儿就因为我从外面拿回来一瓶葡萄酒多收了我三法郎（在瑞士他们有这个权利），我可不客气，冲他们大发雷霆，说我第二天就走，接着就出去胡闹，在城里砸窗户、破坏水管子零件什么的，凌晨两点回到旅馆，使劲敲主管的门，敲两个英国老处女的门，在大厅里跑来跑去，大嚷大笑，骂人、唱歌——一句话，我是不走也不行了。

我去了日内瓦，在那儿待了一个星期左右。这段时间里，我的书在英国出版了。事先我给出版商写了信，叫他不要把评论寄给我，因为我正在写一本新书，不想受干扰。他回了一封兴高采烈的信，告诉我这本书非常成功，说："看看这些评论吧，你没什么好担心的。"我看了，的确很好，于是非常兴奋。然后他给我寄了几大包评论，大部分很好，也有不好的。我傻乎乎地把这些评论都看了，结果为了一本几个月前就该置于脑后的书陷入一种非常激动的状态。除此之外，再加上纽约来的电报和信，我在日内瓦看到了两篇非常糟糕的评论——残酷，不公平，充满个人偏见。所有这些让我受够了。我给珀金斯写了封简短的信，跟他告别，请他把我的钱寄来，说我绝不会再去信了，等等。我又给英国的出版商写了几句寄出去，给巴黎发了个电报让他们别给我往这寄信了，然后收拾行李，赶到机场，坐上了飞往里昂的第一班飞机。

这是我第一次坐飞机，太壮观了，没有哪种方式能像在空中翱翔这样缓解精神紧张。罗纳河谷美丽的小农场出现在我脚下，我看到一个小点在田地里铲粪，在飞机上我认出了一个评论家，我到了里昂，享用了一些美食（那儿的餐馆很不错），然后马上重新投入工作。一个星期后，我飞往马赛。然后我去了普罗旺斯的阿尔勒（Arles）（天哪，太热了），然后回到马赛。然后我飞越阿尔卑斯山南麓回到日内瓦，我大部分行李还放在那儿呢。

这是一次丰富多彩的游历，持续了三个星期，给我带来了无穷的好处。我一直在写写划划，涂涂改改。我写了很多——我的书体量巨大，由四本中等大小的书组成，每一本都自成一体，同时又是整体的一部分。我在日内瓦待了一天，当然弗先生还在工作，他原来住在沃韦，后来去了科村[①]——他说他妻子在日内瓦的一个疗养院里，接近精神失常，现在正在好转。（其实她那个地方从日内瓦乘快车去还足足要半个小时呢）我告诉他我要离开日内瓦到黑森林来，他马上决定返回科村。离开日内瓦的前一天晚上我和他在一起，他喝得酩酊大醉，非常痛苦，他想让我去和他在瑞士离得不远的朋友多萝西·帕克[②]还有叫墨菲的什么人同住。我没回应这个邀请，他很生气，说我避开人群是因为我害怕他们，等等（这倒是真的，考虑到我和弗先生等人交往的经历，我觉得这的确是明智之举）。我不知道弗先生一个人能撑多久，身边没了丽兹酒吧，没了普林斯顿的同学，也没了弗太太。不管怎么说吧，我来到了巴塞尔，弗和我同车回科村，陪我走了一半。最后再提他一句：和他相遇对我来说是个遗憾，他给我带来了麻烦，浪费了我的时间，可他身上还有好的一面。他待我有恶意也有慷慨——他读了我的书，评价很宽容，

---

① 沃韦（Vevey）是瑞士西部城镇，科村（Caux）在日内瓦湖边的山上，下文中的巴塞尔（Basel）是瑞士西北部城市。

② 多萝西·帕克（Dorothy Parker，1893—1967），美国作家、诗人、批评家。

然后他经历的痛苦开始证明他的评价准确。他现在不育、不举、酗酒，完不成他的书，我觉得他本来是想对我的工作起点破坏作用的，这很卑鄙，但是这个人其实一直抗拒这种做法，他真的爱他的妻子，她陷入那种可怕的困境大概也和他有关。我现在对他没有什么不满了。当然说到底他是伤害不了我的，但是我相信他，我觉得他对我说谎是耍了个拙劣的花招。

总而言之，我很快就从低落的情绪中恢复过来，在普罗旺斯埋头写作，现在就是想在离开这里之前把书里的这一节写完。我可能会去英国，我在那里的出版商里夫斯跟我打保票说，我可以有个安静的地方工作，不受打扰。我非常喜欢他，那儿还有两三个我可以说说话的人。我这辈子从没有过这么充足的时间用来写作，要是有这个条件，我写出来的东西应该不会差。

流亡归来后，看到一大堆信件和电报。里夫斯收到我的信后十分不安，到处写信——他的来信让我很开心，信里说那本书受到了热烈的欢迎，千万别让几篇书评搞得像个傻瓜。珀金斯的两封信也让人高兴——他是个了不起的人，我全心全意地相信他。斯克里布纳[1]的其他人都给我写了信，我为自己冒傻气写的那几封信感到羞愧，决心不让他们失望。

我现在知道一切都会好起来的。我相信自己终于走出了困境。没人会因我而死，没人会遭受比我还多的痛苦——那些可怕的威胁会随着时间流逝逐渐失去力量，我现在知道，无论别人会怎么说，在某一种情况下，我的行为非常公平合理，我没有低头。眼下我有点恨有钱人，我有点恨的是这样一些人，他们生活舒适豪华，周围簇拥着朋友和欢乐，却不愿意把公平的机会给予一个独自生活在异乡努力完成工作的年轻人。所有要求我做的我都做了，我不想来但还是背井离乡来到了这里，独自奋斗坚持了下来，现在我做完了。我觉得要我在纽约住上一年或者两年是不可能的事，我回来以后，也许会到别的地方去住。至于我二十五岁的时候拥有的那种激情，真是令人难以置信，当年我为之疯狂，想来几乎到了毁灭的地步——那都已经过去了，那种熊熊烈火再也无法点燃了。

这当然是一篇纯粹的幻想之作。此时菲茨杰拉德去世已近十年。

① 全称是查尔斯·斯克里布纳之子出版公司（Charles Scribner's Sons Publishing House），1846年创立于美国纽约市。

1949年

致戴维·贝兹伦

［未注日期］［巴黎］

亲爱的戴夫：

我发誓，我是给你去了一封信的，然后我才收到了你的信，这中间并没有人催我。我确实没给任何人写信。去年夏天，一片刀光剑影包围着我，我花了好几个月的时间才把这一片寒光从我的眼前赶走。对拿刀的和不拿刀的我都保持沉默。唯一的例外是艾萨克，对老朋友——我们认识快二十年了——信是一直都要写的。写七个七次都不为过[①]。看起来我这个笨脑瓜永远也不会明白了，这其实没啥用处。

准备在明［尼苏达］大［学］讲话的那个人，你要真想去的话我告诉你，是塞缪尔·蒙克，地点在福尔威尔厅[②]。蒙克接替比奇当我们新的系主任，这是个非常正派、大度、聪明的人。你就说你是按我的建议写作的，解释一下近五年你都在做些什么，为什么你觉得在大学里挺好。废话越少越好。怎么去做？这就是你的问题[③]了。至于我，我刚把辞职信寄去。我可能会在欧洲再待一年，还没最后定。

这么说奥斯卡有车了！我的天！人人都活得这么认真了。

巴黎的确野蛮。美丽得惊人，却在一个意想不到的地方粗暴不堪：巴黎的内心是精于算计的。整个这件事的秘密就在于某种怪异的计算方式，巴尔扎克的作品中已经予以揭示，可似乎没人认真读他的书。这座城市的机智是从加减法中叉出来的一个分支。每一个在地道的资产阶级氛围中长大的美国小伙到巴黎都有到家的

① 原文直译为“七乘七”（Seven times seven.），应是对《圣经》中一典故“七十乘七”或“七十个七次”（seventy times seven，喻数量很大）的化用。典出《圣经·新约·马太福音》（*Gospel of Matthew*）第18章第21至22节：那时彼得进前来，对耶稣说：“主啊，我弟兄得罪我，我当饶恕他几次呢？到七次可以吗？”耶稣说：“我对你说：不是到七次，乃是到七十个七次。［……］”

② 福尔威尔厅（Folwell Hall，作者误为 Falwell Hall）是明尼苏达大学校内的一座建筑，以该校首任校长威廉·沃茨·福尔威尔（William Watts Folwell，1833—1929）的姓命名。

③ 原文是意第绪语词 tsores。——原注

感觉。**而这又的确是巴黎**。这一点太重要了。现在当个资产阶级没人会指责你了。对一个美国人来说，还有什么比这更让人高兴的呢？不对，我必须承认这对美国人太苛求了。人们常说美国人不像欧洲人那样看重物质。我的感觉是美国人是**在原则**上依附于物质的。他们拥有物质似乎是出于象征性方面的原因。而对于法国人来说，这种事不存在形而上的空间——他们要的就是物质，越是世代相传的东西越可爱，所追求的是虚荣而不是情感或者天然品质。我承认这也是一种对象征的追求，然而这种追求是有限的。把所有精神上的涵义都包括进去，说得更简单一点，法国人总是回到家里，把百叶窗都拉下来，躲进自己舒适的小窝，而美国人总是离家出走。但是每一种家，各从其类，都是完美的。和这两种家相比，意大利是一个健康得多的国家，相对来说没有预算压力，没有傲慢，也没有美国人的追捧。

我的工作做了一点，不过我并没有玩命干。让自己适应环境什么的都需要时间嘛是不是。我有点像是着了铜诅咒①的道，正因为有优势反而懈怠了。艾萨克和特里林都警告过我。他俩去年可都是一点活儿都没干啊。[……]

祝好。

致亨利·沃尔肯宁

1949年1月2日，巴黎

亲爱的亨利：

[凯瑟琳·] 怀特太太的来信让我这样一个老自恋狂非常高兴。对一个标新立异的老家伙来说也是同样。在写作方面人们迟早会达到一种成熟的状态，允许把那些已经在家庭杂志上很常用的词当常用词来用。偶尔承认人并不总是无所顾忌地发表自己认为不错的东西还是很有好处的。**不过我们还是继续吧**。②

拉夫总是在排好版后付费，每个字2.5分钱。如我们这伙人里一个老牌禁欲主义者所言，这总比什么都没有强。你会对此予以回复的，可还是不会太多。尽管如此，我非常高兴并且感谢你把《佩普博士》寄出去了。我一两天之内就会给菲尔③

① “铜诅咒”原文是copper-curse。经济学有“资源诅咒”这一概念，指拥有某种资源的国家因贸易条件等方面的原因反而发展不起来，资源没有成为一种福气反而成了一种阻碍，如一些非洲国家遭遇的“铜诅咒”“钻石诅咒”等。

② 原文是法语：Mais passons。——原注

③ 即菲利普·拉夫。

写信。请你一定原谅他惜字如金的做法，对他来说，这就是高度赞扬了，通常他只会说："大作收到，将发。"请叫他把校样寄给我，把支票寄给你。我甚至可以开始跟他讨价还价了，要求他稿费从优。别忘了，据说他给纪德的稿费就是优惠的。

我们在里维埃拉的尼斯和圣雷莫[①]度过了一个非常愉快的假期，我开始考虑回到磨坊去，把我磨出的谷粉堆起来，做成一部长篇小说，同时继续慢慢磨短篇。我寄予厚望的一部短篇小说稿丢了，我可以试试看根据记忆再写出来。

祝你和你的家人及拉塞尔先生新年快乐。

致最美好的祝愿。

《格林先生》也许可以试试投给《凯尼恩评论》[②]或者《党派评论》?

凯瑟琳·萨金特·安杰尔·怀特（1892—1972），1925年参与创办《纽约客》，任该杂志小说主编多年。

致亨利·沃尔肯宁

1949年1月5日，巴黎

亲爱的亨利，

[……] 到目前为止，我抛出的饵料只有一个咬钩的，就是哈佛大学。估计我能在那儿找到工作，可我就得在教英语的同时住在剑桥。你会问，留在巴黎不是更好吗？是啊，也许更好吧，对有些人来说，对大多数人来说，给自己提出这样一个问题大概就是挺傻。蒙罗·恩格尔想知道我到底为什么想回去。这么说吧，其实外国人都是住一段时间就走了。做自己的事，看看不多的朋友，读读法国书，欣赏欣赏塞纳河和杜伊勒里宫[③]风光，了解一下那些隐秘的广场还有（许多人都）难以发现的那些餐馆和小酒馆。很快你就发现自己和人的接触比在明尼苏达的那个时候还少。接下来就是，"在剑桥和人的接触会是什么样子？"上帝饶了我们

---

① 里维埃拉（the Riviera）是南欧地中海沿岸的一个地区，跨法国和意大利，圣雷莫（San Remo）是意大利城市。

②《凯尼恩评论》(*The Kenyon Review*)，文学杂志，1939年创办于美国俄亥俄州（Ohio）凯尼恩学院。

③ 杜伊勒里宫（the Tuileries）曾是法国的王宫，位于巴黎塞纳河右岸，后被焚毁，现为花园。

吧！剑桥！！所以，我暂时不去剑桥了。好歹等我多摸摸情况再说。他们要在皇后区[①]开一门“创意写作”课，你觉得我要是去会把自己的弱点暴露出来吗？有个大概是叫罗伯逊（Robertson）的人，他管着纽约大学英语系，好像不在，我的朋友罗森菲尔德在那儿教书，我不想把他扯进来，他麻烦够多的了。也许我该去开夜总会，或者去做新闻代理。

你见过艾尔弗雷德·卡津吗？他可能有些想法，他一向想法很多。至于我，那还用说吗？我口袋里真的还有大约十个短篇没写呢，《奥吉》[②]写好的部分和我放起来的那部长篇，整理一下就可以出版了。我需要的是时间。还有一个**落脚点**[③]，这件事上［维京出版社的老板］［哈罗德·］金兹伯格（Harold Guinzburg）先生就起作用了。不过就目前而言，我想最好还是缓一缓，各方都缓一缓，除了《奥吉》。

我要把《奥吉》大约六章的稿子寄给古根海姆基金会的莫伊先生，我会请他再给你和蒙罗·恩格尔寄去。这是初稿，但是内容非常完整，我想你看过之后，就可以回答我上面提出的问题，即要不要先让维京连载一两次。

我觉得莫伊不太喜欢我，不会再给我一次机会。这件事艾尔弗雷德也会有消息的，如果你近期有机会见到他问一问，我会非常感谢。

祝新年快乐，并致以最美好的祝福。

致奥斯卡、伊迪丝、米莉亚姆及内森（Nathan）·塔科夫

［邮戳无法辨识；明信片上是米开朗基罗[④]的雕塑《**哀悼基督**[⑤]》］

最亲爱的奥斯卡、伊迪丝、米莉亚姆、内森——愿这个名单越来越长：

根据我的经验，我确信罗马正是芝加哥每个人都需要来的地方。说意大利也行吧，因为罗马会泛滥。给每个芝加哥人一年的基金资助会带来一场不流血的快

---

① 原文是 Queens，既可以指纽约皇后区，也可以指纽约市立大学的皇后学院。纽约大学并无皇后学院，故此处或指纽约大学在皇后区的教学活动，因艾萨克·罗森菲尔德此时在纽约大学教书，但贝娄后来在纽约市立大学皇后学院也有不少活动。

② 贝娄 1953 年出版长篇小说《奥吉·马奇历险记》。

③ 原文是法语：pied-à-terre。

④ 米开朗基罗·博那罗蒂（Michelangelo Buonarroti，1475—1564），文艺复兴时期意大利艺术家。

⑤ 原文是意大利语词 Pietà，意为“怜悯”。

乐革命。其实呢，就我一个人得到了这个好处。安妮塔在巴黎。

爱你们。

致塞缪尔·弗莱菲尔德

［邮戳无法辨识；明信片上是罗马的**希腊圣母堂**[①]］

亲爱的塞缪尔——

右边的庙曾经是贞女神庙。离台伯河（the Tiber）不远处，几步之遥，奥古斯都[②]时期是希腊人居住的区域。告诉你这些是因为，罗马让我想起你过去是历史学者。至于我，我已经不是教授了，不管我现在是什么，我已经从明大辞职了。很可能我不会急着回美国。不是因为我不想你们，而是因为见个世面一年时间可不够。

问罗谢尔和朱迪（Judy）好。

致戴维·贝兹伦

1949年1月25日［罗马］

亲爱的戴夫：

这就是罗马[③]！我觉得人应该先壮游[④]一番来开阔眼界，然后再在“村子[⑤]”里定居。比如西四街“埃迪的奥罗拉[⑥]”餐馆里的意大利面就比我在意大利吃过的任何一家餐馆都做得好。还有，圣雷莫[⑦]的社交活动也比原版的那个圣雷莫更富于刺激——诸如此类。我回来的时候会满怀感激之情，这应该不难理解。

① 原文是意大利语：Chiesa di Santa Maria in Cosmedin，又译圣玛丽教堂。Cosmedin 源自希腊语 *kosmidion*，意为“美丽的”。

② 盖维斯·屋大维·奥古斯都（Gaius Octavius Augustus，公元前63—公元14），古罗马帝国第一位元首。

③ 原文是意大利语：Ecco Roma!

④ 壮游（the Grand Tour）是文艺复兴时期欧洲贵族子弟成长中的必修课，即在欧洲各地游历以体会欧洲传统，因此又称教育旅行。“壮游”的译法源自杜甫《壮游》一诗。

⑤ 指纽约的格林威治村。

⑥ “奥罗拉（Aurora）”是传说中的罗马曙光女神。

⑦ 指纽约曼哈顿的圣雷莫社区。

这里就是壮丽的罗马，一个比巴黎更为和善可亲、更为开放、更有人情味的地方。可我说不准我是不是想家了。对明尼阿波利斯尤其如此。我想念的是亲密的友情。想象一下，如果只会说十个英语单词，几乎是举目无亲，在纽约会是什么样子。我在这里孑然一身，安妮塔在巴黎。所以对这个伟大的城市，我眼中所见都是出自一种孤独沉默的视角，是一种有限条件下的产物，不乏其独特的兴趣点。你呢？**你在忙什么？一切都好吗？**[①]

祝好。

你看到［莱昂纳尔·］阿贝尔在巴黎是什么样子就好了！！**真是太滑稽了**[②]。礼服，单片眼镜。经营餐馆。

莱昂纳尔·阿贝尔（1911[③]—2001）是剧作家、评论家、《党派评论》圈子成员，出书极多，包括回忆录《知识分子的愚蠢》[④]（1984）。

致亨利·沃尔肯宁

1949年2月27日，巴黎

亲爱的亨利：

我大约一个月前给你写过信，你没回，所以我相信一定是丢了。偶尔会有这种事。拉夫也没有信来，我想他一定是在舔伤口，那是玛丽·麦卡锡那篇不公正的报道造成的，那篇报道还赢得了康诺利先生《地平线》杂志的奖呢。［……］我昨晚看了这篇报道，等杂志到了美国，“村子”里会响起一片哀号，那是一篇报道卷起的刺骨寒风。我觉得玛丽·麦卡锡根本不知道那风有多冷，这一点就够惊人的。

我在圣父街（Rue des Saints-Pères）的学院酒店（Hôtel de l’Académie）租了一间房，正在写一本书。不知道写得怎么样，或者会怎么样，不过确实是一本书，

① 这两句原文是法语：Qu’est-ce que tu fais? Tout est bon?——原注

② 原文是法语：C’est assez cocasse。——原注

③ 又作1910年。

④ 本书全名是：《知识分子的愚蠢：纽约和巴黎的文学冒险回忆录》（*The Intellectual Follies：A Memoir of the Literary Venture in New York and Paris*）。

写书是我的职业，我以真正的自恋狂那种躁动不安的状态做着这个职业。我正在准备另一本书的详细提纲，我对这本书很有信心，但是感觉还没有做好动笔的充分准备，因为故事内容和在海外的美国人有关。所以我现在忙的还是前面那一本。估计不会是最佳作品，但是在这个标准低得可怕的时代，也不会太差。希望如此。

盖伊·亨勒（Guy Henle）关于意大利文翻译的通信越来越简洁了。上帝高兴的话，我想这就是最后一次了。至于史密斯学院，我既没答应也没拒绝，我在等着看他们能提供什么条件。[……]

愿一切都好。

玛丽·麦卡锡的小长篇《绿洲》(*The Oasis*）发表于《地平线》杂志，里面嘲讽了菲利普·拉夫等人。

致亨利·沃尔肯宁

［未注日期］［巴黎］

亲爱的亨利：

不，我没有对［约翰·克劳·］兰塞姆[①]先生冷嘲热讽，我火爆的精神总是留有余地以对他表示尊重。我不指望他为了我的缘故不再当编辑，我觉得他的行为比牢骚政委拉夫体面多了，因为我从来没有听说过他表现得像个愤怒的激进分子，一如普罗米修斯[②]再世，而拉夫先生按说应该是控制普罗米修斯之火的人，尽管那火大概还不如外用药水的温度高，而且从根上说就不讲规矩。我要去信问问他为什么不告诉我他不要这个短篇的原因。他大概有两个月不来信了，我想我现在明白为什么了。当然了，他会说这个短篇不错啊。(好多好多年了，他**只要**好作品，而我的那篇低于**一般水平**[③]。）可我打算尽量给他找难题，因为他认为**先锋派**[④]（不管怎么说，先锋派都是个糟糕透顶的概念）已经在他那里安营扎寨，他这

① 约翰·克劳·兰塞姆（John Crowe Ransom，1888—1974），美国作家，文学批评理论家。
② 普罗米修斯（Prometheus），希腊神话人物，给人类带来了火和知识技能。
③ 原文是法语：niveau général。——原注
④ 原文是法语：avant-garde。

个看法时间太长了。就像一个曾与列宁相识的老阿姨。石竹花的香气让人昏昏欲睡，一个故事出现，打破了旧日花香的美好藩篱，这时老阿姨突然表示，她当然想要更有野性的东西，比如虎斑百合，就是乔伊斯先生说的那种百合，温室里可以看到的，但是和名不符实的虎斑百合相比，她更想要真实的石竹花。

我还要告诉他一件让我不满的事：我从别人手里的《党派评论》上看到——我订的已经给我停掉了——他们把《佩普博士》称为小说。《佩普博士》**不是**小说。那是另外一种东西，**是独一无二的**[①]，我不知道叫什么。

我很想发表《格林先生》[②]，而且希望发在《凯尼恩评论》上，所以我会同意用破折号来代替在英语世界里广泛应用的那个烂字，还有在学校、酒吧、工厂、军队里听得太多的那个伟大的动词—名词—形容词组合。甚至杜鲁门[③]都允许别人引用他说的“狗娘养的”这种话。和行政长官相比，我们是多么谨慎的狗狗啊。时代不同了，**他**知道。所以呢，既然我想当总统的野心怎么说也是无果而终了，因为我出生于加拿大，那破折号就破折号吧。然后，如果兰塞姆不想要，我觉得你可以放过那些编辑，别再用做不到的事来折磨他们了，把《格林先生》送去洗洗澡吧。可能的话，我想让莱昂纳尔·特里林看一看，并且附上几句话，说我本来是希望他能在《党派评论》上看到这个短篇的。

我希望夏天之前完成两百页左右的书稿，维京也许愿意出版，但不是已经签了合同的那部长篇，我把前面这件事办完以后，马上就开始写那一本。正在写的这本书主题仍然不是很欢快的，但是内容每一页都很滑稽，也许《凯尼恩评论》会喜欢长达三十页的第一章，因为这一章——**我自认为**[④]——非常有趣。按我的理解（你可能认为我的理解算不上什么理解），接下来的一本完全是喜剧。[……]

请代我向拉塞尔先生和沃尔肯宁太太问好。

祝安好。

---

① 原文是拉丁语：sui generis。

② 即《寻找格林先生》。

③ 哈里·S·杜鲁门（Harry S. Truman，1884—1972），美国第 33 任总统（1945—1953）。杜鲁门姓名中间的 S 不是缩写。

④ 原文是法语：je le dis moi-même。——原注

致詹·法·鲍尔斯

1949 年 3 月 30 日，巴黎

亲爱的吉姆：

大约两个月前，我从罗马的壮丽宏伟回到巴黎的动人心魄，从头到脚自我检视一番，发现自己没什么变化，或许只是坏毛病更多了一点，也更懒惰了，从那以后，我就按照严格的计划每日写作不止。现在一本书大约完成了一半，主题比较灰暗，但是写得很有趣，这种组合我相信你能理解。我选择的书名是《螃蟹与蝴蝶》，我觉得这个书名很好地体现了主题的倾向性，如果我不去别的地方——应该不会，因为稍加懈怠就会超出古根海姆先生的慷慨限度——这本书夏天就可以写完。众所周知，夏天完成一本书时机不好。应该是春天完成。[……]

我看了沃先生[1]对大作［《黑暗王子等短篇小说集》］的评论，看到他对《时代》周刊说的话（那家杂志拿着几个盆子跟在他后面追），我就能理解他的评论了。他告诉采访的记者，他最喜欢的美国作家是厄尔·毕格斯[2]这种。他的评论里我最不喜欢的是，他到底还是没有把你比他写得更好这一点说清楚（没想到他费了那么多唇舌）。至于［约翰·］莱曼，他是最好的出版商，可他是个出版商，所以他给出的理由必然是错的，什么样的评论是以出版商的声明开头的呢？我讨厌这个。我讨厌势利小人，而沃就是这类人里面最差劲的那种。我在这儿见到不少势利小人，其中最好的那一类是用不检点来补偿自己。这表明他们有十分宽容而又无能为力的一面。可是势利**同时又**虔诚会怎么样？我有一只《旧约》那样的眼睛，能识别各种可憎之物，看了眼前这一种，我这只眼睛有点发炎。

[……]

你应该为《党派评论》写这篇文章。改成月刊以来，《党派评论》有点单薄了。部分原因是杂志本身的问题。我敢肯定，《党派评论》和《凯尼恩评论》，还

---

① 指英国作家伊夫林·沃。

② 厄尔·德尔·毕格斯（Earl Derr Biggers，1884—1933），美国小说家、剧作家，笔下最著名的虚构人物为华人侦探陈查理。

有《语文学杂志》[①] 下属的几个刊物比如《哈德逊评论》和《塞沃尼评论》，每个月都会退掉一定量的好稿来保持一个好看的发行数字。不过也有一部分原因是我们的问题。该做的事情还有不少，写作的类型应该更为多样。有点同业公会的活力。[莱斯利·] 菲德勒[②] 的想法很对，你不觉得吗？他什么类型的东西都写。不过，也许是因为他在蒙大拿[③] 吧。就算代替社交生活了。[……]

别忘了给我们写信。

致戴维·贝兹伦

1949 年 4 月 10 日，巴黎

亲爱的戴夫：

可以，我会帮你写信给 [明尼苏达大学英语系的] 亨廷顿·布朗（Huntington Brown）。但愿有用，因为亨廷顿和我合不来。他是典型的学者式白痴。哈佛博士，对长内衣的口袋盖持保守态度，收集黄色诗歌，地下室里有个手枪射击场，知道如何在暴风雪里修狗拉的雪橇，是个**壮志未酬的**[④] 海军上将皮尔里[⑤]，明尼阿波利斯葬礼协会主席，整个夏天吃维生素 B1，相信汗水中浸透维生素 B1 的人不会挨蚊子咬。诸如此类吧。其实我最推崇的是塞缪尔·蒙克，一个和蔼聪慧的人，他是系主任，明尼阿波利斯有十几个我想念的人，他是其中之一。

在这里当然可以看到一些落魄的美国人，不过这些人在国内的时候也不会自我膨胀得太厉害。比如吉米·鲍德温[⑥]，他好像穷困潦倒了，像海绵一样揩别人的油度日，毫无怜悯之心。他还没揩过我的油呢。他揩油的量倒是不大。每次我路过花神咖啡馆和双偶咖啡馆[⑦] 的时候都看见他和别人在一起喝着啤酒。然后是

---

① 应指《美国语文学杂志》(*The American Journal of Philology*)，创办于 1880 年，由约翰·霍普金斯大学出版；《哈德逊评论》(*The Hudson Review*) 1947 年创办于纽约；《塞沃尼评论》(*The Sewanee Review*) 创办于 1892 年，很长时间里出版方也是约翰·霍普金斯大学出版社。

② 莱斯利·菲德勒（Leslie Fiedler，1917—2003），美国文学批评家。

③ 蒙大拿州（Montana）在美国北部，相对比较偏僻。

④ 原文为法语词 manqué。

⑤ 罗伯特·埃德温·皮尔里（Robert Edwin Peary，1856—1920），美国探险家，海军工程技术人员，1909 年抵达北极，为人类首次，三年后被任命为海军少将。

⑥ 即詹姆斯·鲍德温。吉米（Jimmy）是詹姆斯的昵称。

⑦ 花神咖啡馆（the Flore）和双偶咖啡馆（the Deux Magots）都是巴黎著名的咖啡馆，文化人士乐于光顾之地。

［弥尔顿·］克朗斯基，他**消失了，沉没了，了无踪迹**[1]。他讨厌巴黎，像所有体面的美国人一样——这实际上是个试金石，他说他要悄悄地开车去尼斯。他也许在尼斯，也许在意大利。谁知道呢？他那时情绪极为低落。他来的时候我自己也有点消沉，但是相比之下我的情绪已经高到天上去了，所以没人陪他去。除此之外，我当时还忙着写作呢。我该说“除此之外”吗？对弥尔顿来说，这就是那道带来毁灭的光。不管怎么说吧，他走了，我再也没有得到他的消息。至于［莱昂纳尔·］阿贝尔，他在祖国，第八街在他心目中就是**穷乡僻壤**[2]。

有什么新闻吗？你明年到底打算做什么？我的朋友罗森菲尔德还好吗？他从开始接受那个威廉·赖希以来，跟我就无话可说了。这就是快乐的病愈患者对他们有罪有病的老朋友常有的冷漠态度。

祝好。

弥尔顿·克朗斯基（1921—1981），散文家，历史学家，威廉·布莱克[3]研究专家，最著名的作品是《神奇的自我》[4]（1974）。

致亨利·沃尔肯宁

1949年4月13日，巴黎

亲爱的亨利：

我差不多刚刚写到了这本书的一半（暂定名为《螃蟹与蝴蝶》）。写起来很顺手，非常快，字里行间毫无疑问处处是让人惊讶的东西——我是说让我惊讶的东西。我端着长长的猎枪寻找视角，见到活物就开枪，尤其是亨利·詹姆斯。第一稿应该在6月完成，最后一稿应该是初秋。这样来看，脱离教职第一年，我不会做得太差劲的。我拖了六个月的时间才开始写，或许正是因为如此，我的步伐才更为轻快。

---

① 原文是德语：verschwunden，spurlos，versenkt。——原注
② 原文是德语：verfluchte Kameroons，意为“被诅咒的喀麦隆，荒野”。——原注
③ 威廉·布莱克（William Blake，1757—1827），英国诗人、画家。
④ 完整的书名是：《神奇的自我：历史上的绝对权力》（*The Fabulous Ego：Absolute Power in History*）。

史密斯学院是个美丽的泡泡。幸好安妮塔找到了一份不错的工作，是在一家美国的难民代理公司当医疗社工，而且我也不是特别急着找工作。有一本书拿得出手，1950 年我可以继续申请古根海姆基金，这次成功的可能性会大一些。吉姆·鲍尔斯第二次闯关申请被拒了。有资格获奖的申请太多。不过他那时如果有大量的作品可以展示，我想莫伊是不会拒绝他的。可怜的吉姆有两个孩子要养活，**走投无路**[①]了。

蒙罗·恩格尔给我来了一封口气很冲的信，说他要去佛罗伦萨了，业务上的事我以后可以找科维奇。他的意思是说我可以见鬼去了吗？我很抱歉给他写信少了，可要是他认为我会时不时地偷偷告诉他我下一章要写什么，那他就太傻了。

你近来好吗？[②]美丽的南本德[③]怎么样？

祝好。

蒙罗·恩格尔（1921—　）是贝娄在维京的编辑，贝娄与先锋的詹姆斯·亨勒断绝关系后和维京签约。

致亨利·沃尔肯宁

［未注日期］［巴黎］

亲爱的亨利：

注意新地址。又换了个地方。大约一周前我们不得不离开马尔伯街，那位老赛车手夫妇从蓝色海岸[④]回来了，我们只好住进一家小旅馆。现在我们住在韦尔纳伊街，10 月 1 日以后必须另找地方，有些房东想在里维埃拉度长假期间把房子租出去挣点钱。韦尔纳伊街的人是要到比亚里茨[⑤]去度假。不过迄今为止还不错。与此同时，两个门房尽了最大努力来让我们收不到邮件。据我所知就有三封信给

① 原文是法语：au pied du mur。——原注

② 原文是法语：Comment ça va?

③ 南本德（South Bend），美国印第安纳州北部城市。

④ 蓝色海岸（the Côte d'Azur）即前述里维埃拉地区。

⑤ 比亚里茨（Biarritz），法国大西洋沿岸最大的度假胜地。

退回了美国，其中一封可能是你的。如果是的话，希望里面没有我迫不及待想听到的好消息。

原先预计6月份写完《螃蟹》[①] 第一稿。出于多种缘故，这两个星期进度有点慢，其中一个原因是写《奥吉·马奇生平》(下文简称《奥吉》) [②] 收不住笔了，这真是件非常好的事。我已经写了不少了，写出来的部分都挺好，可以直接出版。我对这本书的热情非常高，虽然我不喜欢桌上放着没完成的长篇，所以会把《螃蟹》写完，但是把《奥吉》先出版了或许也没什么不妥。这本书会相当长，不过把另一本推迟一点还是值得的。不管怎么说，我要带两本书回来，**这让我非常高兴**[③]。

我为我的朋友莱昂纳尔·阿贝尔写过一篇短文，他有（不如说有过）一本小期刊，叫《替代》(*Instead*)。想起来了吗？不过呢，《替代》让这个时代打断了脊梁骨，所以我把那篇东西寄给了约翰·莱曼，他一直在跟我要稿。莱曼准备把它发在《新写作》第35号上。他打算怎么处理这笔钱——这无关紧要——我不知道。如果他寄给我，我会把钱数告诉你。不过他知道你是我的代理，可能知道该怎么做。

至于维京的连载，我有一种感觉，怎么有利就该怎么做。没错，安妮塔现在有份工作，可是在巴黎生活那是一分钱都存不下的，等回到纽约，我们不但要无家可归，还要身无分文了。[……] 你觉得呢？难道我们不该让维京打开聚宝盆吗？[……]

美国传到我们这里的只有坏消息。你要是能告诉我们一点好消息，那真是大发慈悲了。

祝一切都好。

兰塞姆没消息吗？**如果**他还想要《格林先生》，我想在他交付排版以前把最后三页重写一下。

---

① 指前文提到的《螃蟹与蝴蝶》，下文同。

②《奥吉·马奇生平》(*The Life of Augie March*) 及后面的《奥吉·马奇生平记事》(*From the Life of Augie March*) 都是暂拟书名，1953年出版时书名为《奥吉·马奇历险记》。

③ 原文是法语：ce qui me plaît beaucoup。——原注

致亨利·沃尔肯宁

1949 年 6 月 10 日，巴黎

亲爱的亨利：

约翰·莱曼那件事的前因后果有点乱了，特解释如下：去年冬天我写信告诉你，我的朋友莱昂纳尔·阿贝尔向我要稿，他在编一份叫《替代》的杂志，编辑所得是他在巴黎全部的生活来源。他是那种很不错的人，他的事业也很有价值，所以我把一篇讲《佩普博士》顺序问题的演讲稿重写了一下给了他。后来我寄了一份同样的给莱曼，他接受了。但是由于支付出版费用的那位女士反复无常，《替代》垮台了，莱昂纳尔现在处于失业状态，每况愈下。所以这篇题为《乔治·弗莱文中士所思》（*The Thoughts of Sgt. George Flavin*）的文章不会在美国问世了。除非菲尔·拉夫对《新写作》从第 38 号开始连载这篇文章不持异议，因为他**特别**[1]喜欢《佩普博士》。我觉得——这是老调重弹了——别的杂志对这种文章都不会喜欢：不是小说，不是散文，看不出来是什么东西。

我给你的信有一封可能是在途中丢失了，那封信里我请你不要再给别人看《格林先生》，因为我重读之后决定重写了。我有了个新的想法。这次大修什么时候进行我说不上来，因为眼下我手上正忙着那两本书。其中一本的初稿已经基本完成，另一本还刚开始。我的感觉是第二本，也就是《奥吉·马奇生平记事》，是我写过的最好的作品。第一本是我三五年前能写出两本来的那种书——书不错，但是没有亮点。而且也非常灰暗。所以我才有了那个念头，就是最好先出版《奥吉》。我写得非常快，可以很轻松地赶上维京的截止期即 1950 年 6 月，到那时写好的部分足可以出书了。我有种感觉，这本书会很长，可以出两卷，但是我还不敢肯定。不管怎样，我近期就把第一章寄给你。这部分可以单独发表。

蒙罗从他在佛罗伦萨的山顶别墅里向我招手了。我会听从你的建议，不跟他提两本书的事。我可能 8 月份回意大利去看他和其他人。[……]

美国文学界的情况听到的不多，除了有关庞德[2]的争议以外。去年 12 月以来我就没看过《纽约时报》的图书版，倒也不能说就感觉到了消息匮乏。哈维

① 原文为法语：à outrance。——原注

② 埃兹拉·庞德（Ezra Pound，1885—1972），美国诗人、批评家。

[·布莱特][1]还在职吗？请代我向他致意。

[……]

祝安好。

由于第二次世界大战期间埃兹拉·庞德在罗马进行具有叛国和反犹性质的广播，他1949年接受美国国会图书馆颁发的第一个博林根奖[2]的时候，包括贝娄在内的一些作家非常愤怒。

致亨利·沃尔肯宁

1949年7月27日［巴黎］

亲爱的亨利：

巴黎热死了。人们问我美国是不是更热。我总说是，因为这好像让我在内心里得到满足。一般我都是不出风头的，让他们相信欧洲的豆子更好、啤酒更香、肥皂更起泡，**诸如此类**[3]。看《论坛报》的头版，我就知道你度过了怎样的夏日，而且无论两边的气温怎么比较，我总是能够肯定，你的夏日里有更多的砂砾和煤灰。不过这没什么乐趣可言。

早晨很凉爽，我勉强可以在一天里最难受的时候到来之前完成当天的进度。不过别问我写好的部分读起来怎么样，因为我看不出来，也没法看，得到秋天再说了。

威尔玛·A.布拉德利夫人（Mme. Wm. A. Bradley）是先锋出版社的代办，她把我的两本书“出售”给了伽利玛（新法兰西评论）[4]——引用是为了努力——而伽利玛也要求我在接下来的三本书中做出选择。信心是多么可爱神圣啊。我没意见，因为伽利玛是法国最好的出版商。可是你，还有维京，觉得行吗？星期五我要到贝郡堤道18号（18 Quai de Béthune）布拉德利夫人那幢雅致的房子里去看

① 哈维·布莱特（Harvey Breit，1909—1968），美国诗人、剧作家、编辑，时为《纽约时报》书评版书评作者。

② 全称为“博林根诗歌奖”（Bollingen Prize for Poetry），创立于1948年，每两年颁发一次，由美国国会图书馆博林根基金会（the Bollingen Foundation to the Library of Congress）提供基金。

③ 原文是德语：und so weiter。——原注

④ 伽利玛（新法兰西评论）（Gallimard［NRF］）：伽利玛出版社（Éditions Gallimard）1911年创立于巴黎，当时的名称是新法兰西评论出版社（Les Éditions de la Nouvelle Revue Française），NRF即其缩写。

她，我准备把我的想法告诉她，请她等一等你的回话。

我们今年夏天不打算按计划去意大利了。想想意大利的分量和我的分量，我知道这么说太不像话了，可我没时间啊。而且实在是太热了。

祝一切都好。

致蒙罗·恩格尔

1949年10月24日，巴黎

亲爱的蒙罗：

除了8月份在西班牙短期度假以外，我一直老老实实地努力工作，所以见到金兹伯格的时候我当然很高兴，因为我已经写出来一大堆了。可是后来我仔细读了一遍写好的书稿，发现我很有信心的这本书并不是我想的那个样子。我打开了新的东西，而且我觉得最后一个部分更是好得无以复加；第一部分简直就不在同一个层次上，必须提升，要么就舍弃。那个时候我还没法去做这件事，所以我就一头扎进已经开始做的另一件事里去了。由于某种原因，后面这一件我的写作速度能够比以往任何时候都要快。我一星期能写出相当长的一章，估计圣诞节前能写出一本书初稿的长度。一本书的长度，我指的是十万字左右，这绝对不是我计划中的全书长度。不管怎么说，第一章马上就要在《党派评论》发表了（他们告诉我是11月份），如果你想多看点，我可以给你寄复写的副本。

你自己的工作进展如何？相信你的运气比我好。我重读书稿的时候总是处于一种糟糕的状态。身为行家里手所拥有而且珍视的自豪感全面受挫。

能见到艾萨克和艾尔弗雷德吗？请代我向他们问好。

祝好。

致戴维·贝兹伦

1949年11月20日，巴黎

亲爱的戴夫：

我知道你是我一个忠实的朋友，仅此而已，每当战斧抽出的时候，你总是为我说话。所以你会明白，你在信里那样说玛格丽特［贝兹伦的女性朋友，住在巴黎］让我有多么为难，因为她也是我的朋友，虽然绝对没有那样亲近。可我确实喜欢她，你知道，她在某些方面是不可抗拒的。你不该那样说她，哪怕你觉得你说的是真的，我想你不至于吧。因为对任何人都不能那样议论，以那样一种鄙视的口气，这有点像过激党了，是交往的大忌。你做个鬼脸就把这个话题抛开了，就像内迪克快餐店处理挤过的桔子一样。你说的是一个人啊，还是个不可忽略的人，而且是个非常欣赏你爱你的人。因为我相信玛格丽特是想嫁给你的，她给了你很多机会向她求婚。既然你没有，那么你对她唯一可责怪之处就是她太想结婚了。好，如果你认为婚姻对任何人来说都是一种下贱的状态，无论是男人还是女人，而且你有比虚伪黑暗的婚姻这堆破布头更**有价值**①的东西可以推荐，你可以在希伯伦②宣讲出版你的福音。但是如果你愿意看到人类伴侣身上有那么一点正常的东西，就很难对玛格丽特提出愤怒的指控，她差不多三十岁了，厌倦了独自生活，厌倦了和其他女人在一起，厌倦了只是到处乱搞。

不管怎么说吧，我多少还是按规矩办了。为忠诚于友情起见，我没有去参加她的婚礼，不过我的确去赴了婚宴，接受了一个**既成事实**③。说实话，我想破头也想不出你会对我采取什么行动，也无论如何都看不出一盘罗宋汤里有什么大逆不道的东西。她丈夫是个相当不错的人，身材壮实，看上去脾气很好，是个挪威人，有着北方人的平和。

在此也不妨告诉你，你在《评论》上发表的那篇关于女性的文章，里面的观点我非常赞同。

现在说点**高兴的**④事吧：最近在忙什么？喜欢你的工作吗？教书适合你吗？相信你的感觉不会很差，因为我明年大概又得套上老师这个笼头了。我要愿意的话，估计可以在欧洲再待一年的。可这是第三年啦！不行。我必须回到美国去，即便不是为了别的，只是因为我越来越感觉自己是个**美国人**⑤，而这种感觉或多或少总和身在美国有关。我非常想念美国的活力，哪怕是在明尼阿波利斯，那个地

---

① 原文是法语词 digne。——原注

② 希伯伦（Hebron），犹太教圣城之一，在耶路撒冷西南。

③ 原文是法语：fait accompli。

④ 原文是意第绪语词：freylikh。——原注

⑤ 这句里的“美国人”和“美国”用的都是德语词，即 Amerikaner 和 Amerika。

方有文化修养的人几乎付诸阙如。在这里，差不多人人都知道莫里哀[1]生于哪一年，知道弗朗索瓦一世在金缕地对亨利八世说了什么[2]，不过什么都知道也让人厌烦。真的非常厌烦。巴士底广场[3]周围的工人阶级有自己的生活，但是拿掉贝雷帽，用啤酒代替葡萄酒，用电视代替六角手风琴，那种生活就和在加里和怀廷[4]看到的没太大区别了。其他方面嘛，在我看来，都越来越像是在行使博物馆管理人的职责。

你会再见到克朗斯基的，很快。他是落荒而逃啊，毫无疑问他会到处臭我，因为我们最后大吵了一场，不过我本来还可以给你讲点美好的故事。我不想讲了，理由见第一段。

希望很快收到你的来信。

祝好。

关于［戴·赫·］劳伦斯的《故事集》[5]：这书相当贵，我手头有点紧，你下次来信中夹一张十块钱钞票行吗？我想这就够买两本了。如果有富余，我就给你买纽约买不到的他的其他作品。

致戴维·贝兹伦

1949 年 12 月 3 日，巴黎

亲爱的戴夫：

我给你回这封信多少有些违心，因为你的信太可怕了，有一种残忍的狼性，根本就不该回。可是你在信尾把这件事撇在一边，好像觉得现在一切都可以恢复原状了，而这断然是不可能的。

---

① 莫里哀（Molière，1622—1673），法国喜剧大家，本名为让-巴蒂斯特·波克兰（Jean-Baptiste Poquelin），莫里哀是他的艺名。

② 法王弗朗索瓦一世（François I，1494—1547）和英王亨利八世（Henry VIII，1491—1547）于 1520 年 6 月在法国加来（Calais）附近的金缕地（the Field of Cloth of Gold）会盟并比武。

③ 巴士底广场（Place de la Bastille）位于巴黎塞纳河右岸，是法国大革命发源地。

④ 加里（Gary）和怀廷（Whiting）都是美国地名，而且都有好几个。

⑤ 应指《劳伦斯短篇故事集》(*The Tales of D.H.Lawrence*）一书，由伦敦的威廉·海涅曼出版公司（William Heinemann Ltd.）于 1934 年 3 月出版。

我当然不知道你和玛格丽特之间发生了什么事，但我不记得我曾摆过专家的架子。我知道你那封关于她结婚的信让她很痛苦，你就此事写给我的那些话就是我说的那种性质。你说到我认识的一个女人，或者不管是哪个女人，说她的裆部有一条画上去的白印，我觉得你这样做是不对的，这就是我说的过激党，我的说法并非没有道理。虽然我常常容忍你把我当成傻瓜，但是我并不傻。我说过激党的时候，脑子里想到的是一种破坏的力量，对此我有些个人体验，列宁、托洛茨基和斯大林主义者激辩的文字我也读过很多。我的耳朵相当发达，听得出不同的调子，我也有多年的经验，看得出不同的行为方式，能做比较。

现在说说婚礼，不错，我没必要避开。但是由于如你所说我不太清楚你和玛格丽特的关系，所以我不得不在很大程度上靠她来了解你的感情状况。我从她的态度中看出，你可能觉得我参加这个婚礼对你不太友好。不过这些都是小事。重要的是，考虑到我们将近十年的友谊，你应该做的是解除我背上的心理压力，因为我对你的指责并非毫无道理，也绝不是草率之举。

我跟你说过你曾出于对友谊的忠诚而保护我不受文学上的攻击吗？你完全搞错了。我想到的是阿尔文常对我说的，别人说我坏话的时候，你却说我好话。这是一般而言。现在你告诉我“不值得费这个力气”，而你一直在说的完全是我的写作。我们的友谊要是像小孩子那样建立在“对文学的忠诚”这个基础上，我们早就破裂了。如果你觉得我多年来都不知道你对这件事的态度，那你一定认为我是个白痴。我不应该说的是，你曾经在我身上堆满了荣誉，但是对我在《受害者》之后发表的作品，你却不跟我说你的看法，这一点表现得太明显了。任何作家当然都喜欢听到别人欣赏自己的作品，可我什么时候为此事强迫过你呢？现在你“透露出”你认为会压垮我的什么东西，好像你已经对我手下留情时间够长了，而实际上我早就安之若素，很清楚你对我作品的评价，知道你如此评价的原因及其正确与谬误之处，因为我觉得我们之间存在着共同的感觉和相互依存的关系，无论和我的写作相比还是和你的批评相比，这些都更为重要。我不通过写作来寻求救赎。由于缺乏远见，我没有更好的职业。等找到合适的地方以后，我会换个地方请求救赎。

你说得不对，你不属于文明社会，不过你还是属于某个社会的，而且无论你我在哪个社会里，你那个社会里的成员都比我这个社会里的成员要多。你所在的那个社会没有向你灌输非常好的东西。没必要细说了。我不想和他们搅在一起，我要说的仅此而已。

谨致问候。

致奥斯卡·塔科夫

1949年12月5日，巴黎

亲爱的奥斯卡：

[……] 你厚厚的来信让我大喜过望。首先，我们已经好几个星期没收到任何人的来信，开始感觉到真的是在**流放**[①]了。其次，和你这封信一起收到的还有很多别的信，可那都是些什么玩意儿啊！废话，疯狂，傲慢，伤害。足以把人激怒，让人巴不得避开所有至亲友好，跑到离海平面这个生命起源之处越远越好的地方，躲进帐篷里，靠积雪和野味度日。我马上就告诉你这是怎么回事。不过你可以看到，某种理智和善良在关键时刻把我从极度绝望中拯救了出来。

总的来说，我的处境令人羡慕。**没有理由抱怨**[②]。我在法国，生活舒适，工作舒适，什么都不缺，有些非常需要的东西是没有，可其他人也几乎全都没有。看了西班牙那些城市的状况回来，或者在和流亡者、幸存者交谈的时候，我就知道自己个人生活中的任何际遇都没有理由让我抱怨，或者为自己忧愁，《哈姆雷特》是人生中的奢侈品，勾勒出我们在有了充足的面包以后都会遇到的那些困境。除了美国和欧洲的这一小片地区以外，面包并不充足。我们毕竟是富裕得令人难以置信，如果想找找和我们类似的问题，从历史的角度看，可以找到的大概就是富得发愁的那些人所面对的烦恼。要么就是在哈姆雷特式的人物身上，他们什么都有，缺的只是他们从内心里希望别人和自己都具备的那些品质。让·热内[③]说，做个哈姆雷特却没有生为王子，这是件很可怕的事。我会用中产阶级的声音回应说，前者是一种不幸，这不幸让后者显得微不足道。坦率地说，所有这类忧郁和烦恼都让我腻透了。法国已经让我受够了这类东西，这还只是法国，还不包括芝

① 原文是意第绪语词 goles。——原注

② 原文是法语：On n'a pas lieu de se plaindre。——原注

③ 让·热内（Jean Genet，1910—1986），法国小说家、剧作家、诗人、评论家、社会活动家。

加哥和纽约。我要出去**振作一下**[1]。鼓起勇气来。可坏消息还是不断传来，这就让我的打算成了一种堂吉诃德式的空想。然而别的办法都不值一提。

我来和你详细说说我们的日常生活。我起床，吃早餐，看报纸；赫谢尔上学，安妮塔上班，女仆为我准备好午餐，我把它放在公文包里，步行大约一英里去我的工作室，路上要经过俄罗斯大使馆和几个古董店。天色一般都是昏暗的，心里却只是偶尔有所迟疑。在我位于瓦诺街33号的工作室里，我用老杂志《笑声》[2]点着烧木柴的火炉，偶尔停下来看看1906年的一些脏画。然后我磨蹭一会儿就开始工作了。下午四五点钟我又走了出来。这是一天中最不舒服的时候，赶上下雨尤其糟糕。我回家，刮胡子，和孩子玩一会儿，出门沿着塞纳河一路走去，在咖啡馆里看书，等等。每周两次，我和一个美国画家在鲁奎（Rouquet）咖啡馆玩赌博机，喝可乐。除了安妮塔，我几乎没和任何人有过友好的也就是真正亲密的交往。我们常见面的有卡普兰夫妇、尼科拉·乔洛蒙蒂和他的妻子还有其他几个人。熟人里几乎没有法国人，因为你得付出巨大的努力让法国人相信，你充其量还不算个野蛮人，最差劲也不至让人讨厌。据我观察，法国人分两种，一种是工人，另一种是其他法国人。工人具有无限的优越感，实际上就是我们在国内一直认为是**法国人**的那些人，其他人则是我们所说的资产阶级。明白了吧，就是这种状况。考虑到实际情况，从很多方面来看，这是现在能够达到的最佳生活状态，只有一点缺憾，就是实在太冷了。所以你和国内其他人来信中所说的一切才如此重要，而且安妮塔和我谈起你来都很高兴，因为你们的来信是我和外界直接联系的源头。就你们正在做的事情而言，你和伊迪丝并不仅仅如你所说是你们自己的“瑞士”，也是我们的“瑞士”。不过，唉，你写到萨姆［·弗莱菲尔德］的事，可真让人失望。艾萨克详细说了他到纽约去的情况，提到他的那些话就更不客气了。不过艾萨克对我的看法可能也差不多。不知道这些天你对他的看法如何。好些了吧，希望如此。感觉自己整个儿就是失宠，给关在狗窝里了。

从某些方面看，正是因为选择了写作，我才处于现在这种状况。不知怎么回事，好像我写出来发表的东西越多，事情越“公开”，我**直接**接触的人就越少。人

---

① 原文是拉丁语：sursum corda。

②《笑声》（*Le Rire*）是1894年创刊的法国幽默杂志。

们和我拉开距离，表现出冷淡和敌意，可如果我是给狗拍照的摄影师或者是研究鱼的专家，他们就会对我怀有更为友善的感情。我衷心希望你和伊迪丝的体验会和我有所不同。

比如，我收到贝兹伦的一封信，信里满篇怒火，非常可怕，活活就是那种东西，像狗一样，伸着爪子，号叫着直冲你的内心深处而去，一心要毁了你。我保证没有夸大其词。他说："我不为你说话（我写的东西受到批评的时候），因为首先自然是不值得费这个力气。其次，有些人就是因为自己的文学观念和你不同而不喜欢你的作品。第三，对我们的友谊建立在对文学的忠诚上这一点，我不理解。"什么原因呢？戴夫的一个女朋友，他很眷恋的，最近在巴黎结婚了。我很了解她，把她视为我的一个朋友。就在她的婚礼前，戴夫给我来了一封简直令人作呕的信，信里说到她，对她进行下流的攻击，等等。我给他回信说，他用这种方式表达对任何人的看法都属于过激党的行为。我说既然他一直是我忠实的朋友，那他或许可以理解我对她的忠诚。我还说尽管如此，我没有参加她的婚礼，因为他可能会不高兴，等等。这封信毫无冒犯之意，我在信中根本没有提到与"对文学的忠诚"有关的事情，就好像到目前为止他在哈德逊街的朋友们对我的作品有什么看法还模糊不清一样。我不会说我根本不在乎，而实际上我就是不在乎。在这一点上，我从来没有像警察一样监督过我的朋友，也没有强迫过任何人。我从来没有和萨姆或者艾萨克在这个问题上争吵过，他们的态度也从来没有动摇过我对他们的感情。**看看**[①]！这就是我直接接触的人！戴夫显然早有准备，我只要一提到忠诚这种愚蠢的事儿，他就会把准备好的这堆臭话一口喷到我脸上。

这件事对我的去向有什么影响呢？就是回美国。唉，那个快乐的日子。如果当初我希望达成一个协议，也许我会留在欧洲。可现在我想回来。至少待一年。明尼苏达的工作我没保留，我已经给其他地方写了信提出工作申请。

《党派评论》的［威廉·］菲利普斯在这儿。我跟他越熟，就越清楚你对编辑的不满在哪里。我们在图里[②]的时候常说："品位这东西只有自己明白。"他们不相信有什么写作技巧，他和他那伙人，也无从知道。

---

① 原文是拉丁语：Ecco!

② 指贝娄上过的图里高中。

祝一切都好，盼来信。

信寄到瓦诺街33号吧。我们又得搬家了。

尼科拉·乔洛蒙蒂（1904[①]—1972）是美国《新共和》《党派评论》和意大利《快讯周报》《新闻报》（*La Stampa*）的杂文和戏剧评论主笔之一。他和伊尼亚齐奥·西洛内一起创办了《现代节奏》（*Tempo Presente*）杂志。

致赫伯特和米琪·麦克洛斯基

［未注日期］［巴黎］

最亲爱的赫伯特、米琪：

在巴黎我们处于**绝缘状态**[②]，过着一种非常神秘的生活，最重要的是没有朋友，如此一年半之后，像你们的来信这种信件，就不折不扣地属于来自另一个世界了，在那个世界里我有朋友，有的时候好像也说不清为什么，我就和他们分开了。不过当然了，这种分离是个性使然，现在，而且是在**不知不觉中**[③]，我就走上了这条个性之路——我是说，我把自己**放**到这条路上去了。我说不清自己为什么离开了明尼阿波利斯，正如我也无法解释我离开芝加哥的时候是出于什么原因。我按直觉去做，事后才明白（对我来说）我做得对。有些东西只有离开之后才能理解。但是采取这些行动在很多情况下都是沉重的决定。这就是约拿之旅[④]。

所以我不必在继续写之前先“坦率地”说一句：我并不十分明白我应该在哪里。你肯定也和我一样意识到了这一点。我的直觉比我的头脑更坚定。

我给萨姆·蒙克写信是因为，古根海姆基金和维京的钱到3月份就都用完了，我问他是否知道有什么适合我做的工作。他很热心，问了哈佛。我还什么都没有

① 又作1905。

② 原文是法语：bien isolé。

③ 原文是法语：sans le savoir。——原注

④ 约拿（Jonah）是《圣经·旧约》中的先知，神遣他传达信息，他出于自己的考虑想逃避，后经神管教继续前往。整个过程中勇敢、爱心、犹豫、羞愧等交织纠结。

明确拒绝呢。去哈佛的可能还是有的。同时我再次申请了古根海姆基金。之所以遇到困难，是因为我花了八个月的时间写了一本书，然后决定把它搁置起来。自去年10月份起至今，我完成了《奥吉》的三分之二左右，这一本整体来看要比那本好得多。要是靠写作谋生的话，我可承受不起像这样八个月的损失。

所以我不知道我们下一步该做什么。从经济上看，留在欧洲或许也不错，不过我们打算9月份回去一趟。欧洲在我眼里并不是个大美之处，虽然在我的诸多不满之外，这个地方教会了我很多东西，让我了解了自己是个什么样的人，有着什么样的身份。而实际上我了解的是**其他人**。这些发现浓缩起来就不像真的了，所以我要等到秋天再和你讲这些人的事，然后听你说，然后再次见到你，这是我白日梦里经常出现的一件乐事。

不错，我是想回明尼阿波利斯看看，因此需要一个**落脚处**[①]。不过我心里明白这次还是时间长不了。你肯定知道，我再说一遍：我对“文学文化”怀有极大的敌意。我就是把这种东西视为敌人。我想到的并不仅仅是像亨［廷顿］·布朗以及很多其他人这样的**僵尸**[②]，他们把文学的源泉说成是文学自身，对他们来说，甚至**信仰**也是文学。

伴随着“文学文化”的还有“文化”的其他虚无内涵，这些没有价值的东西和混乱并不是一回事。如果说身处于这座法兰西大公园里我看到了什么的话，那就是一种巨大的文化遗产遗传下来的某种盲目。奥尔特加[③]说，大学的想法起源于古典主义；他还告诉我们，诗歌的真正生命起源于海难。

这也是直觉教给我的，所以我提到了约拿。我一向无法抗拒安全，也一向无法耽于安全。我知道如果拿不到古根海姆基金，我会抓住机会留在明尼阿波利斯。这样做最大的吸引力就是又可以和你作伴了。不过我也知道我又会跑掉，我就是待不住。

因为我明白我身上最好的东西是在跑来跑去的过程中形成的。

撇开这么做的道理不谈，明知道我和他们意见不同，不赞成他们的做法，

---

① 原文是法语词 pied-à-terre。

② 原文是法语：des gisants funestes。——原注（原注提供的英文释义为 sculpted funereal figure，lying supine，即尸体的仰面卧像。——译注）

③ 应指何塞·奥尔特加·伊·加塞特（José Ortega y Gasset，1883—1955），西班牙思想家、哲学家，被誉为现代西班牙精神之父，著有《大学的使命》等。

却还是想要我去，这让我很是感动，这些人里就有伦纳德［·昂格尔］和［威廉·范·］奥康纳[①]。

我们打算4月份去萨尔茨堡，5月份去威尼斯，6月份去罗马，8月底乘船回国。劳工节[②]前后你在东部吗？如果在的话，可以在纽约见到你该是多么高兴啊。

图明正在巡回演讲，是从普林斯顿出发的，我希望他7月份能到这儿来。他给我的信写得很和气，可我们还是为欧［文］·豪[③]的事拌了几句嘴。

向全家人问好。

---

① 威廉·范·奥康纳（William Van O'Connor，1915—1966），美国文学家，曾任明尼苏达大学教授。

② 美国的劳工节（Labor Day）在9月的第一个星期一，是全国假日。

③ 欧文·豪（Irving Howe，1920—1993），美国犹太人，文论家、社会批评家。

第二辑

1950—1959

****

现在是这么回事。就得有这样一段时间，你才能发现自己的心有多么痛，更有甚者，你以为自己无所事事的时候，其实一直在做着极为艰难的工作。艰难啊，艰难的工作，开挖然后深挖，挖巷道，在巷道里挖排水沟，又是拉又是推，搬石头，干哪，干哪，干哪，干哪，干哪，气喘吁吁，往前拖，往上抬。这些活儿外面都看不见。都是在里面干的。之所以如此，是因为你无能，干不了别的，没法得到公平对待，没法获取应有的回报，所以你才在自己的内心里发奋苦干，鼓动自己去搏击，算总账，记住侮辱，抗争，回击，否认，胡扯，谴责，战胜，斗智，攻克，维护，哭泣，坚持，赦免，死去然后重生。全靠你自己！大家在哪？在你的胸中，在你的身上，全班人马都在。

——《奥吉·马奇历险记》

1950年

致罗伯特·希夫诺

［未注日期］［巴黎］

亲爱的鲍勃：

我真希望住的是一家禁酒的旅馆，和禁酒的人在一起。虽然我不会对喝酒的人仓促下结论，可还是很难设想，去伦敦的时候脑子里装的是狄更斯和哈代，更别说弥尔顿和马克思了，到那儿却发现落到了一群神仙中间。我的出版商就是一个，他那个鸡尾酒会上的客人也都是，酒会上《地平线》杂志社的人全都如此，只有一个显然是犯了花痴的人例外。这位例外正在追求索尼娅·布朗内尔·奥威尔[①]，从她脸上可看不出来她有个丈夫快要死了。这太让人想不通了。现代生活对我来说太过分。**好啊，我不在乎**[②]。不管怎么说，我还是喜欢伦敦的。科芬园[③]的地下似乎有一团火，特拉法加广场上，一个女孩站在一座雕像的基座上，主动领头唱着颂歌。来回过英吉利海峡的时候风浪都很大，但是第二次过海峡在迪耶普[④]下船的时候我就觉得没什么了，同时还有一种胜利的感觉。

［保罗·］米拉诺从罗马来信说，［埃里克·］本特利成了个铁托主义者[⑤]。他想知道为什么，我也说不出来，不过我觉得很自然。戏剧界的消息要告诉你的就这些了。此外还有，我去看了加缪的新剧，感觉糟糕透顶。我还到马里尼剧院去

---

① 索尼娅·布朗内尔·奥威尔（Sonia Brownell Orwell，1919—1980），英国小说家乔治·奥威尔（George Orwell，1903—1950）的妻子，在他病重期间于1949年10月13日在他病房里和他结婚，几个月后的1950年1月21日乔治·奥威尔去世。索尼娅是编辑，当时在《地平线》杂志工作。

② 原文是法语：Bien，je m'en fous。——原注

③ 科芬园（the Covent Garden）又译考文特花园，是一片热闹的购物街区，有覆以天棚的市场，街头艺人十分活跃。

④ 迪耶普（Dieppe），法国港市。

⑤ 铁托主义（Titoism）是以前南斯拉夫总统约瑟普·布罗兹·铁托（Josip Broz Tito，1892—1980）命名的一种社会主义政治思想体系，主要特点是：根据本国实际情况，摆脱意识形态偏见，以国家和民族利益为尺度，独立自主地处理本国的内外事务。

看了《钟楼怪人》[①]，这个戏的改编就是下不了决心保留旧东西，结果失去了用风趣来予以补偿的机会。[……]

顺便说一句，迪克·埃尔曼（Dick Ellmann）正在帮我想办法争取哈佛大学的布里格斯–科普兰奖学金。明年我没工作，钱也不多，如果拿不到古根海姆基金（没有和你竞争的问题，我属于再次申请），我的日子会非常难过。

安妮塔4月份离职后我们到萨尔茨堡去待一个月。然后去意大利。然后（9月初）回国。一切都悬而未定，状若飘萍[②]。除了《奥吉》，我每天都在写，非常满意。你喜欢第一章，我很高兴。希望下一章你也喜欢。[……]

照片上格雷格和我们都拍得非常出色[③]。你儿子很英俊啊。

祝你们俩（三个人了）都好。

罗伯特·希夫诺是贝娄在明尼苏达大学的同事和朋友。埃里克·本特利（生于1916年），剧作家，批评家，歌舞表演演员，翻译，五十年来一直是现代欧洲戏剧方面杰出的历史学者，他和贝娄也是明尼苏达大学的同事。阿尔贝·加缪“糟糕透顶”的舞台剧是《正义者》(*Les Justes*)。

致蒙罗·恩格尔

1950年1月12日，巴黎

亲爱的蒙罗：

我刚刚把一堆手稿和我的古根海姆基金申请书一起寄出去了，我请亨·艾·莫伊在他那个委员会从中汲取了精神养分之后把稿子转给你。为了写《奥吉》而搁置的《螃蟹与蝴蝶》，有一部分也夹在这包稿子里面，那是小说中间的四五章，你看了以后，也许就能多少放下心来，知道我为什么把它搁置了——

① 原文中观剧地点 the Marigny 应指巴黎的马里尼剧院（Théâtre Marigny），剧目为 *Le Bossu*，法文原意为“驼背”，疑指法国作家维克多·雨果（Victor Hugo，1802—1885）的名作《钟楼怪人》(*Le Bossu de Notre-Dame*，即《巴黎圣母院》)。

② 原文是法语：déraciné，意为“无根状态”。

③ 原文是法语：succès fou。

不过是暂时的噢。至于《奥吉》，我写得非常努力，激情澎湃，虽然每天都要炸掉不少会成为隐患的树桩，却并没有想过读者要冒着在空地上都有可能摔伤四肢的风险会是个什么感觉。不会的，我不相信在我已经写好的五万字里故事节奏放慢了或者改变了。你自己判断，但是请记住，你一**定要**看第一稿，一个字都没改动过的那一稿。《党派评论》发的第一章重写过一次。

回国有各种原因，并不全是钱的问题，不过钱的问题本身就非常重要。我已经提交古根海姆基金的申请了。我觉得莫伊先生不太喜欢我（艾尔弗雷德也许能说句话），感觉他那儿不会有什么收获。我给皇后学院的鲍尔（Ball）教授写了信，看能不能得到一份工作，我得等他的回复，然后才能请你帮我找一套公寓。奇怪的是，我唯一的另一个机会是哈佛大学的——布里格斯-科普兰奖学金。别的没有了。巴黎的生活可不便宜，如果我们想留下来，我就得到联合国教科文组织（UNESCO）那种地方去工作。

我 4 月份要去萨尔茨堡。到那个时候，《奥吉》的初稿就完成了，上帝保佑吧，然后我就可以开始细细打磨书稿了，前提是德国人为托马斯·沃尔夫[1]喝彩的声音不要太大。[……]

顺便问一下，艾萨克在干吗？他一封信也不来。难道是少年朋友精神分析里那种伤感的命运签找上了我？那好吧，你见到他的时候告诉他，我们爱他，经常想念他。他在写小说吗？你看过他写的东西吗？写的是什么？

问大家好。

致艾尔弗雷德·卡津

1950 年 1 月 28 日，巴黎

亲爱的艾尔弗雷德：

我想要回美国的想法让一些对我不忠的人大吃一惊，告诉我这些人都是谁吧，这正是我想知道的，很想知道。还有个十分有趣的现象，就是人们在写法国生活、

① 托马斯·克莱顿·沃尔夫（Thomas Clayton Wolfe，1900—1938），美国小说家，代表作有《天使，望故乡》（*Look Homeward*，*Angel*）等。

写巴黎的时候，不相信巴尔扎克、福楼拜、司汤达，更不用说陀思妥耶夫斯基了，这本古怪的小书叫《巴黎的资产阶级》(*Le Bourgeois de Paris*)。他们更愿意相信亨利·詹姆斯、亨利·米勒[1]，甚至卡尔·范·维克滕[2]，还有蜂拥在圣日内维耶山[3]周围快活度日的所有的美国人。不过如果司汤达还在世，他倒是很可能更愿意住在华盛顿特区——想想他心爱的米兰现在成什么样子了吧。而且我深信不疑：他对《现代》杂志的处理方式一定和我一样，也就是说，先浏览一下那上面最新的**蠢话**[4]，以毫不留情的轻蔑观察一番苦闷的新鲜皱纹，然后把西蒙娜关于性的那些文章拿去让猫吃了退烧，再把剩下的部分给格［雷格］，让他剪小人玩；他还不认字呢，一派天真，成天高高兴兴的。

不过还是说几句正事吧。我的消息传到你那都成了一种混乱不堪的状态。我只是让蒙罗或者再加上亨利向你打听情况而已。我不是想让他们以我的名义向你提出铺天盖地的要求来说动你做什么事。我并不认为你应该给莫伊写信。我已经给他寄去一包书稿，如果作品质量能影响他的决定——按我的理解严格说来并非如此——那么这方面应该没有问题。不过，我知道詹·法·鲍尔斯的再次申请最近被拒了，吉恩·斯塔福德去年夏天告诉我，莫伊曾经把她叫去和她讨论过鲍尔斯的情况。她对鲍尔斯的赞扬没起作用。但是这表明第五大道[5]上的确存在着某种布拉格塔罗牌玩法[6]，我想你可能对此有所了解。至于教职的事，消息传到你那里也比最初发出来的时候增加了热度和紧急程度。**事情没那么严重**[7]。我会试试莎拉·劳伦斯[8]，不过估计没戏。我主要是需要一间小屋把一本书写完。这件事结束以后，我会很乐意到工厂去工作，那和继续在所谓知识界的环境中待下去差不了多少——我内心里对这种环境是越来越深恶痛绝了。不管是哪儿，只要那地方还有人**心怀渴望**就行，哪怕他们追求的是虚假的神。也许你认识个实业家什么的，愿意给一个身体状况还不

---

① 亨利·米勒（Henry Miller，1891— 1980），美国“垮掉派”作家。

② 卡尔·范·维克滕（Carl Van Vechten，1880—1964），美国作家，摄影家。

③ 圣日内维耶山（the Montagne Ste. Geneviève）是巴黎塞纳河左岸的一座小山丘，以圣女日内维耶的名字命名。

④ 原文为法语词 *sottise*。

⑤ 纽约曼哈顿区第五大道，古根海姆博物馆及古根海姆基金会所在地。

⑥ 这里原文是 Prague Arcana，可译作“布拉格的奥秘”，其中 Arcana（音译为“阿尔卡纳”）是塔罗牌（Tarot）中的牌名。塔罗牌是一种占卜工具，有七十八张牌，其中大阿尔卡纳牌二十二张，小阿尔卡纳牌五十六张；塔罗牌分很多种，其中一种是布拉格塔罗，属莱德-韦特体系（The Rider-Waite Tarot）。

⑦ 原文是法语：Ça n'est pas tellement grave。——原注

⑧ 即莎拉·劳伦斯学院（Sarah Lawrence College），在纽约州扬克斯市（Yonkers），离曼哈顿不远。

错的作家在罐头厂或者床垫厂找个工作。我可不是开玩笑噢。

我还是希望能很快读到你的书。为了给4月份去萨尔茨堡做准备，我把《吾乡吾民》[①]拿出来，重读了书中大部分内容，兴趣盎然。还有，你在《党派评论》上发的那篇文章，就是关于梅尔维尔[②]的那一篇，我觉得非常出色，应该列为所有研究生院的必读书。看样子［理查德·］蔡斯[③]和［克林斯·］布鲁克斯[④]坚信写小说就是操纵符号（《理解小说》[⑤]——也要怪沃伦，唉，他应该懂这个道理的嘛）。他们打算让大学里的年轻作者们想什么呢？难道就是不敢迈出最自然的步子，只能去学“神话”步法吗？文学本身成了文学的基础，经典作品成了粉碎机，结果就会是这样。

好啦[⑥]……来信告诉我一些好消息吧。

祝好。

致蒙罗·恩格尔

1950年3月26日，巴黎

亲爱的蒙罗：

我这颗有预见的心悄悄地覆盖了方方面面。我没有得到古根海姆基金，原因从其他方面来理解最为合理。我只好做没有的打算了，不过还是精力充沛的，而且我想，人不能指望总是得到命运的垂青。如果我获得了古根海姆基金，我们就会搬到蓝色海岸一个生活成本比较低的小镇去，因为这笔钱在美国物价高的地方不足以维持生活。不过现在我觉得还是搬到纽约去比较好，所以就得拜托你了，能不能向金兹伯格先生打听一下，帮我们找一套公寓，地段没有太大的关系，而且我也理解，最好别在乎地段，太挑剔了不好。房子大一点，便宜一点，我的习惯是边上有个单独的房间。要是能在艾萨克家附近找个地方就好了，这样两家的

① 这本书是卡津的代表作，书名原文为 *On Native Grounds*，王佐良先生的译名为《在本土上》，冯亦代先生的译本将其改为《现代美国文艺思潮》，1949年上海晨光出版公司出版。

② 赫尔曼·梅尔维尔（Herman Melville，1819—1891），美国作家、诗人，代表作《白鲸》（Moby-Dick），被誉为美国文艺复兴时代的莎士比亚。

③ 理查德·沃尔尼·蔡斯（Richard Volney Chase，1914—1962），美国文学批评家。

④ 克林斯·布鲁克斯（Cleanth Brooks，1906—1994），美国文学批评家。

⑤ 书名原文是 *Understanding Fiction*，又译《小说鉴赏》，克林斯·布鲁克斯和罗伯特·佩恩·沃伦合编。

⑥ 原文是法语：Eh，bien.

女人和孩子来往就十分方便，因为我听说罗森菲尔德夫妇对于被格林威治村放逐这件事反应非常强烈。

我决定去纽约是因为在那儿可以找到兼课的工作，而且只有在编辑的办公室露面才有机会写评论。我一点也不担心生活来源，我有好几个短篇可以卖出去，你要是不反对的话，我还可以把《奥吉》拿出几章来给《评论》去发表。

古根海姆基金被拒带来的最大烦恼是，我的小说写作速度会放慢。

这个星期五我离开巴黎去萨尔茨堡待一个月，走之前我会再给你寄几章。你会看到，这本书是片段式的。我已经写了大约十万字，等我写到一个比较自然的休止点，我打算停一下，仔细想想其中比较成熟的部分。如果把这个休止处之前的部分先发表，其余部分过一年左右再发，你觉得可行吗？当然了，说到底还得看你是不是喜欢这本书。我会在萨尔茨堡的利奥波德斯科隆城堡（Schloss Leopoldskron）稍微有点儿惴惴不安地等你的意见。你看的时候请记住，我写初稿一般是先把我想到的全都写出来，然后再精简，要不是为了申请古根海姆基金，我不会把这么粗糙的稿子寄出去。

我又给哈罗德·泰勒[①]［莎拉·劳伦斯学院的院长］写了一封信，说明我去年1月已经给他寄去了一份简历[②]。他不想聘用他从没见过面的人，这个理所当然。可是很不幸啊，他得到9月的第一个星期我回来以后才能见到我。不过我已经请他考虑让我明年秋季学期做些兼职工作。全职工作都是提前很长时间就安排好了的。非常感谢你，蒙罗，你为我费了很多心。希望让你看到，我的感激之情持久可靠。

愿一切都好！

致亨利·沃尔肯宁

1950年3月26日，巴黎

亲爱的亨利：

［……］现在我不得不把那一包短篇打开了。我不想去干这个的，因为要把这些稿子全都整理一遍就会占用写《奥吉》的时间。可是我这颗有预见的心在我耳

① 哈罗德·泰勒（Harold Taylor，1914—1993），美国教育学者。

② 原文是拉丁语：curriculum vitae。

边悄悄地指挥着我开始写一篇新东西，那时古根海姆基金被拒的消息还没传到我这里来呢。还有件怪事：一个意大利黑市商人兼骗子从（巴黎的）监狱里寄出一封信，收信人是个美国阔佬，在他控制下一直在各家夜总会转来转去，这封信就是解释他自己为什么进了监狱。真是挺奇怪的。不过也许最近《纽约客》要打破惯例发表些稀奇古怪的东西了。我看到了很多对《哈珀［时尚］》上那个短篇的评论，这些人想得比我可多多了。

我在给蒙罗的信里发起了一场劝说行动，准备把《奥吉》的第一大部分（约十二万字）作为合同要求的小说出版。这本书由不连续的片段构成，前半部分是独立的。而且我想最好现在就把我的想法说出来，因为很明显，这十二万字只是总数的一半。我绝对不能把这一半说成全部，对其余部分只字不提。维京如果愿意等二十五万字全部完成，也许就会把我的补贴再延长六个月。也许还会看到我先死掉呢，这是常识悄悄跟我说的。［……］

祝一切都好！

《哈珀时尚》上的那个短篇小说是《石墙》，贝娄显然是把原稿弄丢了，后来又重写了一遍。

致蒙罗·恩格尔

1950年4月30日，巴黎

亲爱的蒙罗：

看到你的回应，我非常愉快，非常高兴。我并不完全把古根海姆的拒绝当作文学批评——这样一个组织怎么能**批评**呢——可我还是忍不住感到不安……我的内心里有一面是无助的，有时候会失去判断力。但是还有坚强的一面，知道我走了很长时间的这条路终于有了结果，知道我紧抓不放的是一件好事，而且我的努力会让好事传播出去。或者换句话说，我相信自己真正开始有所发掘了。我很高兴你同意我的建议。**让人恶心的是**①，我通知你说会让你看到一堆原始手稿。这句

① 原文是拉丁语：ad nauseam，意为因冗长或反复而令人作呕。

话你肯定听得太多了。我必须承认，虽然我有某种本能的感觉，知道作品最后完成是什么样子，可我也从来没有整理过这么大一堆东西，我不知道怎么处理。不过手稿的量这么大也让我有了信心，只要是和这本书的生命也就是感觉有联系的地方都不做改动。我还没有连续看完已经写好的部分。看完以后，我很可能会同意你的反对意见。我自己的设想是，这本书的形式是一个不断扩大的螺旋体，从教区、犹太社区、贫民窟开始，延伸到更广阔的世界，在那里奥吉成为主角，因为他周围的人越来越多，他的生活经历也越来越艰难。人在童年时是很自然地以观察者的身份生活的。也许一开始奥吉并没有充分表现出来他是主角，但是在我看来，这本书的总体构思证明了这一点，书的长度也是个体现。对于已经出场的几乎所有角色，我都有更为详细的构想，即便是像克雷恩斯（Kreines）和五产（Five Properties）这样的人物。赛维斯特（Sylvester）也会是个马基雅维利式的大权谋家。[①]

再有两百页，总体构思就几乎全都可以看出来了，而且后面还有呢，第二部分也有这么长，里面讲到战争和一个黑市商人在欧洲的生活，最后一段十分悲惨，讲的是这些人里最伟大的马基雅维利主义者也就是奥吉的哥哥西蒙的生活。有时我拿不准是否该让奥吉忍受这么多悲惨境遇，就又想，如果我的目的是要让他经受真正的考验，他就必须忍受，必须经历现代人生活中最痛苦的那些过程。不管怎么说，出版第一卷会给我一个喘息的机会，让我把后续部分写得更为成熟。不过我们可以像你建议的那样，9 月份讨论这个问题，到时候我就又有很多东西可以给你看了。

[……]

总之，看来我们要在纽约住下去了。不知现在房租是多少，我的上限是六七十块。不行就八十。至于公寓的大小，那要看我们搬去的是哪个地段了。如果能在附近找到一个房间用来写作，我们就不需要六个房间。那就按四到六个房间来找吧。越大越好。我们在芝加哥有家具和家里用的各种东西，所以房子不需要带家具。[……]

谢谢你的来信。

祝好。

---

① 有些人物在本书正式出版时或去掉了，或改了名字，如“克雷恩斯”。

致亨利·沃尔肯宁

1950年6月7日，罗马

亲爱的亨利：

我很不谦虚地想过你会喜欢《奥吉》的，现在我很高兴。卖掉的书堆成山？堆成小丘我就满足了。不过谁也说不准，因为这本书会很厚，而且我觉得单是大部头这一点就有推销价值，可以让人们感觉没有上当。至于你的批评意见，我还没有看过已经写完的部分，一直在按一定的进度不管不顾地往下写着。等我看了，也许会同意你和蒙罗的看法。此刻我的感觉是，书本知识对这本书形成如此体量是不可缺少的。这不难解释。就这一点而言，这本书可能也不需要任何解释，书中内容代表了一种相当普遍的中西部文化，为一种有害的陈规旧俗所忽略。作家一般都很老实，不敢设想太多，需要得到更多的宽容。

如果你觉得有些章节杂志的编辑可能会感兴趣，就把稿子给他们看吧。我随身带了一份副本，手写的原稿在巴黎。这三份不能一下子全丢了。最糟糕的状况无非是不得不把手写稿再打出来。要是有人想要某一章，我可以润色一下，不能按原样打印。[……]

15日我们去索伦托附近的波西塔诺[①]，在那儿待到7月20日。我接到邀请，要我参加6月底在柏林举行的一个反斯大林主义高端会议。我还没决定去不去。我不太热衷于此，不过吃五个星期忘忧果[②]恐怕对我不合适。

祝好。

致塔科夫夫妇

1950年6月26日

亲爱的塔科夫们——

我们现在是在波西塔诺，在萨勒诺（Salerno）湾岸边，在山之间，海之

① 波西塔诺（Positano）和索伦托（Sorrento）都是意大利南部的海岸城镇。

② 此句中“吃忘忧果”的原文是lotus-eating，这里的lotus不是东方的莲花，而是一种似枣的花果即“落拓枣”或“忘忧果（花，树）”，据说吃了以后会让人忘记往事，昏睡不止，古希腊荷马史诗《奥德赛》中有此情节。

上。渔民们没有摩托艇，自己去放置捕虾器；女人们在长枕头上织花边，用的只是别针和卷线板；神圣的日子里，人们排成队列把圣人们请出来走一圈。众神从来不见天日，这会显得不可思议，所以星期日人们就把他们请出来见见太阳。

我们9月回国。希望事情大有改观。我拿到报纸看报的时候，心里实在是不舒服。这里的报纸只有意大利的，大灾难对他们来说都是旧闻，他们更喜欢流言蜚语。

现在的安排是，我们9月份在芝加哥待一两个星期，然后去纽约。我在纽约大学有晚间的兼职。我担心艾萨克对此不高兴。他给我来了一封很短的信说这件事，那话说得又恼火又难听，好像我背着他做了什么事似的。国内的人到底怎么啦，发什么火啊？艾萨克很清楚，哪怕我在纽约大学会给他造成最微不足道的伤害，我都会拒绝这份工作。我跟他就是这么说的，事情明摆着，用不着任何分辩。可他宁愿排斥我也不愿和我谈谈。就我而言，年岁渐长，我也管不了那么多烂事了。

这就是贝兹伦和艾萨克的状态，还有一两个其他人，然后就剩下你和我了。都相当守旧啊。我们的家庭状况相似，这可能是原因所在。不过你现在可能不喜欢做这种比较，因为莫里犯的罪［贝娄的哥哥莫里斯有了个私生子，面临着一场亲子鉴定诉讼］从壁橱里滚出来了①。他们的事我当然知道一点，但是不全知道，也没听说这场官司，还是你信里告诉我的。我很想多了解一些情况。想到我父亲面对这件事的样子，想到孩子们，我心里很难受。如果他们还不是不可救药，家里人也好过些。

写到这儿，这封信变得很伤感了，真是怪事，因为我最近的感觉和伤感正相反。刚刚和赫谢尔一起下山去了港口，给他讲了山形成的地质原理。想到父亲之罪②。又想到我**曾经打算**给你和艾萨克讲讲伊利诺伊石灰岩的。

收到你的信对我们很有好处，信里能看出快乐，还有孩子们的话和你的文笔。

---

① 英谚有 a skeleton in the closet（壁橱里的骷髅），指难言之隐、丑事等。

② “父亲之罪（Sins of the father）”或“父辈之罪（Sins of the fathers）”是《圣经》文化流传下来的概念，见于《出埃及记》《民数记》《申命记》（*Exodus*，*Numbers*，*Deuteronomy*）这几节。有些版本的这封信里没有这一句。

最后这一点你好像比我有勇气。我开始考虑去干砌砖的活儿了。

致以最深的爱。

7月20日以前的地址：意大利，波西塔诺（萨勒诺），维多利亚旅馆。

春之颂

雷声宣告了冬天的结束，
雨水冲走了沟里的黄雪；
花布的斑点在窗子上闪烁；
我宽服闲卧，品黄油不歇。
脸上的涂油是应季的丰腴
或死而密封，或死而成蜡。
狐狸在公寓的楼梯上狂聊；
希望乘恰克尔出租车抵达。
他聪明的目光频频打量
那满是煤烟的门厅过道，
头上的扑克牌图案旗帜，
镲片磅秤等等乱七八糟。
我浴袍袖子硬硬的沾着蛋黄，
身上到处是冬天的面包残渣；
地板上散落的瓶子和蛋壳
我们见面时就在我们脚下。
他扑进我的怀抱我们亲吻，
我们哭泣就像重聚的兄弟。
他告诉我他找我找得好苦，
在其他人中间费尽了气力。
我双颊沾油，我双眼含泪，
他悲伤地把手搭在我肩上；

我们无奈看到各自的衰老
岁月带走了我们多少时光。

——贝娄

致塞缪尔·弗莱菲尔德

1950年7月12日，波西塔诺

亲爱的塞缪尔：

说流亡大概是挺傻的。我只是想说，在国外，人就是想要**离开**一个地方到了国外那种感觉，因为欧洲人的确都是有这种祖籍地的，朋友不提供支持了，还有别的东西提供支持，所以就不需要依靠意识或者记忆来证明存在并非偶然。不管怎么看，如果说我在流亡，那么你也一样，因为你离开了我。在你自己的客厅里，在物质的各种体现形式中流亡。

所以你看，我这人比较喜欢保持熟人关系。比如你爸爸和另外几个亲戚那种生动的形象每天都在我脑子里转。《奥吉》里就写了**和他们很像**的一些人物。你别去找也不需要去找你自己（看我是怎么把各种要素混在一起的），我用其他人代替了你。你看到我这部巨著大体上会很高兴的，这是很有面子的事，而且你知道你爸那么有钱，不会安于籍籍无名。你是个男子汉，大可随心所欲高高兴兴而不是生气嘛。

至于我们为什么要回来，是这样，这个地方形不成什么亲密关系，而我有很强的社会关系意识。法国人不属于鼓励亲密关系的那种人。意大利人倒是的，或者说看起来是，可是到了某一个点你觉得发展不下去了，那很可能是因为他们自己也不想继续了。另一方面，你可能会说："谁想要你那种臭烘烘的亲密关系呀？"还有"离我远点，你和你那种亲密关系"——那口气还带着几分义正词严呢。可这时周围就会出现很多迹象，让你想起旧日里重要的**关系**中那种深厚的相互联系，于是就想摆脱自我循环，回家去看看能做些什么事了。

非常爱你们大家。[……]

致蒙罗·恩格尔

1950年7月15日 ［波西塔诺］

亲爱的蒙罗——

纽约大学的事让艾萨克鼻子都气歪了？我的鼻子倒是有点歪。他让我感觉我挖了他在那儿的墙脚。如果影响到他，我还是可以退出的。可我怎么知道是不是影响到了他呢？我没法判断哪些事和他的利益有关。对我来说没有这种事。我只是不想挡他的路。不是出于友好的感情——现在我们之间没什么损失，他愿意变成陌生人，我过去不愿意，现在不那么反对了——而是因为，如果我必须为了生存和某个人去争，我更希望这是个我以前从来没有与其相争的人。①

我们就要离开波西塔诺了。知道这个地方吗？在阿马尔菲（Amalfi）附近。四千英尺高的山直降海湾，宽约八百码。一边是塞壬群岛（the Siren Islands），另一边是卡拉布里亚山脉（the Calabrian Mts.）。这些岛现在归莱奥尼德·马赛因②所有，偶尔会有俄罗斯女性来到波西塔诺，在贾科米诺（Giacomino's）咖啡馆里索要纸笔，写一些长长的不知什么东西。

为了避开炎热，我一大早就起来写《奥吉》，写了不少，这本书现在都四百页了，还没有结束的迹象。可能还得写这么多。然后呢：**该干吗了**？③

我了解［赫伯特·］戈尔德，很喜欢他。我看过他的一些作品，就是最近的那些，写得非常好，他寄给我的最后那部几乎是完美的。他说那是一个系列中的一部，我想他打算把这个系列叫作《经济生活》（*The Economic Life*）。你应该跟他要来看看。

很高兴听到吉恩·斯塔福德也就是奥利弗什么太太的消息。她寄给我一份结婚通告。离婚后这么快就结婚，真英勇。奥利弗·詹森④太太！刚想起来。如果能代我向她表示祝贺和感谢，告诉她我没忘她去德国的时候给了我两块钱，我会感激不尽！她最近在写什么东西吗？她可以写得非常不错的。我很看好她。

别的还有什么⑤？我还是居无定所。8月1日以后，巴黎的瓦诺街33号这个

---

① 这句话的意思不很明确。

② 莱奥尼德·马赛因（Léonide Massine，1896—1979），俄罗斯舞蹈家。

③ 原文是意大利语：che cosa faremo? ——原注

④ 奥利弗·詹森（Oliver Jensen，1914—2005），美国作家，《生活》杂志特约撰稿人。

⑤ 原文是法语：Quoi d'ailleurs? ——原注

地址仍然可用。

祝好。

致亨利·沃尔肯宁

［1950年7月17日］

亲爱的亨利——

今天是星期一。我们星期四也就是20号离开波西塔诺，去罗马、锡耶纳、佛罗伦萨、都灵、格勒诺布尔[①]和巴黎。到巴黎是8月1日。我们应该是29日启航。我加上应该这个词是因为，在这个小城里看到一张五天前的报纸上有关朝鲜的消息，我不知道29日如果我们没有进拘留营会怎么样。[……]

我们在巴黎的地址还是瓦诺街33号。

希望你的夏天也很愉快，和我的差不多。不可能完全一样，因为我看到的报纸都是过时的，而你看的是《纽约时报》和所有适于发现后随即刊印的真相[②]。

我会穷困潦倒，在一个大桶里看我的，我想是用手电筒照明。

祝一切都好！

6月25日，朝鲜军队越过三八线进入韩国，引发了一场国际危机，导致三年的战争。

致亨利·沃尔肯宁

1950年8月21日［巴黎］

亲爱的亨利——

今天是8月[③]21日，29日我们启航，9月4日到纽约附近[④]。安妮塔和孩子继

① 锡耶纳（Siena）、都灵（Turin）是意大利城市，格勒诺布尔（Grenoble）是法国东南部城市。

②《纽约时报》宣称自己的新闻方针是刊登All the News That's Fit to Print（所有适于刊印的新闻）。

③ 原文是法语词août。

④ 原文是法语词environ。

续走，去芝加哥，几天后我也去，到家里去看看。

以游客**浮光掠影**[①]的眼光来看，巴黎是越来越好。我断断续续地一直在写，大概有四百页书稿可以拿给维京看了。我还是认为按情节发展在某个自然的地方停下来先出版一卷是个不错的主意。其余部分我有个庞大的计划，谁知道在我们陷入困境之前还有没有时间来完成这个计划呢。

俄国人现在可以**无偿**[②]拥有欧洲了，什么代价都不用付出——只要喊叫就行。我觉得他们不会放过这个机会。**回头见**[③]。

① 原文是法语：les yeux passagers。——原注

② 原文是法语：à l'oeil。

③ 原文是法语：à bientôt。

1951 年

致赫伯特·麦克洛斯基

［未注日期］［纽约，皇后区］

亲爱的赫布——

我从珍妮（Jenny）那里得到你的消息，她是个快乐的翻译，我愿意相信她。你要去加利福尼亚，盖个房子，把你的书写完，米琪和孩子们都很好。听起来你很幸运啊。

我生活中唯一简单的事情就是《奥吉》。其他的事都很复杂，像故意捣蛋一样，或许还一件勾着一件。连《奥吉》现在走得也慢了，他以前的成功可全靠速度快。第一卷快写完了。维京正在考虑把这本书分两部分出版，我跟你说过没有？

我在美国现代语言学协会的会上见到萨姆·蒙克了。他说明大暂时没有我可做的事。你们真的因为菲德勒[1]的事闹翻了吗？你不应该。萨姆对菲德勒发表的一些东西感到不满是有道理的。

顺便说一下，萨姆今年夏天会到哥伦比亚大学教书。

图明音讯全无。我上次见到他是在巴黎。在那儿交朋友对他来说是件很方便的事。在这儿他只和［拉尔夫·］罗斯[2]见面，一次电话也没给我打过。也许他怕别人跟他要钱。去他的吧！他不已经是普林斯顿大学的教授了吗？得提防穷作家呀。他自己是个偷偷摸摸的作家，也许他认为我应该为我的厚脸皮付出代价。还有呢，他老是担心我会写他，而且把他写得很糟糕。神圣而全能的上帝啊，为什么聪明人成了放射科的医生而研究人类的却是瞎子！？［……］顺便说一句，我有一篇关于智力的长篇大论，很快要在《哈德逊评论》上发表了。

① 疑指莱斯利·菲德勒。

② 拉尔夫·吉尔伯特·罗斯（Ralph Gilbert Ross，1911—　），美国哲学家。

《哈德逊评论》可是摩根家族资助的[①]（每个字两分钱），它再给我来几次这样的金融打击，我就得去兵工厂工作了。今天早上我看了杜鲁门关于人力资源的一些说法。我可以想象自己在办公室门口排队。排在我前面的某个人是在科帕卡巴纳[②]工作的？很好！给丫头们穿上外套，给超人涂上颜色。非常好，全部豁免。然后轮到我：

“你是干什么的？”

“作家。”

“给《读者文摘》《红书》[③]《高贵的野蛮人》《轻松故事》[④]《蚤咬报》[⑤]写文章的？”

“就这种吧，写过不少。”

“那就周五在匹兹堡（Pittsburgh）向地狱铰链公司报到。带上你自己的镣铐。”

致以最深的爱。

致赫伯特·麦克洛斯基

1951年1月30日，纽约，皇后区

亲爱的赫布，

谢谢你付出的努力，谢谢你的提议。我知道你和米琪是我在世界上最好的朋友，如果我需要钱，可又没法从一个生活更宽裕的人那里借到钱，我会毫不犹豫地请求贷款。不过我可以找我父亲，他有很多钱，我还可以找［阿瑟·］利多夫[⑥]，他也有钱了，很乐意给我几百块。真的，我现在不需要了，已经够了。等夏天过了一半的时候，如果我不休息，会需要一些钱。不过总会有办法的。我已经对付着过了很久了。将近三年的时间我都可以用来写作，用来承受个人的悲伤，更不用说经历巨大的快乐了。可以想象，我还能过得去。我已经向洛克菲勒基金

---

① 这应是贝娄的调侃。《哈德逊评论》的三位创办人里有一位叫乔治·弗雷德里克·摩根（George Frederick Morgan，1922—2004），是个诗人，长期担任这家季刊的编辑，虽然家庭背景也是商人（做肥皂生意），但这家杂志和以金融资本发家的摩根家族没有什么联系。

② 即巴西里约热内卢的科帕卡巴纳海滩（Copacabana），下文中的“丫头们（chicklets）”指身穿比基尼的姑娘。

③《红书》（*Red-book*），美国女性杂志，月刊，创办于1903年。

④《轻松故事》（*Breezy Stories*），美国月刊，创办于1915年。

⑤ 原文是Fleabite Gazette，疑为贝娄杜撰。

⑥ 阿瑟·赫舍尔·利多夫（Arthur Herschel Lidov，1917— ），美国画家，雕塑家。

会提出资助申请，通过的可能还是比较大的。[……]

冬天的各种病开始攻击我们了。先是有一种病毒感染，然后是流行性感冒。我得了场重感冒，青霉素反应加重了病情。我只有一天没躺在床上——卧床将近一个星期，两个学期之间的空档里也这样，我本来打算做很多事的。还有我的烟也给禁了。是永久戒烟啊，我再也不能抽烟斗和雪茄了，连一支香烟都不行。所以我准备把我的几只烟斗给你寄去，你和保罗分了吧。[……]

真是活见鬼！我估计差不多人人都成了某种类型的作家了吧，这么一来，评判你作品的就只能是这些包装成哲学家、社会学家甚至革命家的秘密小说家了。我告诉你，十有八九马克斯·沙赫特曼写过一本布里奇曼会议（Bridgman convention）之类的小说 [……]

致约翰·莱曼

［未注日期］［皇后区］

这鬼家伙，写的这叫什么信啊！真是闻所未闻。只字不提这部小说的质量。你要是看了《奥吉》以后只会说你对我“评价甚高”，别的话没了，那我就根本不想让你来出这本书。我不是要卖给你一件商品。你的态度让我愤怒。你要么就是完全缺乏品位和判断力，要么就是对预付稿费谨慎过头了。好吧，请允许我再一次而且是最后一次把这一点说清楚：你出不出这本小说对我来说屁的影响都没有。你已经看了三分之二，我绝对不会给你再寄去一页稿子了。你不要这本书，就把手稿还给维京。

诗人出版商约翰·莱曼（1907—1987）出版了极具影响力的杂志《新写作》(即后来的《企鹅新写作》[*Penguin New Writing*])，并于1946年创办了约翰·莱曼有限公司（John Lehmann Limited），贝娄、汤姆·岗恩①、洛瑞·李②、伊丽莎白·戴维③等人的书都曾在其名下出版。

① 汤姆·岗恩（Thom Gunn，1929—2004），本名汤姆森·威廉·岗恩（Thomson William Gunn），英裔美国诗人。
② 洛瑞·李（Laurie Lee，1914—1997），英国诗人。
③ 伊丽莎白·戴维（Elizabeth David，1913—1992），英国烹饪书籍作家。

致约翰·莱曼

1951年7月19日［皇后区］

亲爱的约翰：

你的信就放在我面前。

有一处写着："你说……你还是想按原来的打算把这部巨著分成两个部分……"；另一处说："你其实是给我们出了个很棘手的难题，不过你也知道，我们对你评价甚高，非常希望这项工作最终不会超出我们的能力范围。"

现在我知道了，在近年出版的小说里你没见过像我的书这样的作品。我一直在看这些书，我知道这些书怎么样。大部分装腔作势，要么就空洞无物，平庸而且拙劣。我当时肯定是觉得看了《奥吉》会对你有些影响。你自己也承认，手稿你差不多都看完了，可你对稿子却没什么可说的。你很冷静，不过是公事公办，你一副屈尊俯就的施舍架势，让我上火。在伦敦，你让我感觉到或者说想让我感觉到你出版我的小说是给了我天大的人情。在《奥吉》这件事上，我绝不会再让人迫使我有了这种感觉。没有这个该死的必要。

我和金兹伯格讨论过这件事，他把决定权留给了我。我想，发了一通脾气之后，我这方面已经把话说清楚了。如果你还想出这本书，我会很高兴看到书上印有贵公司的名称。手稿现在的长度是六百页，按目前计算，我还要再写两百页。故事情节没有真正中断。中断都是随意的。你要的五十页绝对无法把这一卷的故事写完，因为他们又开始了一个行动，要再写两百页才能结束。

我知道这会给你带来一些难题，但是我不想只听到你说这些难题。至于把你当推销员对待，我认为你误解了。一个推销员对我的书有什么看法对我不会有任何影响。

谨致敬意。

致赫伯特·麦克洛斯基

［未注日期］［皇后区］

亲爱的赫布：

你的信让我心情愉快，原因多多。我把这封信放在书桌上，和各种必要的护身符放在一起，经常看看。我就知道你和米琪是靠得住的，你对我那么宽容大度。但愿读者也是这样。

我知道人们是多么习惯于缺乏耐心，也知道他们是多么难以付出关注。你真该看看图明读过《奥吉》之后给我写的那封信。也许你对他在普林斯顿的感受有所耳闻。我想是太多的社会学分析和文学分析把他的能力玩残了，就像很多其他人看书的结果一样。这真是让我困惑不已。但是要指望人们从自己的感觉中走出来的确是要求太高。尽管我希望这本书能起到一些革命性的作用，其中之一即是强迫人们脱离自己的感觉，看清习以为常的沉疴所在——不是治好，那不是文学的任务。弗莱菲尔德的反应和梅尔①差不多。我原来的想法是，人们希望呈现出一个我们对其存在和烦恼感觉最为强烈的世界，到其他地方去是为了寻找更为超脱的存在和美（去那个旧世界），这就把我们自己放在了一个错误的位置上，因为我们富于感性的内心当然和我们自己的体验不可分割。但是有些人似乎并不希望如此。

不过我还是接着说吧。我工作速度很快，我想这是显而易见的。但是这本书特别长。有些日子我感觉压力很大。我觉得一本很长的书内容的密度绝不应该如此之高，这太累人了。但是奥吉要面对的事情很多，我不能偷工减料。手稿已经有四百来页了，我相信这才只是一半。维京想要我先出这一半，我一直在考虑。至少有个原因是，[朝鲜] 战争有可能把一切都打乱。可这要真是成了事实，我可能永远都不会写这样一本书。不管怎么说，赫布，等你到东部来的时候，我会有一大堆东西要给你看，我希望你来。

我感谢纽约大学给了我这份工作，因为这么一来我的日子就自由了。要是税后所得比两千稍多一点，我一定毫无怨言。我希望靠写作再多挣一千左右。到目前为止，我在《党派评论》和《评论》都有所斩获。但是不知道我能不能到明大暑期班去教一门创意写作课。两年前我教过一个学期，他们付给我大概八百块。现在我年资稍长，你觉得他们会不会再多给我一点？[……] 皇后区是个生活成本非常高的地方。小格②在学校有一半的奖学金，但学费还是和 1933 年芝加哥的学

① 即梅尔文·图明。
② 贝娄的儿子格雷格。

费一样高。我肯定可以到俄亥俄去度暑假，要是能和你作伴度假我更高兴。也就是说，如果你也去那儿就好了。你的计划是什么？假期以前就是看你那本俄文书的校样吗？[……]

瑞德·沃伦[①]这一年算是在曼哈顿安顿下来了，我们见到了他、艾萨克、保罗，还有《党派评论》的几个人。艾萨克比我更拮据，他也在纽约以外的地方找工作。如果他去明大，罗斯也许会给他个工作。

[……] 我已经告诉《评论》给你寄去一份我的短篇［《寻找格林先生》］。

向全家人问好。

① 即罗伯特·佩恩·沃伦。

1952 年

致伊丽莎白·艾姆斯（Elizabeth Ames）

［未注日期］

亲爱的艾姆斯小姐——

我曾多次向您推荐作家。这次是为我自己写信。今年夏天我很想来雅都住上几个星期，如果您能给我一个安静的房间，让我把一部写了很长时间的小说写完，我将不胜感激。这部小说已经接近完成。

我想 6 月 15 日来，住两个星期。也许我申请得太晚了。希望不是这样。

我可以提议格兰维尔·希克斯[1]先生、艾尔弗雷德·卡津先生和保罗·米拉诺先生作保荐人。

谨致问候。

伊丽莎白·艾姆斯（1885—1977）1926 年至 1971 年担任纽约萨拉托加泉著名艺术家聚居地雅都的主管[2]。

致赫伯特·麦克洛斯基

1952 年 3 月 20 日 ［纽约市］

亲爱的赫布：

［……］也许我们还可以在芝加哥见面。当然了，我不会把所有的时间都花在我父亲身上。我哪有那个本事啊？十分钟以后，唉，就没什么可说的了。然后我就得在旁边待命，我要是打破这种沉默他就生气。可我开始崩溃了，不得不拯救

---

① 格兰维尔·希克斯（Granville Hicks，1901—1982），美国作家，文学批评家，编辑。

② 伊丽莎白·艾姆斯 1924 年即开始主管雅都，1968 年退休。

自己。

长话短说，我4日（星期五）到芝加哥。当天晚上就得走，这样星期天晚上才能到西雅图（我得查一下全部的日程）。所以如果你3日离开明尼阿波利斯，在芝加哥停一下会是个不错的安排，然后4月30日在明尼阿波利斯我还会见到你。

问候米琪和孩子们。

我不知道米内塔街17号有多认真，我正在调查。但是必须搞清楚。去年11月搬到这里的时候我就认为自己离婚了。现在我只是觉得自己很平静。你到东部来如果有时间，建议你再去看看安妮塔和格雷格。

致莱昂纳尔·特里林

1952年6月23日，纽约，萨拉托加泉

亲爱的莱昂纳尔：

［……］我很少看《纽约时报》。对我来说，知道有这么一份报，每天都出，特别是星期天也出，这就够了。不过经你推荐，我看了戴安娜的那篇。还有［约翰·］奥尔德里奇[①]的连载。我敢肯定，你不需要先知的能力，就能看出我最不能认同的事情。大部分现代小说都很差劲吗？毫无疑问。可这就像是在说存在着残缺啊，存在着一个不完整的世界啊。比以前更残缺更不完整吗？这也许是这个世界自己的秘密。真的，过去一向怎样，现在就是怎样，对这一点感到失望是极其肤浅的。我们可能不够坚强，没法活在当下。可是却对当下失望！要和一个更为美好的过去认同！不对，不对！

我在给埃里森写的书评里（题为《地下的人》[②]，刊于《评论》）谈到无聊。确实是，有一种严重的疾病，很古老，现在由于我们人数众多而大为膨胀了。人讨厌人，人公开说人是多余的，在内心里说自己是多余的。“可是，”有些人说，“没有哪个社会赋予我们自身的价值，让我们具有重要意义。”这就是说，人的心本身并不是重要意义的起源和位置。而确定事实**就是**如此，竭尽全力去证明和说明这

① 约翰·奥尔德里奇（John Aldridge，1922—2007），美国作家，文学批评家，学者。

②《地下的人》（*Man Underground*），评拉尔夫·埃里森的《隐形人》。

个事实，这就是现在作家的工作和职责，这也应该是评论家的工作和职责。

好像没有《纽约时报》和奥尔德里奇这摊子事星期天就太好过了一样。

顺致最美好的祝愿。

致伊丽莎白·艾姆斯

1952年7月28日［纽约市］

亲爱的艾姆斯小姐——

我要再次感谢雅都的盛情款待和您的好意。

当时我亟需这两周的时间来调整自己，找到正确的方向。

市区很热。有的地方更热（他们跟我说的），但这里的热已经是我的极限了。

谨此致谢。

致伯纳德·马拉默德

1952年7月28日，纽约

亲爱的伯纳德·马拉默德，

我以极大的乐趣读了《天赋》[①]。书中每一页都可以看出一个真正的作家所具有的头脑和触觉。这些迹象明确无误，发现了总是令人兴奋。

你的短篇《账单》(*The Loan*) 也给我留下了深刻印象。故事里有一个哈代式的转折，我特别赞成。

祝你成功，万事如意。

致赫伯特和米琪·麦克洛斯基

［邮戳标识为1952年9月10日，新泽西，普林斯顿］

你们都好吗？贝娄全家生龙活虎，茁壮成长。问艾萨克好。我嘛，这个星期

① 这是马拉默德1952年首次出版的小说，书名原文是 *The Natural*，因为故事写的是一个棒球神童，所以又译为《天生好手》。

我把放着《奥吉》的腌菜玻璃罐拧上了盖子，准备和宇宙再玩一次躲猫猫。

灵魂状态好多了。两天就完了，非常遗憾。

爱你们。

致罗伯特·佩恩·沃伦

［邮戳标识为 1952 年 10 月 27 日，新泽西，普林斯顿］

亲爱的瑞德：

什么时候见见你就好了。我现在空闲多了，《奥吉》已经接近完成。书暂时还出不来。春季出版期错过了。不过大局已定。

所以你要是在纽约哪个周末有社交活动，我可以到什么地方去看看你吗？

我在找你那首长诗的出版公告。你写完了吗？什么时候出版？

《奥吉》的后一半我写得很艰难。我想我是屈服于一个可怕的东西了，我警告过大家要提防它的，这就是——严肃。最后我不得不扔掉了大概两百页的稿子，重写了一遍。我原来的口号是“要么轻松，要么不写”，可我忘了。总想把分量最重的那句话说出来。这句话要么已经明明白白地写在我们脑门上了，要么根本就没有。当然了，我说的是我自己的和奥吉的脑门。

希望你过一个美好的夏天。

沃伦的长诗是《诸龙的兄弟：多声叙事诗》(*Brother to Dragons*: *A Tale in Verse and Voices*)，于次年出版。

致亨利·沃尔肯宁

1952 年 11 月 10 日，普林斯顿

亲爱的亨利：

我上星期四用特快把手稿寄给［《纽约客》的］怀特太太了，如果她在纽约的话，星期五就收到了，你应该随时都可能得到她的消息。

我正在修改《奥吉》第二十一章。一共是二十六章。所以这个月我就解放了。

然后有一个部分，我会特别为你们整理出来，维京那里根本就没有。我想，如果我把我的情况告诉帕特［·科维奇］[1]，我也许能做一笔更好的交易，可那样的话我就得和他详谈。这是我最不擅长的事了。

先锋的支票来了，非常感谢你。你知道万物起源于什么？爱情，亨利。现在你应该明白这一点了。只不过和爱结婚的是恨，对吧！要知道，一个新的神话理应诸事顺遂。两难心态是他们幼小的女儿，生活在超我的岸边，等等。

再叙[2]。

蒙罗·恩格尔离开维京之后，帕斯卡尔·阿夫拉姆·科维奇（1885—1964）成为贝娄的编辑，他编辑过约翰·斯坦贝克的《愤怒的葡萄》（*The Grapes of Wrath*）和《伊甸园之东》（*East of Eden*）。

致塞缪尔·弗莱菲尔德

1952年12月28日，普林斯顿

亲爱的萨姆：

谢谢你的回复。那些唱片是我12月1日订购的，早就该到了。后来我又发了封信去催，这几天应该来了。我买唱片是想送给你过生日。别骂我，这里面别有一番意味，想起有一种爱自童年起就存在着，没有变过，心里突然很难受。我对你的爱，我从亲兄弟那里都从来没有得到过。

我给奥斯卡写过信了。真是太不走运。他好些了吗？还在住院？

我也是刚刚出院。我得的是病毒性肺炎，或者什么类似的倒霉玩意儿。我体力很差。那本书让我精疲力尽，耗剩下的那一点让安妮塔拿走了。

情况很糟糕。她那种毫不通融的冷漠把我赶了出来，原因仅此而已。我尽了最大的努力想留下来，可我经常感到，无论是走还是留，我都会死。所以我想选择更有勇气或者说至少不那么丢人的死法。

---

① 即帕斯卡尔·科维奇，帕特（Pat）是帕斯卡尔的昵称。

② 原文为拉丁语：Vale，意为“再见”。

新年将到，预祝快乐！请向罗谢尔也向朱迪和苏茜转达我的爱。上帝保佑你们大家。

致戴维·戈尔德克诺夫①

［未注日期］［普林斯顿］

亲爱的戴维：

我匆匆忙忙地给伊丽莎白·艾姆斯寄去一封信，希望她给你发一份请帖。坦率地说，你申请成功对我个人有好处。我可能7月份去雅都，这个可能性还很大，所以我想确定至少有一个熟人在那儿。艾姆斯小姐本人是个善良和气的人，但是她的名单上爬满了向她讨好的小虫子。也许这不全是她的错，而是“文艺圈”的现状。不管怎么说，那个庄园里的冒牌货总是比虻虫还多，会钻进你头发里去的。

希望这几天能有机会见到你。我周末都到纽约城里去，大部分时间和我儿子在一起。我们经常去动物园，或者去自然历史博物馆。你家里要是有野生动物或者印第安人布娃娃，他会很乐意来，我也会很高兴把他带来。

顺致最美好的祝愿。

① 戴维·戈尔德克诺夫（David Goldknopf，1918—2015？），美国作家。

1953年

致罗伯特·佩恩·沃伦

1953年1月7日，普林斯顿

亲爱的瑞德——

祝你们俩长命百岁，幸福美满。

最近有空见面吗？你大概很快就要去欧洲了吧。你走之前也许我们可以喝上一杯。

阿尔伯特［·厄斯金］告诉我你的诗写完了。希望不久能读到。《奥吉》完成了，谢天谢地。

顺致最美好的祝愿。

沃伦刚刚和作家埃莉诺·克拉克结婚。阿尔伯特·厄斯金是他在兰登书屋（Random House）的编辑。

致约翰·西蒙·古根海姆纪念基金会

1953年1月20日，新泽西，普林斯顿

基金候选人保密报告

候选人姓名：伯纳德·马拉默德

伯纳德·马拉默德先生在我心目中是詹·法·鲍尔斯进入文坛以来为数极少的几位一流作家之一。我十分确信他会成为一位重要的小说家。他具备所有的先决条件：明确的个人风格、情感资源、对人物的理解、戏剧感和智慧。他明白当今富有想象力的作家担负着什么样的任务。对这些任务无所畏惧本身就是一种英雄主义的表现。在我看来，想象力在美国生活中的威望不断下降已经有很长时间了。我说的是诗意的想象。劣等想象力蓬勃发展，而诗意想象力的声望却比以往任何时候都要低。也许这是因为，现在比以往任何时候都更缺乏空间可以留给那些个人的、宽广的、无需焦虑的、自由的东西，或者说留给即兴的、散乱的、自发的元素，而这些元素就是诗意想象的源泉。马拉默德这样的作家没有通过加入流派或者与流行趣味及潮流认同的方式来寻求自我保护，美国文学的未来正是取决于他们。当今写作面临的最大威胁来自因循守旧。艺术是艺术家的语言，是个体的语言，艺术验证了个体说话的力量，也验证了其他个体倾听和理解的力量。

缺乏想象力的评论家对马拉默德先生的小说《天赋》提出批评，说这本书讲的不是真实的棒球运动员，他们完全没有意识到这是个讲富有天赋者的寓言，是冠军的神话。我绝对相信马拉默德先生有能力让人理解他。若能得知他获得了古根海姆基金，我会非常高兴。

致奥斯卡·塔科夫

1953年3月9日，普林斯顿

亲爱的奥斯卡：

听到你的好消息以后，很为你高兴。要不是我身体整个儿垮掉，我当时就会写信跟你说了。不过我相信你知道我对这种事的感受，我也知道你能理解人有的时候特别需要哪怕是一丁点力量来克服每天都会遇到的障碍，而且只能过一天看一天。现在我好多了。不瞒你说，我那时非常绝望，都快要死了。现在情况大有好转。我现在可以正常睡觉、吃饭、做各种事，看起来正在康复。

我原打算春假期间4月初到芝加哥来，可我老爹那个时候不在，所以我可能会6月份，月底前吧，和格雷格一起回去。这次去芝加哥以后，可能有段时间不会回去了，因为等《奥吉》出版了，人们会拿着斧子找我算账的。出版日期定在劳工节之后。拿到钱我就去欧洲避风头。可我还没拿到呢。所以9月初我可能还在本宁顿学院教书。

格雷格的情绪不像你可能以为的那样受影响。他知道父母有多么爱他。他没有被我抛弃的感觉，实际上我们的关系从来没有像现在这样亲近。我对他的爱也从来没有像现在这样强烈。

等你的书出版了，没说的，我一定给你写书评。这是个多好的消息啊，奥斯卡。我知道以后高兴极了。

向全家转达我最深的爱。

塔科夫的第一部小说《为我的怪物喝彩》(*Bravo My Monster*）计划于秋季由莱格尼里[1]出版。

致小詹姆斯·赫·凯斯[2]

1953年6月6日

亲爱的凯斯院长：

我愿意接受任命，于1953～1954学年在巴德学院担任英语助理教授，年薪四千五百元。

我计划下周找个时间去巴德安排住房，同时和教务主任商讨任课日程的具体安排。

谨致敬意。

致亨利·沃尔肯宁

1953年8月25日

亲爱的亨利——

我对这些事知道什么？难道迪尔姆伊德［·拉塞尔］不比我懂得多，哪怕我做过点研究？《奥吉》出版以后，会引发一场大爆炸，连英国人都能听见。我认为我们不应该害怕贫民作坊。如果［安德烈·］多伊奇[3]是个英国的先锋出版社，我会拒绝。可如果多伊奇他们首印量大，书做得整洁好看，还做广告，那还有什么说的，我不反对。

---

① 全名为莱格尼里出版公司（Regnery Publishing），又译维真瑞出版社，位于美国华盛顿特区。

② 小詹姆斯·赫伯特·凯斯（James Herbert Case，Jr.，1906—1965），1950年至1960年任巴德学院院长。

③ 安德烈·多伊奇（André Deutsch，1917—2000），生于奥匈帝国的犹太人，英国出版商，1952年创立安德烈·多伊奇有限公司（André Deutsch Limited）。

亨利，你看是这样：你会把你的女儿嫁给第一个求婚的人吗？这本书，老兄，就是我的一个孩子。

别只看数字，还要了解一下多伊奇的意图。

天啊！这个你该知道的嘛！！！

发自深更半夜的衷心问候。

致凯瑟琳·萨金特·安杰尔·怀特

1953年9月25日，纽约，巴里敦

亲爱的怀特太太：

您是《纽约客》的编辑，我想向您指出，［安东尼·］韦斯特[1]先生对《奥吉》的评论是不光彩的。韦斯特先生有权不喜欢我的书，这是批评家的一种特权，任何理智的作家都不会否认这一点。但是韦斯特先生毫无根据地把我说成新批评的信徒，他臆造出一部疯狂的象征主义小说，对其予以攻击，而他的攻击对象和他拿到的那一本毫无共同之处。写这本书的时候，我根本没有什么象征的目标。韦斯特先生出于自己的混乱、轻率和迂腐，给我强加了很多东西，那些东西和我之间的距离就像月亮那样遥远。"西蒙"和"买卖圣职"[2]，老鹰和"生殖力"，"性"和"文化"——说实在的，这也太过分了！我觉得为了我的精神健康起见不给你写信不行了。但愿只有我的精神健康受到威胁而你的读者安然无虞。

谨致问候。

致帕斯卡尔·科维奇

1953年9月25日，巴里敦

亲爱的帕特——

谢谢［哈维·］斯威多斯的评论。很高兴看到他和我们的感觉一样。安·韦

---

① 安东尼·韦斯特（Anthony West，1914—1987），英国作家，文学批评家。

②《圣经·新约·使徒行传》（*The Bible: The New Testament Acts of the Apostles*）中有谴责买卖圣职行为的记述，这种行为又称为"西蒙尼（simony）"，因涉事者名叫西蒙·马古斯（Simon Magus）或称"行邪术的西蒙"。

斯特是另一种颜色的杂种[①]。我觉得我理应抗议对《奥吉》做如此可怕的歪曲，就给怀特太太写了信，说明我不是新批评和象征主义的追随者，韦斯特攻击的那本愚蠢的惊人之作，是他用自己那个愚蠢而混乱的头脑臆造出来的。[……]

祝好。

《纽约时报》上的广告很漂亮。

致莱昂纳尔·特里林

1953年10月11日，纽约，巴里敦

亲爱的莱昂纳尔：

我不止一次想给你写封信表示感谢。我知道我的书取得成功，你的贡献不小。我还要感谢你的精神支持——你阅读的智慧。在你目力所及范围之内，我可能不是最客观的评判者，但我还是认为你的文章很精彩。看了后来许多对《奥吉》的评论以后，我就更加欣赏你的评论了。我最欣赏的是你的公正意识，因为我知道这本书一定在某些方面冒犯了你。

那天备课的时候看爱默生[②]的《超验主义者》[③]，看到一段文字讲清高的超验主义者与世俗活动之间遥不可及的距离，由此想到我们之间的一个差异。这段话是这样的：

“我们因无所作为而痛苦。我们死于静息和锈蚀，但我们不喜欢你的工作。”

“那么，”世界说，“让我看看你们自己的世界吧。”

“我们没有。”

“那你们打算做什么？”世界喊道。

“我们会等待。”

“等多久？”

① 原文是意第绪语：mamzer。——原注

② 拉尔夫·沃尔多·爱默生（Ralph Waldo Emerson，1803—1882），美国思想家，作家，诗人。

③《超验主义者》（*The Transcendentalist*）是爱默生1842年1月在波士顿共济会发表的演说。

“等到宇宙召唤我们，叫我们去工作。”

“可是你们等待的时候，就会变老，变得无用。”

“随便吧；我可以坐在角落里**死去**（如你所说），但是没有最高层的命令，我不会动……你所谓的那些高尚计划我不感兴趣。如果我不能工作，至少我不需要说谎……”

如此这般。而这种态度（你会称之为“内在的方向感”吗？）就是渗进我的喜剧中去的那种东西。并不是说《奥吉》抗拒一切有用的事，那会让他成为一个流浪汉；要是有人叫我去写流浪汉的故事，我会毫不犹豫地去写，而《奥吉》不属此类。我脑子里一直想的是我认识的一些最出色的年轻人。正是一些最优秀、最善良、最富有天赋的人，发现奥吉最合他们的心意。无论是追名逐利的人、寄生虫、重婚者、造假的骗子还是更差劲的人，大多数人都缺乏他那种相当天真的单纯，只是一心要达到自己的目的。他们抵达的层次存在着一种很固执的怀疑，觉得社会用不上他们的能力。我想如果你意识到了他们强烈的消极情绪，你可能就会对我的“宣传”持另一种观点了。爱另一个人，真诚地去爱，就是在开始做一件有用的事，我想说的就是这个意思。我大概是没有［把我的观点］表达得很有说服力。也许这需要一种智慧，这种智慧我还运用不好。对另一种智慧我很满意，就是想象的智慧。也就是说，我会很满意的，只不过有的时候要是不越界进入其他类型的智慧，想象就行之不远。

随着评论越来越多，让我吃惊不小的是，在什么是常态这个问题上出现了混乱不堪的分歧。真是五光十色！时代大厦第五十层的作家们满怀信心地与**民意**①对话，告诉我们什么是美国生活中的规范。那场面太古怪了。对常态众说纷纭，莫衷一是。从中或许能得出某种社会学原则：在一群人的日常生活充满惊讶、奇迹、不可思议之事的时候，个体的生活相对乏味（过度刺激导致的感觉过敏紊乱造成的自然反应），混乱和分歧越严重，“常态”的代言人就越多。［……］

关于我对主角的处理，你的看法里有很多精彩的见解（老鹰是反主角②这一点我没想到），但我自己更在意的是嘲讽有关规范的争论。

---

① 原文是拉丁语：vox populi。

② 反主角（anti-hero）又称为反英雄，是文论中的一个概念，一般指反传统的主要正面角色。

不过总体来说，我并没有多少刻意的构思。我几乎无法理解韦斯特先生那一番什么符号系统的评论。离开名著公司[1]以后，我都忘了“西蒙尼”[2]是什么意思了。

好了，这些事都挺有趣的，最让我觉得神奇的是这本书的销量。这一点我可绝对没想到。这个世界是个神秘的地方。

谨致敬意。

特里林在《喜剧视野的一小胜利》(*A Triumph of the Comic View*)中对《奥吉》给予很高的评价，该文发表于读者订阅通讯《狮鹫》(*The Griffin*)。

致塞缪尔·弗莱菲尔德

1953年10月19日，巴里敦

亲爱的萨姆，

你和我父亲谈话的时候你的做法很对。我不知道有谁能打动我父亲，除了改变他的性格，而这是任何人都办不到的。所以，无论你说了什么，你说的都是自己的心里话，都是为了公平正义，可实际效果我觉得应该是没有的。至于我自己，我尽量不对此心存抱怨，接到你的来信之前我已经给他回过信了。我看不出来有什么理由不老实对待过去我父亲身上那些可敬的东西，而其余的那些，我尽了最大的努力予以谅解。我要是你，就不会为这种事心烦。这世界早就开始变得宽容大度了，我父亲现在才开始，这太像他的所为了。我新晋的名气给他留下了深刻印象，这本书的销量把这个印象又加深了一层。我是想让他觉得时间还长着呢。

我完全想象得出你对《奥吉》的感觉。我自己对这本书的感觉是比我以往出的书都要好，因为我能意识到这里面有多少是合情合理的，而且你了解这些事的来龙去脉，你看了高兴我就非常满足了。我觉得我是把那些不应该埋没的东西展示出来了，正因为如此，这本书既是为我自己写的，也是为你写的。个人特点全

---

① 原文是 Great Books Inc.，疑指大英百科全书出版公司（Encyclopædia Britannica，Inc.），因贝娄1943年曾在那里兼职，而该公司1952年出版了一套54卷本的《西方名著》(*Great Books of the Western World*)丛书。

② 见贝娄1953年9月25日致怀特太太信脚注。

都有根有据。你要是看不出来，我就会觉得自己写错了。[……]

至于奥斯卡的书嘛，我已经给《星期六评论》写好了书评。希望有点用。

祝好。

致艾尔弗雷德·卡津

1953年10月22日，巴里敦

亲爱的艾尔弗雷德——

[……]我也不知道对这些评论怎么看。除了说这些评论者是奥吉·马奇式的评论者之外，还有什么可说的呢？这种人的状况让我想出了一个新词："低度严肃"。喜剧是犯规行为——还没看出喜剧在哪儿呢——可喜剧不是犯规行为啊。在低度严肃的状态下，没人笑，除非给出暗示，然后就有人一脸严肃地问了："现在说吧，为什么这个时候笑是恰当的？"随即柏格森①、弗洛伊德、但丁、查理·卓别林②上场，每人都拿着一筐石头。这些石头堆在我们胸前，形成一个巨大的石堆纪念碑，就是这样。

安·韦斯特就是个拙劣的小说家，把《奥吉》以某种说不出来的方式给改写了，这真是骇人听闻。司汤达说糟糕的品位会导致犯罪。谁会怀疑这一点呢？怀特太太和威廉·肖恩③都目瞪口呆。可安·韦斯特到底是谁养出来的孩子呢？

我觉得自己的恶念就要上升了，所以就此打住，爱意充盈。

致莱斯利·菲德勒

1953年10月25日，纽约，巴里敦

亲爱的莱斯利，

想到我们从来没有通过信，真有点古怪。这件事相当一部分责任（如果有责任可言的话）在我。我常纳闷自己为什么那么不愿意写信。过去总觉得是因为自

① 亨利·路易·柏格森（Henri-Louis Bergson，1859—1941），法国哲学家，强调生命意识和直觉。

② 查理·卓别林（Charlie Chaplin，1889—1977），英国喜剧演员，默片时代电影大师。

③ 威廉·肖恩（William [Wm.] Shawn，1907—1992）从1952年至1987年在《纽约客》杂志任编辑。

已精力不足，可现在说这个已经太晚了。我想这是因为我有很多话是说给自己的，这是个无论如何都得不偿失的习惯。现在我开始写了，竟发现给你写信十分轻松。也许你是上帝指派和我通信的人之一吧。

我很高兴你喜欢《奥吉》。写这本书给了我很大的乐趣，感觉自己有逗乐的天赋真是太好了。当然并不是人人都觉得有趣。这本书有很多不足，人也是几乎都有缺点嘛。尽管我一直认为人们是很难取悦的，但是看到有多少人饱受低度严肃之苦，我还是感到震惊。我最近很喜欢用低度严肃这个词来描述有深度的读者那种“认真”劲儿。人们怎么会这么冷静？如果幽默作家也认为有必要当个先知，那我们就已经陷得很深了。我自己当然也有些低度严肃，可我是把这视为一种祸害的。我不是天生的先知。

这本书的最后三分之一是在十分艰难的状况下写的。分居后我痛苦不堪，现在仍然如此。我当时真是无可选择。后半辈子我没法和［安妮塔］一起过了。和我同住对她也不好。至于格雷格，我觉得我们离婚会给他造成痛苦，但是可能不像我父母“良好的”家庭生活给我带来的痛苦那样大。我爱格雷格，知道怎样让他感受到我的爱。他受到了伤害，可是不很严重，他在家里的地位也有其优势。去年在普林斯顿我差点垮掉，安妮塔遇到的麻烦和我自己的麻烦一样让我头疼。现在我们俩都比那个时候好多了。

我可以想象在罗马住过之后面对米苏拉[1]有多难。我回来以后甚至在纽约我都感觉不舒服，而我还曾经那么讨厌巴黎，觉得巴黎浇灭了我的渴望，好的坏的都丧失殆尽。我说了甚至纽约都给我那种感觉。我不知道。米苏拉肯定还不如纽约。

请代我问候玛格丽特和孩子们。

祝好。

莱斯利·菲德勒（1917—2003），美国著名评论家，以《美国小说中的爱与死》（*Love and Death in the American Novel*，1960）一书为世人铭记。他的其他著作包括散文集《纯真的终结》（*An End to Innocence*，

① 米苏拉（Missoula）市位于美国蒙大拿州（Montana）。

1955）和《等待终结》(*Waiting for the End*，1964）以及短篇小说集《美国最后的犹太人》(*The Last Jew in America*，1966)。

致凯瑟琳·萨金特·安杰尔·怀特

1953年10月27日，纽约，巴里敦

亲爱的怀特太太：

非常感谢肖恩先生费心读了《奥吉·马奇》，也非常感谢您打破先例的提议[允许《纽约客》刊登对安东尼·韦斯特负面评论的正式回应]。肖恩先生同意我的看法，也认为我受到了不公正的批评，这就让我心满意足了。我看不出回复韦斯特先生有什么用处，不管我是用甜言蜜语还是激烈言辞。他引起的混乱涉及很多方面，十分复杂，非常奇特，以至于我的勇气和能力都不足以让我去解决这个问题。有些误解，只要细想其复杂程度，就能让你失去力量。从某种奇怪的意义上说，韦斯特先生的评论不是一篇批评，而是一部虚构作品，一篇写得很差劲的短篇小说之类。因为说到底韦斯特先生创造出了并不存在的东西。他写的是他心目中的我的小说，由于缺乏艺术家的才能，结果造出来的东西走了形。这种“东西”你是挑不出错误来的。我不想做这种尝试。有什么用呢？

尽管如此，得知您觉得他的评论篡改歪曲了这本书，令人非常欣慰。这对我来说确实已经足够了。

谨致敬意。

致伊迪丝·塔科夫

［未注日期］［巴里敦］

亲爱的伊迪丝——

感恩节快乐！格雷格和我在一起，几个月来我第一次可以悠闲地享受一个下午。我从来没有在教学上这么努力过。小学院的要求要高得多，而且吃力不讨好，报酬菲薄。星期五我一般都得去纽约看牙——或者说把牙保住。我的牙都到了这个阶段了。在城里跑完一圈，到森林山（Forest Hills）去看看再回来，星期天回到巴里敦的时候我都精疲力尽了。然后你也知道星期一是什么感觉。此外还有那些**难办的事**呢。我知道我没有权利向你抱怨，你也有麻烦事，比我的要现实得多，也明显得多。

有时候我想，千百年来，虱子、跳蚤、绦虫、真菌这类寄生物让人疲于应付，人现在摆脱了那些东西，取而代之的是寄生物留下的焦虑，这种焦虑让人精疲力竭。因为他已经习惯了精疲力竭的感觉，要是身体健康他倒好像觉得不对了。

不过这很像我，开始只是想感谢你来信谈到我的书，结果却陷入了让人郁闷的理论探讨。我得向你表示最深的谢意。你的信正是人们希望来自朋友的那种信。说到底，书是为谁写的呢？

我很高兴你注意到了奥吉有违法的倾向，其他人没有一个提到这一点。我常感觉到，努力过一种正常的、受人尊敬的美国式生活会让我变成个法外之徒。商店和办公室这种地方我总是觉得受不了。多懂点历史也许会让我明白不耐烦和自由之间的区别，可我真的感觉这个世界主张对我们实行过度的控制。不管怎么说，我天生就接受不了这么多控制，我把这种无能传给了奥吉。魔鬼不顺从是出于骄傲，但是因为我们顺从而应该补偿给我们的爱、和谐和安全，奥吉都没有得到。人们指责我不合群，特里林断言奥吉“错了”，也就是没有原则。对我来说，奥吉是愿意服务于他人的化身，他说：“看在上帝的分上，用我吧，只要别让我白费工夫就行。用我呀。”

我可以用喜剧的方式把这话说出来，其他方式都不行。我们给塞进各种“功能”里，所有更高级的能力都因为用不上而丧失了，如果我们对这种情况只是一笑了之，就会被认为没有原则。奥吉不就是个温和的法外之徒而已吗？只是他并不想在外流亡，像个该隐或者以实玛利[①]一样，他的愿望就是当个奥吉。毫无疑问，人最大的愿望——不是隐藏最深的愿望，而是人数最多的愿望——是有用。没有这个意愿，人的社会历程就没有快乐，毫无快乐可言。奥吉的社会历程始终处于迄今所知最心不甘情不愿的**无用状态**[②]。

不过《奥吉》的事就说到这里吧。这本书里的可批评之处多着呢。

---

①《圣经》中，该隐（Cain）因为杀了自己的弟弟亚伯（Abel），上帝将他放逐。以实玛利（Ishmael）因是先知亚伯拉罕（Abraham）的庶子而和母亲一起被放逐。

② 原文是拉丁语：non serviam，意为“非服务性”。——原注

奥斯卡手术的消息让我很难过。希望他以后离医院远远的。你一定心情很不好。太遗憾了。有可能找到别的治疗方法吗？请原谅我这些愚蠢的问题，可这是我心底的想法。

《星期六评论》上［对奥斯卡小说的］那篇评论只能按我写的那样发了，因为是我主动把这本书要来的。如果是他们送来的，我就没法用我想用的那种语气来写评论了。要是他们觉得一看就知道是给朋友写的，就不会接受我的评论。政策问题太微妙。我这么说只是因为我能感觉出来奥斯卡对我写的这篇文章不满意。我向你保证我已经尽力了。

我会有很长时间不到芝加哥来，请你来信好吗？

问候大家。

祝好。

致塞缪尔·弗莱菲尔德

1953年11月30日，巴里敦

亲爱的萨姆——

不管你怎么处理，人们**都会**觉得你让他们暴露无遗了，嘲笑他们了。**稍有**提及，他们就会觉得丢脸。他们不会去想也许我的目的是表达对他们的爱而不是羞辱。如果你想思考一下我的生活，从中发现意义，我会为此感谢你，而不是骂你。

几年前我哥哥以为自己得了癌症，就大叫："我把我的生命给浪费啦！"可现在你看看他。全忘了。不过我没有忘记听到一个人谴责自己的时候那种巨大的痛楚。四十五年的生命里一定蕴含着某种意义。

当然了，只要我们的痛苦秘不示人，我们的荣耀就是完整的。

这么说吧，我从没梦想过能成为一个不挨骂的先知，所以我接受谩骂。我承认我是个法外之徒。我对无法无天的夸张作态不感兴趣。我只是想说我希望遵守更好的法律。

好了，我没多少消息要告诉你。我心情不错。我想了很多。到目前为止，还没什么大的用处。

问家里人好。

致伯纳德·马拉默德

［未注日期］［巴里敦］

亲爱的伯纳德：

我收到的关于《奥吉》的信里，没有多少是我想回的。利用人数的压力，社会就可以让你变成挂上某个招牌的专家，且不说通过其他什么途径。《奥吉》看样子要变成我的招牌了，就像飞越大西洋成了林德伯格①的招牌一样——请允许我再加一个不甚谦虚的类比：就像跳桥成了史蒂夫·布罗迪②的招牌一样。

以此作为开场白，请让我说一句：我认为你的来信极为出色，是一篇非常尖锐的批评文章。我一点也不想反驳你的批评。你自己就是个作家，一个真正的作家，你知道自卫不是我们应该考虑的事。我出了很多错，对你的好几项指控我都必须认罪。没错，奥吉也许的确是太消极了。没错，一段一段的情节缺乏变化，语言的力度过于恒定而且趋同。他太令人敬畏这一点我想我可以表示一下不同意见。至少我能强烈地感受到他的痛苦——也许我没写清楚吧。对我来说，他不是奥运选手。他只是参与了一场独立战争，形势处处对他不利。和他搏斗的对手是人的贬值。毫无疑问，这场战争和任何战争一样，都有虚张声势之嫌。我们的消极情绪经常深入内心，让我们看不到与此同时内心深处的积极精神已经组织起了反对的力量，而这种力量戴着消极的面具。奥吉遇到的麻烦一部分是他自己的问题，一部分是世界的问题。在文学中这不是理由，尽管在历史中或许是。但我不能夸口说我在追求完美。有时候我想，如果能以这本书为蓝本编出一本更好的新小说，那该有多好。可我不能让自己忘记我写这本书的时候所持的立场。我公开表示过反对你所说的那种建构主义方法（the constructivist approach）。一部小说，就像一封信，应该结构宽松，覆盖面广，行文轻快，敢冒死亡和腐朽的风险。我避开了福楼拜，转向了沃尔特·司各特③、巴尔扎克和狄更斯。我尽了最大的努

---

① 查尔斯·奥古斯都·林德伯格（Charles Augustus Lindbergh，1902—1974），又译林白，美国飞行员，以首次单人不着陆跨大西洋飞行闻名。

② 史蒂夫·布罗迪（1861—1901），见信末说明。据说他是个报童，跳桥是为了和人打赌，成功后赢了两百块钱和一个酒吧，还当上了演员。他跳桥的前一年曾有人尝试跳下后身亡。

③ 沃尔特·司各特（Walter Scott，1771—1832），英国历史小说家、诗人。

力，现在我必须付出代价。你就让这些错误都出来吧。让错误留在书里，就像我们的罪过留在生命中一样。希望其中一些可以得到宽恕。我会尽我所能，其余的由上帝支配。

这本书有两点我还是觉得很不错：幽默和人物。很多人都没看出来我心目中这本书的乐趣所在。他们深为文化严肃态度所苦。他们嘴里说着“流浪汉传奇”但是不笑。那些两只脚都用来踹你那本《天赋》的棒球专家和他们是一伙的，都是反对想象力和喜剧精神的罪人。

非常感谢你的来信。

祝好。

纽约赌徒史蒂夫·布罗迪声称自己1886年7月23日冒死从布鲁克林大桥跳下后生还（他是否真的跳下去了不得而知）。此后美国英语中出现了短语“pull a Brodie（失败）”或“do a Steve Brodie（跳水自杀）”，意为做十分危险而又惊人的事。

1954年

致艾尔弗雷德·卡津

1954年1月7日，巴里敦

亲爱的艾尔弗雷德：

要不是因为太拮据，去年6月我就不会接受巴德学院的工作。不是说这所学校很糟糕，学校本身有很多值得推荐的地方，学生很聪明，那些认真的学生都确实是认真得要命。如果你想教书，巴德就是适合你的地方。可你要是同时还想写作，**那就得小心了**[①]！文学院的人不错。海因里希·布吕赫很好，文科的有些人也很好。但是绝大多数人都属于平庸而又很难相处的那种，在布林莫尔、安提亚克、本宁顿、黑山[②]这些地方都是混不下去的。

至于我自己，我没有明确的计划。我正在努力恢复大约一年前不知不觉就失去了的那种精神状态。

我会告诉安·万宁[③]你可能对巴德感兴趣。要是你能设法和海因里希共事就好了。这样你到巴德来才值得。[……]

祝福你们俩。

巴德新**圣人**[④]的姓名是小詹姆斯·赫·凯斯。

海因里希·布吕赫是汉娜·阿伦特的丈夫，和她一样，也是来自纳

① 原文是法语：méfie-toi!——原注

② 几个学院的名称。美国的布林莫尔学院有两所，一所是宾夕法尼亚州（Pennsylvania）的Bryn Mawr College，另一所是马里兰州的Bryn Mawr School；安提亚克学院（Antioch College）在俄亥俄州；黑山学院（Black Mountain College）在北卡罗来纳州（North Carolina），只存在了二十四年，即从1933年到1957年。

③ 安德鲁斯·万宁（Andrews Wanning），巴德学院教授，美国当代文学研究专家。

④ 原文是希伯来文：zaddik。——原注（凯斯时任巴德院长。——译注）

粹德国的难民，后在巴德学院任教多年。

致约翰·西蒙·古根海姆纪念基金会

1954年2月1日，纽约，巴里敦

基金候选人保密报告

候选人姓名：詹姆斯·鲍德温

鲍德温先生的提纲比我为支持他的申请所能写出的任何东西都更有说服力。这个提纲充满智慧和才气，我看不出来委员会怎么就不能为之所动。在大多数情况下，白人迄今为止一直将黑人个体视为其种族的代表，并且将种族视为社会类型。鲍德温先生特别提出希望将其视为一个个体，而且对所有人都应如此。他从艺术家和社会历史学家的角度来看待这个问题，但首先是从艺术家的角度。在写作的这一领域，社会科学家和专业历史学家占了艺术家的上风，这很不公正。

鲍德温向基金会提出的写作计划申请成功，内容是整理一部文集，这本书于1955年出版，即具有划时代意义的《土生子札记》(*Notes of a Native Son*)。

致罗伯特·佩恩·沃伦

1954年3月27日，纽约，巴里敦

亲爱的瑞德：

那条腿的事太可怕了！我希望那只是丁尼生式富于诗意的骨折，让你有个机会做梦，而不是海明威那种粗暴痛苦的断腿。说起此事来你好像很轻松嘛，不过你谈及麻烦事的那种方式的确让人羡慕。但愿我也如此。因为是家里最小的孩子，我学会的是充分利用自己的麻烦来获得好处。

我本以为你能得诗歌奖，那是你该得的。不过我相信这不是一种能让你激动起来的不公平。虽然有你在台上会让我感觉更好些，但我只能祝贺你躲过了整个这一摊子事。那就是一场**公开的火刑**①，可怜的［布鲁斯·］卡顿②，一个特别可爱的家伙，完全就是活受罪，我穿着我那件一本正经的**火刑服**③，满脸发烧。

现在一切又都恢复了平静，我在写作，心情很好。

你可以拿这个场面作模型写一首颂歌，让整个这件事转化为资源。我一向赞成在灾难的鼻子底下把财富抢走。

致以最美好的祝愿。

贝娄以《奥吉·马奇历险记》获得了国家图书奖。布鲁斯·卡顿以《阿波麦托克斯一片寂静》(*A Stillness at Appomattox*)获非虚构类作品奖。沃伦以《诸龙的兄弟》入围诗歌类最后名单，但输给了康拉德·艾肯④的《诗集》(*Collected Poems*)。

致奥斯卡·塔科夫

［未注日期］［巴里敦］

亲爱的奥斯卡：

很高兴手术顺利，你又恢复了健康。好啦，看在上帝的分上，可别再进医院了。

你的信震动了我。你的情况不太好，虽然比上次强一些。不知你我的交情怎么调整是好。我是根本就不愿意放弃的。这一点你一定知道。我意识到你运气不好，没什么心思对我保持耐心。可我也很难受，我能做的也就是避开你的锋芒罢了。我们俩中间有一个高兴点儿，另一个也会干得好点儿。但是我们的痛苦却是不能共生的，大概就这个意思吧。我躺在地狱的最底层，却莫名其妙地被人嫉妒。既然如此，我别无选择，只好不去想它了。

现在把这些事再扒拉一遍也没什么用处。我很希望就此不提了，你大概也是

① 原文是葡萄牙语词 auto-da-fé。
② 查尔斯·布鲁斯·卡顿（Charles Bruce Catton，1899—1978），美国历史学家、记者。
③ 原文是西班牙语词 sanbenito。——原注
④ 康拉德·艾肯（Conrad Aiken，1889—1973），美国作家。

如此吧。

今后的事情我的想法很模糊。巴德学院眼下很不稳定，不管怎样，我想我可以试试看以写作为生。写作的收入必须相当可观才行，这就把我放在了一个奇怪的位置上，用人们引进的那个可笑的术语来说，我就得成为一个有着老套子写作要求的**先锋派**① 作家。这样做一年或许可以，再往后——谁知道呢?

逾越节② 快乐，问大家好。

致约翰·贝里曼

［未注日期］［巴里敦］

亲爱的约翰——

请原谅我没回信。这些日子写信对我来说是件头疼的事。我把这多半都归因于我写不好信了。这意思就是说我心很懒，人很累。还有一层意思是我不愿意说我的想法了，这一点很可悲。

钱的事不急。反正损失是很大［因为离婚］，钱的价值给夸大了。按一倍算，我现在也还有原来的一半呢，不过还是要谢谢你汇款。这是诗人的好意啊。商人那里借来的我从来不还。

身体不好是够烦人的。确实该下决心采取点措施了，约翰。真是天晓得，我自己也有很多克服不了的弱点，所以不明白怎么会成了这样。但是克服不了和不想克服是有区别的。我并非不想克服。我的缺点会杀了我的，可那得先和我打一场才行，不输掉几个回合，这些东西赢不了我。

情况不太好，不过对我来说还算不错。慢慢地，我的力量开始恢复，尽管安妮塔·贝还是不放手，到处游说要把我钉在十字架上。到各各他③ 还有很长的路要走呢。

我觉得萨莎④［桑德拉·恰克巴索夫］这辈子从来没有像现在这样快乐。今天

① 原文是法语词 avant-garde。先锋派作家又称前卫作家，常突破常规写作。

② 犹太人的逾越节（Pesach）从犹太历的正月十四日黄昏开始，延续七八天时间，通常在公历的 4 月。

③ 各各他（Golgotha）是离耶路撒冷不远的一座山名，《圣经》中耶稣被钉死在十字架上的地方，即耶稣受难处，又称骷髅地。

④ 萨莎（Sasha）是桑德拉的昵称。

上午看了本阿诺德·贝内特[1]的烂书《莉莲》(*Lillian*)，里面有一句话是对的。年轻姑娘要有个成就的过程。男人成就其为女人。然后向何处去？我希望她成为我的妻子，不过把人的生命唤醒了可是件大事，而萨莎是个非常了不起的人。[……]

我们得好好谈谈健康和疾病的事。在此之前，老伙计，无论如何也别把自己累垮了。

愿一切都好！

致塞缪尔·弗莱菲尔德

［邮戳标识为1954年4月25日，纽约州，纽约市］

亲爱的老朋友——

唱片收到了。非常好听，我谢谢你啦！亲兄弟之间几乎没有专门致谢这回事。我心里的感激之情可绝非一次次的专门感谢所能衡量啊。

这么说你见到我那位讨人喜欢的怪怪的好朋友戴尔莫［施瓦茨］了。还有伊丽莎白？希望你们合得来。我很喜欢他们。贝里曼来过吗？我自作主张把你的地址也给他了。[彼得·] 维瑞克[2]我不太喜欢。你还是那么"保守"吗？我称其为一个阶段，然后就此罢手了。好奇怪，你那时居然和我吵架，好像我是个《国家》杂志的自由派似的。我?!!! 所以我不把你当麦卡锡主义者看，以免错上加错。我没搞错吧？

关于艾略特的事，我原谅你，因为你没看过《机要秘书》[3]。且慢！我还不知道我这里一直在抗议的是什么呢。你的意思是说他是气势磅礴的尼亚加拉瀑布而我只是个小水柱？有可能。但是总得有人站出来为犹太人和民主主义者说话吧，世无猛士，小水柱们就得尽力而为。

（再次！）感谢你的好意。只要知道我还有点底子能撑一段时间就行了。我找到一处房子想买的时候，曾经考虑过找你借钱。我需要一个属于我自己的地方，

---

① 伊诺克·阿诺德·贝内特（Enoch Arnold Bennett，1867—1931），英国作家。

② 彼得·罗伯特·埃德温·维瑞克（Peter Robert Edwin Viereck，1916—2006），美国诗人、历史学者、政治思想研究者。

③《机要秘书》（*The Confidential Clerk*）是特·斯·艾略特的诗体喜剧。

非常非常需要。我差不多准备好了，要**坐下来**给哥伦布写编年史，而不是当他的船员。这对格雷格也有好处，他喜欢跟我在一起，有个安稳的地方让他到我这儿来，会让他很开心。

安妮塔弄得我一直手头很紧张。她拿走的总是比给予的多得多。我不怪她什么，要怪就怪她自己的天性吧。我是真心为她难过，可我是她的前夫，能感觉到更多的同情。[……]

祝福你。

致西奥多·韦斯

［未注日期］［巴里敦］

亲爱的特德[1]：

看得出来，读了《奥吉》以后，你对我的性格有了些了解。你说得没错。既然我非去不可，我也就高高兴兴地在巴德待着了。这可不是件小事。等你回来我们一定要正儿八经地讨论一下。如果我的性格更为坚强，我会做出一些妥协留下来。可是人总得有**某种**定力，才能在这个**神奇的**[2]、梦幻的、负担沉重的、**先锋派**傻瓜式的宇宙中生存下去，而我恐怕就是缺这种定力——坚韧、进取、勇气、耐心，都是建立在磐石上的价值观。我喜欢全神贯注地看着一个瘦削苍白的小男孩坐着一辆有司机驾驶的凯迪拉克到来，还喜欢许多其他东西，比那些水仙花还要多。我经常散步，和拉小提琴的［埃米尔·］豪瑟[3]逗着玩，聊天聊得很开心。可我受不了开那些会，最后也就都不参加了。如果一定要我在旋毛虫病和跟费［利克斯］·赫希说上一个小时的话之间做出选择，我会——这还用说吗？生猪肉在哪儿[4]？还有［詹姆斯·赫·］凯斯，这个常青藤联盟的**倒霉蛋**[5]！我很少

---

① 特德（Ted）是西奥多的昵称。

② 原文是法语：pays de merveilles。——原注

③ 埃米尔·豪瑟（Emil Hauser，1893—1978）原是著名的匈牙利布达佩斯弦乐四重奏乐团创始人及首任第一小提琴手，1932 年去了耶路撒冷，1940 年到美国，1960 年回到以色列。后面的费利克斯·赫希（Felix Hirsch，1902—1982）原是德国政治类书刊编辑，后成为图书馆学和德国历史方面的专家。巴德学院二战期间聚集了一批从欧洲移居美国的优秀学者和艺术家。

④ 吃生猪肉有可能得旋毛虫病。

⑤ 原文是意第绪语词 shlimazl。——原注（一般拼写为 shlimazel。——译注）

谈及行政部门的其他人，至于那些董事嘛，我只能说实话了。他们太了不起了！都是畸形巨人。他们可以和《死魂灵》[1]里的梭巴开维奇或者其他任何一个巨人相媲美。

我会想念杰克·路德维格、特德·霍夫曼[2]、海因里希［·布吕赫］、安迪[3]和你。我觉得你我都属于那种相互熟悉比较慢但是可以持久的人，我很希望能对你有更多的了解。春季学期我会回来的。欧洲嘛，唉，不在我的计划之内。今年我儿子还离不开我。这话反过来说也有几分是对的。不过他换了个学校，刚开始适应，我是正准备开始写另一本书，不出意外的话，春天你来的时候我会在这里。

英语诗歌中与英国天气有关的部分很少符合事实，这太不可思议了是不是？不知为什么会这样。也许是知识所限。

桑德拉和我衷心祝福你们三位（罗兹［Roz］大概还和你们在一起吧）。

西奥多·韦斯（1917[4]—2003），诗人，长期担任《文学评论季刊》（*Quarterly Review of Literature*）的编辑，那一年在牛津。

致约翰·贝里曼

1954年12月7日　［纽约市］

约翰，你好吗？

我们现在就开始找你了，因为圣诞节快到了，你是个忧郁的圣诞老人。昨天晚上聊得很严肃，快喝醉的时候，你的名字出现了。其实是我说出来的。感觉很美好，所以今晚我穿过黑夜，朝着明尼苏达的方向摇动信号旗表达我的心意。明尼阿波利斯的确很美，我同意，我在那儿马马虎虎，还算可以。四十岁以前十六年里的一部分吧。眼看就要四十了。不过我倒不十分怕这个。我越来越懒了，约

① 《死魂灵》（*Dead Souls*）是俄罗斯乌克兰民族剧作家、小说家果戈里（Nikolai Vasilievich Gogol-Anovskii，1809—1852）的喜剧小说，后改编为舞台剧和电影。梭巴开维奇（Sobakevitch）是故事中的人物，旧译梭巴开维支。

② 即西奥多·霍夫曼。

③ 此处安迪（Andy）或指巴德学院的安德鲁斯·万宁，因安迪是安德鲁斯的昵称。

④ 据大英百科全书网站（https：//www.britannica.com/biography/Theodore-Russell-Weiss），韦斯生于1916年12月16日。

翰，这让我很害怕。我甚至都不担心。我的焦虑就像老狗。老狗都不追兔子了，光睡觉，做着梦呼噜呼噜地发牢骚。

正在写一本很像样的新书，到目前为止非常令人满意。书名叫《私贩之子回忆录：俄狄浦斯情结之歌》(*Memoirs of a Bootlegger's Son*, *or The Song of the Oedipus Complex*)。这本书我也不担心。可是你知道吗？就在悄然接近自己生命最深处的隐秘之时，我却像吃了忘忧果一样睡着了。我真是懒得出奇了。

你离开艾奥瓦也许没坏处，他们不欣赏你嘛。你［在明尼阿波利斯］和赫伯特·麦克洛斯基夫妇要是相处融洽的话，我知道了会很高兴的。他们是我很好的朋友，我给他们写信的时候提到过你。[……]

常来信，问候大家。

祝好。

桑德拉也问你好。

1955年

致约翰·西蒙·古根海姆纪念基金会

1955年3月27日，纽约，河滨大道333号

亲爱的莫伊先生：

关于您询问的情况，我可以答复如下：自1955年9月起的一年内，我写作的收入估计为三千元左右。您也许记得，我有两个要供养的家人。可能还会有其他收入，但我不能确定。

按照我下个年度（1955年9月至1956年9月）的工作安排，至少有一半的时间我要在罗马度过，预计我本人的旅行费用约为五百元；在基金使用的整个期间内，我和家人的生活费用大概会达到三千元。此外还需要三千元左右用于支付雇员及其他小笔费用。故特恳请古根海姆基金会考虑我的请求，批准我获得约三千八百元的基金资助。这笔钱应该能让我完成正在写作中的小说。

谨致敬意。

致谢里·曼根

1955年6月3日［纽约市］

亲爱的曼根——

非常感谢。至少我的头脑是清醒的，我记得而且坚持我说过的话。关于曼哈顿及其各种苦处的看法我完全同意，我很快就会离开这里。但是在我（或我们）来西班牙之前，我必须在内华达州待上一小段时间，离婚的法律要求太落后了，堪比西班牙。所以我们到欧洲的时间应该是在1956年的2月份。今年因为有古根海姆基金，我的日子好过了一些。

你的计划是什么？你会在马拉加[1]待很久吗？你要是不去的话，就不麻烦你详细说那儿的情况了。1947年我在那儿待了一个星期，了解一点。

致以最美好的祝愿。

约翰·约瑟夫·谢里·曼根（John Joseph Sherry Mangan，1904—1961）是编辑、诗人、小说家，《时代》《生活》和《财富》杂志的首席记者。在托洛茨基主义潮流退去后的很长时间里，曼根仍然是其忠实信徒，随后他越来越孤立，终至一贫如洗，在罗马孤独去世。

致马尔科姆·考利

1955年6月5日，巴里敦

亲爱的马尔科姆——

承蒙您来信告知古根海姆基金一事，非常感谢。获准消息到来之际，适逢家父去世，六个星期来我一直处于混乱无力的状态。现在只是刚开始有所恢复。我相信您的信对委员会产生了重要影响，我对此极为感激。

谨致敬意。

致莱斯利·菲德勒

1955年6月14日，纽约，河滨大道333号

亲爱的莱斯利——

我父亲上个月去世以后，我干什么都很慢。倒不是说我以前有什么事干得很快，而是说现在生活在各个方面都特别难。我要是知道圣诞节我会在哪儿，我会很高兴帮你打磨利器来对付你说的那个“新正统”。可我现在有了一笔古根海姆基金，可以出门了，我怎么知道我脚下的那个老精灵会把我带到哪儿去？不是去巴黎，这个我可以告诉你。不过这家伙也不太可能把我带到芝加哥去啊。不管怎么说，还是要多谢你。

---

① 马拉加（Málaga）是西班牙南部一省。

非常感谢你在《新共和》上的那篇文章中好意提到了我，尽管我并不认为我是《党派评论》群体中的一员。我不属于那群垂死的野兽（他们装得像是凤凰，其实是渡渡鸟）。我对此一向心知肚明。我从来就是非意识形态的。我外表世故而内心天真。

至于《奥吉》的销售，维京否认《大众书库》① 的数字，但是谁说在美国当犹太人不好呢？在以色列好吗？

祝你平安②，向玛格丽特等问好。

要不你找赖特·莫里斯试试？他的地址是宾夕法尼亚州韦恩市山毛榉巷501号。

致艾尔弗雷德·卡津

1955年6月29日，巴里敦

亲爱的艾尔弗雷德：

昨晚桑德拉梦见安妮生了个女儿（欢呼），她的朋友安妮塔·马克西米连又生了一个，两个孩子的父亲都是你，大家都乐坏了——哪能不乐呢？我祝贺大家。这个梦说明，在桑德拉眼里，你成了父亲的化身。对你来说这是荣誉，对我来说这是希望。我们都很好。桑德拉把工作丢了，真让人高兴。这事开始让她很生气，后来她就高兴了，本来就该如此嘛。[……]

你大概看出来了，我的情绪一点也不低落。我现在做的事不是我想做的。还没开始呢。不过上帝让我每天有好几个小时练手，我还有什么可抱怨的？我看了很多书，等着事情自己慢慢解决，对此我很有信心。那天看了［雅各布·］布朗诺夫斯基③ 写布莱克的书，感觉很好，再次读到一个马克思主义者写的书对我有好处。我听说他是个工程师，也是煤炭局④ 的人。

① 《大众书库》(*Popular Library*) 是美国纽约一家平装书出版公司，创立于1942年，主要出版以“大众书库”命名的平装书丛书。

② 原文是意第绪语词Shalom。

③ 雅各布·布朗诺夫斯基(Jacob Bronowski，1908—1974)，波兰犹太裔英国数学家、生物学家、剧作家、诗人、发明家。这里说的应是他的《威廉·布莱克：不戴面具的人》(*William Blake: A Man Without a Mask*，1943)一书。

④ 指英国的国家煤炭局(the National Coal Board，NCB)。

好了，**向各位问好**[1]，可别太紧张噢。我相信安妮做这件事很容易。

祝一切都好。

谢谢你的酒！

致露丝·米勒[2]

1955年7月27日，巴里敦

亲爱的露丝：

“我能说句话吗？”好像是在哪部意大利喜剧里，有个人不管说什么都以这句话开头，我忘了是在哪个地方了，不过非常有趣。好，跟你说吧，我想说的就是这句话。你的文章有许多独特之处，都堪称一流。我的思路跟着你，也跟着拉尔夫［·埃里森］，穿过圆环，走上绳子，走上高架，掉进网里，绕着那三个圈转。整个过程全都令人兴奋，真是不错。这种操练是让人精神振奋的最佳途径。你是个好女人，你拥有你所需要的每一种才能，你的才能可以大放光芒，而且你也很聪明，我是你的老朋友了，我为此感到骄傲，感到幸福。可我能说句话吗？

是这么回事：你［对《隐形人》］的解释太密集、太详细了。解释需要和文本保持一定的距离。你的解释也许太像实验室分析报告了，可我并不希望捕捉明喻中的难解之处。我来问问你：你认为这本书所有的部分都写得同样好吗？我是说从文学角度来看其优秀之处。还有，你认为所有的部分对这本书的结构来说都同样必不可少吗？你看，你几乎完全忽略了这件事情里的文学一面，在我看来，这就错了。我是把这部小说中的各个部分区分为了两种，一种是**写出来**的，另一种是为了把道理说通而构建出来的，两者的质量并不一样。这本书的前三分之一写得很出色，而兄弟会那部分就一般了。卖红薯的小贩、遭到驱逐、暴乱和机械符号、医院、诱惑无法比较。前者全力呼唤**意义**，而你的兴趣在于**观点**而不是**创造**。

我认为这是美国的书全都具有的一个毛病，包括我自己的书在内。写书都过于追求意义。认真地坚持道德纯正、坚持说教，竭力建造空前宏伟的大厦，不停

---

① 原文是意大利语：molti saluti。

② 露丝·米勒（Ruth Miller，1921— ），美国作家。

地劝勉、恳求、教人文雅，而这些书，到现在为止，全都是谬误之作。艺术品应该建立在感知的基础上。换言之，“这就是我之所见，不管它可能具有什么意义。”其余的全都不算数。拉尔夫的看法相反，他错了。我常跟他这么说。

而且我没法理解那种激情，就是在一件艺术作品中的意义上再加意义，还有**刻意**通过平凡的事件让意义繁衍。始作俑者大概是普鲁斯特和詹姆斯。就算普鲁斯特起码是控制不住自己这样去做吧。但是詹姆斯和我们其他人是怎么回事就说不清了。难道个人的、民族的、国家的、历史的这么多丛林还嫌不够？我们还一定要造出更多的蛇、种出更多的藤蔓枝叶、生出更多的酷热、扎出更多的伤痕才肯善罢甘休？我能再说最后一句吗？写作应该产生于创造，而不是总想在创造之上再添油加醋。我们的要求应该是越来越简单，越来越伟大。

不管怎么说吧，如果你允许的话，我会把你的文章寄给戴尔莫·施［瓦茨］。他可能希望稿子再短一些。你介意吗？我下周末进城的时候给你打电话，商量你到巴德来看看的事。我想你会喜欢这里的。在此之前，你要是实在忍不住想骂我就骂吧，可能的话就请原谅，

你忠实的老朋友。

贝娄和露丝·米勒相识于1938年，在裴斯泰洛齐–福禄贝尔教师学院，当时她是贝娄的学生。贝娄写这封信的时候，戴尔莫·施瓦茨是《党派评论》的编辑。1991年，米勒出版了《索尔·贝娄：想象的传记》（*Saul Bellow: The Biography of an Imagination*）一书，这件事导致俩人之间长期交往之后断交。

致帕斯卡尔·科维奇

［未注日期］［巴里敦］

亲爱的帕特：

威廉[①]的大部分都**重新**[②]写了一遍。你觉得《抓住时机》这个书名怎么样？

① 威廉（Wilhelm）是《抓住时机》中的主要人物。

② 原文是拉丁语 de novo。

再加上福楼拜的几句话，大意是眼泪之于心，犹如水之于鱼。

能给我寄（有活儿了！）一份阿·米勒的最新剧作吗？

你定的截止期15日是星期天。那我们就定在15日那一周吧。别忘了，除了其他事情以外，我还得接待你的一个朋友呢，此人后天就到。我像矿工一样工作，绝无懈怠，只是年岁所致，脑子和手指都有点慢。

祝福你。

致亨利·沃尔肯宁

1955年10月19日，内华达州，里诺市，萨特克利夫明星路[①]

亲爱的亨利：

我慢慢地冷静下来了。你猜得不错，这条路可不好走。我一个人住在沙漠里，最近的地方也有三十英里远。事实证明这个农场价格太高，我要了这个小木屋，或者叫棚子，看上去还可以，住起来也还舒适，不过那种与世隔绝的状态，你从来没见过。我起初就想不如就这样生活一段时间，仔细考察自己的灵魂，现在仍然认为这对我来说是明智之举。无所事事几个星期之后，我居然又开始工作了。可有的时候我还是忍不住想大声喊叫，我也真的就喊叫起来。

现在回答你的问题，这是我在内华达州的永久地址。我会在这儿待多久取决于我的妻子。从今往后，也就这一件事要取决于她的愿望了。根据内华达州的法律，六个星期后我就自由了，可以按自己的意愿选择住处，我会保留我的小木屋，大部分时间住在旧金山，我在那儿有朋友。内华达州办理的离婚一年后在任何地方就都是合法的了。

桑德拉在洛杉矶。我们俩都觉得她在那儿比较好。我不打算匆匆忙忙地离了婚再结婚。过个一年半载，我的精神负担解脱之后，如果我对桑德拉的感情和现在一样，我们就会开始考虑结婚的事。

我没忘伊利诺伊那篇文章。现在已经写了一半，11月中旬左右应该能写完。

谢谢你的耐心，亨利。我珍视你的友谊。

祝好。

---

① 萨特克利夫（Sutcliffe）是里诺东北方一个湖边的小居民点。

致帕斯卡尔·科维奇

1955 年 11 月 1 日，内华达州，里诺市，萨特克利夫明星路

亲爱的帕特：

沙土和毒药是吗？

听着，帕特，我们不说孩子话。我不是你们眼里那种爱钱如命的作家，你和亨利的任何决定我都能接受。你很清楚我为什么发火。不过我会好好跟你说说，这样你就没法回避我的意思了。

我不是完美无缺的作家安德烈·德·贝娄[①]，我和其他人一样是个罪人。我知道，我不可能取悦所有人，更不用说你的一些编辑同事了。我明白对你来说他们是不可或缺的，而我则是可有可无。可你是我的编辑对吗？他们对我横加埋怨，我却听到你在随声附和，难道是我听错了？对我的不快感觉不满的声音传到我这里的时候，我应该感到高兴吗？我必须像个笨蛋新手一样先提交我的小说然后才能签合同，对此我应该高兴吗？这些小说本来就应该是由我整理，我满意了，由我提出来维京应该接受稿子予以出版，一个字的什么屁怨言也别给我放出来。

如果你不想要这些小说，那就不必拿走了。我不会把我的沙土和毒药捣鼓出来非要塞给维京不可。我很爱你，不会那么干，我也不想让我的书由一家罐头公司来出版。但是请光明正大地站在我这一边，同时请你不要像麦迪逊大道上的广告一样跟我含糊其词，要考虑一下我作为一个工人的自豪感。我对我写的每一个字都充满热情，而我并非没有这个资格。这些稿子我读完以后，自己都有可能不想出了。可这应该由我来决定。

至于预付稿费，我不是你们那些勋章挂了一身威名赫赫的四星将军，你们也没在我身上损失太多。

你这个老蝙蝠，我要不是像爱父母一样爱你，我绝不会这么大动肝火。

祝好。

---

① 这是贝娄杜撰的一个名字，“安德烈（Andrea）”大概暗示其俄罗斯家族背景，姓名中的“德（del）”一般认为是贵族的标志。

致露丝·米勒

1955年11月5日，里诺

亲爱的露丝：

我坐在这里喝着“明茶房”[1]的茶，吃着比利时饼干，看着欧文[2]拍的照片。你们两个做了件好事，就是让我非常高兴。因为被人记得是如此美好，特别是在绝对、彻底的孤独状态中，这种时候，几乎连灵魂都无所依傍。我在一个为花花公子准备的地方住了几个星期，然后找了个沙漠中的小屋。独处不是很难，我已经学会欣赏这种状态了。不过独处本身也有其相当危险的一面，你们的善行有一个作用，就是把我从这场单人忘忧盛宴上召唤回来了。

我发现我在纽约的最后几年里压力太大，一改变压力，就有点像得了减压病。我到这儿快六个星期了，即将达到最低居住时间要求。当然了，我还得在这儿待好一阵子，除非安妮塔皈依，如果她已经走在哪条大马士革之路[3]上了，很奇怪她怎么还没到，因为按里程算，她已经绕地球好几圈了。我不指望她停止对我的烦扰。她这样做自己也会受到一点打击的。想到这点有时候我觉得很好笑，我笑出声来，却没人听见。我在这里可以大喊大叫，受惊吓的只有土狼。

下星期我要去旧金山待段时间，看看文明会怎样影响我。我兴奋得要命，几乎睡不着觉。我简直没法适应里诺，包括里诺的吃角子老虎机。我在旧金山有朋友，去了以后干些什么，在哪儿见桑德拉？她这段时间一直在洛杉矶。

欧文把照片寄给我真是太好了，我坐在这儿慢慢欣赏，也许我的看法不完全是从艺术角度出发的，这东西对我有情感价值。我衷心感谢你们俩。

我也有一封信吗？

祝好。

---

① “明茶房”（Ming Cha）是香港茶商品牌，全称为 Ming Cha tea house。

② 应指欧文·佩恩（Irving Penn，1917—2009），美国著名摄影家，他为贝娄拍的肖像照陈列于美国国家肖像画廊（National Portrait Gallery）。欧文·佩恩同样有俄裔犹太人家庭背景。

③ “大马士革之路（Road to Damascus）”的含义是皈依或洗心革面，因据《圣经》记载，圣保罗在通往大马士革的路上受到神启后皈依基督教，而在此之前，他蔑视基督教徒。大马士革是今叙利亚首都。

致塞缪尔·弗莱菲尔德

1955 年 11 月 5 日，里诺

亲爱的塞缪尔：

我现在坐在沙漠里。我找了个非常偏僻的地方，是有意的。我需要这样一个地方，这地方也确实让我达到了目的，尽管没有哪个目的达到的程度能像文字所表达的那样充分。不过这已经足够公平的了。你会很惊讶怎么听不到我抱怨，可我真的没什么可抱怨的。噢，没错，时不时地我也会遇到点难处，不过没有发生过什么要命的事。现在头六个星期快过完了，我自己居然都有点遗憾，怎么这么快就过去了。这种生活比我想象的要适合我。我钓鱼、骑马，我散步、读书、写作，有的时候还会想事。哥伦布日[①]那天，我点了一支小蜡烛，美国过去不就应该是这样的吗？这个时候不就应该想点什么了吗？

下星期三我要去拜访麦克洛斯基夫妇。听说他们在帕洛阿尔托[②]，你不觉得吃惊吗？赫布在一个叫行为科学高级研究中心（The Center for Advanced Study in the Behavioral Sciences）的机构工作，这是个研究所，和普林斯顿的那个相似，不过是面向社会科学家的。我在那儿找到了他，现在准备去看看，我正处于一种罕见的兴奋状态，因为萨莎会在那儿和我见面，她在洛杉矶一个人待了好长时间了。

你把你写给科维奇的信复写了给我寄来，我已经收到好几次了。相信我，你对那个老蝙蝠实在是太好了。我要让他为你做一件非常特别的事，我还没想好什么事，不过一定要让他做。

我要仰面躺下大喊："先生们，研究我的行为吧，随便！"我要让他们看看行为！

你没收到我哥哥［萨姆］的信吧。我给他寄了几次明信片，只收到他的一封信。我又开始喜欢我哥哥了。

伊利诺伊那篇快写完了。里面有不少暧昧之处，我的意思是说，里面有若干处嘲讽可以作复杂的解读。我敢打赌，我会成为一个伟大的法学家。顺便说一句，

① 美国的哥伦布日（Columbus Day）是每年的 10 月 12 日或 10 月的第二个星期一，纪念哥伦布于 1492 年首次登上美洲大陆。

② 帕洛阿尔托（Palo Alto）是旧金山附近一城市。

安妮塔很快就会收到我的诉状。我高兴死了。

给我写封很短的信都行，老朋友。记住，你在我心头占据了一个空间。

祝安好。

《伊利诺伊之行》(*Illinois Journey*)一文由《假日》(*Holiday*)杂志约稿，写成后起初遭到拒稿，两年后发表。

致艾尔弗雷德·卡津

［未注日期］［里诺］

万岁，万岁，万岁！
为亚当斯[1]，詹·唐纳德。
他代表一切的巅峰
他周日的专栏里写着。
啊，菲尔丁和托尔斯泰
他爱得像个老小孩。
可一提乔伊斯或普鲁斯特
他马上大叫："胡扯！"
"给我本奇闻看吧。
我不要微妙的东西。
我懂的就叫作最好
其余的全都该打入地狱。"

跋[2]："我的眉毛和你的一样高，伙计。
只是我戴着绿色眼罩，所以看起来比较低。"[3]

---

① 詹姆斯·唐纳德·亚当斯（James Donald Adams，1891—1968），美国作家、编辑、评论家。
② 原文是法语词 L'envoi。
③ "高眉毛"（highbrow）在英语中表示层次高、有文化修养等等。

詹·唐纳德·亚当斯是《纽约时报》固定的书评作者，为许多人所鄙视。

致艾尔弗雷德·卡津

［未注日期］［里诺］

亲爱的艾尔弗雷德：

我身处蛮荒之地，这可不是修辞噢，所以我还没看到你的书。可我确实碰巧看到了《纽约时报》上的那篇评论，我觉得写得太差劲了，真想狠狠地打［克林斯·］布鲁克斯的脑袋。东部白领？干吗呀，他还不如直接说“犹太人”呢。多么卑劣！我们这些可怜的北方希伯来人游子中间那些“扎了根的”南方人，我是讨厌透了。可我注意到他们在耶鲁[①]教书呢，要不就在明尼苏达。如果他们不是来自南方文化的传教士，他们就是骗子和懦夫。天哪，真是**厚颜无耻**[②]！

请接受我的双重祝贺，一为书，一为小宝贝，别在意那些肠道里长了虫的家伙。

祝好。

布鲁克斯在《纽约时报书评》上评论了卡津的文集《最深处的叶子》[③]。

---

① 指耶鲁大学，在美国康涅狄格州纽黑文（New Haven，Connecticut）。

② 原文是希伯来语词 chutzpah。

③ 这本书的全名是《最深处的叶子：欧美作家评论文集》(*The Inmost Leaf: Essays On American And European Writers*)，1955 年出版。

1956 年

致威廉·福克纳

1956 年 1 月 7 日 ［里诺］

亲爱的福克纳先生，

前三项建议看起来很公平，尽管相当含糊，除了对麦卡伦法案①的推荐以外。当然，我也认为把保加利亚、波兰和匈牙利的人带到这儿来看看美国是件好事，前提是他们回国以后不会受到这些国家警察的伤害。

但是我写这封信是为了告诉您我怎么看您的建议（我想是在我离开会场后提出的），即我们要求释放埃兹拉·庞德。"这个委员会的主席，"您说，"获得过瑞典政府授予的奖和法国政府授予的勋章，而美国政府却把美国最好的诗人之一关了起来。"这种推理确实惊人。您，福克纳先生，获得过这些政府授予您的尊荣而且实至名归。但据我所知，您并没有试图推翻或颠覆这两个政府。此外，庞德不是在监狱里，而是在疯人院里。如果他没疯，他应该作为叛徒再次受审；如果他疯了，就不应该仅仅因为他是个诗人而释放他。庞德在他的诗里和广播里②鼓动对犹太人的敌意，宣扬仇恨和谋杀。您的意思是要我和您一起向一个叫人把我的亲人都杀掉的人表示敬意吗？这种事我不可能参加，哪怕在国外的宣传很有效，对此我表示怀疑。相反，欧洲人会把这种宣传视为一种反动的征兆。要是在法国，庞德早就给枪毙了。释放他，因为他是诗人？不会吧，比他更优秀的诗人也许都给消灭了呢。我们就不该为他们说点什么吗？

美国对庞德很仁慈，认可了他精神失常，饶了他的命。释放他是个既愚蠢又

---

① 美国的"麦卡伦法案"（the McCarran Act）是其麦卡锡时代形成的一项联邦法律，即 1950 年国会通过的《国内安全法案》（*Internal Security Act*），又称《颠覆活动控制法案》（*the Subversive Activities Control Act*）。

② 庞德二战期间在罗马电台发表了数百次广播讲话，抨击美国，赞扬墨索里尼，1943 年被控叛国罪，1945 年被俘，关在意大利比萨，年底押回美国，后因精神失常而免于受审，此后十几年在精神病院中度过。

软弱的主意。这会在世人眼中把这个计划与希特勒、希姆莱、墨索里尼和种族灭绝等同起来。不过在这里，我关心的倒不是这件事现实方面的问题。让我吃惊的是，您和斯坦贝克先生和文字打了这么多年交道，竟然没看出来，埃兹拉·庞德以直白残忍的方式说的那些和“犹太佬”有关的话引导着“异教徒”① 走向屠杀。这些出自《比萨诗章》② 的东西是诗歌吗？这是对谋杀的召唤。如果是一个农民或者鞋匠说的，我们会说他疯了。整个世界都在合谋忽略已经发生的一切：大规模战争，巨人的仇恨，难以想象的谋杀，人类自身形象的毁灭。而我们是“美国作家的一个代表性群体”，这也是我们所支持的吗？好一派混乱不堪！

谨致问候。

贝娄为《纽约时报》记者哈维·布莱特选中加入了“人民对人民”（People to People）委员会，这个委员会的成员都是作家和出版界人士，其成立宗旨是为了反击苏联的宣传，在国外推广亲美价值观。德怀特·艾森豪威尔③ 总统任命福克纳为主席。

致菲利普·拉夫

［未注日期］［里诺］

亲爱的菲尔：

我一直在重写威廉，长度增加了一点。不太多。也许几千字，按比例来说不算多。我应该尽快把手稿交给维京的，后来听沃尔肯宁说你6月1号以后才要副本，我就叫科维奇给你寄排版毛样了。我希望一切进展顺利。这次在沙漠里放逐了这么久，对文明的各种进程已经失去了所有的感觉。不过我们很快就会走出这种状况了。我准备把这部小说叫做《抓住时机》。也许塔姆金④ 应该用拉丁语说出来：*Carpe Diem*⑤。不过这不太可信。总之，今年过段时间吧，然后“你好，再

① 这一句里“犹太佬”用的词是对犹太人的蔑称 kikes，“异教徒”用的词是 goy，指非犹太人。
②《比萨诗章》（*The Pisan Cantos*）是埃兹拉·庞德《诗章》（*The Cantos*）里的一部分，写于被囚于比萨期间。
③ 德怀特·戴维·艾森豪威尔（Dwight David Eisenhower，1890—1969），美国第 34 任总统（1953—1961）。
④ 塔姆金（Tamkin）是《抓住时机》中的人物。
⑤ 意为“抓住今天”，引申义“活在当下”。

见”[1]。(你可以看到我在内华达成了个多么像样的罗马人)

致以最美好的祝愿，非常感谢你们接受这部小说。

致露丝·米勒

［未注日期］［里诺］

是这样，小宝贝，从开头到结尾，自始至终你的小说都非常成功。这次你终于不会听到批评了，只有表扬、赞美和让你快乐而自豪的话。你所有的处理都有助于增强兴奋和怜悯的感觉，有助于提高认识。这就是我们活着的目的；我们因为犯错而遭受痛苦、辛勤劳作之后，终于有了机会把必须说的话说出来，而在一个用说废话的方式让我们面临灭绝威胁的世界里，把必须说的话说出来就是一种具有超群美德之举。这就是我对你这篇小说的感受。为了得到这份礼物，获得力量，你不得不到医院去了不止一次。我为这种代价感到抱歉。不过你已经得到了很好的回报。

事情的发展总是连续不断的。［……］多少次海难就在我们眼前发生。男人们沉下去了。还有孩子们。我们从沉船处游开的时候，总是庆幸自己有福。

孩子，上帝保佑你。相信我，你完全应该得到他的祝福。

现在说说实际问题：你在哪儿打印？你把稿子给亨利·沃［尔肯宁］了吗？相信他能找到合适的地方。去找他试试。不行的话我们再找找我认识的几个杂志编辑。

收到我的婚礼通知了吗？可能是收到了。我不会在同一封信里两次忘乎所以。我要让一个意第绪语的词来替我说：glucklikh[2]。

我什么时候能回来？我要是知道就好喽。安妮塔还在施展她邪恶的力量。她想要钱，钱，钱，钱，要不到钱就要血。现在她还想给我投定期寿险。她这是以她的方式告诉我，她打赌我很快就会死。没人知道这件事。可我就算是死了对她也没好处啊。办事的那个小伙子写信告诉了我，我给他回了信。分手可不是件

① “你好，再见”(Hail and Farewell)又译“向你致敬，再见”，出自古罗马抒情诗人盖尤斯·瓦雷里乌斯·卡图卢斯(Gaius Valerius Catullus，前84—前54)现存诗集中第101首的结尾一行，这是他写给哥哥的一首挽歌。

② 意为“有福气，幸运”。

好事。

原稿你还需要吗？我可以留着吗？

谢谢你的泡菜。

告诉欧文他的照片给了我很大的安慰，再次感谢他。

祝好。

我做过一次痔疮切除手术，非常同情你。希望最难受的那一段已经过去了。

桑德拉问你好。

贝娄2月份已经和桑德拉·恰克巴索夫结婚。

致格兰维尔·希克斯

［未注日期］［里诺］

亲爱的格兰维尔·希克斯：

一个很好的主意。我一直在认真考虑此事，非常赞成出这样一本书，而且我认为没有人比你更适合做这件事了。不过我能理解赖特·莫里斯的犹豫。我也在写一本新小说，亨利可能说起过，这就像是在欣赏这个姑娘的同时保护她不受攻击——很难，非常难！

当然了，我们在工作的时候也不断地意识到我们正在遭受攻击，所以比较明智的做法也许就是不要假装我们是个没有敌人的物种。我当然熟悉莱昂纳尔·特里林的态度了。历史赋予犹太人一种天生的福气，就是习惯了当着敌对意见的面蓬勃发展。去年《纽约时报书评》的弗朗西斯·布朗[①]和我约稿的时候我就暗示过这一点。我当时谈到的一个看法是，现代世界里到处都是宣称别人过时了的人。斯大林说富农，希特勒说犹太人、斯拉夫人、吉卜赛人，特里林说托·斯·艾略特，还有其他几个人，都断言从历史角度看小说已经完蛋了。所以几乎每个人身

① 弗朗西斯·布朗（Francis Brown，1904—1995）1949年至1971年任《纽约时报书评》编辑。

后都紧跟着这个或者那个黑格尔[1]学派的影子。大学教授可能除外。

不管怎么说吧，弗朗西斯·布朗不愿意发［我的文章］。他说这不是“经典的贝娄”。这是原话。

后来我想了想，觉得打败敌人只有一个办法，那就是尽力写好。最有力的论据就是一本无可置疑的好书。如果这还不能让他们信服，而且也可能不是因为否定的精神非常强烈，那我们的努力也没有白费，好书还是进入了那些不太武断也并不固执己见的灵魂，因为这些读者还没听说过小说已经过时这种悲惨的事。论据要由新的论据来证明，而胜利总是落在批评家头上。

不过我并不反对阐述我对小说写作和作者处境的观点。我确实有些很坚定的看法，掩盖是没用的。我完全愿意甚至渴望在你们的选集中发表我的看法。但是我非常担心我的对手会说：“这些正在消失的美国人否认他们正在消失。”或者：“这些蜥蜴自认为还是恐龙呢。”当然了，蜥蜴还远未灭绝，不像我认识的许多人那样（比如特里林）。可是你看，坚持这个看法的确有点难堪，这大概就是赖特的想法。

你有没有考虑过可以请桑顿·怀尔德[2]写篇文章收进去？

我很想知道你对我的观点有什么看法。我妻子和我很快就要回来了，我们预计6月中旬以前到纽约。也许我们可以就这个问题谈一谈。亨利一般都知道我在哪儿，他可以安排一次会面。

致以最美好的祝愿。

格兰维尔·希克斯（1901—1982）是文学评论家、教师、编辑，出版的著作中包括《过渡时期的人物：十九世纪末英国文学研究》（*Figures of Transition: A Study of British Literature at the End of the Nineteenth Century*, *1939*）和《约翰·里德：革命者的形成》（*John Reed: The Making of a Revolutionary*, *1936*）。他请贝娄为一本选集写一篇关于小说现状的文章，书名是《活着的小说：研讨文集》（*The Living Novel: A*

① 格奥尔格·威廉·弗里德里希·黑格尔（Georg Wilhelm Friedrich Hegel，1770—1831），德国哲学家。

② 桑顿·尼文·怀尔德（Thornton Niven Wilder，1897—1975），美国剧作家、小说家。

Symposium），定于1957年出版。贝娄的文章题为《小说作家的烦心事》（*Distractions of a Fiction Writer*）。

致帕斯卡尔·科维奇

1956年3月16日，里诺

亲爱的帕特：

你把我卷进《旧金山观察家报》（*San Francisco Examiner*）这场麻烦啦。赫斯特出版社[①]，不错呀！我知道你是个老悲观，把这些事都看作过眼云烟。我是刚刚开始有这种感觉的。真恶心！这是尼克松家的人，那是艾森豪威尔家的人，基福弗[②]家的人。呸！哈定[③]起码还挺有趣呢。可有人就是要取笑他。现在人人都恭恭敬敬，顶着个鱼脑袋，完全彻底、虔诚无比地冒傻气。而我就得到旧金山去参加这个以虔诚之心举办的文化活动。我是个很有前途的作家，写了一本让人惊掉下巴却很有影响力的书，我是从《新约》里学习写作的。我！［……］我肯定是说过，从小到大都把《旧约》当成真事来看，就这么长大的，所以《新约》在我看来就是小说。我现在看也还是这个感觉。结果现在对《旧金山观察家报》的读者来说，这个反讽反过来了，听起来我还不如火炉上的一节管道有脑子呢。可是虔诚啊，虔诚啊，虔诚。嗯！我祈祷，我爱耶稣和艾森豪威尔，我用爱国和崇敬的谦卑亲吻每个人的臀部。注意：他们连个小费都不给我。这些马屁都是为了慈善而拍，我这么做是为了文化，为了艾克[④]为了你，为了赫斯特和美丽的旧金山，为了卖书。

这次小小的旅行会把这几个短篇的交稿时间推迟一点。我又写了一篇新的，比较长。现在在亨利手里。这一篇看起来就像我那部讲乔舒亚的小说里的一部分，就是那个《私贩之子回忆录》，里面能反映出我第一次真正努力去创造一个女主人公。我好像是做到了。起码让我自己信服了。我希望《纽约客》把这篇小说买

---

① 原文是 The Hearst Press，指美国出版界巨头赫斯特集团（Hearst Corporation）下属的商业出版公司。

② 凯里·埃斯蒂斯·基福弗（Carey Estes Kefauver，1903—1963），美国政治人物。

③ 应指美国第29任总统沃伦·加梅利尔·哈定（Warren Gamaliel Harding，1865—1923），其在任期为1921年至1923年，因平庸且丑闻迭出，曾被评为美国最差劲的总统之一。

④ 艾克（Ike）是艾萨克的昵称。或指艾萨克·罗森菲尔德。

下来。因为自从《假期》那篇惨败之后（说明我对卡尔·桑德堡[1]和马歇尔·菲尔德[2]之类的人不够虔诚），我就缺钱花了。不过，就像个衣着考究的有钱作家一样，我要把我的服务奉献给《旧金山观察者报》，连同伊尔卡·蔡斯[3]和欧文·斯通[4]——好好注意这些名字，最亲爱的科维奇！——没错，就像个身无分文的波兰男爵，一无所有，只有他的胡子和自尊。

非洲［即《雨王亨德森》］大约写完了一半。要我寄五六章给你保管吗？我有复写纸。这个主意也许不错。但是我必须请你不要把这些东西给任何人看。

我现在的情绪一定像个大黄蜂一样。我总是在我爱的人面前露出这种情绪。换了别人会把我一棒子打翻的。可是你看看，我不得不胡乱折腾我的旧作，不得不在旧金山讲话。我不得不在这儿等着，直到住够时间。这些事我都不想做。所以才发脾气。请原谅我吧。

说句认真的话：我有种感觉，非洲这本会非常好。

问候多萝西和孩子们。

祝福你们。

致拉尔夫·埃里森

1956年4月2日，里诺

亲爱的拉尔夫：

怎么样了，你的——我刚想说的是流亡，其实流亡的是我，而你身居尘世啊。有那么多要担心的事吗？已经有段时间了，你需要的也许是好好回顾一番这方面的问题。上帝知道，这些事正好落在你头上的时候，看太多是受不了的。对我来说，一个月认真看一次就差不多够了。我买了本《生活》，看到福克纳威胁要发动第二次内战，如果一个一流作家变成了这样一个该死的傻瓜，那就想象一下最坏的情况会是什么样子吧。在沙漠里待了几个月以后，我开始想念外面那个热闹的

---

① 卡尔·桑德堡（Carl Sandburg，1878—1967），美国诗人、作家、记者、编辑。

② 马歇尔·菲尔德（Marshall Field）是美国芝加哥著名商业家族，家族中的马歇尔·菲尔德三世（Marshall Field III，1893—1956）是出版商，创办了《芝加哥太阳报》（后改为《芝加哥太阳时报》）。

③ 伊尔卡·蔡斯（Ilka Chase，1905—1978），美国女演员、电台主持人、作家。

④ 欧文·斯通（Irving Stone，1903—1989），美国作家。

世界了，然后就有几个不知是真是假的大兵卖给我一份《新闻周刊》的订阅服务，骗了我九块钱。订的杂志一份也没来过，也许我反而得了双倍的好处吧。在沙漠里过三个星期，任何一个城里的小子都可能变得像乡巴佬那么傻。

希望你和范妮这一年过得不错，对桑德拉和我来说，这一年可太不一般了。你肯定认不出我来了，拉尔夫，我带着全套的抛竿钓鱼工具，拿着一个新卷轴往上拉虹鳟鱼。还骑着马。但是这并不意味着我要变成海明威了。我喜欢鱼，可是用自己的大脑和这些鱼的大脑较了一下午劲以后，兴趣就开始淡了。我更喜欢马。不过人是骗不了自己的。喷气式飞机在空中飞过，后面跟着一股气流，原始的瞬间随即消失。

我对文学的兴趣开始恢复。现在不像去年那么讨厌它了。上帝知道我到底是怎么背上**这个**十字架的。偶尔做一做令人兴奋，前提是没有金钱这个幽灵坐在王位上等着你像个该死的小丑一样表演然后匍匐在地。现在倒不是说这事就容易一些了，而是因为我不太在乎了。那笔小小的遗产起了作用。我不喜欢把我父亲的钱交给安妮塔，因为他们俩都讨厌对方，但是我自己跟自己说，这对格雷格有用。我不能说得很具体。这笔钱可以保证按中产阶级的标准来抚养孩子。贫穷也会有些好处，可那东西毕竟不是有意去找来的。

今年夏天我们会回到东部和孩子一起度过8月份，可能就一直待在那儿了。我们马上就要没钱了，我想做些兼职教学工作。有一本短篇小说集今年秋季出版，不过收入不会太多。另外，所有的小说手稿在我看来都像是去年的鬼魂。搭了那么多脚手架，然后非常幸运地就镶上去一颗小小的圣诞星。有一篇几乎就是一部中篇小说，这让人很是欣慰。这是我去年夏天在巴德写的一篇，里面有很多令人兴奋的东西。

来信跟我说点好消息吧，说说你自己，你干的活儿，你在罗马的六个月。

祝福你们俩。

是年2月，《生活》杂志发表了福克纳的《致北方的一封信》(*A Letter to the North*)，文中提到有些人“想强制实行无条件立即融合”，福克纳对此的回应是提出警告：“现在要慢下来。停一段时间，停一会儿。”

致塞缪尔·S. 戈德伯格（Samuel S. Goldberg）

［未注日期］［里诺］

亲爱的[1]塞缪尔：

手头的杂事有了个短暂的空歇，最近完成了一部中篇《抓住时机》，给维京寄去了。这部作品会在秋季和另外几件一起出来，但愿能有些收益吧。希望相当渺茫。小说，即使是我的，也不能指望有多大销量。古根海姆基金快要用完了，我和《假期》又崩了，很让人失望。编辑们起先是让我用自己的方式写伊利诺伊的那篇文章，然后又吓坏了，因为我用了很长的篇幅讨论中西部的无聊。他们想让我把事情说得高兴一点，就像个真正土生土长的人一样。可我做不到。像林肯一样，我也是个招人讨厌的移民。

换句话说，要没有我爸那点遗产，我根本就混不下去。不过关于钱我已经得到了一个宝贵的启示，这要感谢《抓住时机》。我知道了一块钱真正的价值。按我的算法，大约是两分钱。我们因为恶习的缘故而需要钱。但是说到底，恶习不是一切。恶习也有比较便宜的，我正在心里重塑瓦尔登湖[2]，以使之适合现代居住。6月份我们回来以后，我会找个时间当面跟你解释。

我从没见过桑德拉的状态这么好。你会认不出她了。我祝贺自己多少次都不够。你还逛书店吗？你要是看到一本理·弗·伯顿的《出使记：达霍姆之王格莱莱》[3]，请帮我买下来寄给我。我正在写一部关于探险家的长中篇，需要这本书来查一些细节。用航空快件寄上帝会保佑你的。费用都由我出。对我来说，这比下次选举重要。

祝好。

---

① 原文是法语词 Cher。

② 指美国作家、超验主义哲学家、自然主义者亨利·大卫·梭罗（Henry David Thoreau，1817—1862）在其著作《瓦尔登湖》（*Walden*）中提倡的简单生活方式。

③ 理查德·弗朗西斯·伯顿（Richard Francis Burton，1821—1890），英国探险家、语言学家、人类学家、地理学家、诗人、翻译、作家、军官、外交官。1864 年春，伯顿受英国政府派遣，以大使身份访问西非达荷美地区（现贝宁［Benin］）的阿波美（Abomey）古城，会见阿波美王国第十代国王格莱莱（1858—1889）。达霍姆（Dahome）即达荷美（Dahomey）。《出使记：达霍姆之王格莱莱》（*A Mission to Gelele, King of Dahome*）一书初版即是 1864 年。

致约翰·贝里曼

1956年5月16日 [里诺]

亲爱的贝里蒙[1]先生：

我想，您会原谅我这几个小错误的，因为我实在不擅长客套礼仪。

关于我愿不愿意给抛到你的岸上去，我经常想到你的话。这里有一点**崇高的精神。说真的，你对人类处境的描述**比让-保罗·萨特[2]要好一点。我愿意，也不愿意。**这就是问题！问题就在这里，这里，这里！**

我在自己的脑海里对此做了如下的修订。我愿意也不愿意承认，我一直在和一只灰熊近距离搏斗。我一直在买啊卖啊，挣啊花啊，削土豆皮，喝苏打水，而我迷乱的眼前这身灰皮下却是一个……一个……熟人。**我们还是别说这事了吧。**倒是可以向前再走一步。天父啊，原谅他们吧，他们干的这叫什么事，他们知道，也不知道。

专注就是一切。

我重新开始：

亲爱的约翰：

我的专注能力有了明显提高。我眼前的形象现在是一个半而不是两个了。

听到你的消息我总是很高兴，不管这消息是好还是不好。有多么——不，像我现在这样感觉到一种宁静的精神，心情好得多了。纽约对我们不好。确实如此，普林斯顿也是同样。约翰，你让我感觉到莫大的愉快。我想起我们三个人，你、我、[汤姆·] 里格斯（Tom Riggs），一起写那首烂圣诞诗，好像是四年以后吧，我感觉至少是我们三个里面的两个人在写这首诗。

你的来信让我在很长一段时间里第一次对 [托·斯·] 艾略特有了好感。我很高兴！我们交换几本吧。我有一本挺古怪的书11月份出版。也许档次不是很

---

① 贝娄开玩笑故意把贝里曼的名字按法语拼写为Berrimon（贝里蒙）。这封信里的楷体字部分都是用法语写的，但是包括英语在内的有些词拼写和用法都不完全符合规范，应是文字游戏。

② 让-保罗·萨特（Jean-Paul Sartre，1905—1980），法国存在主义哲学家。

高。**这是为了谋生啊**。但是除此之外，我还写了些**真的非常不错的**东西。**不开玩笑**，贝里蒙。我想你会喜欢的。等6月初到了明尼阿波利斯，我们关起门来好好读一读。

你真的能让我们住一两天吗？你会让我们无上快乐的。

我们6月1号离开这里。有可能提前。我们先开车去科罗拉多的博尔德（Boulder，Colorado）一天，然后去明尼阿波利斯。路上我会发电报或者写信把我们到达的准确时间告诉你。

今天强烈的空虚包围着我，凝成我对你
深深的祝福。

致拉尔夫·埃里森

［未注日期］［纽约，萨拉托加泉］

亲爱的拉尔夫：

我从来不喜欢写信。艾萨克去世后[①]，瓦西莉奇拿着他的日记，她说艾萨克对我回信的方式说了些不好听的话。这是我活该应得的。这其中隐藏着某种邪恶的东西，我理应把它挖出来，哪怕是要去看心理医生呢。我身上那种不招人喜欢的沉默，一部分原因就在这里——懒；一些更坏的毛病；某种很讨厌的东西。

不管怎么说吧，还是有很多事要告诉你。不知从哪说起——桑德拉2月份要生孩子了，这是最好的消息。然后按骤然降级的顺序说，我们在［纽约的］蒂沃里买了一座破烂不堪的房子。我是希望至少可以有些时间离格雷格比较近，我父亲也留给我一点钱，反正是要花掉的，为了不让这笔钱一点点地流走，我们就把它投进了一座大房子。这地方还不能住人呢，因为没水，我现在是在我避难的雅都给你写信。打井的人在175英尺深的地方真的打出了水，可我还不知道这个水源提供的水是不是够用。把这地方卖给我们的是几个挺能迷惑人的仙女，水和屋顶的状况都跟我们撒了谎——处理这一摊子事我的收入够不够，我没把握。灰泥，

① 贝娄的好友艾萨克·罗森菲尔德于1956年7月去世。

油漆，木工，税，燃料。不过我在这里不应该为这些事情操心。我是来写我的书的。不是私贩那本，是完全不同的东西。会让你大吃一惊的。我的主人公此时正在东非猎狮，和他同行的是一位当地的国王，这位国王颇有灵感，让我的主人公大开了眼界。这是一双伟大的眼睛，曾经总是闭上，我要充分利用这个故事里所有的资源。我想看一些非洲旅行方面的书，但是越看越不耐烦。我发现这些旅行者不知道怎么写非洲。我学过人类学，发现自己虚构部落、习俗这些东西反而顺手。有两个部落。一个是恶的，一个是善的，善的这个多少有点像艾赛尼派信徒①，就是“光明之子”。我的旅行者尊重光明之子，但是他从黑暗之子那里学到的东西要多得多。这算不上什么奇事，在我心里，这么明显的事情没法让我满足。所以我写了猎狮。狮子身上可以作些文章。（这次）要是探不到这个巨大谜团的核心，还不如自己编故事呢。

你会发现，不管怎么样，我一直都没闲着。我在国内到处走，东部西部都走过了。我巴不得能稍微闲一点，想一想我看到的那些事情。可我很少让自己歇下来，我瞎忙。全是那些古老的、无聊的罪过。你了解我，艾尔②。

你信里写了富布赖特的事③，费心了。我猜你现在钻到你的书里去了，范妮也完全恢复健康了吧。这些猜测都是希望。我们很想念你们。我有可能用到我们过去的一些长谈。甚至还有在河滨大道上沉思的一个小时。不是台伯河，可也不是毫无价值。

纽约一如既往。格雷格现在身高五英尺二英寸，从体型上看就是个十二岁的成年人。总有一天他不会再去想什么道奇队④。他十分出色。我很为他骄傲。

祝你们俩安好。

范妮和拉尔夫·埃里森这一年都在罗马。

---

① 艾赛尼派信徒（Essene）：艾赛尼派是一个古犹太教派，以严守律法、严格禁欲为特点。

② 艾尔（Al）疑是对拉尔夫的昵称。

③ 指富布赖特奖学金（Fulbright Scholarship）。

④ 道奇队（the Dodgers）是美国的一支职业棒球队，原在纽约，1958 年后去了洛杉矶。

致格特鲁德·巴克曼

1956年8月2日，纽约，蒂沃里

亲爱的格特鲁德：

这次还可以。我需要你们认真提出意见，明白吗？包括你还有像你这样的人在内。倒不是说批评我就是不让我活了什么的。批评者也理应得到感谢。只是在做了一番努力想写得更真实一点，或者说想把没边没沿的虚构收回来一点之后，很想听自己的兄弟姐妹说，这回可不是瞎想出来的东西了。

还有，艾萨克·罗森菲尔德的死把我抛到了几百万光年之外。他是在写东西的时候去世的，感觉写东西可能是件重要的事让人稍许心安。也许真的是这么回事。

衷心感谢你。

格特鲁德·巴克曼（Gertrude Buckman）是戴尔莫·施瓦茨的前妻。施瓦茨是冯·洪堡·弗莱舍（Von Humboldt Fleischer）的原型，贝娄在《洪堡的礼物》中塑造的这个人物，早期才华横溢，后来颓然崩溃。艾萨克·罗森菲尔德1956年7月14日在书桌前去世，时年三十八岁。

致露丝·米勒

1956年8月23日，纽约，蒂沃里

亲爱的露丝：

桑德拉那时身体很不好，去不了波基普西[①]。艾萨克去世后，我也是干什么都没心情了，只好一直坐在家里自我调整。这房子成了个让人头疼的东西，搅得几件重要的事都没法继续了，最后我只好把房子的事交给桑德拉去处理——实话说，她也不在行。你很幸运嫁给了一个画家，抹灰泥、布线什么的他们都懂。我对这些事的态度一向是，应该有所了解，写作的时候有把握不会搞错就行了。不管怎

① 波基普西（Poughkeepsie）是纽约州东南部的一个城市。下文中的瓦萨应指位于波基普西的瓦萨学院（Vassar College）。

么说吧，我今天打电话给瓦萨才知道，学校 19 号就放假了。很失望。我以为要到劳工节才放假呢。你跟我说事的时候我大概是没听。

我写下这几个字的时候，想象着你正在拉瓜迪亚[①]和芝加哥之间的空中，不是去就是回来。如果房子修理得好一点，我就请你来过劳工节了。可是现在井里的水已经干了。我们可能还得打一口井（再往下钻一千英尺，一点不夸张）。唉，算了吧，我爸其实也不相信我能守住他的遗产。

所以，等我任课的新学期开学，我们会在纽约见面的。神枪手们都在给枪上油呢。我日日夜夜都沉浸在文学里，可一说到上课，我的口齿就越来越不灵，我就会出丑。

我在继续写《雨王亨德森》。我们很快就会有一场三方交易：欧文的电影，你的小说，我的小说，相互换手。

别生我们的气，我们是想去的。可是桑德拉躺在床上，瓦西莉奇·罗森菲尔德那时也在这儿，我们怎么也不能把她一个人留下吧。

祝好。

致约瑟芬·赫布斯特

［未注日期］［蒂沃里］

亲爱的乔茜[②]：

昨天我乘快车穿过宾夕法尼亚州，曾经想过下车去感谢您给我来信。这只是幻想，因为我是从华盛顿去纽约，根本就不顺路。不过我确实非常感谢您写来那封信。我的感激发自内心，自始至终。我们在苦苦挣扎中失去了很多人性。难办的是不要失去，要唤回，要改善。如果不是为了这个，那我们为了什么？看到您，或者收到您简短的信，我就会想到您以怎样的尊严来面对困难。我觉得您是胜者。如果您认为《抓住时机》很好，我会为自己做得还不错而感到满意。了解这一点对我来说很不容易，因为我总是又聋又哑又瞎，不知道在做谁的奴隶。

---

① 应指纽约市的拉瓜迪亚（La Guardia）机场。

② 乔茜（Josie）是约瑟芬的昵称。约瑟芬·赫布斯特比贝娄大二十来岁，是著名的左翼女作家。

我很高兴您要去希腊写作。不知何故，希腊似乎很合适。您走之前，我们谈一谈吧。在城里见面如何？更好的办法是，您可以出城来和我们同住几天。感恩节怎么样？[……]

再次感谢您的好意。

约瑟芬·赫布斯特（1892—1969）的著作有《怜悯是不够的》(*Pity Is Not Enough*，1933)、《刽子手等着》(*The Executioner Waits*，1934)和《黄金绳索》(*Rope of Gold*，1939)。1935年，她在德国为《纽约邮报》(*New York Post*)撰稿，随后在西班牙和拉丁美洲为多种杂志做报道。

致约翰·贝里曼

[邮戳标识为1956年12月6日，纽约，蒂沃里]

亲爱的约翰：

我觉得你现在就是按自己的最大利益行事。这听起来可能挺吓人，就像过于谨慎一样，但是谨小慎微的事总是层出不穷，随着年龄增长，我们学会了尊重家里位高权重的人。我爱你们俩，**你们怎么做都行**①。

你写艾萨克的那首诗来了。我居然能从电话里记住这么多，真让人吃惊——“行将一半，他绞痛而亡。”我们中的一个去世的时候，你留下的标记仍然保持着高度，你做得对。我们只能做出这种回答。消极能力，济慈是这么说的吧？我一遍又一遍地想着艾萨克，我的记忆无穷无尽——二十六年，我几乎什么都没忘。艾萨克开始对思考产生疑问，他把这些疑问传给了我。我从来没有像现在这样感觉到思考是一种多么奇怪的活动。不管怎么说，他走了以后，我的生活就远远不是我自己的了，有的时候我也不大在乎。我得恢复我的消极能力。

这段时间里，安妮·布雷兹特里特②的诗也给了我安慰。我在普林斯顿读她的诗那个时候，手边还有很多其他好诗，都很让人兴奋。后来再看她的作品，感

① 原文是法语carte blanche，字面意思为白色卡片，一般指签好字的空白授权或全权委托凭证。

② 安妮·达德利·布雷兹特里特（Anne Dudley Bradstreet，1612—1672），美国殖民地时期诗人。

觉到了其中精彩，现在就有了很清楚的认识。[埃德蒙·] 威尔逊是对的，而且还不止于此。他总是说得很对，这是个很踏实的人。你现在的诗好像实际上都是为自己而写①。不错，[罗伯特·] 洛威尔是很好，可他还没有赋予自己你所拥有的那么大的自由，让这种把各种元素结合在一起的力量得到最大的释放。天赋有很多种，我们都有天赋，可我们有点儿欠缺的正是这种更进一步的力量。

那首写布雷兹特里特的诗②非常出色。如果我说你最近的诗更像是用我的语言写的，我也占不了什么便宜。我认为你这首诗是现代诗歌的一个胜利，但是现代诗歌和小说也有形式属性，只是需要我们处理好。所有的形式属性都必须破除，把其中那些质朴释放出来，比如："折磨我吧，天父，免得我不属于您。"③我们的生活中已经失去了那么多，真理与我们同在的时候，我们其实都很少思考了，"……他喜欢绝望 / 做错事……"，这才像话。这是一个兄弟的见解。

最近没什么进展。每过一段时间，我就把《雨王亨德森》拿过来看看，就像管子工看水平仪一样。气泡的位置总是不对，于是我就叹口气，一天就这么过去了。不过桑德拉是个漂亮的准妈妈，上个月也给了我很多快乐，所以我的生活并非索然无味。然而还是有太多倒霉事让人心烦，大而阴暗的房子，钱，赡养费问题，朋友情绪低落，还有鬼，大量极具个性的鬼。

不管怎么说吧，我们很快就会见到你和安［妮］了是吗？给女士们一个机会，促成共同的事业，让我们大家好好振奋一下吧。你说呢？有一个来的，就都会来。

祝好。

致约翰·贝里曼

1956 年 12 月 14 日，蒂沃里

亲爱的约翰：

不是的，我不是对这种事很难接受。只是那些操弄手段太愚蠢了。你知道，

---

① 一般认为约翰·贝里曼和罗伯特·洛威尔都属于美国自白派（Confessionalism）诗人。

② 应指约翰·贝里曼的诗《向布雷兹特里特夫人致意》(*Homage to Mistress Bradstreet*，1956)。

③ 这是约翰·贝里曼此诗第 39 节起始一句，原文是：torture me，Father，lest I be not thine！（大小写及标点符号悉从原诗，可见对形式的"破除"。）下面一句"……他喜欢绝望 / 做错事……"(... he enjoyed despair/ did wrong ...）出处不明。

我讨厌被人操弄哄骗。这是恶行惨白的鬼影。在这个世界里，鬼魅管理着基金，仍然靠流言蜚语和政治手段维持着微弱的生命，让我恼火的就是这些鬼魅行为的那副死相。[……] 我对这种事从来都是后知后觉。到死我都是个傻瓜。或许在冥界也是如此。这似乎就是俄耳甫斯[①]的问题所在。他只是无法适应地狱罢了。我们的教育全错了！

在纽约，你的名字半个污点都没有。污点这事整个就是个笑话。在某些方面，我们总是免不了有污点，但是在讲思想讲情感的方面那都是不存在的。一切如同过眼云烟。像所有其他的事情一样，丑闻的程度是人为强化的。三年前**我本人**就卷入了大丑闻。现在我得和人们详细说，给他们个提示，才能让他们想起来是怎么回事，他们已经全忘了。反正这些都属于生活行为问题，几年前我们都自己解决了。我很想让你拿到那笔基金，操之过急，失手了。本想帮你的忙，看样子结果却适得其反。这就像鞋子要系鞋带一样不可避免吧，因为我一点都不懂要谨慎从事。我只会对谨慎敬而远之。你还没有习惯于和其他人的事务打交道，因为你太用功了。看在上帝的分上，现在就让这些事情都冲进下水道里去吧。我们面前还有二三十年的工作要做呢。

《约伯记》非常非常之好。明尼阿波利斯似乎正是个合适的地方。我在那儿的时候，很幸运地在希勒尔[②]找到了一位愿意教我希伯来语的拉比。我学了没多长时间，最近准备继续学下去。我对韵律学不是很了解，不过你用的韵律我听起来非常顺耳。

至于弗洛伊德讲座，我觉得我不应该去做那个尝试。准备讲座，把《雨王亨德森》的写作计划打乱，会让我非常紧张。他现在活得风生水起的，让他可怜的灵魂去冒这个风险干吗呢？不过还是要谢谢你，而且是发自内心。

很遗憾你不到东部来了。不管怎样，6 月份回来吧，和我们在一起。

顺致最诚挚的圣诞祝福。

贝里曼此时已经开始写《约伯记》的现代版，后来始终没有完成。

---

① 俄耳甫斯（Orpheus）是希腊神话中的诗人歌手，音乐之神阿波罗之子，到冥府去讨要去世的妻子，离开冥府的路上，因违背冥王指示，回头看了妻子一眼，导致前功尽弃。

② 希勒尔（Hillel）是公元前一世纪左右一位著名的犹太教学者，这里指以希勒尔命名的犹太教育机构。

致艾尔弗雷德·卡津

1956年12月17日，蒂沃里

亲爱的艾尔弗雷德：

怀孕八个月的萨莎抱着格雷格的狗躺在沙发上。（听起来像无产阶级小说的第一章。）我说："艾尔弗雷德的信在哪儿？"她洋洋得意地说："在我放信的那个夹子里，信都在那儿。"**好极了！**[①] 我打开夹子在里面翻，看到一个盒子盖，上面写着："把这个寄给象牙雪洗涤剂，您就能免费得到一张兰德麦克纳利公司的美国地图。"谢谢，我去过了。我想知道，如果寄的是潘多拉盒子的盖，能得到什么？

你问我看没看到《时报》上你那篇［对《抓住时机》的］评论，当然看到了。我高兴极了。呣，我想，大多数人连朋友都没有，更别说赞赏他们成就的朋友了。贝娄，你是个很幸运的（年轻）人。不过众所周知，忘恩负义始于运气，所以本来该给你写几句告诉你的，我没写。我觉得你能理解我愉快的心情，况且生活中又有了这么多变化：房子、孩子、书、钱、亲戚、火车和汽车、纽约、匈牙利[②]，所以你能原谅我。

突然想到，我们最后一次聚会是在安怀孕的时候，现在（据各种消息报道）你有了个漂亮的女儿，而我们连一杯茶都还没喝过呢。我们凑凑日程，在纽约聚一聚怎么样？我们的房子非常漂亮，像个庄园，但是没有床，除非你们有睡袋，否则没法请你们来。

这样，比如说，萨莎和我计划在纽约的日期是1月4日、5日、6日、7日，8日也有可能还在。这几天你们能去吗？我们可能住在晨边大道科维奇家里。一般我是星期四在城里。别跟我说你一直就待在阿默斯特不动。我才不信呢。

祝福你们俩（你们三个，你们四个）。

---

① 原文是法语：*À la bonne heure!*——原注

② 或指1956年10月23日至11月4日的匈牙利事件。

致塞缪尔·弗莱菲尔德

1956 年 12 月 27 日，蒂沃里

亲爱的塞缪尔：

［……］我在工作，不是处于最佳状态，而是在从事我的**职业**[1]。因为我不做不行。有那么一次我选择了这一行，就不妨对这个职业在某个方面保持忠诚。我们在这儿过得很舒服，什么也不缺，除了缺点钱，而且也缺得不多。22 号我要到芝加哥来做个演讲。我会提前一天来，如果萨莎身体还好，演讲结束后我就多待一天。这次演讲的报酬是五百块，我实在没法拒绝。

眼下这件事，我不是太懂。不过我在该签字的地方签了字，而且写了个说明，我哥哥和他的律师应该满意了。去年夏天萨姆告诉我，父亲的钱里面剩下的部分他不要了。他好像改了主意，这种特权，只有女人、商人和兄弟才有啊。

我们旧日的恋爱体验可以追溯到奥克利大道和欧文街时期，我想那些经历也许教会了我们一些宝贵的东西，尤其是为应对失意做好了准备。我越想事情的经过，就越觉得应该高兴才对，因为这件事［弗莱菲尔德的婚姻］还没有来得及造成更多伤害就结束了。对你来说，这是一种冷冰冰的安慰，但是我很有信心，相信不管发生什么事我们都有能力恢复过来。当然除了死亡以外。可**这话**谁说得准呢？真到了紧要关头，也许死了都能活过来。不过此刻我相信的是你能在尘世中复活。

希望你冷静，耐心。

祝福你。

---

① 原文是法语词 métier。——原注

1957 年

致格兰维尔·希克斯

［未注日期］［明尼阿波利斯］

亲爱的格兰维尔：

[……] 你对布伦丹·吉尔[1]的评论让我很高兴。我相信他没有受到羞辱，羞辱他不太容易。但是《纽约客》的这套做法很奇怪。首先，他们给了我一个机会去痛打安·韦斯特[2]，我以绅士之风行事，拒绝了。然后他们明明知道我和吉尔发生过争执，却把我的下一本书交给吉尔（威廉·马克斯韦尔在场）。这些人真奇怪。不过说实话，我也不想去理解他们。

这里的春天已经够古怪的了。为了挣钱起见，这些原因都像原子一样微不足道。

我们 6 月中旬回蒂沃里，希望你再次光临。

祝好。

布伦丹·吉尔此前在《纽约客》上抨击了《抓住时机》。

致拉尔夫·埃里森

1957 年 5 月 27 日，明尼阿波利斯

亲爱的拉尔夫——

我不会在一封信里和你讨论你上次来信中建议的任何事情。那不是个好主意。我写这封信只是想说，蒂沃里的房子向你敞开大门，你喜欢或者需要住多久就住

① 布伦丹·吉尔（Brendan Gill，1914—1997），美国作家、评论家，长期为《纽约客》撰稿。

② 或指安东尼·韦斯特。

多久。

萨莎和我从3月份起就一直在明尼阿波利斯。这正是我们需要的。一年到头住在农庄里我们俩都要发疯了。不过纽约市出局。太粗野，太令人窒息。那地方用一个决定就战胜了我。倒是没有把我击倒，可我也永远不是原来那个样子了。

大约两个星期以后我到纽约的时候，会把你要的书寄给你。我们只是路过一下。我发现中西部很适合我。我在这儿不觉得陌生。而且离芝加哥近，这一点可并非不重要。我今年去了好几次了，明年冬天我要在西北大学任教十个星期，会和萨莎那个赌赛马的叔叔一起逛夜店。

小婴儿会坐了，也开始集中注意力了。他好像挺有幽默感的。从出生的痛苦经历中活过来以后，他发现生活是一件好笑的事。

我们都该作如是观啊。

希望你的书进展顺利。

萨莎和我祝你们好运，爱你们。

致詹姆斯·劳克林

1957年10月22日［蒂沃里］

亲爱的詹，

谢谢你寄来那篇德语文章。我已经看到了，又收到了一份，非常感谢。不过我可不懂德语。

戴尔莫的事，我和你一样忧心忡忡。他认为我也是那帮人中间的一个，对他心怀恶意，肆意诋毁诽谤，谁知道还有什么，然后他半夜给我打电话，用的技术连秘密警察[①]都会眼红，他威胁说要告我诽谤，还恐吓我可怜的妻子。在凯蒂[②]［·卡弗］的帮助下，我确实想过办法照顾他。我费了好大劲才摆脱了他高价雇来的私家侦探，可那家伙死硬到底，戴尔莫最后还是听了他的。上帝知道他在戴尔

① 原文是GPU，即1922—1923年苏联“国家政党管理部”的缩写。

② 凯蒂（Katie）是凯瑟琳的昵称。

莫的脑袋里发掘了大量商机。我们筹了点钱来帮助他，这倒不一定是为了精神病治疗，因为我不太有把握他是不是需要这个，我们主要还是考虑他戒除药物依赖和戒酒期间的一般治疗所需。可是他跑掉了，我现在对他已经没什么用处了。我想那个侦探［文森特·］斯坦齐奥尼（Vincent Stanzioni）还在吸他的血呢，只要是想为戴尔莫做点好事的人都会把这个家伙推到哈德逊河里去。这些长着狗鼻子的人物脑子里想的显然要比公众眼里看到的多。

顺致最美好的祝愿。

詹姆斯·劳克林（1914—1997），美国现代主义文学代表性出版平台新方向出版公司的创始人及主管，出版过戴尔莫·施瓦茨的书，其中著名的作品有《责任自梦想开始》(*In Dreams Begin Responsibilities*)（1938）和《世界是一场婚礼》(*The World Is a Wedding*)(1948)。在纽约贝尔维尤医院（Bellevue Hospital）精神病科住院期间，施瓦茨偏执地认定他的妻子伊丽莎白和艺术评论家希尔顿·克雷默[1]有染，雇了一个私家侦探文森特·斯坦齐奥尼对此进行调查。凯瑟琳·德弗兰斯·卡弗（1921—1997）在科维奇于1964年去世后，成为贝娄在维京出版社的编辑。之前在雷纳尔与希契科克、哈考特·布雷斯、利平科特[2]的时候，她编辑出版作品的作者有凯瑟琳·安妮·波特、爱·埃·卡明斯、伊丽莎白·毕晓普、约翰·贝里曼、莱昂纳尔·特里林、莱昂·埃德尔[3]、伯纳德·玛拉默德、莱斯利·菲德勒和理查德·埃尔曼[4]。六十年代后期，由于对美国涉足东南亚感到厌恶，她移居伦敦，在那里为查托和温达斯、维克多·高兰兹[5]和牛津大学出版社工作。

---

① 希尔顿·克雷默（Hilton Kramer，1928—2012），美国艺术评论家、杂文作家。

② 雷纳尔与希契科克出版公司原文为 Reynal & Hitchcock Inc.，有旧译为雷诺与希师阁出版社；哈考特·布雷斯出版公司原文为 Harcourt，Brace & Company；利平科特出版公司旧名为 J. B. Lippincott Company，后并入哈珀与罗出版公司即 Harper & Row Publishers。

③ 约瑟夫·莱昂·埃德尔（Joseph Leon Edel，1907—1997），美国文学批评家、传记作家。

④ 理查德·埃尔曼（Richard Ellmann，1918—1987），美国文学批评家、传记作家。

⑤ 查托和温达斯出版有限公司（Chatto & Windus Ltd.）和维克多·高兰兹出版有限公司（Victor Gollancz Ltd.）都是英国出版商。

致约翰·西蒙·古根海姆纪念基金会

1957年12月26日，纽约，蒂沃里

基金候选人保密报告

候选人姓名：伯纳德·马拉默德

我非常欣赏马拉默德先生的作品，而我不乏同道。这位先生无愧于批评家们给予他的欢呼（此举实为罕见）。他的优秀品质不言自明。在犹太血统的作家中，他以优雅细腻的传统意识著称。有些人习惯于以一种粗暴的方式对待盎格鲁-撒克逊世界里的犹太人。[伊斯雷尔·]赞格威尔[①]是始作俑者，而迈克尔·戈尔德[②]几乎将其终结。但愿他让这种东西永远绝迹。唉，可叹阴魂不散。幸运的是，马拉默德先生对此心无芥蒂。他的优点我能看到，想来委员会的先生们也是同样。

致菲利普·罗斯

1957年12月26日，纽约，蒂沃里

亲爱的菲利普·罗斯——

我这里的稿子翻来翻去，一大堆一大堆的，像沙丘一样。你的那篇今天才露面，搞得这么乱，真是非常对不起。其实更难受的是我。

我对你这个短篇的反应倾向于正面，而且感觉强烈。但是也有其他看法。我喜欢这篇小说的直截了当和生物学意义上的直白。这种东西太合我的心意了。我觉得莫伊很出色，帕[③]，也不错。不过一个连的日本人切腹自尽，我不太有把握。想法很好，可这个**想法**太明显了。我对小说中的**想法**非常在意。加缪的《鼠疫》（*The Plague*）就是个**想法**。是好还是坏？我觉得没什么要紧。在你手里，**想法**很

① 伊斯雷尔·赞格威尔（Israel Zangwill，1864—1926），英国作家。

② 迈克尔·戈尔德（Michael Gold）或称迈克（Mike）·戈尔德，是美国犹太人作家伊佐克·艾萨克·格兰尼奇（Itzok Isaac Granich，1894—1967）的笔名。

③ 这个“帕”（Pa）在发表的小说里并未出现，有可能是作者修改中给人物改了名字。又如下句中的“切腹自尽”（hari-kari），虽然发表的版本里后面用了一次这个词，但实际上里面这一个连的日本军人并不是切腹，而是饮弹自尽的。

轻松地快速推进。简直所向无敌。莫伊怎么说？[1]

你这样吧，到第五大道522号找找亨利·沃尔肯宁。那是我的代理。而且是个非常好的代理。我运气好。另外还要请你原谅稿子在我这儿放了这么久。我应该拿到以后马上就看的。不过我本来就活得不太对头。

祝好。

贝娄做出回复的是《期待汪达尔人》[2]的初稿，这篇小说次年发表于《绅士》杂志。

---

① 这一段里上一个莫伊（Moe）是小说中的人物，这里的莫伊或指古根海姆基金会的负责人亨利·艾伦·莫伊，菲利普·罗斯不久后即获得该基金会资助。

②《期待汪达尔人》(*Expect The Vandals*）是菲利普·罗斯的短篇小说，1960年改编为电影《血战孤岛》(*Battle of Blood Island*）。汪达尔人是古代日耳曼人的一支，曾入侵并劫掠罗马，后成为肆意破坏者的代称。

1958年

致拉尔夫·埃里森

1958年2月14日，埃文斯顿[1]

亲爱的拉尔夫——

抽空给我写几个字，说说事情进展如何。不必正儿八经写一封信。我自己都不会写了。好几年都是如此。

芝加哥很——很了不起吧，我想。没理由怪这个地方。总有某种内心的挣扎，不管是在哪儿。你在罗马大概也有过这种体验吧。

好啦，管他呢，亚当在学走路，也算了不起嘛。对这个小家伙来说，生活不过是个漫长的乡下集市。他对我可是有治愈作用。萨莎现在没事了，我们到这儿的时候或多或少都有点肺炎症状。

我们4月1号回去。到时你来一趟吧，帮我把园子里的菜种上。把稿子带来。

愿一切都好！

致约翰·贝里曼

1958年2月19日，埃文斯顿

亲爱的约翰——

好几个月的时间了，我和亨德森一起迷失在非洲最偏远的丛林里。劳工节那天我**从头**[2]写起，已经写了五百页左右。现在快完成了。最后一场梦幻发生在纽芬兰[3]附近。从火的撞击到冰的撞击。我得降降温啊。不管怎样，尤金·H·亨德

---

① 埃文斯顿（Evanston）在芝加哥北郊。

② 原文是法语：de nouveau。

③ 纽芬兰（Newfoundland）是加拿大东部的一个省。

森会让你满意的。而且我相信他出来的时候神志清楚，虽然他进去的时候处于疯狂状态。这才叫新闻呢。

亚当今天满周岁。保罗也快了。该让他们碰个头了，还有他们老迈的父母也是同样。我们居然有将近一年的时间没见面了，怎么搞的？

问安妮好。**你心烦意乱的朋友**[①]。

你还欠我好几本诗呢。记得吗？杂志上没看到嘛。我是享有私人订阅权的吧？

致帕斯卡尔·科维奇

［未注日期］［旧金山］

亲爱的帕特：

马歇尔［·贝斯特］[②]的消息来自寄给汤姆［·金兹伯格］[③]的一封信，他挺喜欢《雨王亨德森》。这本书我已经写完了（全部正常手写），今天上午准备开始打出来。结尾就有三章，手稿五百多页，可我的感觉是这本书不该这么长。你说得对，我不能跌跌撞撞往前赶，应该从容不迫地写出来，因为所有的笔记都是做好了的。从容不迫，我是说。不能和闲散懒惰混为一谈。我辛辛苦苦向前推进，容不得懒散的风把我努力的成果全都吹走。除了两三处以外，我看不出有特别难懂的地方。不过那两三处（临近结尾）确实存在（主要是国王和狮子）。想表达的意思一定要融入喜剧才行。我得喘口气，然后再来试试看怎么改。自劳工节起写了五百页，大部分没问题。我累坏了。在埃文斯顿和《雨王亨德森》之间奔忙，我是筋疲力尽了，不过我恢复很快，在蒂沃里睡上几个星期，应该就可以发动最后一场战役了。旧金山还好吧，我想，虽然在三千英里的旅程之后，这地方会让你觉得，最起码的，你大概是已经离开美国了。

---

① 原文是法语：Ton ami très distrait。——原注

② 马歇尔·贝斯特（Marshall Best，1901—1982），维京的编辑，后成为主管。

③ 汤姆·金兹伯格（Tom Guinzburg）即托马斯·亨利·金兹伯格（Thomas Henry Guinzburg，1926—2010），维京出版社老板哈罗德·金兹伯格之子，于其父 1961 年去世后接管维京。

衷心祝福每一个人——已生的，再生的，新生的。

别怕[①]。

祝好。

致约翰·贝里曼

1958年7月24日 ［蒂沃里］

亲爱的约翰，

非常感谢，老朋友，谢谢你的来信。只要是你告诉我的事，我都完全相信，你跟我说的话让我受益无穷。快乐来之不易，唉，就像快乐的父母也就是愉悦和幸福一样，都是要去追求的东西。我知道该去追求什么，可有的时候这种追求让我心情十分压抑。我确实爱老亨德森，却并不坚定，这对他很不公平。至少这本书是写完了，或者说差不多写完了吧。我怀疑在写到中间的时候，我可能过于写实，过于认真了。不过我正准备把认真给解雇了。我想我会有办法做到的。定的规矩太多了。这是个坏习惯，从摩西[②]开始就有了。

这本《堂［吉诃德］》和我见到的任何一本书一样漂亮。这要让我重拾西班牙语了，其间，且待我好好欣赏书中的插图，看那些学术注释。

我们什么时候能见到你、安妮和保罗？蒂沃里的门始终对你们敞开。

你实打实的老朋友。

致莱斯利·菲尔德

［未注日期］［蒂沃里］

亲爱的莱斯利——

我并没有打算让人听起来很刻薄。当然了，不是因为友谊（**不至于吧**[③]？）就是因为人太熟了。从来没有发展到友谊的程度。

---

① 原文是德语：Schreck dich nicht。——原注

② 摩西（Moses）是《圣经》中古犹太人的领袖，立法者。

③ 原文是法语词 manqué。

就某些方面而言，我理解而且认同你的定位。只是我认为定位是从一件艺术作品中**自己浮现出来**的，而你似乎认为是外力赋予的。艺术家说自己是怎么想的没什么用处，“预先准备好的”态度会招致灾难。也许你会觉得这个说法倾向于“辩论嫌忌”①（难解的词）。我只是不满于智力变得如此赤裸裸。意识形态对我们重新布置空房子毫无用处。

不管怎么说，如果我真的是一个“辩论嫌忌者”，那么做一个“辩论嫌忌者”在可能的范围内几乎是最具有颠覆性的事了。只有人文主义者更具颠覆性，或者说最具颠覆性，而我就是个人文主义者。《雨王亨德森》不是赖希式的困惑，而是喜剧。我回避教条。如果我必须成为一个破坏者，我愿意，但不是在教条的基础上。

佛蒙特州的戈申（Goshen）在哪里？离纽约的蒂沃里很远吗？[……]

问候玛格丽特。

祝好。

致帕斯卡尔·科维奇

1958年10月2日，明尼阿波利斯

亲爱的帕特——

[……] 哥伦比亚大学的那个演讲稿我还没写，不知道该说什么，非常困惑，可我9号或者10号就要乘飞机到那儿去演讲了，在讲台上我也许看起来还是一副胸有成竹很自信的样子呢。上帝给了我这种天分，用来交换他从我这里拿走的演讲内容。

保罗·埃弗里特·米尔②博士和我交谈一个月以后，认为我总体正常。这让我为你们这些其他的家伙感到遗憾。这么说生活就是这样喽？我有什么呢？而且这也是正常的生活？大家都多么难过啊！但是我宣布，为了捍卫人类的理想，我把自己和众多幸福的人隔离开来，我太善解人意了。我一定属于那种光明正大

① 原词是心理学术语 misology，又译“说理嫌忌”。心理学有“厌新症”（misoneism），指“嫌忌新事物”，仿拟或可得“厌理症”。

② 保罗·埃弗里特·米尔（Paul Everett Meehl［原书中拼写误为 Mechl］，1920—2003），美国著名临床心理学家，心理学哲学博士，人格心理评估专家，明尼苏达科学哲学研究中心创建人之一，1951年至1957年任明尼苏达大学心理学系主任。姓名又译保尔·米尔。

的人。

桑德拉身体很好。她一天十六个小时看中世纪史，别的事几乎都顾不上。一个和善的女人每天从上午9:00到下午3:30照看亚当。是要花点钱，不过反正我也不知道怎么享受花钱的乐趣。想不出来，也从来都没想出来过。你怎么做的？如果《雨王亨德森》挣了大钱，也许哈罗德·金［兹伯格］愿意私底下教教我。

认得出我写的字吗？

代我向多萝西问好，就是你家的那个多萝西，别搞错了，问问她愿不愿意下个星期六到格拉纳达公寓（Granada's）来做客①。你也来。我还要请我岳母来。

你的好友。

可我什么也写不出来。我还在朝救生筏游呢。

致拉尔夫·埃里森

［未注日期］［明尼阿波利斯］

亲爱的拉尔夫：

有什么新消息吗？［《雨王亨德森》的］校样已经出来了，我准备把这次在大学教书当成一次疗养。行政部门反击了，给我压的工作量比较大，不过我打算大部分都闭着眼睛凑合过去，胜利似乎在我这边。萨莎则是大量阅读拜占庭历史。我敢说她一定会载入科普特教会②的史册。无聊的话题让她高兴。我对此深感兴趣（沉睡中）。不过我们确实也能经常找到些乐子。政治集会一直很火爆，今晚就是选举之夜，我要抓上一扎啤酒到D7C总部③去，为我的候选人助兴。［阿德莱·］史蒂文森④上周在这里，和莫特·萨尔⑤一样有趣。

幸运的是，这里没有像麦迪逊广场花园或者大斗兽场这样的地方，你有机会

① 贝娄夫妇在当地的住处？

② 科普特教会（Coptic church）是埃及原住民基督教派。

③ 美国民主党在明州的总部？

④ 应指美国政治中史蒂文森家族的阿德莱·史蒂文森二世（Adlai Stevenson II，1900—1965）。

⑤ 莫特·萨尔（Mort Sahl），本名莫顿·莱昂·萨尔（Morton Lyon Sahl，1927— ），出生于加拿大的美国喜剧演员。

和政客们开玩笑。

亚当的牙大部分都长出来了，词汇量也相当可观，但是其中有些真是不好。他的学习能力进展很快，我们都忘了不能说脏话，毫无防备的状态下他就学会了。不过说点诚实的脏话倒也没坏处。

我接下来要说的每一句话都要受到上面的影响了。

有漏洞吗？

我们能救救那棵松树吗？情况越来越严重了。

致以诚挚的问候[1]。他们怎么说的？——**祝你好运**[2]！

爱你。

① 原文是意大利语：Tanti saluti.

② 原文是意大利语：Auguri!

1959 年

致约瑟芬·赫布斯特

1959 年 1 月 31 日，明尼阿波利斯

亲爱的乔茜：

你知道倒霉是什么意思，所以我写下面这些不是为了向你诉苦，我这么做只是为了解释我为什么没有给你回信。

去年 6 月桑德拉和我大吵了一架，她带着孩子去了城里。这样我就又得照料房子，又得写我那本头疼不已的书，还要照顾来和我一起过暑假的大儿子。你可能看见过我和桑德拉吵架，这次又是那样。要说清怎么回事，就得讲很多鸡毛蒜皮，麻烦得要命。她在一家画廊工作，我是在重写《雨王亨德森》，一边修改，一边给一位打字员口授。每天八小时、十小时、十二小时、十四小时，连续六个星期。到 8 月中旬，我都快要自杀了。

我的一个外甥，我姐姐的儿子，也有这个想法，比我还要认真。快到月底的时候，在旧金山的军营里，他陷入困境，看不到出路，就自杀了。

我开车去芝加哥参加葬礼。

然后我继续走，来到明尼阿波利斯。桑德拉和我修补了关系。意思和字面上差不多。两三个月的时间，修修补补，顶多也就只能做到这个程度了。最近我们又好了一些。原来桑德拉有一种神经紊乱症，本身并不严重。这个毛病不影响她的身体健康，却在很大程度上实实在在地导致了我们的婚姻关系失调。不管怎么说吧，生活就算不是整个儿闪闪发光，起码也是亮起来了。不过人生还有一半呢，这点亮光还不够蘸烤面包片的。孩子很漂亮，长得也很快，桑德拉进了研究生院，表现极佳。

和你说这些，不是为了让你担忧（“男人的麻烦事！”），只是因为我要是不回复，就显得我太无礼了。乔茜，我不能那么做。过去一年的经历让我有足够的理由十年保持沉默，可我不想要那种特权。我很喜欢你，喜欢得不是一点半点，所

以我想听听你的看法。能费心给我写几句吗？

你的书怎么样了？可以给我几页看看吗？我会很快给你寄一份《雨王亨德森》的副本。[……]

谨致深情的祝福。

贝娄的外甥劳伦斯·考夫曼（Lawrence Kauffman）在要塞的军营里上吊自杀，当时他正在等待军事法庭审判，罪名是盗窃。

致帕斯卡尔·科维奇

［未注日期］［明尼阿波利斯］

亲爱的帕特：

酒藏起来了，灯没关。你们回来的时候一切正常吧？要有问题我就会很郁闷了。希望你和多萝西在南方度过了一段美好时光。你们走后［纽约的］天气冷得要命。

要报告的事情如下：莉莲·赫［尔曼］和我谈得很好，其结果就是我的《自我分析者布米奇的悲剧》(*Tragedy of Bummidge the self-analyst*)①写得顺手了。下星期进入第二幕。我埋头干活，写啊写啊。哦：子午线出版社（Meridian Press）极想办一本杂志，给编辑和撰稿人的待遇十分优厚。

福特基金会②也有消息。今天我收到了一堆表格，要填写我的财务历史详细情况。看来我每年挣的钱还不够把一只山羊从洪都拉斯运到邻国危地马拉去的。

《雨王亨德森》有什么消息吗？如果不是特别特别好，就请饶了我吧。

照片很可怕是吗？肯定够呛。

希伯来语词典和唱片都到了。多谢。

请代我向多萝西问好。

你忠实的朋友。

1月份没有支票？

---

① 这是贝娄的一部剧本，拟名多次改变。

② 福特基金会（Ford Foundation）成立于1936年，总部在纽约。

致伊丽莎白·艾姆斯

1959年2月5日，明尼阿波利斯

亲爱的伊丽莎白：

希望你这一年过得很愉快。

我这一年则是百感交集。幸运的是，我慢慢发现，我的性格还是挺强硬的。我在这儿还一直认为自己是脆弱的花朵呢。真是莫大的错觉！当然了，还是坚强点为好。他们要用机器把我们的身体和骨头运到月球上去，已经快准备好了。想象一下雅都在火星和金星上是何等景象。这想法让人清醒不少。

我正准备让维京出版社给你寄一本《雨王亨德森》。这本书大可诞生于火星雅都而不是其实际诞生地萨拉托加泉。你会觉得这个回报太微不足道，抵不上你的款待。然后你可能又会挺喜欢它的。希望如此。

祝好。

致约瑟芬·赫布斯特

1959年2月18日，明尼阿波利斯

亲爱的乔茜：

匆忙写几句：你说得没错，是有一本杂志。9月份出版。子午线出版社出，我是编辑之一，**是首席**[①]。很想看看你写的东西，尤其是回忆录。我有种感觉，你的这类作品一定会特别热门。可以给我一份吗？我会非常感谢。几位编辑都非常渴望和典型的文学杂志保持距离。稿子当然要具有某种程度的文学性，但是我们想避免过分强调文学。这份杂志里不会有批评性文字，要有也非常少。文章还应该围绕话题安排，必须鼓励作者写报道，写题材熟悉的随笔，写社会评论之类。摆脱文学就是关于文学自身的这种观念[②]。以及此类鬼话。

① 原文是拉丁语：primus inter pares。
② “文学就是关于文学自身的”原文是“literature is about itself”。

详情我近日去信细说。我一般不这样做。但我感觉为你所吸引。怎么回事?也许你比我更明白吧。我喜欢上你了。你身上有种东西能让我产生那种感觉，非常强烈。[……]

致帕斯卡尔·科维奇

1939年2月19日，明尼阿波利斯

亲爱的帕特：

我们［的《雨王亨德森》］好像是引起了一点轰动，我知道你不会为此不高兴的。我没看过任何评论，除了你寄来以后桑德拉看过的那些以外。她觉得我去年夏天受的伤够多的了，没必要再去舔更多的伤口，我想她说得对。无论怎样，我认为我已经看到的就足以让我满意了。其余的说明不了多少问题，此外，我不能让自己对这些反映想得太多，无论这反映是好还是坏。我见过不止一个作家停下手头的工作，花一年两年三年的时间去关注某一本书的命运，结果却是发现自己失去了创作的头绪。我正在写一部闹剧的第二幕，这才是我要努力去思考的事。

福特［基金会］这笔钱通过之前，我接受了几个做演讲的邀请，一个是在伊利诺伊州，另一个是4月份在芝加哥。4月24日以后我打算休个短假。6月初，我们**全家**①要到东部来。我知道你在想这笔基金到底有多少。是这样，每年八千，连续两年，所以没啥可抱怨的。基金会认为，有了这个基础，我就能多挣些我需要的钱而不必为生计发愁。这是真的。不过我现在需要的是去写那个剧本，而且我看不出对我们那本杂志有什么反对意见。办杂志让我兴奋。这不是和挣钱一样吗?我不会去教书，所以这对我很有好处，即便是在写作期间，我也得做些其他有兴趣的事才行。

当然了，明年我们会在明尼阿波利斯住上一段时间，这样精神和神经方面的治疗就可以继续了。他们说我康复很快，桑德拉也好多了。床上那一套都很好，好得异乎寻常，我们彼此已经开始感觉到了浓浓的爱意。所以长时间离开这个基地不免荒谬。明年我会不时来住住。

我想《时报》那篇文章惊起了一窝大黄蜂吧。这很好。这些牙尖舌利之辈安

① 原文是法语：en famille。

安静静地嚼纸片子已经很长时间了，还没让人搅扰过呢。

问候多萝西。

你忠实的朋友。

贝娄刚刚在《纽约时报书评》上发表了一篇文章，题为《世界深度读者，小心！》。

致拉尔夫·埃里森

［未注日期］［明尼阿波利斯］

亲爱的拉尔夫：

这几个月一直很紧张。几年前我随口给你的那个建议，我自己要是真照办了也就会懂点事，不至于陷入这场混战了。可怜的《雨王亨德森》引发了狂热而激烈的争吵，而我偏偏就弄不清我自己的立场，这才叫火上浇油呢。因为我控制不了自己的头脑，不知道书中哪些部分产生于欢乐，哪些部分产生于绝望。我看穿了评论家的偏见，他们对新事物的评价和对意外事物的报复很容易，可如果把这本书视为纯粹想象的产物，要辨别其中究竟却并非易事。过去两年里，心智与情感的焦虑、挣扎、困惑把这些都搅成了一团乱麻。我知道我想给出什么样的回答，让我心烦的是我想给出这种回答的意愿非常强，我只知道，这种态度比《雨王亨德森》里所有其他要素加起来都更强烈，别的都没把握。由此你会得出结论，你的朋友头脑严重混乱，而蒙田[①]说：必先入迷，才能聪明。没错，可是要多长时间呢，噢主啊！还有成功与失败交织也让人心乱，这种状态让你没法好好地入迷，尽管去年夏天出现的滑坡现象应该让最严苛的道德家也感到满意了。我倾向于把《雨王亨德森》全部归因于头晕目眩，然后开始考虑新的开端。[……]

我想第一期里放一点你的东西，如果海上厨师那篇还没写好，就发小说节选。抽出几页写那个小传教士的就行。一定很不错。正好你也可以看看印出来的效果。对我来说，这不管怎么说也总有些价值，不过你的感受可能和我不同。

① 米歇尔·埃康·德·蒙田（Michel Eyquem de Montaigne，1533—1592），法国思想家、散文家。

希望那所房子没给你找太多的麻烦。[……] 估计油料的账单挺烦人的。没关系，可以由我来付。房子的各种费用加起来相当少。我每年从父亲的财产中得到几百元，差不多刚好够付燃料费，这让我感觉到老爷子仍然在给我提供庇护。我想每个人都是根据自己天生的喜好来做这些安排的。有几件具体事：看看［杂工］［杰克·］萨尔达（Jack Sarda）有没有清理排水沟里的树叶，那是他该干的活儿。还有，我和他说好要把前面的楼梯和百叶窗刷上漆（冬天之前应该漆好），你可以提醒他一下，还有我们商量过的给厨房装铝合金门这件事。为什么我总是把他这种“艺术气质”和表现不佳联系在一起？我又开始想到园子了。草莓该稍微锄锄了，等地一干，就得把园子耙一遍。这个活儿都是埃德·史密斯加油站的那个家伙（埃尔默）来干的。应该是先把腐殖土和肥料撒下去，不过如果你忙的话也不要紧，我喜欢做这种事，6 月份我们回来以后我来做。

那本杂志，我们起名叫《高贵的野蛮人》[1]，现在有了几篇非常好的稿子。一篇是约翰·贝里曼的，关于印度，一篇是个叫爱德华·霍格兰的年轻人写的（他写了本书叫《猫人》[*Cat Man*]），很不错，一篇短的作者是赖特·莫里斯，等等。把你列为特约编辑了。如果你不反对，可以给我或者子午线图书公司（Meridian Books）的阿伦·艾舍写一个简单的声明表示同意吗？

在芝加哥见到了马拉默德。毫无疑问，这个奖就该给他。

中世纪女王问你们好。还有我。

伯纳德·马拉默德的小说《店员》（*The Assistant*）刚刚获得美国国家图书奖（小说类）。

致帕斯卡尔·科维奇

1959 年 4 月 6 日，明尼阿波利斯

亲爱的科维奇博士：

在此附上这封信，不敢希望你能有一次注意到我的意愿。请发发慈悲，告诉

① 后文简称《野蛮人》。

那位女士，别寄那种死鹅相的照片，让我看起来像尼加拉瓜的弗雷德·艾伦[①]一样，还是寄那张大笑的照片吧，就是你说过你喜欢却从来没用过的那张，行吗？这个问句很长，因为用词非常讲究啊。我希望在芝加哥还是用那张老照片。我的预想就此记录在案，其余的事就看你了。

由于精神方面的原因，波多黎各之行不得不取消。家里人病了。我身边的人。我自己。去不了了，夏天将到，我们要离开明尼阿波利斯了，明年冬天我们可能会在欧洲或者亚洲，所以现在去度假没有意义。不管怎样，我必须把这个剧本写完，虽然我现在没多少精力做这件事。在生活的各个方面，我都在尽我的绵薄之力。那些野蛮人不催我就好了。我这个月24日要在芝加哥演讲，29日在匹兹堡演讲，我准备芝加哥演讲结束后直接到纽约来。我尽量当天晚上就走，这样就可以在纽约过周六、周日、周一，周二飞匹兹堡，周四去普度[②]，跑这一趟挣七百块。不再看畅销书单会让人很安心。三个星期。并不多。不过，你上次给我的信还是有点令人费解，因为你说这本书卖不出十五万本。当然卖不到那个数。可四万呢？三万呢？就是三万也很好啊。可以用来付蒂沃里的抵押贷款。世上最佳受罪地点。我要留着蒂沃里，老了以后或者发疯的时候住。

那么，如果快到月底的时候我来待几天，多萝西会不会有意见？我保证不惹麻烦。我想见格雷格和莉莲·赫尔曼，要是能借辆车或者租辆车，也许我们可以和拉尔夫·埃里森在乡下共度一天。塞缪尔·S. 戈德伯格会把他的凯迪拉克敞篷车借给我。

谨致最诚挚的问候和爱。

致帕斯卡尔·科维奇

［未注日期］［芝加哥］

亲爱的帕特——

我想伊丽莎白·艾姆斯和约瑟芬·赫布斯特都没有收到《雨王亨德森》的样

① 弗雷德·艾伦（Fred Allen），本名约翰·弗洛伦斯·沙利文（John Florence Sullivan，1894—1956），美国喜剧演员。

② 美国普度大学在印第安纳州西拉法叶市（West Lafayette），芝加哥东南部。

书，她们俩都在雅都。请让丽塔查一下好吗？

昨晚和玛丽莲［·梦露］及她的朋友们在“水泵房”[1]共进晚餐。今天狗仔们就把水泵用在我身上了。看到一张熟悉的面孔，玛丽莲似乎真的很高兴。我还没在玛丽莲身上看到任何不真实的东西呢。在成千上万的人包围下，她表现得像个哲学家。

今天上午收到了格雷格的信。他通过了一场高难度考试，布朗克斯科学高中[2]录取他了。怎么样，不错吧！

祝好。

关于玛丽莲·梦露，贝娄后来说：“她连接着一股非常强大的电流，却无法将自己与之断开。［……］她的肌肤之下有一种奇异的炽热。”

致哈维·斯威多斯

1959年4月9日，明尼阿波利斯

亲爱的哈维，

看了你写的《雨王亨德森》书评我很高兴。围绕着这本书的误解太混乱了，我真想欢呼啊，终于有人把要点梳理出来了——活泼的喜剧，到处可见真诚织就的黑色边缘。我不能同意说结尾是伤感的，可话说回来，我又怎么能说什么同意不同意呢？

最后，我想请你考虑为一本半年刊写点东西，我会是编辑之一。这本杂志由子午线出版，稿费是每字五分钱。我想提供释放压力的可能性，以过去那种很美好的漫谈方式来写，这对二十年代的小说家来说是很自然的事，体现这种写作特点的杂志有《日晷》(*The Dial*) 和《水星》(*Mercury*)，作品是《大房间》或者《美国焦虑》[3]（那个时候威尔逊还有生命，后来他就变成《纽约客》的老顽固了）。

---

① “水泵房”(the Pump Room) 是芝加哥大众酒店 (Public Hotel) 里的一个餐厅，明星名流常在此聚会，当时这个酒店的名称是“东方大使”(The Ambassador East)。

② 布朗克斯科学高中 (Bronx Science High School) 是纽约市的一所老牌著名公立高中。

③《大房间》出版于1922年，是诗人爱·埃·卡明斯的自传体小说，《美国焦虑：衰退一年记》(*The American Jitters: A Year of the Slump*) 是批评家埃德蒙·威尔逊1932年出版的一部纪实文集。

你有兴趣报道［弗洛伊德·］帕特森［对英格马·约翰森[1]］的比赛和/或麦迪逊广场花园的其他活动吗？我知道帕特森的经纪人卡斯·阿马托（Cuss Amato）是个心理学家，至少有人是这么跟我说的。据说他给帕特森讲解过在拳击场上感到恐惧的必要性，这个主意真是神了。我猜帕特森天生就不知道什么是恐惧。

你会加入一场狂欢。子午线会给你买票，为你付车费和饭钱。撰稿人里包括埃里森、赖特·莫里斯、约翰·贝里曼、我本人、戴·赫·劳伦斯（他生前不愿公开的作品）和你的其他一些朋友。还可以加上阿瑟·米勒。你觉得行吗？当然我也想看到小说，不过我特别热衷的是让作家重返世界。文学一直是他们的全部生活，这个时间太长了。希望这本书进展顺利。

顺致最美好的祝愿。

哈维·斯威多斯（1920—1972）是小说家，最著名的作品是《蜡烛熄灭了》（*Out Went the Candle*，1955）和《布鲁克林花园之夜》（*Nights in the Gardens of Brooklyn*，1960）。1959年9月，他在《绅士》杂志上发表了《为什么从人类中辞职？》（*Why Resign from the Human Race?*）一文，据说正是这篇文章激发了和平队[2]的建立。斯威多斯对《雨王亨德森》的评论发表于《新领袖》杂志。

致范妮·埃里森

1959年4月14日，明尼阿波利斯

亲爱的范妮，

谢谢你对《雨王亨德森》的美言。书中很多地方接近癫狂，就像一个人不知怎么笑个不停的时候会形成的那种状态，而且书里有些东西我是希望再也别看见了。总有一天，我要走进那间小小的内室，我人性中最好的那一块禁锢在那里面

① 弗洛伊德·帕特森（Floyd Patterson，1935—2006），美国重量级拳击手；英格马·约翰森（Ingemar Johansson，1932—2009），瑞典重量级拳击手。1959年6月26日，帕特森输给了约翰森，失去世界重量级冠军宝座，一年后再战得胜，重夺王冠。

② 和平队（Peace Corps）建立于1961年，是美国政府为在发展中国家推行其外交政策而组建的组织。

已经很长时间了。现在还不行。

我们都比以前好多了。想来离开蒂沃里对我们的好处，就和你说拉尔夫在那儿待着的好处差不多。

愿你在各个方面都顺心如意。

你的朋友。

致爱丽丝·亚当斯

［未注日期］［明尼阿波利斯］

亲爱的爱丽丝：

你的短篇小说写得好多了，只是仍然比较沉闷（**我**是应该说话的）。你写作的精神实质没有给讨论留下余地。那是内心的最后一声呐喊，这一点非常明显，所以我不想做技术上的任何分析。然而故事本身“技术性”也很强，无论是就其好的意义还是不太好的意义而言都是如此。你比我更像个美国人，这一点处处可见。你在恐慌的边缘工作。对于你的工作也就是作品本身，我没有一个字的坏话要说。我也的确说不出这个故事的任何不是。就这类作品而言这篇小说写得非常出色。没有留下可讨论之处，除了小说种类这一点，这就又回到了本段的开头。我不想把牵引器塞进你灵魂的中心去。我想我在这件事上可能很愚蠢，所以必须先请求你原谅我。

我不明白的是格局怎么会那么小。这一下子就把故事与生活隔绝了。这种格局里有种东西让人喘不过气来，没有给情感留出足够的余地或者空间。情感不能释放，所以发展得很痛苦。明白了吗？或者让我用老式的而且你可能认为很浮夸的统一性和多样性这种美学术语来说。这篇小说缺乏多样性，其优点反而紧紧地套住了读者，让人无法忍受。此外，你不必写得像弗吉尼娅·伍尔夫之后所有的类似作品一样。你应该放弃一些女性情感的常规写法。

这话听起来可能不友善，但是我向你保证，所有的不友善都只是听起来而已。有很长一段时间，我也放任自己给推进这些狭小的空间里。我只是想激励你在面对心理压迫的时候发出那个神奇的声音——“嗖！”十九世纪把作家逼入阁楼。20世纪把作家关在果壳里。唯一的补救办法就是在无限空间里自我封王。这种状况也有一个词可以表达，就是自大狂，不过从你这里我知道了（那种触动的感觉非常好，那是一种狂热，女孩因此患上了各种精神疾病）对此不用担心。

我想萨莎和我很快就会离开西部。我得回东部去。倒不是因为有什么很期待的事——我儿子我是一直都很想见的。因为有个截止期快到了，我不得不谢绝了伯克利[1]的演讲邀请。所以我们不会再回旧金山了，唉。真是个遗憾。

非常感谢你帮我联系工作。这些日子钱非常紧张。安妮塔是金融恶魔。我呢，这方面又是个蠢蛋。我意识到——不过太晚了——要不是我的胆怯碍事，我的古根海姆基金很可能会多出一千块来。可光说又有什么用？

我在巴黎的时候当然认识比尔·布朗（Bill Brown）。记得那个人挺不错的，快乐又疯狂。每当他严肃起来的时候，脸上都有一种极度痛苦的表情，对吧？就是这个人。

不太了解［诺曼·］梅勒[2]的情况。我喜欢他，可他是那样一个耽于理想的人。我做事都是不走轻松路的。

祝好。

爱丽丝·亚当斯（1926—1999）是美国小说家，知名作品有短篇小说集《自你走后》（After You've Gone，1989）、《最后的可爱城市》（The Last Lovely City，1999）和长篇小说《上等女人》（Superior Women，1984）。

致拉尔夫·埃里森

［未注日期］［明尼阿波利斯］

亲爱的拉尔夫，

我指望那两个可爱的小老头把菜种上，可我想春季的清扫工作对他们来说负担就太重了，那么多死蛾子呢。所以要请你到红钩[3]的农民合作社去买甜玉米、黄瓜和南瓜种子，然后还请帮忙种下去，从左向右依次是几行西红柿、大约六穴

① 指美国加州大学伯克利（Berkeley）分校。
② 诺曼·金斯利·梅勒（Norman Kingsley Mailer，1923—2007），美国作家，好涉影视、政治等。
③ 红钩（Red Hook）是纽约布鲁克林的一个区。

或者八穴黄瓜、五行或者六行玉米（六行应该比较合适），最后是大约五穴南瓜，就是原来种西红柿的那个地方。你会看到，园子中间栏杆那里的地是最不好的。去年夏天我在那儿种了些大豆，好让土地提高点肥力。这些活儿几个小时就能干完，对我可是帮了大忙。这可以让我们大家今年夏天收获不断，也给萨莎和我找了个出去晒太阳的好理由。

我想那台割草机绝对不行。现在便宜了，我可以到蒙哥马利-沃德公司[1]去[……]买一台带保修单的。钱吗？需要的时候不知怎么总会有的，我已经学会不去多余费那个脑子了。

生菜、胡萝卜等等兔子和土拨鼠要偷吃，露天种没用。

如果萨尔达已经筋疲力尽，我们最好现在就开始另找人来承担全年的定期照看事务。我们要解雇老莽汉杰克，公平但是不讲情面，除非他从那种长眠中醒过来。

我很快就回去收拾那些野兔。希望园子里的事不要对你压力太大。喜欢种什么就种什么吧，不过要是住在乡下而没有玉米和西红柿，我会发疯的。没有牛已经够糟糕的了。

祝好。

致伯纳德·马拉默德

1959年5月10日，明尼阿波利斯

亲爱的伯恩[2]，

我回避所有的作家组织。笔会差不多是我的极限了，而我对这个组织也有疑虑。[作家]联盟[3]无疑是不错的，但联盟的敌人并不是出版商和代理商。敌人（我对他们也没有刻骨的敌意）是一亿六千万根本就不看书的人。联盟对他们，对奥维尔·普雷斯科特[4]，对电视和好莱坞打算怎么办？加入联盟可以让我每年的收

---

① 芝加哥的一家大百货公司。

② 伯恩（Bern）是伯纳德的昵称。

③ 指美国作家联盟（The Authors League of America），这个联盟成立于1912年，总部在纽约，1921年分化改组为作家公会（Authors Guild），至今仍是影响很大的作家组织。美国曾经另有一个作家联盟叫The League of American Writers，1935年成立，1943年停止活动。

④ 奥维尔·普雷斯科特（Orville Prescott，1906—1996），美国书评作家，长期担任《纽约时报书评》的主要作者。

入增加六百元。我对年收入增加六百元无所谓。不值得为此加入一个组织。[……]

祝好。

致理查德·沃·蔡斯

1959 年 5 月 27 日 ［蒂沃里］

亲爱的蔡斯先生：

我发现自己处于一种奇怪的境地，挑动人家对自己的行为提出批评，然后又想方设法不去听。别人对我写作的看法我一般都读不下去。可是我读了你的文章，感觉特别满意，你的许多观点我都同意。自由是用来干什么的？这是个我好像没有给出回答的哲学或者宗教问题。身为"认知型"作家却既没有意愿也没有能力朝一个明确的结论走下去，这事也挺怪的。我有时觉得我书中的喜剧就是对这种不明确状态的一种讽刺。

当然，单纯的小说家以前从未肩负过这样的责任，而且我怀疑追求这种有用的或者说以知识分子的眼光来看可以接受的观点能产生多少好的艺术作品。

无论如何，你为我做了件好事，我非常感激。

谨致问候。

理查德·沃·蔡斯（1914—1962），哥伦比亚大学英语教授，知名著作为《美国小说及其传统》(*The American Novel and Its Tradition*, 1957)。此时他刚刚在《评论》杂志发表了《索尔·贝娄历险记》(*The Adventures of Saul Bellow*）一文。

致威廉·菲利普斯

1959 年 7 月 13 日，纽约，蒂沃里

亲爱的威廉——

每隔几个月在《党派评论》上你的老鼠就咬我的脚趾头。我要是没有注意到就不自然了。

祝好。

致约翰·贝里曼

1959年8月12日，蒂沃里

亲爱的约翰：

太精彩了！太出色了！对分崩离析的命运女神[1]就是要这样回应。我把诗和泰姬陵[2]那篇寄给了子午线，你会得到回报的（不按严格的计算执行）。我们想把资金分散开来，付给所有重要的撰稿人。也许我们应该多发表一些《梦歌》，比如说十几首。五首的效果是震惊，十首的效果是敬畏。你看怎么合适就怎么做。我只是请你把这件事反复考虑一下。

关于编辑工作：我当时是想你可能喜欢做这个。你是特约编辑，就不会希望在杂志上看到没有价值的诗。刊头设计有些品位，不过不属于你的职权。至少我们可以做个筛选，听听你的意见。不想在你羸弱的背上（弱得就像鞭子!）加个负担。

《野蛮人》的大部分作品都会让你满意的。

保罗和亚当在阳光下过着美好的生活，两个孩子都光着身子，脚步蹒跚地追赶着腊肠犬和蝴蝶。

为了你所热爱的，保持专注，茁壮成长。

致约瑟芬·赫布斯特

1959年8月15日，蒂沃里

亲爱的乔茜：

收到你一封信，真是太好了。你的信总能让我恢复平衡，如果正赶上我的平衡出了问题的话，而这又是常事。你很有阅历，抵得上十个初出茅庐的新手。

我嘛，也有阅历，那些死气沉沉的人把我累得筋疲力尽，不知怎么搞的，和这些人见面成了我的事，对他们来说，“绝望”是个职业用语，就像“漂洗”对家庭主妇一样。这些人都该死！几个星期前一次聚会的时候就全是这种废话，我听得累

① 指希腊神话中的命运三女神，其主要工作就是两件事，一是浇灌生命之树，一是编织命运之网。
② 原文是Taj，即印度的泰姬陵，此处或指与泰姬陵有关的一篇文章。

死了，忍不住对旁边的人说了几句和人类追求真实的本能有关的话，他冲着我大笑起来。于是我让他想想庞提乌斯·彼拉多[①]，他的感情居然受伤了。他的**感情**！呸！

我从来没有想象过《雨王亨德森》最终会取得成功。我写这本书的时候状态很糟糕，就像个离心机一样转个不停。书里有些方面没什么问题，语言基本还好，实物想象也行，但是我意识到这本书把笑闹和认真混在了一起，换个说法就是，我把文学和许多别的东西混在了一起。这是不好的。为了满足最大的需求，我们做了很大一块东西，或者是球，然后推啊，推啊。西西弗斯[②]没有这么傻。他是个罪人，但他起码不是自己那块石头的作者。不过精神分析学可能会皱起眉头说，可他毫无疑问就是始作俑者啊。《雨王亨德森》最让我惊讶的是那么多人喜欢它。我不明白，竟然有人指责我太滑头，有意把整件事搞成这样。难道这些被称为(可为什么?)“批评家”的人认为，还有人**愿意**体验我那时的感受吗？我是真不明白。我想象不出来他们在搞他妈的什么鬼。**这些人**才是个谜呢。因为如果他们在外层空间里两眼一抹黑，他们怎么会碰巧就带着打字机呢?

不说了[③]！你看起来精神很好。我知道你有你的烦恼，不过烦恼拥有你一定是件很有尊严的事。因为，乔茜，你**很了不起**。我深爱着你。我在等着看你有什么可以给我们的。可能会有点钱给你，管业务的人肯定会给你预付稿费（发表前)。《野蛮人》是我们三个人共管，数我瞎叫唤最多。不管怎样，我每天上午都会在185号信箱里找你的稿子。

爱你。

致约瑟芬·赫布斯特

1959年9月5日，明尼阿波利斯

亲爱的乔茜：

你的稿子我马上就看了，而且什么诱惑都不能让我放下。这是那种让世界焕

---

① 庞提乌斯·彼拉多（Pontius Pilate）据称即钉死耶稣的古罗马犹太总督。

② 西西弗斯（Sisyphus）是希腊神话中的人物，因为触犯了众神，被罚推一块巨石上山，但每次都是不到山顶巨石就又滚下来，西西弗斯于是就得从头开始再推，无休无止。喻无效无望的反复劳作。

③ 原文是西班牙语：Basta! 意为“够了”。

然一新的东西。阅读中我看到蚂蚁在长着各种眼睛的树皮上奔跑，知道我遇上了真货。你的作品一开始以一种朴素、真实的方式娓娓道来，然后突然就变得非常精彩，毫无用力或者匠心的痕迹。

我在这里那里划出了一些我不太喜欢的段落，非常之少。也许全文应该以一场更为直截了当的进攻开始。现在是有点太长了。这可能是因为这是从书里摘出来的一段。然而每件事都是由感觉支撑的，从来不能过度，而你非常了解海明威和多斯·帕索斯，甚至对拉法埃尔·阿尔维蒂[①]这样不那么重要的人物都有清晰的认识。至于那个浮现出来的自我，正是我在雅都的富豪餐厅里爱上的那个人，**一见倾心啊**[②]。

我会把你的稿子寄给其他编辑。有两位，我想我可以向你保证他们会同意我的看法。

非常爱你。

赫布斯特投出的稿子是她关于西班牙内战的回忆录《僵硬的西班牙蓝天》(*The Starched Blue Sky of Spain*)。这篇文章发表在《高贵的野蛮人》创刊号上，今天普遍认为是对那场冲突最好的描述之一。

致约翰·贝里曼

[邮戳标识为 1959 年 9 月 8 日，明尼苏达，明尼阿波利斯]

亲爱的老伙伴——

借一句知名爱美人士的话——你有这个本事。

关于审读诗作——只要附上你给编辑的说明，他们就会根据你的意见来选择。简单。

关于钱——我不清楚资金情况，但是准备好了分享所有资金，我已经让子午线的人给你寄去二百五十元，这是部分报酬。

① 拉法埃尔·阿尔维蒂（Rafael Alberti，1902—1999），西班牙诗人，作家。
② 原文是法语：coup de foudre。——原注

很快会见到你。

别灰心[1]。

致拉尔夫和范妮·埃里森

1959年10月（？），明尼阿波利斯

亲爱的拉尔夫、范妮——

萨什[2]和我分手了——不是我的选择。你们整个夏天都看到我们在一起，所以你们可能和我一样理解她的决定。这次她没有什么指责我的话可说。她所有的就是一个决定。她说她喜欢我，尊重我，喜欢和我睡觉——就是不想再做我的妻子了。我没有什么解释可以提供，只有事实。我不知道她会怎么说。我只能说我很痛苦，尤其是为亚当难过。

请不要把这事告诉任何人。她已经提出离婚，而我很高兴现在快要走了，这是有原因的。离婚结果出来的时候我会在南斯拉夫，躲开了公众视线，不管怎么说我也心存感激。

祝福你们。

致基思·博茨福德

1959年10月15日，明尼阿波利斯

亲爱的基思——

现在你该收到杰克［·路德维格］的信了。我有件事要告诉你，而我的理解是，这件事仍然**仅限于你我之间**[3]。这里没人知道，萨什和我的关系最近一直非常糟糕甚至绝望。我告诉你这些是因为我应该跟你说实话。你的沮丧可以理解，对我的沉默，你理应得到解释。目前我没法考虑《野蛮人》的事，也没法想写作的事，不管是我的，你的，还是谁的。

① 原文是拉丁语：Nil desperandum。——原注

② 萨什（Sash）即萨莎。

③ 原文是法语：entre nous。

我们彼此了解不多，不过我们可以慢慢达到相互理解，而且是在深层次上。能力在那里，愿望也在那里。你一定不要把杰克和我看作是一伙的。我们的意见很少一致。我们之间几乎没有真正的私人关系。至于犹太性，杰克把自己的个人特点称为犹太人的共性，这让我从定义上就不是犹太人了。我第一次想要弄清我的犹太血统和教养到底意味着什么。不过这也是今后可以讨论的事，会有很多讨论的。我对我们的友谊抱有很大的希望。

昨天萨什的手让咖啡罐割伤了，伤得很厉害，我以为她的手指断了，就打电话叫了救护车。伤口深到骨头。缝了五针，疼得要命。我现在正在照料亚当。那个［字迹无法辨认］还没有。请原谅我写得这么简单，对安也请什么都不要说。

深深的祝福。

致帕斯卡尔·科维奇

1959年11月1日，明尼阿波利斯

亲爱的帕特：

她可能从来就没爱过我。现在她是肯定不爱我的，甚至可能恨我。我比较弱的时候，她作为强的一方可以获得一些满足感。可我恢复了信心，比以前更爱她，甚至在性的方面也是如此，这时她就无法忍受了。所以去年夏天，一切似乎都处于最佳状态，而对她来说，其实是最糟糕的时候。因为如今她成了有病的那一个。我不知道她为什么要等到我们在明尼阿波利斯定居下来、手里有了租约等等这个时候。我猜她有点依赖她的心理医生。有了他的支持，她就能告诉我，她不爱我也不能爱我，而且也许除了小时候以外，她从来没有爱过任何人。心理医生不赞成她现在的做法，但是一定会帮助她，所以她能利用心理医生。不管是怎么回事吧，大约三个星期前，她一脸冰霜很冷静地走进客厅，告诉我她想离婚。没有其他人牵涉其中。没有那个必要。她做事有原则，是个完美的思想家。离婚需要的文件都已经签好了。我每月要付一百五十块钱给孩子作抚养费，房子租期是一年，我要负责维修到年底。她就是再次改主意，我也不会变了。不是我不爱她。我爱。可她只会夺走我的余生，我还没打算和我的余生分手呢。还没有，即便我失去了她，失去了孩子，失去了几乎一切。

我15日那个星期离开明尼阿波利斯，感恩节那一周我在纽约。我想假期一结束就飞英国。按计划是12月11日到华沙。我可能会在那儿看到很多痛苦的事，足以让我不去想我自己的悲伤。我也可以让悲伤变得有用。

问候多萝西。

祝好。

致理查德·斯特恩

1959年11月3日，明尼阿波利斯

亲爱的迪克[1]——

看到你的评论很高兴，终于——也是首次——有人说清楚了，我的目标是让思想和行动相通。至于《雨王亨德森》是否有用，你的看法和我的一样。昨晚读布莱克的诗，读他写的那些迷失的孩子，尤其是《迷失的小女孩》[2]，我开始怀疑他一定是深深地钻进了我的潜意识里。每次经验都增加了纯真（第二种纯真），由狮子传递。可现在实际上只有一本书值得写。如果我们只能说“人性臭气熏天”，那么沉默会更好，因为**这个**消息我们已经听到了。我们自己的躯体传播的。如果我们有超乎于此的话要说，可以尝试，但是永远别要求我们自己来**证明**：“——哦，不，那不是屎，而是麝香猫的麝香，味道很难闻是因为太浓了，稀释以后，可以配成上好的香水。”说再多的硬话也做不成一盎司的艺术。所以我拿《雨王亨德森》来碰碰运气。我可以告诉你我希望它是什么，可我不能说它**就是**什么。我所有的能力都投入进去了，除了一项，就是自我检验的天赋，到现在为止，这种能力我只能用在我写下的语言上。我应该能做得更好。人们在等待。我自己的灵魂在等待。

不管怎么说，我喜欢你的评论。你所说的非常、非常接近真正的问题，而且文章的写作风格我很认可（思想的理性风格）。

现在说明一下我的个人情况：我正处于艰难时刻，痛苦不见尽头。桑德拉和

---

① 迪克（Dick）是理查德的昵称。

② 这个标题原文给出的是A Little Girl Lost，这里译为《迷失的小女孩》，威廉·布莱克另有一首*The Little Girl Lost*，可译为《迷路的小女孩》以作区别，两首都在他的《经验之歌》里面，其中有狮子出现的应是后面这首即《迷路的小女孩》。布莱克于1794年将其《纯真之歌》与《经验之歌》合编为《纯真与经验之歌》(*Songs of Innocence and of Experience*）出版。

我都对事态的发展感到绝望，我**并不**指望有一个皆大欢喜的结局。这是私人问题。你看看即可。没有什么冷漠、不举、出轨，只有痛苦。可怜的小亚当不知道要给他判刑了。我帮不了他，因为这和我一点关系都没有。我爱萨什，尊重她。可是她已经拔出了剑，而且**失去理智**[①]，要挥舞起来了。也许会因此而毁灭。我相信你在任何地方都不会提起这件事。把家人都卷进来会非常可怕。[……]

我11月中旬飞波兰。可能会在芝加哥停留。

永远的祝福。

理查德·斯特恩1928年出生，著有《戈尔克》(*Golk*，1960)、《欧洲或与巴格什和施赖伯一起到处走》(*Europe or Up and Down with Baggish and Schreiber*，1961)、《针脚》(*Stitch*，1965)、《自然冲击》(*Natural Shocks*，1978)、《父亲的话》(*A Father's Words*，1986)、《太平洋震颤》(*Pacific Tremors*，2001)等多部小说。他对《雨王亨德森》的评论发表于《凯尼恩评论》。

致基思·博茨福德

1959年11月5日，明尼阿波利斯

亲爱的基思——

没办法，真的束手无策，我就是放下自尊心也于事无补。什么都改变不了萨莎的想法。切断和我的联系，把亚当带走，这么干的是她。我没法为自己辩解，好像我哪儿做错了似的。不是常见的那些什么金钱啦、夫妻生活啦、情敌啦之类的事。而是很可能**就是因为**根本就不存在做错什么的问题。我要是虚弱不堪，她会可怜我，保护我。她无法忍受的是我这个人。我的本质。所以没有希望。因为如果我妻子不想要的**就是这个**，我该怎么办？萨沙是个绝对主义者。我想连她身上的**这一点**我都爱过。我相信我是和她在一起才学会了爱一个女人，不知道我心里的忧伤到哪里才是个头，到底要我怎样做才行。

① 原文是意第绪语词 meshuggah。

也许我可以找出一些在更微妙的方面我做错的地方，比如我没有控制好自己的自由，没有按照她的意愿去解释这个世界。可是对于这样的不足，丈夫完全可以从妻子那里得到同情。假如她爱他的话。而她并不爱我。

你的来信让我感觉到我们之间紧密的联系，这已经不是第一次了。如果我需要你，我会毫不犹豫地来找你。如果你哪一天需要我（希望千万不要因为这种事），你会看到我是可靠的。

深深地祝福你。

还有，向安问好。她不说话，可我能感觉到她的感受。

致帕斯卡尔·科维奇

1959年11月10日，明尼阿波利斯

亲爱的帕特——

我本想打电话的，也许还会打。你知道我痛苦起来能到什么程度。我不光是摔到了最底层，还在底下走了很远很远。随着年龄的增长，我身居下层的能力非但没有减弱，反而增强了。我非常想恨桑德拉，我有充分的理由，恨她给我造成很多很多伤口。可我不太擅长此道，我把她作为她父亲的女儿来想的时候，就想通了。因为她是恰克巴索夫。她有一颗恰克巴索夫的心——一颗昆虫一样猥琐可鄙的心。可是我真的太爱她，也太了解她，所以感觉不到那种对我有治愈作用的深仇大恨。而且还有孩子呢。这一点无药可医。重获一点点快乐对我毫无用处。我需要一次大的胜利。我会赢，这并非不可想象，我身后所有的小桥都烧了。

我14日也就是星期六离开这里，然后得在匹兹堡和特德·霍夫曼[①]待几天，以便尽快完成剧本剩下的部分。这件事必须做完。我有本书要写，必须做好准备。[……]

凡是给我的邮件，你收到后都请替我保存。我给的是你的地址。新的第一幕寄给赫尔曼。你收到了吗？

---

① 即西奥多·霍夫曼。特德（Ted）是西奥多的昵称。

感谢上帝，到星期六我就摆脱这些事了，牙补上了，口袋空了。

衷心祝福你。

致理查德·斯特恩

1959年12月15日［西德，波恩］

亲爱的迪克——

我乘风御雪扑进波恩。这里比波兰更冷，比芝加哥更舒适，比克洛伊索斯[①]更富有，比桑德拉更骄傲。其实关于婚姻和“爱情”，我在集权国家的旅行教会了我很多东西，连弗朗茨·亚历山大都做不到。我要去南斯拉夫和意大利完成学业，然后到以色列去度两个星期的假。

生活对你还好吧？**请不要忘了我**[②]。

祝好。

弗朗茨·亚历山大（Franz Alexander，1891—1964）是芝加哥大学著名精神分析学家。

致约翰·贝里曼

1959年12月17日［明信片寄自柏林西15区凯宾斯基布里斯托尔酒店，选帝侯大街57号］

亲爱的约翰——

［……］问候我的朋友，盯住我的敌人。讲课是对牛弹琴。圣方济各[③]理解。

祝福你。

① 克洛伊索斯（Croesus）为小亚细亚古国吕底亚（Lydia，今土耳其西北部）的国王，以富有著称。

② 原文是德语：Bitte vergessen Sie mich nicht。——原注

③ 圣方济各（St. Francis，1182—1226），罗马天主教圣人。

第三辑
1960—1969

****

因为心智现在是自由的（他说），知道吧，从哪儿开始都行，到哪儿去都行。他很可能是昏了头，让他那些想法给弄得云山雾海的了。因为他不光梦想，还想实施他的梦想，这是个做事有计划的家伙。我说他昏了头，不是说他失去了判断力，而是说他的热情和想象把他带到很远的地方去了。

——《雨王亨德森》

1960年

致帕斯卡尔·科维奇

1960年1月18日，贝尔格莱德[1]

亲爱的帕特——

昨天我到南斯拉夫的时候，什么邮件都没收到。是桑德拉没有转寄，还是你把我的日程搞混了？我要在南斯拉夫待到2月1日左右。我有种感觉，明尼阿波利斯出了大问题。我分别给四个人写了信打听消息，其中一个是心理医生，可一个回信的都没有。我在华沙收到了杰克·路德维格的一封信，只有一句话，说亚当很好，那是12月28日左右写的。你能帮我了解一下怎么回事吗？航空邮件到贝尔格莱德只要四天。这一片沉默让我害怕。肯定是出了可怕的事。你给杰克打电话，他会告诉你我是不是应该回来。

祝好。

致拉尔夫·埃里森

1960年1月20日，贝尔格莱德

亲爱的拉尔夫，

我好多了。我开始坐起来，吃有营养的固体食物，要是不必去参加那些官方文化活动之类的烂事，康复会非常愉快的。不过参加了也有好处。我不会在意是不是和波兰有关，而且特别是波兰，哪怕要熬过那么多会议啊，讲座啊，还有茶和威士忌啊。东欧告诉了我很多和我的家庭有关的事，甚至包括和我自己有关的事。东欧让我成了一个斯拉夫人。

---

① 贝尔格莱德（Belgrade）时为南斯拉夫首都，现在是塞尔维亚共和国首都。

亚当的消息一点都没有。我终于忍不住了，给明尼阿波利斯打了电话，和心理医生谈了谈。在马其顿[①]打的。这是马其顿打给明尼阿波利斯的第一个电话。亚当没事。他会适应的，天生就有这个能力。[……]

那本书怎么样了？范妮好吗？

爱你们三个。

致帕斯卡尔·科维奇

1960年1月22日，贝尔格莱德

亲爱的帕特——

发电报的原因是我没收到转寄来的账单，我不想让拉尔夫和燃油公司打交道的时候处境尴尬。不过今天收到了。一个字都没提亚当。一点都没有。所以我不得不从马其顿的斯科普里（Skopje）（离罗马尼亚很近）给明尼阿波利斯的心理医生打电话。亚当很好。

离开纽约的时候我的状态几乎是差得不能再差了，所以现在说我好多了很容易。我真的好多了。甚至不用吃药都能睡着了。我在波兰遇到一位年轻的女士，嗯，其实不太年轻了，不过很可爱，她给了我很大安慰。我想她把淋病也传染给了我，我为此非常自豪，可华沙的医生说只是有点轻微的感染。我想要是真的很想得淋病，其实是可以有意安排的。我不过是一知半解。

至于工作，我一直没停，但是做得不多，就是修改剧本，还在写一个短篇。我的短篇小说都不是很成功，总是写着写着就成了长篇小说，因为一件事又带出来另一件事。我大概是缺乏形式意识。那好吧，现在我明白了，也许就可以开始研究研究这个问题了。如果是评论家这么说，我根本就不会理睬。我现在写的这个短篇的确与桑德拉有关，也许是写起来试试看，谁知道呢？首先我必须停止旅行。我觉得最好是回国，把报税的事办了，搬到东部去，完成剧本，开始写书。同时开始我的生活。我越来越觉得自己还没有走上正轨呢。那得到什么时候啊，上帝？

---

① 马其顿（Macedonia）原属南斯拉夫。

下星期我会匆匆忙忙穿过意大利。来信请寄罗马美国大使馆文化事务处交我。我没时间去买小饰品。南斯拉夫的餐具很糟糕。多萝西喜欢塞尔维亚刺绣吗？很好，我给她弄一点。2月15日我乘船去海法（耶路撒冷美国大使馆），3月3日罗马，3月18日再访伦敦，3月22日左右回国。

祝好。

致拉尔夫·罗斯

1960年2月4日［途中］

亲爱的拉尔夫——

在从卢布尔雅那[1]开往威尼斯的火车上，我突然感觉到谨慎是有必要的，这是几年来的第一次。你曾劝我在明尼阿波利斯找个律师，我想你这个建议绝对正确。我不能信任乔纳斯·施瓦茨（Jonas Schwartz）[桑德拉的律师]，我不知道他会认为什么样的安排最合适。让他替我思考，没这个道理。

我知道这对你来说是件麻烦事，这是你必须付出的代价，因为你是我在明尼阿波利斯最可靠的朋友。

你能找个律师来代理我的利益吗？这个案子说来简单：1）桑德拉抛弃了我，不过2）我愿意放手和她离婚，但有两个条件：一是我每月为亚当付的抚养费不超过一百五十元；二是我有权定期去看亚当，而且他放假的时候要和我在一起。如果律师需要更多的信息，他可以和我联系，2月1日前由罗马美国大使馆文化事务处转交，3月1日前是特拉维夫的美国大使馆。3月1日以后我会在罗马再待一个星期。然后是伦敦，然后回国。

你们的孩子生了吗？希望一切顺利。你初为人父，我实在不愿意让你听些研究生级的磨难。可是生活推着我往前走。我终于决定为自己辩护了，这大概是个好的迹象。我可以毫不夸张地告诉你，我的状态很好。此时此刻。自从到了波兰以后。

① 卢布尔雅那（Ljubljana）时为南斯拉夫斯洛文尼亚社会主义共和国首府。

火车正颠簸着驶进的里雅斯特①。

再见。

祝好。

我在华沙得到了极大的安慰。

拉尔夫·罗斯是哲学家，剧作家，先后在纽约大学和明尼苏达大学任教。

致理查德·斯特恩

［邮戳无法辨识；明信片寄自威尼斯——圣马可广场］

今天——特为迎接贝娄——威尼斯有暴风雪。上帝给我的每一口吃食都加了盐。没关系，这**就是**意大利。就连灌溉渠都挖得很有灵气。

愿我所有的罪过都得到纪念。

致帕斯卡尔·科维奇

1960年3月4日，特拉维夫

亲爱的老板——

今天我要飞离此地了，脑海中留下了很多印象，人也累坏了。以陌生人的眼光所做的朝圣之旅有过多次，很少这么累过。我瘦了大约二十磅，准备回去做我自己的事了，一是长胖，二是写书。看了太多风景，坐了太多的飞机，见了太多姑娘。可我还是想累坏了最好，我对目前得到的结果很满意。

我做的事情很少有让自己满意的，包括旅行。我仍然在等待我的生活开始。不过我现在比以往任何时候都更接近一个新的开始了。［……］

① 的里雅斯特（Trieste）是意大利东北部港市。

你一切都好吗？想要比利·罗斯[①]的问候吗？他是本·赫克特[②]的朋友。人人都到以色列来。你也应该来。吃一顿真正的罗马尼亚大餐。

请代我问候多萝西。

爱你们。

贝娄显然在以色列见到了大经理人比利·罗斯。三十年后，罗斯出现在贝娄《贝拉罗莎暗道》的耶路撒冷续篇中。

致拉尔夫·埃里森

1960年3月8日，罗马

亲爱的拉尔夫——

你们饱受大雪侵袭之时，我正在红海上透过船底的玻璃盯着热带鱼。今年冬天你们在蒂沃里受罪了吧？报上说这是1888年暴风雪[③]的再现，我想象着你们和鲁弗斯（贝娄家的猫）被大雪困住，比尔·兰辛（Bill Lensing）带着几个人去救你们。

不过这些事报纸上的报道总是更为严重一些。

《野蛮人》出来了吗？书又开始写了吧？范妮好吗？希望所有的回复都是最佳状态。

我明天又要走了。巴黎，伦敦，22日纽约。探望格雷格两天，然后去华盛顿、芝加哥、明尼阿波利斯。准备在那儿待一个月（六个星期！），办离婚手续，亲亲亚当，五月底以前到蒂沃里和你们会面。

你们去芝加哥的时候，杰克·惠勒（Jack Wheeler）也许能把楼上的卧室收拾好。你们在芝加哥有什么事要办？

祝福你们。

---

① 比利·罗斯（Billy Rose，1899—1966），本名威廉·塞缪尔·罗森伯格（William Samuel Rosenberg），美国好莱坞著名经理人、导演、制作人，也是作家、作曲家。

② 本·赫克特（Ben Hecht，1894—1964），美国编剧、导演、制片人、作家。

③ 指1888年3月12日至14日纽约的暴风雪。

致马歇尔·贝斯特

1960年3月16日，伦敦

亲爱的马歇尔：

[……] 至于我自己的写作和福特基金会嘛，我旅行的时候可是一直在写的。一般都能坚持下去。另外，我11月份要是不走，现在就可能是在疯人院而不是在伦敦了。这听起来像是比喻说法，其实完全是真实状况。我的事帕特［·科维奇］或者哈罗德［·金兹伯格］大概和你说过，你也不妨听我说说。去年10月我妻子向我提出离婚，我简直都要崩溃了。完全出乎意料。然后我几乎是出于本能决定最好离开，所以我才接受了这次旅行的邀请，我现在一点都不后悔，因为我又恢复了健康。待在明尼阿波利斯我不一定能写出多少东西来。很可能我尽了很大努力还是坐在书桌前发霉烂掉。你知道我不是不顾后果不负责任的人，我不会放弃所有的工作和责任去逍遥自在。发生了紧急情况，我竭力应对而已。

非常感谢你的来信。

希望很快见到你。

马歇尔·A.贝斯特（1901—1982），维京出版社编辑，后任执行委员会主席。

致马歇尔·贝斯特

1960年3月17日，伦敦

亲爱的马歇尔：

我仔细揣摩了你的来信，弄清了事情原委。你把我推荐给福特基金会，而我这只快乐的云雀身在欧洲，让你处境尴尬了。可是假如这只云雀并不快乐呢？假如我尽职尽责，一直忍受着游走各国的旅途劳顿，思考着命运和死亡呢？这可以作为一种解释吗？如果我在波兰和南斯拉夫做几次演讲，是否就违规了？

玩笑归玩笑，行走于奥斯威辛和耶路撒冷之间的所见所闻改变了我。至少可以这么说。而这不应该让福特基金会不舒服。很抱歉让你难堪，但是我到欧洲和中东去几个月不应该有什么让人难堪之处啊。现在我要回来写书了，我看不出有什么问题。在明尼阿波利斯待着我就是写出一千页来也全都会扔掉。我知道我做的事必要而且正确，为此受到批评，我很生气。

祝安好。

致爱丽丝·亚当斯

1960年4月9日，蒂沃里

亲爱的爱丽丝——

他们帮我保管着你的信，直到我从欧洲回来，我去了五个月，以摆脱离婚的打击。这一次是别人对我做的（就像我对别人做过的那样）。这些结婚离婚的事摞在一起，就是愚蠢。没人举止良好，没人身心俱佳。我们都给自己开了痛苦这剂药，因为这是面对不真实唯一的解药。就这样，我喝光了一瓶又一瓶苦酒，现在我要在蒂沃里，我的**坚固堡垒**[1]，我的避难所，认真工作，把所有的事情都重新考虑一下。

祝好。

致苏珊·格拉斯曼

1960年5月5日［蒂沃里］

亲爱的苏珊：

不，我没忘了写信，只是最近压力太大，烦心事太多，时间太紧，还有纠缠、抱怨、延误（甚至在马里兰州让州警察给拘留了），我都没时间坐下来歇歇脚。直到现在，到了蒂沃里，才算好了。亲切美好的蒂沃里。这个老地方有那么多幽灵，我自己的幽灵是裹着新床单的，我们都像可笑的大学新生一样。来吧，我们去割草，和幽灵一起打门球。

爱你。

① 原文是德语：feste Burg，源自基督教新教路德宗创始人马丁·路德（Martin Luther，1483—1546）写的一首歌词，其歌名即为《坚固堡垒》（*Ein feste Burg*）。

致斯坦利·埃尔金

1960年5月13日，纽约，蒂沃里

亲爱的埃尔金先生：

你的短篇小说我非常赞赏，我会寄给其他编辑，希望他们也能和我一样表示欣赏。得知他们的决定后我会马上告诉你。

谨致问候。

又及：我特别喜欢五十三街的杂货店及店里的雇员和顾客，不过最后几段是否真的承载了积聚起来的分量，我实在说不清楚。以某些犹太符号作为支撑得出结论过于轻松了。我有点怀疑你的这种用法。

埃尔金的短篇是《哭喊的人和多嘴的人，多嘴的人和哭喊的人》（*Criers and Kibitzers*，*Kibitzers and Criers*）。这部作品后来发表于《视角》（*Perspective*）而不是《高贵的野蛮人》。

致赫伯特和米琪·麦克洛斯基

［未注日期］［蒂沃里］

亲爱的赫布、米琪，

我相信明尼阿波利斯这件事你们的决定是正确的。也该跑掉了。这地方能给你们的都给了。不管怎么说，改变是我的一个要素，就像金钱之于摩根[①]，火之于凤凰和火蜥蜴[②]，还有新地址之于我。**理所当然**[③]嘛！

这次去明尼阿波利斯的伤心事就不跟你们说了吧。我悄悄地回到蒂沃里，这

① 指美国的摩根家族财团。

② 火蜥蜴（salamander）是一种蝾螈目两栖动物，喜欢藏身于枯木缝隙中，遇火时即惊逃而出，如从火焰中诞生，故有此名。

③ 原文是拉丁语：Ergo! 意为“所以，因此”。

里只有我一个人，脑子里的事太多，还顾不上填补我的孤寂。《最后的分析》剧本快写完了。正准备写一部长篇。既然已经为中产阶级的安全感所抛弃，就躲不开当作家这条路了。尽管我是这块土地上最擅长逃避的人之一。

格雷格和亚当都很好，我也不坏。想念你们所有的人。希望你们都好，从此再没有坏消息。给我写封简单的信就行，至少给我寄一本关于苏联的那本书吧。现在政府承认从事间谍活动了，我不明白他们为什么不给你提供资料。

深深地爱你们所有人。

1960 年 5 月 1 日，一架 U-2 侦察机在斯维尔德洛夫斯克①上空被苏联地对空导弹击落。艾森豪威尔总统最初声称这是一架气象飞机。一周后，赫鲁晓夫宣布飞行员弗朗西斯·加里·鲍尔斯②还活着，飞机基本完好无损，于是艾森豪威尔被迫承认美国一直在进行间谍飞行。麦克洛斯基和约翰·埃·特纳③刚刚出版了他们的书《苏维埃独裁》(*The Soviet Dictatorship*)。

致苏珊·格拉斯曼

1960 年 5 月 31 日，蒂沃里

最亲爱的苏茜——

回来后深感内疚。火车看起来很破旧。至少我可以和你一起坐这个车去的。我大概是想要行使我的自主权。不管怎么说吧，爱的感觉比内疚要好。今后我会在顾及人之常情的同时尽量理性一些。

我回来的时候艾舍夫妇已经到了。他们可能在路上打过电话！

苏茜，我们在一起的时光非常美好。美好的时光本身就是回报。

永远属于你④。

---

① 当时苏联的斯维尔德洛夫斯克市（Sverdlovsk），现为俄罗斯的叶卡捷琳堡（Yekaterinburg）。
② 弗朗西斯·加里·鲍尔斯（Francis Gary Powers，1929—1977）1962 年获释回国，后死于直升机迫降事故。
③ 约翰·埃利奥特·特纳（John Elliot Turner，1917—2005），美国政治学家。
④ 原文是德语：Immer dein。——原注

致苏珊·格拉斯曼

1960年6月9日［蒂沃里］

今天有点心情不好。莉莲·赫［尔曼］对我写的东西赞赏有加，可就是认为这不是个剧本。行啊，也许不是吧。浪费了这么多时间真可惜，但是（我很擅长于找补，这点太像犹太人了）去年我那个样子，写什么都不在状态嘛。

心情不好还有个原因。桑德拉大概是10月份要［和杰克·路德维格］结婚了，这让她的行为变本加厉。她没必要为了再婚把我吃了嘛。唉！这倒不是什么了不起的大事，可毕竟也是个事，起码这段时间让我非常压抑。

我的压抑你能解。我已经感觉好些了，苏茜。［……］

随信附上我的吻和微笑，只有一点点悲伤。

祝好。

桑德拉·贝娄和杰克·路德维格10月份没有结婚，后来也没有。

致苏珊·格拉斯曼

1960年6月15日［蒂沃里］

最亲爱的苏茜：

巴勒斯[①]的那本书［小说《赤裸的午餐》(*Naked Lunch*)］头几页令人震惊，然后就好笑了，因为太机械。大木偶剧场[②]。没多少人性的内容，我觉得不过是这个国家所有那些“可爱”、“洁净”、“善良”的另一面。一面是洗洗刷刷的人和买清洁剂的人，另一面是脏乎乎的孩子，都对脏地方感兴趣。黑色和白色是偏执的颜色，两者之间什么都没有。要说我用的语言没有人情味，那是因为《裸体午餐》迫使我不得不这么说。这本书就没有人情味。如果这有什么发端的作用，倒也没

① 威廉·斯沃德·巴勒斯（William Seward Burroughs，1914—1997），美国作家，“垮掉的一代”创始人之一。

② 大木偶剧场（Grand Guignol）是巴黎的一所剧院，“大木偶”又为恐怖剧的代称。

有关系。拉斯柯尔尼科夫[1]一定是疯了，但是他具有很多别的意义。这本书里却没有更多的东西。不过我还是很高兴有机会看看的。要给你寄回去吗?

看你的信有些困难，所以我开始用这台打字机。我的笔迹也是非常难认的。

没错，我成长所花的时间长得可怕，不过欧内斯特·琼斯[2]的弗洛伊德传记第二卷给了我安慰，这本书的开头是“1901 年，弗洛伊德四十五岁，已经完全成熟，达到了一个发展的顶点，这是很少有人真正获得的成就。”所以你看，我连“成熟”这个词的拼写都弄不清[3]。哪天我把我的治疗经历全都给你讲讲。当然我是坐在一个小隔间里的。我手指头上的疣倒是都给去掉了。

整整一个星期，我觉得自己像个傻瓜，想在尼亚加拉瀑布下接满一个试管的水。这个比喻不错吧。大雨下了三天，把所有的东西都打弯了腰，我觉得浑身湿漉漉的，总想发火。不过你今天上午的来信让我兴奋起来了。

永远属于你[4]。

致莱斯利·菲德勒

1960 年 6 月 24 日，蒂沃里

亲爱的莱斯利：

刚看了《诗歌》杂志上你那首写［卡尔·］夏皮罗的诗，我真的觉得你出格了。你怎么弄的我不知道，可是该回头啦。我不开玩笑。你有一整套事实，都是你自己的事，而你对人们动机的解释太匪夷所思了。你说的那个“有市场的”犹太特质是什么？在演奏《希望之歌》[5]的乐队花车上那些奇怪的同伴又是谁？这太好笑了。大错特错。这是（我不喜欢这个术语，可是这里不得不用了）“投射”[6]。你觉得自己看得很清楚的东西其实是看不见的。根本就不存在。没有大的情境，

---

① 拉斯柯尔尼科夫（Raskolnikov）是俄罗斯作家陀思妥耶夫斯基的小说《罪与罚》中的人物。

② 欧内斯特·琼斯（Ernest Jones，1879—1958）是英国精神分析学家，弗洛伊德传记作者。这部传记有三卷，先后于 1953 年、1955 年、1957 年在伦敦出版，其中第二卷的书名是《西格蒙德·弗洛伊德的生活和工作第二卷：成熟的岁月 1901—1919》(*Sigmund Freud：Life and Work. Vol 2：The Years of Maturity 1901—1919*)。

③ “成熟”的英文应为 maturity，但贝娄上句所引该书的原文里拼写为 materity（孕育），贝娄显然借此开了个玩笑。

④ 原文是德语：Immer dein。

⑤《希望之歌》(*Hatikvah*)是以色列国歌。

⑥ “投射（Projection）”是心理学术语，指个体将自己身上所存在的心理行为特征推测成在他人身上也同样存在，相当于“以己之心度人之腹”。

没有纵容，没有犹太人头脑中产生的犹太阴谋。什么都没有。你无中生有，编出了一团令人难以置信的乱麻[①]！你有你自己的现实状况，没人管你，你就不停地往前走。最好再考虑考虑吧，莱斯利。我可是绝对认真的。

菲德勒刚刚在《诗歌》(*Poetry*) 上发表了《在路上：卡尔·夏皮罗历险记》(*On the Road*；*or the Adventures of Karl Shapiro*)。

致苏珊·格拉斯曼

1960年6月29日［蒂沃里］

最亲爱的苏茜，

所有的问题都摆出来了，也都有了解释。我想我找到了正确的航道，感觉非常高兴。也就是说，我太忙，不能总是高兴个没完，可我一定要在下面找个地方高兴高兴，就在机舱里。很快还会有更高兴的事。

我和桑德拉各执双刀，在监管之下进行了决斗，焦点是探望亚当，仅仅身中几刀之后，我即得到允许，8月份可以在芝加哥和亚当共处一周。我会安然脱身的。(她不会出血，除非是自然过程。)

《奥吉》就那么单调啰嗦吗？呣！我自己也不知道。我在这本书里语言和人物方面都有所发现，《雨王亨德森》即由此产生，不过《奥吉》本身有可能比较粗糙。这是我的《浮士德》原本。人生向晚时分，约莫三十年后，我可能会把这部小说修改一番以作自娱。我还是很喜欢里面的奶奶、艾洪 (Einhorn)、西蒙、咪咪 (Mimi)！！还有明托奇恩 (Mintouchian)。还有那只鹰。

致苏珊·格拉斯曼

1960年7月4日［蒂沃里］

最亲爱的苏茜：

放心吧，完全没有问题，不过是不平常的平常事而已。辛劳、眼泪、汗水和

---

① 原文是意第绪语词 tsimis，本义为一种炖鱼，喻义为纠葛、纷乱。——原注

生意上的曲折：我就像是个小部门的大总管。也就是说，我一直过得像个没钱的百万富翁。一面是从来不存在“匮乏”的问题，另一面是从来不存在贪欲的问题。也不知怎么搞的，我做的一向都正是我喜欢做的事。有些哲学家（塞缪尔·巴特勒[①]，如果他算是一个的话）说，我们得到的其实就是我们想要的。问题是：我们得到以后承受得起吗？宗教即发端于这种问题。

没什么，亲爱的，我很好。希望你也如此，而且希望你和我一样期待着15号。

致约翰·贝里曼

1960年7月4日，蒂沃里

亲爱的约翰——

我现在还行。离婚了，所以过得更好。来这么一次，就是一场疯狂。这是正义能给我们的最低限度的公正。而且我还在写东西。

《野蛮人》第二期已经付印，非常不错，不过还是不如把泰姬陵那篇也放进去，只好等第三期了，这样和你的名字同时出现的就可能是维切尔·林赛[②]和我，而不是戴·赫·劳伦斯和路易·吉尤[③]。

你真要来蒂沃里看我吗？这可是件大事。我不太可能常去明尼阿波利斯。也许时不时地要去看看亚当，不过要是某人用这件事来“耍”我，或者说抽我的筋来给桑德拉的竖琴作弦，我和孩子就不会经常见面。

你不觉得本宁顿校友协会欠我们俩战伤勋章[④]吗？

向麦克洛斯基问好。把那些讽刺话写下来给［《野蛮人》］第三期。你觉得第一期怎么样？你还从来没说过呢。

顺致跨越大陆的祝福。

---

① 塞缪尔·巴特勒（Samuel Butler，1835—1902），英国作家。

② 维切尔·林赛（Vachel Lindsay，1879—1931），美国诗人。

③ 路易·吉尤（Louis Guilloux，1899—1980），法国作家。

④ 这里的战伤勋章原文是wound-stripes，或可译为战伤条形章。这是美军颁发给曾战伤者的一种荣誉标志，其形态多次改变，如战伤V形章（Wound Chevron）、陆军战伤勋带（Army Wound Ribbon），后统一改为紫心勋章（Purple Heart）。

致埃德蒙·威尔逊

1960 年 7 月 30 日，纽约，蒂沃里

亲爱的埃德蒙——

我从蒙罗·恩格尔那里了解到您喜欢《高贵的野蛮人》，这让我有了勇气向您征稿。我想您会感觉到我们的友好和热忱。

顺致敬意。

致苏珊·格拉斯曼

1960 年 9 月 1 日 ［蒂沃里］

宝贝，我知道你正在经历各种各样的困难，这足以解释所有的奇怪现象。现在更重要的是，我不应该也迷失了方向，对此你不该不高兴啊。要是我们不想两个人都落水的话，就必须有一个人掉下去。我自己的事情的确安排得很好，你到东部来的时候我可以帮你。有很多你觉得非常困难的事，在我看来却相当简单，只要我们保持这种平衡的心态，就不必在所有的方面都感到恐慌。移居东部没有那么难。你始终保持一种独立，那是以你的父母为方向的，你从来没有真正独立过。其实呢，独立并不很难。相比之下更为艰难的是在一个陌生的城市里创造你自己的生活，不过这也不是太可怕的事，只要你见过世面。你已经见过了，你要对付的就是这个世面，而不是纽约或者芝加哥。况且你还有我这个朋友呢。我从不拒绝付出我的友谊，现在我拒绝了吗？我说过我不打算写信，而我还就是写了。可见我对自己的想法有多么了解。不过我已经设法让自己的内心平静下来了。也许这就是我在康复的表现。下一步该怎么走我也不知道，我都懒得去操这个心了。

做我可爱的心态平衡的小宝贝吧。

致爱丽丝·亚当斯

［未注日期］［蒂沃里］

亲爱的爱丽丝——

听到这个消息很难过，希望你现在好点了。我自己遇到难处的时候想说的话

更多，都是关于生活的。我能说的或许最有用的话是，我一直都很喜欢你，把你看得很重，觉得你显然是个生来就能成事的人。

有的时候，最让我难过而且想不通的是，有些女性认为，人是因为有了爱才成事的，只是因为爱，爱是一种救赎。然后女人，有的时候还有男人，就要求对方献出一切——一切啊！现在不是很明显了嘛，没人有这种能力，可以付出我们彼此要求对方付出的东西。我看清这一点以后，外部世界就开始回归。原来我那种巨大的需求几乎让它消失了。

希望你最糟糕的时候已经过去了，或者很快就会过去：我不愿意想到你在受苦。别在意我说了什么。那是说给我自己听的话。对你我宁愿说点别的。

非常爱你。

致爱丽丝·亚当斯

1960年9月10日［蒂沃里］

亲爱的爱丽丝——

唯一可靠的治疗方法是写本书。桌上放着一本新出的书，别的痛苦全都烟消云散。只要想拒绝不快乐，现在就都用这种方式，我想这个办法可以让我摆脱一种只是因为固执才不愿放弃的负面心态。因为人不该只为了自己而拒绝某种选择。这也是因为我们要对生命有所回报。

你有机会到东部来吗？估计我暂时不会去旧金山了。明年1月我要到波多黎各去教四个月的书。这是我两年多来接到的第一个任务。

下次路过这些地方的时候一定要告诉我。

爱你。

致基思·博茨福德

1960年10月4日［蒂沃里］

亲爱的基思，

［……］我希望这本杂志继续办下去，非常希望如此，可是我没有达到人们

的期望，我得以十分诚实的态度自己好好想一想。这个年龄正适合睡大觉，我自己也和其他人一起打盹，偶尔叫上一声，想把人们唤醒。其实不是这样，没那么糟糕，可这的确不是我计划和希望的那个样子。不过我们还是先别放弃吧。[……]

愿一切都好！

祝福你。

致约翰·西蒙·古根海姆纪念基金会

1960年10月12日，纽约，蒂沃里

亲爱的雷[①]先生：

谢谢你的来信。我不揣冒昧当了编辑以来，看到了很多东西——新东西，我是说。当然其中大部分都很差，但是有那么六个或者八个年轻作者，不太出名，作品却是一流。在我看来，《生姜人》（*The Ginger Man*）作者詹姆斯·唐利维[②]是我们最好的作家之一。我不认为他的书卖得好，说不出来他靠什么谋生。然后是格蕾丝·佩利[③]（《男人的小烦恼》[*The Little Disturbances of Man*]），家庭主妇，有两三个孩子，丈夫收入菲薄。写《疯在柏林》（*Crazy in Berlin*）的托马斯·伯杰非常好，《戈尔克》的作者理查德·古·斯特恩也是如此。很遗憾你们没能给去年申请的利奥·利特瓦克[④]颁发基金。我想他是拿过的，应该鼓励他再次提出申请。希望这个名单对你们有用。

谨致最美好的祝愿。

戈登·雷接替亨利·艾伦·莫伊担任了古根海姆基金会主席。

---

① 戈登·诺顿·雷（Gordon Norton Ray，1915—1986），美国文学学者，藏书家。

② 詹姆斯·帕特里克·唐利维（James Patrick Donleavy，1926—2017），爱尔兰裔美国小说家，剧作家。

③ 格蕾丝·佩利（Grace Paley，1922—2007），美国短篇小说作家，诗人。

④ 利奥·埃兹拉·利特瓦克（Leo Ezra Litwak，1924—　），美国作家。

致乔纳斯·施瓦茨

1960年10月19日，蒂沃里

亲爱的乔纳斯：

你写信来是明智的。我要是有钱，就很乐意接受你好心的提议了。可我不能让支票拒付吧，现在我可是身无分文。那个剧本不用了，我还欠维京一万块钱呢。下个月我弄点钱给你吧。至于亚当，他每个月的抚养费尽可放心。我爱那个孩子，我有种预感，在他的生命中，最后还是爱比律师和法庭的“保护”更可靠。但是我不想和你吵架，我喜欢你，我觉得你的心是公正的。事情已经过去了，不过作为一个父亲，我想你也许会明白，我有时候会不顾自己的理智，十分渴望见到亚当。8月份以来我就没见过他，也没得到过他的消息。这个月我收到桑德拉的一封电报，给了我新的地址，电报内容只有四个字：“马上汇款”。因为没有新地址，我把钱汇到旧地址去了。钱是定期汇出的，定期寄去的还有请求，想得到孩子的消息，哪怕是一个字。我还想要回我的录音机，其中一台是艾萨克给我的礼物，我一直保存着，用了二十年了。没有回音。乔纳斯，她决定跟我离婚我就有罪吗？我是孩子的父亲，这一点无关紧要吗？在明尼阿波利斯我就必须遭受诽谤和污蔑吗？我知道你［……］觉得她是个可爱的姑娘。我的看法正好不同。可我不想和你吵架非赢不可，我不想证明自己是正确的，也不想谴责她。我想做一笔交易，只要我每个月收到一张明信片说说亚当的情况，我就每个月第一天按时寄出支票。我看不出单方约束有什么意义。所以对你慷慨大度的提议，我的回答是不，什么时候我对亚当的感情得到认可了再说。我并不只是自动化的支票来源。我是个人①。那个可怜的姑娘能让人失去力量，我尽了自己的努力想给她当个丈夫，这真是个古怪的愿望，可我当时就是这么想的。现在我没这个想法了，至少在这个方面，我活得更快乐了。好啦，不说孩子话了，也不自怨自艾了，但是从现在开始，我的每一个让步，都必须以一个同等的妥协作为交换。

很高兴你的孩子们表现这么出色。真是好姑娘，两个都是，为你［……］争光了。别担心贝里曼。只要涉及他作为一名教师的职责，他都堪称荣誉的化身，我可以向你保证，米丽娅姆（Miriam）［施瓦茨的女儿］会得到公平对待。诗人是

① 原文是德语词 Mensch。

个奇怪的品种。替我问候明尼阿波利斯的中产阶级吧。他们可是都到你的酒窖来喝你的威士忌，欣赏你的情绪爆发噢。

我有颈椎关节炎和头痛，除此之外，我心情很好，工作也不错。经常见到格雷格。上星期他告诉我，用桑德拉的话说我是个老鼠，不过他还是爱我。

在基督那里我们都是朋友[①]。

致理查德·斯特恩

[未注日期][蒂沃里]

亲爱的迪克：

《赫索格》让我丧气。有时候就会出现这种情况，写到一百页了，我那种没计划的状态或者是潜意识里的那种不安分就追上来抓住了我，然后我就回到了1922年的蒙特利尔，想尽办法要把一个醉鬼弄到床上去，而且还不敢肯定他睡着了我就知道该怎么办了。听天由命吧。想想野地里的百合花[②]——它们写书吗？[……]

突然之间，正在读大三的格雷格就说他想上芝[加哥]大[学]。他跟我说，除了三角函数以外，他每门功课成绩都很好。贝娄家的人都这样，一学会在沃尔格林银行（Walgreen's）加支票上的钱数就对数学失去了兴趣。有什么奖学金他可以申请吗？[……]

顺致来自本人轨道近日点的问候。

致格特鲁德·巴克曼

1960年10月22日，蒂沃里

亲爱的格特鲁德，

我没法再提供很多戴尔莫的消息了，因为他现在把我归入了危险分子一类。他指责我诽谤他，我最后一次得到的消息是，他威胁说要起诉我。我请佩恩·惠

---

① 这一句的原文是 Yours in Christ，源自《圣经》，意为“(我所拥有的)在基督那里都是你的”，可缩写为 YIC。
② 这个形象出自《圣经·新约·马太福音》第6章第28段，喻内在美、天然美。

特尼诊所[1]的一个朋友到贝尔维尤去看过他，戴尔莫接待这个人的时候并无敌意，可后来好像是想了一通得出个结论，觉得我是想给他施压。哈特瑞医生（Dr. Hatterer）的看法是，戴尔莫不需要延伸治疗，他需要的主要是休息一段时间。所以戴尔莫没必要进入佩恩·惠特尼，这家诊所只收需要住院三个月以上的病人。不管怎么说，谁都没有权力干涉戴尔莫的事，而他一直在受人摆布，据我所知现在仍然如此，摆布他的就是他雇的那些律师和侦探，还有那些随时可以免费为他提供帮助的谄媚之徒。我真心希望他们不会伤害他，他也不会伤害自己。他好像是为自己设计了一套在自己引发的危机中生存下去的办法——置身于飓风之眼或者灾难的边缘。那个边缘非常拥挤。我自己的生活十分平静，这是很有用的。我想这意味着我置身于事外。这种状态我最高兴了。谢谢你寄来的书，我肯定会找个时间看，不过目前我正在写一本我自己的书，等出版了，还望不吝指教。

祝安好。

致约翰·贝里曼

［邮戳标识为1960年11月23日，纽约，蒂沃里］

亲爱的约翰，

给我们下一期《野蛮人》写一两篇专栏文章如何？这一块是最薄弱的，需要你的声音来加强。我写了几篇。其他编辑都在干船坞里。不过我自己嘛，与其说是船体，不如说是附在船体上的藤壶，我继续干。年轻一代毫无建树，我们正在老去的这些作家是未来的全部希望。

发出你的声音来吧。

上星期在耶鲁见到了你［《党派评论》］的老朋友布莱克默，他又老了几分。他把点着的香烟掉在了家具的缝隙里，慢吞吞地在里面找。清醒的旁观者把这视为有趣的消遣。我是其中之一。

回信，朋友！[2]

---

① 佩恩·惠特尼诊所（Payne Whitney Clinic）是纽约的一家精神病诊所。

② 原文是意大利语：Rispondi，amico！——原注

我们有两个星期时间。

致苏珊·格拉斯曼

1960年11月30日 [蒂沃里]

亲爱的[1]！华盛顿，12月21日星期三8:40。什么什么什么？以疯狂的速度发射的你的火箭贝娄，带着 火箭的爱！

致理查德·斯特恩

1960年12月10日，蒂沃里

亲爱的迪克——

这是非常好的消息，毫无疑问。祝贺你！也替我祝贺盖依（如果她知道我知道的话）。我也属于增长与加倍学派，亚伯拉罕子孙分部[2]。至于那些书，会在整个版图上为你定位，在这个落后的时代，得到这个定位并非易事。

《赫索格》就像《老人河》[3]，他什么也不说。你和我，我们出力流大汗，他却流进了墨西哥湾。我们快走到一半了。我正在准备出发，去波多黎各。[……]

愿一切都好！

致约翰·西蒙·古根海姆纪念基金会

1960年12月27日，纽约，蒂沃里

基金候选人保密报告

候选人姓名：格蕾丝·佩利太太

一个优秀的作家，写作目标新鲜、新颖、独立、明确。她的一些小说极为出

① 原文是意大利语：Carissima！

② "增长与加倍学派，亚伯拉罕子孙分部"（the increase-and-multiply school，sons-of-Abraham division）应是贝娄的玩笑，亚伯拉罕子孙即犹太人。此句应是祝贺斯特恩的妻子盖依（Gay）怀孕或生孩子。

③《老人河》（*Old Man River*）是美国黑人歌曲，由美国著名黑人歌唱家保罗·罗伯逊（Paul Robeson，1898—1976）创作并演唱。这一段里的前面几句即化自这首歌的歌词。"老人河"通指美国的密西西比河。

色。说到“最新消息”，佩利太太并没有夸大其词。我在我编辑的杂志上发表了她小说中的一章。如果我是出版商，我很愿意出版她的书。希望基金会能帮助她完成这本书的写作。

致马克·哈里斯[①]

［未注日期］

亲爱的马克——

我父亲去世后，我**消沉**了很长一段时间。希望你遭受痛苦的时候比我明智。我的工作就是生存，痛苦在所难免。

现在我好多了。谢谢你邀请我去工作。只能谢绝了。

祝好。

① 马克·哈里斯（Mark Harris，1922—2007），美国作家。

1961年

致苏珊·格拉斯曼

［1961年1月15日］［波多黎各，里奥彼德拉斯[①]］

小宝贝：我走了，眼镜、身体、钱包、手表。[……] 已经开始想你了。我现在要和基思出去吃午饭，他刚进来，也没先打个招呼。

明天再写。

致苏珊·格拉斯曼

1961年1月16日［里奥彼德拉斯］

飞机上只有我洗过澡。有乘客三百，儿童六百。我邻座一个牧师抽雪茄。他上衣口袋里有十几支，说差不多够他这趟旅行用的了。然后送来了冷的晚餐。火腿裹芦笋，烤牛肉放在红红的什么东西里面，上过釉似的鸡胸肉上用红色的甜椒摆成中尉的军衔条状态。之后是咖啡味的法式糕点。人人都热得要死，终于几乎是准时到达了波多黎各。你不在，我只好吃了两片安眠药，到现在还没缓过来。所以你快乐的爱人用迷惘的眼神望着芒果树，要望到明天为止。这地方真是独一无二。我觉得自己像个灰色的小三宝[②]。

昨天晚上我的枕头是你，一个可爱的替代品。细节随之出现。吃！不要烦恼！

爱你。

---

① 里奥彼德拉斯（Rio Piedras）是波多黎各东北部城市，其名称在西班牙语中意为“河里的石头”，所以波多黎各大学在这里的校区又称为波多黎各大学石河分校。

② 源自苏格兰作家海伦·班纳曼（Helen Bannerman，1862—1946）1899年的一本童书《小黑人三宝的故事》（*The Story of Little Black Sambo*）。“三宝”（Sambo）的原义即是黑人混血儿。

致苏珊·格拉斯曼

1961 年 1 月 18 日 ［里奥彼德拉斯］

小宝贝——

我正在一张神圣的书页上写字，肚子里是两杯自由古巴鸡尾酒，我坐在博茨福德家的网球俱乐部里，沐浴着热带的落日余晖，身后的加勒比海像一条庄严的小径，前面的棕榈树恪尽职守。还是有些问题的（噢好沉重的词!）。我需要一辆汽车、一座房子、一块石头、一片树叶和一扇门。这个岛漂亮极了。你天性开朗，会爱上这里的。一定会。今年 3 月会过得无与伦比。不过一定要找个地方住。找地方这事，基思原来的说法好像是过于自信了。想让我和他一起住在郊区，路上要走四十五分钟，还有三个孩子，还有女佣，没有汽车。我现在明白了，骑一辆黄蜂[1]就是自杀行为嘛。这种骑行方式让罗马和巴黎看起来就像威尔斯利[2]和瓦萨一样。[……]

电报上有当选总统和肯尼迪夫人的签名。

爱你。

贝娄显然指的是经西部联盟电报公司发出的邀请其出席约翰·肯尼迪就职典礼的电报。

致苏珊·格拉斯曼

1961 年 1 月 23 日 ［里奥彼德拉斯］

小宝贝——

现在看不出来会有什么进展。在波多黎各待了一个星期，我的好奇心颇为满足。我很愿意回去，可是不行，现在铁格子门已经关了，美景中的闷热，无休无

① 即黄蜂牌（Vespa）小型摩托车，又译伟士牌，这种车在好莱坞电影《罗马假日》（*Roman Holiday*，1953）中出现后风靡一时。

② 指威尔斯利学院（Wellesley College）即卫斯理女子文理学院，位于美国马萨诸塞州小镇威尔斯利。

止的夏天，正午时分从电影院里走出来那种沮丧的感觉——我必须想办法从这种状态中醒过来。我还没找到住的地方。博茨福德一家很和气，孩子们很可爱，当地人邻居很友好，还有那些爵士乐，可我坐在唱机转盘边却放不出音乐来。我开始苦苦思念你了。

我和热带奋勇搏斗了一番。人们建议我多休息，放弃北方那种节奏。我发现我喜欢跑步，不喜欢休息。现在我已经看到香蕉是怎么长大的了。行了！我该像个小孩子一样闭着眼睛张着嘴巴躺在树下让蜥蜴在我身上追逐了是吗？

真的非常想你，甚至想念你的认真，你那种认真劲儿有的时候让我觉得好笑，可我很是想念。

给我写信，苏茜，我需要从你那里听到让人高兴的话。

爱你。

致拉尔夫·罗斯

1961年1月20日 ［里奥彼德拉斯］

亲爱的拉尔夫——

明尼阿波利斯的流言蜚语显然并不完全是反贝娄的。遗憾哪遗憾，这些东西还有好笑的一面呢。看看这些没什么意思的陈词滥调吧，什么通奸、不忠，还有爱、忠贞、顺从。是啊，你说过我不懂社会结构，一句忠告让我开始学习了。不是愤世嫉俗，而是学习。

［特德·］霍夫曼告诉我你在卡内基［技术学院］① 干得很不错。你是需要那份报酬挺高的工作吗？我以为把你的名字填上没什么坏处。

波多黎各离那些七七八八的人很远。很适合我。我有普通的朋友，万能的朋友，一个亲密的朋友，我正在写一本书，像蝾螈长出新的尾巴一样开始新的生活。

问艾丽西娅（Alicia）好。

祝好。

① 卡内基技术学院（Carnegie Institute of Technology，Carnegie Tech.）在美国宾夕法尼亚州匹兹堡市，1967年并入卡内基梅隆大学（Carnegie Mellon University）。

致拉尔夫·埃里森

［未注日期］［里奥彼德拉斯］

亲爱的拉尔夫：

在这个热带的地方感觉真好。我朝外望去，看见直升机俯冲而过的时候，小鸟都蜷缩在红木树上。卡津总算是说对了一次，这里是全世界噪音最大的地方之一。不过人必须超脱于普通的抱怨之上。也许噪音有什么意义吧，我想让自己适应适应。同时我继续找住的地方，这件事在这儿也不好办。冬天房子非常紧缺，因为纽约来度假的人很多。尽管如此，我还是继续做我的事，和流浪狗还有蜥蜴一起漂泊，脑子里想着香蕉叶能以多少种方式裂开。这里的狗都具有亚洲特点，血统不纯，成群结伙地四处游荡。所有时髦的地方，现代化的大学楼里，自助餐厅里，到处都能看见——凉爽的教室里总有几条猎犬在睡觉，晚上就嚎叫，打架。不过是狗和狗互相打，不是和老鼠打。老鼠是另一个庞大的种群，红褐色的，无所畏惧。闹市区的空地上有，海滨那个专用的网球俱乐部里也有。发现赌桌上有几只老鼠在看比赛，我不会感觉吃惊。还有猫鼬家族。猫鼬消灭了蛇，可现在谁都不知道怎么解决猫鼬抓鸡这个问题了。这地方动物的事就说这么多吧。这个岛很美。城里却是臭气熏天。这里的人活得漫无目标，快乐而好奇，喜欢花里胡哨的东西。司机们开着车看书，一边开车一边唱歌、吃饭，还一边开车一边干那事。基思上星期就出了个车祸。到目前为止，我开着他那辆小型大众汽车（上面标示着开了九万英里）算是安然无恙。不过我很快也会出事的吧。想想还有什么？我想念苏茜，非常想。我希望她很快能来。

给我写信吧，短点也行。蒂沃里邮局要用那种马尼拉纸大信封给我转寄邮件，还请记着给他们，不能缺，能办到吧？

代我向范妮问好。

祝好。

致戴维·佩尔茨

1961年2月2日，波多黎各，里奥彼德拉斯

亲爱的戴夫——

别提问题！不过界区街似乎把我们变成了钢铁，我们全都挺过来了。还是说正事吧：我一个非常好的朋友汉娜·阿伦特想看看芝加哥，她是西北大学的客座讲师。你能带她去看看有意思的东西吗？这是个很了不起的人。你大概看过她的作品。五十多岁了，菲莉丝（Phyllis）不用担心。

祝好。

致苏珊·格拉斯曼

1961年2月8日 ［里奥彼德拉斯］

小宝贝，你那古怪却忠诚而且钟情的爱人又多写了几页那个不可救药的《赫索格》，我爱他就像爱一个收养的弟弟。你弟弟的事我很难过。我深爱着你，可以把这一切承担起来，让你在阳光下休息休息——躺在沙滩上，享受爱抚，从纽约的冰雪和悲伤中恢复过来。**我的天**[①]！我真是个蠢货。不过既然我已经迷上你了，无论如何我们也得充分利用这里的天气。我们紧紧抓住天气吧，也紧紧抓住彼此。

亲爱的，现在好好听我说。戴尔[②]的那个女人叫伊丽莎白·谢泼德（Elizabeth Shepherd）。谢天谢地我记下来了，没有把拼写搞砸；这样一个混蛋真是前所未有。你手头有的书全都撕下来给她。你来了以后，我们再起草那个导言，用这笔钱，我们就可以住进那套昂贵的公寓了。不过管他呢。钱会搞到的。意外收获总是更为常见。现在加拿大广播公司（CBC）出乎意料居然给了我三百块，要在电视上播出［我的独幕剧］《破坏者》（*The Wrecker*）。我应该把那些挣小钱的事停掉几个。那得费很长时间的劲才能挣很多钱。所以如果必须付两百五十块，那就付两百五十块。我的贪心是想见到你，正常的贪心是保持不了啦。我们会解决问题的。

---

① 原文是法语：Sacre bleu！

② 原文是Dell，应指纽约的戴尔出版公司（Dell Publishing Co.）。1963年该公司出版了贝娄编辑的一本犹太短篇小说选集，下文中的导言即是用于此书。撕书云云，或指把书中的有关部分撕下来。

我收到了格雷格寄来的一张明信片，写得很聪明，充满深情，报告了他的成绩（相当高），我都不知道怎么才能拒绝芝加哥大学了，就是因为他。他申请了奖学金。所以芝大付给我的钱会是最少的。至于你和我，小宝贝，我现在还不觉得到明年冬天芝加哥会像你预料的那样出问题。天啊，这个贝娄实在是太模棱两可了！可是我非常爱你，苏茜。

致路易·加洛

1961年2月15日，波多黎各，里奥彼德拉斯

亲爱的加洛先生：

你的信有点无礼，可也挺有趣，总的来说，我认为你的本意是好的，不过写得有些词不达意，如果每次有人做鬼脸你都要哭，那当作家有什么用？我违背自己的心愿当了个编辑，是因为拿起一本小杂志或者文学评论的时候总有一种恶心的感觉，我受够了。我没法让自己相信，事情真的只能那么糟糕：所有的人都真的是给惯坏了，懒惰，投机，狡猾，势利，没有希望；受过教育的人真的只配遭到经商的兄弟们鄙视（我指的不是受过大学教育的人，而是内心和智能都很发达的人）；对我们拥有权力的人不妨行使他们的权力，因为我们懦弱愚蠢，活该遭受他们的虐待。简而言之，加洛先生，我和与我志同道合的一些朋友一起，决定不去详细描述美国三十年代、四十年代、五十年代的文化史，因为总是为这种恶劣的状况痛苦绝望是没什么大用处的。于是我们满怀憧憬，创办了一本杂志（《高贵的野蛮人》第三期的第一篇文章里就写了我对杂志最初会带来什么回报所做的估计，再有一个月左右，这一期就出来了）。我和其他人全都没有报酬。我还是时不时地出去教书。对这一点我不是很在意。不想用太多的鲜花来为自己加冕，我的脑袋脆弱，承受不起，这种牺牲又不是真的十分巨大。[……]

你猜到了我的宗教信仰，加洛先生——可以的话，叫你路易吧。如果爱因斯坦[1]先生，就是阿尔伯特，拒绝相信上帝在和宇宙玩骰子，我，也就是我们，就不能相信人类的生活只不过是不断展示给我们的痛苦而已，尽管这样一来事情就

① 阿尔伯特·爱因斯坦（Albert.Einstein，1879—1955），德裔美国科学家，物理学家。

变得丑陋，变得复杂。我担心的是肯定的态度和肯定生活的人——那些了不起的王子就在［纽约市］河对岸，你的通乐[1]就是在那儿［特伦顿[2]］买的，这些人为生活而欢呼雀跃啊。……不过我最好还是克制一下我自己吧。我有些东西要加进《抓住时机》里面去，但不是以这种说明式的风格。

我希望《高贵的野蛮人》有所作为，至少能起点发端的作用，我希望在这本杂志上和其他地方看到你更多的作品，多多益善。

至于你对我做的事所持的看法，怎么说呢？不错，我相信你的判断很有道理。写《奥吉》的想法出现在我脑子里的时候，或者不如说在我发现人原来可以释放自己的时候，我兴奋得不得了，都没法控制那本书了，我的主人公也变得很不真诚。不过我并不喜欢讨论旧书。

我得到下面去看看午餐柜台的菜单了。现在是中午，我到点就饿。

致杰克·路德维格

［未注日期］［里奥彼德拉斯］

亲爱的杰克：

我竭力避免写这封信，可现在大概是没有别的办法了。你2月4日惊人的回复让我不得不告诉你我的几个看法，关乎你和杂志以及和我的关系，就我个人而言。

首先，关于《高贵的野蛮人》。我知道在你的路德维格迪斯尼乐园里，你对自己的评价能有多高，你做事了，你参与了编辑，料理了办杂志所需的事务。在你心目中，有这种意图就足够了。挥几下路德维格魔杖然后就瞧啊[3]——杂志出来了！好几个月里你什么也没干，只看了几篇稿子。别的稿子你就扣着，有的时间长达半年，问起来你只是说，你的秘书［……］把那些稿子放起来了。这就完了？我让你编稿子的时候，你说不行，你要上电视节目，要讲课，要做其他非做不可的事。尽管如此，稿子还是不断地从你那儿退回来，而这些稿子得以善待的

① 通乐（Drano）是一种洁厕剂，后来成为一种毒品的名称。

② 特伦顿是美国新泽西州首府，该州与纽约市隔河相望。

③ 原文是法语：voilà。

时候也的确是退了回来，上面还潦潦草草地写着几句编辑建议。这些建议我都放着，存了一堆。就这样，我编了［贾拉·］里布尼卡[1]［的稿子］，全部做好，又编了这一篇那一篇，容我补充一句吧，我还会继续带着你走的——我想我去年夏天的几封信里说得很清楚，那些信里从来不乏友好的询问，却没有得到任何回复——只要你对杂志的工作表现出一点点责任感就行。你的想法我毫无所知。那是只有上帝才知道的事。不过我知道你的所作所为。而“无意的怠慢”与此无关。你说的“怠慢”是什么意思？我想不出来。我确实有段时间在波兰，原因你和我一样清楚，也许你比我还清楚呢。到现在我都不能肯定我是不是**的确**知道得更多。基思［·博茨福德］当时在威尼斯，这也是真的。我以为我不在的时候，你们两个会把杂志的事管起来，而基思以为他不在的时候就是我们俩人管。可是我在华沙，他在威尼斯，不在纽约。你，一个杂志的编辑，为你自己的事跑到城里，来修补你们之间的关系，你既不打电话给我也不打电话给［阿伦·］艾舍，而是掩盖你的行踪，然后，在初夏以来实际上什么也没干这种状况下，你从明尼阿波利斯给我写信要一份目录，其实你打电话给阿伦就可以要到。如果没有幻觉，你能相信你和《高贵的野蛮人》有什么关系？你一直指望我们身在波多黎各的两个人来处理第四期的事！你为第三期又做了什么？你寄来两段简直难以卒读的蹩脚文字要放在专栏里，实在让人厌恶，我给扔掉了。我认为你不适合做这份杂志的编辑。在某些方面你有很好的判断力。我相信你的品位，觉得你或许是个可靠的编辑，可是你脑子太不清楚，过于固执己见，过于散漫，做事杂乱无章，懒散邋遢，漫不经心，缺乏敏感，无法继续下去。你一定是处于一种怪诞的混乱中，失去了你最后一丁点现实感。我觉得你一开始底子就不厚，从你的信中可以看出，就连这点底子也已经丧失殆尽。

实际上你这封信就是一份很精彩的文件，我正在考虑给它做个框子装起来放在我的博物馆里。你觉得我会在船上迎接基思？哪条船？我没听说有什么船。你相信桑德拉的话，认为我在蒂沃里？不错，我和亚当一起在那儿待了几天。可是我在纽约待了很长时间，你也是，然后桑德拉才来的。而且为什么要相信桑德拉的话？她和我个人之间没有任何信息交流。她怎么会知道我在哪里？难道我给她

---

① 贾拉·里布尼卡（Jara Ribnikar，1912—2007），捷克女作家，后移居塞尔维亚。

写过信说我会在蒂沃里？在没有问过我的情况下，你给明尼阿波利斯的约翰·戈茨（John Goetz）[我的律师] 打电话，想弄清楚我去年春天是不是打算给你一份关于法律状况的详细说明，可桑德拉告诉你我在哪儿，你就连想都不想就接受了她的说法。我觉得这里似乎有点不平衡。尤其是因为我们不仅是同事还是“朋友”，而且已经将近一年没见面了。相当怪异，是不是？如果你打了电话（我相信你不至于无力对抗我请你到蒂沃里来这种邀请），我就会到纽约来看你了吗？所有这些事里都存在着某种丑陋，某种我不想弄得很清楚的东西，尽管我敢肯定你能提供清楚而且真实的解释，因为你是哈西德派[①]的门徒，对话的信奉者，你是[亚伯拉罕·约书亚·] 海舍尔[②]的热情追随者，你是一个有尊严的人，而我听过你的很多课，挨过你的很多次责骂，接受过你的指正。如果你不虚伪，那你的情况就更糟糕。你没有意识到的内心里的垃圾数量一定无比巨大，因为你从来不会小打小闹。

把事情看清楚没多大好处。就算具备这世上最锐利的眼光，我也只能看到臭烘烘的虚假之雾。我没有世上最锐利的眼光，我不是超人，而是个超级傻瓜。只有傻瓜中的巨人才会娶了桑德拉同时以你为友。上帝知道我不是完美无瑕无懈可击的贝娄。我在各个方面都有无穷无尽的不足之处。可是把她作为妻子来爱？把你作为朋友来爱？那我还不如去为林林兄弟马戏团打工，每天两次当炮弹让大炮给轰出去。至少他们会让我穿上戏服。

考文垂，老弟，不是个合适的地方[③]。

致理查德·斯特恩

1961 年 2 月 27 日 ［里奥彼德拉斯］

亲爱的迪克：

什么也别担心。[朱尔斯·] 菲弗无所不能，智慧、魅力、感伤，你想得出

① 哈西德派（the Hasidim）是犹太教的一个教派，又称虔敬派，因“哈西德”在希伯来文中意为“虔诚”。

② 亚伯拉罕·约书亚·海舍尔（Abraham Joshua Heschel，1907—1972），美国犹太哲学家。

③ 考文垂（Coventry）是英国历史名城，美国也有三个地方以此命名。英语中有“把某人送到考文垂去”这种说法，意为故意忽略、假装看不见，此句或有这一含义。

的，他全都具备。我想这事能继续下去。不管怎么说是为了《高贵的野蛮人》嘛，我们不得不对付无休无止的事情。世界出版公司太慢，我们编好以后要四五个月才能出来，这个进度堪比 krikhik①（这是个意第绪语词），一年两期，极为烦人。新小说的第一章写得很好，但看得出来只是一部长篇的一部分，所以不能用。

几个月来，我一直在反复推敲《赫索格》，叙述部分写了好几百页，进展就像月球的轨道一样稳定。现在整个看起来和你看到的样子大不相同了，到最后会更不一样。好像是这么回事：我以前是不断地往里加东西，现在是加了以后再浓缩。我知道这听起来像是在说厨艺，可柏拉图就是这么说的，他说诗歌是取悦于人的一种技艺，就像美发和炖汤一样。

我 5 月底前到芝加哥，很愿意和你聊聊。你想谈的话，说说苏珊的事也行。我想现在我对她是非常了解了。关于她，我能告诉你的比大多数人能告诉我的要多。我还是不愿意谈婚姻的事，不过苏珊的事可以谈。

5 月 29 日左右吧，我想。

在此期间，请替我问候盖依、希尔斯②，还有孩子们。很遗憾你没拿到古根海姆基金，可我觉得总有一天你会拿到的。继续争取！

再见③。

致格雷格·贝娄

1961 年 2 月［？］［里奥彼德拉斯］

亲爱的格雷格：

你的来信让我吃惊不小。怎么搞得这么严肃，和我讲什么人的真诚、信任、信用？我以为你相信社会主义，追求的是自由和平等。看来你实际上相信的是资本主义，为的都是钱。要么就是你认为你在拯救你妈妈，让她不要上我的当，或者是在保护她免于破产挨饿？这都是些什么样的胡说八道啊？你既

① 意思是爬行。——原注

② 应指爱德华·阿尔伯特·希尔斯。

③ 原文是法语：À bientôt。

有母亲也有父亲。两个人都爱你。双方的利益应该都和你密不可分。**双方都是如此。**

什么是我无权拥有的，是赡养费吗？那么安妮塔有权拥有？什么权？因为我伤害了她？可我从来没有因为她给我带来的痛苦向她收过费。要么就是这条路只允许单向行驶？我努力工作挣钱，因为我管理自己的收入不知怎的一向比较马虎，没什么能力，效率不高。正常情况下（随便什么意思吧，我的情况还有什么正常的?）我都不太在意。可我有段时间的确过得很艰难。你不知道吗？说实在的，我很惊讶你竟然没有意识到我的日子过得很艰难，我都忍不住要笑出来了。毕竟所有的艰难和泪水都是和你有关的啊！你不觉得这真的很好笑吗？你现在居然这么愤怒，以童子军的口气给我来信，大谈童子军的光荣。可是说真的，以社会主义者对社会主义者而言，赡养费究竟是什么意思？她有工作，有固定收入。我没有。她既没有生病，也并非贫困潦倒，而我可以毫不夸张地说，有段时间我过得非常拮据。我想你不会拿桑德拉和亚当的事闹着玩吧。伴随着心碎而来的是花费。你无法想象失去一妻一儿总共要付出多少代价。我的信用已经耗尽。我欠维京一万元，欠我的英国出版商一千八百元，欠桑德拉的母亲一千元，还欠［塞缪尔·S.］戈德伯格的钱，还欠着税，等等等等。安妮塔知道我的这些难处，如果她能让我松口气，对我说："这样吧，我知道你不容易。你让我受了委屈，可我不想报复你。你有能力的时候再给吧。"她不就显得心怀善意了吗？那才像是人做的事呢。我本来可以发誓说社会主义者就有点像是这种人的。我一定是看错书了。你也许会问，既然我对赡养费持这种看法，为什么还要答应付这笔钱。这么说吧，我答应付赡养费是因为如果我不同意那些条件，安妮塔的律师就不让我从西部回到纽约来住。所以为了离你近点，我就同意了。很多很多年来，我都干得不错。可现在我的日子不好过了，你就说，把他告上法庭。而她呢，悲悲切切地说，我承受不起啊。这话可不太准确呀，格雷格。她要是有理，一分钱都不用花。要真是那么回事，我还得支付诉讼费呢。不过她和我就必须向法庭陈述我们各自的经济状况，这样一来，也许赡养费就会全部取消。因为我的经济状况很差。没错，看起来我挣得很多。这学期我在这儿挣了六千，可是有五千多我得付给安妮塔和桑德拉，所以也可以说我到这儿来就是为了挣这笔钱的。干五个月左右就行了。可我6月份干吗呢，格雷格？

若果真如你所说，你正在努力成为一个真正的男人，那就不妨设身处地，想一想另一个男人，你的父亲。他为什么要做那些事？他疯了吗？他写那些书有什么意义？我那种不可靠的经济状况和我写书这件事显然是有关系的。不过你可以试试看从金钱以外的角度来想想这个问题。那些书都是我不安分的血管里流动的血球，不是硬币。真奇怪，我居然要想办法让我的儿子相信我是个常人。难免犯错，傻里傻气，凡夫俗子，并不全然是废物一个。我反正总能过得下去，磕磕碰碰地过，蹑手蹑脚地过，九死一生地过。我一向就是这么过来的。如果我发了财，那不用说啊，我会给所有的人买冰淇淋和凯迪拉克汽车。然后所有的人就都会说我是多么真诚，你对我的好评也会重现，连带着你对我的信任。这可太愚蠢了。

爱你的

爸爸

致海门·斯莱特

1961年3月1日，波多黎各，里奥彼德拉斯

亲爱的斯莱特——

这倒挺有意思，不过我对你有同样的感觉，你更容易接近，也更为开放。在艾萨克和阿贝［·考夫曼］的领导下也就是这样。花了二十年的时间，才发现其他人都是多么古怪，又是多么相似。同一个人以多种方式展现出不同的面目，一时有点偏执，一时有点抑郁。可那时我们的想法又是多么不同啊！都以为我很世俗，我却不过是几年前才初识这个世道。就连阿贝都变得务实了。去年我在剑桥的时候，在麻省理工教书的杰里·莱特温（Jerry Lettwin）告诉我，阿贝很瘦，处事精明，可不是那个老笨蛋了。要真是如此，那就太糟糕了。

大作已经在校对了，你会拿到一本《高贵的野蛮人》第三期，外加一张小小的支票。希望这点稿酬能鼓励你多写几篇。这是你应该做的，知道吧。你有一副好嗓子，或者说有一手好文笔，知识和能力都十分了得。看在老交情的分上，我就不给你校样了。对四十岁以上的人我一般都非常小心，注意不去勾起他的雄心壮志，除非我相信把事情做好于他而言不过是小菜一碟。毫无疑问，这对你不会

太难。好好想想。

问伊芙琳[1]好。

祝好。

在海德公园一带，社工海门·斯莱特多年来一直是深受欢迎的棋手，而且像苏格拉底一样十分健谈。他和贝娄是图里高中的同班同学。

致基思·奥普达尔[2]

1961年3月12日，波多黎各，里奥彼德拉斯

亲爱的奥普达尔先生：

这些问题都很难回答。人总是想给出一个正确的答案，指望这个答案能抵达《圣经》的高度。当然了，意志坚强的人更容易看清楚，我想看清楚也是一种爱吧。布莱克说的净化感知之门[3]大概就近似于这个意思。而精力充沛的人，无论好歹，都能让别人更清楚地看到自己。我可以比较坦然地承认，我做决定的过程缓慢而痛苦，所以我佩服那些对自己的想法十分了解的人。这种人当然也有可能很危险，因为他们的决定往往是不再去爱。但这并不妨碍我去爱他们，或者说不妨碍我那些用情更深的角色去爱他们。深情的角色也很固执，他们往往自行其是。他们有强大的意志，爱对他们正合适，因为爱能排除障碍和阻力。他们有自己的权力欲，对此我从未有过任何怀疑。如果说他们并不是很明显地自私，那他们也是贪婪的。生命的某种意义通过他们发挥作用，那就是他们的激情。对我来说，他们深情的魅力往往表现为一种伪装。话虽如此，我倒并不想就这些事情和你发生任何**争论**。我很可能是错的，但是正剧也罢喜剧也罢，作品本身让这一点多少有些无关紧要了。作品是第一位的，其中的诸多含义是彗星之尾——那是有了彗星之后的事。

---

① 伊芙琳（Evelyn）是海门·斯莱特的妻子。

② 基思·迈克尔·奥普达尔（Keith Michael Opdahl，1934—2013），美国文学学者。

③ “净化感知之门”（cleansing the gates of perception）出自英国诗人威廉·布莱克的一首诗，原句为：If the doors of perception were cleansed/everything would appear to man as it is，infinite.（若感知之门得以净化/以人观之，万物即皆为无穷。）

《螃蟹与蝴蝶》让我郁闷透顶。那本书太沉重，我放弃了，转而去写《奥吉》。

谨致问候。

基思·奥普达尔著有《索尔·贝娄小说导读》(*The Novels of Saul Bellow*: *An Introduction*, 1968)。

致爱德华·霍格兰

1961年3月13日，波多黎各，里奥彼德拉斯

亲爱的霍格兰先生，

不知为什么我觉得回复一封让我如此愉快的信挺难。也许是因为太令人满意，我反而不知所措了。我们似乎都拙于赞美，在不善于接受的同时也不善于给予。你的信表明至少在给予赞美方面你是个愉快的例外。我希望在轮到你接受赞美的时候你也同样如此。看了你的两本书和一部短篇小说以后，我就知道一定会有这么一天。

总的来说，我觉得你对我作品的判断和我自己的判断是一致的。怪就怪在，我确实感觉到自己以一种奇特的方式受到囚禁，我有些书，尤其是《奥吉》，就是以一种逃离监狱的精神写成的。和大多数革命一样，大多数越狱都不成功。写完《受害者》之后，我感觉到了局限，这首先出于常见的绝望、失望以及诸如此类的情绪，其次出于某种浪漫主义情怀，这种情怀对个人提出过分而且荒谬的要求，却似乎并不知道现实中真正要的是什么。我想我是在释放自己的兴奋中走得太远了。现在我的做法就会大不相同。至于《雨王亨德森》，在我所有的书里，这是我最弄不懂的一本。唉，我可以详细地告诉你当时我追求的是什么，但是就整体而言，我是一点都摸不着头脑。我能认出我大步跑完回到本垒的那些段落。尽管如此，这本书还是挺古怪的。我现在正在写的这本也是如此，书的中心是什么我还没找到呢。这次我好像也没把全书的内在联系做好。不像应该做到的那么清楚吧。我想把这一点整理清楚，反复几次，然后再停笔。[……]

很希望你近期内能为《高贵的野蛮人》提供些稿件。我们正在编第四期，版面宽裕。短篇小说或者随笔都行。乐于看到你写的东西，比如关于纽约的个人观

感。很少有人写这种文章。你可以写得很好。

谨致问候。

爱德华·霍格兰(生于1932年),美国小说家、知名散文作家,其状写自然景物的作品尤其享有盛誉,此类文集有《孔雀的故事》(*The Peacock's Tale*,1965)和《乌龟的勇气》(*The Courage of Turtles*,1971)等。

致路易·加洛

1961年4月4日 [里奥彼德拉斯]

亲爱的路[1]——

你的信都不好回复。写是想写的——噢没错,真的想写——可想说的总是:"请看文集去吧,第几卷第几卷。"我正在写一本书,在书里我想尽我所能对一些同样的问题做出回答。争论真的没有任何意义。那是哲学家的事。作家只能尽力详细展示而不发表意见。要争论起来你可能会占上风。也可能你事实上的确更有道理。我不知道。我的感觉是你在无情地踢开许许多多的谎言。这种迹象是明摆着的,尤其是在你的几封信里,还有你谈读者的那篇文章里,我看了以后印象很深。

我的想法则是,为了表明立场所说的话没什么重要意义。在艺术中,真正的证据毫无疑问是事实。我不会在出乖露丑的时候口袋里装着一个"生活与快乐计划"。或者就像新一届政府一样,装着一个"活力与乐趣计划"、"幽默感计划"等等之类。这事也莫名其妙地和你混在了一起,因为你说"恶心"和"折磨"的时候,表现出来的却是一种纠结而苦涩的喜剧感,这一点远比**立场**更让我困惑。没错,我当然知道这个立场。上帝啊,我怎么会不知道呢?我从来没有住过我母亲的地下室,也没用过她的洗衣机,可那只是皮毛。其余的事我照样非常熟悉,我有无数直接体验。我从来不知道过一种为人接受的生活是什么意思。可是那种不为人接受的生活自有其可怕的危险,而且如你所知,令人惊恐的堕落正等待着独

---

① 路(Lou)是路易的昵称。

自抗争的人。在美国，作家可以从蔚为大观的各种地狱中做出自己的选择。你选的那个刚好合我的口味。不过我很清楚，用一个性能良好的探照灯，一个人就可以让自己那小小一束混乱的光覆盖天空，他自己手里那几根细棍子也就可以看起来像是最坚固的十字架了。

你会发现我目前正在写的这本书少了些“温柔”、“宽容”等等。其实作家有了这类感受以后，他的工作就是将其全部导入最凶猛的烈火之中。他一定要让这些情感去面对他所能找到的最具破坏性的对立物，如果他想温柔，就面对凶手的脸。而反过来也是一样，有些作家相信我们必然会漂进一片令人作呕的马尾藻①里，他们也必然要面对美。否认这一点，你就不得不否认自己作家的本能。

好啦，就这样吧。[……]

祝好。

致帕斯卡尔·科维奇

1961年5月9日［里奥彼德拉斯］

亲爱的帕特：

谢谢。当然很高兴收到你的信，我把书稿又读了一遍，同意你的看法，这东西的确还不错，但是还需要下不少功夫，因为看不出来到底是有趣还是沉闷。思考比较集中的地方要精简。这是我的老问题了。也许我现在就可以把哲学从我这套体系里永远清除出去。这是我第一次在一本书里真正展示出我的手法，你也可以说是我的面相。不过我们还是下星期再好好谈谈这件事吧。我现在正在收拾行李，忙着对付论文、成绩和出门用的各种票。我听苏茜说你身体很好，很喜欢她做的菜。

还请特别转达对多萝西的问候。

祝愿一如既往。

---

① 美国东部海区的北大西洋环流中心有一片海长满了厚厚的马尾藻等漂浮植物，称为马尾藻海。

致苏珊·格拉斯曼

[未注日期][里奥彼德拉斯]

请注意亲爱的，**千万别**带外套和毛衣，只带**纯粹是**夏天用的东西。带清真腊肠这种事随便。我一切顺利。开始对自己不那么因为讲民主而过于谦卑了。我是——贝娄！！！我是上帝出借或者出租给我自己的。而且这笔生意相当出色。

如雪莱对黑夜所说，来吧，快一点——**快**一点！

致苏珊·格拉斯曼

[未注日期][里奥彼德拉斯]

[……]你走后我吃得很少，大部分时间看书写作。一个人去卢基约[①]几乎没什么意义。我看《旧约》和先知书，写《赫索格》。书写得非常顺利，这也是某种安慰吧。起初我想你想得很苦，现在平静一些了，大约十天以后，我就会从独处中全面获益，脑袋里充满疼痛，心中空空如也。

[……]我去看了《乱点鸳鸯谱》[②]。唉！哲学，你的名字不是米勒[③]。

爱你，吻你。

致苏珊·格拉斯曼

[未注日期][里奥彼德拉斯]

我最亲爱的小宝贝：

自从飞机把你从我身边带走以后，又写了二十页，这个星期就有四十页了。美德和幸福的标志。我以烤肉和盐丸[④]为生，我的大脑和内脏都在高速运转。你去过服装厂吗？听见我这句话里缝纫机轰轰作响震耳欲聋的声音了吗？我觉得自

---

① 卢基约（Luquillo），波多黎各东北港市。

②《乱点鸳鸯谱》（*The Misfits*，即《不相称的人》），美国电影，1961年2月1日上映，阿瑟·米勒编剧，克拉克·盖博（Clark Gable）、玛丽莲·梦露等主演。

③ 此句戏仿莎士比亚《哈姆雷特》第一幕第二场中哈姆雷特的经典独白：脆弱啊，你的名字是女人！（Frailty，thy name is woman！）

④ 盐丸（salt-pills）可作药用，补充体内流失的钠等。

已就是这样，像个缝纫工不停地把布料往机器里送。只不过那机器在我体内，布料的缝合无休无止。昨天我终于去了一趟卢基约，天气不错，可随后云就上来了，于是我就开车回家。现在用的是斯蒂庞克车①。那辆大众车一个星期里漏了六夸脱油，我把它放在圣洛伦索②博茨福德的店里了。基思上星期回来得很早。我们一起吃饭，痛痛快快地聊了一通，他好像很投入。我认识的人里面，他是最愿意听我说实话的一个。听实话并不总是让人高兴，可这是和**他**有关的事，所以他这么做很不错，非常好。我自己就是这样的人，这你是知道的。

我不太喜欢你那封意气消沉的信，联想到你不去芝加哥的决定，我觉得和你回去后与家人的谈话有关系。你妈妈在电话里难为你了吗？希望不是这么回事，而只是正常的环境转变所致，安全到达纽约，回到自己的地方，回到朋友们身边，回到毕竟是大城市才有的那种魅力之中，自然十分兴奋欢快，然后就又是孤独，还有痛苦的思绪。可这全都是你应该经历过的正常过程啊。听说这种利眠宁吃了没什么坏处。基思也在吃。他现在承认原来有点精神崩溃。这可能是他在纽约的心理医生跟他说的。他在伦敦有个裁缝，在纽约有个心理医生，都随时为他服务。啊，这可是个快活有趣的人。

整个岛上只有我在踏踏实实地工作。

爱你，愿你快乐。

致苏珊·格拉斯曼

［未注日期］［里奥彼德拉斯］

啊苏珊娜！《赫索格》继续朝老河口处漂去，快两百页了。这种快节奏让我多少得到了解放，不再流连忘返于我最喜欢的主题或者说毒药。就好了，就好了！继续，继续。我真想结束的时候，就像希波克列德那样，倒立在宴会的餐桌上。[……] 天气不是太好，所以也没什么别的事可说，车都越来越不好开了。我请了一位女士吃饭，是我大哥介绍来的。结果这位是个十足的神经质富婆。我说十足

① 斯蒂庞克（Studebaker）是汽车品牌名，现在是著名的老爷车品牌之一。公司名称是斯图贝克，已于1966年倒闭。

② 圣洛伦索（San Lorenzo）是波多黎各东部一城市。

的一点不夸张。一个女人在等着我，如沃尔特·惠特曼①在这首诗开头所说，她拥有一切，什么神经质的特点都不缺。这顿饭有一个收获。她是公益事业的院外活动人士，她告诉我，有一次在唱名投票期间，一个参议员想在国会大厦里耍她。她是来看着他按自己许下的诺言投票的。这人的天性机灵得多。他想在自己的私人办公室里把她灌醉。可这位女士说："你投了票我才喝呢。"真是只有勇士才配美人啊！大千世界无奇不有！我仅有的这一票，小宝贝，要投给美丽的你，伴随着《让我们尽欢》②的乐曲。你对那种别有企图的联姻所持的看法自然是对的，不过我想那代表了已经放弃爱情追求却还想找个理由继续在一起的人所做的努力。在这种情况下，爱情追求当然就只能放起来，收起来，藏起来。我是说，把它作为一种浪漫精神，甚至是赖希说的那种与性相关的浪漫精神，束之高阁。然后就从一种浅薄跳进另一种浅薄，从一种痛苦跳进另一种痛苦。但是那些在彼此身上看到上帝的人……纽约市造不出来。

以我的温柔吻你的心。

贝娄喜欢倒立，很欣赏希罗多德③讲的希波克列德的故事，故事里说他在克利斯提尼的宴会上倒立，把下身都露出来了也满不在乎。

致约瑟芬·赫布斯特

［未注日期］［里奥彼德拉斯］

亲爱的乔茜——

偷作家的打字机是一种邪恶行为，应该可以判处死刑。我丢了两台打字机了，每次都气得想杀人。希望没有太耽误你的事。苏珊告诉我，你在纽约期间不像原

---

① 沃尔特·惠特曼（Walt Whitman，1819—1892），美国著名诗人，创造了诗歌的自由体（Free Verse），代表作是诗集《草叶集》（*Leaves of Grass*），这里提到的这首诗即出自此书，诗的标题即是《一个女人在等着我》，起始一句是：一个女人在等着我，她拥有一切，什么也不缺……（A woman waits for me，she contains all，nothing is lacking...）

② 原文是拉丁语：Gaudeamus Igitur。——原注

③ 希罗多德（Herodotus，约前 480—前 425）是古希腊历史学家，他在史书中记载，雅典贵族希波克列德（Hippocleides）大醉后在桌上跳舞倒立，丑态百出，但毫不在乎。克利斯提尼（Cleisthenes，约前 570—？）是古希腊政治家。

来想的那么快乐。我要是在那儿，肯定不会让事情太出格。我们会给你找到一个补救办法，比如把你训练成直升机飞行员，或者干点什么让冬天也高兴起来的事儿。有一帮作家朋友，城市就会显得非常糟糕。每次一个冬天始终是我的座右铭。

波多黎各对我来说是个非常好的地方。我提不出［艾尔弗雷德·］卡津那样的抱怨。可是我的天！正确的人老是正确嘛。那又怎么样？当然了，这里野蛮，嘈杂，没规矩，等等。而且很脏，有很多很多老鼠。可是蜥蜴比老鼠更多，花比蜥蜴更多（这两样我都喜欢），香气比臭气更多。在我看来，美和垃圾之间的关系也正确。

书的进展也很好。

爱你。

还有，《高贵的野蛮人》这次把你的作品列为首篇——黑绿相间，清爽美观，正规而且新鲜，为春天。

致苏珊·格拉斯曼

［未注日期］［里奥彼德拉斯］

亲爱的，今天早上我觉得很不舒服，准确地说不是发烧，而是很热。我现在希望的是从此刻到离开的这段时间里，不会对这个地方突然产生恨意，不过我确实有一种非常憋闷封闭的感觉，也许是因为我开始想你了。我很容易发火，不那么好说话了。我拒绝了星期六给图书管理员们做讲座。

这本书现在真是让我大开了眼界。我好像已经有了对策，而这应该只是在结论部分才会出现的。来得过早了。

人们在日常谈话中大量使用机智尖刻的喜剧元素，同时他们也希望表现得很**负责任**。现在我已经长大，不能再玩这些次等的把戏了，《赫索格》就表明了这一点。就是那种重大的、很难处理的、悲情的，而且最重要的是还没有必要的**责任**，这东西已经变得比原则本身还要重大了。哎呀，哎呀！怎么说呢，我敢肯定你会发现我清楚得像泥浆一样，非常令人费解，不是经常如此吗？可那结论在我眼里却是真的很清楚。根据其构思来看，“自我”或许是人类所有概念中最可笑的一个了。而这似乎就是我在布米奇［《最后的分析》主角］，当然还有亨德森（**我**要！**我**要！）这两个形象中所追求的东西。所以这本书就是笑着告别那个可爱却虚假的自我形象。赫索格在记忆中塑造他自己可爱的形象。然后他惊恐地看到，比如说，他父亲背弃了圣多米尼克、圣……好了不说了。你想知道的是，我渴望拥抱你吗？是的，我渴望，非常渴望。吻你的唇和其他地方。

爱你。

致苏珊·格拉斯曼

［未注日期］［里奥彼德拉斯］

小宝贝——今天疼死我了（如詹·乔伊斯所说**法国式疼痛**[①]）。我终于找到了牙医，那颗牙的蛀洞很小。疼痛的原因是牙床下的牙石，必须刮掉，现在麻药劲儿过去了，我的嘴是木的。在波多黎各，生活又开始眷顾我了。前天在庞塞大道（Ave. Ponce）的高峰时段，我的斯蒂庞克抛锚了。修理工用了四个小时才修好。我不得不在马路牙子上坐了四个小时等着。这个过程说到底还是相当令人愉快的，因为我已经有很长一段时间没有被迫安静下来这么久了。我是在基思的办公室写这封信的，他刚回来，我得赶快去邮局，这样你就可以在周末收到爱的信息了。

我的甜心！

致苏珊·格拉斯曼

1961年4月24日［里奥彼德拉斯］

宝贝，昨晚要是悄悄爬到你床上去，我该多高兴啊。非常想你。今天，每天，特别是每个晚上，都想。你走后我就一直睡在你的床上，可你床上的那种芬芳现在已经没有了。我的心在第六十八街。你说这是爱？是的。

我做了几次可怕的噩梦。我梦见卡洛斯［即乔纳斯·施瓦茨］正在起诉。这家伙太厉害了，他可不就是这么个人吗？然后我醒了，越想越不乐观。我惊慌失

① 原文为 aix les pains，按法国有温泉小镇 Aix les Bains（含义为沐浴之水，通译艾克斯莱班），乔伊斯或改了一个字母用来说疼痛（乔伊斯有眼疾），故试译为“法国式疼痛”。

措。而且我还把《绅士》杂志扯了进来。当然我并不认为他会真的做出什么事来，那会让他看起来像个十足的白痴。专业声誉受损，他承受不起。目前还不行。你知道的。不能写真实的事情让人很不痛快，结果就是写作都成了小孩子的游戏，而产业和政治等等却为所欲为，把我们赶进庇护所里，让我们的生活变得愚蠢而令人厌恶，使整个世界都失去了光彩。唉！不管怎么说，有些事实做了些改动才算把场景设在了芝加哥。要是没有几次严重的焦虑，生活会是什么样子？不完整啊。

今天是第二个漫长的下雨天，就像和一把水汽蒸腾的壶共用一件绿色雨衣一样。多么盼望13日到来！[……]

我觉得自己就像天塌下来以后的“忧天小鸡”[1]。

爱你，爱你，爱你。

这里把乔纳斯·施瓦茨称为“卡洛斯”(Carlos)，在准备发表于《绅士》杂志的《赫索格》早期节选中可以看出有这样一个人物。

致苏珊·格拉斯曼

1961年5月1日[里奥彼德拉斯]

宝贝：正如你所说，我收到帕特一封热情洋溢的信，里面堆满了溢美之词。因我而快乐的灵魂又多了一个。多么出色的纪录啊。只是还没有收到《绅士》的消息，这种状况像不祥的静默一样令人起疑。噢算了吧，也许乔纳斯会起诉，这倒成全我了。他们可以拿走我的房子什么的，如此一来，我可说的话就更多了。[……]

现在用不了多久，我就能把脚上的绿色积尘抖掉了。真想看着你蓝灰色的眼睛，叹息着亲吻你的手指，面对你的美扮演野兽的角色。

用我的爱，和无数的吻。

---

① 原文是 *Chicken Little*（《忧天小鸡》），这是美国儿童教育家、畅销书作者卡尔·萨默（Carl Sommer，1930— ）改编自民间童话《小母鸡潘妮》(*Henny Penny*）的一个故事，故事里一颗橡果掉在小鸡潘妮脑袋上，她以为是天塌了。

致苏珊·格拉斯曼

［未注日期］［里奥彼德拉斯］

宝贝，最近没收到你的来信。我猜你是在忙你父亲来访的事吧。我吗？如你所见，放慢了一点进度，不过有些东西是新的，这可以理解。接下来的四十多页主要写朱莉安娜，然后转到黛西，转到舒拉来访，妈妈和爸爸，最后是结尾在乡下这一段。我对要在《绅士》上发表的部分极为担心，在最后一刻，我把卡洛斯改成了一个有残疾的老兵，一个奥马哈海滩[1]的英雄。为这本书自身的利益着想，我得和维京的律师们做详细的磋商。很不情愿去掉**真实的**[2]卡洛斯。

对我来说，离开这个岛的感觉就相当于把这本书写完，这是力度相等的两个齿尖。你能看出来，我并没有浪费时间。我想获得自由。

与此同时，贝尼特斯（Benitez）［波多黎各大学英语系主任］要我在这里长期任职。我说不，谢谢，太高看我了。其实我这门课上得很好，我要谦虚就违背事实了，事实就是事实。

［……］上星期我看了阿尔伯特·艾利斯[3]博士的《无罪之性》（*Sex Without Guilt*）。作者说的似乎全都很合理，可有些东西——有些东西让人感觉像是鸡舍里的快乐。这里面有一种格调不高的理智。

没错，我确实收到了格雷格的信。他给我写了一封精彩的、友好的、熟悉的、做了很多解释的、很激动的信，讲了他的芝加哥之行、他的入学面试，还有他所有的朋友。他跟亚当和桑德拉一起待了两天，事无巨细全都告诉了我。所以我们完全没问题。危机解除了。

如果你见到约翰·麦考密克（John McCormick），告诉他我特别希望他写一篇回应［西摩·］克里姆的文章。这可是“另一只猫的札记”。我们必须再发一篇文章，否则会让人觉得我们纵容了那个疯子。约翰要走了，我知道，但我想逼他一下把这件事做了。其他人也可能有回应，他来回应是最好的。

---

① 奥马哈海滩（Omaha Beach）是二战诺曼底战役中盟军四个主要登陆地点之一的代号。

② 原文是法语：comme il est。——原注

③ 阿尔伯特·艾利斯（Albert Ellis，1913— 2007），美国临床心理学家。

想你，宝贝。我的双脚渐渐空了，有了不完整的感觉。我可能要用双手走进联邦大酒店[1]了。

爱你。

阿尔伯特·艾利斯是芝加哥的一位“性学家”，贝娄1960年春天向他做过咨询。西摩·克里姆和贝娄在明尼阿波利斯当过短期的同事，是散文家，与凯鲁亚克[2]、金斯伯格[3]等“垮掉派运动”人士有联系。此前《高贵的野蛮人》发表了他的文章《这只猫的故事是什么？》(*What's This Cat's Story?*)。

致路易·加洛

1961年5月9日，里奥彼德拉斯

亲爱的路：

你会记得我没有提出任何要求。我只是劝你读一读《雨王亨德森》，那里面透露出来的东西很多，比我写什么信都强。你说到了疯狂，好像各种疯狂都是一种色调，一种味道。我前段时间来到这里的时候，认为绝望和牺牲是为了维护统治阶层和整个社会大厦。想象力和智慧在权力竞争中就是以这种方式自我淘汰的。并不是说这两者是争夺同一种权力的竞争对手。这其中有所区别。但是——我和你一样，也喜欢直来直去——想象力和智慧可以自由而不受干涉地行使的唯一权力，就是绝望的权力。这就是单色调的疯狂。自己对这一点有了感觉，有了理解，有了一个浸润于其中的过程之后，鉴于我天生即为性情中人，一念之下，我就决定以笑声的形式回归理智。这不是一种具有肯定意义的**创作原则**。我也没有太高的指望，有个百孔千疮的成功也就行了。但是我们放弃的还有其他权力呢，比如满意的权力，展示美和力量的权力[4]。我们承认这些权力都一去不返的时候，我们

① 纽约的联邦大酒店（Grand Union）名称中有“大团圆”的意思。

② 杰克·凯鲁亚克（Jack Kerouac，1922—1969），美国作家，与此句中的金斯伯格同为美国文学中“垮掉的一代”代表人物。

③ 欧文·艾伦·金斯伯格（Irwin Allen Ginsberg，1926—1997），美国诗人。

④ 这一段里所说的“权力”原文全都是power。

当中有些人至少在撒谎的时候还带着惭愧之情。在我的前两本书里我就是这么承认的，带着惭愧之情。然后我意识到我不过是又在做一件常规的事情而已。就是按常规撒谎。我不想给你写我的人生故事。我就是有兴趣也没时间。我正在写一本书，这是我在岛上的最后一个星期。我很快就会回到蒂沃里，也许哪天我们可以在纽约见个面。[……]

致基思·博茨福德

1961年6月7日，蒂沃里

亲爱的基思：

[……] 我到安阿伯①去演讲了，然后去了芝加哥看亚当。还见到了桑德拉，不过就一会儿工夫，如果我愿意找找杰克②，我想也能见到他。老恰克巴索夫和桑德拉正在就埃丝特（Esther）的遗嘱打官司，恰克巴索夫传话说，如果我想对孩子的监护权提起诉讼，他愿意出庭对杰克和他女儿提供不利的证词。这种诉讼对我没有吸引力。我不想和他们有任何瓜葛。由于孩子的关系，我已经卷入其中了，但我有意和这伙人保持最低限度的联系以免受其害。

我带亚当去了动物园和水族馆，还野餐，买玩具。他长着全芝加哥最不像枪手的脸，却佩着马歇尔·菲尔德百货公司最大号的玩具手枪。我都没法让他离开枪这个话题。亚当是个极为单纯的孩子。和格雷格一样，他也喜欢听笑话。这点和他爸也一样。[……]

致路易·加洛

1961年6月15日，纽约，蒂沃里

亲爱的路——

我回来了，而且置身此地有一种非常愉快的感觉。在波多黎各的阳光直射下，我的头脑都不是我自己的了。回来了，回到这个衰败的狗窝，回到我的石头地窖

① 安阿伯（Ann Arbor）是美国密歇根州一城市，又名安娜堡。
② 应指杰克·路德维格。

和几间脏屋子里。希望你看到了《高贵的野蛮人》第三期。第四期会收入［你的］《俄狄浦斯·施莫狄浦斯》(*Oedipus Schmoedipus*) 和其他好东西。编辑工作超出了我的预期。我照例好心好意接受了这个活儿，却是轻车熟路走向地狱，现在这已经成了一份没有报酬的全职工作，带来了各种麻烦、委屈、错误，主事的人不管这些，却拿着高薪。

好了不说它了——你写到大作家对艺术的恨，这一点我很感兴趣。托尔斯泰肯定就是这样。所有这些人（托尔斯泰、兰波①等）都承担着道德家的角色。他们是约拿，真正追求的是艺术。可是出于更高的使命，他们又不得不提出预见，所以就被迫严厉对待自己的才华。这件事我还没有充分思考过，但是觉得很有意思。如果你写过这方面的东西，我想看看你的说法。

你的文字有时会砰的一声正中要害。你状态不稳但是目标明确。我活得年头不少了，这一点骗不了我。

致基思·博茨福德

1961年7月24日，蒂沃里

亲爱的基思，

［……］危机冲击下的世界并没有在书店里抢购《高贵的野蛮人》。也没人为之神魂颠倒。我们的特约编辑们也不理会对他们的评论，只有斯威多斯和赫布·戈尔德②除外，他们都是老内斗派了。我怀疑路德维格甚至都不会去看看我们是不是还把他放在发行人栏里，我的恼火和你关于荣誉的看法都只能既是徒劳的也是愚蠢的。然而我们必须做得很好，因为这个世界急剧坠落，在泰坦尼克号沉入冰水的时候，我们必须让乐队继续演奏。我现在的心情很适合参加同性恋的葬礼。［……］

在这个世界目前的状况下，我们已经做得不错了。我们还可以注意少花点钱，你我都是。你是个托尔斯泰主义者，还有誓约管束呢。［……］

---

① 让·尼古拉·阿蒂尔·兰波（Jean Nicolas Arthur Rimbaud，1854—1891），法国著名诗人。
② 即赫伯特·戈尔德。

致安和艾尔弗雷德·卡津

1961 年 7 月 26 日，蒂沃里

亲爱的安、艾尔弗雷德：

你们对可怜的赫索格如此赞许，我高兴极了。我在蒂沃里这个地方完成这本书——或者不如说还在写？这才比较接近事实。**勉强过得去吧**①。现在西红柿开始熟了，只要土拨鼠不上班，我就没有紧迫的经济问题。要是能跑到韦尔弗利特和你们一起到处转上一两天，那就太好了。既然不可能，你们何不在秋天来蒂沃里度一个长长的周末呢？秋天和春天是蒂沃里最好的季节。非常漂亮。地方很大，有林子可以散步，有田野，你们来我会非常高兴的。等你们从科德角②回来我们再好好商量一下。

送上我的感谢和爱。

致阿诺·卡伦③

1961 年 8 月 17 日，纽约，蒂沃里

亲爱的卡伦先生：

如果我在［瓦格纳学院（Wagner College）的］会上冒犯了你，我真的很抱歉。我让你失望是不可避免的，因为从来没有人不相信存在着一种波利尼西亚人所称的“神力”，而这种“神力”一定是可以转移的。我自己也常常对老作家感到气愤，我知道你一定会有什么样的感觉。但是我相信你可能忽略了我们之间交流中的某种犹太特点。俗话说，耶和华所爱的，他必管教。你的才华在我看来十分显眼，所以我马上就抓住了那些不太令人满意之处。其中就包括我身上也存在的一些倾向，在你这个年纪，我的这些倾向尤其明显。我责骂你的时候，或许也是

① 此句原文为意第绪语：Men makht a leben kam mit tsores。——原注（原注用英语释义为：I'm barely getting by。——译者）

② 原文是 the Cape，指韦尔弗利特所在的科德角（the Cape Cod），又称鳕鱼角，是美国马萨诸塞州南部的一个钩状半岛。

③ 阿诺·卡伦（Arno Karlen，1937—2010），美国诗人、作家、心理分析家。

在纠正很长一段时间之前自己的错误?“或许”不过是修辞。事实的确是这样的，你说我们是运行在两条平行的轨道上，这话就证实了这一点。我立刻就注意到你文章中那种删繁就简的力量，那种攻击的严厉程度，这些我都很赞成。但是唯我主义人人皆有。每个人整天都在写《尤利西斯》，在自己内心深处；我们说话的时候，所说的话都是出自内心的语境，只有冰山一角露出水面。所以你听到的只是以“但是”开头的部分，前面的部分你没听到。

关于当个作家我应该对你们说的大概是这个意思：人现在可以选择，是以一个作家的身份出现在世界面前，还是真的去当一个作家。屡次投稿不中的人和愤青们对你所说的敲打牢房的墙壁感到不满，就决定以作家的身份公开亮相。我不认为你是个愚蠢的人。你一点也不像个愤青，可你还老是处理不好这个身份，想要得到别人的认可。在我看来，你一直在做的这件事纯属无聊。不管怎么说，你各方面都强于那里的大部分人，也没人拒绝出版你的东西，所以你可能是对他们过于温柔了一点，毕竟他们的天赋和运气都不是太好。他们批评你的时候，你脸上出现了一种古怪的紧张或者说冷峻。我看到了二十年前我自己那张苍白紧张的脸，所以就发了言，毫无疑问说了错话。当时我该跟你解释一下这件事的，可我没说，因为我思想不能集中了，对整个会议很恼火，也对自己居然参与其中很生气。十天内要对付十七个人是不容易的。经济上的报酬微不足道。十天奋战，我可以轻松地挣到两倍的钱，按瓦格纳学院付给我的钱算是三倍，所以我到那儿去当然不是为了钱。我不能相信你真的会认为，除了要当作家就要学会像作家一样生活这一点以外，还有什么别的可说。这个观点我反复说过，每次的说法有所不同。手艺都是自己学的。关键就是要找到最合适又最能激发创造力的平衡。你是个写作的人，我能提出的最苛刻的批评到头来也不会有什么价值，因为你的批评原则来自你自己。你不停地写，不停地重写，这些原则就会出现。正因为如此，我对会上的十七个人一点也不觉得内疚。说我不讲分寸，对；说我指导无方，错。我去那儿是为了说明我自己的观点，在这项事业里，任何人都只能做到这个程度。我尽我所能确实把我的观点讲清楚了。写作的人对事情应该怎么发展自有其定见。他们在生活中往往比较霸道，就像他们对自己塑造的人物经常采取的态度一样。于是就有了十七个相当完整的版本来描述事情会怎么发展。而我提供了第十八个。

我十分愿意坦率承认，打断《赫索格》的写作惹恼了我，而且有可能是因为这个缘故我才出言不逊。不过我随时都可以和你私下里聊聊。也许我们可以把这里的有些问题弄得更清楚一些。

祝你在军队里好运。

阿诺·卡伦（1937—2010）的著作包括：《拿破仑的腺体》（*Napoleon's Glands*，1984）、《人与微生物》（*Man and Microbes*，1996）和《细菌传记》（*Biography of a Germ*，2000）[1]。瓦格纳学院位于纽约州的斯塔顿岛（Staten Island）。

致拉尔夫·罗斯

1961年8月20日，蒂沃里

亲爱的拉尔夫——

祝贺你们俩。记得在哪个电影里，格劳乔[2]听玛格丽特·杜蒙[3]说到他们有多少个孩子，大为惊讶，说："我们每样留一个，其他的就送人吧。"你似乎凭本能就达到了最佳效果，一点没浪费啊。

笑话到此为止。真的为你和艾丽西娅感到十分高兴。

衷心祝福你们。

致哈维·斯威多斯

1961年9月28日，蒂沃里

亲爱的哈维：

[……] 你和我属于一个非常小的群体，其成员都是可以寄予希望的。我明白你的意思。马拉默德的书［《新生》］已经死了。超出自己熟悉的范围说话，或者

① 后面两本书的中文译本为：《病菌与人类的战争》，晨星出版社2000年出版；《细菌的传记》，哈尔滨出版社2003年出版。

② 格劳乔·马克斯（Groucho Marx，1890—1977），美国电影演员。

③ 玛格丽特·杜蒙（Margaret Dumont，1882—1965），美国电影演员。

他想这么做的时候，他就满口都是中产阶级爱和自由主义的陈词滥调。然后你就会看出来，这位可怜的老兄在俄勒冈始终是靠梦想着一种高雅美妙的生活过日子的——刘易松体育场[①]飘过大陆，管弦乐队演奏着柴可夫斯基[②]的《罗密欧与朱丽叶》。这种事既没品位也没趣味。我想你我都有些方面要感谢我们二十多岁的时候信奉的马克思主义。当然了，那种观念让我们变得爱吵架，可也给我们注入了一种硬度。现在我写《赫索格》的时候就经常有这种感觉。我绝非社会主义的信徒，但我对现实有一定的感觉，这可能就要归功于激进主义。我希望《赫索格》能有所成就。至于那本杂志，怎么说呢，我已经把火生起来了，不再放一块铁进去好像有点可惜。打不成一把好剑，打成个锅铲也行啊。

1 月份得去芝加哥过寒假。我 4 月份回来。把你的安排告诉我。我想见见你。好几年没见了。我们可以在纽约见面，山谷别墅（Valley Cottage）或者蒂沃里都行，雅都也可以。我们终于把伊丽莎白［·艾姆斯］逼得走投无路了，明年雅都会有个游泳池。

祝安好。

致理查德·斯特恩

［未注日期］［蒂沃里］

亲爱的伙伴[③]：

我把《赫索格》从这台打字机里取出来了，这样写这封信字迹可以清楚一些。[……] 这场马拉默德狂欢我一点都没参与。我太不喜欢他的书了，简直听不下去那些音乐。所以我独自吃着五香熏牛肉，暗自悲伤，而他们在法勒·斯特劳斯出版公司[④]喝香槟鸡尾酒。所幸到目前为止，我还没跟任何人说过我对那本书的尸

① 刘易松体育场（Lewisohn Stadium）在美国纽约城市学院内，因经常举办大型古典音乐演奏会而成为古典音乐活动的一个地标，建于 1915 年，1973 年拆除。

② 彼得·伊里奇·柴可夫斯基（Pyotr Ilyich Tchaikovsky，1840—1893），俄国作曲家。《罗密欧与朱丽叶》（*Romeo and Juliet*）是他的管弦乐名曲之一。

③ 原文是法语：Cher compagnon。

④ 法勒·斯特劳斯出版公司（Farrar，Straus and Company）创立于 1946 年的纽约，1961 年出版马拉默德的《新生》（*A New Life*）一书时，其名称为法勒·斯特劳斯·卡达希出版公司（Farrar，Straus and Cudahy），1963 年后改为法勒·斯特劳斯·吉罗出版公司（Farrar，Straus and Giroux）至今。

检结果，用不着为此犯难。

老同事，我这里另附一页，为那门课开了一个简要的书单。请［英语系］系里把研讨课安排在下午好吗？上午我要写《赫索格》。我可以摆摆道理，就像夏里亚宾①所说："唱歌？午饭前我连吐痰的时间都没有。"而且我还没有公寓。还有，希尔斯会去吗？公寓可少不了，因为还有亚当呢，每个周末我都要和他团聚的。

《欧洲》②，我觉得遗憾。这本书挺有趣，而现在这一点对其不利了。这种动荡时代里的温和喜剧一般认为具有中产阶级特点。**血肠加辣根**③是烂书想要的东西。用铁猛击心脏和阴极让那玩意儿抽搐。你看，多明白。亨利·米勒和亨利·詹姆斯不可能双赢。有人在撒谎。亨利·詹姆斯在前厅的蕾丝窗帘边上，可是在后室里——哈！而［你的］《欧洲》所处的位置离老的那位亨利更近。好啦，你还是会取胜的。你在对付那些小点的恶龙方面做得很好。很快你就要准备当圣乔治式的模范了④。我看了你对《第二十二条军规》⑤的评论，我的看法和你一样。坎迪达［·多纳迪奥］⑥把这本书送给我的时候大喊了一声，听起来可是激动人心哪。

我近日即到芝加哥，偏执的疑病症之后是忧郁的欣快症。请告知临床医生做好准备。

希望很快见到你。

思呆压底诺维奇⑦

斯特恩对约瑟夫·海勒《第二十二条军规》持异议的评论发表于《纽约时报书评》。

---

① 费奥多尔·伊万诺维奇·夏里亚宾（Fyodor Ivanovich Chaliapin，1873—1938），俄罗斯男低音歌唱家。

② 或指斯特恩 1961 年刚出版的小说《欧洲或与巴格什和施赖伯一起到处走》一书。

③ 原文是德语：Blutwurst und Senf。——原注

④ 欧洲神话传说中有圣乔治大战恶龙的故事。

⑤ 作者约瑟夫·海勒（Joseph Heller，1923—1999），美国小说家，俄裔犹太人。《第二十二条军规》（*Catch-22*）成为美国文学中"黑色幽默"的代表作。

⑥ 坎迪达·多纳迪奥（Candida Donadio，1930—2001）是这本书的代理人。

⑦ 原文为 Stayadinovitch，这是贝娄给自己起的俄式怪名，且试译如此。

1962 年

致苏珊·格拉斯曼·贝娄

［邮戳标识为 1962 年 1 月 9 日，芝加哥］

宝贝：

还是各种聚会活动不断。我几乎没有独处的时候，这种状况也让我有点烦躁。这太不像我的生活了。星期天是我姐姐、我大哥莫［里斯］和亚当，亚当简直太出色了。他今天早上给我打电话说他得和我谈谈。桑德拉把电话拿过去了，说他害怕我像莱斯特（Lester）舅舅一样消失了。能成为这样的心理学家真是神奇。不管怎么说，星期四我要带亚当去参加莱莎（Lesha）小女儿的生日聚会。这事让他高兴了一点儿。听起来他好像有点含着泪。唉，我们是用眼泪润滑着宇宙的车轮啊。没有眼泪，我们就不是我们自己了，可是大脑仍然觉得眼泪是个怪物。不管怎么说吧……莫［里斯］给了我一件漂亮的爱尔兰粗花呢外套，是犬牙纹格子的，好像挺合身。不过我显然是狠狠地给了他一个难堪，因为他说我的书他一本也看不下去，也就是《奥吉》里面有几章还行，其余的对他来说都是胡扯，他不明白出这种书怎么能赚钱。我说他毕竟不是个训练有素的读者，只是一门心思做生意谈恋爱罢了。他生气了，说我不**尊重**他，说我是个坏透了的势利鬼。我想当时我是像天使一样温和的，我双手拥抱着他，说我是他亲爱的弟弟，这不比积怨好吗？后来我终于让他软了下来，不再那么碰不得了。他觉得自己受到冒犯的时候就会冷得像块冰，如果你觉得**我**很脆弱，我建议你研究一下他。希尔斯[①] 有一次花了很长时间专门给我讲了犹太人的敏感问题。

好啦，还有个小小的消息。我在工作，我很好，我拿到了所有的报酬，我想你——想床上的你。我等待着 23 日，我爱你。

---

① 应指爱德华·希尔斯。

贝娄和苏珊·格拉斯曼已于11月结婚。

致苏珊·格拉斯曼·贝娄

［邮戳标识为1962年1月11日，芝加哥］

宝贝——

我想《赫索格》就要进入最后阶段了——还剩最后两节，都不太长，然后就结束了。

别的没什么成就，无非是教书、写作、签支票。你来了以后，或许我能在床事和看书两方面都赶上进度。我开始做和你有关的春梦了。也许我糟糕的健康状况不过是纵欲所致（据圣诺曼·奥·布朗[①]和弗洛伊德教里的其他人所说）。昨晚（星期三）在“海岸”[②]和我哥哥莫里、他的女友和他的邻居走廊骑士莱昂纳尔（卡佩尔）一起吃饭。现在我要去接亚当，带他去参加莱莎家的聚会，带他回家，到南方来，躺下，等着更多的梦。

爱你。

致苏珊·格拉斯曼·贝娄

1962年1月16日［芝加哥］

宝贝——

又是一场暴风雪，这次只下了八英寸。昨夜风吹着积雪，没有星星。没有链子。我只好再把车顶起来，把链子缠上。这次可不好玩了。又冷又脏，摸黑干了一小时才弄好。我哥哥给我的外套上扣子全都掉了，现在没法穿了。还有呢，我回到家已经筋疲力尽，马上就上床睡觉了（晚上9点）。所以我发了誓要减肥。我觉得自己有一百万岁了。不过我今天早上起来，花了两个小时把夜总会那篇写完，然后寄出去了（那些链子更不好弄了）。接下来我准备继续写我那篇犹太导言

① 诺曼·奥利弗·布朗（Norman Oliver Brown，1913—2002），美国社会哲学家，精神分析学家。

② 酒店名，原文为The Coast。按芝加哥有金色海岸（Gold Coast）酒店。

[给《犹太短篇小说名作选》(*Great Jewish Short Stories*)写的]。**独守空房伴稿眠**①哪。今天上午你的来信让我高兴起来了。我把自己当作一个疲惫的战士款待了一番：在俱乐部吃午饭，理了个发，慢悠悠地步行。现在快到上课时间了，我要下去了。你妈请我星期五到美食家餐馆（the Epicurean Restaurant）去吃饭。在茶花酒店（the Camelia Room）待过之后，这真是莫大的解脱。(那些茶花都是蜡做的)

我太想你了，宝贝。

你的爱。

致苏珊·格拉斯曼·贝娄

1962 年 1 月 17 日 ［芝加哥］

宝贝——

白雪塔群之间，我们向外窥视，像草原上的土拨鼠窥视着大峡谷。室内空气浑浊，可窗户都冻住了。我不停地开着车（一根链子弄丢了）撞进雪堆，再想办法开出来。可以用一个小小的蒂沃里，还有沙发上我臂弯中的你，把宁静和爱吹进我的怀里。

官僚机器开始把我捆住了——下星期一、二有公务活动。你不在这儿太幸运了。

不过这段时间里《赫索格》却是突飞猛进（现在是定稿的第 194 页）。

希尔斯明天上午走。今晚我要带他去吃中餐，露露富。我两个小时写了那篇娱乐圈的稿子，竟然挣了两百五十块，真是让人吃惊。

这条蓝色的电热毯下，有些东西为你而生。

吻你，爱你。

致苏珊·格拉斯曼·贝娄

1962 年 1 月 19 日 ［芝加哥］

噢，苏萨贝拉②！好一场激烈的竞争！芝加哥（大学）的这些猛兽巴不得把

① 原文是法语：Faute de mieux on couche avec les manuscrits。——原注

② 苏萨贝拉（Susabella）和后面两封信里的苏萨布蕾莎（Susabreza）、苏萨波莎（Susabousa）都是贝娄对苏珊的爱称。

我的骨头啃得连点儿肉渣都不剩。我想对付这一切有个快捷的办法：瑜伽，或者诸如此类。挣钱是需要时间的。我必须放弃《高贵的野蛮人》。没法处理邮件啊。我还得不停地安慰基思，向他保证（多写些没必要的信）他是个善良的小博茨福德。

这个时候十分想你，苏萨贝拉。谢谢老天，下个安息日前夜[1]我们可以一起过了。

这老天就像个面粉筛子。今天又下了六英寸的雪。校园里的雕像非常高大。街上没法走了。[……]

致伴侣之爱。

《赫索格》面颊红润。

致苏珊·格拉斯曼·贝娄

1962年1月23日［芝加哥］

最亲爱的苏萨布蕾莎，

好吧，你是对的，我错了。我想这是我又一次不讨人喜欢的夸夸其谈，你很负责任地打断了我，像个好妻子。

这个周末没有约会。也许星期天我会去接亚当，不过其余时间就是床、毯子和你了。

昨晚有点沮丧。戴夫·佩尔茨和我带着特里林出去到贫民窟转转。我们碰上了一股寒流降临[2]。

好了不说了，我们会用爱的橡皮擦把这些事全都擦掉。

---

① “安息日前夜”原文是 Erev Shabbos。犹太人的安息日始自星期五天黑时，终于星期六天黑时。

② 这句原文是 A cold coming we had of it，为托·斯·艾略特的诗《三圣人之旅》(*The Journey of the Magi*) 起首一行。该诗取材于《圣经》，后成为著名圣诞节颂歌之一。

致安妮·塞克斯顿[1]

［未注日期］［明尼阿波利斯］

亲爱的安妮·塞克斯顿，

[……]

我现在手里有你两封信了，一封是好的，另一封是第二天表示后悔的信。人最好的东西出来之后总要感觉一阵愧疚。《绝望之魔》（*Monster of Despair*）可以用作《雨王亨德森》的副标题。这个说法我想是你创造出来的。我不记得用过。在这个特定的点上，我们似乎进入了彼此的心。真心结合，或者由神之爱[2]安排了会面。（爱神把我带到哪去了？）

你的诗［《老侏儒似的心》（*Old Dwarf Heart*）］是真正亨德森式的——“像一只绿色雌禽在循环呼吸”绝对没错！

顺致真心友好的祝愿。

致苏珊·格拉斯曼·贝娄

1962年2月26日［芝加哥］

最亲爱的苏萨波莎：

我坐在办公室里，对着生活这只猛虎咆哮。冬天现在已经变成了一股寒流——是灰色的。一直没有化的冰看起来全都像是死神的门徒。连麻雀都烦了。还有那些榆树。呸！［……］

我想念你。爱你的丈夫。

致约翰·贝里曼

1962年4月2日，蒂沃里

亲爱的约翰——

芝加哥那会儿比淘金热要冷，积雪堆成的悬崖和人群就像阿拉斯加的酵母面

---

① 安妮·塞克斯顿（Anne Sexton，1928—1974），美国“自白派”诗人。

② “神之爱”的原文是一个源自古希腊语的词Agapé，音译或为“阿加佩”，指早期教徒为体现兄弟之情举行的宴会，故又译“爱筵”，后引申为基督之爱、灵性之爱、无私之爱。下句中的“爱神”原文为Eros，通译“厄洛斯”。

包。我很想飞到明尼阿波利斯去，可那儿更冷，所以我待在原地没动。[……] 我是在膝盖上放的一块木板上写这封信的。我等待春天。你能听到灌木丛在报时。

祝好，一如以往。

威廉·菲利普斯

1962年4月5日，蒂沃里

亲爱的威廉，

我的确是写了些非常好笑的东西，我不明白为什么《党派评论》就不可以看看。专业人士对这部剧一直就有着某种兴趣，虽然我不再盼着成为美国的百万富翁，但还是可以利用这种兴趣做点事情的。我觉得也许（对我来说）该做的事情是和我的代理人谈谈，看是否可能有人反对发表其中的几场。要我说，不会。过些天我要到城里来以文明快乐的方式待一个星期，要是能和你喝上一杯我会非常高兴。

祝好。

理查德·斯特恩

1962年4月26日，蒂沃里

亲爱的迪克——

我的工作状态就像一头波兰猪在用自己做腊肠。[……] 那部闹剧（喜剧?）现在名为《上层的深度》(*The Upper Depths*)，制作人可能是（注意：**可能**）赫伯特·伯格霍夫和乌塔·哈根。甚至有可能是泽罗·莫斯特尔[①]。我们生活在希望永恒的紫色阴影里。

苏茜和蒂沃里都在盛花期。越来越觉得，一个妻子对我就足够了（**噢贝娄老头！**[②]）。

---

① 泽罗·莫斯特尔（Zero Mostel，1915—1977），美国音乐剧、喜剧演员。

② 原文是拉丁语：O Bellowius senex!——原注

谨向所有人致以友好亲切的问候。

致约翰·乌·奈夫[1]

1962年8月10日，纽约，蒂沃里

亲爱的奈夫教授，

很荣幸获邀成为社会思想委员会的一名教员。我接受您的提议，并且十分愉快。委员会的工作我熟悉，得知您认为我能为其作出些许贡献，我很高兴。

与爱德华·希尔斯交谈中获悉，各位都知道我秋季学期来不了。我和我的妻子商量之后，觉得我们可以在10月中旬之前把东部的事情处理完，月底即可抵达芝加哥。

我想秋季学期开课我已经来不及了。不过我明白辅导学生也是我职责的一部分，如果能在平衡本学期课程安排的时候把我考虑进去，我会非常高兴。

希望您不会反对我履行之前的一些承诺。这些事很少会让我离开学校，即便离开时间也很短。

我期待着很快收到您的来信，也期待着今年秋天和您见面。

谨致敬意。

致理查德·斯特恩

［邮戳标识为1962年8月22日；明信片上是
傍晚的玛莎葡萄园岛梅内沙盆地（Menemsha Basin）］

［……］剧本定于1963年秋季上演，而我们已经高兴坏了。希望你看这些文字就像我们看你的文字一样费劲。［……］玛莎葡萄园岛很美——我们太喜欢了。《赫索格》处于最后阶段——《高贵的野蛮人》让我给打发睡觉去了。弗洛伊德应该有这样一个海滩——那样他就搞不出那么多理论了。

祝好。

---

① 约翰·乌尔里克·奈夫（John Ulric Nef，1899—1988），美国经济史学家。芝加哥大学社会思想委员会即由其于1941年创立，并冠以其名。

致桑德拉·恰克巴索夫·贝娄

1962年9月30日［蒂沃里］

桑德拉：

你来信的目的显然是要干涉我和亚当见面的权利。我们离婚协议中的探视条款没有规定得更为明确，因为我觉得你会以善意待我。但在劳工节那天，你不让亚当如约来跟我一起住，想用孩子要挟我来占点便宜。亚当非常失望。那次的暴力由你挑起，也许是故意的。你撕破了我的衣服，把我打伤，安·贝里曼不得不出面把你拦住。

我根本就不想见到你。我不打算干涉你的隐私。但是如果你坚持你现在的做法，反复无常改变计划，不给我机会和对孩子负有责任的人沟通，你就会让我别无选择，只能诉诸法院来确立我的探视权。过去我一直不愿寻求法律手段对此予以补救，可是你造成了一种很难看的局面。我不想重复我在明尼阿波利斯犯的错误，当时你不许我到家里来，那可是我的房子啊，你还威胁我说如果我去看孩子就把我抓起来。为息事宁人，我住在旅馆里，孩子由一个中间人带过来。这种状况不会再出现了。

你的好斗是有据可查的。离婚之前你就对我动过拳头。你还想用车撞我。你声言受到袭击那天，带着伤回家的却是我。大家都知道你做了什么事情之后会想不起来。我的“暴力”就很可能是你的又一个幻觉。

既然你在工作，应该有人照看孩子，我可以给这个人打电话。我跟你打听过他放学后到底是谁在照看他，可是问不出结果，只有闪烁其词。你拒绝告诉我，有没有什么条款用来保障对他的日常照料，如果有，是什么内容。1962年9月22日星期六，我打电话给你安排时间去看亚当，你让我第二天再给你打电话，好让你有时间做出安排。星期天晚上我再次打电话给你，你却不让我去了，节外生枝跟我说他约好了时间要去看牙。你还大声喊：“你见不到他！”你明知我马上就要去芝加哥了，而且是好几个月回不来，你这就是在推诿。你以一己之私，不想让我见到孩子。

这个周末我想让亚当来和我一起过，我要你告诉我10月5日星期五我可以到哪里去接他。我一如既往，只要合理，什么都愿意接受，但我不会接受你蛮横无理的条件。我的探访要形成常规。我在芝加哥暂住期间会定期来。我会提前给你充分的时间准备。所有的假期我都要和亚当一起度过——圣诞节、复活节和每年夏天的一部分时间。你要是不同意做出合理的安排，我就只好诉诸法律来争取我的权利。

吵架和诉讼对他没好处。为他考虑，我才避免了和你发生任何冲突，我建议你尽量表现得理智一些，我这一方是打算这样做的。我准备下星期五到塔里敦[①]去接他，希望你给我回个消息，告诉我会有人而不是你把他送来交给我。我要像做错了什么事似的在餐馆里等着，所以我不会找人替我。我不会派人去找他。我会坚持我的权利，这件事要做得体面而且有条不紊。星期五之前等你的答复。希望你不要逼我采取法律措施。

致桑德拉·恰克巴索夫·贝娄

1962年10月11日［蒂沃里］

桑德拉：

你上星期亲自来电话安排我见亚当的事，这等于承认不可能通过你想强加给我的那种复杂的中间人系统来做这些事情。我本人是想尽量避免和你直接接触的，但是我不想让我看亚当的权利受到质疑，而且我不会容忍任何胡说八道。关于孩子的情况我问过你一些问题，至今没有得到回答。我想知道你工作的时候谁照料他。请把你提到的那个女人完整的姓名地址寄给我。我想我还应该有一份亚当所在学校的校历，这样我就可以安排假期和孩子相聚的时间了。另外，我觉得你应该不时给我寄一份亚当看病的情况报告，或者让医生寄给我也行。上个周末亚当看起来很不舒服。他瘦了，情绪也很不好。

12月7日那个周末我要去纽约，我想星期五晚上把孩子接来，让他和我一起过周末。如果你一定要让他上主日学校，我可以送他去然后等着他下课。我可是提前了差不多两个月通知你了，希望你不要在最后一刻编造出什么预约来。两个

---

① 塔里敦（Tarrytown）在美国纽约州东南部。

星期前你告诉我亚当不能见我，因为他要去看牙。上星期六他告诉我他从来没有看过牙。

我会把我在芝加哥的新地址寄给你，我等你回信确认7日那个周末的安排。希望以后我们之间不要再出现这些不必要的烦恼和争吵。

致托比·科尔

1962年10月28日，芝加哥

亲爱的托比：

钱已经到了，苏茜和我在南区找到了一套公寓（地址还没拿到；那地方现在正在粉刷），到目前为止一切都很令人满意。不能说我想念纽约。芝加哥有很多老的回忆，有时候让人难以忍受，我们俩的适应能力都要面临挑战了。不过要是承受不住了，我们总能回到蒂沃里去，用我们的余生来康复。

我对［米兰］短笛剧院①当然是非常满意——他们不想等我把剧本改写一下吗？欢迎他们看看现在这个版本。要么也许［乔尔焦·］斯特雷勒②有什么想法对我有用？要是能收到他的来信我会很高兴的（希望那个时候我的书写完了；并非所有这些行动都加快了我写作的速度啊）。［……］

泽罗现在正闹情绪（上世纪的艺术家们饱受这种老式烦恼之苦），为什么杰基·格利森③不去看看？告诉泽罗，我说的，他那情绪缺的就是从后面飞踹一脚，把坏心情一下子踢掉了事。我们每个人都端着人生这场宴会上留下的脏盘子，重量都差不多。支撑我们的是灵魂那双软弱无力的扁平足。《雨王亨德森》应该让事情变得更轻松，而不是更难办。好啦，可千万别告诉他我说的这些话。转达我的问候就行了，就说“贝娄问你好呢，请你加把劲吧”。

致以革命的问候。

① 意大利米兰短笛剧院（Piccolo Teatro di Milano）又称米兰小剧院。

② 乔尔焦·斯特雷勒（Giorgio Strehler，1921—1997），意大利戏剧导演。

③ 杰基·格利森（Jackie Gleason，1916—1987），美国演员、音乐家、作家。

托比·科尔[①]（Toby Cole，1916—2008）是纽约知名戏剧经纪人，以推举泽罗·莫斯特尔这样被列入黑名单的人才闻名。她和自己的小姑海伦·克里奇·奇诺伊[②]合编了《演员谈表演》（*Actors on Acting*，1970）和《导演谈导戏》（*Directors on Directing*，1976）[③]。晚年她迁居旧金山湾区，经常在太平洋电台（Pacifica Radio）露面。传奇导演乔尔焦·斯特雷勒（1921—1997）战后不久即与人合作创建了米兰短笛剧院，经营多年。

致奥斯卡·塔科夫

1962年10月30日，芝加哥

亲爱的奥斯卡——

我从自己造成的混乱局面中大败而归，现在又在这里组织一场新的混乱。我很快就可以写信告诉你详细情况，说一说也挺有意思。[……]

我们在东五十五街1755号找到了一套公寓，正在粉刷，下星期就可以入住。你（或者扎拉）还可以在大学找到我。（真是怪事。我一点也不受干扰。我唯一的工作就是我自己的事：《赫索格》。应该很快就结束了。可芝加哥这地方既让人兴奋又让人压抑，多可怕！有空我得弄清楚我为什么到这儿来。）

苏茜和我就是在一块浮冰上都可以很开心。

现在说格雷格表现如何还为时过早。他对这所学校起初热情很高，稳定下来开始埋头苦读以后，这种热情就慢慢消失了。每次课他都是以一种非常**个人化**的态度去对待的。要是喜欢这个老师，他就功课很好。如果这人达不到他的个人要求，这门课成绩就很糟糕。

我们想念你。

---

① 托比·科尔本名玛丽昂·乔洛登克（Marion Cholodenko）。

② 海伦·克里奇·奇诺伊（Helen Krich Chinoy，1922—2010），美国戏剧史学家。

③ 这两本书的初版年份应分别为1949年和1953年。

致约翰·莱格特

1962年11月12日，芝加哥

亲爱的杰克：

[……] 我妻子看了你近日寄来的简信，想知道你在中央公园看到我和谁在一起了。我不带女孩去中央公园。我这个年纪的男人需要炽热的爱情。[……]

祝你愉快，以免失礼。

杰克·莱格特（生于1917年）[1]曾在霍顿·米夫林出版公司（Houghton Mifflin）和哈珀与罗出版公司任编辑，1969年离开出版业，在艾奥瓦大学主办作家讲习班（Writers' Workshop）。他著有《勇敢的年轻人：威廉·萨洛扬[2]传记》（*A Daring Young Man: A Biography of William Saroyan*，2002）等书。

致约翰·贝里曼

1962年11月13日，芝加哥

亲爱的约翰：

刚才在《诗歌》上看到了四首“梦歌”，很想说，在这个无力的时刻，我谢谢你。我们让彼此都远离了贫民收容所。要是没有你，我会有许多个夜晚喝着薄粥，盖着薄被，饮着用水做的可可茶。我会尽力报答你。用《赫索格》。

高踞于［社会思想委员会名称之］上的知名人士中，我只认识一半。我很喜欢埃德[3]·希尔斯（你看过他的书吗?），戴维·格雷纳也很出色——在森林保护区骑马，教希腊语和拉丁语。他在爱尔兰还有个农场。

苏茜和我慢慢安定下来了。苏茜是个完美主义者，她时间一定是多得用不完。她是个可爱的女人。

格雷格参加了这里的越野赛跑队，他选修的课是数学和政治理论。生命的确

① 约翰·莱格特（杰克是约翰的昵称）于2015年去世。

② 威廉·萨洛扬（William Saroyan，1908—1981），美国小说家、剧作家，亚美尼亚移民后裔。

③ 埃德（Ed）是爱德华的昵称。

很长啊。

问你妻子好。深爱你们。

致爱德华·希尔斯

1962 年 11 月 21 日，芝加哥

亲爱的爱德华：

如果确实是［塞缪尔·S.］戈德伯格来了，希望他没带来太多麻烦。和他同行的是我的前岳父，画家恰克巴索夫，那是近期自然实验中产生的一种陌生构造物体。一想到他们可能在剑桥［英国的剑桥，希尔斯当时住在国王学院[1]履职］一起出现在你面前，我就像做噩梦。哪怕是像你这样研究生命的人也不应该一次的接触量这么大。

至于我——我们——芝加哥张开了双臂。我希望这种状态保持下去——张开双臂，而不是紧紧拥抱。苏珊在这里很开心。把她留在农场很不公平，甚至有危险。她和我一样喜欢独处，这一点不应该得到鼓励。她在这里有很多朋友，不像在东部那样只能依赖我的朋友。至于我，我对芝加哥没有丝毫可抱怨之处，我在这儿的生活整体来说很愉快，虽然有点乱，不过这对我来说很正常。为了完成《赫索格》，我一直在加紧干，也许没必要。不知道这个可怜的家伙能不能承受我为他付出的那么多精力。那个委员会运转得很不错。我没事就进去转转再出来，和金神父（Father Kim）聊一聊。他跟我讲他为什么没有成为共产主义者，我给他讲现代文学。然后，我在中途大道（the Midway）上散步呼吸新鲜空气，在书库里找不新鲜的东西，盯着办公室里空荡荡的书架，想知道［弗里德里希·冯·］哈耶克[2]收藏了些什么书。我看到他的手杖像夏洛克·福尔摩斯[3]的道具一样挂在墙上……他们说他喜欢爬山。他留下了一种施尼茨勒[4]式的味道，我非常喜欢。

---

① 希尔斯是英国剑桥大学国王学院的研究员（fellow）。美国的剑桥紧邻波士顿，为哈佛大学和麻省理工学院所在地。

② 弗里德里希·奥古斯特·冯·哈耶克（Friedrich August von Hayek，1899—1992），奥地利出生的英国经济学家和政治哲学家。

③ 夏洛克·福尔摩斯是英国作家亚瑟·柯南·道尔（Arthur Conan Doyle，1859—1930）塑造的侦探人物。

④ 阿图尔·施尼茨勒（Arthur Schnitzler，1862—1931），犹太裔奥地利剧作家、小说家，维也纳现代派的核心人物，第一个把意识流手法引入德语文学。

这个城市里的其他地方偶尔会有一些幽灵出没纠缠着我。沉入痛苦的忧郁是我的一项专长，不过有的时候我觉得，有些旧日情感对我失去了控制。我意识到这些情感不再拥有那种古老的力量。很好的小说主题啊：恐怖的地狱边缘失去了控制力。[……]

祝好，一如以往。

爱德华·阿尔伯特[①]·希尔斯（1910—1995），芝加哥大学杰出的社会学家，剑桥大学国王学院（King's College）研究员（1961—1970），剑桥大学彼得学院（Peterhouse）研究员（1970—1978）。他著作很多，其中包括《意识形态与乌托邦》（*Ideology and Utopia*，1936）和《社会学的呼唤》（*The Calling of Sociology*，1980）。在社会思想委员会，贝娄搬入的办公室原来属于弗里德里希·冯·哈耶克，哈耶克出生于奥地利，是一位很有影响的经济学家、政治哲学家，著有《通往奴役之路》（*The Road to Serfdom*，1944）等。

致拉尔夫·罗斯

1962年11月26日，芝加哥

亲爱的拉尔夫：

恐怕约翰·贝里曼又过度兴奋了。蒙罗·恩格尔刚从剑桥打来电话，说约翰两口子从普罗维登斯[②]来了，他还是处于那种可悲的状态——诗歌、酗酒等等。没办法，只能叹息。他只有这样才能得到一点休息和安慰，可怜的约翰。去年10月他到蒂沃里来看我们，看上去比平时要好些。马上就要有孩子了，他却很平静，让人吃惊。我当时就觉得这个样子不会持久，错不了……去年我跟布朗大学[③]的人谈话的时候说过，他会有点不太正常。希望他很快走出这种状态。你也许想给他写信。地址是：

① 爱德华·希尔斯的中间名应为阿尔伯特（Albert），缩写为A.，原书编者误为B.。

② 普罗维登斯（Providence）是美国罗得岛州（Rhode Island）的首府。此句中的剑桥为美国马萨诸塞州的剑桥，蒙罗·恩格尔在哈佛大学执教多年。

③ 布朗大学（Brown University）在罗得岛的普罗维登斯。

马萨诸塞州贝尔蒙特市

愉悦街1075号

麦克利恩医院

（这里永远是忘忧岛金山谷愉悦街。）

与此同时，我们更为坚强的公民继续前进。离开明尼阿波利斯以后，我还从来没有爆发过一次恶劣情绪，即便在那个时候，你后来也看到了，我并没有完全疯掉。路德维格和桑德拉真的给我带来了沉重的负担。[……]

不管怎么说吧，那些事我们已经抛到脑后去了。尽管这么说可能有点危险，我还是觉得有了我的新妻苏珊是太幸运了。

你有什么机会路过芝加哥吗？我们在东五十五街1755号，巴特菲尔德路8-2530号。这是社会思想委员会，我所有的雇主中最漂亮的一个。

向艾丽西娅问好，也向你致以我最热烈、最诚挚的问候。

致爱德华·希尔斯

1962年12月17日，芝加哥

亲爱的埃德——

我把自己写在春季的课程公报上了，用了个比较含糊的课程名称。今年冬季我准备开的课可以叫“从《拉摩的侄儿》① 到艾布拉姆·特兹《冰柱》② 的喜剧文学”。

苏茜和我在芝加哥过得很好，尽管天一直是阴着的。我开始习惯了海德公园好像遭受过空袭似的那个样子。能写大量的文字让我对地狱般的黑暗有了免疫力。当然这里那里还有不少明亮的灯塔在召唤。让·马拉凯③、埃里克·海勒④ 和斯蒂芬·斯彭德都在西北大学，不过这些充满诱惑的灯塔并没有让我离开书桌。[……]

祝你和亚当圣诞快乐。

---

①《拉摩的侄儿》（*Rameau's Nephew*）是法国启蒙思想家、哲学家、戏剧家德尼·狄德罗（Denis Diderot，1713—1784）的对话体长篇小说。

② 艾布拉姆·特兹是苏联/俄罗斯作家、文学批评家安德烈·多纳托维奇·西尼亚夫斯基的笔名，《冰柱》（*The Icicle*）是他的短篇小说。

③ 让·马拉凯（Jean Malaquais，1908—1998），法国小说家。

④ 埃里克·海勒（Erich Heller，1911—1990），英国作家，人文学者。

1963 年

致爱德华·霍格兰

1963 年 1 月 7 日，芝加哥

亲爱的特德[①]：

很不幸，《高贵的野蛮人》职业生涯结束，所以我准备把你的文章给艾舍寄回去，但愿他记得你代理人的名字。我已经忘了。《野蛮人》没有了，所以要说我会发你的文章，这话就显得太轻松了，不免令人起疑，不过我是真的想发，因为我基本上同意你的观点，并且知道你是个作家，而这份杂志的存在就是为了给作家发文章的。马拉默德的书［《新生》］让我失望，这是介于喜剧和认真之间的一种混杂物，我怀疑他是根据某种现代临界对数系统来写作的，而不是用他自己的判断方法。你也没有以让我满意的方式证明远离社会问题更为可取。如果说我们这里有个鲍德温就当代的问题写了一本很恶心的小说，那么意大利的例子就是西洛内，他在埃塞俄比亚战争[②]爆发后写了《面包和葡萄酒》(*Bread and Wine*)。可你自己不用说也看到了，鲍德温之类作家的强硬和他们那种伤人的口气是不对的，有时不过就是小婴儿的哭闹而已。鲍德温近作里的那位爵士音乐家对着天空抽泣："你这个混蛋，我不也是你的孩子吗？"就好像他是在要一套白人娃娃身上那种漂亮舒适的婴儿服一样。或许马拉默德和霍桑[③]都把自己和婴儿期切割开来这个事实给你留下了深刻的印象。这一点在美国文学中的确是意义重大。这些束缚一切断，霍桑也就自然因为衰老而匆匆离去，迅速成为龙钟长者。

我自己嘛，我不作辩护。我做了根本就不该去做的事，却又半途而废，等等

① 特德（Ted）是爱德华的昵称。

② 指二战期间非洲国家埃塞俄比亚（Ethiopia，旧称阿比西尼亚即 Abyssinia）抗击意大利入侵的抵抗战争，始于 1935 年，到 1941 年埃塞俄比亚解放为止。

③ 纳撒尼尔·霍桑（Nathaniel Hawthorne，1804—1864），美国小说家。

等等，正如使徒保罗①通常所为。

希望你的工作进展顺利。欧洲使你兴奋，婚姻让你幸福。我为你高兴，向你致以最美好的祝愿。

鲍德温那本“很恶心的”的小说是《另一个国家》(*Another Country*)②。“龙钟长者”出自莎士比亚的《一报还一报》(*Measure for Measure*)：“因为你整个幸福的青春时期，都会像衰老了一样，要向龙钟长者乞求施舍。”③

致约翰·贝里曼

1963年1月7日，芝加哥

亲爱的约翰：

恭喜你！真羡慕你有了女儿！要是我觉得自己也能得到这样的结果，那我现在就开始说服苏珊，我们要更新订好的契约，要表现我们对物种的信任（我最近对物种都做了什么呀?!)。你是个多么幸运的家伙，还胡闹一场，说什么口袋都瘪了，种子都没了。生物有序性可是让**我们**心知肚明啊（“别给我打电话，我给你打”)。

最近我在生活的海洋中沉浮漂泊，一本《文汇》④漂到我手里，上面又有了你的几首诗。亨利是硕果仅存的先知，耶利米⑤最后的真正弟子。得克萨斯（Texas）不会听他的，也不会向他学习，不过我们这些《圣经》学子永远受惠于你。

我把《赫索格》放了一段时间没动，去写一部喜剧——老《布米奇》马上就要开始制作上演了。但愿他能对那些坐十块钱座位的人说几句实话。

---

① 原文此句用了 Pauline（保罗的）一词，疑指使徒保罗，即圣保罗（Saint Paul），原名扫罗（Saul，即贝娄的名字“索尔”来源），古犹太人，后为基督教创立时期重要人物，其书信为《新约》的重要组成部分。

② 这本书初版于 1962 年。

③ 这句原文是“for all thy blessèd youth / Becomes as agèd, and doth beg the alms / of palsied eld”，见该剧第三幕第一场。

④《文汇》(*Encounter*) 是一份疑有冷战背景的英国知识界杂志，创刊于 1953 年，1991 年停刊。

⑤ 耶利米（Jeremiah）是《圣经》故事中的一位先知，忧国忧民，没有儿女。此句中的亨利是约翰·贝里曼《梦歌》中的主人公。

苏珊很好，也让我代问你们两位好。

致亨利·沃尔肯宁

1963年2月25日，芝加哥

亲爱的亨利——

如果《视角》的那篇文章说的是你，我也会有同样的感觉。我在脑子里对人们开玩笑所称的我之“职业生涯”细加权衡的时候，发现我对亨·沃尔肯宁的爱属于最能给我加分的权重。你永远进不了弗莱菲尔德这一类。他是那种我必须随时准备予以体谅的兄弟，无能却可靠的萨姆。他永远不会理解。而你呢，总是遥遥领先于我。所以我们之间非常平衡。

我在这儿几乎见不到萨姆。仍然是忙得不可开交。上个星期我把剧本重写完了。专家们说要六个月的时间准备。埋头苦干已经用了二十天了。乔[①]·安东尼对第一幕很满意，既然如此，他不会不喜欢第二幕，这两部分可是一气呵成的。我还没忙到一点儿牛都没时间吹的地步。这次的活儿是我有史以来最甜蜜的活儿了。当然整个团队会做成什么样我们没法预料，不过我是已经表现得很不错了。现在再回头看摩西［·赫索格］和大英百科全书。我经历了研究老鼠的那帮心理学家所说的“闭合[②]”。音阶上的第八个音终于奏出来了，我很享受这种完成的感觉。

我因此而觉得更为有力。

另外，我的钱足够了，所以别让拉斯蒂和我们耍无赖。建议你这个星期就把他搞定。

苏西和我3月2日开车去得克萨斯的奥斯汀（Austin），12日左右回到芝加哥。

永远祝福你。

后来的确是约瑟夫·安东尼（Joseph Anthony，1912—1993）在百老

① 乔（Joe）是约瑟夫的昵称。

② “闭合（closure）”是心理学术语。格式塔心理学派最基本的规则是闭合律，指大脑对不完整的图形进行完形填空式的补全。

汇执导了《最后的分析》。"拉斯蒂"（Rusty）是长期在《绅士》杂志担任小说编辑的劳伦斯·拉斯特·希尔斯（Lawrence Rust Hills，1926—2008）。

致托比·科尔

1963年3月21日，芝加哥

亲爱的托比——

我们对《布米奇》看法一致，谢天谢地，我希望为大家的利益着想，泽罗也朝他该看的地方看看。来自乔·安东尼的最新消息挺好，但还是有点问题。他想导这部戏，觉得我把主要问题都解决了，可他很忙，下一季大概有五部大戏要做。我们不过是在他的马厩里候着罢了，干草很好吃，可我不是吃素食的人。乔现在的想法是希望泽罗能接这个戏。他想让泽罗全力投入几个月，这样可以加快速度。

现在就不难理解泽罗的地位了。他可能想继续演出 [《论坛路上趣事多》[①]]，我猜哈尔·普林斯[②]明年会给他一份更为优厚的合同。这样的话，我就丝毫不能怪泽罗拒绝《布米奇》了。可要是泽罗不打算跟我们一起玩，那么除了另考虑主演以外，我们还得换个导演，因为干等着安东尼太没道理，他只是也许——也许！——能在1964年冬天找出时间来排我们这部戏。所以我才一定要坚持让泽罗尽快做出决定。而且我知道，泽罗会很快看清形势的。我只能请你以不偏不倚的热心来推动此事——我的意思是，换句话说，你一定要让这件事为**我**而动起来！这个项目不进则垮。一道光柱已经要拐弯了，就是乔，我跟琳恩·奥斯汀[③]说了，想让她看看杰罗姆·罗宾斯[④]在干什么。乔要是撤了，我们得有个准备换人。不过这事我跟泽罗一个字都不会说。

大斋节[⑤]快乐。

爱你。

---

①《论坛路上趣事多》（*A Funny Thing Happened on the Way to the Forum*）是美国百老汇1962年上演的歌舞喜剧，1966年改编为同名电影，译名为《春光满古城》，舞台剧和电影的主演都是泽罗·莫斯特尔。

② 哈尔（Hal）·普林斯本名哈罗德·史密斯·普林斯（Harold Smith Prince，1928— ），百老汇舞台剧导演、制作人。

③ 琳恩·奥斯汀（Lyn Austin，1922—2000），百老汇舞台剧导演、制作人。

④ 杰罗姆·罗宾斯（Jerome Robbins，1918—1998），美国舞蹈家、舞蹈设计家。

⑤ 大斋节（Lent）是复活节前四十天，用于斋戒、忏悔等活动。

琳恩·奥斯汀是百老汇的制作人，贝娄一直在和她联系剧本上演的事。

致约翰·贝里曼

1963年10月19日，芝加哥

亲爱的约翰——

我的建议是，不要在书名中加任何东西来居高临下改变所有这些诗歌的色彩。要那样就不如干脆叫"德怀特·戴·艾森豪威尔执政时期的美国精神史"了。不管怎么说，出现在扉页和书脊上的应该是亨利啊。我投票赞成"76：亨利的歌"（76：The Lay of Henry）。不过最重要的是你自己的判断。

我不能说我们一切都好。我的终生好友奥斯卡·塔科夫星期三突发心脏病去世。我感觉宁愿自己去死也不愿承受这些死亡，一个接一个的，都是我最好的朋友。这种状况让人耗尽心力。到头来侥幸还活着都感觉是件可耻的事了。只要死亡是我们最终都要面对的现实，偷生就确实没什么光彩可言。不过是在等着让独眼巨人找到我们罢了。这太可怕了！照此说来，我们应该让杀人凶手来统治才对呢。

不过我知道你的生活兴奋而愉快——凯特[1]，孩子。我要把其余的感情留给自己。除了我的爱。

贝里曼的诗集1965年[2]问世时书名为《梦歌77首》。

致内森·塔科夫

1963年10月22日［芝加哥］

亲爱的内森——

我深切而痛苦地感到抱歉，我不能参加你父亲的葬礼了。奥斯卡和我有着

① 指约翰·贝里曼的第三任妻子凯特·多纳休·贝里曼（Kate Donahue Berryman），此时其女儿玛莎（Martha）不满周岁。

② 此书初版应为1964年。

三十年不断的友情，因为我有的时候心急暴躁，所以这份友情没有中断过要归功于他。我非常爱他，我知道，身为人子，你失去的是天下最为慈爱体贴的父亲。告诉你这些事或许并不能给你安慰，可我相信你从中可以看出你感觉到的事实，还可以了解我的看法和感受。奥斯卡这样的人极为难得。

我和他还有艾萨克·罗森菲尔德的友情始自1933年，那一年我母亲去世了。这件事引发的情感波动毫无疑问渗入了我和朋友们的关系里。那时我十七岁，比你现在大不了多少。跟你解释这一点并不是因为我想说我自己如何如何。我的意思是我对你的处境有一种非常特别的感同身受。我经历过这种事。我希望你能找到——也许你已经找到了——像我1933年在勒莫因街（Lemoyne St.）结交的那种朋友。不是为了“取代”你的父亲，那是永远不可能的，而是为了成为他那样的人，一个了解他人价值的人。他把自己的生命都投入了人与人的联系之中。在作出这种选择的过程中，人迟早会意识到，爱其他人就是他对不可避免的死亡给出的回应。我们经常听到的其他回应是愤怒、叛逆、痛苦。你父亲天生就不会作出其他选择。也许你很奇怪我怎么会这么依恋他。我需要他的时候，他从来没有拒绝过我。我也希望我从来没有让他失望过。

爱你。

致托比·科尔

1963年12月3日，芝加哥

亲爱的托比——

这年头真是……我都糊涂了，想不明白。

（言归正传）我和琳恩［·奥斯汀］谈过一两次。她态度亲切和蔼，可就是一味拖延，等着乔腾出时间来考虑这部戏的事。所以关于林肯中心[①]我还是原来那个想法，倒是一直在等你的消息。阿瑟·米勒表示过很有兴趣。当然你可能会感

① 林肯中心（Lincoln Center）是纽约市最大的表演艺术活动中心。

觉受“代理道德”约束，不便与米勒或者［哈罗德·］克勒曼[1]深谈此事，但是**我**去了解一下就没什么可说的了吧。我已经从泽罗开始（按乔的指示）绕了很大一圈，然后又从乔本人开始绕圈，有点够了。

祝好。

“这年头真是”此处意为“我们生活的这个时代居然是这样”。十一天前，肯尼迪总统遇刺。

---

① 哈罗德·埃德加·克勒曼（Harold Edgar Clurman，1901—1980），美国舞台剧导演、戏剧批评家。

1964 年

致理查德·斯特恩

1964 年 7 月 21 日，玛莎葡萄园岛

亲爱的迪克，

晚饭后，照西班牙人的说法就是，别动窝！Ni un sobrescrito leer.① 连个信封都别看。在葡萄园岛，我们置身于一种爱尔兰式的薄雾之中，满目皆绿。我记得太平洋能让人安然入眠，像一种祝福。大西洋则是把人拥在怀里。所以我每天去一次，放松自己，研究永恒。令人欣喜的是机体还能体会到强烈的快感。

我以为加利福尼亚（California）会把你需要的答案给你。你在那儿及时缝上了你那一针②。不过还请谨慎对待加州特产——怪诞。就在我离开芝加哥之前，我看了赖特·莫里斯为《温迪·麦克弗森之子》③（列入了出版社正在准备的芝加哥长篇小说系列）写的导言，关于［舍伍德·］安德森和那种怪诞，他有很多话要说。但是他说得还不够，或者不如说，因为他自己喜欢怪诞，所以他说得并不对。我也弄不太清楚，不过我一直在关注这个话题。也许这是对哥特式细节（各种教堂除外）的一种欣赏品位。但是我认为这是美国文学用来**揭露表象**的一种重要方法。所以在本质上，这可能是加尔文主义④。“某某人**似乎**是个什么，可我要**让你看看**他实际上是个什么。”被揭露的可能是《盖茨比》⑤中的汤姆，也可能是阿尔比⑥作品中的婚姻。或者就是美国的“常态”。不管怎么说，（本周的）美国小说

---

① 意思就是“连个信封都别看”。

② 英谚：“及时一针胜九针。”（A stitch in time saves nine.）

③《温迪·麦克弗森之子》（*Windy MacPherson's Son*）是美国作家舍伍德·安德森（Sherwood Anderson，1876—1941）1916 年出版的小说。

④ 约翰·加尔文（John Calvin，1509—1564），法国宗教改革家、神学家。加尔文主义强调对上帝和基督的信仰无限而人的能力有限。

⑤ 即菲茨杰拉德的《了不起的盖茨比》，汤姆是其中的一个纨绔子弟。

⑥ 应指此时正处于创作高峰期的美国剧作家爱德华·阿尔比（Edward Albee，1928—2016），其代表作《谁害怕弗吉尼娅·伍尔夫？》（*Who's Afraid of Virginia Woolf*？）于 1962 年上演，获得多个奖项。

是若干部**揭露**大戏！而怪诞只是其中的一种方法。这也意味着作家们接受挑战，与经验竞争，方法就是尽量表现怪诞和……我怎么上起课来了，别在意啊，不过是热爱的一个表现嘛。

非常希望见到你，还有那本书。你什么时候来东部？

祝福你。

致艾尔弗雷德·卡津

1964 年 7 月 22 日，玛莎葡萄园岛

亲爱的艾尔弗雷德——

你的朋友［贾斯廷·］卡普兰夫妇①用威士忌、葡萄酒和龙虾、**两道**甜点和美丽的大西洋风光隆重招待了我们。我觉得他们光彩照人。她看起来就像马德里普拉多博物馆里戈雅②画作中的一位蓝眼睛女士（1947 年我在那里参加了几个星期的文化周活动）。晚饭后我们急切地围坐在电视机前听戈德华特接受提名的演讲③，听得我浑身不舒服，好像血压也高了，几颗牙也疼起来了，自由派就该到处**痛**④啊。然后我们回家，睡在满是沙子的床上。似是而非的收获现在可以让生活变得有价值。比如我写《赫索格》最后几个月里一直在吃的药片现在不吃了，我每天晚上的这点改进可以让我的抽象思维至少坚持一年。生命毕竟是简单的，却决定着一个复杂的头脑。

我们有了点驻岛学会的影子。在这个小小的菲茨杰拉德村里，斯泰伦是我们的领袖。然后是莉莲·赫尔曼，我居然让她面露**羞涩**了。还有菲尔·拉夫，卡尔·马克思的传统在他这里保持了生机。我很喜欢菲利普，他是**自家人**⑤，他以一种不公开的大众普及型讲座方式给我们上了一门**高端政治**⑥课，我听得兴趣盎然。为什么我们不能相互谅解然后就不再彼此伤害了呢？

---

① 贾斯廷·卡普兰（Justin Kaplan，1925—2014），美国传记作家、编辑，其妻为弗洛伊德的外甥孙女、美国小说家安妮·伯奈斯（Anne Bernays，1930— ）。

② 弗朗西斯科·何塞·德·戈雅-卢西恩特斯（Francisco José de Goya y Lucientes，1746—1828），西班牙画家。

③ 巴里·戈德华特（Barry Goldwater，1909—1998）是美国政坛保守派代表人物，时为亚利桑那州参议员，1964 年大选时被提名为共和党总统候选人。

④ 原文是意第绪语：leyden。——原注

⑤ 原文是意第绪语词 mishpokhe。——原注（即 mishpocheh。——译注）

⑥ 原文是德语词 Hochpolitik。——原注

深爱你们俩。

致艾尔弗雷德·卡津

［未注日期］［芝加哥］

亲爱的叶夫根尼·巴甫洛维奇[1]：

你了解我，叶夫根尼，知道我那种俄国式的混乱无序。我是一条可怜的流浪犬，来自命运的犬舍，汪汪叫着寻找一条让我有归属感的大狗。那么我收到那人的信了吗？当然没有。可这有什么关系呢？我反正要讲的还是那些东西，不管他们用什么题目。演讲的内容是很好的，不过要专为那天做些准备，我怎么能事先知道该用什么题目？随便给我找个题目吧，就像《雾都孤儿》[2]直接用孤儿的名字一样，**然后就行啦**[3]。

美丽的安·鲍里索夫娜好吗？她那苍白的美貌还是一如既往吧？我确信如此。

恕我冒昧，特呈上我的新评论："现在没有边疆了，只有边界线上的若干个案。"这一段与上一段无关。我的赞誉不输于任何人。

你错过了一场非常热闹的聚会。对一部没啥意思的戏来说，这一点毫无疑问。

哈，好好过吧。你古怪的朋友爱你，吻你。

《最后的分析》已于10月1日在百老汇上演，由萨姆·莱文[4]饰布米奇。

致多萝西·科维奇

1964年11月5日，芝加哥

亲爱的多萝西，

［……］格拉斯曼医生（我是说弗兰克[5]）接受了脑动脉瘤手术，现在正在恢

① 卡津的家庭背景也是俄罗斯移民，叶夫根尼·巴甫洛维奇（Yevgeny Pavlovitch）应是他的俄文名字，信中的安·鲍里索夫娜（Ann Borisovna）应是其妻安妮的俄文名字。

②《雾都孤儿》（*Oliver Twist*）是英国作家查尔斯·狄更斯的小说。

③ 原文是德语：und fertig。——原注

④ 萨姆·莱文（1905—1980），美国演员。

⑤ 弗兰克（Frank）是苏珊的父亲。

复。手术是上个星期做的，详细情况不说了，医生们说他会好起来。我是昨晚乘飞机回来的，苏茜和丹尼尔星期天回来。

我桌上有一封基思·博茨福德的来信，信很短，对帕特的死讯感到非常悲痛。他让我转达对你的问候。

祝福你。

3月，贝娄夫妇的儿子丹尼尔出生。10月14日，帕斯卡尔·科维奇心脏病发作去世。

致伦纳德·昂格尔

1964年12月4日，芝加哥

亲爱的伦纳德——

9月份收到你的来信以来，我就总是想到你。很显然，我脑子里有种执念，非要从痛苦中“有所得”不可。我想，活着的人生命只能延续到他们**还活着**的时候为止。这种状态充其量也是不平衡的，刚过去的这一年就一点也不好——我最亲密的朋友里有些人去世了，我的感觉与其说是侥幸，不如说是失落。你一直在我的脑子里。我总是想到你姐姐和你年迈的双亲，我总是问自己，在我感觉到文字从我的手指间不断溜走的时候，我该做些什么来表达支持和友谊。最后我决定只要“有消息”就行了。此时此刻我没法从痛苦中得到任何东西。

向我的朋友们问好。

1965年

致亚当·贝娄

［未注日期］［芝加哥］

亲爱的亚当——

这里有些邮票送给你。有的时候国家会消失，只留下一些寄信用的邮票。可是爸爸啦亚当啦这些是不会消失的。

爸爸

致托比·科尔

1965年1月23日，芝加哥

亲爱的托比，

好长时间没收到你的信了，我猜是因为没什么大事吧。史蒂文斯（Stevense）夫妇每隔几天就给我打电话，告诉我他们对我的事有多么尽心尽力，我的回答嘛，就是嗯嗯。好像有一位叫南茜·沃克[①]的女士一直在读我的剧本，她想执导《瘤子》[②]，她住在布利克街的一个顶楼寓所里。这也许正是这部戏的归属地呢。不过我跟安妮[③]说了，一定要找好演员。我见过的那些蹩脚演员会把好戏演成下流货的。不管怎么说，这就是个界限。古思里剧院[④]那里有些好消息，不过目前还没什么实质性的结果可以告诉你。彼得·蔡斯勒[⑤]到这儿来过。我非常喜欢他，他

---

① 南茜·沃克（Nancy Walker，1922—1992），美国演员，导演。

② 贝娄的独幕剧《*The Wen*》，后名为《*A Wen*》。

③ 即下封信里的安妮·伯斯坦，全名是安妮（安）·朱迪丝·伯斯坦（Annie［Ann］Judith Birstein，1927—2017），小说家兼编辑，犹太拉比的女儿，卡津的妻子。

④ 古思里剧院（the Guthrie）在明尼阿波利斯，1963年刚刚开始启用，建立的初衷是希望摆脱百老汇的商业味道。

⑤ 彼得·蔡斯勒（Peter Zeisler，1924—2005），美国百老汇舞台剧制作经理人。

把剧本带走了，然后来信谈了谈看法，口气非常愉快。不过我还是不知道他的打算是什么。大洋彼岸也没动静。现在我坚信所有关于英国式幽默感的传说都是真的了，现状就是如此，不过还是不够用。英国人对《赫索格》的评论严肃到了愚蠢的地步。估计我们很快就会听到法国人的消息，还有意大利佬的消息，只有他们才称得上我精神上的哥们。哪天一定给我来个信吧。我开始怀疑我和搞戏剧的人永远也合不来，八成我也不必再操这个心了。

安妮让我再写个独幕剧来配合《瘤子》，如果可以让我随便写写就行了，以表示我对纽约媒体现状的蔑视，我就给她胡乱写一个。

致以亲切的问候。

致艾尔弗雷德·卡津

1965年1月28日，芝加哥

亲爱的艾尔弗雷德——

我喜欢在《大西洋月刊》上通过你的眼睛看我自己。我已经习惯了自己经营肖像画廊，所以我愣了一下。然后我就习惯了那种新奇的感觉，而且非常喜欢了。你可能有点太宽容了。我记得我是个非常武断、极为自信的人。也许在移民之子所处的民主环境中，只有用这种办法才能得到想要的那种权威口气。我现在觉得，这种事整体上看就是一种现象，个人因素不再那么重要。你说的与芝加哥这个因素有关的那些看法完全正确。出于某种原因，艾萨克和我都不会在身居纽约的时候认为自己是外地人。有可能是罗·梅·哈钦斯[1]的骄傲庇护了我们。在他眼里，芝加哥大学明显居于优越地位，根本无需与常春藤盟校竞争。我们从来不会认为，缺了东部的优势我们就失去了什么。所以我们用外地人的自信武装了自己，来征服世界。多么可笑的毛头小子！连艾萨克都比我现实。我觉得自己完全是活在月球上[2]。怪的是，我几乎没什么社交需求。这就把我从艾萨克的哈德逊街圈子那帮人里救了出来。

---

① 指长期担任芝加哥大学校长的罗伯特·梅纳德·哈钦斯。

② 原文是法语：dans la lune。——原注

你的书什么时候出来？我很想看。记得艾萨克和我以我们那种最高法院、封闭式社团、庄严的芝加哥公会[①]式的讨论方式，一致认定《城市漫步者》（*A Walker in the City*）非常不错，最能体现你的风格。现在我等着你给他画像。

不知你是否看到了最新一期《假日》上杰克·路德维格谈《赫索格》的文章。这是一篇别具一格的杰作——在自我辩护的高空钢丝上大师级的表演。巧妙，精明，微妙至极，萨满教式的[②]，拉斯普丁式的[③]。这人倒真是让我为之骄傲。他那种铸铁般的厚颜无耻不知怎的居然令人钦佩。哪天我要是私下里委托人做一个拉什莫尔山[④]雕像，我一定要确保给他的脑袋留出巨大的空间。不管怎么说吧，可别错过了他这次表演。[……]

请向安妮［·伯斯坦］转达我最亲切的问候，面对《纽约书评》的那些老狐狸，她保护了我。

祝好。

卡津的人物随笔《我的朋友索尔·贝娄》（*My Friend Saul Bellow*）刚刚发表于《大西洋月刊》。他正在加工准备出版的那本书是《始自三十年代》（*Starting Out in the Thirties*）。

致斯坦利·伯恩肖

1965年2月19日，芝加哥

亲爱的斯坦利：

本人见识浅陋，原以为《赫索格》引发的噪音很快就会消失，可好像反倒越来越大了。我不能装作对此极为不快。毕竟我还是希望引起一些反应的，如果现在我发现这种噪音的音量失控了，我可以随时用钱塞住耳朵。可是毫无疑问我并不希望如此，这就有点滑稽了。我有时觉得，世界正是通过这种火爆的状态告诉

---

① 指古犹太公会（Sanhedrin），由七十一位长老组成，行使最高评议会及最高法院的职责。
② 体现原始信仰，信鬼神之说。
③ 格里高里·叶菲莫维奇·拉斯普丁（Grigori Efimovich Rasputin，1869—1916），俄皇宠臣，神父，神秘主义者，丑闻不断。
④ 拉什莫尔山（Mt. Rushmore）即美国南达科他州（South Dakota）的总统山，山上雕有四位美国前总统的头像。

作家，如果他的想象力在一个地方是成功的，那么在另一个地方就是失败的。在一本书里表现得不错，可是看吧，“现实却是这样的”。说到底，我这里关于“现实指导”所讲的种种，那现实，那指导，都是对你而言啊！

有的时候我觉得，这个世界经历了数百年虚构作品的浸染，同时在以新的意识形式膨胀起来的科学作用下自我繁殖，由此形成现在这个样子，不管怎么说，都远远超出了文学的想象。长期以来，小说家（诗人也一样）始终认为自己天生就知道怎样去描写以及该描写些什么，而且认为自己做得很好。多么可悲的错误！多么过分的自信！这个世界早已打倒了我们所有的人，远远超越我们而去，那距离以天文数字计。谁也别指望能赶上。比如说，作家们永远无法超越二十世纪政治史的乖戾反常，要是像贝克特们或者巴勒斯们那样去摹写**实力政治**[1]，那就太愚蠢了。

在写《赫索格》的过程中我意识到，在我们这个时代，要想温和竟然是多么激进的一件事，所以你猜对了，我为此找到了一种音乐形式，那是我连续三年每天听几个小时的唱片悟出来的。你看出来了这一点，眼光真够敏锐。

那部剧太让人失望了。不过这并没有让我伤心欲绝，反倒挑起了我的犟脾气。我把剧本重新组合了一番（伤亡惨重之后在我的野战医院里），维京准备出版了。可能的话，我今后就彻底打消写剧本的念头。我发现戏剧界的人都是些没法信任的可怜虫。

我和苏珊打算今年夏天重返玛莎葡萄园岛。我们已经给房地产经纪人写了信，想找个大点的地方，离海边近点，要么在兰伯特湾，要么在南海滩。希望你和丽达也在那儿。期待着见到你们。

祝好。

斯坦利·伯恩肖（Stanley Burnshaw，1906—2005），诗人，著有一部谈诗歌创意的专论《无缝之网》（*The Seamless Web*，1979）和一部罗伯特·弗罗斯特[2]传记。

---

① 原文是德语：Realpolitik，指崇尚极端现实主义的权力政治。

② 罗伯特·弗罗斯特（Robert Frost，1874—1963），美国诗人。

致吉恩·斯塔福德

1965 年 2 月 24 日，芝加哥

亲爱的吉恩：

这几个短篇我全都喜欢，最喜欢的是老教授和小万事通那篇。我想这是时代的标志吧。我是说我的时代。这些天，我跨过了一条又一条明暗交界线。

会面间隔时间实在是太长了。

祝好。

贝娄看了斯塔福德新出的短篇小说集《人品不良》(*Bad Characters*)。

致哈维·斯威多斯

1965 年 6 月 14 日，华盛顿特区

亲爱的哈维：

这些争吵令人厌恶。我不喜欢当面扇耳光式的方案，也不愿意听到人们暗示说要对在越南的死亡负责任。请让我至少说明一下：权力的光彩对我没什么意义。还有，我不喜欢约［翰逊］[①] 在越南和圣多明各[②] 做的事情，虽然你我的批评有所不同。尽管如此，我不认为持我这样的观点就得把约翰逊当成个希特勒来对待。他并不是那种人。就某些方面而言（绝非整体），他可能是个畜生，可他是总统，而我还没有决定要进行非暴力反抗。你决定了？听起来你好像已经准备停止交税了。

不过——还是别吵了吧。我在白宫参加一个仪式不会就把我变成个卑鄙小人或者犯罪分子。知识分子，尤其是前马克思主义者，总归要确定自己认为政府这

① 林登·贝恩斯·约翰逊（Lyndon Baines Johnson，1908—1973），美国时任总统。

② 中美洲国家多米尼加（Dominicana）的首都圣多明各（Santo Domingo，或 S. Domingo）。此句提到的是约翰逊主导下美国扩大越南战争（1965 年 2 月开始轰炸越南北方）并武装干涉多米尼加内政（1965 年 4 月）这两件事。

个词是什么意思。

祝好，一如既往。

致托比·科尔

1965 年 9 月 20 日，芝加哥

亲爱的托比——

是的，我喜欢谢莉·温特斯。她不是在《洛丽塔》[①] 里演那个可怜的母亲吗？这些人里我最喜欢的就是她。可是对她这样的人来说我们是不是档次太低了？（就算我们承认中年男人和小女孩瞎搞不那么可怕，那么我们是否就必须把这种事当成一种人生观来看？要我来从洛丽塔的角度写一本书，我会写得更好。）

也祝你好。

致戴维·贝兹伦

1965 年 10 月 6 日，芝加哥

亲爱的戴维，

我举双手赞成聚会，夏天的时候我就开始给你写了不止一封信，邀请你去玛莎葡萄园岛，可那会儿我的身体不太好，每次一拿起日历我就晕了。我极想知道你的第五份职业会是什么——我没资格拿婚姻次数来取笑你，原因太明显了，不过我并不反对在这两个领域里做多次选择。大概我们都是想创纪录吧。据说幸存者总是惺惺相惜，这个我不知道，但是毫无疑问，我们对过去的事都十分了解，理应好好交流一番。

1934 年我和赫布·帕辛一起逛遍了布法罗[②]。后来我接着朝北走去了加拿大，他去了纽约市，跟吉姆·法雷尔借了十五块钱，一直没还。反正法雷尔是这么说的。他老问我："你那个朋友啥时候还钱哪？"大概是二十五年前吧，我又去了布

---

① 《洛丽塔》（*Lolita*）是俄裔美籍作家弗拉基米尔·弗拉基米洛维奇·纳博科夫（Vladimir Vladimirovich Nabokov，1899—1977）的小说，后改编为电影。

② 布法罗（Buffalo）又译水牛城，是美国纽约州西部伊利湖东岸港市。

法罗，去做演讲，结果让暴风雪给困住了，找不着人说话，只有莱斯利·菲德勒。我可不希望谁碰上这种事。

我们碰碰日程吧，想办法聚一聚。

祝你一切都好。

致埃德娜·奥布莱恩[①]

1965 年 12 月 31 日 ［芝加哥］

亲爱的埃德娜，

我回到了芝加哥我那张精致的罗圈腿桌子旁——回到了我的家——矫正之家，希望在这里我能更像我自己。对我来说——对我们这样的人来说，似乎只有一件重要的事情，而这件事和聚会没有太大的关系。

我很喜欢你。我觉得你是个可爱的女人。

今天是年底最后一天，我一直跟人说，起码我们墓碑上的日期不会是 1965 年了。此类玩笑为我所独有。

你的挚爱。

① 埃德娜·奥布莱恩（Edna O'Brien，1930— ），爱尔兰作家、编剧。

1966年

致斯坦利·伯恩肖

1966年1月25日，芝加哥

亲爱的斯坦利，

也许你还记得，战争刚结束的时候，《地平线》杂志上有个系列，叫《约翰要去哪儿?》(*Where Shall John Go*?)。二十五年前，英国人就已经感觉到自己失去了中心的地位，他们这个感觉完全正确。有的时候我觉得我们是在和“中心”玩医疗健身球。纽约人看着伦敦和巴黎，伦敦看着纽约，巴黎呢，如果我没搞错的话，是盯着北京。在美国，我们当然是整个儿让纽约给迷住了，偶尔用眼角瞥上几眼华盛顿和波士顿。你问我吃定了芝加哥这盘菜不改口味怎么能受得了。这么说吧，芝加哥当然又沉闷又丑陋，一股乡巴佬味儿，不知道什么是社交，最糟糕的是，自己没文化却并不觉得害怕——没有轰动事件，没有什么营地，没有文学生活，我们的大名人都走了，变成了迈克·尼科尔斯和苏珊·桑塔格。说白了就是，芝加哥让人愉快的地方就是能缓解纽约给人带来的痛苦。作为一个中心，纽约是个骗局，是个令人憎恶的地方。对那些生来就属于堕落的东西，芝加哥并没有“赶上去”，只是在慢慢地引进，引进那种堕落的形式，从这个意义上说，芝加哥就像个边缘城市。这里的人有着某种自觉的天真。他们常常不知道该说什么，可他们也不完全具备纽约人习以为常的那些**不该**说什么的知识。芝加哥真正让我怀念的是那种“闯天下”的机遇，这种机遇纽约人从来就不去用。

苏珊还想去玛莎葡萄园岛，不过我正在这一片蛮荒之地中用欧洲的美景诱惑她。到头来我们可能会在你家池塘附近找到一块地，盖一座布基·富勒[1]式的球

① 理查德·巴克敏斯特·富勒（Richard Buckminster Fuller，1895—1983），即布基（Bucky）·富勒，美国著名建筑师、工程师、哲学家。

形房子，除非地区规划的法规禁止。请代我向丽达问好。听说她又病了，我很难过，希望她现在好些了。

祝一切顺利。

致爱德华·希尔斯

1966年1月26日，芝加哥

我亲爱的爱德华：

印航空难[①]让我们震惊。我知道你在剑桥，但是你经常坐这条航线的飞机，所以我联想到了你，我自己也常坐波音707。民航局[②]宣布过727很危险，我已经不坐那个型号了。有的时候觉得我这玩的是个多么虚无的数字游戏啊，要么就是忽然发现自己在空中踩着想象中的刹车。据我所知，还没有人进入过飞机乘客的大脑。那地方在等着自己的陀思妥耶夫斯基呢。我印象中有一点非常明确，那就是有罪的人乘飞机会产生赎罪心理，冒风险可以清除他们的邪念，对这一点理应说句公道话，因为这个时候的他们是有勇气的（不是很有勇气，不过公道话也常常并不很公道）。还有，乘飞机旅行对绝望的人也能产生作用。我亲眼见过这种事。一心求死的人尤其会从中得到安慰。不过这可不是个好话题，我手里拿着星期五晚上飞纽约的票呢。我要去看亚当，还要去处理一些相比之下不那么令人愉快的事情。另外呢，我想把波利克先生先搁置几天再说。面对这个新题目，有的时候我觉得自己很强大，很富有，更多的时候是觉得自己很无能，很贫瘠。我可以做一个合理的预测。这本书肯定会很有力度，但是很古怪，也许还太古怪了。要在如林强手中真正胜出，就必须把握住一种托尔斯泰式的正常，那是任何人都无法望其项背的。我不相信自己现在就能怀有那种奢望。我觉得我现在拥有的是在众多反常包围下相对良好的平衡。[……]

芝加哥最令人愉快之处是不会撞见很多作家、**流氓**[③]批评家和文坛黑帮。但是芝加哥也处于一种冬季特有的极度虚无状态之中，人迹寥寥。冬天的夜晚十分

① 印度航空公司（Air India）101航班1966年1月24日在白朗峰附近坠毁，一百十七人遇难。

② 即美国民用航空局（CAB，Civil Aeronautics Board）。

③ 原文是意第绪语词razboiniks。——原注

漫长。我有条电热毯，伴我读《战争与和平》①。我相信利奥②是个人体伦理学家。眼睛、嘴唇、鼻子，皮肤的颜色，指关节和脚，都不会说谎。斯佩兰斯基③的那种笑法告诉你，他的社会思想并不可靠。这套方法挺不错。我自己好像也用过，经常用。[……]

在英国期间真是太感谢你了。我们不该占用你那么多时间，这让我很内疚，可你是那样欣然而热情，周到而亲切，我一整天都非常快乐。剑桥之行本身就令人愉快，然而还不止于此，其中蕴含的友爱之情使得此行格外非同以往。

苏珊也向你问好。

“波利克先生”显然是作者为其新作中主人公初拟的名字，后来出版时书名为《赛姆勒先生的行星》。

致爱丽丝·亚当斯

1966年2月23日，芝加哥

亲爱的爱丽丝，

看你这部小说［《无心之爱》］让我感到非常愉快。有点像一种个人接触。我想这多少让我失去了作为评论者的资格。我感觉这本书就是写你的，我读的时候觉得那个女人似乎就是你。可这大概正是一种资格的证明，因为你明摆着就是个非常有魅力的女人，没有废话，头脑冷静，一切都心中有数。这幅肖像极为出色，合于分寸。而我反对的（不是很强烈，因为这本书读起来还是很有趣的）正是其中的分寸，这个分寸或可说明如下：你的女主人公这类女人的确像是完全生活在各种卿卿我我的关系之中，除了自己属于女性的那种幸福，别的很少去想。这种状态自有其吸引人之处——直到这人撞上了注定要撞上的东西为止，那就是不幸，就是男人的不可靠，就是情人身上那点可怜的人性，就是倒霉的艾玛·包法利④

① 《战争与和平》（*War and Peace*）是俄国作家列夫·托尔斯泰的长篇巨著，1869年出齐。

② 此处的利奥（Leo）即列夫（Lev）·托尔斯泰。

③ 米哈伊尔·斯佩兰斯基（Mikhail Speransky，1772—1839）是俄国改良派政治活动家，沙皇的政治顾问，因不得志于1812年被逐。托尔斯泰将其写入了《战争与和平》，多次对他予以描写。

④ 艾玛·包法利（Emma Bovary）是法国作家福楼拜的小说《包法利夫人》（*Madame Bovary*，1856）的女主人公。

那个时代人们做的那些事：说着肮脏的谎言，继续彼此的欺骗。如果我可以提个建议的话，我会说你接下来要做的就是写包法利系列的最后一本书。人们会以感激的心情铭记结束这个趋势的那位女性。

以我那种庄严而沉重的犹太方式记录了这一反对意见之后，我可以自由表达其余的意见了，那就是感谢。我很享受这个看书的过程。这本书让我想起了俄勒冈，还有那个醉酒的夜晚，那天你告诉我，我不由自主地就成了一个**十分可亲的**[1]人。

爱你。

致玛格丽特·斯塔茨

1966年3月29日，芝加哥

斯塔茨——

这么说吧，我想如果飞机爆炸了，就能让我摆脱很多难办的事，我会远远地走在前面，而你是我最后的回忆。爬了一千万英里之后，忽然冒出来一个荷兰最高峰[2]！我眼中的你就是如此，我一直想着你。一直啊。

心心相印[3]。

1966年初，贝娄在莎拉·劳伦斯学院院长哈罗德·泰勒的住所见到了玛姬·斯塔茨。

致玛格丽特·斯塔茨

［未注日期］［芝加哥］

现在我知道“平安无事”是什么意思了。这意思就是，内部干扰太大，把一

---

① 原文是意第绪语词heymish。——原注

② 原文是a Dutch summit。荷兰是低地国家，山不多也不高，其最高峰并不在欧陆本土，而是远在加勒比海上，为荷属萨巴（Saba）岛上海拔八百八十七米的奇纳利山（Mount Scenery）。

③ 此处原文是作者用“斯塔茨（Staats）”这个名字的后半部分造了一个音似“哈茨（Haats）”的词，谐音“心（hearts）”（复数），现勉强试译如此，以衔接上下文。

般的外部事件都盖过去了。比如航空餐里的火鸡肉，发黏的巧克力小蛋糕，投资顾问的谈话，等等。我这次飞行平安无事。

接下来，坐黄色出租车穿过芝加哥的一块块荒原。看我戴着红兜帽的小儿子。蒲公英。然后是［和桑德拉的］谈话，令人厌倦而且精神紧张，内容涉及我众所周知的恶劣性格和精神障碍。对我有利的是，大家一致认为我没有恶意，或者说骨子里并不坏。据我所知，的确如此。

偶尔我的心还会充满爱意。现在是为你而痛。

致玛格丽特·斯塔茨

1966 年 4 月 5 日 ［芝加哥］

我渴望再见到你。我非常想你，就像生病，或者挨饿。幼稚的相思。我告诉自己这是多么愚蠢——“我在纽约遇到的一个年轻姑娘而已……”。我提醒自己别忘了“我的生命时段”，别忘了“正规的结构”，我的责任。可是感情却去而复返，来得更为猛烈。

［……］

致玛格丽特·斯塔茨

1966 年 4 月 5 日 ［芝加哥］

而且，我不知道该怎么走了。提前做出的每一个选择看起来都像是错的。我就是能做到，也不会放弃对你的感情。而我做不到。尽管**在这个年纪**陷入情网十分荒谬，超出了我用嘲讽意识予以化解的能力。不知何故，我欣然面对**这种意识**的全线溃败。

你不觉得我**很清楚**你和那些女人有多么不同吗？不行，我不需要能把人毁了的女人。

见不到你让我很难受。我不知道该怎么办。

致玛格丽特·斯塔茨

1966年4月7日［芝加哥］

我没想到居然会这样。也许是我认为自己受到了伤害，或者是我自己伤害了自己，伤害的程度严重到无法承受这种局面。不管是什么原因造成的，我都没有想到我的整个灵魂会这样为哪个人所倾倒。我没有想到我会躺下，由爱而不是闹钟把我唤醒。

如果说我很忙的话，那是因为我需要活动，需要掩饰。我应该心怀感激之情。我也的确如此。我还感觉到了压抑和沉重。这是个**“因其荒谬故而爱”**[1]的实例——荒谬在我，不在你。我的年龄，我的处境！这就是荒谬所在。

可是不爱你又是怎样的一种超级荒谬啊。对此我心怀某种神秘的感激之情。哪怕结果证明你根本就不爱我，我也会爱你的。

以后我会写信告诉你我的时间都是怎么度过的。

我在纽约割破手指头显然是为了留个纪念。伤疤好看极了。

致玛格丽特·斯塔茨

1966年4月12日［芝加哥］

唉，管它荒谬不荒谬呢，想到你，我的心就充盈起来了。凡与你有关的事，我记得的我都爱。和你在一起，我有一种从未有过的感觉，那就是对另一个人无限的满意；尽管我不了解你，我还是相信，无论和你朝哪个方向走多远，我都不会碰到任何让我失望的事情。不管发生什么，我都希望能爱你。哪怕这些严峻的困难会把你吓跑。你已经改变了人类和世界的模样。比如说吧，我对女人的看法就再也回不到从前了。这是我今天早上的心境。不是祷文。现在我可以放心去做我的事了。

① 原文是拉丁文：amo quia absurdum，仿自德尔图良的“因其荒谬故而信”（Credo quia absurdum）。——原注（德尔图良［Tertullianus，150—230］又译特土良，是基督教著名神学家、哲学家。——译注）

致约翰·贝里曼

1966年4月19日，芝加哥

亲爱的老伙伴：

我定了5月1日到加州，本来想早点走的，知道你要来，那我就等到30日再走。我自己生活中和人打交道多有不顺，主要是在精神方面。有些生灵处事可真简单。爪子上有根刺，一个年轻可爱的基督徒给拔掉了，从此以后大家永远幸福，还上了日历，让小姑娘们和小娃娃们喜欢得不得了。

我要读几首《梦歌》，为我们的会面做准备。这是空间接触。

我在这里帮你找了几个人了解情况。我可是以极大的兴趣和热情和他们见面的。你要是想找一两个人谈谈，说就是了。我觉得这地方比明尼阿波利斯好。要是碰巧在一块浮冰上待着，那么很高兴认识像［——］这样的人，可为什么要在冰上过日子呢？不知道你是不是真的很想离开。不管怎么说，有选择总是件好事。

也许我很快就要开始写点东西了（“我们什么时候可以看到您笔下的新作呢？”已故的伊［夫林］·沃[①]对埃［德蒙］·威尔逊幽幽然如此说道）。

我们等待着你。

致玛格丽特·斯塔茨

1966年4月20日［芝加哥］

尽管我很想放松下来，可还是不能就此不管，我觉得自己的行为太糟糕了；近于盲目；全凭感觉。在最为混乱的痛苦阶段增加混乱的程度不可能是正确的做法。而且我认为这种出于本能的感情不会带来任何好处。我觉得最好的办法是强迫我自己停下来等一等。只是我忍不住总要想到你。

（写这封信让学生打断了十次。）

爱！

---

① 伊夫林·沃刚刚于1966年4月10日去世。

致玛格丽特·斯塔茨

1966年4月21日［芝加哥］

某人天色向晚到家，生闷气直到午夜时分，让愤怒和失望搅得筋疲力尽，随即倒在床上沉沉睡去。和我们同睡的感觉太不一样了。交谈中无所顾忌，只有一件事除外。听人说和自己说都是耻辱。可也许所有的事情都理应坦然示人吧。

我内心不像现在这样平静的时候，也就不能像我希望的那样记住你。这很伤人心。不过今天下午，我又感觉到了你的存在，就在我心里，非常亲切。

从星期天晚上开始，这个星期的大部分时间里，我是唯一的负责人。也许我们可以把下星期天晚上和随后的星期一留给我们自己。你只耽误一天的工作。我会尽量在5月初到纽约。

这张照片说明，你可爱的性格和你的内八字双膝一样，都始终如一。在我这儿放一段时间吧，我好领会其中的神秘。可以吗?

心意如前。

致玛格丽特·斯塔茨

1966年4月23日［芝加哥］

太不一样了，一个星期之前。让人悲伤的差异。

有时候我觉得所有这些个人差异——“我刚才很快乐，现在很悲伤”——都是一种玩笑。(亨德森的“我要!”)

为什么像我这样争来了或者凭空得到了这么多自由的人会觉得自己困于牢笼？也许是因为一个星期过去了，本来可以充满爱，结果却空空如也。这可并非十分有趣的笑话。

不过我今天最好还是不要去想了。我的脑子现在不太好用。就像渐渐覆盖了密歇根湖的天气：雾蒙蒙的。麻雀们栖息在我的树上等待着春天好再次出发。我认识这些小家伙的祖先。

致玛格丽特·斯塔茨

1966 年 4 月 28 日 ［芝加哥］

我总是在想，不知道你的感受一定会是什么样的，你害怕的有可能是什么。我感觉自己特别想保护你。真是古怪，爱一个人，却很可能并不理解她，只是以不理解之心祝福她，而且还心怀感激。同时我也意识到，如果我的保护在现实中并无必要，那就更好。想到你的家人也让我忧虑，不知道我身上还剩下多少斗志。我以前是很强壮的，不过体力渐渐不支也是很自然的事。我没有这种感觉，但多少有些这种预感，因为眼里就看到过生机勃勃的人崩溃了，精疲力竭了，死去了——朋友和同时代的人。无怪乎我会想到这一点。想想还是好的。

致玛格丽特·斯塔茨

1966 年 5 月 31 日 ［芝加哥］

我发现每天早上越来越不容易醒过来了，总是挣脱不开睡意和梦境。与此同时，纸张在我头上堆积起来，像多佛①的白色悬崖。然后一天中大部分时间我都昏昏欲睡，情绪消沉，耳边是芝加哥继续忙着自己的事，就像一支糟糕的铜管乐队在演奏所有的老调子。我从九岁起就一直听着这种噪音。昨天晚上老特［德］·霍［夫曼］唠唠叨叨训了我一顿，说我总是弄不清自己的想法，也就写小说的时候例外。几乎任何人都能从我非凡的洞察力中获益，可我本人却永远都无所收获。宇宙在扩张，身处于其边缘，或许就是这个样子吧。你向前走是因为那儿的一切都在背后推着你走。

我想我是在尽力把一切都说清楚，别人告诉我错在何处的时候，我洗耳恭听。可我能听懂吗？我曾经有过生机无限的文学事业可以让我埋头其中，而这方面现在也出了问题。

我想念你的声音、你的眼睛、你的触摸和你的身体。

① 此处指英国东南部港口多佛（Dover）。

致玛格丽特·斯塔茨

1966年6月2日 ［芝加哥］

我要是能拥抱着你，吻你，哪怕一天一次，我都会好得多，而且你还得吻我——到目前为止，你都是先吻我才接受我的吻的，这个事实非常重要。所以我对你的思念一点都不抽象。

我一直在吃安眠药，因为至少在夜间，我什么破事都不想知道。尤其是晚上，这里的交谈总是让人不愉快，情急之下我就不得不说些难听话（不是发火的话，而是伤人的话）。然后就是不谈了拉倒，这样最好。我一直都是十一点上床睡觉，睡十个小时或者更长时间。你会觉得这样我就不会疲劳了。可我需要的不是睡眠，是你。

今天我写了几句。然后邮件里送来了伦敦的评论［评《身体欠佳》，这是汇集了几个独幕剧的一次夜场演出］。都是正面评价，不过人们总是不会让事情就这么过去的，所以这里那里的就有些话，说我为人冷漠，以自我为中心，说我当然是绝对写不出一部完整剧本的。这倒进一步证明了我的观点，即艺术和政府吸引的是最差劲的人。最好的人是天文学家和遗传学家。还有那些像你一样纯洁的灵魂。

致玛格丽特·斯塔茨

1966年6月3日 ［芝加哥］

送你一个巴黎的零钱包。这东西在法国有人叫**钱夹**，有人叫**袋子**，不过严格地说**袋子**[①]是用来装烟草的。

你知道吗，其实我很不喜欢这几年我身边形成的这种生活——会计、税务专家、投资顾问、各种组织和阵线、筹款、写自传、做演讲、回复信件、诉讼、室内装饰、发脾气等等诸如此类反诗意的现象。今天这些全都碰上了。在桌前坐了半小时。打电话一个小时。现在我要和我的朋友戴维·佩尔茨一起去打壁球，放松一下。我能想出更好的放松办法。就是和你在一起。正如我此时所愿。这种分离十分痛苦。

① 这里的“钱夹”和“袋子”原文都是法语词，即 porte-monnaie 和 une blague。

致玛格丽特·斯塔茨

1966年6月6日［芝加哥］

我想我最好还是看开一些。我想你想得太苦。所有那些最古老、最糟糕的渴望都给激起来了。有些似乎非常古老、狂野、奇特，就像沼泽地边缘脸上布满皱纹的复仇女神。我看见她们就在路边。我一直在想的那些关于你的事似乎都没什么意义。不能说我**很清楚**自己在做什么。更要命的是，我意识到你也是个古怪的人——**肯定**是——我开始担心自己感觉最确定、(甚至是在生理上) 最安全的地方遭到破坏。

所以今天——多云，闷热——我走到街上，感觉到一种可怕的束缚，让人焦虑不安，好像要吞噬一切。我几乎是在暗示的作用下，竭力让自己摆脱在微风中如水流般扫过的树叶。人本来可以平静而自由的——就像**那个样子**。

想到和你在一起的感觉也是如此——全是快乐。几乎全是自由，不过也就几乎而已。我一直不知道，或者说一直怀疑你能不能长期接受我。这倒不是说我会因此而停下脚步，而是因为那会让人非常不安。

可这就是爱啊。有什么办法呢?

致玛格丽特·斯塔茨

［未注日期］

然后她吻了他，像一头海象
湿气淋漓，带着胡须，重有千磅
满身粉色和灰色的方格之网
浅色的眼睛像极地的太阳
——冰冻的黄色的极地太阳
看宇宙浮冰的螺旋!
在她紫色的毛发上闪亮
她以沉重优美的身姿呼吸

气泡上带来海洋的欢畅
——泡沫堆积，那都是海洋的欢畅。
无数的吻来自海象
湿气淋漓，嘎嘎作响，重有千磅
泛出粉红的灰白，是她的身躯膨胀
她浅色的眼睛像极地的太阳
——冰冻的黄色的极地太阳
看宇宙浮冰的精灵！
在紫色的毛发之上闪亮
她深埋在枕间呼吸
气泡上带来海洋的欢畅
——泡沫欢快地堆积，堆积的都是欢畅。

致桑德拉·恰克巴索夫·贝娄

1966年6月8日 [芝加哥]

亲爱的桑德拉：

我增加了三十块钱给亚当上网球课。我将一如既往，继续为他的需要付账——在合理的范围内。我听说你8月份要送他去参加夏令营。我们讨论他夏季安排的时候，你说他来看我之后，整个8月份都会在芝加哥。我认为这些安排都应该征求我的意见。不过我愿意支付夏令营的费用。请像去年一样，让“旅程终点”① 把账单直接寄给我。

我从 [我的律师] [马歇尔·] 霍利布② 先生那里了解到，增加我每月为亚当所付的费用这件事尚处于考虑阶段。

谨致问候。

① “旅程终点”(Journey's End) 应是一家旅游公司的名称。

② 马歇尔·梅纳德·霍利布 (Marshall Maynard Holleb，1916—2008)，贝娄在芝加哥的律师。

致玛格丽特·斯塔茨

1966 年 6 月 18 日 ［芝加哥］

我第一次感觉到和你发展到了一个危险的深度。星期五下午给了我重重一击。你没告诉我要和人出去。你安排好的只有星期六和［——］还有他的父母见面这一次。星期五那个人我觉得不像是逢场作戏，从你对我说话的口气有所改变这一点上看，他对你来说很重要。你不想当着他的面表达对我的感情。实际上我是觉得你想摆脱我了。我从来没有感觉到你对我不坦诚，可是这二十四小时里我感觉到了，而且非常强烈，结果就一直在想，不知道爱上你是不是我走向毁灭的门票。

在旅店里有一次你说“别离开我”，眼里含着泪。现在我能不能离开，我拿不准了。对此你不想做点什么吗？

我猜出门铃的意思那个时候，你说话的口气里含着内疚。还含着惭愧。

玛姬，你在干些什么呀？

致玛格丽特·斯塔茨

1966 年 7 月 17 日 ［芝加哥］

今天，星期日，在我唯一的避难所也就是我的房间里不停地工作，心里为爱你而痛，痛得我都不知道是怎么承受得了。我好像不过是在拖延时间，不愿采取顺其自然的、不可避免的、更为可取的做法。也就是听从“建议”。可那似乎是不对的。我在这里，在这个城市里，到底在干什么啊！如果我们的感觉都是真的，说的也都是真话，那我们最好还是做好准备，去做那些必须做的事。

致玛格丽特·斯塔茨

1966 年 8 月 3 日 ［东汉普顿］

按威廉·布莱克所说，放纵之路通往智慧之宫[①]。这一次，这条路似乎通向了

---

① 布莱克此句出自其《地狱箴言》(*The Proverbs of Hell*)，原句是：The road of excess leads to the palace of wisdom.

别处。我们一定是错过了一个拐弯的地方。真希望自己在那儿付出安慰和爱。我这里现在两者都十分充足。

致理查德·斯特恩

1966年8月11日，东汉普顿

亲爱的理查德：

怎么说呢，这地方就叫虱子点[①]，没办法，地名难听，地方可是十分宜人。我以为布法罗这个地名直接出自琉善的《讽刺诗集》，要么就是出自戈维多[②]。我会用石灰氯酸盐处理一下，或者用他们往污水池里放的那种不知什么东西。不过至少［约翰·］巴思[③]很体面，我会这么认为的。可是很遗憾，他得接受治疗。他最后会变得很可笑。《时报》的评论对他来说非常不幸，因为在那些伟大的主张之后，有一段引文本来是属于废纸篓的。所有莎士比亚式的抨击都有一种邪恶的反作用。

与此同时，我一直在为自己编织一小片很不起眼的灾难。虽然周围的环境一片绿色，令人愉快，有白色的沙滩和扇形贝壳，可还是能听到精神世界里的钚不断升温，直奔熔点而去。

年轻一代仍然在梦想着未来。丽莎（Lisa）是个可爱的孩子。她和凯特在一起很有魅力，女孩子们凑成一堆叽叽咕咕好几个小时。至于丹尼尔，他走进一个角落，说他找到了一个停车位。苏珊很好。我们常见到［哈罗德·］罗森伯格一家。哈罗德现在属于［社会思想］委员会了。不容易，总算有了一次行动。

我有时候会到市区去，办些事情，见见朋友。用贝里曼的话说，没有人是找不到的。我问了问坎迪达，可她几乎提供不出什么消息。我们什么时候可以看到您笔下的作品呢？这是他人旧问，借来一用。

我不知道正在发展中的是成熟的力量还是中年增加的麻木不仁。

---

① “虱子点”（Louse Point）是纽约长岛东汉普顿的一条路名。

② 这一句里：1. 一般认为布法罗地名出自美洲野牛，故又称水牛城；2. 琉善（Lucian，120？—180）又译卢奇安或卢西恩，古叙利亚人，罗马帝国时代的希腊语讽刺作家；3. 弗朗西斯科·德·戈维多（Francisco de Quevedo，1580—1645），西班牙诗人，作家；4. 琉善的《讽刺诗集》原文是*Satires*。

③ 约翰·巴思（John Barth，1930— ），美国后现代主义小说家，此时正执教于纽约州立大学（State University of New York，SUNY）布法罗分校。

问大家好。

约翰·巴思的长篇小说《羊孩贾尔斯》(*Giles Goat-Boy*)在《纽约时报书评》等处受到好评。

致理查德·斯特恩

［邮戳标识为1966年9月？日，纽约，东汉普顿］

朋友[1]——

仍然处于东汉普顿的社会街垒上[2]——劳工节第二天，精英仍在。仍然处于佩尔茨所说的墨西哥式困局中。准备出国两个星期。把几乎所有事情都放下了，先写戴·施瓦茨回忆录。结果发现要查很多文献。我们要在这里待到9月15日。想念你快乐的为人。

祝好。

戴尔莫·施瓦茨7月份心脏病突发去世。

致玛格丽特·斯塔茨

1966年10月11日［芝加哥］

亲爱的，我开始感觉好点了。我的伤有多么痛，没法跟你说。我只是躺起身子睡了几天。这个办法也很省事。可我现在醒了。我姐夫，也就是珍妮[3]的丈夫，又一个冠状动脉出问题，住院了。他能不能继续工作成了个疑问。不知道我姐姐怎么办。她没有求助，我提出要帮她，她拒绝了。我想他们大概有点钱吧。

意外的是，我姐姐对他抱怨不止已经多年了，现在却告诉我他一向就是个多么温和善良的人。听到这话我一点都不吃惊，也不会再吃惊了。他确实是长期受

① 原文是西班牙语词 amigo。
② 东汉普顿在纽约长岛，一般认为是富人聚居区。
③ 珍妮（Janey）即贝娄的姐姐简·贝娄·考夫曼。

苦，这毫无疑问。而且很单纯。我十二岁就认识他了，他有点像个哥哥。今晚我要去医院看他。

谨致挚爱之情。

致桑德拉·恰克巴索夫·贝娄

1966年11月2日，芝加哥

亲爱的桑德拉：

谢谢你的来信。这封回信里，我会尽量陈述我看到的事实。

如你所说，亚当九岁，不是三十岁。他现在处境尴尬，难免会夸大和歪曲事实。他说我告诉过他我不会再有孩子了，那个时候他不过五六岁吧。我怎么可能真的会对一个小男孩说这种事？我觉得很奇怪，你居然会他说什么就是什么，不加疑问。比如我并没有跟他说，等他再大点，我就不再费那个事去看他了。我说的是，他现在这个年龄还不能做出选择，是和我在一起，还是去参加其他社交活动。

要永远做一个快乐而不挑剔的朋友式父亲是挺难的。有时觉得他做错了什么事，我的感觉都是必须予以纠正。纠正的时候我从来不会很严厉或者很生气。有些体现男性特点的态度，孩子只能从父亲那里学到。虽然他是个温文尔雅极为可爱的小男孩，他偶尔也会跟我耍一点小王子的脾气。一般我都不去理会。这次有点过分了。亚当没那个资格告诉我他不想继续讨论下去。

说到他的礼貌，真是好得出奇，这就得归功于你了。不过打电话的时候，他开始模仿你对我说话的口气。我认为不应该允许他那样对我说话。这对他不好。那种礼貌只能让事情更糟。

不知你是否意识到了，亚当怕你。你的脾气把他吓坏了。我知道他想让你平和下来。他爱你，他很胆小。我想让他坚强一些，让他安心，这是很自然的事。有的时候我会跟他谈谈这方面的事，这也是不得已而为之。再说孩子也明白，你不怎么尊重我。蔑视父亲的强势母亲有时会带出同性恋的儿子。况且我也不认为亚当能从你这里学到多少为父之道。希望我这种实话实说不会冒犯你。我不想吵架。我关心的只是亚当的幸福，这个话题你都不允许我和你讨论。我知道你对我的想法不太感兴趣。你和我联系都是下指示。没有思想交流。你只是告诉我该怎么做，你让孩子传递消息，你还威胁我。

其实到了这个地步，威胁就很荒谬了。由于这些敌意而承受痛苦的是亚当。我痛苦只是因为他痛苦，你对我没什么影响，除非是通过他。整个这件事对他来说是大不幸。知道你多么不喜欢我，他就用抱怨我的办法来获得你的同情和温柔。挑拨父母之间的关系对他不会有什么好处。他应该有朋友、老师和其他可以替代的人。他应该能向别的什么人求助。或许是心理医生。

要是不爱亚当，我早就会断了这些联系了。我真心爱这个孩子，他需要我。我为什么要见他？你问我。因为我爱他。你提出这个问题的口气好像这是**我的**问题，是**我**做错了什么事造成的结果，你这样做于事无补。我愿意讨论这件事，愿意倾听，愿意改变。

致玛格丽特·斯塔茨

1966年11月15日 ［芝加哥］

［……］我给丹尼尔穿好衣服，我们早餐吃香蕉和烤面包。八点我已经开始工作了，他想看着我。站在门口，把果酱涂在门上。

奉命中午去买花。我戴着皮帽，脸色苍白，有一种参加葬礼的感觉。走在街上我问自己，为什么身边没有你。

一个人等着太阳照耀芝加哥。要是有太阳多好啊！然后阳光灿烂，却巴不得不要有阳光。从内心里就感觉，让人失望的生活似乎已经烂到了砖头上。一定就是因为这个，这些砖在光照下看上去有那么多小洞，百孔千疮。

往东看，就是大湖，像冰激凌。

我很卑微。这话我本不该说，可是我爱你，我知道你**想**听，哪怕是这种话。

你的挚爱。

致伦敦的某位吉尔曼先生

1966年11月16日，伊利诺伊州，芝加哥

亲爱的吉尔曼先生：

非常感谢您的来信。您提出的问题很大，我不太相信自己有能力给出圆满的

回答。不错，我们这里国土宽广辽阔，文化无序状况前所未有。然而我总是觉得，我们正在对付的难题是普遍存在的。我指的是无根的问题和变化的问题。作为英国人，您会在《赫索格》里看到犹太人的问题，这是不可避免的事。表面上看，这是一本犹太人的书，然而对我来说，真正的主题要深刻得多。像您一样，我相信人应该依赖彼此的感情，依赖爱。可我不相信爱是文明的根结出的果。如果一个人不得不依赖这种文明的根，而这些根又像现在这样受了伤，或者被人完全切断了，他就得等待很长一段时间才行。

谨致敬意。

致玛格丽特·斯塔茨

1966年11月28日［芝加哥］

［……］我生活的乐趣就是想着和你有关的种种。白色情人节。床上的美颜。双手梳头时的秀发。明眸皓齿红唇，都随我击节而成音乐。

我真是拥有天大的福分！

你的挚爱。

12月初，贝娄和妻子苏珊正式分居。

1967年

致玛格丽特·斯塔茨

1967年1月11日 ［芝加哥］

这种滴水成冰的日子，你的夹耳套早该用上了吧。艾略特《三圣人之旅》中的那句是怎么说的?“我们碰上一股寒流降临”[①]。看样子全是寒流了，却没有谁降临。就像另一位诗人的伙伴力士参孙[②]一样，我在为腓利斯人推磨碾谷呢。别在意这些抱怨，我只是说说而已，好像这样心里就轻松一些。我在等着来电，好让我可怜巴巴的灯泡亮起来。[……]

深深地爱你。

你的挚爱。

致巴丽·艾利森

1967年1月24日，芝加哥

亲爱的巴丽：

我和乔治［·韦登菲尔德］的会面很愉快，这可真是咄咄怪事，因为我正在生他的气，跟他见面就是准备拒绝他的。我不会说他追我成功，那是个很不合适的女性化说法，可他的提议确实太有吸引力，让人没法拒绝。我说这话是客观的，是审慎的客观，不是贪婪的客观。他说他保证我的下一本书首印四万册，其他书也都以统一的装帧形式再版。这就有点尴尬了，因为我确实很喜欢［汤姆·］马施勒［乔纳森·凯普[③]的主编］。我要是不把他提出的这些条件告诉马施勒，其实

---

① 见1962年1月23日致苏珊·格拉斯曼·贝娄的信脚注。

② 力士参孙（Samson Agonistes）是英国诗人弥尔顿诗歌中的神话人物，以色列的大力士，曾被迫为腓利斯人（Philistines）推磨碾谷物。

③ 即英国的乔纳森·凯普出版社（Jonathan Cape Limited Publishers）。

我也就不能给他一个最后的答复，正如我不能在没有和他最后见一面的情况下拒绝他一样。不过我已经给马施勒写了信（我这是私下里告诉你，只有你我知道），说我要是拒绝乔治的提议就太愚蠢了。我现在正等着他回信呢。

乔治当然和我议论过你的事。我看出来了，要不是因为你在那儿，我不会一直留在韦［登菲尔德］与尼［科尔森］①的。你可以放心，我没有透露任何情况。乔治根本不知道我们谈过话。我告诉他，你应该在社里发挥更大的作用，他也告诉我说你对他非常重要。在这个问题上，我觉得他只是有一点说好听话的成分，因为他对你的评价确实很高（我正在设法想象他储藏评价的洞穴是什么样子的）。不过关于分社那三位董事，他并没有说起你信里提到的那些看法，什么也没说。他只是说他打算让你负责一个独立的机构。我恳切地希望你不要让乔治把你雪藏起来，接这个任务以前，先和你的家人及律师商量一下。

就这些吧。我可能会继续留在韦［登菲尔德］与尼［科尔森］，最好还继续和你共事。最后这一点比其他所有考虑都更让我感到愉快。我可以向你保证，如果转向凯普会伤害你，我一点也不会高兴。

致以亲切的问候。

巴丽·艾莉森担任贝娄在英国的编辑多年。

致巴丽·艾利森

1967年5月18日，芝加哥

亲爱的巴丽：

你的来信让我脑子里一直萦绕着乌托邦式的美好幻境。我当然是非常想去［西班牙的阿尔梅利亚，巴丽在那儿有一处度假住宅］，可还不知道能不能去呢。夏季里我一般总有数不清的问题要处理，都和孩子有关。我有个儿子快成年了，没什么问题，另外两个都还很需要爸爸，我虽说缺点不少，当个爸爸还是很尽职

① 这里的“韦与尼”指韦登菲尔德与尼科尔森出版公司（Weidenfeld & Nicolson Publishers 或 Weidenfeld & Nic［h］olson Ltd.，简称为 W&N 或 Weidenfeld），这个公司 1948 年创立于伦敦，1991 年后成为猎户座出版集团（Orion Publishing Group）的一个分支。奈杰尔·尼科尔森（Nigel Nicolson，1917—2004），英国作家、出版商。

的。不过离开几个星期或许并非不可能。其实我也非常想这样做。

在纽约见过你的人后来说，他们很容易理解为什么我成了你的支持者和捍卫者。人人都为你倾倒，我想你早就该到纽约来了。你让我想起哈代《无名的裘德》(*Jude the Obscure*) 中那个情景，在岁月的流逝中，从自己的小村子里眺望着基督堂发出的光芒。你现在必须经常回来了。

你在那个地方度夏一定会非常愉快。虽然不太可能，但如果我真的露面了，我会是独自一人，蜷缩在一个角落里。

顺致亲切的问候。

致玛格丽特·斯塔茨

1967年6月7日，雅典

星期一我们在罗马落地以后，有官方人员上飞机来告诉我们，[中东] 战争已经开始，我们这次航班到雅典为止。我有些惊讶，却没有完全失望。听到收音机里的爆炸声和枪声，感觉有点害怕。但是不得不向前走，星期一和星期二花了两天时间抢飞机上的一个座位。我今晚（星期四）走，明天这个时候应该在特拉维夫了。这次要是不去，我自己没法生活。刚才在美国大使馆办理了去中东的护照，签了各种文件。这些事让人接触到了现实。不然的话，人这几十年就要开始感到空虚了，像个不再有人光顾的老游乐园，自己就是那个看门人，回忆童年和少年时代就像看穿插表演的节目一样（吞火魔术师，大力士，爱情隧道，等等)。现在这样就好多了。虽然我的确爱你，爱我的孩子还有其他几个人——可这都是电影里的话！我会按时回来和你度假。我会随时保持联系。请不要向《每日新闻报》打听我的消息。别太**担心**。毕竟有千百万人的生命牵涉其中啊。

爱你。你的爱人。

6月3日，贝娄从美国出发，为《每日新闻报》报道导致中东六日战争的那场危机。

致玛格丽特·斯塔茨

1967 年 6 月 10 日，特拉维夫

这种该死的事简直没法相信。我问自己从纽约新闻界的角度看会是什么样子，可是连我都说不出来从这里看是什么样子。从光鲜亮丽的希尔顿酒店到战场到克里姆林宫，等等——或者穿着优雅的夹克站在一旁，看着装甲部队开火，看着孩子们在防空洞里长身体，父母为了躲避炮火把他们在防空洞里关了四天。把这些碎片拼起来我觉得很不容易。我安全无恙，只睡三个小时也没有问题。要么就不睡觉。我发现我可以等一个晚上飞机，四十八小时一点觉也不睡，却并不觉得累。只是，有的时候，情绪低落。今天我凌晨四点就起来了。下午一点，我想起来今天是我的生日。

现在是晚上十点。我面对着一张大床，若里面有你，那床会倍加悦目。在此写下：你的挚爱。

致罗莎琳·图里克

1967 年 9 月 21 日，芝加哥

亲爱的罗莎琳：

你能来信真是太好了。你的信正是我在艰难时刻需要的那一种。我欣赏你的音乐，所以不想错过你的音乐会。可奇怪的是，我最后还是决定去非洲，我接受了《假日》杂志的报道任务，要乘直升机在尼罗河源头上空盘旋，写自己的印象或者添油加醋的文字。我感恩节前夕走，圣诞节后回来，这样我就摆脱了几个很棘手的假期，可也就听不到你的演奏了，唉。希望我们保持联系，而且能经常见面。

祝福你。

罗莎琳·图里克（1914—2003）是贝娄在图里高中的同班同学，享有国际声誉的巴赫[①]作品钢琴和拨弦古钢琴演奏家。（格伦·古尔德[②]会认为她是唯一对他产生了影响的人）

① 约翰·塞巴斯蒂安·巴赫（Johann Sebastian Bach，1685—1750），德国管风琴演奏家、作曲家。
② 格伦·古尔德（Glenn Gould，1932—1982），加拿大钢琴演奏家。

致本杰明·纳尔逊

1967年10月13日，芝加哥

亲爱的本：

关于布莱希特[①]和［埃里克·］本特利，你说得完全正确，可我实在为你或者任何不幸卷入这场戏剧界争吵的人担心。这是一群很不稳定也很不招人喜欢的人，他们继承了江湖骗子所有的戏剧传统，失去了和美好事物的全部联系。当然了，他们可以说，没有哪个剧作家对历史真相负有**任何**义务，不过假如他面对的是挑剔而有智慧的现代观众（如果真有这种观众的话），他最好不要冒犯得太狠了。

《马拉-萨德》[②]有多少真实的成分？我昨晚才在《文汇》上看到利奥·拉贝兹[③]写的一封信，说罗尔夫·霍克胡斯[④]的新剧［《日内瓦死亡名单：士兵》[⑤]］里可以看出丘吉尔对波兰流亡者犯下的罪行。丘吉尔被控至少犯了谋杀罪，霍克胡斯说他有多年的研究结果支持这项指控。我对此深表怀疑，拉贝兹则是义愤填膺。我想这就把霍克胡斯的这部剧归入了冷战宣传的范畴，我猜你反对的是宣传，而不是一个有创造力的人对事实的歪曲。

能给我寄一份你在加州的演讲副本吗？我很想看看。

顺致亲切的问候。

本杰明·N. 纳尔逊（Benjamin N. Nelson，1911—1977）在明尼苏达大学教历史和社会学，因此认识了贝娄，后在纽约的社会研究新学院任教。他的著作包括《弗洛伊德与二十世纪》（*Freud and the Twentieth Century*，1957）和《通往现代性之路：良知、科学与文明》（*On the Roads to Modernity: Conscience, Science, and Civilizations*，1981）。

---

① 贝托尔特·布莱希特（Bertolt Brecht，1898—1956），德国戏剧家、诗人。

②《马拉-萨德》（*Marat-Sade*）是1964年伦敦上演的一部话剧，作者是德国出生的瑞典作家彼得·魏斯（Peter Weiss，1916—1982）。该剧震动了西方戏剧界，1967年改编为电影。其故事结构是一部戏中戏，即萨德侯爵于1808年在法国夏朗顿精神病院接受治疗期间，执导了由病友们演出的一部话剧，内容是对法国政治家、革命家让-保罗·马拉（Jean-Paul Marat，1743—1793）的迫害和暗杀。

③ 利奥·拉贝兹（Leo Labedz，1920—1993），全名是利奥波德（Leopold）·拉贝兹，波兰裔美国记者，作家，编辑。

④ 罗尔夫·霍克胡斯（Rolf Hochhuth，1931— ），德国作家。

⑤《日内瓦死亡名单：士兵》（*Soldiers*，*Necrology on Geneva*）1967年在伦敦上演，剧中批评二战后期盟军的轰炸，指其为战争罪行，因此认为时任英国首相的温斯顿·丘吉尔（Winston Churchill，1874—1965）应是战犯。

1968年

致爱德华·希尔斯

1968年1月20日，芝加哥

亲爱的埃德：

昨天我和你妈妈聊了一会儿。她大吐苦水，说感觉身体很虚弱，可我觉得她听起来好多了。说话好像有些力气了。我想她是因为从霍纳［医生］那儿乘火车回来才晕倒的。她大概给你写信说的是打不到出租车吧。不管怎么说，听她说话我觉得她的身体有好转。

我是几天前带着我的戴高乐主义[①]绶带和奖章从纽约回来的。你上次的来信放在餐厅桌上，我又看了一遍，算是有了个人陪伴我。芝加哥的状况很古怪，而且越来越古怪了。你不在这儿的时候，这里过的就是一种很奇特的生活，人们彼此都不接触。这些楼里其实有很多人。仿佛拓荒者面对的空旷给竖了起来似的，尽管室内管道纵横，有书籍有吃的，但是大草原的精神仍然占据着主导地位。［……］除了戴维·格雷纳，没人请我吃饭。要不是因为我的离婚案，我都不会拥有任何形式的社会存在。［……］无非是早上起床去上班，晚上看书。就像亚伯·林肯[②]一样。走出门去，眼前就是我的城市，浸透了雪水，平庸而无聊。［……］我告诉自己，在任何一座大城市，我都可以想看见多少人就看见多少人，我不明白自己为什么要忍受这样的困窘。真让人想不通。同样让人困惑的是，我看到内［森］·莱茨顶着肌肉发达的秃头快步走过融化的泥浆，像子弹一样从第五十三街冲到第五十五街，腋下夹着个瓶子——他跑得劲头十足，用来表示羞怯和分析之微妙（也许没什么意义）的肌肉都在剃得光光的脑袋上堆了起来。［……］

① 1968年法国授予贝娄文学艺术骑士勋章（Croix de Chevalier des Arts et Lettres）。夏尔·戴高乐（Charles de Gaulle，1890—1970）是法国军事家、政治家、外交家。戴高乐主义的核心内容是维护法国独立自主的国际地位。

② 亚伯（Abe）·林肯，即亚伯拉罕·林肯（Abraham Lincoln，1809—1865），美国政治家、思想家、前总统、黑奴制的废除者。

好了，就这些吧。非常想念你。五月中旬我可能会［在英国］突然出现噢。

祝好。

致迈耶·夏皮罗

1968 年 3 月 18 日，瓦哈卡

亲爱的迈耶——

我以为你已经在英国了。现在知道了你在国内，你走前我一定去看你。

这是我在瓦哈卡的第二个早晨。在热带地区醒过来，你就能体会自己北方人的那种疲惫感有多可怕。周围的鲜花也告诉你，你待得太久了。我的借口是，事情还没办完呢。

我当然想给戴尔莫基金捐款。我希望约翰·贝里曼能当评委，并且一直当下去。我有两年没见他了，那会儿他身体状况很差，成天像泡在酒桶里一样。我很喜欢贝里曼，我崇拜他。我明白他为什么要过这种自我毁灭的生活。可我没法让我自己相信这是个好传统。

我 1 月份发表的一个小中篇［《如烟往事》(*The Old System*)］，我把散页寄给了你，你收到了吗？我想你可能会感兴趣。《纽约客》要我做些删节，所以我把它给了《花花公子》以示抗议——有利可图的抗议。然而没钱但很真诚的杂志是不存在的。那些季刊差不多和通俗杂志一样腐败，休·海夫纳[①]有些恶习比威廉·菲利普斯的让人感觉还好些呢。

致以最美好的祝愿。

致理查德·斯特恩

1968 年 7 月 16 日［东汉普顿］

亲爱的[②]理查德——

东汉普顿的夏天很热，所有的艺术家玫瑰花儿们都在自我炫耀，连病恹恹的

① 休·海夫纳（Hugh Hefner，1926—2017），美国实业家，杂志出版商，《花花公子》的创办人和主编。

② 原文是法语词 Cher。

甚至可能快死了的都在阳光下喝着手中的杜松子酒，大谈福利、改革或者革命、无政府主义、游击战、行动——在个人悲惨境遇的地基上建造着宏伟的高楼大厦。

在这儿游泳可是太好了。

我就要进入某种艰苦的**阵痛**时期了。

你提到了体重和尺寸，我超重了十磅左右，现在午饭加酸奶了。**女人们还是追逐着我，不过我并不开心。一种挺有意思的局面。她们全都非常生气——北边的，西边的，还有这里的，而我继续尽职尽责。**①

亚当的情况很好，只是偶尔有一点母亲诱发的恐惧症。**总的来说还算合理**②。可以随时和他**谈话**，这是多多益善的事。我意识到这是他最后的童年，我们会继续向前，走向更为饱满的生命形式……下面的话我就不说了。

今天，我的脑海里挥之不去的是死亡。塞缪尔·S. 戈德伯格病了，约翰·斯坦贝克在南安普顿医院③，吉恩·斯塔福德刚从那儿出院。于是我们在这里感受着死神翅膀的扇动。在这种天气里，这股风比什么都冷。死神飘浮在房子上面，带来了空调的作用。

致以深深的爱。

给我来信④。

致理查德·斯特恩

［未注日期］［东汉普顿］

我亲爱的理查德：

很想尽快看到你写的东西⑤。可惜我现在要到10月份才能回芝加哥了，不过也许你可以把复印件寄到塞尔贝罗尼别墅，就是洛克菲勒［在贝拉吉奥］的那个

① 这一段原文是法语：Toujours poursuivi des femmes，pourtant tracassé. Des circonstances assez marrant. Elles sont toutes fachées—au nord，ouest，et ici même. Mais je continue tout de même de faire mes devoirs。——原注

② 原文是法语：Surtout raisonnable。——原注

③ 这里的南安普顿医院（Southampton Hospital）在美国纽约州的南安普顿，不是英国南部港市南安普顿。

④ 原文是法语：Tape-moi une lettre。——原注

⑤ 原文是法语：Je m'impatiente de lire ce que t'as écrit。——原注

老庄园。我感觉好像在垃圾场比在科莫湖还自在一些，因为离起源近嘛，不过垃圾场总是跟着人走的。

不管怎么说，你写出的东西很可能非常出色。我判断的依据是，你对自己作品的评价一般都很慎重。你在我心目中的信用很好，知道吧。

我到玛莎葡萄园岛去看了丹尼尔。亚当和我乘一架包租的短翼大黄蜂飞机从东汉普顿起飞，穿过大风，我们都吓坏了，可那是在天堂里呀。然后我们在丹尼尔的欢呼声中降落，度过了一段好时光，躺在海滩上，为知更鸟蛋吵架。[……]

我要为你关注《莫斯比》表示感谢。这鼓励着我多写短篇。趁着巴特尔比①式的沉默还没有降临到我头上。到那个时候，时间的双翼战车把你甩在身后，你都听不见车轮的声音。

我想你很快就会回到芝加哥吧。我走后玛姬（她问你好）会继续住在乡下，开我那辆旋风般的庞蒂亚克②。[……]

祝好。

《莫斯比的回忆及其他》(*Mosby's Memoirs and Other Stories*)刚刚出版。

致玛格丽特·斯塔茨

1968年9月4日，贝拉吉奥，塞尔贝罗尼别墅

亲爱的玛姬：

感觉极佳。浴室正好位于一座罗马式塔楼里。没说的，一切都很美。开始从飞行的不适中恢复。

爱你。

① 巴特尔比是赫尔曼·梅尔维尔的短篇小说《抄写员巴特尔比：华尔街故事》(*Bartleby, the Scrivener: A Story of Wall-street*)中的人物。他起初勤奋能干，后来沉默下来，什么也不干了。

② 庞蒂亚克（Pontiac）是美国老牌经典轿车。

致玛格丽特・斯塔茨

1968 年 9 月 5 日 ［贝拉吉奥］

最亲爱的玛姬——

这件事很艰难，不过你能挺住。很多人爱你，不仅仅是我。你没必要独自承受这个过程。我知道医生把你吓得不轻，但是有约 99.5% 的可能肿瘤是良性的。你要是特别需要我，我可以飞回去，我会等星期一的消息。

不要把自己和朋友们隔离开来，不要失去理智，亲爱的。这四天会很难过。必须面对。这很不容易。可是不要把人们赶走。你需要他们。我巴不得能和你在一起，可既然我们之间隔着大西洋，我就等活检的结果吧。应该这样做，也只有这样做才对——做一个活检。哈罗德［・泰勒］会帮助你。听他的话。祝福你，亲爱的。

爱你。

致玛格丽特・斯塔茨

1968 年 9 月 11 日 ［贝拉吉奥］

亲爱的，告诉我怎么回事。星期二晚上我一夜没睡，就怕来电话，可今天上午还是茫无头绪，真的。如果那东西无害，至少给我发个电报吧，说你没事。可是别骗我。如果不是无害的，我就想直接飞回去了。因为没消息，所以心怀希望。昨天，还有之前的几天，我都为你陷入绝望了。我这几天的信都收到了吗?

爱你。

致玛格丽特・斯塔茨

1968 年 9 月 14 日 ［贝拉吉奥］

亲爱的玛乔[1]：

要说我接电话不及时，那么我很抱歉。原因是我们刚刚通了电话，我没想到会是你打来的。我以为一定是哪个孩子有什么事，别人谁会打呢。我不为自己找

① 玛乔（Maggie-o）也是贝娄对玛格丽特・斯塔茨的昵称。

借口，可我想了一下，觉得给我打电话这件事你做得不对啊。我知道你很需要帮助，可这不是解决问题的办法。你打电话来好像并不是要责备我做错了什么，或者要问我什么事，或者就是想哭。你很疼，不错，可你刚刚躲过了一场可怕的手术啊。你没得癌症。你没有解脱或者感激的表示，反而——这样。这可不好。对你不好，对我也不好。这次这一番经历之后，你不觉得我为你情动于衷，与你感同身受吗？在这里等着也同样痛苦万分啊。我去和布莱恩特（Bryant）医生谈了谈，他是这里基金会的医生，我了解了一下你这病可能会有什么样的发展，星期二我整晚没睡，心里的慌乱也丝毫未减，一直在等着回复的电报。现在离得这么远，我只能心烦意乱，实际上帮不了什么忙。要提供你需要的那种帮助，我就得回去。

而且我**写过**信的，我们也通过三次电话，要么就是四次，所以并不是好像我们没有联系似的。至于你的学业，我能做什么呢？你病了嘛，你能有什么办法？别人又能有什么办法？这同样不是一件跨越大西洋打电话就能解决的事情。求你了，玛姬，别再这么做了，我求求你。你可以把我的东西，车啦什么的，都留在东汉普顿别管了，回头我来处理。我在这儿已经待了两个星期，再过两个星期我就走了，剩下的这十几天我不想给搅和乱了。我想抓紧时间搞点东西出来。前两个星期不理想不是你的错，可现在，我想关掉热源，哪怕只关掉一点。我收到了桑德拉的一封来信，十分可怕，没别的，就是一腔恶意，真是吓人。有时候我觉得我都该向毛泽东申请庇护了。

你知道你我的关系是什么性质。这不是你想要的状态，可这是一场重大的交易。我只能做到这个程度。我拥你入怀就说明了一切。你知道我是你的挚爱。别让我背美国邮政的锅。冷静一些。还有，亲爱的，把电话放下吧。

爱你。

致桑德拉·恰克巴索夫·贝娄

［未注日期］［贝拉吉奥］

亲爱的桑德拉：

重要的是不要打架。这对你也很重要。如果我在机场冒犯了你，我很抱歉，我道歉。我对写信比赛、长时间的交流等等避之唯恐不及。我们已经经历过战争，现在需要的是把战斧埋起来，一劳永逸。玛格［玛姬］知道自己举止失态，不过那事出有因。她要做乳腺手术（我当时并不知道），所以担心得要命。肿瘤已经切除了。是良性的。

她不知道我要还那二十五块钱。你根本没有和**我**说过。你就没告诉过我。你贷款而要我还钱的时候，应该和我沟通一下，而不是你觉得我应该把所有的贷款都承担起来就算了。话说回来，要不是你写了那样一封挑衅的信，我可能还不会注意到这件事呢。随你怎么想吧，我不指望出现奇迹，人能有什么改变，可是别给我写这种信。遵守基本的规则，我们就能相处得很好，大家都过得去。在肯尼迪机场[①]我没有遵守规则，而你是只用了两三句话就把这些规则全都打入了地狱。眼见着一种套路正在形成，我准备现在就把它打碎。我们交谈的时候，对这种事我一般都不提，过去算了，可现在我认为最好还是跟你说清楚。

好，首先：我写了一本很成功的书。这件事里我没有任何对不起你的地方。可你犯浑，简直要杀了我。对此我已经置之脑后了，但是我丝毫没有忘记。没什么，我向你保证。我把我在你手里遭的罪用作了［《赫索格》里的］素材。至于你所说的“羞辱”，我可以毫不费力地和你比一比。还有一本书呢，是吧？［指《生存》(*Above Ground*)，这是杰克·路德维格根据他与贝娄的友谊和与桑德拉的韵事写的小说。］那是两个头脑和两个灵魂的产物，不是一个。好心的熟人和朋友都劝我一定要看看这本书。女主人公的信件在风格上有意体现其优越感，但这本书就是垃圾。被如此可怕的文字所感动真是活见鬼了。对一个尽心尽职于本行三十年的人来说，这本书最糟糕之处在于事情本身那种恶俗的性质。我不太担心我的名声，我的“形象”(我想你也不会太在意这个)，可我十分厌恶和这种烂事扯上哪怕是一丁点儿关系。现在我是一只脚已经踏进了粪坑。这就够了。不过假设这本书挺好，挺成功，你就可以看到我要求赔偿名誉损失了吗？我认为你是看不到的。所以现在嘛……适可而止吧。我要你别再跟我谈钱的事，我也不想听到任何有关损失和赔偿的暗示。我有什么东西，我花的是什么钱，我到哪儿去，都和你无关。

---

① 即美国纽约的约翰·菲茨杰拉德·肯尼迪国际机场（John F. Kennedy International Airport，代号 JFK）。该机场原名纽约国际机场，1963 年 11 月时任总统的肯尼迪遇刺后改为现名。

从法律上说，我有义务每年为亚当支付三千元。我自愿再多付三千以上。这是赠予，不是义务。去年帮你摆脱困境也是我自愿，背后的动机并无恶意，我向你保证。这笔钱去年就花掉了八千左右，而你现在却给我写了一封傲慢无礼的信谈什么钱。你最好别再这么干了。在不出格的前提下，我也会来这一手的。我们彼此会愉快相处，可是别跟我提你的窗帘啦百叶窗啦还有我到哪去旅行啦什么的。那不关你的事。你的百叶窗对我毫无意义。我会为亚当竭尽全力，因为我爱他。你会得到一些额外的好处。可是不要逼人太甚。

这事到此为止。

非常感谢你带亚当去机场。那天是假日，从东汉普顿赶过去花了四个小时，我得黎明时分动身，才能在大颈[①]停一停，所以我很感激。不过让亚当开始为父亲付出点辛苦这个主意不坏。他也该这样做了。为父者之中，我并不是世上最坏的那一个，他长大了，应该有了些感觉，懂得要以什么心态对待父亲了。感恩之心。我自己一直是个感恩的人，而他是我的孩子。看到他长大以后完全没有这种意识，我会很难过。

永远是你的挚友。

致玛格丽特·斯塔茨

1968年9月16日 ［贝拉吉奥］

亲爱的玛姬：

谢谢你寄来的信件和剪报。我一拿到就全都看了。难得收到这么一大包邮件啊。偶尔贝茨（Bates）会给我寄个邮包来，里面是我巴不得永远也看不到的东西——银行对账单，我写支票招来的灾难，我活该倒霉，沾上了这样荒谬的信件。好像是比尔·库珀（Bill Cooper）先生［代表贝娄］接受了一份邀请，却根本没告诉我，要我明天也就是17日在宾州林克丁克[②]的某个地方演讲，而且人们焦虑不安，迫切要求我做出解释。还有呢，我的身体也不是很好。没什么要命的大毛病，

① 大颈（Great Neck）是纽约长岛的一个地区。

② 林克丁克（Rinkdink）疑为贝娄杜撰的一个地名，这个词的本义是邋遢破旧的东西。

只是有点感觉一些功能失灵，人要散架子了。有的时候，我拿到自己的一张照片，或者经过一面镜子，会发现自己还没有调整好状态来适应某些变化，甚至都没有意识到这些变化，我的自我印象比真实状态落后了大约二十年。我睡不好觉，早上经常迷迷糊糊的，工作效率也不是很高。有时候早晨我强迫自己在山上走很远的路散步，心中为自己高举着自由的标语牌。说到底，我应该是自由的嘛。这是个很有趣的观念，一想到这个，我就莫名地高兴起来。

［阿瑟·］科皮特[①]夫妇对我很好。我们相处得非常愉快。这里没有其他年轻人，只有很多热衷于唱歌的老年贵妇（最近在亚利桑那州图森［Tucson］拿到了美术学位的一位女士，肯定有六十岁了，用颤音唱维也纳咖啡馆里的歌。那真是个可爱的老家伙）。上星期有一帮道士在这儿开了个会。这个星期是医药方面的会，还有个欠发达国家的会。有个瘦骨嶙峋的医生是从一个边远省份来的，他今天问我是做什么的，这让我十分欣慰。我还没去过米兰。贝拉吉奥有一家杂货店和很多古玩店。这里有我见过的年纪最大的英国人，相比之下，瓦哈卡的那位女士，记得吗？看起来就像玛丽莲·梦露了。我很少见到这样像木乃伊一样的小腿，或者像蜥蜴一样舔着茶喝，也很少听到有人以英国佬的方式一本正经地讨论便秘的治疗方法。我的出版商［詹贾科莫·］费尔特里奈利[②]星期三来开车带我去米兰吃饭。科皮特夫妇同一天离开，八天以后才能到（因为是乘船），可以带去我的消息。我会把你的电话号码告诉他们。你的挚爱，于日落时分（无比壮观，却让我忧郁）。

爱你。

致戴维·佩尔茨

1968年9月20日，贝拉吉奥，塞尔贝罗尼别墅

亲爱的戴夫：

从某些角度看，这是大好事，换个角度说，这又是我一次众所周知的痛苦磨

---

① 疑为美国作家、演员阿瑟·科皮特（Arthur Kopit，1937— ），其妻为莱斯莉·加里斯（Leslie Garis）。

② 詹贾科莫·费尔特里奈利（Giangiacomo Feltrinelli，1926—1972），意大利著名出版商。

炼。首先，我到这里才几天，玛姬就发现她必须做乳腺手术，接着就是有一段时间她一直在等消息，所幸消息不坏。好消息之后是歇斯底里：各种古里古怪的越洋电话。一切暂停，现在是抽泣时间。我以为是鲸鱼和风在跟我说话。上帝送来了解脱之道，那就是发生了一两次梦遗。我可从来没有过这种事。我的女士们似乎都很生气。她们没一个人写信给我，连贝蒂［·豪兰］①也没有。她一定在我的公寓里做过调查，找到了罪证。我感觉受到了冷落，感觉到了衰老，而且有点身体不适。我觉得这不是疑病症。我感觉到鱼钩钩住了我的咽喉，我听到那个旧卷轴在转。我想我最好还是回到可怕的芝加哥去，看看如果真是有问题，那问题究竟出在哪里。尽管如此，我还是像往常一样完成了一定的工作量。也许写得还行，可我最近的状态确实不太好。玛姬现在对我的要求是，我自己的事必须缓一缓，她要发展其他方面的兴趣，她说这尤其是因为她这样做是迫不得已，所以我理应对她完全忠诚。一个月见她两次就足够了。我真正的需要也就是如此。在我这个年龄，这些需要一定是想象出来的，虚无缥缈。［……］桑德拉给我的信里也说了些从来没说过的话。这些信我都保存着准备给你看看，还有我的回信，要描述这种交流无异于用丹尼尔的手指涂鸦来画地狱。她说我利用她，利用［在《赫索格》里写］我们的离婚，大赚了一笔，现在我必须和她分享这笔钱。因为目前的情况是，我恣意享受，去欧洲旅行等等，而她和亚当只能勉强度日。起巴纳姆②于地下，我和他能把这个题材做成一台绝对精彩的大戏。不过巨人已逝，我们现在只有一帮废物。

我很快就会见到你，十月初吧。非常想你。有人跑了，有人没了，就是这么回事。

祝好。

① 贝蒂·豪兰（Bette Howland，1937—2017），美国作家、文学批评家。

② 菲尼亚斯·泰勒·巴纳姆（Phineas Taylor Barnum，1810—1891），美国艺人，杂技师，据说长于骗术。心理学有“巴纳姆效应（Barnum effect）”，又称“福勒效应”，这是1948年由美国心理学家伯特伦·福勒（Bertram Forer，1914—2000）通过实验证明的一种心理学现象，以巴纳姆的名字命名，指每个人都会很容易相信一个笼统的、一般性的人格描述特别适合自己。

致玛格丽特·斯塔茨

1968年9月21日［贝拉吉奥］

亲爱的，昨天我和奥博伦斯基[1]教授（牛津大学基督教会学院［Christ Church, Oxford］）打了将近两个小时的网球，晚上九点半吃了两颗健乐仙胃片后上床睡觉，早上八点半醒来，胃部没有不适。结果就是我自己感觉像个新生的孩子。我很不情愿每天睡九到十个小时，这一定就是我身体出现很多小毛病的起因。也许我就该把生命的一半交给黑暗，而不是把生命**全部**交给混乱。

也许你会收到这封信。

爱你。

德米特里·德米特里耶维奇·奥博伦斯基王子当时正在塞尔贝罗尼别墅写中世纪东欧史《拜占庭联邦》(*The Byzantine Commonwealth*)。

致玛格丽特·斯塔茨

1968年9月23日［贝拉吉奥］

亲爱的玛姬——

［……］我想我最好去看看路易斯［·西得兰］，你觉得呢？可怕的事情没完没了。由此可见，人根本就不知道这个世界是多么不可思议。从宁静的山里看去，山下就像全都笼罩在瘟疫之中。[而在山上，这里］只有些老学者，老学者的夫人，高级烹饪，上等葡萄酒，网球，宁静的图书馆，文艺复兴时期的画。还有些奇怪的事。昨天晚饭后坐在炉边，哈佛1921届的老约翰·马歇尔（John Marshall）对我说，我对他意义重大。我的书，还有我这个人。然后他开始流泪。这是个端庄文雅的美国中上层白人新教徒，我简直不知道该如何解释这种事。他只是说我是他爱的人之一。他流泪不止。我也流泪了，部分原因是感觉人与人之间的关系真是太古怪了。应该跨越的东西如此之多——有这么多明显的差异或者说距离。还

---

[1] 即此信后面说明里的德米特里·德米特里耶维奇·奥博伦斯基王子（Prince Dimitri Dimitrievich Obolensky, 1918—2001），英国历史学家，俄国贵族后裔，“王子”是通称，在英国正式获封的头衔是爵士（Sir）。

有就是觉得，有些人尚未老去，其肉身未死，心亦未死，可以过一种哈佛式的或者芝加哥式的生活（芝加哥是不知今夕何夕的可怕状态），直到爱让他回归现实为止。怎么说呢，这些事全都是真的。他是个很好的人。

《莫斯比回忆录》今天到了。吓人的是，我翻到第五页，看到最下面六行都是"她和她的牛仔……"什么样的笨蛋才能出这样的错啊？太可怕了！还是维京这样的出版社，而且还是一本很薄的书。我已经写信把这件事告诉丹佛［·林德利］了。我很生气，心情很糟糕，不过还是忍住了。

告诉我，新工作怎么样？恐怕你回答不了这个问题了。回信到这儿的时候我已经走了。

爱你。

贝娄儿时的朋友路易斯·西得兰因患癌症在芝加哥病危。

致玛格丽特·斯塔茨

1968年9月27日 ［贝拉吉奥］

亲爱的玛姬：

路易死了。他回到医院，好像是在那儿进入了衰竭状态，然后就死了。这是他妻子说的。我想他是跟那东西搏斗得太久、太苦，筋疲力尽了。我昨天给温妮卡（Winnetka）打了电话，和雪莉（Shirley）谈了谈。我非常难过，心情很沉重，但并没有悲痛得倒下。我继续做自己的事，哭了一会儿，不时想到昨天的葬礼。他躺在地下，家人都回去了。这是他在那儿的第一个晚上。雪莉不停地说，他非常高兴，总算是［在他病情恶化之前］到东汉普顿去了一趟，别的他什么都没说。他是去向我告别的，他知道。他收到了我从贝拉吉奥寄给他的明信片，巴望着我很快就能回来。他觉得我一定很想再见到他。他去世的过程很快，这样就不必耗到底了。我特别心疼他的母亲，那是一位可敬的老妇人，也很心疼埃兹拉（Ezra）［雪莉和路易最小的孩子］。

收到那片红叶很高兴。谢谢你，亲爱的。你说得对，这片叶子值一千份《时报》。我把它和那些贝壳放在一起了。我想，长期的独身生活恢复了我沉思的眼光。和过去相比，现在我花更多的时间坐着观察。很少像原来那样慌慌张张来回乱走，倒好像真有什么事要办似的。我现在经常眺望科莫湖。

心里有烦恼的时候，最大的烦恼来自丹尼尔。有近三个月的时间没见到他了，我非常想他。我可以直接回去看他，过几天再到纽约来看你。芝加哥那边的消息让人心里不踏实。我想亲眼看看到底情况如何，否则我放不下心来。我会尽量提前告诉你我的行期。一直很想你。那一大堆剪报送来的时候，看到没信，我很失望，不过学期刚开始，你一定是忙得不可开交了。

我的德国出版商维奇[1]（你应该不知道）去世了。没有他，他那个出版社就要乱套了，所以我明天要到米兰去见罗沃特公司[2]的罗沃特先生，看他怎么说。我的网球搭档，那位奥博伦斯基王子，回牛津去了。也许他走得正是时候。那天我还以为我要倒在球场上了呢。单打对我来说太艰难了，我又那么笨，跑动得比真正的网球手多多了。

深爱着你。

你的挚爱。

致马克·哈里斯

1968年10月22日，芝加哥

亲爱的马克：

你那封关于《莫斯比》[3]的信让我在这个乱哄哄的季节里振奋了一会儿。回首逝去的岁月，我发现自己写的短篇太少了，我好像是把短篇用作了“微缩模型”来表现大的主题。因此我对《莫斯比》有点担心，不知道这个短篇会表现出什么样的大主题。到现在我都不太明白我到底是怎么写出来的。不过我并不认为这完

① 应指德国奇本豪尔和维奇出版社（Verlag Kiepenheuer & Witsch，现通用名称是其简称 Kiwi，即奇维出版社）的创始人之一约瑟夫·卡斯帕·维奇（Joseph Caspar Witsch）。这家出版社 1949 年创立于德国科隆（Köln），出版过贝娄的《奥吉·马奇历险记》德文版。

② 罗沃特公司（Rowohlt Co.）应指德国的罗沃特出版社（Rowohlt Verlag）。这家出版社 1908 年成立于德国莱比锡（Leipzig），创始人是恩斯特·罗沃特（Ernst Rowohlt，1887—1960），他去世后，继任主管是他的大儿子海恩利·罗沃特（全名海恩利·马利亚·雷迪析-罗沃特［Heinrich Maria Ledig-Rowohlt，1908—1992］）。

③ 即《莫斯比回忆录》。下同。

全是件坏事。我当初就希望自己不是在乱写一气，只是在努力写得清楚。可我们所有这些信奉清楚的人，肯定是本来就对这个问题非常不清楚。

旧金山州立大学那件事非常恶劣。都这把年纪了，我不会轻易骂人，我也并不认为是我个人受到了公开的侮辱——那不是我的风格。不过那件事的确太无礼了。[弗洛伊德·] 萨拉斯[①] 在会场上当众骂我老废物，人们似乎还觉得整个这件事挺精彩，挺刺激。[……] 于是我就败走讲台了。教职员里那些受欺负的老者没人替我说话。你那些拍年轻人马屁的同事则是咽下了开心的口水。这可不对啊，我敢打保票，这种事档次很低。办大学不是为了摧毁文化。干那个需要的是一个纳粹党。

不说了。再次感谢，祝一切顺利。

> 贝娄在旧金山州立大学（San Francisco State University，S.F.State）做了一场演讲，题目是《作家在大学里干什么？》(*What Are Writers Doing in the Universities*?)。然后由拳击手改行成为作家的弗洛伊德·萨拉斯以当时流行的方式斥责贝娄："你是个该死的顽固派。你一肚子废物。你老了，贝娄。"(贝娄时年五十二岁）贝娄当时正在写小说《赛姆勒先生的行星》，于是就把这件事当成素材，写进了书中一个类似的场面里。

致威利·格林伯格（Willie Greenberg）

1968 年 12 月 7 日，芝加哥

亲爱的威利：

这么多年以后又见到你真是太高兴了。我一直记得你是个非常好心的小伙子(我那时八岁，在我眼里，你是个年轻人了，真的)，你慷慨大方，给了我那些照片，说明我的记忆不错。对此我很感动。这足以让一位中年绅士落泪了。

谢谢你，威利。

代我向莫利（Molly）和哈里（Harry）问好。希望这辈子关门落锁之前能再

---

① 弗洛伊德·萨拉斯（Floyd Salas，1931— ），美国作家，1960 年代"抗议文学"的代表之一。

见面。

祝好。

威利·格林伯格家是贝娄家在蒙特利尔的邻居。

致玛格丽特·斯塔茨

1968年12月9日［芝加哥］

最亲爱的玛姬——

我真的撑不住了，必须争取停火，延缓，叫个暂停。我不能再这样下去了。简直累死我了，无论是对你还是对谁，我的感觉都不那么理所当然了。

我爱你，今后也永远爱你。不管我会遇到什么样的女人，你都是佼佼者之一，或许你就是最好的那一个。我尊重你，但愿你一切都好，可我此时正在想办法挽救自己的理智，那或许就是我的生命所在。正是在这一点上我感觉到了威胁。我们必须停一停了。我得喘口气才能继续走。

致约翰·西蒙·古根海姆纪念基金会

1968年12月10日，伊利诺伊，芝加哥

基金候选人保密报告

候选人姓名：路易丝·格吕克

格吕克小姐集古怪和语言能力于一身，由此可能会写出异乎寻常的好作品。她的诗给我留下了深刻的印象。她的路数我都认不出来，她似乎完全独立。我认为她应该摆脱自己的速记工作。

1969 年

致玛格丽特·斯塔茨

1969 年 1 月 2 日，伦敦

最亲爱的玛姬——

这儿一切都好。我有夜间抑郁的毛病，不过真的没什么可怕的，我好像越来越振作了。希望你也如此。你的目光更为明澈，态度更为冷静，让我深受鼓舞。你会成功的。这并非易事，可你拥有必需的品质：变革精神、想象力、勇气。这种勇气让我感动，我无以言表。

致玛格丽特·斯塔茨

［未注日期］［伦敦］

亲爱的玛儿——

很愉快。我一个人待着。从你那里，我得到了灵魂所需。灵魂缺这一块的人现在很招人讨厌。都弄不清他们怎么回事。曾经只有一种办法可以搞清楚。那是要碰运气的。我当时可能别无选择。所以就这样了。写到这儿，我可能有点跑题了。

很快就要回去了——

致玛格丽特·斯塔茨

［邮戳无法辨识；明信片上是剑桥大学国王学院］

我亲爱的玛姬——

这是我所在的地方。在这儿得到了些许安宁。日晷上的一个牌子上写着：生

命如此逝去[1]。意思是："这里阳光很少眷顾，但是我们有备无虞。"埃德［·希尔斯］问起你。

爱你。

致托比·科尔

1969年2月3日，伦敦

亲爱的托比：

如果埃里［·瓦拉赫］[2]想在国家教育电视台[3]播出《［最后的］分析》，我不反对。我甚至愿意提供咨询（需经过仔细考虑）。

我下午3点55分到巴黎，明天和我剧本的译者共进午餐，对《橙子蛋奶酥》做些补充和修改。我会记笔记的。不把我的长篇小说写完（写了一半；或许这个时候也就是半生不熟），我是不写剧本的。不过我脑子里确实有两个精彩的电影剧本，一个可以给德·西卡[4]，一个可以给费里尼[5]。要我说，两个都给德·西卡。

我也许会带着这封信到达纽约。这次我要打电话了。

祝好。

致巴丽·艾利森

1969年2月18日［芝加哥］

我亲爱的巴丽：

问候你。

这里是芝加哥，我又回来了。从这扇窗户望出去，大湖冻成了坚冰，很多别的东西也是如此。到纽约之前，我的旅行平淡无奇。巴黎和我想象的一样，在那

---

① 原文是拉丁文：Sic fugit vita。

② 埃里·瓦拉赫（Eli Wallach，1915—2014），美国影视及舞台剧演员。

③ 美国的国家教育电视台（National Educational Television，NET），1954年开播，1970年改为公共电视网（Public Broadcasting Service，PBS）。

④ 维托里奥·德·西卡（Vittorio De Sica，1901—1974），意大利著名电影导演。

⑤ 费德里科·费里尼（Federico Fellini，1920—1993），意大利著名电影导演。

里多半是在浪费时间。确实见到了一些老朋友。可我不喜欢和［路易·］吉尤见面，也许我都不太喜欢见到我自己。然后就到了美国。在东部遇上了暴风雪被迫降落。十五英寸的大雪啊。在爱德怀德[1]落地。我给芝加哥的朋友阿莉特［·兰德斯］(Arlette Landes）打电话。她说她认为我们不应该再见面了。显然她都等不及我回来以后再说这句话了。我想她是和别人有了交往。女性一般都是从和其他人的关系中获取力量来做出这些决定的。我也不知道用**关系**这个词是不是合适。上帝知道那种行为。这个可怜的名词不得不纳入的都是什么样的事情啊！至少我到现在还没见到我的同伴，而有一个月的时间我们是形影不离的。这好像就是亲密关系的意思吧。我当然很伤心。我也**情愿**如此。不过会慢慢过去的。总会过去。

我跟皮列特（Pillet）谈的时候，他要一千块钱房租。我可不想付那么多。我已经安排好了，6 月 23 日带亚当去英国。我的设想是两个星期后在马德里把他交给他妈妈，然后到南方的阿尔梅利亚附近去看你。大概要麻烦你一个星期左右了，从 7 月 8 日或者 9 日起。亚当的妈妈带着他继续走，去意大利。我可能会回到美国，在玛莎葡萄园岛或者那附近和丹尼尔一起度过夏天大部分时间。

我现在好像又在写另外一本书了。阿莉特把我从领先的位置上扔出去了，这让我失去了力量，不能专注于我们在一起的时候我所做的事情。我厌恶懒散，害怕无所事事，所以就又开始写一部新作品。大概两个月就可以写完。让我保持理智的是这个**职业**[2]，祝福我的职业。

爱你。

致西尔维娅（Sylvia）·图明

1969 年 2 月 21 日，芝加哥

亲爱的西尔维娅：

我在伦敦，没有及时收到你的信，所以来不及发贺电了。我知道梅尔五十岁了，是个很懂道理的人。可我也时常带着愉快想起他那些无聊而多彩的青葱岁月。

---

① 纽约的肯尼迪国际机场在 1963 年之前叫纽约国际机场，有时也叫爱德怀德国际机场（Idlewild International Airport）。贝娄这里用的是旧名。

② 原文是法语词 métier。

你看这事多有意思吧：我从伦敦给卡比打电话，说我要去巴黎看他。他说他正要去瑞士，去滑雪。我告诉他我飞过来主要就是为了看他。然后他说："我受够冷落啦。"我太喜欢这句话了。为这个我花多少钱都值得。

祝福你们全家。

爱你们。

致惠特·伯内特

1969年4月30日，芝加哥

亲爱的伯内特先生：

[……] 我在墨西哥瓦哈卡镇用了六个早晨一口气写出了《莫斯比回忆录》，并没有求助于龙舌兰酒。我似乎不需要刺激物。我那种状态绝不是什么难以忍受的兴奋，或者像现在年轻人说的，"上了弦"。一个年轻可爱的朋友 [玛姬·斯塔茨] 帮我把手稿打了出来。重读的时候我几乎没发现什么要改动的地方。那些话都是自己跑出来的。一个个词语跑进故事里的时候，我觉得自己就是在用球棍击球而已。在这种状态下，我很少对自己写的东西提出疑问。我只是心存感激，顺其自然。

谨此。

惠特·伯内特（1899—1973）在《小说》杂志当编辑的时候拒绝过贝娄早期的作品，此时他正准备把《莫斯比回忆录》收进他编的选集《美国当代85位最伟大的在世作家》（*America's 85 Greatest Living Authors Present*，1970），因此去信询问这篇小说是在什么情况下写出来的。

致玛格丽特·斯塔茨

1969年6月5日 [贝拉吉奥]

亲爱的玛姬——

我从来没有在6月5日看见过下雪。现在在周围的山顶上看到了，下面的山谷这里结着冰霜。欧洲没有连续两天是阳光灿烂的。难道是我们用汽车毁了空气吗？我开始认为地球正在走向毁灭。

我睡不好，我憔悴，我想你，我想丹尼尔，我没收到美国的邮件，不过我总算是还没有放下主要的工作。在柏树下面我寒冷的小屋里。喝着啤酒，等着爬出去晒太阳——在太阳重又出现的时候。

这里很美，只要你有一副十九世纪的眼光。我的肯定是二十一世纪的。

爱你。

致玛格丽特·斯塔茨

1969 年 6 月 8 日 ［贝拉吉奥］

亲爱的玛乔——

照你的说法，我在“暴写”，每天几千字，停下来也不打字誊清稿子，而是睡觉，如果我下午时间都花在打字机上，我会把自己的身体搞垮，失去很顶用的早晨。我可能用的办法是把手稿的复印件寄给你，只是为了保险。我对［阿伦·］艾舍很冷淡。他想对我“坚持立场”。有的时候他好像是硬要挤进驾驶舱，可这是单人飞行啊。

告诉你：我们在伦敦有房子了。很紧凑的三间卧室。［……］听话。祝福你。希望**很快**见到你。

爱你。

丹佛·林德利从维京退休后，阿伦·艾舍成了贝娄的编辑。

致理查德·斯特恩

1969 年 8 月 1 日

亲爱的迪克——

此刻我在楠塔基特，以我一向的仁慈，看着野鸡在后院里猛吃黑莓。从窗口往外看全是后院。又见美国杂草，很高兴。

我在西班牙把那本《赛姆勒》[1]一举干完，地中海岸边，卡沃内拉斯（Carboneras），月光下万物清晰可见。玛姬在英格兰和南部都给我造成了大问题[2]，我也照样都解决了。我很固执。我自己造成障碍，但是我会自己跳过去。

听说你胆大非常，我很高兴。还有，你摆脱了坎迪达［·多纳迪奥］，这太好了，简直是了不起啊。公正于她，就像班戈挨打[3]，风马牛不相及。她那脑袋就该让我们亲爱的爱德华痛打一个晚上，这是她应得的，她在上帝的宝座前读道歉书的时候，愿上帝陷入沉睡。

［……］

祝好。

致玛格丽特·斯塔茨

1969 年 8 月 4 日 ［楠塔基特］

亲爱的玛姬——

你来看我，我心里很纠结——好像还不到时候。欧洲给我留下的伤痛还很新鲜，短期内不太可能愈合。我不想去触碰这些伤口，也不想让你再次受伤，我的心告诉我要顺其自然，先恢复，不要勉强。为了继续友好，我们应该彼此保持距离。

爱你。

致哈维·斯威多斯

1969 年 8 月 30 日，楠塔基特

亲爱的哈维：

用你的说法是我已经“提交”了的这部小说让我一直很忙，校样等等要一直

① 指贝娄的小说《赛姆勒先生的行星》。下同。

② 原文是西班牙语：grandes dificultades。——原注

③ 坎迪达（Candida）这个名字的前半部分与“公正”（candor）的形容词（candid）谐音，班戈（Bangor）这个名字的前半部分与“重击”（bangs）谐音，这里的意思或指听起来相似而实际并无关联，且试译如此，以勉强衔接上下文。下句中的爱德华不知是指哪一位。

忙到10月份。如果只是提建议，那么我的建议不会比其他人的好，可能还不如坎迪达的呢。但是如果你想让我看你的书，我可以放在10月份来做这件事。我会回芝加哥去，因为夜晚越来越长了。这样做若对你有用，在下愿听吩咐。

从你的信里能看出来，我们对很多带根本性的问题看法不同。大学里的托洛茨基分子中间，没有哪两个人能像我们这样有如此之大的分歧了。我觉得我对尼克松和约翰逊没多少用处，不像你。我［1965年6月］到白宫去大概纯属胡闹。谁都不开心，最不开心的就是我自己。我要是固执己见，硬要表现出我谁的观点都不同意，我根本就不会去。我先是在《时报》上尽可能明确地表达了我对越南和圣多明各局势的看法，然后宣布我会去向总统办公室表示敬意，那可是林肯的办公室啊。我也知道哈定和切斯特·艾·阿瑟[①]的事，但是我一点也不想脱离这个国家。我不是革命者。我对美国的革命者们有所了解以后就没什么敬意了，而我对他们已经了解太多。我不喜欢苏珊·桑塔格那些什么美国注定完蛋的说法。科尼岛[②]上的游乐宫我已经玩够了。

一位可靠的消息人士告诉我，约翰逊对白宫文艺晚会的看法是这样的："为了让我丢脸，他们来了，为了让我丢脸，他们对我视而不见。"德怀特·麦克唐纳能说得比这还简洁吗？其实他们有很多共同之处呢。

问贝特（Bette）好。

祝好。

致菲利普·罗斯

1969年12月12日，芝加哥

亲爱的菲利普：

你简短的来信对我大有益处，虽然我还不知道回信该说些什么，也不知道该怎么说。那些所谓罗织罪名的人当然会磨刀霍霍。他们根本就不具备你我对文学那种天真的或许也是幼稚的爱。他们所持的是一种罗马人那样的工程学视角：把

① 切斯特·艾伦·阿瑟（Chester Alan Arthur，1829—1886），美国第21任总统（1881—1885）。

② 科尼岛（Coney Island）是纽约布鲁克林的一个半岛，著名的休闲娱乐区。

一切都碾碎，在这个基础上建造文化纪念碑，上面飘扬着狗屁旗帜。

不管怎么说，你喜欢《赛姆勒》让我非常高兴。这个行当里我觉得有些用处的人不多。但是我一头撞进芝加哥（那是十二年前?）看了你的短篇小说以后，就知道你有真功夫。我小的时候还有铁匠呢，铁锤敲击铁砧那种真家伙对真家伙的声音，我从来没有忘记过。

你喜欢伍德斯托克[1]吗？我在那条河对岸生活了八年。那是生活吗？可那不能怪那个地方。那地方是美丽的。

祝好。

---

① 伍德斯托克（Woodstock）在纽约州东南部，每年8月在此举行摇滚音乐节。

第四辑

1970—1982

****

你知道吗？美国埋藏着最不寻常的诗歌，人们却闻所未闻，而现有的常规文化手段里没有一种有能力甚至是开始做这方面的发掘。可现在整个世界都是如此。痛苦太深，混乱太严重，用老办法经营艺术行业已经不行了。托尔斯泰呼吁人类停止制造虚假而又不必要的历史喜剧，只要开始生活就行，我现在开始理解他想说什么了。

——《洪堡的礼物》

1970年

致约翰·贝里曼

1970年1月19日

亲爱的约翰——

在毫无准备的情况下，我们忽然就有了一份杂志——哈罗德·罗森伯格、基思·博茨福德和我，当然啦，凡有我参与的杂志没有你是不行的。诗歌至关重要。你能不能学个三十岁的莎士比亚，也考虑一下粉墨登场，扮个二十岁的莫扎特或者四十岁的巴赫？[……]

我要到伦敦去待三个星期，好逃避书评。

祝好。

这份杂志叫《无名》(*Anon*)，后来只出了一期。

致玛格丽特·斯塔茨

1970年2月［？］

［明信片上是维多利亚和阿尔伯特博物馆的“蒂普之虎”①］

苏丹把这个东西上了发条以后，被撕咬的英国兵会大叫：“救命啊，发发善心吧。”这给了苏丹无尽的快乐。

甚念。

① 维多利亚和阿尔伯特博物馆（Victoria and Albert Museum）在英国伦敦，号称世界上最大的装饰艺术和设计博物馆。其展品之一“蒂普之虎”（Tippoo's Tiger 或 Tipu's Tiger）是一台造型为虎撕咬人的木制作品，其中装了机械管风琴，十八世纪末为印度某邦国蒂普苏丹所造。

致弗朗西丝·简德林（Frances Gendlin）

［邮戳无法辨识；明信片上是
埃塞俄比亚贡德尔的德布瑞·贝尔翰·塞拉西教堂[①]］

亲爱的弗兰[②]——

现在是在埃塞俄比亚。横扫了肯尼亚和乌干达[③]。小染痢疾。大感疲劳。和佩尔茨一起买了个矿。感觉很好，只是想你。

致弗朗西丝·简德林

1970年2月9日，肯尼亚，内罗毕，新大道酒店

怎么说呢，买矿的事整个就是纯粹的骗局。佩尔茨的人不露面。很明显就是一场洲际诈骗。太好玩了。

所以我们要来一次狩猎旅行了，这封信是在腾空而起的飞机上写的，目的地是坎帕拉和默奇森瀑布[④]。我们会看到大象和鳄鱼。

你要是和我在一起，我会非常高兴的，因为我真的很想你，多少大象和鳄鱼也代替不了你啊。尤其是晚上。请原谅我有点希望芝加哥天气不好。非洲的飞机可真热啊。我一直在出汗。不过在非洲嘛，这汗是一定要出的。想象一下："他跑遍了非洲却没出汗"（说的是个冷心冷面的人，我可不冷噢）。

爱你。

致弗朗西丝·简德林

［邮戳无法辨识；明信片上是两只母狮，乌干达］

亲爱的弗兰——

这是尼罗河上游，简直令人震惊。如果采采蝇[⑤]不咬我，我会永远忘不了它。

---

① 贡德尔（Gondar）是埃塞俄比亚西北部城市。德布瑞·贝尔翰·塞拉西教堂（Debre Berhan Selassie Church）亦简称为塞拉西教堂。

② 弗兰（Fran）是弗朗西丝的昵称。

③ 肯尼亚（Kenya）和乌干达（Uganda）都是东非国家。

④ 坎帕拉（Kampala）是乌干达首都，默奇森瀑布（Murchison Falls）是乌干达的一个国家公园。

⑤ 采采蝇（tsetse fly）又称舌蝇，人被叮咬后会昏睡、发烧、神经紊乱直至死亡。

如果它咬了，就把我的梅赛德斯[1]送人吧，把我的账单也烧掉。我应该叫你一起来的。

爱你。

致弗朗西丝·简德林

［未注日期］ 罗马，拉斐尔酒店（Hotel Raphael）

我在酒店大堂里用一支鹅毛笔式的圆珠笔写信，很有创意吧。我怎么没想到呢？这家酒店完全就是这样，最新潮的文艺复兴风格。你会非常喜欢的。

原计划今天回伦敦，但是罗马此刻下着倾盆大雨，我的肚子也闹事，没心思再坐飞机了，我们跑的地方太多，从亚的斯亚贝巴到阿斯马拉到喀土穆到开罗到雅典[2]再到这里，跑了十二个小时，把我都快掏空了，而且见到药片就恶心（因为肚子不好，加上要预防疟疾和伤风感冒，我吃了一堆奇奇怪怪的药片，又因为渴得要命却不敢喝当地的水，佩尔茨和我只好不停地喝啤酒）。

这次旅行我认为达到了目的。我现在好些了，心情也平静了一些，我愿意——不，我很渴望——回到［多切斯特大道］5805号。你是个可爱的女人，弗兰，我很幸运，我非常想念你。过几天我从伦敦给你打电话。我预计26日左右离开欧洲。

爱你。

致爱德华·希尔斯

1970年2月25日，芝加哥

亲爱的埃德——

国王学院的门房说你在美国，应该星期四到，所以我觉得一定能在芝加哥见到你，可我们肯定是差了几个小时相互错过了，因为星期一（2月23日）你就已

---

① 梅赛德斯（Mercedes）是德国汽车知名品牌。

② 阿斯马拉（Asmara）所在国厄立特里亚（Eritrea）当时是埃塞俄比亚的一个省，1993年独立；喀土穆（Khartoum）是苏丹（Sudan）首都；开罗（Cairo）是埃及（Egypt）首都；雅典（Athens）是希腊（Greece）首都。

经走了。

我不想在欧洲耗时间：我非常渴望去非洲。非洲没有让我失望。默奇森瀑布和白尼罗河[1]震撼了我。对体量巨大的印象，我的“文明”习惯是提前予以缩减，因此我原以为自己对大自然的壮美已经做好了心理准备（我看过电影），可是我所有的准备在我亲眼见到这条大河的时候都（非常幸运地）消失得无影无踪了。

在内罗毕，佩尔茨和我好像对一座铍矿发生了兴趣。这对我来说当然只是闹着玩的事。我不过是在胡闹。佩尔茨我觉得是认了真的。不管怎么说，这件事吸引了我，让我开心了一阵子，有助于我清除心头的阴影。

真可惜我们阴差阳错没见上面。你什么时候再来？

祝好。

致吉恩·斯塔福德

［未注日期］［芝加哥］

亲爱的吉恩，

自我们冒昧拜访并承蒙您写就大函以来，我已经乘飞机去过了肯尼亚、乌干达、埃塞俄比亚、得克萨斯和佛罗里达，刚刚从伊利诺伊州的迪卡尔布（DeKalb）回来。下个星期我必须去——必须？这些自己强加的**必须**是多么奇怪啊！——我要去的是印第安纳州的拉斐特、俄亥俄州的辛辛那提和明尼苏达州的圣克劳德（St. Cloud）。为什么要跑这些地方我一下子说不清。一个高尔夫球大概混进了我的基因里。我不是忘恩负义的怪物，那种家伙你我见得太多了；我非常感谢你光临那座冰冷的房子，那楼梯可真是让人头晕。当时我很想把这座房子买下来，可那里边只有一个房间适合我，而那间屋子的窗口是俯瞰游泳池的，我还来不及结束一个句子，外面狂欢的声浪就会把我扑倒。你可能在我的新书里注意到了，我对句子结尾几乎放弃了希望，一座嘈杂的房子只会雪上加霜。我对东汉普顿还没有完全放弃希望。现在我和蒙托克还有避难所岛[2]的人保持着联系，我肯定很快

① 尼罗河流经非洲东部和北部，两条比较大的源流一是白尼罗河（the White Nile River），一是青尼罗河（the Blue Nile River）。

② 蒙托克（Montauk）和避难所岛（Shelter Island）都是美国纽约长岛的度假胜地。

就会去那儿。我提醒自己别忘了那些德国突击队员，他们总是伪装成修女或者捕捉流浪狗的人跳伞下来。

你会收到一篇很长的文章，我在文中把所有人都攻击了一通。我想你会很喜欢看我怎么评论我们“村子”里的一些老朋友。

谨致深爱。

斯塔福德住在纽约东汉普顿以北的斯普林斯村（the village of Springs）。她帮贝娄去看了他想买的一座房子。那篇火药味十足的文章是《如今的文化：有骂声，有笑声》，不久后发表于菲利普·拉夫主编的杂志《现代时刻》。

致威廉·马克斯韦尔

1970年3月14日，芝加哥

亲爱的马克斯韦尔先生：

非常荣幸受到您的邀请。而且我也吓了一跳。两个星期以来，我一直在写一篇挑起论战的文章，**和所有人唱反调**[①]。这篇文章不加节制，点名骂人。结果我把自己的心情弄得很糟。您这封好心的信让我认识到我在忙些什么，也让我认识到我已经不适合写布拉什菲尔德演讲词了。如果您要我对恶行予以严厉谴责，我是能够接受的。

记得我们在史密斯[②]见过面。那次研讨会上发言的人里，只有您一个人没有举止失措。我当时就很赞赏并且嫉妒您的行为。

谨致敬意。

时任美国艺术文学学会暨国家协会主席的小说家、编辑威廉·马克斯韦尔邀请贝娄在该组织的年度会议上做布拉什菲尔德演讲（Blashfield Address）。

---

① 原文是拉丁语词加意大利语词组合：Contra Tutti。

② 疑指史密斯学院（Smith College），该校位于美国马萨诸塞州北安普敦（Northampton），离波士顿不远。

致英格·费尔特里奈利[1]

1970年4月1日，芝加哥

亲爱的英格：

我当然身体很好。我不知道自己是否快乐，也做不了必要的研究。[……] 我在罗马见到了莱蒂齐亚·乔蒂·米勒（Letizia Ciotti Miller），她想翻译《赛姆勒先生的行星》。我还收到了曼托瓦尼先生（Sr. Mantovani）的信，他写得热情洋溢，我一直没法回复，每次翻检信件（一件苦事）都觉得很难为情。保罗·米拉诺认为莱蒂齐亚做这个工作更合适，我和她一起喝过咖啡，所以我也倾向由她来做。我很喜欢她。她的气质有点介乎于一朵压碎的玫瑰花和一颗卷心菜之间——也就是说，又大，又香，如植物一般被动，却给损坏了。把我的感觉翻译成可行的指令，让曼托瓦尼满意，还得把书给莱蒂齐亚，这些可都指望你了。不过我想这件事埃里希·林德应该也有些想法吧。

今年夏天不能在地中海帮我找个漂亮的避难所吗？

英格·费尔特里奈利（生于1931年）[2]是詹贾科莫·费尔特里奈利出版社（Giangiacomo Feltrinelli Editore）的主管，丈夫去世后她接任了这个职位。埃里希·林德（Erich Linder，1924—1983）是战后意大利最重要的文学经纪人，也是贝娄在意大利的代理。

致斯坦利·B. 特鲁普医学博士（Stanley B. Troup，M.D.）

1970年4月1日，芝加哥

亲爱的特鲁普博士：

你们研讨会的题目激起了我的兴趣，有空我一定参加。不过我在芝大身负教职，不能离开芝加哥。

---

① 全名英格·申特尔·费尔特里奈利（Inge Schönthal Feltrinelli，1930—2018），是詹贾科莫·费尔特里奈利的妻子，犹太裔意大利摄影家、导演、出版人。

② 经查，应是1930年。

塞缪尔·约翰逊说过："先生，悲伤是懒惰的一个品种。"我不太认同这位老兄的看法，可我认为他的话值得认真对待。很多悲伤的人肯定会从中受益。我本人就是靠这句话振作起来的。

谨致敬意。

特鲁普博士正在组织一次以悲伤为主题的会议。

致梅尔文·图明

1970年4月11日，芝加哥

亲爱的梅尔：

太高兴了！谢谢你。至于我的做法嘛，我想就像我妈妈的做法一样，烤馅饼呗。

罗斯对这本书也很客气。这倒让我有点飘飘然了。

至于生活，即便是在最佳状态下，人也会感觉有什么东西让人剥夺了。我不是公众人物的料。谁也不想遭到漠视，但是应该有个更为理智的方法来表达。

要么就是意第绪语说的：Di kale is tzu sheyn?①

祝福你。

致布雷查·温格罗德（Bracha Weingrod）

1970年4月24日，芝加哥

亲爱的温格罗德太太：

你的想法很好，不过很多年前我就得定下来是用英语写作还是用意第绪语写作，我选了英语，于是我的意第绪语就开始退化了。对（我这一辈的）直系亲属我还是说意第绪语，有的时候看看意第绪语的书，但是我觉得用母语我写不了剧本。要是写了，我妈妈就不会喜欢。

谨致问候。

---

① 意为：难道是新娘子太漂亮了？寓意为：那我还有什么好抱怨的？——原注

致萨拉·S.查普曼（Sara S. Chapman）

1970年5月30日，芝加哥

亲爱的查普曼小姐：

关于《奥吉》和浪漫主义传统，你可能是对的，不过我恐怕没法为你的推测提供支持。我写《奥吉》之前当然看过梅尔维尔的《白鲸》和其他小说，但那个时候我根本不知道还有《皮埃尔》[①]。我有些惭愧，居然会如此无知。我热情很高，却没有去认真思考。要是多长点见识就好了。不过那时我深为芝加哥的场景、二十年代末的社会史和大萧条所吸引，并不具备那种洞察力，没有意识到我的主人公那种纯真，这其实让人非常不满。在我看来，他更像舍伍德·安德森笔下令人惊叹的天真少女，而不像梅尔维尔书中那种因神秘怪诞而有趣得多的浪漫主义主人公。至于浪漫主义，凡1932年以前就读于芝加哥公立学校的人，全都沉浸于朗费罗[②]、惠蒂埃[③]、布莱恩特[④]、费尼莫·库柏[⑤]和超验主义的氛围之中。我们都深为这种新英格兰道德化所感染，身上背着某种理想主义的沉重负担，而这种理想主义在我们所处的环境中不合时宜，显得很滑稽，简直可笑。就像痴情的盖茨比。

谨致问候。

致托比·科尔

1970年8月25日

亲爱的托比：

［罗曼·］波兰斯基[⑥]同意按我的要求拍摄《抓住时机》了，我想如果他能让

---

① 这是梅尔维尔带哥特式风格的一部小说，全名是《皮埃尔：各种暧昧》（*Pierre; or, The Ambiguities*），1852年首版于纽约。1999年的法语电影《波拉X》（*Pola X*）即受其启发拍摄。

② 亨利·沃兹沃思·朗费罗（Henry Wadsworth Longfellow，1807—1882），美国诗人。

③ 约翰·格林利夫·惠蒂埃（John Greenleaf Whittier，1807—1892），美国诗人。

④ 威廉·卡伦·布莱恩特（William Cullen Bryant，1794—1878），美国诗人。

⑤ 詹姆斯·费尼莫·库柏（James Fenimore Cooper，1789—1851），美国小说家。

⑥ 罗曼·波兰斯基（Roman Polanski，1933—　），法国导演、编剧、制片人。

埃里·瓦拉赫来演塔姆金医生，让艾伦·阿金[①]这样的人来演威廉，也许能拍出个像样的东西。这两个演员我已经向他推荐了，我愿意在这个基础上就出售版权的事谈判。我不是说非用他们不可，而是觉得找这两位比较方便，而且一时也想不出比他们更合适的人选。

我和亚当要去楠塔基特岛。我想到毗邻的玛莎葡萄园岛去住几天，可是亚当特别想和他的小弟弟一起度假。在我灵活的管理之下，我提出这个建议他很可能勃然大怒。不过我有个混凝土掩体，还有一套石棉防护服，是在布鲁克斯兄弟公司父亲部[②]买的。

向所有人问好。

电影《抓住时机》十六年以后上映，但由菲尔德·库克[③]执导，罗宾·威廉姆斯[④]饰汤米，约瑟夫·怀斯曼[⑤]饰塔姆金。

致本杰明·纳尔逊

1970年9月11日，芝加哥

亲爱的本——

命运[⑥]一直在和我对着干，利用着熟悉的代理人——孩子，命运的人质。我很想去蒙托克，可是格雷格公布了消息说他8月份要在旧金山结婚。他选了8月中旬这个时间，只是为了斗个心眼儿——小小地考验一番他在亲爱的老爸心中的分量，给权力意志加一道细细的金边。为了通过这场新的考验，我8月份不得不在旧金山待了很长时间。然后轮到十三岁的亚当来施展他的拳脚。他的选择就是待在楠塔基特岛不动。所以说，我今年夏天过得并不算很理想。我梦想的并不是退休，而是和我亲近的儿子越多越好。不过一个儿子也能让我继续走下去，走很

① 艾伦·沃尔夫·阿金（Alan Wolf Arkin，1934— ），美国演员、导演、编剧。
② 布鲁克斯兄弟或布克兄弟（Brooks Brothers）是创建于十九世纪的美国男士时装品牌，“父亲部”是贝娄的玩笑话。
③ 菲尔德·库克（Fielder Cook，1923—2003），美国导演。
④ 罗宾·威廉姆斯（Robin Williams，1951—2014），美国演员。
⑤ 约瑟夫·怀斯曼（Joseph Wiseman，1918—2009），加拿大演员。
⑥ 原文是法语词le destin。

长一段时间。丹尼尔大学毕业的时候我就七十岁了。但愿有什么办法能拯救我。

[……]

希望你和玛丽都喜欢俄罗斯。(当然是喜欢俄罗斯这个地方；谁会喜欢那个上层建筑呢?)请给我来封信表示宽恕吧。

你永远的朋友。

致罗伯特·佩恩·沃伦

1970年9月19日，芝加哥

亲爱的瑞德：

我这颗日渐老去的心里盛不下太多的慈善，可我还是要自费出这本杂志。借骗子们的一句话来说，我这么做是为公众服务，旨在占领绅士们弃之而去且逃避其责任的那些“**位置**”(就像芝加哥的说法一样，芝加哥基本上还是个同情下层社会的地方)。我要把这本杂志叫作《方舟》(*The Ark*)[后改为《无名》]。我有三个儿子，有资格当个诺亚[①]。我正在写一本连载形式的书，这本书会为小说设定某种标准。你说得完全正确。人们会说，他们吵吵了一通之后，到底要给我们什么样的货色啊。我现在就希望能有好货拿出来。我可不是受什么乐观主义妖怪误导。我们得等着看有没有好作家冒出来。三十年来凡我所知有才气的人都缺点志气，鲜有例外。初露头角之后，似乎就只剩下了对地位的热爱。有些人起码还拿出了**值得一读**的作品，其罪过可以宽恕，但恐怕这种作品也不太多。那好，我们就把这条《方舟》开出去，等着开到阿勒山[②]。

我很高兴你喜欢那篇文章。我就知道你会喜欢。当然了你很忙，对此我也很高兴，我就是希望你忙起来。其实我应该解释得更为清楚的是，这份杂志各种评论都发，而且不署名。这种事你一定经常碰到。你很快就会拿到第一期，可以看到博茨福德和我的想法是什么。开个门肯[③]式的专栏怎么样？这个主意挺不错的。

---

① 诺亚(Noah，前3167—前2217)是《圣经》中记载的人物，据说活了950年，他按上帝的意志于大洪水前制作方舟，确保了人类和各种动物的生存延续。

② 阿勒山(Ararat，全称Mountains of Ararat)是《圣经》中诺亚方舟后来停靠的地方，在现土耳其境内东部山区。

③ 亨利·路易斯·门肯(Henry Louis Mencken，1880—1956)，美国作家、编辑、记者、社会批评家，以笔锋犀利著称。

致以最热烈的问候。

致玛格丽特·斯塔茨

1970年9月27日，芝加哥

亲爱的玛姬：

我现在和在瓦哈卡的状态一样，日子疾驶而过，我在不停地写，仿佛置身于车水马龙之间的安全岛上。我做的可能远不如我感觉的那么好。错觉永远是可能存在的。与此同时，日月飞逝，满载着事业及其他。我五六点钟醒来。我害怕陷入错觉。

去年你给我寄来一些药，我没吃，因为我当时好像没得那个病。那些药不知后来到哪去了。可能是丹尼尔拿去玩了。你看能不能帮我要个处方，或者再拿一次药。如果能加一倍的量就更好，这样我可以有个预备。我不想为这事麻烦你，可我也没时间和医生啰唆。

亚当终于还是屈尊应允了——像公主一样伸出了手。我以无可言状的荣幸把他抢到了楠塔基特岛上。我每天早上七点工作，他睡到十一点，很听话。下午我们就在海水里玩，十分开心，他教我像空手道行家一样嘶叫。芝加哥时兴这个。晚上没事待着感觉最好。

很高兴看到你气色这么好，谈吐入情入理，我们彼此之间的感情比我们所知道的状况大有改善。巴丽来了一封信，赞誉有加。她非常喜欢你，想让你到伦敦去。

今天属于丹尼尔——星期日下午，足球时间，儿童节目，我在做意大利面。

甚念。

致玛格丽特·斯塔茨

1970年10月26日，芝加哥

亲爱的玛姬：

想想看吧，我从来没有用让人做笔录的方式给你写过信，也从来没那么想过。

所以我马上道歉。我就是陷入了这样的包围之中，石块不停地飞过墙来，而我蹲下身子琢磨着怎么对付敌人。那些药的事多亏了你帮忙，非常感谢。这次我一定不能让丹尼尔把药丸当弹球玩。费勒夫妇用我当个参照当然可以。我经常想乔［·费勒］(Joe Ferrer）是怎样承受截肢痛苦的，在面对生活中某些险境的时候，他已经成为我的榜样。我还突然想起——这就和彭妮［·费勒］(Penny Ferrer）有关了——我今天穿的是我最新的一套西装，这让我看起来精神焕发，减了一半的年龄，我现在可是有一百六十五岁了噢。巴丽的信我也收到了。看她的几封信，我深为无须给她按字付费而感激不尽。她到纽约来的时候，应该好好聚会一次，要是她不打算来芝加哥，我就去，当然我会帮你付账。她为我拼命工作，而我不管在别的方面怎么样，唯独不会忘恩负义。至于别的是什么，那就多啦。

说到其他的现状嘛，咬我的那些狗有一半在睡觉，在趴着不动。芝加哥的那一半却是在法庭和律师事务所里点头哈腰，大惊小怪。这仍然是一场无谓之争。不过丹尼尔的可爱有增无减，他的聪明也同样如此。这就大大弥补了我的损失。

我去纽约一定会给你打电话。上次去是9月1日。我的快乐有一部分必然由此而来。

爱你。

致汉娜·阿伦特

1970年12月1日，芝加哥

亲爱的汉娜：

许多学生对康德研讨会表现出很大的兴趣，戴维［·格雷纳］和我认为，你今年冬天造访芝加哥会感觉不虚此行的。在目前的情况下，我们当然不希望给你造成压力。不知道你愿不愿意现在离开纽约。最近碰到汉斯·摩根索①，他说你不太喜欢出门。芝加哥的冬天可能阴冷沉闷，但也许学生们会弥补这种阴沉。

无论如何，我们欢迎你来。

谨致问候。

---

① 汉斯·约阿希姆·摩根索（Hans Joachim Morgenthau，1904—1980），德裔美国国际关系学者。

阿伦特的丈夫海因里希·布吕赫10月份去世，他是贝娄在巴德学院的同事，很受人敬仰。贝娄在《赛姆勒先生的行星》里抨击了阿伦特的《艾希曼在耶路撒冷》[①]，但二人之间显然还保留着刻板的学院式礼貌。这封信贝娄是以社会思想委员会主席的身份写的。

致尼古拉斯·纳博科夫[②]

1970年12月19日，芝加哥

亲爱的纳博科夫先生：

我当然记得你，清清楚楚。年头长久无关紧要，至少对某些同事的记忆不受日历影响。这个邀请不光是有吸引力，而且还非常令人神往呢。碰巧我对阿斯彭研究所[③]知之甚少。我只认识美丽的沃尔特·佩普基太太[④]，我以前在芝加哥最后的沙龙里常见到她，这家沙龙现在关闭了，唉，因为我们年迈的女主人爱泼斯坦太太（Mrs. Epstein）去世了，我还记得她的墙上挂着波提切利[⑤]、伦勃朗[⑥]和戈雅的画。阿斯彭嘛，我从来没去过。夏天的安排我现在只有个粗略的计划，我得先弄清几个孩子的妈妈打算怎么度假，然后我这里才能确定下来。我很愿意去阿斯彭研究所看看，不过对我有什么要求吗？我正在整理一本独具特色的书，我的生活也因此变得有点怪异，不完全令人愉快，可又有什么办法呢？这么说吧，我愿意去，7月份很可能在阿斯彭见到你，但是我得知道希望我做什么。非常感谢你的来信。

---

① 这本书的全名是《艾希曼在耶路撒冷：关于恶之平庸的报告》（*Eichmann in Jerusalem: A Report on the Banality of Evil*），其中副标题里的“恶之平庸”多解为“平庸之恶”，阿伦特并以提出这一概念而闻名。

② 尼古拉斯·纳博科夫（见信后的编者说明），俄裔美国作曲家，是《洛丽塔》作者、著名作家弗拉基米尔·纳博科夫的堂弟。

③ 美国的阿斯彭人文研究所（Aspen Institute for Humanistic Studies）1949年创立于科罗拉多州的阿斯彭小镇，现总部在华盛顿，是美国当代最著名的学术思想研究咨询机构之一。

④ 沃尔特·佩普基（Walter Paepcke，1896—1960），美国工业家、慈善家，阿斯彭研究所的主要创办者。其妻为伊丽莎白·佩普基（Elizabeth Paepcke）。

⑤ 桑德罗·波提切利（Sandro Botticelli，1444—1510），欧洲文艺复兴早期意大利著名画家。

⑥ 伦勃朗·哈尔曼松·凡·莱因（Rembrandt Harmenszoon van Rijn，1606—1669），欧洲文艺复兴时期荷兰著名画家。

谨致敬意。

尼古拉斯·纳博科夫（Nicolas Nabokov，1903—1978）是阿斯彭人文研究所多年的常驻作曲家。他最著名的作品是根据莎士比亚《爱之徒劳》（*Love's Labour's Lost*）改编的歌剧（剧本作者威·休·奥登和切斯特·卡尔曼[1]），于1973年首演。

① 切斯特·西蒙·卡尔曼（Chester Simon Kallman，1921—1975），美国诗人、歌词作者、翻译，威·休·奥登的同性伴侣。

1971 年

致诺曼·波德霍雷茨[1]

1971 年 3 月 11 日，芝加哥

亲爱的诺曼：

谢谢你［对《如今的文化：有骂声，有笑声》］提出的看法。对论战我好像有这么一种感觉——我是一直把它压住然后坐在上面的，这一点非常清楚。我从来没有想过和人暗斗。也许这篇文章应该发在《评论》上，可我就是想给拉夫，这是出于念旧。艾萨克和我刚从芝加哥出来的时候，什么都不懂，只是满怀真诚，老的《党派评论》对我们非常宽容大度。威廉［·菲利普斯］一点儿个性都没有，而菲利普［·拉夫］有一种稳定可靠的罗马血统俄罗斯人的品格，凝重，严肃，甚至（看得出来）不乏深情。

我不知道还会不会再写类似的东西，除非有人挑衅。我在巴黎的时候，有人告诉我说玛丽·麦卡锡在尖叫着要我的血。然后是伦敦，夜幕降临时分，居然在公共汽车站见到了莱斯利·菲德勒，他下巴上的胡子好像让人生生拔掉了似的。他非常友好，提议我们第二天友好地谈谈。我拒绝了。接着凯蒂·卡弗[2]也出现了，说我错了。我永远也弄不懂革命者为什么要和我保持自由而友好的关系。

致以美好的祝愿。

---

① 诺曼·波德霍雷茨（Norman Podhoretz，1930—　），《评论》杂志的特约编辑，美国新保守主义的领头人，社会评论家，曾任政府的政治和外交顾问。

② 即维京出版社的编辑凯瑟琳·德弗兰斯·卡弗。

致玛格丽特·斯塔茨

1971年4月30日，芝加哥

亲爱的玛姬：

你的生日我没忘。16日我在纽约，打了二十次你的电话都没打通。后来在芝加哥也打过，可你好像不住在十五号街了。不管你现在住在哪儿，我都不会忘了你。

我自己的情况还不算太糟，我姐夫［查尔斯·考夫曼（Charles Kauffman）］又中风了，这次是偏瘫。他躺在医院里，脸上出现了从来没有过的温和，展示出他性格中全部可爱之处。原谅了所有人。走进重症监护室，我为查理[①]所感动。我姐姐还是很漂亮，那双眼睛还是高中时的珍妮——其他部分都枯萎了。

岁月如斯。

这几个星期我在履行陪审员的职责，有好多天都待在陪审席里。

生日快乐，祝福你。

致《最后的分析》方圆剧院演出制作人员

1971年6月25日，阿斯彭人文研究所

致全体演职员：

感谢大家，你们把这事做成了，而且做得极为出色！第一次预演的时候我就知道，你们有能力而且一定会把这部戏演好，尽管这部戏有很多缺点，你们还是看到了其中的生命力，你们的演出一定会成功。这门艺术的血液仍然在循环。这部戏不但可以给观众带来很多乐趣，还可以打破戏剧界对小说家冷漠的专业偏见。六年前，这种专业主义打折了我的腰，但我又挣扎着走了出来，准备再试一次。［……］我现在可以把拐杖烧掉，用我的轮椅换一辆摩托车了。

一位女士给我写信谈《最后的分析》，说这部戏讲的是“从屠夫手里把所有的东西都拿回来”。这正是本剧的意义所在。对我个人而言，你们也把这部戏从屠夫

① 查理（Charlie）是查尔斯的昵称。

手里救出来了。

我感谢你们大家。

《最后的分析》1964 年百老汇首演时评价不佳，七年以后，方圆剧院由西奥多·曼恩[①]执导、约瑟夫·怀斯曼主演，在百老汇以外重新上演此剧，获得了较好的评价。

致爱德华·希尔斯

1971 年 6 月 26 日，阿斯彭

我亲爱的爱德华：

[……] 在这里的山间，我感觉自己的状态明显改善了。不过改善的空间还是很大。我希望，**就这一次**，做一件事来证明我没有白活这么多年。我好像还没准备好，虽然我的灵魂开始有点清醒了。在这里我至少不为女士们所困扰。没有亲人慰我以爱，或者起码给我一种日常生活的稳定感。亚当走了以后，我独自住在一所大房子里，窗外景色壮丽。阿斯彭很时髦，就像让梅什金公爵[②]心碎的那个避暑胜地。

我那部修改过的闹剧起死回生了，可我拒绝了到纽约去看戏。演出好像是取得了**巨大的成功**[③]。我知道你不喜欢这部戏，不过那里面有几个片段还颇有阿里斯托芬[④]之风。

祝福你。

请保持联系。

爱你。

---

① 西奥多·曼恩（Theodore Mann，1924—2012），美国戏剧制作人、导演。

② 梅什金公爵（Prince Myshkin）是俄国作家陀思妥耶夫斯基长篇小说《白痴》(*The Idiot*，1868）中的主要人物。

③ 原文是法语：succès fou。

④ 阿里斯托芬（Aristophanes，约前 446—前 385），古希腊早期喜剧作家。

致约翰和凯特·贝里曼

1971 年 6 月 27 日，阿斯彭

亲爱的凯特和约翰——

这封信专为问候和祝福莎拉（Sarah）·贝里曼，欢迎她来到这个美丽又邪恶的世界，这地方让我可怜的灵魂困惑着，快乐着，有五十六年了。我预计这颗行星还会存在几十亿年，她会在这上面茁壮成长。

问全家人好。

1972 年

致戴维·霍尔布鲁克[1]

1972 年 1 月 4 日，芝加哥

亲爱的霍尔布鲁克先生：

[……] 我有个想法，就是我们都太容易受流行观念的影响了，我们的辨别能力在我们这种意识爆炸中受到了严重损害。有一句古老的意第绪谚语越来越频繁地出现在我的脑海里。这就是：一个傻瓜把一块石头扔进水里，然后一群智者拼命想办法要把石头捞上来。（大意如此）智者显然不比傻瓜聪明。

现在傻瓜扔进水里的石头已经够多的了，足以让我们这些愚蠢的智者找很长一段时间。

我会想办法买一本你的《人类的希望》。抱歉，在芝加哥没见到你。

谨致问候。

戴维·霍尔布鲁克著作很多，包括《人类的希望和死亡本能》(*Human Hope and the Death Instinct*，1971)。

致罗伯特·希夫诺

1972 年 1 月 24 日，芝加哥

亲爱的鲍勃——

我经常想他会不会这样做。我猜他不会。我很少猜对。

他这样的人不多了，他是一位十分可贵的朋友。

---

① 戴维·肯尼思·霍尔布鲁克（David Kenneth Holbrook，1923—2011），英国作家、诗人、学者，著作数十部。

谢谢你来信。过几天我会去纽约。

1972年1月7日，约翰·贝里曼从明尼阿波利斯的华盛顿大道桥上跳下身亡。

致格蕾丝·韦德

1972年3月7日，芝加哥

亲爱的韦德太太：

1956年我在内华达的金字塔湖①住了好几个月，在那儿认识了几位老妇人，有的是住在山腰上的，有的是住在偏僻的山谷里的。我用自己那些古怪的直觉方法把某些东西凑了起来。过了一两年，我才写了《黄房子》②，那是为记忆中那些老妇人和内华达沙漠所感动的结果。其中一位老妇是我的房东，现在已经去世了。我租了她一间用旧铁道枕木搭成的棚屋。那间屋子就在湖边，有时候我会在梦中重访故地。不过我听说这个湖已经成了个旅游景点，我怕回到珍贵的记忆里却只看到迪斯尼乐园。

谢谢你的来信。

谨致问候。

致娜丁·尼米尔

1972年3月29日，迈阿密

亲爱的娜丁：

我还没到快死的分上呢。就是像平常一样，没有充分振作起来。为了调理身体，我带着亚当和丹尼尔到佛罗里达来了，然后呢，**你瞧**③！突然间我就能给你回信了。很明显嘛，我一出海就活过来了。下个月我要去日本。**日语**④我是一个

① 金字塔湖（Pyramid Lake）在里诺小镇东北方不远处，贝娄在那里从1955年10月起住了半年多。
② 即贝娄的中篇小说《离开黄房子》（*Leave the Yellow House*）。
③ 原文是法语：voilà!
④ 原文是法语：le japonais。

字都不认识——**一句都不懂**[①]。可我很擅长打各种手势。7月份我要去科罗拉多的阿斯彭，8月去欧洲。我们真正见面或许要在法国了。我准备待到9月中旬。有的时候我觉得自己就像一本小说，作者是儒勒·凡尔纳[②]的鬼魂，由图坦卡蒙[③]和威廉·福克纳修改，讲的是一个埃及王子转世再生于二十世纪，喜欢南方的威士忌，注定要在地球上飞来飞去。

祝好。

致塞缪尔·S.戈德伯格

[未注日期]

马克·吐温[④]拜访哈丽特·比彻·斯托[⑤]归来，发现去的时候没系领带，于是把领带寄给她，附言说："抱歉，我们没能一起到你那里去。"这张支票亦是如此。星期六我要去东京。希望在那里看到一些优秀的二手书店还没有遭到塞·S.戈德伯格的袭击和掠夺。没准能找到你喜欢的东西。也许是个春宫画卷轴，可以让你打发办公室里的孤寂时光，在和"人与政府"[⑥]一本正经打交道的时候更为自信。

麦克斯店里的腌鲑鱼比以前更好吃了。我给那个红皮肤矮胖女人留了五毛钱小费，沿着第五大道往回走，想在路上碰见你。

祝好。

但丁的第一卷和第二卷[⑦]有［劳伦斯·］宾雍[⑧]的版本也就可以了。《天堂篇》

---

① 原文是法语：pas un seul mot。

② 儒勒·凡尔纳（Jules Verne，1828—1905），著名法国科幻小说家、剧作家、诗人。

③ 图坦卡蒙（Tutankhamun，前1341—前1323），古埃及新王国时期第十八王朝的法老。

④ 马克·吐温（Mark Twain，1835—1910），本名塞缪尔·兰霍恩·克莱门斯（Samuel Langhorne Clemens），美国作家。

⑤ 哈丽特·伊丽莎白·比彻·斯托（Harriet Elizabeth Beecher Stowe，1811—1896），美国废奴主义作家，著名小说《汤姆叔叔的小屋》（*Uncle Tom's Cabin*，1852）的作者，又称斯托夫人。

⑥ "人与政府"（Man and Government）两个名词都大写，或出自美国政治理论家卡尔·乔基姆·弗里德里希（Carl Joachim Friedrich，1901—1984）1963年著作《人及其政府：政治实证理论》（*Man and His Government: An Empirical Theory of Politics*）的书名。

⑦ 指但丁的长诗《神曲》（*Divine Comedy*），全诗分为三个部分：《地狱篇》（*Inferno*）、《炼狱篇》（*Purgatorio*）、《天堂篇》（*Paradiso*）。

⑧ 罗伯特·劳伦斯·宾雍（Robert Laurence Binyon，1869—1943）是英国汉学家，其《神曲》英译本入选维京出版社文学经典便携读本系列。他的名字中Laurence亦可用Lawrence，但贝娄把他的姓拼成了Binyan。

我有了。

在贝娄的挚友中，塞缪尔·S. 戈德伯格是个可以讲意第绪语的律师，也是藏书家。他们俩有时结伴出现在纽约的旧书店里，尤其是哥谭和思存[1] 这两家书店。

致弗朗西丝·简德林

1972 年 5 月［？］［芝加哥］

亲爱的弗朗西丝：

我没写信原因很多。首先，时差反应很严重。花了十多天的时间才恢复过来。其次嘛，我原来还真是个名人了，要么就是想象出来的名人，反正马上就开始参加研讨会、开讲座、接受采访、做广播节目、出席半官方的日本宴会，坐在地板上，用筷子，吃生鱼，或者说试着吃生鱼。我喝了很多清酒来帮助自己入睡，可是凌晨四点还睡不着，大部分时间都在活受罪。我这个年纪的人，身体系统够健全的了，即便如此，都适应不了时间和空间的巨大变化。坚持了两个星期以后，我终于可以在京都休息休息了，相对而言，那里比较宁静。京都我是太喜欢了，我住在一家日式客栈里，是老式的，睡在草席上，半天时间躺在地板上，欣赏着小巧的苔藓花园。在地板上活动就又回到了童年，童年仍然是生命中最让人愉快的那个部分。这可是坦言成人的失败啊。好啦，我还是爽快承认了吧。用芝加哥的老话说，我其实没搞得那么忙乎。三个星期没收到你一封信，我很生气。如果你是写了没寄出，我也一样。然后我就心灰意冷了——也许用**吓死了**这个说法更准确——我发现自己长了阴虱。这个发现让我感觉特别没底，特别愚蠢。我和这里的女人没有任何关系，除了用筷子夹着生鱼的时候对着她们微笑。去看医生是件可怕的事。想想这一切也是件可怕的事。现在治好了，我还是觉得恶心。反自我，反他人，说到底就是老傻瓜。这个世界期待的似乎是我会做各种各样的好事情，我却故意拧着干，做各种各样的坏事情。倒也不是特别地**坏**。惊人的罪恶我

① 哥谭（the Gotham）应是哥谭书坊（Gotham Book Mart），思存（the Strand）应是纽约颇具传奇色彩的思存书店（Strand Bookstore），又译斯特兰德书店。

力所不及。我想做的是硬闯进下一个区域，或者说去找到下一步发展的路子，但是除了给自己和他人带来不快以外毫无结果。自己不快我倒不太在乎。对他人的影响却是对我日日夜夜的诅咒。不错，我没有向［乔治·］华莱士开过枪，可除此之外，我就没什么可称道之处了。这些事都写完了以后，我可以说了，我非常想念你，爱你。

我26日飞往旧金山。估计这封信还没到我就到那儿了，然后6月1日左右我会回到芝加哥。

爱你。

5月15日，美国总统候选人、亚拉巴马州（Alabama）州长乔治·华莱士①在马里兰州劳雷尔市（Laurel）举行竞选活动时遭阿瑟·布雷默②枪击受重伤。

致戴维·格雷纳

1972年6月22日，芝加哥

亲爱的戴维：

我本想在日本可以休息休息，结果根本不是那么回事——历来如此。我跑来跑去，给知识渊博的日本学者做讲座、开研讨会。这些人里似乎是天下万物皆有专家，你要是想在东京大学找个十三世纪德国铠甲专家，几分钟内这人就会出现，随时准备支持某种观点。东京是个沸腾匆忙的大都市，上帝对亚伯拉罕的应许是在东京实现的，而不是在耶路撒冷。他们有亨利·詹姆斯所说的“巨大的量”。没有小型集会，只有一群一群的人——到处都是各种各样的人群。这种情景让人感觉孤独，但也常常很有趣，我在那儿觉得自己有点像置身于小人国的格列佛③。不管怎么说吧，古老的寺庙城市非常美丽，我的心情正适合到这样的地方来：我疲

① 小乔治·科利·华莱士（George Corley Wallace，Jr.，1919—1998），美国政治家、律师。

② 阿瑟·布雷默（Arthur Bremer，1950— ），美国威斯康星州的一个餐馆工，1972年枪击乔治·华莱士后被判监禁63年，后减刑至53年，于2007年出狱。

③ 格列佛是英国作家乔纳森·斯威夫特（Jonathan Swift，1667—1745）长篇讽刺小说《格列佛游记》（*Gulliver's Travels*，1726）的主人公。

惫不堪，在寺庙花园的宁静中完全放松。这些花园都设计得很漂亮，每块石头都放得恰到好处，每片竹叶的颤动都适当其时。然后我匆匆回到旧金山，带着一点热度掉头南下。那十天可是非常不愉快。然后我和苏珊在法庭上对峙，然后我去了东部，接受了耶鲁和哈佛的学位——一天连赛两场啊。丹尼尔和我原来打算7月份在阿斯彭过的，可我的案子还没完，我根本没法保证能离开这里。不过8月底以前亚当和我肯定会去爱尔兰。到现在为止，我还不知道确切的时间。[……]

祝福大家。

顺致亲切的问候。

致约翰·哈芬登①

1972年6月27日，芝加哥

亲爱的哈芬登先生：

贝里曼给我的最后几封信还在我的公寓里到处放着。我不忍心把这些信都装进一个信封里收起来。收到哪儿去呢？关联仍在，犹如以往。或许这可以解释我为什么一直觉得难以回复你的询问。

谨致问候。

哈芬登正在为《约翰·贝里曼的生活》(*The Life of John Berryman*)做研究准备工作，这本书出版于1982年。

致世纪协会②入会审查委员会

1972年9月29日，芝加哥

[……]据我所知，威廉·菲利普斯先生已被提名为世纪俱乐部的会员。我写这封信的目的是要说明我有极为充分的理由反对这一提名。我确信菲利普斯在

---

① 约翰·哈芬登（John Haffenden，1945—　），英国学者，传记作家。

② 世纪协会（The Century Association）是纽约市的一所私人俱乐部，成立于1847年，最初由文学艺术界人士和哥伦比亚大学校友组成，成员限一百名，故原意应是“百人协会”。后扩大为各界社会精英俱乐部。

过去的十到十五年里对美国文学造成了巨大的伤害。他从一开始就担任《党派评论》的编辑，这份杂志曾经非常重要而且很有价值。它延续了由《日晷》《过渡》和小型期刊佼佼者所设定的文化路线。它的作者中有马尔罗和托·斯·艾略特、西洛内和凯斯特勒、乔治·奥威尔和埃德蒙·威尔逊、罗伯特·洛威尔和约翰·贝里曼［……］。但是，由于这样那样的原因，创办杂志的编辑们纷纷辞职，威廉始终是总负责人，而威廉迫不及待地出卖了杂志。他背叛了杂志的宗旨，在理性和艺术性两个方面让杂志破了产。在过去的十年里，《党派评论》变得琐碎、时髦、卑劣、有害。它对时尚的追逐属于具有危害性的那种类型。它蔑视文学，并且尽可能地破坏文学。它完全摒弃了菲利普·拉夫和戴尔莫·施瓦茨等早期编辑所持的价值观。我认为它已经成为藏污纳垢之地，滋生着一种时髦的极端主义和歇斯底里却肤浅无知的学术“反文化”。它利用这份杂志的声望，欺骗那些仍然把以往文学大家的名字和标准与之相联系的读者去读它现在印出来的有害垃圾。威廉早期的确参与了创建旧的《党派评论》，但是他同样要对这份杂志的堕落负责。加入本协会的标准已经变得相当宽松，这我知道，可我还是很难理解，凡是仔细看过近期《党派评论》的人，怎么会把它的编辑视为世纪俱乐部的一员。

谨致敬意。

世纪协会是曼哈顿的一家高级俱乐部，该会允许会员在一段时间内就支持或反对某个申请入会的候选人发表意见。评价为负面的信称为“红信”，入会审查委员会读过以后随即销毁。贝娄保留了一份复写的副本。

致巴尼特·辛格

1972年11月9日，芝加哥

亲爱的巴尼特·辛格——

［……］1951年我去西雅图的时候，住在一个好像叫米尼酒店（Hotel Meaney）的地方，和我很崇拜的西奥多·罗特克还有我很佩服却也同情的迪伦·

托马斯一起到处转[①]。不过我跟不上他们，因为我不是个真正的酒徒。

谢谢你的来信。

巴尼特·辛格（Barnett Singer，1945— ）多年来一直是［加拿大］安大略省圣凯瑟琳市布鲁克大学（Brock University，St. Catharines，Ontario）的历史学教授。他的著作包括《马克西姆·魏刚[②]：法国将军在两次世界大战中的传记》（*Maxime Weygand*：*A Biography of the French General in Two World Wars*，2008）。

① 据本书前面的年表，贝娄结识二人应在 1952 年。当年春季贝娄在位于西雅图的华盛顿大学任教。

② 马克西姆·魏刚（Maxime Weygand，1867—1965），法国陆军上将。原书编者将其姓误拼为 Wiegand。

1973年

致尼古拉斯·纳博科夫

1973年2月20日，芝加哥

亲爱的尼古拉斯：

你写的斯特拉文斯基①往事回忆读来令人愉快。你的手稿带给我的只有快乐。看这些手稿让我的夜晚**完美无缺**。

我想谈几点看法，不是批评，只是提几条改进的建议。首先就是，这么说吧，用第二人称来称呼斯特拉文斯基容易造成混乱，没有必要。有些大段的讲述里把这种指称方式忘了，然后又出现了“你”，让人感觉突兀。我觉得最好就是斯特拉文斯基，要想非正式一点，就用伊戈尔·菲德洛维奇。你要讲的事情本身就非常生动，用不着加装饰音。第二个建议是大刀阔斧地删减围绕**《婚礼》**②所做的技术性讨论。总体来说，你对音乐的讨论都比较悲伤而发人深省，但是这一篇太长了，除非你能把你和书呆子音乐理论家的会面写成一种戏剧场面，否则最好还是删掉吧。我的第三点也是最后一点，可能会让你相当敏感——这一条和罗伯特·克拉夫特③有关，他的形象到最后也不完全清晰。人们感觉到的是还有多少话没说出来。或许是因为你引用其他人的话人家不会在意，比如奥登就很可能如此。可是提到克拉夫特，你就开始字斟句酌，模棱两可，等等等等，像是在玩外交心理战。这和你回忆录其余部分给人的感觉非常不同，那些自由而辛辣的评论让人多么愉快啊。[……]

---

① 伊戈尔·菲德洛维奇·斯特拉文斯基（Igor Fedorovitch Stravinsky，1882—1971），美籍俄国作曲家、指挥家、钢琴家。

② 原文是法语词Les Noces，疑指莫扎特的歌剧《费加罗的婚礼》(*Les Noces de Figaro*)。沃尔夫冈·阿玛多伊斯·莫扎特（Wolfgang Amadeus Mozart，1756—1791），奥地利作曲家，欧洲著名古典主义音乐家。

③ 罗伯特·劳森·克拉夫特（Robert Lawson Craft，1923—2015），美国音乐指挥，作家。斯特拉文斯基的挚友，也是他的秘书，有若干种斯特拉文斯基访谈、传记等出版。

致以亲切的问候。

致路易斯·拉斯科

1973年3月5日［芝加哥］

尊敬的扎哈尔·尼奥普拉斯米奇[1]：

那位著名专栏作家［西德尼·贵·哈里斯[2]］在我老家的报纸上经常露面。我要是本来想看看“最终市场”或者“讣告”却无意中看了他的几句话，我的脚就会肿起来。他让我闹水肿哎。不过我还是很感谢你的好意，也感谢你愿意和我分享你的快乐。

跟你说件有意思的事：我最近在堪萨斯城密苏里大学[3]演讲的时候，本尼·夏皮罗的哥哥曼尼带着他的夫人和一个样子很文雅的小儿子出现了，那年轻人居然留着一副史密斯兄弟咳嗽药盒子上的那种胡子。我们回忆了科特斯街（Cortez St.）的往事。我提到我有你的消息。我们断定，如果你还是常去拉斯维加斯[4]，这就是个令人振奋的标志，说明你雄风仍在，路·拉斯科的生命之火并没有封起来。那小伙子问怎样才能当个作家。我说：“把胡子刮掉！”他脸上挂不住，恼了，转身就走开了。

他们说本尼在卖电器。现在死刑取消了，他可能还卖旧电椅吧。给你个故事：有个人想把旧电椅卖给南美的独裁者。这个创意卖给你，我的要价很低噢。你的来信永远欢迎。致以兄弟的问候。

索·贝·帕缪尼佐夫

---

① 路易斯·拉斯科是贝娄的中学同学，扎哈尔·尼奥普拉斯米奇（Zahar Neoplasmich）这种俄国式的名字有可能是他们少年时代彼此间用过的，也有可能是开玩笑。信末贝娄的署名帕缪尼佐夫（Pamunyitzoff）也是如此。后面他们的通信中还有几次用了这类名字，有的出自某些传说或文学作品。

② 西德尼·贾斯廷·哈里斯是贝娄的高中同学，终生好友，一直在芝加哥工作生活。

③ 美国的堪萨斯城（Kansas City）或堪萨斯市位于堪萨斯州和密苏里州交界处，大部分属于密苏里州，两个州的分界线从城中穿过，因此又被视为两个同名不同州的城市。密苏里大学（University of Missouri）在属于密苏里州的这一侧。

④ 拉斯维加斯（Las Vegas）在美国内华达州，为著名赌城，号称世界娱乐之都和结婚之都。

致泽罗·莫斯特尔

1973 年 3 月 16 日，芝加哥

亲爱的泽罗：

我想不起来有哪次能劝得动你去做**任何事情**，可是芝加哥大学想让我试试。是这么回事：你愿意 5 月份到芝加哥来做个讲座吗？你喜欢什么就讲什么，比如说讲讲绘画。这所大学有个系列讲座叫作威廉·沃恩·穆迪①系列。只有非常杰出的人才获得邀请，讲“穆迪”还是“目的”无所谓，情绪化就行（我说的大概是威·休·奥登这样的人）。学生们 5 月份有个艺术节，春天还没有零落成泥土呢。哈罗德·罗森伯格会来，我相信你会玩得很开心。

致以最美好的祝愿。

十年前，莫斯特尔拒绝了出演《最后的分析》，却签约同意在《屋顶上的小提琴手》②中扮演特维。

致弗朗西丝·简德林

1973 年 4 月［？］东萨塞克斯郡，罗德梅尔，僧侣之家③

这个地方嘛，又美丽又阴森，园子很壮观，屋子里很冷，到处吱嘎作响，不过弗吉尼娅的鬼魂倒是没缠着我。我累坏了，但是身体还好。没电话，也还没汽车，车应该会有的。电话就不好说了。

烦请转告埃丝特④给我寄一些社会思想委员会的信纸来吧，**越快越好**⑤。

想念你。

---

① 威廉·沃恩·穆迪（William Vaughn Moody，1869—1910），美国诗人。后面贝娄用“穆迪”（Moody）这个词的本义“情绪化，喜怒无常”开了个玩笑，为体现贝娄的这个语言习惯，让两者之间产生联系，译文试加了个谐音词“目的”。

②《屋顶上的小提琴手》（*Fiddler on the Roof*）是根据犹太作家肖洛姆·阿莱赫姆的小说《送奶工特维》（*Tevye the Dairyman*）改编的歌舞剧，有说所依原书是《特维和他的女儿们》（*Tevye and His Daughters*），又名《特维的女儿们》（*Tevye's Daughters*）。

③ 罗德梅尔（Rodmell）是英格兰东萨塞克斯郡（East Sussex）的一个小村，村里的“僧侣之家”（Monks House）是弗吉尼娅·伍尔夫故居，英国布鲁姆斯伯里文化圈（the Bloomsbury Group）的一个活动地点。

④ 应指其秘书埃丝特·科尔宾（Esther Corbin）。

⑤ 贝娄似乎是有意把 immediate（立即）拼成了 immedjiat。

爱你。

贝娄这时刚刚抵达东萨塞克斯这所原属于弗吉尼娅和伦纳德·伍尔夫伉俪的乡间住宅，随后在此住了六个星期。

致弗朗西丝·简德林

[未注日期][剑桥]

亲爱的弗朗西丝卡[①]：

要接你（可是两个日期哪一个对呢?）我可以去伦敦。这就意味着要在巴丽·艾莉森家住一个晚上，不过这个没什么问题。就是要下一盘十五子棋了，我得掷讨厌的骰子。比在芝加哥还要糟糕。我盼着你来（不是因为要下棋噢）。不管怎么说，我们现在可以通电话了。今天上午我在剑桥的彼得学院，没系黑领结——这事挺有意思的，回头我告诉你，先说重要的事（这些事我都忽略了，实在太不应该）。

刘易斯[②]离伦敦有一个小时的路程。我不开车，坐火车去。这样去机场就不太容易了，所以我会提前一天到伦敦。给我打电话。

爱你。

致弗朗西丝·简德林

1973年6月16日，贝尔格莱德

亲爱的弗兰：

就像个西部的警长，双枪在手，随时准备向任何移动的东西开枪——钞票在手的［塞缪尔·S.］戈德伯格就是这副样子。“多少钱——什么东西?”砰砰两声。昨天他买了四册厚厚的美国历史珍本。他家里有平装本，可这个版本才四十块钱。

① “亲爱的”原文是意大利语 Cara mia，“弗朗西丝卡”（Francesca）是“弗朗西丝”的意大利语化昵称。

② 刘易斯市（Lewes）位于英格兰东南部，是东萨塞克斯郡首府。

他怎么弄回去呀！？塞尔维亚人从来没听说过把书寄到美国去应该收多少邮费。于是萨姆到处找爱马仕（Hermès）商店的时候，我们就只好抱着那些奇形怪状的包。他办公室里所有的老婆子都托他买香水，我敢说她们都极为需要这东西。今天我要拽他去看那些不能买卖的修道院。不过我们也盼着能买到便宜的草莓。

我身体很好，只是很累，想念你，想念我在多切斯特大道的种种舒适条件。还有丹尼尔。和亚当我有点自己的麻烦。我想我告诉过你我没有受到他妈妈的“接待”——应该说没有受到接见。不过账单很快就会来的。[……]

祝福你。

致拉尔夫·罗斯

1973年8月14日，阿斯彭

亲爱的拉尔夫：

这个话题很痛苦，但你的来信很愉快。我不知道我们这些幸存者应该如何处理老朋友们给我们留下的这样一种屠杀的遗产（我想到了艾萨克，想到了戴尔莫·施瓦茨）。也许我小小的前言把事情说得太简单了。这种遗产里面有着约翰自身的弱点或者才能所体现出来的传统魅力。写的时候我是很真诚的，可是要说的事情里有些非常可怕，我没有说。你信里提到了一些。比如约翰告诉你他再也不喝酒了，还有他想再多风流几次。同时他又是知道自己要完蛋了的。前一刻是死而复生的拉撒路[①]，下一刻是浪荡子唐璜，而大多数时候如你所言，就是个看起来像约翰的人。我知道那种感觉。

写过几行与他有关的文字以后，我现在有了“特权”可以评论人们对这位诗人及其生涯的各种态度了。显而易见的是，这种英雄式的自我毁灭有一种文化上的可喜可贺之处。这就是“善良的老贝里曼知道怎样收场”。这是“美国，谋杀诗人的凶手”和“这是我们这个时代真正的精神状态”两者的结合。也许你已经看到了博伊德·托姆斯（Boyd Thomes）对《痊愈》（*Recovery*）的评论。玛丽斯

---

① 《圣经·新约·约翰福音》（*Gospel of John*）第11章记载，拉撒路（Lazarus）是耶稣的朋友，耶稣为了证明神的存在，让因病而亡四天的拉撒路活了过来。

[·托姆斯] 给我寄了一份。你可能还没收到，所以我在这里引用几句。

“博学和越来越具有自杀倾向的混乱像这样结合在一起，已经成为他的主题，而创造一种十分灵活有力的风格来表现这个主题是他在艺术上的胜利……在提高妄想症的潜力这个方面，约翰比我们这一代任何人做得都多。”

然后他说到约翰是一台“造诗机器”等等。博伊德这么说也不算错，他是我们在明尼苏达的老朋友，诸如此类的吧，可还是有点不对劲，约翰的不幸居然证实了一位久经世故的医学绅士对生活和社会的看法——“提高妄想症的潜力”。从某个角度看去，约翰的生活和死亡是多么令人满意啊，这倒让我害怕了。

科罗拉多的下午，绿意盎然，阳光灿烂，面对此情此景，这个话题不想再提了。

你说到这些巨大的空间及其造成的精神伤害，你的看法完全正确。我们11月份修复一下这种伤害吧。那个时候格雷格两口子要让我当爷爷了，我会跑过来[到加州]。赫布[①]和米琪那会儿就走了，我们其余的这些人可以也应该大聚一次。我会保持联系。

致以亲切的问候。

贝里曼未完成的小说《痊愈》(1973)在他去世后出版，贝娄为这本书写了前言。医学博士博伊德·托姆斯是贝里曼在明尼阿波利斯的医生。

致玛格丽特·斯塔茨

1973年9月14日 [芝加哥]

我在哪儿吗？我要知道就好了。下星期要去纽约。星期六下午怎么样？我给你打电话。

我听说 [——] 是一位妇女解放斗士。苏珊·贝娄也是。我很高兴这些可怜的受虐妇女正在反击。我百分之百支持她们，认为她们的要求应该立即得到充分

① 指赫伯特·麦克洛斯基。

满足。上个星期在法庭上，我申诉了八个小时。我想让法官意识到苏珊是一位自由斗士。她是某个全国性妇女组织的成员。

只是她不同意人家纲领里和赡养费有关的那一条。

爱你，吻你。

致伊芙琳（?）

1973年12月14日，芝加哥

亲爱的伊芙琳——

那天晚上我去看我的亲戚路易·德沃金[①]，他提起你的时候，我发现我还能想起你来，你的形象十分生动。你一只眼睛是蓝色的，另一只眼睛是棕色的，你是个非常温和的漂亮姑娘，穿着毛皮外套（是浣熊皮的?）。我想你也许愿意知道你是多么令人难忘，所以我跟路易要了你的地址（他非常爱你），借此机会向你致以最美好的祝愿。

① 即贝娄父亲方面的一个亲戚路易斯·德沃金。路易（Louie）在此是路易斯的昵称。

1974年

致《纽约时报》

1974年1月7日，伊利诺伊，芝加哥

编辑谨启：

安德烈·萨哈罗夫[①]及另外四名苏联知识分子呼吁“全世界的正派人”努力保护亚历山大·索尔仁尼琴[②]免受迫害。

“英雄”这个词早已声名狼藉，索尔仁尼琴却使之重获光彩。他拥有了向整个世界讲真话的勇气、思想力量和精神力量。他是个完美体现知识分子荣誉的人，同时在他的道德力量方面，他还尤其表现出俄国人的特点。对于这个地狱般的世纪里最优秀的俄国作家来说，不言而喻的是，只有真理的力量才能与国家的力量抗衡。

希望勃列日涅夫[③]们和柯西金[④]们能够理解这样一个人的行为对文明世界意味着什么。对索尔仁尼琴的迫害，无论是驱逐出境、关疯人院还是流放，都会成为苏联政权在道德上完全堕落的最终证据。

我们不能指望我们的外交官放弃他们的缓和[⑤]政策（无论其含义是什么），也不能指望我们的大公司撕毁与俄国的商业合同，但物理学家、数学家、生物学家、工程师、艺术家和知识分子应该明确表示，他们支持索尔仁尼琴。舍弃他就是对原则的彻底背叛。由于美国和苏联政府在缓和中是伙伴关系，美国人在这件事里负有一种特殊责任。

---

① 安德烈·德米特里耶维奇·萨哈罗夫（Andrei Dmitrievich Sakharov，1921—1989），苏联原子物理学家。

② 亚历山大·伊萨耶维奇·索尔仁尼琴（Aleksandr Isayevich Solzhenitsyn，1918—2008），苏联作家。

③ 列昂尼德·伊里奇·勃列日涅夫（Leonid Ilyich Brezhnev，1906—1982），乌克兰人，时任苏联最高领导人。

④ 阿列克谢·尼古拉耶维奇·柯西金（Alexei Nikolayevich Kosygin，1904—1980），俄罗斯人，时任苏联部长会议主席（相当于苏联总理）。

⑤ 原文是法语词 détente。

索尔仁尼琴提醒我们每一个人，我们对真理有着何等亏欠。

致艾尔弗雷德·卡津

1974年3月20日，芝加哥

亲爱的艾尔弗雷德：

收到你来信那天，我正处于真心的悲痛之中，这让我可以把事情看得比较客观合理。[……] 我从来没见过［菲利普·］诺比尔[①]先生。我想不起来给他写过信或者和他说过话。你能肯定我的确说过他安在我身上的那些话吗？且不管到底是些什么话，你有确凿的证据证明我确实说过吗？之所以住在芝加哥，我就是希望躲开所有这类文学界的烂事，可显然是躲不开的。在我看来，我们的文学文化也就只剩下这种诽谤和愚蠢了。

我确实不喜欢你对《赛姆勒》的评论。你其他那些评论其实也差不多，可我就是不喜欢这篇。这篇是书出了一年多以后才发表的，我听说原来有一篇评论比较友好，编辑却给退稿了，不过我知道流言蜚语是怎么回事，所以并没有当真。让我生气的是你这篇评论的结论——“上帝活着呢！”你的意思显然是说我是个自大狂。可是在我看来，这并不是文学批评。关于我的书，你可以喜欢说什么就说什么。（我很少回应，既不夸谁也不骂谁，这就是为什么你在给《抓住时机》写序的时候没听到我发出一点儿声音的原因——得到承认就那么不可或缺吗？）就此而言，关于我的性格，你也可以高兴说什么就说什么。你没有多少讽刺的天赋，“上帝活着呢！”伤人力度有限。我深感冒犯的是，你不是在评论我的小说，而是在说这本书的作者是个受了恶意蒙骗的疯子。至于［维·索·］普里切特[②]，我可能一直都不太在意他对《赫索格》的看法，也许我在胡子里面悄悄嘟囔过几句这个意思。这同样也不是什么大事。可是**你**怎么知道我说了什么？你是老朋友了，你为什么不问问我是不是真的用那种方式表达过自己的意见？你的指责毫无根据，不过是基于愚蠢、流言和诽谤而已。

我很清楚自己的罪过。我为此而痛苦，和这些罪过搏斗。你可能不相信，其

---

① 菲利普·诺比尔（Philip Nobile，1942— ），美国作家、记者、评论家。

② 维克托·索顿·普里切特爵士（Sir Victor Sawdon Pritchett，1900—1997），英国作家，批评家。

实我能承受别人的指正，这好像有点奇怪吧。不幸的是，我发现你的信里没什么对我很有帮助的东西。你在世纪俱乐部的傲慢也没有对我性格的改进和种族的进步做出多大的贡献。

卡津为《赛姆勒先生的行星》写的评论题为《虽然他杀了我……》（*Though He Slay Me ...*），发表于《纽约书评》。

致丹尼尔·富克斯[1]

1974年4月10日，芝加哥

亲爱的丹尼尔：

我的看法嘛，是这样：首先，你了解现代文学；其次，你写得很明智；关于我走过的历程和我对现代主义的看法，你的讲述很准确；关于我对福楼拜和劳伦斯的批评，你说得很对；关于我对艾略特的敌意，你的说法不完全正确——我比你想的更为尊重艾略特，不过你的依据是对的。

话说到这儿，我得补充一句：我不喜欢看和我有关的文字——我的心肝五脏都避之唯恐不及。这是一种独特的自我批评。我还没准备好接受评判，事情都还没有尘埃落定；我知道我做过错事；我们还没抵达精髓核心部分呢。我们看到的都是四肢，心脏和肚子都还没有进入画面（等等）。为什么这么慢呢？我说不上来。也许是环境所致；也许是因为某种胆怯、迟缓、倦怠、懒惰——或者沉睡（亨德森借雪莱[2]的话说，他要打破精神的沉睡）。不过你应该知道的是，我从你那里得知了（猜出了，推测出了）一件可怕的事。这就是我花了太多的时间吵架——争来斗去，辩论不休。真货其实是深不可测的。无法归结为一清二楚的看法。意识到这一点以后，我就总是能够出于明智（或者直觉）用幽默来表达自己最终的主张。这还远远不够。在我看来，《离开黄房子》里的海蒂（Hattie）、《雨王亨德森》和《如烟往事》是我写的最有趣的东西，因为那都不是吵架吵出来的结果。你让我更清楚地看到了这一点，我感激不尽。《赛姆勒》甚至都不是一部小说。那是一篇某种类型的戏剧论文，是我在狂热的六十年代硬挤出来的。麻烦的

① 丹尼尔·富克斯（Daniel Fuchs，1909—1993），美国作家、编剧。
② 珀西·比希·雪莱（Percy Bysshe Shelley，1792—1822），英国诗人。

是，在当今这个疯狂的时代，有那么多调整和检验非做不可，不为别的，只是为了获得某种平衡，就为了平衡，就要耗费这么多脑力，这个代价太高了。

不管怎么说吧，非常感谢你，祝你好运。

丹尼尔·富克斯的《索尔·贝娄：眼力与修正》(*Saul Bellow*: *Vision and Revision*）后于1984年出版。该书始终是对贝娄作品阐述最为准确的著作之一。

致安·伯斯坦①

1974年5月22日，芝加哥

亲爱的安——

我和艾尔弗雷德的通信令人不快，我一点儿都没把你和这件事联系起来。你我之间从来没发生过不愉快的事。希望永远也不会发生。

这个国家似曾有过文学生活，可是疯狂而凶猛的六十年代把这种东西撕成了碎片。只剩下了流言蜚语、过度敏感和怒火中烧。我已经不再为之苦恼了——我说的只是苦恼。

原来是这么回事！没有人会在我这里为你说话。过些天希望和你私下谈谈。上一次是很久以前的事了。

祝好。

致莱昂纳尔·特里林

1974年7月7日［西班牙，阿尔梅利亚，卡沃内拉斯］

亲爱的莱昂纳尔：

你要是看到我给《哈泼斯》②写的一篇文章，可能会觉得我很傻。我自己事后想想也挺后悔。我对你的那些评论完全基于你在《评论》月刊上发的那篇《真实

① 即艾尔弗雷德·卡津的妻子安妮·朱迪丝·伯斯坦。

② 原文是 *Harper's*，指 *Harper's Magazine* 即《哈泼斯》月刊，与《哈珀时尚》(*Harper's Bazaar*）不同。

性和现代无意识》(*Authenticity and the Modern Unconscious*)，我指的只是第一部分和不可能“中邪”这一点。没看全书就大发议论，这毫无疑问是我的错。我很内疚——不对，这还不够——我对此十分懊悔。不过你确实看起来像是同意艾略特和沃尔特·本雅明[①]的观点，而且你的确是在说，叙述的过去已经失去了真实的力量，在我看来不过是一种情绪的东西，你也许有点过于倾向将其视为永恒了。在这个动荡的时代，什么是永恒很难说得清楚，不过我很不情愿给情绪发放入籍申请书[②]。对作家来说，最重要的问题不外乎：什么是有趣的？在下不揣鄙陋，那篇拙作就是想谈谈哪些东西知识分子觉得有趣，哪些觉得没趣。这个问题我没有说清楚，也许还把一池浑水搅得更浑了一点，不过这件事本身是值得一提的。你我都是诚实的老派自由主义者，按我的理解，我们都不持异议的是，如果不讲个体，人类的生活最后就是一团冰冷黏稠的糨糊——尽管我们对什么是“身份”看法不同。在我看来，弗洛伊德的理论是另一回事，虽然很令人神往。我认为无意识就是我们不知道的东西，我看不出在心理上认可这种未知能让我们有多大进步。用形而上学就不行吗？不过在这些事情上我宁可继续当个门外汉。我在这里想说的是，我只盯住你书里的一章，这太愚蠢了。这个月中下旬从西班牙回来以后，我会找一本来好好看看。

再次向你道歉。

特里林发在《评论》上的文章节选自他的“查尔斯·艾略特·诺顿讲座”[③]，讲稿全文出版后的书名为《真诚与真实》(*Sincerity and Authenticity*)。贝娄在《哈泼斯》上发表的文章是《机器和故事书》(*Machines and Storybooks*)，特里林后来对这篇文章做了愤怒的回应，并且终止了二人之间的所有联系。

---

① 沃尔特·本雅明（Walter Benjamin，1892—1940）是德国哲学家、美学家和文艺批评家，法兰克福学派的先驱之一。

② 原文是 second papers，指外国人入美国籍的正式申请书。

③ 查尔斯·艾略特·诺顿讲座（Charles Eliot Norton Lectures）是哈佛大学的年度系列讲座，每年请一位知名教授围绕“广义诗学”这个主题连讲六次，讲座内容随后由哈佛大学出版社出版。1969—1970 学年的主讲人是莱·特里林，题目即是《真诚与真实》。查尔斯·艾略特·诺顿（1827—1908），美国作家、社会批评家、艺术教授。

致戴维·佩尔茨

1974 年 7 月 14 日 ［西班牙，阿尔梅利亚，卡沃内拉斯］

亲爱的戴维：

很抱歉让你感觉受到了伤害。我也很头疼啊。三年前贝蒂［·豪兰］告诉你我在写你。你那时就很生气，不让我写了。可我的主题不是**你**啊。也有人写我。他们写的我也并不是我。这都不是关键所在。关键是要写出好作品。苍天在上，我们是多么需要好作品啊！［……］我答应过不写“你的生活”。可我只能答应到**这个程度**。我们认识四十五年了，相互知晓的大小事情何止千万。现在我从你经历的一个片段中悟出两个小节，即兴演奏了一段。这种即兴乐段是抑制不住的。而且也不应该予以抑制。我创造了两个人物，加上了卫生间、花花公子俱乐部、栅栏和摩天大楼。这有什么害处呢？我的写法对你的那些事没有损害啊。作家、艺术家、朋友不是芝加哥产权信托公司或者物资供应公司。这些不是财产问题，对不对？这个世界上作家仍然**存在**这一点还可能让你高兴呢。我想我在飞向月球之前，因为感动而把手放在你肩上，想把你记在心里，这种场景应该能触动你吧。因为你觉得很重要的事其实是很微不足道的，不过是你那傻瓜朋友在他离开之前为了让自己安心抚摸了你一下而已。你那几件事，三四件吧，帮助我起飞了。你要为这事记恨我，你就不是戴夫·佩尔茨了。

好啦，那个和气的老头戴维，上了年纪还想玩他记忆中的那些玩具，那可不是你！你那些幻想伤害了你自己。因为这个游戏不叫社保。大错特错！社保完全是另一种玩法。这个游戏叫舍弃一切。我的事你全都可以拿去。你反正是知道的，不知道的我告诉你。你有力气捡起来就拿走吧，带上我的祝福。用你的想象去处理，我会吻你的双手。怎么，素材整箱整包，成堆成垛，太多了？你担心的那种友谊的**风险**，也就是我从这堆奇妙的宝贝中取材同时可能要冒的风险，的确有可能危害友谊，因为我有能力从一堆羊毛中捡起一簇，把它做成好东西。我是经过学习的，我交出了惨痛的学费。所以我知道怎样化平庸为神奇。我做了这样的转化，对你来说就没有价值吗？在美国、芝加哥、加里[1]，你能指望多少人可以做到这一点，戴维？至于我，我巴不得有人来为我做这件事呢。求之不得啊。你也应

① 加里市属于印第安纳州，但离芝加哥非常近。

该如此。

我大概十天以后从西班牙回来。我们见面交谈的时候，我会特别注意理解你的感受。而你想到我的时候，请记住我们1929年左右就认识了，那么就为了我设法理解一下，你出现在我笔下是多么难以避免的事。如果你觉得很爱你的这位朋友贝娄，总的来说还算个好人，不是个坏蛋，那就随他去吧。看在上帝的分上，算啦算啦。就让我尽我所能吧，我有这个能力。

爱你。

这年1月，《花花公子》杂志上发表了《洪堡的礼物》节选，其中有一段素材取自佩尔茨的生活经历，佩尔茨为此非常生气。

致詹姆斯·劳克林

1974年8月13日

亲爱的詹·劳——

蒙罗·恩格尔大概是**想起了**戴尔莫，不过［在《洪堡的礼物》里面］我写的是一个综合起来的角色，只能如此啊。有的时候我觉得这伙人里没有一个人是完整的，我把自己也当成一块碎片放了进去。生活把每个人都打成了碎片，我们自己也是帮凶。

我**完全应该**给你打算出的那本集子写篇文章回忆戴尔莫。我非常愿意，可我没法打保票，我得先把挂在我脖子上的这只信天翁弄下来[①]。

不错，我确实爱戴尔莫。我相信你也如此。多好笑啊，他让我们大家乱成了一锅粥。能再次让他支使一通是一种荣幸。

等我看完最后一条校样以后就可以接受稿约了——我很愿意谈谈戴尔莫。看得出来你仍然对他十分大度。而我确实认为他是个重要作家。

---

① 这是个典故，出自英国诗人塞缪尔·泰勒·柯勒律治的名诗《古舟子咏》(*The Rime of the Ancient Mariner*)，诗中讲述：一个水手在船上射落了一只信天翁，结果给这艘船带来了厄运，因此其他水手强迫他把信天翁的尸体挂在自己的脖子上，以此表示杀害信天翁的只有他一人，与其他水手无关，然而水手们还是一个接一个死去，直到杀死信天翁的水手终于开始真心忏悔，信天翁的尸体才自动从他脖子上滑落，他也终于卸下了一直折磨自己的沉重负担。

不管怎么说，就这样吧。

真心祝福你。

致路易斯·拉斯科

1974年10月1日［芝加哥］

亲爱的路易吉[①]——

我注意到了你的新地址，还有本吉叔叔（Uncle Benjy）开了一家宠物店。可怜的本吉。要是你或者我开个宠物店会是件非常好玩的事。为什么本吉居然会去卖小狗小鸟就显得那么伤感呢？生命的礼物欠缺，可怜的人。

你应该订《每日新闻》。和拉斯维加斯相比，对你更有好处。

顺致亲切的问候。

亚基马·卡纳蒂[②]

致菲利普·罗斯

1974年10月14日，芝加哥

亲爱的菲利普——

当然可以，我很愉快，很高兴，很荣幸。主啊！这位**贝娄大师**[③]会是我吗？真是件开心的事。

1956年我来到芝加哥，看了你的短篇小说，那个时候我就觉得你写得非常之好，这一点毫无疑问。多年以来，和人交谈时听到你的名字，我总会表示一下这个意思，不过（个性所致）这话我从来没对你说过。

看到你在《纽约书评》上的那篇文章我非常高兴。我不太认同你的看法——期望不能太高——但是我会慢慢考虑你说的话。这就是我的水蟒之法。消化的时

① 路易吉（Luigi）应是路易斯的昵称。

② 亚基马·卡纳蒂（Yakima Canutt，1895—1986）是著名的美国西部片牛仔明星，特技演员，动作片导演。路易斯·拉斯科是贝娄的中学同学，少年时的玩伴，此处署名显然是开玩笑，卡纳特也改成了卡纳蒂（Canuti）。

③ 原文是源自意大利语的bello maestro，其中与“贝娄”谐音的bello一词在意大利语中的意思是“伙计”，在法语、西班牙语等语言中的意思是“美丽的”。

间很长，进入一种昏睡状态。当然我并不是弗洛伊德的崇拜者。有段时间我头脑发热，崇拜过赖希的心理分析方法。现在我是什么把柄也没有。人们对我是既提不起也放不下。

致以最美好的祝福。

罗斯写信请求贝娄允许他将自己的文集《阅读我自己和其他人》（*Reading Myself and Others*）题献给贝娄。他在《纽约书评》上的文章是《想象犹太人》。

1975年

致迈耶·夏皮罗

1975年1月21日，芝加哥

亲爱的迈耶——

读着你的书，我心里一直在想，同样是做自己的工作，你比我做得好多了，你研究的对象也非同一般——高举双臂的摩西，还有亚伦、约书亚，还有伦勃朗的《雅各祝福约瑟的子孙》[①]。相比之下，我要处理的人物却是如此古怪。尽管我并不怀疑这在很大程度上应该怪我。也许他们身上还有很多东西我没看到或者写不出来。不过我还是认为我是以相当忠实的方式来写冯·洪堡·弗莱舍的。收到你的来信我很高兴，为之振奋而感动。我知道，如果我达到了你的标准，我就尽了自己的本分。

我现在很想知道你对全书的看法。刚才我在为付印做最后的检查，读的过程中情绪起伏好几次。劳伦斯说他在写作中摆脱了他的病，我完全理解那种状况。另一方面呢，看着自己写下的东西，有的时候却是什么也看不见，**只看见**病。

《绅士》发表了节选之后我收到的读者来信并不全都令人愉快。崇拜死亡诗人的群体很快就形成了，那些狂热分子特别变态，而且粗暴无礼。其中一个人指责我说，我对洪堡的做法无异于华莱士·马克菲尔德[②]在一本叫《早逝》的烂书里对艾萨克·罗森菲尔德的做法——我要是身手灵活还能爬上墙去，早就给逼上墙头了。

---

① 夏皮罗是美术史专家，这句里提到的几个人名，除伦勃朗外，都是《圣经·旧约》里的人物：摩西是古犹太人的领袖；亚伦（Aaron）是摩西之兄；约书亚（Joshua）在摩西之后，继续带领犹太人进入上帝应许之地；雅各（Jacob）是犹太人的祖先；约瑟（Joseph）是雅各的第十一子。《雅各祝福约瑟的子孙》（*Jacob Blessing the Sons of Joseph*，又作 *Jacob Blessing the Children of Joseph*）是伦勃朗作于1656年的一幅油画。贝娄在这里把 sons（儿子们）误写为 songs（歌曲）。

② 华莱士·马克菲尔德（Wallace Markfield，1926—2002），犹太裔美国滑稽小说作家。《早逝》（*To an Early Grave*）是他1964年的一部小说，写四个人开车去参加朋友的葬礼。

下次去纽约的时候希望能见到你。

致以最亲切的问候。

《洪堡的礼物》节选《仅存者的负担》发表于《绅士》杂志12月号。

致巴尼特·辛格

1975年1月27日，芝加哥

亲爱的辛格先生，

如果说你的来信我并不是全都回复，那只是因为我总是处于一种艰难的状态，就像一个没有飞行执照的人开着波音747要降落。不过关于戈尔·维达尔[1]我要说的是：他极善于利用不惹是生非的丑闻。他每次踏进参议院，外衣里面的口袋中都备好了必要的选票。没错，我就是很喜欢他。不过他站起来发言的时候，我从来不指望有什么惊人之语。

至于我，我还在照常努力。

谨致问候。

致梅尔文·图明

［未注日期］［芝加哥］

亲爱的梅尔——

我现在真的债务缠身啦。好像有太多的事情我是同时在做的，这些事让我深陷于天翻地覆的混乱状态不能自拔，按帕斯卡尔[2]的说法，这种混乱让人（省了那个麻烦！）没法去想什么救赎的事。我跌跌撞撞地向前走，身边全是没写完的作品、没兑现的承诺、没去做的事情、没完没了的官司，还有“生活”这家大公司丢下的那些奇形怪状的破家具。爱因斯坦用这段时间可以发现更多光的奥秘。不过我得替我自己说句话，我也总算是写出了一些让人高兴的东西。

① 戈尔·维达尔（Gore Vidal，1925—2012），美国作家。

② 布莱斯·帕斯卡尔（Blaise Pascal，1623—1662），法国数学家、物理学家、哲学家、散文家。

你和纽约（老派）知识分子之王哈罗德［·罗森伯格］的谈话让我觉得很有趣。那是个很庄重的老人。不知怎么回事，有的时候他看上去很像他那位已故的朋友保罗·古德曼[①]（不是我很喜欢的人）。他们俩对诗歌的看法很相似。我说过保罗的写作方式就像亚·萨·尼尔[②]夏山学校里的孩子（为混沌未开的小猫咪上的“创意写作”课），哈罗德听到这话总是很不高兴。这张纸写不下了，不过能装下我的心意。

向西尔维娅问好。

致马克·史密斯[③]

1975年4月15日，芝加哥

亲爱的马克，

时间很紧——我在校稿——匆匆回复如下：我很欣赏《侦探之死》(*The Death of the Detective*)，给古根海姆基金会去了封信且作推荐。我注意到蒂莉·奥尔森[④]和莱昂纳尔·特里林这些人得到了基金，但你的名字不在名单上。起码我没看到，我为你感到不安，也很烦那个大胖子戈登·雷，有时候我在世纪俱乐部里看到他那四百磅的屁股坐下去，就觉得那把椅子真是可怜极了。在完美的共和体制里，他的角色只能是维多利亚时代一部叫《房客》[⑤]的劣等惊悚片里莱尔德·克雷加的第三号替补（记得那个胖胖的演员吗?）。有什么办法呢？当然就只能失去纯真。为此我花了六十年的时间。

对他们我很愤慨，对你我致以最美好的祝愿。

---

① 保罗·古德曼（Paul Goodman，1911—1972），美国社会学家、诗人、作家。

② 亚历山大·萨瑟兰·尼尔（Alexander Sutherland Neill，1883—1973），苏格兰教育家、作家，他开办的夏山学校（Summerhill School）所贯彻的理念是：不受成人胁迫，社区自治。

③ 马克·史密斯（Mark Smith，1935—　），美国畅销书作家。

④ 蒂莉·奥尔森（Tillie Olsen，1912—2007），美国作家，俄裔犹太人。

⑤《房客》(*The Lodger*）原是英国作家玛丽·阿德莱德·贝洛克·朗兹（Marie Adelaide Belloc Lowndes，1868—1947）的一部惊悚小说，出版于1913年，后多次改编成电影，最早是悬疑电影大师艾尔弗雷德·希区柯克（Alfred Hitchcock，1899—1980）导演的无声片，1927年上映，此句中美国演员莱尔德·克雷加（Laird Cregar，1913/1914—1944）主演的是1944年的电影版，导演是约翰·布拉姆（John Brahm，1893—1982）。英国女王亚历山德里娜·维多利亚（Alexandrina Victoria，1819—1901）在位期间（1837—1901）直至她去世后第一次世界大战爆发的1914年为止，都称为维多利亚时代。

马克·史密斯（生于1935年）还写过《烟街》（*Smoke Street*，1984）等小说。

致乔伊丝·卡罗尔·奥茨[1]

1975年4月15日，芝加哥

亲爱的奥茨小姐，

我回复你12月20日来信的时候说过，我很乐意在《洪堡的礼物》交稿以后马上接受通信采访，那是一本很有趣、不过可能不太完美的小说。现在书稿送到印刷厂去有几个星期了，在等校样的这段时候里，我开始思考你那些问题，觉得挺能激发人的兴趣。还没来得及取得多大进展，校样就一批一批地到了，所以我只好把这件事再往后推一推。我年轻的时候总是觉得，我的善意不管怎样别人都是可以了解的，人与人之间有着一种默认的心灵感应可以相互交流。正因为如此，后来我就非常失望，因为我终于发现，我得把事情说得很明白才行，否则就不能指望别人理解我的苦衷。书稿校对的事预计两个星期左右完成，大约过一个月吧，你就会收到我寄去的稿子。

不知你是否想要我的一张照片放在你的新杂志上。我写完一本小说之后，似乎总想配上一篇文章，敲敲大家的脑袋。《雨王亨德森》出版的时候我就是这么做的，同时也看出来这个做法真不怎么样，对我小说的曲解反而更多了。不应该同时给读者提供两个很容易相互曲解的版本。你要真的把我的照片登出来，我会进入十大通缉犯的。

谨致诚心诚意的问候。

贝娄的自我采访发表于当年秋季《安大略评论》（*Ontario Review*）的创刊号。

---

① 乔伊丝·卡罗尔·奥茨（Joyce Carol Oates，1938— ），美国作家。

致安东尼·戈德温（Anthony Godwin）

［未注日期］［芝加哥］

亲爱的戈德温先生：

我是不是该用**溺爱**这个词？按你提出的日程，两天时间我就得进医院，吃一个月的镇静剂。凯瑟琳·卡弗把你的邀请转达给我的时候，我以为这次访问会是英国式的，端庄而含蓄。可我看到你们有一个美国的促销计划，或者更确切地说，你们的计划和麦迪逊大道[①]上最疯狂的推销活动相比有过之而无不及。我在这里从来不参加促销活动。凯蒂可以告诉你，对上电视和上讲台我都是躲着走的。我原本很愿意做一两场讲座，开个记者招待会，录个英国广播公司的节目，参加个聚会。但是你计划里的几个午餐会、萨塞克斯和爱丁堡之旅还有那些“严肃的”电视节目都还是免谈吧。一想到这种事我就瘫了。你安排的活动我只要参加一半，我就能当选国会议员，而且根本不用离开我的选区。我们需要的是一个折衷的方案。这是从我这一方面说。我会来待上几天，参加几次活动，次数绝不能多。我不想充分利用我的时间。多么可怕的想法啊！

我当然很高兴由你们来出我的书，我也非常感谢你们想用烈火和惊雷来把我的书送上天。可我不止一次看到作家们在高空钢索上骑车、吞火、剖肝沥胆，好让人关注他们的书。结果他们除了一个烧焦的鼻子、一根断骨以外，几乎什么也没得到。

谨致问候。

安东尼·戈德温是韦登菲尔德与尼科尔森出版公司的编辑总监。

致欧文·巴菲尔德

1975年6月3日，芝加哥

亲爱的巴菲尔德先生：

我看过好几本您的书，比如《拯救外观》[②]，那本浪漫主义文集，很长的一个

---

① 麦迪逊大道（Madison Ave）在美国纽约市曼哈顿区，是美国广告业中心。

② 这本书的全名是《拯救外观：偶像崇拜研究》，1965年出版。《并非祖传的声音》（*Unancestral Voice*）也是1965年出版。

对话，完整的书名我一下子想不起来了，最近还看了《并非祖传的声音》，非常引人入胜。我还没有足够的哲学素质去讨论理性或者非理性的问题，不过有些事情在我看来似乎是不言而喻的，不言而喻而且能感觉出来，这一点很明显，所以证明这些事情的真实或者不真实的问题就成了很学术化的事。像您一样，我也厌倦了所有那些高谈阔论，不管是大谈何为要点，还是避免去谈何为真正的要点。

如果有机会和您谈谈那位梅吉德①，谈谈加百列和米迦勒②还有他们的对手，我会感激不尽。我好像没看懂您对黑暗力量的解释。我向您保证，我是非常认真的。

谨致敬意。

又及：您的地址我是从费伯出版社③的查尔斯·蒙蒂思④先生那里得到的。

欧文·巴菲尔德（1898—1997），大律师、文学家、鲁道夫·施坦纳的信徒、施坦纳人智学讲授文献的阐释者，出版了许多著作，包括《诗性措辞：意义研究》（*Poetic Diction: A Study in Meaning*，1928）和《柯勒律治的想法》（*What Coleridge Thought*，1971）。

致哈丽特·沃瑟曼

1975年7月1日，西班牙，阿尔梅利亚，卡沃内拉斯，艾利森公寓

亲爱的哈丽特：

你会觉得奇怪吧，这么盛大的聚会和晚宴，我也不给你写个信表示感谢，的确很奇怪，可我简直累死了，这也很怪啊。这叫“六十之累”，我说的可不是六十

---

① 梅吉德（Meggid）是巴菲尔德《并非祖传的声音》一书中的人物。

② 加百列（Gabriel）和米迦勒（Michael）都是《圣经》中的人物。这两个名字的非《圣经》译名是加布里埃尔和迈克尔。

③ 这是简称，全称是费伯-费伯出版公司（Faber & Faber Ltd.），1929年经重组后始建于英国伦敦，其名称中第二个“费伯”并无其人，第一个取自其创始人、学者、诗人杰弗里·卡斯特·费伯爵士（Sir Geoffrey Cust Faber，1889—1961）。

④ 查尔斯·蒙哥马利·蒙蒂思（Charles Montgomery Monteith，1921—1995），费伯出版社编辑。

年代噢。直到这会儿，在卡沃内拉斯待了一个星期之后，我才终于能够面对一张纸了。这么说吧，你为我操办的这个聚会意义重大，有香槟、中餐、巨大的惊喜和罗马式的辉煌。我很感动。很少有人在我身上花这么多功夫，可以说六十年里也就一次。这种事我很不习惯（至少可以这么说！）。我很高兴。我也多少有些不安，心里想的是："如此说来，这样的事由某些人为他人来做是**可能**的了？"我**听说**过这种事。现在这成了一段美好的记忆。我觉得自己就像《小杜丽》① 里面的那个小女孩，她忘不了那家医院——不对，叫"病院"②。

看来我得跑着去把这封信交给邮差了，就写到这儿吧。来信。

祝好。

致戴维·佩尔茨

1975年7月2日，西班牙，阿尔梅利亚，卡沃内拉斯，艾利森公寓

亲爱的戴夫：

这地方很美。我可不美，而且是格外地不好。我到这里的时候处于一种筋疲力尽的状态，然后就一直在睡觉、游泳、吃东西、看书，别的几乎什么也不干。看我能不能把自己冲洗干净吧。美国的生活让我们背上了沉重的**物质**负担——东西，操心事，金钱。而我觉得我之所以感觉如此强烈，是因为我在这里放松了，任由自己去体会六十年的努力和疲惫。我的性格就像我口中的滋味。我尝过鲜美的味道。不过滋味都会过去，总有一天我能看到大海是美丽的。还有群山，还有树木花草，还有鸟儿。对那些一心要改变生活的人，生活可并不友善。呜呼！

亚当在这儿，和我们在一起——小帅哥一个，我的儿子，却有着一副好脾气，真是怪事。老爸发脾气，他朝老爸笑笑，然后接着看科幻小说和惊悚小说。女王［贝娄的新婚妻子亚历珊德拉］脾气也很好。她在自己的起居室里吃数学面包和蜂蜜。就连我偶尔也会有温和的时候，我睡过了头，可能就不那么横行霸道了。

---

①《小杜丽》（*Little Dorrit*）是英国作家查尔斯·狄更斯的长篇小说，故事中有一家人的养女塔蒂克拉姆（Tattycoram）原是伦敦育婴堂医院（London Foundling Hospital）的弃婴。

② 原文是orspital，即医院（hospital）的方言说法。

我要祝你生日快乐，还想问问你有没有空到科尔宾家[1]去取一下我给你买的小东西。我经常想到你，不知道六十岁失去父亲是一种怎样的感受。就六十岁这一点就够难接受的了。不过我现在不想跟你谈死亡。上帝知道书里面已经说了很多了。奇怪的是，我很少去想《洪堡的礼物》。这本书就像是把什么事情结束了。我就像个胖胖的索尼娅·赫尼[2]——冰上从此无花滑。超重了。到此为止。我要挂起冰鞋，退休了。再想玩的话，只会是在我自己的后院里，逗上帝一乐了。

问多丽丝（Doris）好，爱你。

贝娄于前一年秋天与罗马尼亚出生的数学家亚历珊德拉·约内斯库·图尔恰结婚。

致欧文·巴菲尔德

1975年7月15日，西班牙，阿尔梅利亚，卡沃内拉斯

亲爱的巴菲尔德先生——

您居然专程到伦敦来回答一个陌生人无知的问题，我深为感动。恕我冒昧，我觉得这次见面十分有趣，其程度或许远超您的想象。您对一个从头学起的生手真是非常耐心了。我在继续研读您的《并非祖传的声音》。读得很吃力——约摸四十年的思考和阅读都凝聚在这里了——但是我有一种强烈的直觉，即您是在对事物作真实的阐述。在这些问题上，启发的意义和我们从小所受教育中要求的那种“确凿证据”同样重要，最近让我颇有所感的还不是启发本身，而是被启发照亮的一种边缘地带——那是惊鸿一瞥，看到的是事物另一种状态的外围现象。我可能把您说糊涂了吧。

谢谢您来和我交谈。

谨致敬意。

① 原文是 the Corbins，应指其秘书埃丝特·科尔宾夫妇。

② 索尼娅·赫尼（Sonja Henie，1912—1969），挪威籍女子花滑运动员，多次获得世界级冠军，后成为美国好莱坞电影演员。

致欧文·巴菲尔德

1975 年 7 月 24 日，西班牙，阿尔梅利亚，卡沃内拉斯

亲爱的巴菲尔德先生：

非常欢迎您来信。很高兴您看到了《赫索格》的某些优点。在雅典娜神庙[①][巴菲尔德在伦敦所属的俱乐部，贝娄曾与其在此共进午餐]，我完全是个无名之辈，感觉自己没有表现出为什么应该受到重视。我继续啃《并非祖传的声音》，您愿意和我讨论这本书，这一点非常重要。我一眼就可以看出您为什么会对当代小说不感兴趣。那些书的读者和作者很容易满足于您那位梅吉德称之为死气沉沉的记忆式思想那种东西。已经有一段时间了，我一直在问，作家拥有的是什么样的知识，哪些方面是他值得重视之处。别人用科学的地方，他用的是想象力，等等。但是直到我读了您那本谈浪漫主义的书之后，对于想象力知识在现代的失败我才开始有了一点理解！我不想多费口舌来讲述原本就是您让我注意到的观点；我只想用自己的体验略微说明一下您的著作对我是何等重要。我的体验是，我读的那些书（也许还有我写的一些书）所表现的大部分生活趣味已经枯竭。可是生存本身怎么可能变得无趣！我的结论是，枯竭的是表现生活的思想和模式，个性已然臣服于权力或者“社会性”，亦臣服于技术和政治。镜子这一面里的形象或者说表现形式确实已经让我们疲惫不堪。科学所做的不过是让这些现象表现为技术上（数学上）的难以企及，留给我们的只有无知和绝望。不错，精神分析引导我们进入潜意识。从黑暗的森林里——未知事物的一种保护区——画家和诗人就像忠实的狗儿一样会带回松露来……

明天我的西班牙假期就结束了。我和我妻子准备回国时从伦敦走，大约会在那里待十天。希望您能拨冗多给我几个小时的时间。

非常感谢您寄给我施坦纳的书。愿意和我在伦敦共进午餐吗？这次我作东。您称自己为读者的仆人，可这位读者虽然渴望与您倾谈，却深恐有所强求。

谨致问候。

---

① 雅典娜神庙俱乐部（The Athenaeum Club）也称雅典娜绅士会所（2002 年才开始接受女性会员），在伦敦海德公园附近，建于 1824 年，是知识界人士聚会的一个场所，欧文·巴菲尔德是其会员。

致菲利普·罗斯

1975年8月8日［芝加哥］

亲爱的菲利普，

你们的捷克斯洛伐克作家援助项目原定只做一年，［埃丝特·］科尔宾太太告诉我一年的期限快到了，所以我想知道你们有没有打算把这个项目接着做下去。就我而言，我很愿意每个月继续寄五十块钱。

去年6月那次聚会让我感觉到了像是一场真正的欢聚，那是我记忆中唯一的一次。我都不知道自己在说什么干什么。就是满心欢喜。我还记得想跟你聊聊“犹太作家”，可我醉得很厉害，你白费了半天口舌。那我们再来一次如何？

我妻子要到耶路撒冷去上数学课。我要给她拎着讲稿。我们途中会在纽约逗留（大约是11月8日）。你我是不喝酒只聊天呢，还是听其自然？

谨致问候。

致玛格丽特·斯塔茨

1975年9月15日［芝加哥］

关于死亡这件事：无论有没有我，心中关注的东西都会回来。那天晚上之后［……］我如释重负，哭了起来，可是精神上的死亡（以灵魂阴影的形式）出现了。有很多次（叶芝不是第一个告诉我们此事的人）我们死了，有很多次我们又复活了。至于死的恐怖，那正是逼着我们思考的动力——恐怖自有其功能。舍此我们无以前行。

我不知道自己怎么会觉得必须写一部以死亡为主题的喜剧。也许是《一报还一报》[1]让我产生了这种想法。查理［·西特林（Charlie Citrine），《洪堡的礼物》叙述者及主角］自己就不停地在坟墓里进进出出。当然我本来可以放过你，可是在这个喜剧式死亡的情结中我们是捆绑在一起的，一起吓得要死，一起哈哈大笑。

①《一报还一报》（*Measure for Measure*）是莎士比亚的一部喜剧。

有好几年时间我们戴着同一支球队的帽子。我没想到你会反应这么强烈。

不过我现在在这里，在赎罪日给你写信！

今天早上，塞缪尔·S.戈德伯格打电话问我看没看《纽约客》上那位“反犹黄色作家”写的评论。我记得你提到过厄普代克①那篇评论。我要不是带丹尼尔去看了《大白鲨》②，估计会心情非常不好。《大白鲨》给了我启发。从来没有人说我写的英语不好——我肯定是这里那里的出了点错，五百多页的书呢，这种状况难以避免。今天早上我真的是冷透心扉了，浑身裹着一层厚厚的冰，那是犹太人的压抑。难道我下一本书要用意第绪语写吗？可也许那些语法错误都是查理的错呢。还有，亨·沃·福勒③写过一本美国小说吗？

写封信安慰我一下吧。请原谅我让黛［米］的飞机失事。

爱你。

《洪堡的礼物》中的黛米·冯格尔（Demmie Vonghel）无疑是以玛姬为原型塑造的一个角色，书中这个人物死于一场空难。约翰·厄普代克在《纽约客》上批评《洪堡的礼物》一书写得过于紧张，毫无章法，并将其与《奥吉·马奇历险记》比较，作出负面评价。

致马克·谢克纳④

1975年9月30日，芝加哥

亲爱的谢克纳先生：

非常喜欢你关于罗森菲尔德的讲稿。大部分内容我都没意见。即便是我最近不出门，本来我也不想给你写信谈艾萨克的，因为我还在思考他这一生，他的性格，他的思想，他的死，我还没做好准备来讨论他。但有一点是我想说的：他将

---

① 约翰·厄普代克（John Updike，1932—2009），美国小说家、诗人。

②《大白鲨》（*Jaws*）是美籍犹太裔导演、编剧、制片人史蒂文·艾伦·斯皮尔伯格（Steven Allan Spielberg，1946— ）拍摄的经典影片之一，根据美国知名编剧彼得·本奇利（Peter Benchley，1940—2006）的同名小说改编，1975年上映。

③ 亨利·沃森·福勒是英国的英语词典及教育专家。

④ 马克·谢克纳（Mark Shechner，1940—2015），美国文学学者。

一个病弱的芝加哥犹太小男孩身上那种缄默和羞涩与关乎命运的英雄思想融为了一体。而说到底，没有这些显然非常胆怯又很不显眼的犹太孩子，历史就不成其为历史。

此文是可以让我留下再看看呢，还是需要寄回？我要离开芝加哥几个月，不过需要的话，我的秘书埃丝特·科尔宾太太会给你寄回去。

有幸拜读大作，非常感谢。

谨致问候。

马克·谢克纳（生于1940年）是《保持渴望：艾萨克·罗森菲尔德文选》(*Preserving the Hunger*: *An Isaac Rosenfeld Reader*，1988年）一书的编者，他著述颇丰，其中包括《犹太人的改宗及其他随笔》(*The Conversion of the Jews and Other Essays*，1990年）[①]。

致露丝·米勒

［未注日期］耶路撒冷，和平社区

亲爱的露丝：

来信令人愉快。我也没有忘记你。如果说我是你的第一个老师，那你就是我的第一个学生，我的心还没有完全变成石头。我经常责备自己对你不够耐心。我告诉你我和我可怜的父亲一样，先发脾气后悔过，这绝无推诿之意。人必须把自己的灵魂从这些来自父母的影响中解放出来。说到底，老爸的灵魂是他自己的，我的是我的，有样学样纯属懒惰。毫无疑问我们都是如此。他也是这么做的。只是他忙于生活中的各种斗争，顾不上除去**他**父亲留下的指纹，把宝石的表面清理干净。我们要幸运一些。我们有空做这件事。

收到你的来信之前，我就看了《时报》上［路易斯·］辛普森[②]的那篇文章，有点不知如何处理。那篇东西毫无价值，水平低劣，只是恶意中伤。我原以为这

① 该书第一篇随笔即《犹太人的改宗》，首发于1986年，主要谈索尔·贝娄作品中反映出来的思想变化。菲利普·罗斯有一部著名的短篇小说与该文同名，首发于1958年。

② 路易斯·辛普森（Louis Simpson，1923—2012），美国诗人、批评家。

些年来辛普森对我的关注还不如我对他的关注多呢。人到底是免不了百密一疏啊。我对他的诗不感兴趣，他要是对我写的东西也不关注，那倒也算公平。我没想到他气成这样。不过年龄确实对我们有些影响（年龄让我们失去的东西是无与伦比的），我已经学会了忍受这种情绪发作。我不会问自己为什么《时报》要登这么下作的东西，为什么一定要把我说成个忘恩负义的人、精神世界的暴君、小偷、没有教养的诗歌之敌、对他人没有同情心的自恋狂、失败的艺术家。我也不会问为什么一定要在拥有成千上万读者的周日版《杂志》[①]上这么干。这些东西写的不是工业家，或者间谍，或者银行家，或者工会领袖，或者伊迪·阿明[②]，或者巴勒斯坦恐怖分子，只是一部小说的作者，而他想做的主要就是说真话和让人愉快。不过这一刀并没有伤到我的心。我知道报纸是怎么回事——还有作家是怎么回事，我知道他们有的时候彼此之间是想要拼个你死我活的。我自己从没这么干过，可我见过这种事，已经够多的了。[……] 相比之下，路易斯的仇恨和我的不快都是小事。他杀不死我。他只是在往我的心里泼脏水（这是他的打算，实际上并没有成功）。[……]

但是我很不安，因为我发现他在文中提到了你，所以我才说有点不知如何处理了。我不知道**你**怎么会觉得有必要出来作证，说我是个**失败的**[③]艺术家。在这一行干了多年以后，我很清楚报纸会歪曲人们的话，有的时候记者和编辑会把别人的观点颠倒过来以适应自己的需要。可是你对我**真的是**很愤怒啊，而且严格地说，石溪[④]**并非**到处都是我的朋友和崇拜者。从**我的**角度看，我也不认为石溪是个伟大的文学力量中心，好像一场文艺复兴就要在那里掀起了，领头的是卡津、杰克·路德维格和路易[⑤]（我这么说不是因为我写过和这几位有关的评论和其他文章）。所以我没想过你会说我的好话。可我也没想到你把不好的话发表出来，让人们以为你的看法就是《洪堡的礼物》是我彻底认输的自供状，这太让我震惊了。

---

① 指《纽约时报》(*The New York Times*)(经常简称为《时报》)的周末增刊《纽约时报杂志》(*The New York Times Magazine*)。

② 伊迪·阿明（Idi Amin，1925—2003），乌干达将军，1971 年政变上台任总统，1979 年被推翻。

③ 原文是法语词 manqué。

④ 石溪（Stony Brook）在纽约长岛，是纽约州立大学石溪分校所在地，路易斯·辛普森自 1967 年起在该校任英语教授。

⑤ 这个路易应指路易斯·辛普森。此时卡津和路德维格也在那里任教。

路易我可以不去管他。不识货的作家没必要认真对待。看不出这本书非常有趣的读者也可以置之不理——只有在聋子去听音乐会的时候，人们才会好奇，问个为什么。可我不会不管你。于是我想："我把露丝带偏了。这个奥尔巴尼公园[1]的女孩跑到石溪去学了些什么啊？她有可能也成了那儿的一个打手吗？"

这样我就开始在脑海里构思几封赫索格式的信。不过我一封也不会寄出的。你可能本来就完全无罪。我也不想再（照老样子）为自己辩护了。我现在有别的事要操心。可这时你的信来了。你还是我一向了解的你，我还是你亲爱的老朋友。

路易斯·辛普森在《纽约时报杂志》上对贝娄的攻击指其《戴尔莫·施瓦茨的鬼魂》(*The Ghost of Delmore Schwartz*)一文。

致爱德华·希尔斯

1975年12月8日，耶路撒冷，和平社区

我亲爱的埃德：

[……] 这个 [社会思想] 委员会嘛，虽然你可能不喜欢，却是个很有用的东西，这些年带出来好几个杰出的学生。培养的博士英语写得好，又精通多个领域，人很聪明，读过修昔底德[2]、康德、普鲁斯特，既不是冒牌货也不是文化势利鬼，这成就可是非同一般啊。他们不会让芝加哥大学蒙羞的。我见过很多别的系毕业的学生，都谈不上有这种水平。我本人对这个委员会并没有竭尽全力。我有书要写，有问题要面对，其中很多问题都是我自己的性格不能令人满意所引发的，尽管如此，我还是认真履行了我的职责。现在我觉得轮到校方来做点什么事了，学校应该认真考虑，用行动来证明并没有把这个委员会仅仅视为一个名人展示台。这些名人不管怎么说都开始衰老了。除非吸纳新的成员，否则这个委员会就不复存在了。再过五年左右，这个机构[3]就会消失。

---

① 奥尔巴尼公园（Albany Park）在芝加哥西北部。1938年贝娄开始在芝加哥的裴斯泰洛齐–福禄贝尔教师学院教书时，露丝·米勒是他的学生。

② 修昔底德（Thucydides，约前460—前400），古希腊历史学家。

③ 芝加哥大学的社会思想委员会在功能上相当于研究所或者系。

至于另外那个奄奄一息的机构，也就是《文汇》杂志，明年我会捐助五百块，如果《文汇》命里还有个1977年，我就1977年再捐五百。我觉得梅尔·拉斯基[1]应该给维京出版社的托马斯·金兹伯格写信（维京和企鹅刚刚合并），告诉他我说了，如果维京不捐上一笔，我会非常失望。

很希望我们途中有时间在荷兰停留。很想见到你，和你谈谈以色列还有其他事情。如今和你聊聊天都成了一种难得的快乐。可是我儿子格雷格正在芝加哥度假，我们想在他回加利福尼亚之前见到他。

新年将至，谨致最亲切美好的祝福。

---

① 梅尔文·乔纳·拉斯基（Melvin Jonah Lasky，1920—2004），波兰裔美国记者，《文汇》杂志编辑。梅尔（Mel）是昵称。

1976年

致欧文·巴菲尔德

1976年2月25日，芝加哥

亲爱的巴菲尔德先生：

这可不是眼不见心静的事。我经常想到您，在脑子里写了好几封信了。可我没什么进展可汇报，反倒是有很多困惑。我绝不能全盘否定，清晰的痕迹还是有的。我继续读施坦纳的书，做些操练。您送我的那本入门书里“我是，它想”这个冥想我尤其是一丝不苟地照做。每天我都从中获得某种稳定状态。我不知道自己心中如此之多的困惑是从何而来。也许我同时要做的事情太多了。最后这本书还没写完的时候，我就下决心写完后要休个假。记得去年夏天告诉过您我要和妻子一起去耶路撒冷。后来她在希伯来大学上课讲概率论。我的打算是在老城里到处逛，坐在那些花园和教堂里沉思冥想。可是人在耶路撒冷，不可能超脱以色列可怕的政治问题。结果我就不由自主开始“做些事情”了。我看了很多书，和几十个人谈话，第一个月还没结束，我就在写一本小书了，谈那些无休无止的危机，就此陷入政治。我陷得太深，为之兴奋，为之悲伤。我没法谈什么路西法和阿里曼[1]，因为我懂得不多。我也没法把他们驱出我的脑海。

我没和您提起《洪堡的礼物》，因为我觉得您对小说不是很感兴趣。我觉得这本书甚至还有可能让您不高兴呢。还有就是，我一般都把刚完成的一本书视为一种准备，可以让我下次做得更好些。您问过我，怎么看玄秘类研究对小说作者可能产生的影响，这个问题问得好。我当时的回答是，我准备好了承担后果。这话说得漂亮，却并不十分聪明。您听了一定觉得很幼稚。您问我多大了。我说，

① 路西法（Lucifer）出于《圣经·旧约·以赛亚书》，原意为“明亮之星”（即金星），经后世传播予以人格化，成为基督教传说的堕落天使。阿里曼（Ahriman）是基督教诞生之前古波斯帝国国教典籍中代表黑暗的恶神之首。以赛亚是一位先知。

“六十”。然后您笑着说：“十六吧？”这是您仅有的一次拿我开涮，完全合理。什么时候让生活有个新开端都不晚，这是很具有美国特点的一种信念。永远都是还有几十年的生命之火可以燃烧呢。

好像这还不够一样，我和妻子不得不跑了很多路。上个月我们就去了旧金山、波士顿和迈阿密。有答应好的事情要办。我们离开三个月了，不能推到春季去做。

让您看到这样一种混乱的状态，我有点惭愧。您可能知道，从一种生活转入另一种生活不会那么容易。这不是一封很令人满意的信，可是我觉得我应该和您说说我自己的情况——有这种感觉是因为我尊重您，也因为您虚怀若谷，尽力给予我帮助。

谨致最诚挚的问候。

贝娄已经开始写的这本关于以色列的书是《耶路撒冷去来》，当年7月首先在《纽约客》连载，然后结集成书于秋季出版。

致沃尔特·哈森克莱弗尔（Walter Hasenclever）

1976年3月3日，芝加哥

亲爱的沃尔特，

我们很高兴在耶路撒冷见到你，这是最高的奖赏，出乎意料，又受之有愧。说我在耶路撒冷恢复了精神不完全准确，那个时候我还在为《洪堡的礼物》收尾埋头苦干呢。特迪·科勒克一直跟我说我必须休个假。可是在耶路撒冷休假就像在自助洗衣店完婚一样，怎么可能休息啊。听说奇维出版社同意请你来翻译［《洪堡的礼物》］，我很高兴。我相信他们是对的。《艾凡赫》[1] 里面那位自由民说的也是对的：“人只能尽力而为。[2]”只有沃尔特爵士干得一点也不好。现在你最好在奥地利的山里好好休息一下，因为你很快就要面临一个新任务，就是我的一本关于耶路撒冷的小书。我每天用半个晚上研究资料，半个白天写作，其余时间都腾出来

① 《艾凡赫》（*Ivanhoe*）是英国历史小说家沃尔特·司各特爵士的传奇小说，出版于1819年。

② 原文是：A man can do but his best。这句话出自《艾凡赫》第八章，情景是射箭比赛，说话的是自由民射手休伯特（Hubert，又译贺勃尔）。

奉献给我的妻儿，给芝加哥大学和我工作上的事务，同时义务履行我作为一名文化工作者的职责。

现在我来尽量回答一下你提出的几个问题：

1. 街头飙车是绝对违法的运动，参加者都是青少年业余汽车机械师，他们把普通轿车改装成赛车，在人少的背街小路上举行非法比赛，车速可以达到每小时一百五十英里甚至更高，经常死人。

2. “雷鸟”① 的方向盘是可以“翘起来”的，也就是说，可以把方向盘朝前推，以方便驾驶员坐下去。

3. 不记得我说的“一种轴型”是指什么了，不过我当时脑子里想的可能是[维利耶·德·利尔-阿达姆的]《阿克赛尔》②，那是讲一个年轻人的，他说，“至于生活嘛，我们的仆人可以为我们代劳。”

4. 猪的肚子应该就是指猪肚肉。猪肚肉在商品市场上有卖的。

5. “戴假发的猪”让人想起老话里说的“包儿里的猪”，“包儿”就是口袋或者袋子，这话的意思是没看明白就买下来的东西。然后是“毯子包猪”这道菜，也就是卷心菜叶包肉馅。最后我们看这首儿歌：**理发，理发，刮猪毛啦，多少猪毛，做个假发**？把这些都凑起来，就成了这么一个人的形象：他长着一副猪脸，好像是戴着假发。

6. 乐通（Roto-Rooter）管子工是美国一种人工昂贵的技术人员，专门疏通堵塞的下水道，办法是往里面插进去一根分节的钢制长条，这东西叫“蛇”，可以挺直。乐通管子工就是干这个的。

7. “宠物”[在这里的意思是] 随意——固执或者偏执的时候最喜欢表现出来的样子。

8. 清空伪装意思就是抛弃最喜欢的面具。

9. 洗钱是个著名的黑手党用语。歹徒用最恶劣的手段获得的收益不能公开称为

---

① 雷鸟（Thunderbird）是美国福特汽车公司的一个经典品牌。这里说的是 1961 年款福特雷鸟的一个特点，即司机上下车的时候，方向盘可以整体向右偏转一定的角度，为司机留出更多的空间。

②《阿克赛尔》（*Axël*）是法国象征主义作家、诗人、剧作家奥古斯特·维利耶·德·利尔-阿达姆（Auguste Villiers de l'Isle-Adam，1838—1889）的代表作，被誉为象征派戏剧的《圣经》，在他去世后的 1890 年出版。作者姓名译法甚多，如：维里耶德利尔·亚当，利尔亚当，亚当岛的奥古斯特·维利尔斯。“安卓”（Android）这个词即出自其作品。贝娄这一段里提到的“轴”（axle）与“阿克赛尔”发音相似，体现一种联想。

合法收入。黑道自有办法，可以通过各种渠道等等把黑钱送出去，将其变得体面。

10. 卡斯蒂洛（Castro）是折叠床或者叫“隐藏式”沙发床的制造商。这种床的铰链通常是突出来的，非常危险，据说床上的动作太大就会受伤。

11. 第89页上查理的意思是，他相信他能看到坎特拜尔①的气场，那是一种个人特质，一般是看不见的。

12. 第102页，第7行，“在这五六十层的高处有几块防风的篷布，承受着狂风的袭击”。这些防风篷是用结实的帆布做的，用来保护工人们不受天气的影响。风大的时候，帆布会猛烈抖动。书里的这个情景正是狂风大作，掀动着篷布。

13.《驶向拜占庭》(*Sailing to Byzantium*）是叶芝的一首诗。

14. 黑格尔说的，出自他的《历史哲学》(*Philosophy of History*)。

15.“平静”这段话引自鲁道夫·施坦纳，我想出处是一本叫《高等世界的知识及其获得》②的书。

亚历珊德拉和我6月份会到处逛逛，可能在英国。7月和8月我们在科德角或者玛莎葡萄园岛，9月回芝加哥。我会告诉她你对她的微笑说了些什么。

祝福一如以往。

致诺曼·波德霍雷茨③

1976年3月8日，芝加哥

亲爱的诺曼：

我确实在迈阿密做过一次演讲，但是我打算在那个基础上写一篇更长的东西。

现在请回答我一个问题吧：如果某人的杂志上把你说成一个“油尽灯枯的实例”，你还会有一丁点儿给那家杂志投稿的愿望吗？

谨致问候。

---

① 坎特拜尔（Cantabile）是《洪堡的礼物》中的一个人物。

②《高等世界的知识及其获得》(*Knowledge of the Higher Worlds and Its Attainment*）中文版有台湾出的编译本，名为《超越生死门：高等灵界知识与修证法门》。

③ 诺曼·波德霍雷茨是这家杂志的特约编辑。

杰克·理查森（Jack Richardson）在《评论》月刊上对《洪堡的礼物》作了负面评价，他怀疑贝娄是个“油尽灯枯的实例”。

致本·西得兰（Ben Sidran）

1976年5月21日，芝加哥

亲爱的本：

你谈到你父亲［路易斯·西得兰］和我的关系，说得很对。我写东西的时候经常感觉自己是个合成的人。你父亲无疑是这个合成体的一部分。我想达成的其实是他的目标，这个念头时不时地就会出现在我脑海里。他病得都快不行了，还和埃兹拉一起开着旅行车从葛底斯堡[1]跑了好几百英里到东汉普顿来看我，我很清楚这其中的含意。我知道他想要什么，我知道他爱谁。我钦佩他，爱他。

我明白你为什么给我写信很不容易了。你的难处让你的信更为珍贵。

致以最美好的祝愿。

致詹姆斯·索尔特[2]

1976年5月26日［芝加哥］

亲爱的同事[3]：

我照例匆匆忙忙地写，这是老毛病了。在做分外的事，干记者的活儿。压力很大。

不错，格雷厄姆·格林的事让我恼火，但不是很严重，也没持续太久。格林并不觉得和我“难以相处”——他说的“难以相处”指的是和犹太人。我不明白怎么会有人读过他的小说却看不出这一点。［按格林的说法，］美国人已经够坏的了。可要同时还是个犹太人嘛——唉，那就是再糟糕不过的组合了。

---

① 葛底斯堡（Gettysburg）在美国宾夕法尼亚州南部。

② 詹姆斯·索尔特（James Salter，1925—2015），美国作家。

③ 原文是法语 cher collègue。

他说的就是这个意思。

亚历珊德拉和我明天要启程去都柏林和米兰。我那篇也没写完。今晚必须完成。

祝福如常。

在索尔特为《人物》(People)杂志做的一次访谈中，格雷厄姆·格林回忆贝娄的时候说他“难处”。

致塞缪尔·S. 戈德伯格

1976年7月26日，芝加哥

亲爱的塞缪尔，

[……] 我从欧洲回来，迎接我的是芝加哥报纸上的一条八卦新闻，宣布苏珊·贝娄获胜。我想你可能很愿意用你法学家的眼光看看这条消息。知道吗？我真的开始对法律行业有不好的看法了。法官和律师根本不明白作家是怎样生存的。第五页上说到了“被告的虚假陈述”。我没有作虚假陈述。我根本不知道我未来的收入会是多少。我确实预支了五万元，可我要是写不完那本书呢？

你好好看完这份文件以后，大概就能全都给我解释清楚了，特别是第六页下面那段含糊不清的文字。

祝好。

芝加哥第一区法院做出裁决，判定贝娄在收入问题上误导了前妻苏珊·格拉斯曼·贝娄，并要求他支付更高的赡养费和子女抚养费。

致欧文·巴菲尔德

1976年8月13日，芝加哥

亲爱的巴菲尔德先生——

您现在可能已经把我当成一个为猎奇而乱撞进来然后又悄然消失的人了吧。其实我还在继续努力看施坦纳的书，还在想办法训练自己。我一直没法稳定下来做这些事。去年秋天我决定写一本和以色列有关的小书，并将其视为一种责任。在那之前我从来没有认真研究过犹太复国主义（也就是关乎犹太人命运的那个可怕的问题），可是我和妻子来到耶路撒冷以后，我“发现了”这个问题，开始感觉到自己身上也负有一定的责任。为这件事提出一条解决之道是任何人都无能为力的，但我想至少把以色列的难题对文明世界的公众做一个清楚的说明。有六个月的时间，我全部身心都沉浸于和这件事有关的文献之中，晚上看文献，白天采访，把访谈的内容写下来。访谈形成的文章刚刚发表在了《纽约客》上（7月12日和19日）。这些东西并不太令人满意，不过似乎有一定效果。我写得是很认真的。我把自己弄得疲惫不堪，人都要散架子了，哪里还能好好思考用心写信呢。晨间冥想我一直在坚持做，对我多少有些帮助，尽管有的时候我只能乱想一通做完而已。以后我会好好做的。

我不介意您排斥《洪堡的礼物》。这在我意料之中。这本书是以一种极具美国特色的喜剧方式审视一个文明国家中“文明”人的那些忧虑和努力。现在看这些忧虑显然十分可笑，人们不会果然去认真对待。最大的荒谬莫过于，精神世界的问题本身就值得认真对待，人们却将其视为荒谬。也许我不该把这种对精神成果的渴求放在一个喜剧的背景中。我知道您永远不会赞成这么做，您会认为这种做法太傻，也许还不合情理。不过我是跟着我作为一个作家的直觉走的，我相信这种怪异的构成会以某种方式站住脚跟。

10月份耶路撒冷那本小书出版以后，我给您寄去。

谨致最美好的祝愿。

致路易斯·拉斯科

1976年8月25日［芝加哥］

尊贵的卡塔斯特罗夫·叶菲莫维奇阁下——我亲爱的同学：

谢谢你的祝贺。恐怕我摊子铺得太大，有点忙不过来了，好多信没回。像你一样，我也该考虑退休了。我原来总是回避这个想法，好像这属于资产阶级思想一样。每次一出机舱门，走进加州的阳光里，我第一个念头总是：“退休！”接着就是："可我太年轻了啊！"（实际上是觉得自己年轻时的抱负还没满足。）不过我现在对那些优雅而平静地主动放下的人有了些理解，他们把自己托付给了一种安静平和的老年生活。也许我命里注定就只知道这一种成熟［即漫长的青春期］。

在芝加哥我没见到格罗策，也没见到弗莱菲尔德、佩尔茨、西·贾·哈里斯，界区街的孩子一个都没见到。有几个是生我的气了。我说不上来这是不是让我很后悔。我很喜欢这些人，可是将近五十年老是咋咋呼呼的，把我表达礼貌的能力都消磨光了。我好像曾经是个特别有礼貌的年轻人吧。有时候我很想念佩尔茨，那是个可以痛痛快快在一起大吃一顿的好人。他对我好像有点儿不满。我想这种状况还会持续十年左右，然后我们会在**临终的时候**[①]和解。

很高兴收到你的来信。"犹太新年[②]又到嗓子眼儿了"让我开心。代我向你亲爱的老母亲致以最温暖的问候。我开始相信她兄弟真的转世成我了。

你亲爱的朋友，

贝都因·特罗菲莫维奇[③]

致特迪·科勒克

1976年9月9日，芝加哥

亲爱的特迪，

你的评论是以色列方面［对《耶路撒冷去来》］的第一个反应，我的确很担心，这应该可以理解。我用这种形式来写，就不得不把人写得非常清晰——这样结果就很难说了。有艺术史学家说，两百年前，人们对自己不好看的画像是能接受的，皮肤上的疙瘩、兔唇、大肚子、皱纹什么的都无所谓。看看戈雅的西班牙波旁王族画像就知道了。他们好像并不介意，可我们的同时代人远不如他们高贵却希望自己的形象毫无瑕疵。真是民主的一个悖论。

你的来信让我非常高兴，我还收到了很多充满善意的信，有以色列的，有美

① 原文是拉丁语：articulo mortis。——原注

② 犹太新年（Rosh Hashanah）又称哈桑纳节、岁首节、吹角节，每年具体时间不定，一般在9月初到10月初之间的几天。

③ 贝都因·特罗菲莫维奇（Bedouin Trofimovitch）这个名字里，"贝都因"是一个阿拉伯游牧民族的名称。

国的。我颇受鼓舞，准备回耶路撒冷去。你要是知道哪儿有空余的公寓，我们会非常感激。

祝你新年快乐幸福。

一如以往。

致玛格丽特·谢弗（Margaret Shafer）

1976年10月15日［芝加哥］

亲爱的玛格丽特：

看你的信是件乐事。在芝加哥，有的时候我会带着羡慕的心情想到哈德逊河畔安南代尔的生活，想到那些在美丽的树下读书写作的聪明女子（或者说美丽的女子和看起来很聪明的树）。我真希望我在达奇斯县[1]的时候没那么笨——我错失了那么多良机。可当时县里的人都对我没啥感觉。“高级”地方不接待我。挺滑稽的，有的时候。埃里森和我一起喝马提尼酒，然后他开着他的克莱斯勒[2]去赴宴，留下我一个人孤零零地烤牛排。他和那些大人物可是情意绵绵啊。我觉得挺有趣。对我（轻易不会打瘪）的自尊心几乎没有伤害。

问候你和弗里茨。

出生于加拿大的玛格丽特·谢弗是巴德学院宗教学教授弗里茨·谢弗（Fritz Shafer）的妻子，在哈德逊河畔的安南代尔当私人钢琴教师，组织音乐节。自1953年贝娄到巴德以后，她和贝娄一直是朋友。

致托比·科尔

1976年10月18日，芝加哥

亲爱的托比，

我绝对相信你说得不错，有一位我如此深爱的小姐把我保护得这样好，我心

① 纽约达奇斯县哈德逊河畔的安南代尔是巴德学院所在地。

② 克莱斯勒（Chrysler）是美国汽车著名品牌。

甚慰啊。不过我觉得应该尽一切努力来保护那个傻乎乎的［莱昂·］柯克纳。他要是有蜈蚣那么多的脚，我知道他一定会想办法把这些脚全塞进嘴里。可是他已经努力工作了很长时间，我很想看见他把他的歌剧写出来，不想让人去打扰他。他那些过期的权利就让联美公司[①]去随意处理吧。联美依照合同所具有的权力不应该由**我们**来提醒。我不喜欢站在歌利亚、贝希摩斯和利维坦[②]一边。对我们来说，正确的做法是什么也不说，为了莱昂的缘故，希望这个庞大的公司什么也听不见，什么也看不见，什么也感觉不到。［……］

祝好。

莱昂·柯克纳（Leon Kirchner，1919—2009）正在写《百合》(*Lily*)，这是根据《雨王亨德森》改编的歌剧，1977年5月在纽约市歌剧院（New York City Opera）首演。

致约翰·契弗

1976年11月10日，芝加哥

亲爱的约翰，

我能读一下你的书吗？我愿意免费旅行去往上都，一路由特洛伊的海伦服侍吗？我巴不得读那些校样呢。这个周末我得去纽约，还要到普林斯顿去看我儿子亚当在《暴风雨》中扮演安东尼奥这个重要角色，所以我会让拉塞尔与沃尔肯宁的哈丽特·沃瑟曼帮我从克诺夫[③]要一套校样。我也想见到你，但不知何时才能从荣耀与震惊交织的这一团乱麻中脱身。不过我会很快给你写信谈这本书，我一定会带着极大的乐趣去看。

祝好。

① 联美电影公司（United Artists Corporation，UA）创建于1919年，后成为美国八大电影公司之一。

② 歌利亚（Goliath）是《圣经》中的巨人，贝希摩斯（Behemoth）是《圣经》中的巨兽，利维坦是《圣经》中的海怪，也是庞然大物。

③ 指纽约的阿尔弗雷德·A. 克诺夫出版社（Alfred A. Knopf）。

“荣耀与震惊交织的这一团乱麻”指的是10月21日，瑞典文学院决定将诺贝尔文学奖授予贝娄。

致约翰·契弗

1976年11月23日，芝加哥

亲爱的约翰：

你看，我期待最好的结果，还真就在《猎鹰者监狱》里得到了。写得太精彩了。有两天的时间，这本书成了我避开旋风的地窖，我就躲在里面。书里并非没有惊喜。总体来说，你是以轻松的方式看废墟。这本书大可算是你写过的最强硬的一本了——像打仗一样，没有一点示弱的地方。但是你笔下的堕落写得越深入，这书就越纯洁。《猎鹰者监狱》优美雅致。你记得奥威尔谈到亨利·米勒的时候是怎么说的吧，他说亨利让口头语言重返文学，摆脱了语言的程式化。一定程度上看，此话不假，但是亨利把他独特配方的自助餐水果沙拉——他的“哲学”和他的“诗学”——倒在所有的东西上了。这就等于把最好的和最差的安排在一起过高档生活。不过我知道你不喜欢讨论这种文学的东西，那我就到此为止啦。我自始至终感觉到的是一种愤怒的决心，要把基本的事实说出来。你做到了，很好，让你的老朋友得到了极大的满足。为此他衷心感谢你。

这本书应该卖出成千上万本才对，除非这个国家比我想象的还要堕落得多。我很高兴在《巴黎评论》的采访中，你提到了那些愉快而聪明的人，他们读过书后，经深思熟虑写信做出评论，他们和广告界、新闻界或者学术界并没有明显的联系。我爱这种人。正如你所说，他们也是我的精神支柱。采访者很可能就是按这个重要思路去写的。

永远祝福你。

你写完一部小说以后一般都不出去走走吗？你现在需要的是休个回味无穷的假。

致特迪·科勒克

1976年11月29日，芝加哥

亲爱的特迪，

我想在去斯德哥尔摩之前把这件事告诉你——我连正式的演讲词都还没准备好呢。在这种不可思议的连续炮火攻击下，我很难集中精力。不过我还是很高兴看到你为《新共和》写的《耶路撒冷去来》书评——清楚，公正，智慧，优雅；我相信没有哪个市长写得出来。

好，现在说说我的请求：美国人民已经开始谈到要保护国家资源。我判断自己就是这样一个国家的甚至是国际的资源，我要呼吁请求保护了。此时此刻，我面临着一个选择：是成为犹太托钵僧（不停地旋转呼号的那种[①]），还是继续当作家。你的情况不同，你有个政治职业，必须应付所有这些机构的事务。至于伯恩斯坦（Bernstein）先生，犹太人联合募捐协会[②]和我联系过了。他在信中说，他不想用我耶路撒冷那本书的摘录，他力劝我写点“原创的新鲜”东西（真会措辞）。实际上耶路撒冷那本书就要在法国、意大利、英国、德国等，甚至日本推出了，我觉得有一点很重要，就是我应该保持一种和谁都无利害关系的立场，我就是对所有于犹太人有利的事业一律认同，也不会为任何人所用。成为一个附庸，一个橡皮图章，我害怕。对你，我无需多说。我不着一字，你就尽得所需了，因为你比大多数人聪明。

祝你万事如意。

① 某些宗教仪式上的一种舞蹈。

② 犹太人联合募捐协会（The United Jewish Appeal，UJA）创立于1939年，1999年后与其他类似组织重组后改名。

1977 年

致亚当·贝娄

1977 年 1 月 31 日 ［芝加哥］

亲爱的亚当——

我从来没这么冷过。这天气让我打不起精神来，证明我有蜥蜴类祖先，那就和中生代有关系了。你大概一直都有这个怀疑吧。现在是下午五点，气温是零，风速每小时二十英里。我正要给自己倒一杯烈酒，重新加入哺乳动物的行列。

你慈爱的父亲。

致欧文·巴菲尔德

1977 年 2 月 5 日，芝加哥

亲爱的巴菲尔德：

正相反，我早就该给你写信了。我也不指望你认可《耶路撒冷去来》，我是把那本书当成一封信给你寄去的，觉得你看了以后就会知道我这个记者当得有多差劲。我发现自己很难振作起来。这太让人搞不懂了。施坦纳有的时候让事情好办了，有的时候却让事情更加难办。这并不是因为他给了我新的视角；在某些方面，我之所以被他吸引，是因为他证实了某个视角中包含着真理，而构成这个视角的那些基本原理和我一向所持的认识一致。但是要按照一个不同的设计来重组整个世界，对一个六十岁的人来说并非易事。我把我的疑惑和问题都藏在一个旋转门后面，一次只放进来一个，但是队伍排得很长，而生活有的时候相当无序。另外，我也不能把自己只是刚刚开始看到的那些模糊的轮廓写进作品里去。那会把作品全部搅乱，对新手来说，这么做也不诚实。我写喜剧小说怎么写都行，可以随心所欲把绝望和幽默揉成一堆（在我自己的脑子里，把赫伯特[1]《滑轮》中的“疲倦”定义为对自己的荒唐感到厌倦）。但是我写《耶路撒冷去来》是认真的。这本书引发了大量的讨论（这是回答你关于此书接受状况的问题），不出所料的是，在以色列还引发了很多争论。我一点也不介意受到攻击。相反我还很高兴呢，哪怕攻击我的人很坏，很蠢，或者就意识形态而言肌肉发达，都没关系。我只想弄清怎么回事。不管怎么说吧，这就是我目前的心境。也许这说明我过去对自己保护得太好了。

我承认我不喜欢［西摩·］爱泼斯坦[2]先生在《丹佛季刊》(*Denver Quarterly*)上的文章，我觉得你一定会问我这件事——有些批评家我是很反感的，他们极为自信地告诉世人你在写某部作品的时候实际上是在搞什么名堂，就好像他们在你灵魂正中的那个博览会上有个展位一样。看了他的文章以后，我想起你在《并非祖传的声音》里谈到恶神阿里曼的作为时所说的话：他让人类思想中因有了某种温暖才得以生存的一切都不寒而栗，他用世故取代了好奇，用粗俗取代了礼貌。当然我们得注意别把每一个批评者都等同于黑暗势力，所以这话我就不多说了。我只是不赞同他的看法。我希望他错了。有趣的是，我想到多年以前有评论家说，难道贝先生想让我们相信他小说的那种自然和活力是真实存在的东西吗？现在爱泼斯坦先生接上他们的话了，他说贝先生的自然和活力已经荡然无存，他是个油尽灯枯的实例。不过这个话题再往下就没法谈了。

我期待着你的文集。谢谢你告诉我勒内·奎农[3]的情况。我要到图书馆去找找他的书。

快过圣诞节的时候我路过了伦敦，但是不想声张。我想那个时候你见我可能不太方便。不过4月份我又要去英国了。我要回耶路撒冷，先到爱丁堡和伦敦去一下。到伦敦大概是17日或者18日。我非常想见你，这几乎是不用说的事。急切，对，就是这个词。

非常感谢你的来信，并致以良好的祝愿。

---

① 乔治·赫伯特（George Herbert，1593—1633），威尔士诗人，牧师。《滑轮》(*The Pulley*）是他的一首短诗，出自其诗集《圣殿》(*The Temple*）。

② 西摩·爱泼斯坦（Seymour Epstein，1925—2016），美国心理学家。

③ 勒内·奎农（René Guénon，1886—1951），法国哲学家，推崇神智、灵知等神秘主义研究。

致马塞洛·马斯楚安尼[①]

1977年2月16日，芝加哥

亲爱的马斯楚安尼先生，

首先要说的是，作为您忠实的崇拜者，我很高兴收到您的来信。《洪堡的礼物》电影版权尚未售出。我即将您的询问告知我在纽约的代表，相信他会迅速答复。

非常感谢您说了这么多很亲切的话。想到我们可以在一段时间内继续亲切相处，我很高兴。

谨致

最诚挚的问候。

致雅克·巴尊[②]

1977年3月21日，芝加哥

亲爱的巴尊先生：

我深深地感谢您及美国艺术文学学会暨协会的成员们授予我这个杰出的奖项。这是莫大的荣誉，而不能亲自前去接受这个奖也让我感觉到莫大的痛苦。我近期就要离开美国，5月18日我会在中东的某个地方。我可以请我的出版商代我领奖吗？我会请他替我讲几句话。当然我很愿意寄去部分手稿以供展览。您可以放心，我不会透露消息。

失望和喜悦不相上下，仍致以

真诚的问候。

巴尊写信告诉贝娄他获得了美国艺术文学学会暨协会小说金奖。

---

① 马塞洛·马斯楚安尼（Marcello Mastroianni，1924—1996），意大利著名电影演员。

② 雅克·巴尊（Jacques Barzun，1907—2012），生于法国的美国历史学家，文化研究、思想史学者。

致拉尔夫·罗斯

1977 年 3 月 22 日，芝加哥

亲爱的拉尔夫：

多年以前（我的天，那好像是多久以前的事了啊，明尼阿波利斯多么遥远！）你跟我说过一些很有价值的话，当时太出乎我的意料了，我一下子反应不过来，不知说什么好，但是我记住了你的话，几十年来一直照着去做。你说艾萨克［·罗森菲尔德］是你认识的人里最脱俗的了，只有一个例外：和我相比，艾萨克就完全是个世故的人。我马上就**感觉到**这话是真的——以我那个时候的水平，我不可能**理解到**这一点。而且我总是特别注意要表现得非常实际，非常能干，因为我当时对现实生活其实是一无所知的。艾萨克就是我们的法国朋友所说的“**伪天真**[①]”，对此我一直都心知肚明，也知道他要不是非常聪明的话，也就不需要这么做了。他是想以自己的方式来摆脱（相对而言的）世俗。我的努力方向正相反。那么我就是真的很天真吗？不如说是自恋而已。只不过并非普通形式的自以为是，因为我**能够**理解我决心要去理解的东西。如果我没有意识到那么多可怕的事情，我就不会超脱到那个程度了。很显然我是下了决心不想去理解造成威胁的深层原因的，不管那是什么东西——弄清楚哪些东西符合我的目标，就行了。这个要求太高了，要埋葬那么多观察力呢。这话听起来很不谦虚，我只是想客观一点。可是所有的要求一直都很高啊。你那些很有眼光的见解要是接着说下去的话，也许能帮我省些时间，不过我猜你是觉得，我要是不能领会你的暗示，也就不能指望我经受得住全面考验了。比如说，我就不得不经历一番桑德拉-杰克·路德维格这件事。我让他们还有其他人好好地消遣了一回。桑德拉派我到英语系去吓唬他们说，要是不让路德维格回去工作，我就辞职，可人家讨厌他是很有道理的呀。这太好笑了。我现在不像过去那样喜欢这种哥尔多尼[②]式的喜剧了（这没啥奇怪的），但是我能看出其中的幽默。超然回顾以往，想到众神在不得不缩小我们的视野这一前提下所赐予我们的智慧，我感到非常满足。可他们为什么不也相应地减

① 原文是法语：faux naïf，意为“假天真”，此处仿近年所谓“伪精致”译为“伪天真”，可作比较。

② 卡洛·奥斯瓦尔多·哥尔多尼（Carlo Osvaldo Goldoni，1707—1793），意大利剧作家。

少我们的雄心大志呢？为什么我们为功成名就的光辉梦想燃烧激情，结果却是如此惊人的浪费？除了少数几个限定了目标的大隐之人以外，没有一个人能取得真正的成功。我们有些人在努力的过程中，以令人惊叹的方式放纵着自己。我想起约翰［·贝里曼］，那样慷慨地自我毁灭。还有艾萨克，把自己拥有的所有美德都披挂起来，骑上马，跳进了公共讲坛上的深渊。从本质上看，凡意在大张旗鼓作惊世之举者，都行之不远。

我不认为获这个奖就怎么样了。这种事一向让人困惑，会造成错觉，但是错觉并不难摆脱。一些当代的文学奖获奖者对斯德哥尔摩做过精彩的评论。塞菲里斯[①]说，这让他在长期努力之后终于可以成为**无名之辈**，像荷马所说的尤利西斯[②]那样，不为人关注了。噪音消逝，你也就听出自己的音阶了。有点理智的话，就回去干自己的老本行，而幽默就在我的本行之内。

非常感谢你很久以前对我说过的那些话。我本来应该走得更快一些的，可是诸多问题中有一个就是我不太情愿（是懒吗?）。你还是用仁慈的目光远远地关注着我。我感觉到了，在此向你表示我充满深情的谢意。

明年10月或者11月我会去加州。我们可以约个时间见面。

祝福你。

致美国艺术文学学会暨协会

（1977年5月18日，贝娄缺席这一年度庆典，此文由他人代读）

荣耀之雨降下，无可阻挡，随着各种荣誉骤雨一般落在寒舍屋顶上，有的时候我会在夜里醒来，听见《圣经》里的一句警告："众人都称赞你的时候，你要谨慎！"不过因为那种事绝不可能发生，我就悄声说道："怎么可能！"然后暂时得到安慰。萨默塞特·毛姆[③]在什么地方说过，成名就像得到一串珍珠。人们赞赏不

① 乔治·塞菲里斯（George Seferis，1900—1971），希腊诗人，1963年获诺贝尔文学奖。

② 荷马（Homer）是传说中公元前九世纪左右的古希腊吟游盲诗人，代表作是两部史诗《伊里亚特》(*Iliad*）和《奥德赛》(*Odyssey*），讲的都是古希腊神话英雄奥德赛（又译奥德修斯、俄底修斯）的故事。奥德赛在古罗马神话中的拉丁语名字即是尤利西斯（Ulysses）。传说奥德赛是希腊西部伊塔卡岛国王，曾参加特洛伊战争，荷马史诗的主要内容即对其事迹的详细描写。

③ 威廉·萨默塞特·毛姆（William Somerset Maugham，1874—1965），英国小说家、剧作家。

已，可珍珠的主人却不时怀疑这东西到底是真的还是人造的。政客可能喜欢共识，作家却并不十分相信共识，我有时会想："他们给我这么多证书、奖状和奖章是为了摆脱我吗？我是要成蜡像了吗？"回答是："他们认识的那个贝娄可能已经做成了蜡像准备在杜莎夫人[①]那儿展出了，但是那个真的贝娄已经逃跑，匆匆奔向前面的领地。"不过在那块领地里，假如我有幸抵达那里的话，我会以特别满意的心情想到这个金奖。这个奖是我的同行们授予我的，授奖的人知道在现代美国写书是怎么回事，所以这是最宝贵的一个奖。通过授予我这个奖，我的同行们用非常委婉而充满感情的方式告诉我，没关系——所有这些荣誉的意思并不是说我哪儿做错了，而是说我至少交了一部分货。(幸运的话）六十多岁的时光还有将近十年，我可以用这十年把其余的货交了。非常感谢这次信任投票，我会尽全力完成任务。

致玛格丽特·斯塔茨

1977 年 9 月 24 日，剑桥

亲爱的玛姬：

年岁渐长要接受的一个处罚就是，随着想法改变，动感情的事越来越多（更别说讨厌的事了)，我生活中有了那么多新老区分，而且区分里面还有区分，结果就弄得我该照顾的谁也照顾不到了。我收到了你的来信，要是和你坐在同一间屋子里，我会有很多话想说，可我却不得不把信放在我的黑色旧皮包里，直到我打起精神来才动笔。然后要做的完全就是把堆积如山的混乱事实梳理清楚，得出一个合理连贯的信息。可是越连贯，就越不准确。改来改去，我真正能做的，也就是对生活中我一向视为稳定的东西全都表示怀疑，同时表达我的情感，而我的情感从来没有变过。你不在我情感的中心，但你是一个永久的对象，或者说主体。听说你做手术我坐立不安，听说你结婚我感到宽慰，你叫我帮帮那份杂志［《探索》(*Quest*)，当时她是编辑］，我不会拒绝。我说的这些情况表明，我不是个合适的采访主题。我整个儿处于过渡状态，这个年纪做这种事并不舒服。知道爱默生

① 指杜莎夫人蜡像馆（Madame Tussaud's 或 Madame Tussaud's Wax Museum），在英国伦敦，分馆遍及世界各地。杜莎夫人（1761—1850）原名玛丽·格劳舒兹（Marie Grosholtz），法国蜡像制作专家。

的诗《终点》(*Terminus*) 吗？那个老男孩说：“鸟儿在狂风中调整自己 / 我是在时间的风暴中调整自己。”不过这只是问题的一部分。其余的部分是——这其余的部分比风暴一般逝去的时间更糟糕——我可以倾诉心声的人所剩无几了。我说“剩”的意思不是说那些有可能理解现状的人已经死了。不是的，跟那些人我也没法交流，除非他们死了以后学到了点东西。我跟你说这些并不是说我很特殊。我从来就不是个特殊的人。所有那些最简单最明显的错误我都会犯。不过所有那些宏大的“文化”潮流，特别是声望最高的那些，都错得太明显了，我都没必要采取行动来标榜自己与众不同。我消极被动，只是把问题记录下来，写进我们这个文明在谈到自然、上帝、灵魂的时候所做的那些思考之中，这就割断了我与各种组织有序的观点之间全部的联系。我与人的深层存在之间的联系一点儿都没有割断，实际上我正是从这里入手开始反击那些组织有序的观点。可是我控制不了这种新的意识。我不知道该怎么办。

永远是你忠实的朋友。

致亚当·贝娄

1977年9月25日，剑桥

亲爱的亚当：

你的父亲已经习惯了几十年的岁月匆匆而过，没有怀疑过时光的来处会有更多的时光，他现在开始明白，自己离时光的尽头不远了。这并没有带来悲伤的恶劣心情，反而让我意识到，最好做些没做过的事。不是去抹掉做过的事——我没空干那个。你给我写信讲你的那些恋情，我感觉十分宽慰（为了你的缘故），因为我看到你对未来的几十年还有着无尽的展望。我不该用“那些”这个词，好像很多次似的，对不起啦。不过照此下去，不太可能只有一次。

我以前从没在剑桥[①]住过，我与其说是在品味这个地方，不如说是在观察。我喜欢人们因为和这个小城有了联系而感觉到的快乐，我喜欢他们自身具有的那种强烈的文化意识，还有他们令人肃然起敬的幸运。我看着年轻人在河里划船，

① 这是美国马萨诸塞州的剑桥，紧邻波士顿。贝娄这个学期在位于该地的布兰代斯大学授课。

自己在室内操练着我中西部犹太人强有力的怀疑精神。

我同意桑德拉的意见，你不应该老是在沿海地区来回跑，你得集中精力学习，不过你学习的内容里包括我，或者说应该包括我吧，所以今年秋季你要是能抽空到波士顿来一两次，我会非常高兴。10月的三个周末已经有安排了，没法考虑。14号那个周末我们会去纽约，但是11月（目前来看）基本上都有空。你可以15号到纽约来，11月或者12月初找个周末到波士顿来。这个安排行不行，告诉我一声。

爱你。

老爸。

致欧文·巴菲尔德

1977年9月29日，马萨诸塞，剑桥

亲爱的巴菲尔德先生：

您就是不告诉我您要来，我也一点都不觉得唐突。到了这个年纪，我已经开始理解高龄出行有多么艰难。不巧的是，我不在中西部。今年秋季，我和妻子在马萨诸塞州沃尔瑟姆的布兰代斯大学教书。不过您要是能在逗留于德鲁大学[①]的日程内抽出时间，我会非常愿意甚至十分渴望飞到纽约来。

卫斯理安大学[②]出版社并没有把您的书寄给我，我通过一些渠道弄到了一本，看了一大半了，十分钦佩。“看”这个字并不合适，我得好好学习才是，我费了一番工夫，才算把大作中的几篇勉强看懂了。写小说对理解如此艰深的认识论著作没什么用处。在伦敦我问了您几个愚蠢的问题，把自己弄得很尴尬。没办法，我就是这样学习的。丢了脸，伤了心，要学的东西就能牢牢记住。我想您会理解，对一个有过我这样生活经历的人来说，这种学习会是多么艰难。我相信您能谅解我（尽量吧）。前几天我收到一位女士的来信，她听了我在爱丁堡的演讲，以她所谓坐在前排的全体“人智迷”[鲁道夫·施坦纳人智学派信徒]的名义指责了我一

① 德鲁大学（Drew University）又译杜尔大学，1867年初建时为神学院，后改为私立综合性大学，位于新泽西州的麦迪逊市（Madison），离纽约不远。

② 卫斯理安大学（Wesleyan University）位于美国东北部康涅狄格州的米德尔顿（Middletown，Connecticut），1831年由卫理公会派教徒建立，现与卫理公会已无任何联系。

通。他们是来听激动人心的伟大信息的。可我呢，讲的只是在芝加哥这个城市当小说家的经历。怎么能这样？居然浪费大家的时间，来讲什么街头、贫民窟、种族、犯罪、情色问题（顺便说一下，我并没有提到情色）。我必须学习以提高水平，她要求我多接受些指导，多从欧文·巴菲尔德那里获得启发。她这句话算是说对了，尽管是歪打正着。可我该怎么办呢？我不能冒充圣贤，艺术委员会（the Arts Council）邀请我来爱丁堡也不是因为我是个圣贤啊。

我想您也许会觉得这有点好笑。

不管怎么说，我都很高兴有机会在纽约见到您，借飞机航班的空当。

谨致敬意。

致理查德·斯特恩

1977年10月1日，剑桥

亲爱的理查德：

[……] 我以男子汉的勇气和生活中的各种问题作斗争。来世的人们会说："孩子，你一定是十分真诚地过了一生，按你所受的教育做着该做的事。你非常负责任。因为你矢志不渝，心无旁骛，所以你可能错过了一两件（重要的）事。"可现在已经没办法了。我感觉比十年前虚弱了一点。不管是睡觉还是其他形式的休息，都恢复不了我全部的体力。我越来越焦躁不安，越来越不得要领。我跟不上困难出现的节奏了。之所以迟迟没给你写信，是因为法庭上的诉讼比平时更激烈、罪名更沉重。比如说，我此刻就是藐视法庭。我要去参加丹尼尔的受戒礼，但是下星期六我有可能就在犹太教堂[①]门前被捕，尽管我和苏珊有（周末）休战协议。法院判我藐视法庭，因为——我用法律语言来说——按照律师的建议，我拒绝遵从法院对赡养费的评估，对判决结果提出了上诉。在上诉正式提起之前，我就是藐视法庭（这几个字我都不会写了，情绪干扰太大）。我的几位律师告诉我，不会把我铐起来拖到赡养费案子里去吵闹不休。这样一种卑劣的打击，或者说事情发

① 芝加哥的这个犹太教堂全名是基希拉特·安舍·马阿里夫犹太教堂（Kehilath Anshe Ma'ariv Synagogue），又称K.A.M.神庙，后来称为朝圣浸礼会教堂（Pilgrim Baptist Church）。

展的最高潮，其实也许会逆转情绪的潮流，给我带来平静。谁知道呢？

所以我继续上课，讲约瑟夫·康拉德，写些零七碎八的东西，收到些荒唐的电话信息。比如今天上午：《财富》杂志想发篇文章谈作家的收入。富兰克林铸币公司想出软皮面的《洪堡的礼物》签名版，印一万五千册。签一个名给我两块钱。如果我同意签一万五千次，我就会多三万元财产。不对，是一万五千元财产，因为政府会拿走一半。那我愿意把我的名字签上一万五千次吗？我的想法是雇一个造假的人，签一次给他两毛五。

下周末我要是没进县监狱，就给你打电话。

顺致亲切的问候。

致理查德·斯特恩

［未注日期］

亲爱的迪克，

恭喜你！又一个儿子。华兹华斯[1]说过你有个女儿（《责任颂》[2]），可盖依带来的是个男孩。其实呢，儿子就是老人们过去常说的**“天堂带路人[3]”**，也就是把你拉进天堂去的人。[……] 我为你感到高兴，这个孩子有父母还有兄弟，多幸运啊。孩子们肯定都激动得要命——克里斯的队伍壮大了，但是可怜的安德鲁，准是一下子很难接受。

很高兴看到你对《赫索格》的好评。怎么说呢？——我欣然照单全收。那个赫索格没事。我希望他好运持久。我把有趣的人物带到世上，他们可是在成长的过程中失败的啊。

我属于很不完美也很少见的那种人，一个可怜的证人，让人盘问得太多了，你应该很快就能超过我。或许不管怎样你都会超过我的。我很清楚，作品怎么样，不能听作者自己怎么说。[你的书] 开头几页就已经充满了强烈的感情。

---

① 威廉·华兹华斯（William Wordsworth，1770—1850），英国桂冠诗人。

②《责任颂》（*Ode to Duty*）是华兹华斯的一首诗，诗的开头将“责任”称为“（传递）上帝声音的严厉的女儿”（Stern Daughter of the Voice of God）。“斯特恩”这个名字的意思即是“严厉的”，贝娄在此开了个玩笑。

③ 原文是意第绪语：a Gan-Eden-schlepper。

至于利兹[1]的事，我为你感到遗憾，但是很高兴你明年冬天能到芝加哥来——而且还有希尔斯[2]。照爱德华的说法就是，这可是头等大事啊。

想办法9月份出来吧。祝福盖依和小尼克。

致亲切的问候。

致爱德华·希尔斯

1977年11月14日，剑桥

亲爱的爱德华，

那天早上你来电话的时候，我正需要有人支持，盼着能有这样一个关怀和团结的表示呢。你有一次跟我说过，人不需要很多朋友，这话完全正确，而且这样也很好，因为不必担心朋友太多。我很幸运，有几个必不可少的朋友。我这个朋友你也大可放心。[……]

大部分时间里我都能抵御我的烦恼，好好做点事情。我的焦虑总会在凌晨三点左右我抵抗力下降的时候向我袭来，然后我就会想到各种各样荒谬的事情，感到焦虑不安。我不需要八小时的休息，我身体很好。可是我的大脑确实需要在夜间有一段更长的时间脱离意识的控制，现在的情况是这段时间越来越短，有的时候感觉大脑的边缘枯萎了。剑桥对我没有吸引力。这一堆一堆的常春藤我可以拿起来也可以放下。亚历珊德拉在她那一群数学家中间是非常快乐的，可我开始想念粗俗的芝加哥了，那个地方讲究事实就是事实。

顺致最亲切的问候。

---

① 应指英国城市利兹（Leeds），利兹大学所在地。

② 即爱德华·希尔斯。

1978年

致莱昂·维瑟蒂尔

1978年1月18日，芝加哥

亲爱的莱昂：

我本想马上给你写信谈谈那几篇文章，可是生活非要给我再上几课不可。我以为我了解腐败的芝加哥，这个金钱世界，法律和会计专业的那一套，他们的各种心理，还有政治上的各种对应现象——我确实了解，当然了，可那不过是一个有智力的人关在小屋里空谈的知识，命运决定我还得上一门课才能完成学业，而且我会感觉到身上有很多只手在用力挤压我的五脏六腑。从命运的角度来看，这很公平。我**说过**我想了解，我断言我已经了解了，我在上层生活中有一席之地，我是这种生活在中西部的代表。所有这些都要付出代价，而我就正在付出代价。没别的办法。这个过程很耗时间，也很肮脏——你得承受辱骂，让人从**污水坑**[1]里拖过去示众。按理说这是你的国家啊，这是你心高气傲的自我，是奉献给艺术和智慧的。可这个时候便利和舒适让我们变笨了，名气还会让人变得完全低能。我见过不止一个大人物变成了软木做的假人。在这种时候，有个自己的花园种种花草，让这个荒谬的世界自去荒谬行事，也许不错。我爱玫瑰花丛，可我更爱客观的认识，尤其是对自己的客观认识。这样一来，所有的吵闹、麻烦、欺骗、报复和对金钱的攫取就都可以容忍了，有的时候甚至觉得有点这种事也挺好。可是回到家里或者办公室一看，就感觉那么多书、杂志、信件铺天盖地迎面扑来。我没时间看书，更不用说写评论、回信了。没有巫师降临把小徒弟救出来。失眠手下留情的时候，我会梦见修道院，要么就是隐士所居的山洞。可我是犹太人，而且结了婚——我惧内啊。

---

① 原文是意第绪语词 schmutz。——原注

一开口就先和你说了一堆这种事，是因为我发现我可以告诉你一些事情。见到你我很高兴。你过段时间就会知道了，我是出了名的不爱说话。“村里[①]”一位以精神病学为副业的画家有一次说我是“守话奴”[②]。这话恐怕是对的。我没法跟他说话。芝加哥也没有人能让我畅所欲言。乔·爱泼斯坦[③]我很喜欢也很尊重，但我不会向他敞开心扉，因为他就没有敞开心扉的冲动，也就是你那种冲动。此外他比我们要公正，或者说在讨论我们那些伪同代人的时候比我们更慎重。你我有个共同点，就是都对傻瓜特别不耐烦，我们会挥着胳膊大声喊。你第一次发飙我就看准你了。

所以我立刻匆匆浏览了一下你寄来的文章，唯一的失望是还没看够。正如我期待的那样（不对，超出了我的期待），这些文章睿智、博学、活泼、没有废话、让人喜欢，优点相当全面。你有些观点我不同意。我很了解［尼科拉·］乔洛蒙蒂，我喜欢他，偶尔也同意他的观点，我认为他是五六十年代一个比较优秀的欧洲知识分子。但尼克在很多方面都是个标准化的产物，常常缺乏品位，而且势利。你考察了他和那个傲慢的德国佬汉娜·阿伦特的共同观点，谈到柏拉图[④]式知识分子和马克思主义知识分子之间的差异，这正是你最接近事实之处。尼克和汉娜之所以没有注意到知识分子已经凝聚成他们自己的“阶层”（用你的话来说），是因为他们为自己有资格进入所有阶层中最高的那一个而极为自豪。他们的美国朋友永远也不能指望做到这一点。我们人不错，可是**文化**[⑤]不行，不配认真对待。不过关于尼克我就说到这里吧，他无疑是个值得一写的人。我并不总是尊重“**为逝者讳**”[⑥]的规矩，但就他而言，我会尊重。即便是就汉娜而言也一样，虽然她的诱惑更大。我过去经常说她的坏话，坏到不可饶恕，这种坏也应该向死亡低头。不过要让骂人的天才不骂人还是很难。如果**纯文学**[⑦]仍然存在，写写那个就挺愉快的。相信这事已经有人做了。也许是琉善，也许是我没读过其大作的哪位作者。

---

① 指纽约的格林威治村。

② 原文是 oral miser。

③ 应指约瑟夫·爱泼斯坦（Joseph Epstein，1937—　），美国作家，编辑。乔（Joe）是约瑟夫的昵称。

④ 柏拉图（Plato，约前 427—前 347），古希腊伟大的哲学家。

⑤ 原文是个仿德语词 kulturny。

⑥ 原文是拉丁语 de mortuis。——原注

⑦ 原文是法语 belles lettres，又译美文学。

话虽如此，你的看法我大部分都热烈赞同，不止一次为之喝彩。

真可惜我们交谈的时间太短。我们彼此都有很多话要说。

衷心祝福你。

应贝娄的请求，维瑟蒂尔挑选了几篇自己的文章寄来，其中包括《纽约书评》上对乔洛蒙蒂《意识之虫及其他随笔》(*The Worm of Consciousness and Other Essays*)的一篇评论。

致萨姆·沃纳梅克[1]

1978年3月3日，芝加哥

亲爱的萨姆，

我很重视你的提议［将《雨王亨德森》拍成电影］，马龙·白兰度[2]出演对我来说有点魅惑力，魅惑在于，这不太可能，却又可行。我不能写剧本的原因有很多，其中一个是我在写一本书，不对，是两本书。我不知道哈丽特·沃瑟曼和公共电视网（Public Television）是怎么说的，我们有段时间没联系了，不过我会把你的信寄给她，她会把你想要的信息给你（希望如此）。

祝你一切顺利。

致莱昂·维瑟蒂尔

1978年3月9日，芝加哥

亲爱的莱昂：

我们要启程去伦敦了，乘的是一台那种可恶的机器，这东西就是要让人相信，很有必要去旅行。怎么说呢，也许是吧。可是从我俯瞰密歇根湖的窗口看去，冰冻两英里开外的湖面上，开始出现了一缕缕的春水，绿色的，蓝色的，还

---

① 萨姆·沃纳梅克（Sam Wanamaker，1919—1993），美国演员、导演。

② 马龙·白兰度（Marlon Brando，1924—2004），美国演员。

有白色的。空气还是那样，能感觉出来挤一下、松一下，像手风琴的风箱一样。人**就是**手风琴，那些透明的簧片就在人身体里面。哪怕那音乐有点傻，我也不想离开。还有呢，尽管很不情愿，我还是得给《时报》写一篇对柯勒克《回忆录》（*Memoirs*）的评论。这就让我进入了外交领域。我把自己真正想说的话先整理到一起，然后过滤一遍，看是否合适，希望能达到一种平衡的折衷。我喜欢特迪这种性格，他不讲什么礼数，喜欢自夸，但是这本书自有其有趣之处，而且比大多数此类书更直言不讳。政客的“个人类”书籍没什么让人愉快的东西。有多少例外呢？戴高乐、克莱蒙梭①算是吧。可假如要有世界大战才能出这些克莱蒙梭，那我们大可不要他们。

你那篇文章肯定特别难写［《奥斯威辛与和平》②，发表于《纽约时报》］。你写得很好，会把讨论引向正确的方向。你知道关于犹太人问题的激烈争论会有什么结果——就是打成一团。可最重要的是要让人们关注奥斯威辛对以色列领导人的影响，而你的措辞十分机智——“拯救现实主义”，“和解不是投降”，犹太人“从不渴望征服”。我看不出聪明人有什么可反对的。犹太人令人振奋的一个特点是，就像在保质期内一样，总能拿出几个优秀人才。其他人当然也总是有的，你可以指望他们把你称为时髦的温和派。一个**让人头痛的家伙**③！

你触及了一些相当深刻的问题——连这些东西都不**尝试**一下，还有什么值得一写呢？不知道这种僵化［……］真正的含义是什么。有的时候我觉得这是过于警醒或者极端循规蹈矩达到了一种难以忍受的程度。假设欧洲人，尤其是德国人，是以一种近于痴梦的着魔状态发动战争、建立死亡集中营的，那么这些事对受害者和受难者所产生的影响就是让他们高度警醒。他们所得到的那份启示就是——现实。这是最起码的结果。他们以这种警醒建设自己的社会和军队，参与战争。或许在他们眼中，**不信犹太教的异邦人**④仍然处于自己那些足以招致毁灭的幻觉统治之下。美国清醒吗？别开玩笑了！那个笨手笨脚地一次次选举的法国又如何？这些犹太人难道不是在精神上还留在欧洲，和他们在战争中死去的数百万同

① 乔治·克莱蒙梭（Georges Clemenceau，1841—1929），法国政治家、记者、第三共和国总理。

②《奥斯威辛与和平》(*Auschwitz and Peace*)：奥斯维辛（Auschwitz）是波兰南部的一个小城，纳粹德国占领波兰期间在此建立了最大的集中营。

③ 原文是意第绪语和希伯来语词 dayge。——原注（这个词又写为 deigueh。——译注）

④ 原文是意第绪语词 goyim。

胞在一起吗？这不免让人想到，这种不计后果的游戏（我怀疑贝京[①]行事并非出自命运赋予的动机）也许并不是源于以批判的方式提高意识层次的某种需求。

尽管如此，我的结论却是，人们说这些话的时候，说的往往是自己。所以我暂停一下好做一番自我检查。

你很快就要到芝加哥来吗？提前点告诉我，也许能给你在学校安排一次公开演讲。我们没多少钱，不过委员会的演讲基金里还有个几块。

祝好。

致詹姆斯·索尔特

1978年3月29日，芝加哥

亲爱的吉姆[②]，

到这儿来看看县监狱吧，要不你就对杰弗里·哈丁（Jeffrey Harding）一无所知啦。我不知道这地方能拍成什么样的电影，不过这个监狱本身就值得一看，前提是杰夫[③]能让你安全进来（然后出去）。

眼下这个地方好像比［索尔特正在度假的］阿索洛[④]还要安静呢。你去意大利干吗？要诱惑绑匪和恐怖分子吗？我正在和我儿子亚当讨论这个问题，他明年想到佛罗伦萨去，在史密斯学院的赞助下研究但丁和彼特拉克[⑤]。我给他寄了些报纸上的剪报，对他一点用都没有。我让他和我的意大利代理［埃里希·］林德谈了谈，林德把自己的儿子送到瑞士的一所大学去了。不知你注意到最近发自罗马的一篇报道没有，那里面说黑手党对绑架阿尔多·莫罗[⑥]的绑匪十分愤怒。他们谴责恐怖分子破坏了意大利的敲诈规矩，威胁说，如果不在3月30日以前把莫罗

---

① 梅纳赫姆·贝京（Menachem Begin，1913—1992），波兰籍犹太人，以色列政治家。早年主张暴力，1977年至1983年任以色列总理，1978年因埃及的萨达特突然宣布和以色列和解，俩人共获当年的诺贝尔和平奖。1982年他发动了第五次中东战争。

② 吉姆是詹姆斯的昵称。

③ 杰夫（Jeff）是杰弗里的昵称。

④ 阿索洛（Asolo）是意大利山区小城，以安静闻名。

⑤ 弗兰西斯科·彼特拉克（Francesco Petrarca［Petrarch］，1304—1374），意大利学者、诗人，被誉为文艺复兴之父。

⑥ 阿尔多·莫罗（Aldo Moro，1916—1978），意大利政治家，两次出任意大利总理，1978年3月16日被意大利红色旅绑架，5月9日被害。

放了，就让他们在监狱里的人处决关在那里面的恐怖分子。

你和亚当对意大利的看法好像太过时了。我知道你想喝酒，想呼吸山里甜美的空气，可你觉得他们会让你呼吸多少？我建议你来看看这里的县监狱。我们可以去吉恩 / 乔吉蒂牛排馆（Gene and Georgetti's），在**本地**安静优雅的黑手党环境中吃我们的牛排。

再见啦[①]。

杰弗里·哈丁正在拍一部关于芝加哥监狱生活的电影，贝娄向他推荐了索尔特。

致约翰·契弗

1978 年 5 月 18 日，芝加哥

亲爱的约翰：

我这封给你的信可是［美国艺术文学学会暨协会］评奖委员会成员写给本委员会主席的。我们年轻的时候混在纽约，那个时候可没有什么奖，现在看着五花八门的这些奖项，贪婪和嫉妒让我没法活了。我没有人可以推荐给罗马［美国］学院[②]，而且我也不希望我的哪个朋友腿上挨枪子儿[③]，不过我想推荐一下戴维·普赖斯–琼斯[④]，那本讲米特福德姐妹[⑤]的书就是他为获爱·摩·福斯特奖[⑥]写的。我还想介绍一位年轻的作家马克斯·艾普尔[⑦]，他写了本很好的书，叫《美国的橙色

① 原文是意大利语词 Ciao。

② 罗马美国学院（The American Academy in Rome）成立于 1894 年，不是学校，不安排课程，而是颁发奖学金，为美国艺术家和学者提供在意大利独立创作和研究的机会。

③ 可能指前意大利总理莫罗被害案，莫罗身中十一枪而亡，尸体于 5 月 13 日在罗马市中心被人发现。

④ 戴维·普赖斯–琼斯（David Pryce-Jones，1936—　），奥地利出生的英国记者，作家。

⑤ 这本书 1977 年在纽约出版的时候书名为《尤妮蒂·米特福德生平及轻浮之恶探究》（*Unity Mitford: An Enquiry into Her Life and the Frivolity of Evil*），1978 年在伦敦出版的时候书名简练了一些，为《尤妮蒂·米特福德探究》（*Unity Mitford: A Quest*）。尤妮蒂和她妹妹杰茜卡（Jessica）都是英国贵族里兹代尔（Redesdale）家族的人，尤妮蒂十九岁成为法西斯主义的崇拜者，与希特勒交好，杰茜卡则是左倾，十五岁即偷跑出去参加了西班牙内战，后加入美共。

⑥ 爱德华·摩根·福斯特（Edward Morgan Forster，1879—1970），英国作家。爱·摩·福斯特奖（E. M. Forster Award）是美国艺术文学学会设立的。

⑦ 马克斯·艾萨克·艾普尔（Max Isaac Apple，1941—　），美国小说家。

化》[1]，还有贝蒂·豪兰，《芝加哥之蓝》(*Blue in Chicago*) 的作者。

批评家我可提不出来，除非是提名把谁钉死在十字架上。

致以真诚而深情的问候（因为你说的是致以真诚的问候）。

还有爱。

致莱昂·维瑟蒂尔

1978 年 5 月 19 日，芝加哥

亲爱的莱昂：

在芝加哥，春天到来，伟大的太阳搅起这一整片巨大的混乱，自然开始生发出所有的春天景象，这个时候大放异彩的与其说是萌芽的树和盛开的花，不如说是各种机器、污垢、旧建材，大气中的铅和碳也在交流。你能看到铅和硫酸产物在春天的样子。昨天的天气绝佳，我们当然也带上了臭氧监测器，大量的汽车过热，开着引擎盖堵塞了高速公路。我坐在抛锚的汽车里，想着鲁道夫·施坦纳以保持平静，心里完全确信自己正在吸入致命的致癌物，会得肺癌。今天的春天景象低沉而灰暗。我猜这倒是无害。给人的感觉只是这个世界没有活力。我这样屈服于外部条件也许很不像个犹太人。有一次在罗兹[2]，我问马雷克·埃德尔曼[3]医生是不是对身边城市环境的丑陋感觉无所谓，他看了看我，毫不掩饰他的轻蔑。事物的外表能有什么用呢？这是一种偶像崇拜，或者说对伪神的敏感。人可以抓住心扉上那一叩，去追求拉斯金[4]的那些东西，然后就活该倒霉。听说过埃德尔曼吗？一个非常出色的人，他在华沙犹太人隔离区的最后几天里战斗的时候还是个少年，现在是"心脏病专家"，隔离区和中转站[5] [从华沙犹太人隔离区到特雷布林卡的转运站] 的那些事，他写得激动人心。

---

① 《美国的橙色化及其他短篇小说》(*The Oranging of America and Other Stories*) 1976 年出版。书名中的橙色，有书评说指美国老牌餐饮连锁店霍华德·约翰逊 (Howard Johnson) 的屋顶主色。

② 罗兹 (Lodz) 是波兰第二大城市。

③ 马雷克·埃德尔曼 (Marek Edelman)，波兰著名犹太裔社会活动家，心脏内科医师，二战华沙犹太人区起义领导人中最后一位去世者。

④ 约翰·拉斯金 (John Ruskin，1819—1900)，英国艺术批评家。

⑤ 这个中转站 (Umschlagplatz) 离二战中纳粹德国建立的华沙犹太人隔离区 (the Warsaw Ghetto) 很近。特雷布林卡 (Treblinka) 是波兰东部的一个小村，纳粹在此建立了犹太人灭绝营。

我一路走来不停地挣钱，为了交税，还要交打官司的费用，还要对付一众会计师和前妻，还有孩子们的学费和医疗费。父权社会家长的费用清单里还应该包括男女仆人和骆驼及牛群。我会有幸排在这个队列的最后，和驴子们在一起。我回来以后就不得不赶快把一篇短文写完，那是一家德国杂志要的，谈歌德的一本绝妙好书《意大利游记》(*Italian Journey*)，所以我没时间在收到的邮件里面找我们那封［公开抗议贝京政府的］信，不过现在大部分邮件我都看了，从送给我的花，到把我开除的通知。只要在一份文件上签个名，就可以乘着球形潜水器在犹太观点和情感的海洋中畅游。一位气鼓鼓的河豚女士告诉我，以色列人和美国犹太人的问题已经够多的了，根本用不着我来当他们的代言人。她在我的传记和作品里找不到任何东西可以说明我具有理性政治思维能力。别的能力也没有。我从我的朋友约翰·奥尔巴赫那里听说，一些以色列报纸说我是个俄国间谍，卡特[①]的走狗。其实我是最不想沾政治的，我很乐意把政治理性的事交给贝京和魏茨曼[②]这些人去管，假如我认为他们有这种理性的话，可是贝京上次来这儿的时候表现太糟糕了，他什么事都管不好，还要国会做兵力检验，这是人人害怕的事，应该尽全力避免才对。他什么都夸大，什么都强调，顽固不化，大喊大叫，还真是个贾波廷斯基[③]的信徒，要把我们带进一种狂热的危险境地。倒不是说他在所有的问题上都错了，不是那么回事，他只是不知道该怎么引导讨论。他是那种抽疯式的人。难以想象，犹太人居然让个卡特占了上风。这怎么解释？只能是因为犹太人队伍里出现了混乱和歇斯底里。以色列就没人告诉贝京美国的公共关系是怎么回事吗？

不过这么说来美国好像也没人能告诉政府沙特[④]这些地方的人在干什么。有个伯纳德·刘易斯[⑤]这样的人也许就行了，那得有人愿意让他接近吉米，而且吉米自己也不能是个问题儿童。我们这些一般人所能做的就是思考这些事。我们从

① 吉米·卡特（Jimmy Carter，1924—　），美国政治家，1977 年至 1981 年任美国总统，在任期间促成《埃及-以色列和平条约》、与苏联的双边限制战略武器条约等，中美并正式建立外交关系，2002 年获诺贝尔和平奖。

② 哈伊姆·魏茨曼（Chaim Weizmann，1874—1952）是出生于俄罗斯的英国犹太裔化学家，犹太复国主义领导人，第一任以色列总统（1949—1952）。

③ 弗拉基米尔·扎耶夫·贾波廷斯基（Vladimir Ze'ev Jabotinsky，1880—1940），出生于俄国的犹太复国主义领导人，作家、诗人，长于演说，贝京视其为导师。

④ 指阿拉伯半岛上的亚洲国家沙特阿拉伯王国（Kingdom of Saudi Arabia）。

⑤ 伯纳德·刘易斯（1916—2018），美国学者、中东问题研究专家。

中得到的是思考的材料。在莫罗和柬埔寨①这些事情上，就算是我们的思考体现出了智慧，也根本不会有人关注的——我想我指的是聪明人那种让危机给搅得疯狂起来的意识。这是因为我收到让-保罗·萨特的一封信，要我为一场犹太人问题大讨论写篇文章，登在明年秋天的《现代》杂志上。

祝好。

维瑟蒂尔组织撰写了一封公开信，抗议贝京政府在回应埃及总统安瓦尔·萨达特②的和平倡议方面行动迟缓。这封信登上了《纽约时报》的头版，在信上署名的是美国犹太人中的著名人士，其中包括贝娄、欧文·豪、雅各布·纽斯纳③、西摩·马丁·利普塞特④和露西·达维多维奇⑤。

致拉迪斯拉斯·法拉戈

1978年5月24日，芝加哥

亲爱的法拉戈先生：

我可以返还您的赞美。我看了您那本讲巴顿⑥的书，非常欣赏，所以要反驳您让我很痛苦。我参与署名的那封［给《纽约时报》的］信可能太含糊了，因为写得太谨慎，不过那封信并不支持卡特的中东政策，只是对贝京持温和的批评态度。我不明白为什么美国犹太人的立场和以色列相同而且在以色列议会上表达出来就有罪了。在我们这封信上签名的人并没有打算对以色列人指手画脚。没人希望以色列为了“和平”而自杀。对吞并带来的危险和以色列境内大量阿拉伯人口带来的危险提出警告怎么就危害到了贝京？不过我最不愿意做的事情就是卷入政

① 或指1977年、1978年间越南与柬埔寨之间的战事，这场战争前后延续了十几年时间。
② 穆罕默德·安瓦尔·萨达特（Mohamed Anwar el-Sadat，1918—1981），埃及政治家，1970年至1981年任埃及总统。
③ 雅各布·纽斯纳（Jacob Neusner，1932—2016），美国宗教史学家。
④ 西摩·马丁·利普塞特（Seymour Martin Lipset，1922—2006），美国政治学家和社会学家。
⑤ 露西·达维多维奇（Lucy Davidowicz，?—1990）著有畅销书《希特勒对犹太人的战争》（*Hitler's War Against the Jews*，1978）等。
⑥ 小乔治·史密斯·巴顿（George Smith Patton Jr.，1885—1945），二战美国名将。

治纷争。在以色列媒体上，有人说我是叛徒、告密的人、卡特的走狗、莫斯科的特务。这些标签里没有一个我觉得是我该得的，您觉得呢？这么说吧，要找到个正确的标签实非易事。

谨致敬意。

拉迪斯拉斯·法拉戈（Ladislas Farago，1906—1980）写过许多二战史方面的书，其中包括《巴顿：磨难与胜利》（*Patton: Ordeal and Triumph*，1964）和《余波：寻找马丁·鲍曼[①]》（*Aftermath: The Search for Martin Bormann*，1974）。

致爱德华·希尔斯

1978年9月3日，芝加哥

我亲爱的爱德华：

世事无常吗？是的，也许是上年纪的朋友之间越来越多的故意作对——可这也是一种朋友关系啊，你我都知道这一点，这种关系支撑着我渡过困难时期。我完全能承受我遇到的困难，在精神上我毫无疑问可以与其一决高下。在情感上我却无法完全控制。我现在而且很长一段时间以来都已经准备好失去这笔钱了。如果上诉法院维持这个残忍的指令，我就不得不借钱来付给那些迫害我的人，而我没有理由对上诉法院的判决抱有信心。我和法庭及律师打交道的经验不容我乐观。我深陷于这一摊污泥浊水中到现在已近十年。我也该做些非做不可的事来解脱自己了。

这件事整个就十分荒唐——荒唐到家了。不过也教会了我很多东西。我说这话不是要吓唬谁，也不是因为我已经苦不堪言了。我不打算报复。我只是想说，这件事极大地扩展了我对人类的理解。

然而我当作家不是为了赚钱，我也不会因为家产都被没收光了我就不当作家了。我还拿不准下一步该怎么往前走。我出的作品越多，我就越容易让饿狼盯上。

① 马丁·鲍曼（Martin Bormann，1900—1959），纳粹二号战犯，纳粹党秘书长，希特勒的私人秘书和遗嘱执行人，战后失踪，后证明已死。

也许在美国搞个什么**地下出版物**[①] 是个办法（就这么一个笑话，今天太悲伤了）。

我一直认为自己很皮实扛打，可又经常觉得自己似乎不像想象的那么强。夜里醒来就会感觉虚弱。有的时候我会不由自主地祈祷。不是为了求得什么好处，甚至也不是为了求助，只是为了理清思绪。我不是特别担心死亡。让我苦恼的是，别人（绝非我自己）看到的是我值得称道的成就，我却很可能把事情搞了个一塌糊涂。

我知道你会给我写信。收到你的来信之前我就跟亚历珊德拉说过，我会很快收到你的信。因为我毕竟是心中有数的（以我自己相当有限的方式）。我衷心感谢你。

你也会一如既往，原谅我的傻气。

致深情的问候。

伊利诺伊州一家上诉法院将维持下级法院的裁决，要求贝娄向苏珊支付五十万元，以解决他们之间旷日持久的财产纠纷。

致欧文·巴菲尔德

1978年9月19日，芝加哥

亲爱的欧文：

我想最好别等一个安静下来的时候了。没有安静的时候。

本来想详细告诉你的，就简单说说吧。今年4月到5月的一次研讨会上，我们读了《拯救外观》和《分离的世界》[②] 这两本书。现在说我做你的阐释者有多成功还为时尚早。参加这次研讨的有英语系的韦恩·布思[③]、专攻康德的哲学家威克[④] 教授，还有个搞数学的年轻人叫扎布尔（Zable），是我妻子的一个同事，他在我桌上看到一本《拯救外观》，很想和我讨论一下。另外还有两个研究生，其中一个对人智学很感兴趣。布思和那个研究康德的觉得这本书“有意思可是挺难懂的”，

① 原文是源自俄语的词samizdat。

② 这是欧文·巴菲尔德1963年出版的一本书，全名是《分离的世界：1960年代对话录》（*Worlds Apart: A Dialogue of the 1960s*）。

③ 韦恩·克莱森·布思（Wayne Clayson Booth，1921—2005），美国文学批评家、修辞学家、芝加哥大学教授。

④ 指芝加哥大学哲学教授沃纳·阿姆斯·威克（Warner Arms Wick，1911—1985）。

就像哈克·费恩[①]说《天路历程》[②]一样。布思特别有共鸣，非常感兴趣，威克话很少，抽着烟斗告诉我们，我们并不真正了解康德，我们会搅得乱七八糟不可收拾，除非我们花上一两年的时间好好看看这个批判那个批判。不过就连他也觉得你写得很吸引人。我想趁着我对研讨会还记忆犹新，暂且向你做这么个简短的汇报吧。其余的就是平常遇到的那些麻烦事了——不，应该是比平常更糟糕。法庭要剥夺我的全部财产。今天早上我突然想起一张很能触动人心的照片，那是甘地遇刺后拍的，照片上是他的东西：凉鞋、饭碗、眼镜，还有腰布[③]。拥有的财产比这更多就能抵抗黑暗的力量吗？我不以为然，但是眼前的威胁很严峻。法院要我今天交出一张我个人物品的清单，不知他们会不会毫不犹豫地把这些东西送去拍卖。只有天知道了。尽管如此，我每天还可以集中精力思考本质和非本质之间的区别。

我在伦敦问过你愿不愿意看看一部小说的手稿，或者其中的一部分。你是想法照旧呢？还是觉得干脆算了？从一个朋友的角度说，我建议你怎么省事怎么来。从一个“写家”（这是《阿斯彭文稿》[④]里那位愤怒的老妇人用的词）的角度说，我希望你能发善心让我给你寄去一百来页。

衷心祝福你。

致艾萨克·巴什维斯·辛格

1978年10月5日，芝加哥

亲爱的辛格：

蕾切尔［·麦肯齐］[⑤]刚打电话告诉我这个消息。**尽情欢乐吧**[⑥]。

我和我妻子满怀欣喜向你祝贺。

---

① 马克·吐温1884年小说《哈克贝利·费恩历险记》(*The Adventures of Huckleberry Finn*)中的主人公。这个名字除了简化为哈克·费恩（Huck Finn）以外，比较常见的译名还有哈克贝利·芬。

②《天路历程》(*The Pilgrim's Progress*)是英国文艺复兴时期著名作家、布道家约翰·班扬（John Bunyan，1628—1688）的作品。

③ 腰布是印度男人的传统服装，音译为托蒂（dhoti）。

④《阿斯彭文稿》(*The Aspern Papers*)是亨利·詹姆斯的中篇小说，发表于1888年。这里的“写家”原文是 writing fellows。

⑤ 蕾切尔·麦肯齐（Rachel MacKenzie，1909—1980）时为《纽约客》的编辑。

⑥ 原文是意第绪语：Zol es aykh voyl bakumen。——原注

1978 年 10 月 5 日，艾·巴·辛格成为第一个而且也很可能是最后一个获得诺贝尔文学奖的意第绪语作家。

致朱利安·贝尔斯托克

1978 年 10 月 9 日，芝加哥

亲爱的朱利安：

我在英国报纸上没看到这个消息，所以不知道报道的总数是否准确。但是的确大得惊人，法律费用就是二十万，也很惊人。如果这些判决都成立，我就会回到 1937 年当学生的时候那种状态，靠每个星期三块钱的补贴过日子。我会要求总统为了我恢复公共事业振兴署。判决结果出来的时候，我的律师打电话跟我说："你得咬颗子弹忍忍痛了。"于是我咬了一个月、两个月、三个月。现在我把子弹放回我的弹药筒里去了。咬子弹有什么用？我要回去写书了。这些书我也许不会出版，因为出了书就有了钱，然后非力士人[1]就又会来追杀我。撒母耳向扫罗发怒是对的，因为扫罗没有按照要求把非力士人的包皮都交出来。扫罗如此心软就是错了。我们正在为此付出代价，就是现在。想想看是挺奇怪的，纠集起来对付我的人大多数都正规合法地割过包皮。好啦，都见鬼去吧。收到你的来信我总是很快乐的。很高兴你尽管有家花野花这个麻烦还是感觉挺好。关于芝加哥犹太人的情感问题我今天对你是什么也没法说啦。

致以深情的祝福。

朱利安·贝尔斯托克（1915—1997）是贝娄西北大学时期的老朋友，战后永久移居巴黎，在联合国教科文组织工作。

---

①《圣经》中的非力士人（the Philistines）是以色列人的敌人，这个词后来的引申义是庸俗、市侩气；下文中的撒母耳（Samuel，普通人名译为塞缪尔）是以色列人的士师、祭司、先知，按上帝旨意将扫罗（Saul，普通人名即索尔）立为以色列人的第一个王；扫罗起初性格谦虚，称王后有了改变，许多事情处理不妥。这里的故事似出自《圣经·旧约·撒母耳记》(上，第 18 节)，但细节不同，或为贝娄的幽默。

致路易斯·拉斯科

1978年10月19日 ［芝加哥］

亲爱的阿尔卡迪·伊万诺维奇[1]：

听说你雄风不再，我很悲伤。你真的要为了艺术放弃女人吗？我记得有段时间芝加哥是世界上伟大的文化中心之一，年迈的犹太医生经常跟人说他们要放下手术刀拿起笔来。说到笔嘛，读读雷明顿打字机的说明书[2]吧。不过你要放下的是什么呢？

可以看在我的分上把尊稿寄来一份吗？我可是仰慕你五十年了，感觉还是有权利提出这种请求的。

永远是你的，

塔拉斯·布尔巴[3]

① 阿尔卡迪·伊万诺维奇（Arkady Ivanovich）是陀思妥耶夫斯基《罪与罚》里一个人物的名字。

② 原文只是“读读雷明顿（Remington）吧”，因找不到关联信息，疑指当时通用的打字机品牌雷明顿，故试译如此。

③ 塔拉斯·布尔巴（Taras Bulba）是俄国作家果戈理（Gogol，1809—1852）长篇小说《塔拉斯·布尔巴》中一位哥萨克首领也即该书主人公的名字。

1979年

致伊丽莎白·西夫顿

1979年1月23日，芝加哥

亲爱的伊丽莎白：

我也为离开维京感到难过。维京的作者我当了三十年。正是在与维京的合作中，我对这种一夫一妻制似的关系所产生的各种感情得以完全释放。我不想让你觉得我下决心作出这个变动就意味着对你的批评。无论就哪个方面而言，你都是一位出色的编辑，当然也是维京所有编辑中最具吸引力的一个。我会怀念那些好的建议和那些吸引人之处。帕特·科维奇去世了，凯蒂·卡弗进入了精神世界，丹佛·林德利退休了，后来出现一段空当，我独自支撑着。然后你来了，我一刻都不想让你觉得你作为编辑辜负了我的期望。我决定改换门庭和你没有一点关系。我也会想你，而且希望你一切都好，我们见面的时候没有理由不继续在一起欢笑如故。

致以最亲切的问候。

致巴尼特·辛格

1979年2月12日，芝加哥

亲爱的巴尼[1]：

石头墙围起来不一定就是个监狱，可是我这儿书稿太多，足以让我出不了门啦。今天就收到了三部，你的，还有另外两个人的，分量差不多，都要看，**违者罚款**[2]。那我该什么时候做咖喱菜、给狗洗澡、检查我的脚趾头呢？我十分希望

① 巴尼（Barney）是巴尼特的昵称。

② 原文是法语：sous peine d'amende。——原注

3月25日能去芝加哥，要是还没有让这堆纸山压扁，我会很高兴谈一谈。适度即可。我不是舍不得时间，只是不想让你那种飓风一般扑过来的轻松活泼搅乱我的心境。你可能不知道我在说什么，我给你个提示：我父亲是个老欧洲，我一个哥哥埋怨他（我父亲当时七十多岁），说他从来没和他的这几个儿子做过朋友，结果把他惹火了。我父亲理直气壮地大吼："朋友！他疯了吧？对他爹不敬吗？"我从小接受的教育就是要对长者恭敬顺从。如果历史学家都不能理解这一点，还有谁能呢？

你坦诚的朋友。

致伯纳德·马拉默德

1979年3月25日，芝加哥

亲爱的伯恩①，

我有个习惯，是从我家老爷子那儿直接继承的，就是出门前必须把一些要紧事处理好，这样我就要考虑哪些事是最要紧的。亚历珊德拉和我马上要去华盛顿参加埃及条约②的签字仪式，走之前我必须为《杜宾的生活》（以下简称《杜宾》）③向你表示感谢。拿到书的时候非常高兴，读起来也是兴味十足，打动我的是书中出色的文笔，是智慧和风格，和我一直生活于其中的这个世界相比，这本书引领我进入的是一个更为清晰有序的世界。一本一流的书可以开发我身上那些我根本感觉不到的器官功能。读了《杜宾》以来，我**看东西**更清楚了。你那种对天然的亲近让我惊讶，或者不如说是惊喜。你不是出于一本书的需要去达成如此境界的。这是你回应自己内心呼唤写就的东西，你成功了。对芝加哥或者纽约的犹太人来说，这种事必须是有了一定的人生经历之后才能做的。这不是与生俱来的权利。在地铁栅栏或者高架列车的下面生存和死亡，**不为**鲜花和风景所欺骗——就是这么回事。

劳伦斯的主题对我没多大帮助。我非常仔细地看过他的作品。衷心赞赏，没

---

① 伯恩（Bern）是伯纳德的昵称。

② 指《埃及-以色列和平条约》，1979年3月26日由埃及总统萨达特和以色列总理贝京在美国华盛顿签订，美国总统卡特作为连署人在和约上签字。

③《杜宾的生活》（*Dubin's Lives*）是马拉默德1979年出版的长篇小说。

错；但没把他看作圣徒，差不多。不管怎么说，我开车穿过劳伦斯的领地还是开着近光灯的。让我印象深刻的是那个讨厌的冬天，那个瘫痪的作家[①]。太他妈真实了。我从来没经历过那种能要人命的“堵[②]”。我经历过绝望，如地狱一般，可要是有人问我那是怎么回事，我绝不会想到把那种状况描述成一种“堵”。

我对那个妻子[③]很同情，不太同情范妮。不过我这是出自一种幼稚的心理，不是从批评的角度跟你这么说。我怎么能批评呢？我非常感谢你给予我的愉快。也许我对那种生理本能上的悲伤太了解了，已经没法做出可靠的判断。我因此而失去了这种资格，在这个领域里我已经没有了自信，希望你不要把我的不安视为吹毛求疵。你的书让我非常快乐。

致以深情的祝福。

致安·伯斯坦[④]

1979年4月12日，芝加哥

亲爱的安：

这么说艾尔弗雷德认为和你住在一起就像和我住在一起一样！我说不清我的反应是怎么回事，我对他从来没有过那个方面的丝毫兴趣。我充其量也就是欣赏他的优点。可你知道，敬重远不是吸引力啊。

听说他在南本德，我以基督教的精神给他写信（真可惜基督徒垄断了基督教精神，就没有什么办法打破这种专有权吗?），把我的电话号码给了他，他给我打了电话，可是我们都太抢手了，约个时间都困难，然后我们就都让大雪给困在家里好几个月，到现在还没见过面。眼看散步的天气就快到了，我打算再试试。

你问我知不知道你和他终于还是分手了，我不知道。我倒是听到了一些流言，这是难免的，但是流言蜚语绝不可能把你毁掉——我说的不是任何一个人，就是你。我离过三次婚，所以听到有人离婚我是高兴不起来的。不过就你的情况而言

① 应指劳伦斯的小说《查泰莱夫人的情人》（*Lady Chatterley's Lover*，1928）。
② 这里的“堵”原文是 block。
③ 指《杜宾的生活》中杜宾的妻子基蒂（Kitty）；范妮（Fanny）是基蒂找来的清洁工。
④ 即安妮·伯斯坦，艾尔弗雷德·卡津的前妻。

（听我说了以后你就会原谅我了），拖延肯定带来了很不好的后果。但是人对自己走过的生活道路永远不会真正后悔。总有一些完全合理的理由可以解释为什么不可能走其他的路。只是因为我很喜欢你（我还记得你成了艾尔弗雷德的未婚妻之后，艾萨克和我是多么为你倾倒，这份心意我从未改变过），我才能从情感方面做如此推测。

你写了一本小说，我觉得这是健康的标志。双日[①]开始发稿以后我要看看。

爱你。

致约翰·契弗

1979年5月2日，芝加哥

亲爱的约翰，

你没发现我们快一年没看见彼此可爱的小脸了吗？我在报上看到你一个接一个地把各种奖收入囊中，这成了我莫大的乐事。我也多少为你抱憾，因为你只有偶尔想起我来才能得到点儿快乐。我们得设法改变一下这种状况，特别是今年一直就没什么高兴的事，和你见面对我有益啊。[……]

三十年前，芝加哥海德公园银行大楼顶层有一家俄罗斯夜总会叫“三驾马车”，他们在那儿唱过《别忘了我》，那是一首很伤感的**抒情歌曲**[②]，对我们正合适。

爱你。

致海门·斯莱特

1979年6月28日，佛蒙特，西哈利法克斯

亲爱的海门，

简单写几句吧。这样我就不会消失在活板门后面，到9月份才有消息了。我

① 双日（Doubleday）是美国纽约的一家出版公司，建于1897年，现在是兰登书屋旗下的克诺夫双日出版集团（Knopf Doubleday Publishing Group）。

② 原文是德语词Lied，又译为利德歌曲。

们到这儿以后，我发现自己身体不太好。这儿很美，可我太累了，情绪低落，顾不上去喜欢这个地方。我没想到我的状况这么糟糕。直到开始放松紧张情绪，感觉到长期积累起来的疲惫，才会知道情况有多严重。有两个星期的时间，我极为消沉——人都要掏空了。一点儿精神都打不起来。晚上吃一粒安眠药，就要为得到的睡眠付出失眠的代价，所以我就不吃了。亚历珊德拉则是继续做数学。她得准备一篇会议论文，这个会现在正在德国开着，她去了。我很高兴。这段时间里就这么一件好事。她的青春活力，就像我在她这个年纪的时候所拥有的一样……我记得筋疲力尽之后我很快就能振作起来。有个奇特的感觉就是，我好像做了什么秘密的安排，通过她来享受生活。在餐馆里，我再也不能吃为自己点的那些甜食，我就让她吃。

我想念我们的星期天。希望你不要陷入忧郁。

爱你们俩。

致艾伦·布鲁姆

1979 年 8 月 10 日，西哈利法克斯

亲爱的艾伦，

太好了，这样我们就找一个你方便的下午上辅导课。我上午尽量不去学校。我的习惯是不管手头在做什么，都一口气干到中午，然后到海德公园去吃点东西。我们该好好享受一段司汤达和福楼拜带给我们的美好时光，以让-雅克①为背景。委员会里肯定有几个学生能看法语书吧。冬天亚历珊德拉和我在加州理工②，所以我们得把所有的内容都集中在一个学季里。

劳工节一过我们就回来，应该有足够的时间制定计划。每次我和戴维［·格雷纳］一起上课，总会事先在一起准备一下，自然是在吉米那里。你要是受不了他那儿的脏，我们可以另找个脏得还可以忍受的地方。有些人是受不了的。

对你寄予极大的期望。

---

① 应指法国启蒙思想家让-雅克·卢梭。

② 加州理工学院（California Institute of Technology），简称加州理工（Cal Tech），1891 年建校，在美国加利福尼亚州洛杉矶东北郊的帕萨迪纳市（Pasadena）。

祝好。

布鲁姆和贝娄后来一起上研讨课，直到1992年布鲁姆去世。

致欧文·巴菲尔德

1979年8月15日，西哈利法克斯

亲爱的欧文——

好久没联系了，总是一件事接着一件事。谢谢你给我寄来克·斯·刘易斯[①]的书，我很想好好看，可一直不能如愿。收到书不久我们就接到电话去了布加勒斯特[②]。亚历珊德拉的母亲快不行了。情况是——算了，不跟你详细说了，不过我妻子在十天之内最多只能去探望三次。然后她母亲去世，接着又是就财产问题与官僚机构莫名其妙地搏斗一场。回来的时候亚历珊德拉悲痛不已。病了有三个月吧，然后又冒出来更多难办的事。我知道和你说这些头疼的事不太好。你自己也有很多难处，不过是出于英国人的克制，你不说而已。我只是想告诉你我为什么一直没写信。我还在看你的书，不断地想到你，继续读施坦纳的书，继续钻研人智学。我不希望让你觉得我没长性，已经放弃了。不是的，根本不是那样。但是我不得不告诉你，你对我写的书做出的评价让我感觉困惑。我不要求你喜欢你显然是不由自主就讨厌的东西，可你对这么多灵魂投入不屑一顾，这一点我很难接受。最后出来的东西可能不好，但那里面没有一丝虚假，我能忍受拒绝，可是对于我有的时候怀疑属于偏见的看法，我感到不安。你去年在一封信里说我在“堆煤块”，让我相当反感。我不知道该说什么。你不喜欢小说？很好。可我就是干这行的，我写了四十年小说了，如果我真的长了些智慧，或许免不了会用一些“小说方式”表达出来。这怎么就不行呢？一个变戏法的“受到了启发”，他还是继续变他的戏法，是不是？我在施坦纳的话里找到了某种支持：“……如果一个人对现实没有普通人的感觉，对别人的生活细节没有兴趣，如果他太‘优越’了，生活

① 克莱夫·斯特普尔斯·刘易斯（Clive Staples Lewis，1898—1963），爱尔兰/英国作家、文学家、学者、批评家，以基督教作品和儿童小说闻名。

② 布加勒斯特（Bucharest）是罗马尼亚首都。

中一路走来都不用为细节操心，那么他就表明他不是一个真正的先知。”(《人智学导论》[1]，202页)

一吐为快之后，我想告诉你，我对你的情感是非常深厚的，你肯定也知道我有多么尊重你。就我来说，我感觉对你可以无话不谈，也就是说，我知道你会原谅我的蠢话。

你永远的朋友。

致海门·斯莱特

1979年8月19日，西布莱特伯勒

亲爱的海门：

别在意你说话的方式，在这片绿色的乡村里，我很怀念你的声音。我的身心健康都需要这种绿色，可这还远远不够完美。哪天你愿意听，我会很高兴地和你随便聊聊这十年来我的所得——你理应知道，而且你一定会理解。我想你会对我的一些判断提出不同看法。我还觉得，因为你是个不喜欢含含糊糊的人，你会有选择地听，特别注意那些你认为比较和睦融洽的地方。我们每个人都有自己的审美筛选方式，年纪越大，对能接受的事就越挑剔。我现在明白这一点了。有慷慨宽容的风度，对别人的事能接受的范围比较大，这样的人是很幸运的。你身上就有一种慷慨大度之风，所以听你说话非常令人愉快。我试着跟你说过我的一些事情，效果有所不同。你不太喜欢我说的文化空白。你始终认为，有些人类特点和文化空白没有任何关系，你这个看法在很大程度上是对的。人类特点具有明显的优先地位。庸俗没有那么重要。尽管如此，我还是遭遇过几次庸俗造成的可怕局面。我的处境很奇怪，有的时候我特别想告诉你那是一种什么状态。四十年前，在没有文化的芝加哥，一群孩子把自己拥有的东西凑在了一起，这群孩子里就剩下我们啦。如今星期天下午在一起喝茶，我就又有了那种感觉。如果**不怎么**说话，那感觉就只会是伤感而已。正如你自己经常看到的那样，我们**话还是说的**，所谈

①《人智学导论》这里提供的原文是 Anthroposophy: An Introduction，经查，鲁道夫·施坦纳的著作里没有这一本，或许是后来人所写，其中用到了施坦纳的话。

的话题都很真实。哪怕你寄来一封开心的信，信的内容也关乎物质和意识——物质经某种安排产生意识。于是我就要说了，不错，可这种安排是以人们喜欢说的那种“突然进化”的随意方式自己形成的呢，还是一种在监督下形成的安排，起支配作用的是以人脑为工具的某种力量或者精神？你知道我倾向哪一方。

也许我这番话是受了今天大雾的影响说出来的，急需穿透，急需澄清。[……]

爱你们俩。

致埃莉诺·克拉克

1979年10月10日，芝加哥

亲爱的埃莉诺，

就因为看［你的小说］《格洛丽亚·芒迪》[1]，我这次回芝加哥感觉轻松多了，文化冲击也减轻了。夏天我在佛蒙特，氛围不对（树木、天空、书籍、妻子——那是个唯美的圣殿）。你那个真实的佛蒙特让我的认识比较客观了。威尔明顿和芝加哥之间**的确是**有联系的。

我很欣赏你的书。我特别高兴的是，你迅速翻过了山脚下的丘陵，直奔必需达到的高度也就是事件的现场，你的叙述直截了当，流畅平实。一个挺复杂的主题，表现得毫无阻滞，没有复杂化，也没有修辞上的刻意支撑和填充。“看在上帝的分上，看近一点吧！”这是西德尼·史密斯[2]说的。这就是描述崩溃的技巧要求我们做到的地方。我非常喜欢你笔下的佛蒙特人，对跳伞的牧师和那些顽固不化的小顽童是另外一种喜欢。你寥寥几笔刻画的老先生我也很喜欢。他对自己的文化是多么自豪。你肯定记得他那篇写塞利纳[3]的文章，还有他对社会主义文化未来的论述。那个时候普通人就会成为歌德、贝多芬[4]。他要了我。唉，可怜的他，可怜的我们。

亚历珊德拉还是经常提起我们一起度过的那个晚上。［索尔·］斯坦伯格来看

①《格洛丽亚·芒迪》(*Gloria Mundi: A novel*) 1979年出版。

② 西德尼·史密斯（Sydney Smith，1771—1845），英国教士，哲人智者，有很多名言传世。

③ 路易-费迪南·塞利纳（Louis-Ferdinand Céline），这是笔名，本名是路易-费迪南·德图什（Louis-Ferdinand Destouches，1894—1961），法国作家、医生，二战中协助纳粹反犹。

④ 路德维希·范·贝多芬（Ludwig van Beethoven，1770—1827），德国作曲家。

我们也是那次促成的。明年夏天你来和我们一起吃顿饭吧。

谢谢你的书。

祝好。

“老先生”指托洛茨基，1930年代末期克拉克在墨西哥城当过他的工作人员。

致欧文・巴菲尔德

1979年11月11日，芝加哥

亲爱的欧文：

就我的“写作意图”而言，我就像个说要改过自新的醉汉，让我们这儿喝酒的人说就是，上了马车，可这马车大不同于带翼的战车呀。你来信中的温暖、善意和坦率打动了我。我非常尊重你的做法和你对自己的评价，所以我的回复也不能草草了事。看了四五年施坦纳的书，我有了很大的变化。我想是正在产生某种变形，我坐下来给你写信，却不知该怎么说。你会觉得我居然对你评头品足，太荒唐了。的确荒唐，而且你也一定会觉得很不愉快，可这种地位是没有职责义务的，你不欠我什么。从你的信中我看出你是这样一个人：已经学会了怎样对待有意识的灵魂，可以重建切断的联系，并且找到了连接思想和情感的通道。我不想再说下去了，以免让你难堪，你可能觉得这种形式不好。我在你的书中注意到了你是如何回避所有这些要求的，就像那个梅吉德自称为米迦勒最渺小的仆人一样，你喜欢贬低自己。我们之中最优秀的人都毁于本世纪的两场战争。幸存者里只有我们这样的人才能结伴继续前行。“我这个人算是相当老实，但是……[1]”对，就是这样。我这个人甚至更加只能“算是相当老实”，所以让人描写为一辆被豌豆射手包围的坦克让我觉得很有趣。

本想在密歇根见你，那个时候却走不开。无论怎样安排，都没有很多时间和

[1] 这句话出自莎士比亚《哈姆雷特》第三幕第一场中哈姆雷特之口，原句是：I am myself indifferent honest，but yet I could accuse me of such things that it were better my mother had not borne me。（我这个人算是相当老实，但是我还可以指控我自己许多罪行，但愿我的妈妈当年根本就没有生我。——曹未风译文）

你聚会。只好重读你的书来自我满足一下。我想近期大概去不了英国。两年前在爱丁堡，一位热爱人智学的女士警告我说："巴菲尔德先生会在卡玛洛卡阶段出于不得已把你控制住。"不过也许到那时我会有些进步，你就不必对我那么严厉了。

谨致最亲切的问候。

人智学认为，"卡玛洛卡"[①]是来世的第一阶段。

① "卡玛洛卡"(Kamaloca)是源自东方神秘哲学的一个概念，或指人刚死后，欲望集聚暂留，回顾一生，然后消散，或指来生初始。

1980年

致路易斯·拉斯科

1980年1月3日，帕萨迪纳

亲爱的路易吉——

佩尔茨很喜欢讲他去艾奥瓦街三楼拜访一个波兰女孩的事。他浪费了机会——裤子都脱了，白花了两块钱。那女孩很为他担心。她说："唉，孩子，你得练练——要练，练，练！"

我算是个上岁数的波兰女孩吧，我也有点为你担心哪。你是个脑子很灵的作家，可是你在稿子里也白花了两块钱。好啦，稍微练练，你就能得到而且同时也带给别人极大的满足。

永远爱你。

苏拉波多夫（Soolabodoff）

致丹尼尔·贝娄

1980年1月31日，帕萨迪纳

亲爱的丹尼尔，

到现在没见到一封你的来信，所以我觉得这次在加州是见不了面了，要么是因为两个学期之间没有时间，要么是因为你没达到我设定的那个小条件，具体是什么不必细说了。不过我们常常想到你，不知你现在是个什么样子了。你的夏令营申请表我寄走了，上面有我的签名，还有一张支票，这样你夏天就有保障了。很想多见到你，也常常想你，不知怎么回事，我觉得你安排事情都是按你的思路来的，是我没在你身边，而不是你没在我身边。可是搬到东部去毕竟是你的选择呀。我没有责备的意思，只是觉得你还应该想到其他方面的事实，现实，真相。

[……]

前几天我在书店看到一套帕克曼[1]的作品。我要是觉得你对北美早期历史中法国与印第安人的战争感兴趣，我就会寄给你了。那些书写得非常精彩。有时间我也会看。我看过《俄勒冈之路》[2]，讲彭提亚克的那本看了其中几个部分。

收到你的来信我会特别高兴。

爱你。

致博比·马克尔斯[3]

1980 年 1 月 31 日，帕萨迪纳

亲爱的博比，

我在偷懒呢，一个熟练的打字员帮我飞快地写回信。我喜欢你的诗，就像喜欢你所有的作品一样。你的文字十分放松，令人和缓，因此也有益于我。我曾遇到一位住在你们县的女士，她告诉我说门多西诺[4]所有的年轻人都处于一种温和安逸的美好状态。我问她有没有刻意培养的迹象，她却说在她眼里那儿的人全都天性和蔼，可爱而且善良[5]。我说我就认识一个门多西诺的人，这个人就是这样。我当时就一点也不介意你把我放在名单里。我想如果我还记得你帮我熨过的是哪件衬衫，而且还留着，我就找个衣架，把它挂在客厅里，以纪念一个伤感的传说。[……]

你不该对年过五十有太多抱怨。五十岁对我来说不算什么，再过生日我就六十五了。不过你要是现在已经很聪明，都能看透纳尔逊［·艾尔格林］了，那你这五十年就没白过嘛。

你对自己的自负不能太苛刻。《圣经》说："但我是虫，不是人。"[6]说到对自己

---

① 弗朗西斯·帕克曼（Francis Parkman，1823—1893），美国历史学家。

②《俄勒冈之路》（*The Oregon Trail*）出版于 1849 年；后面这本是《彭提亚克叛乱记》（*The Conspiracy of Pontiac*），出版于 1851 年，讲今渥太华一带印第安人部落领袖彭提亚克于 1763 年率众抗英的事迹。

③ 博比·马克尔斯（Bobby Markels，1930？/1926—2014），美国女作家。

④ 门多西诺（Mendocino）位于美国加州西北部的一个海角上，风景优美。

⑤ 贝娄问话里的"刻意培养"（cultivated pot）字面意思是"人工养殖的盆花"，也可以理解成为"种大麻"，因为 pot 的俚语用法即是大麻。按这两种理解，前后句都可以形成逆接（but），只是强弱不同，后一种理解还有所答非所问的幽默效果。这里取相对较顺的前一种理解译出。

⑥ 出自《圣经·旧约·诗篇》第 22 章第 6 节以色列第二位国王大卫（David）的话。

苛刻，《圣经》可是遥遥领先。其实无神论者永远不会知道他们实际上是多么微不足道。不可知论者大概也是如此。他们只是明白得晚一些罢了。

永远是你的挚友。

博比·马克尔斯（1930年出生）著有《怎样成为一颗人豆》[①]（1975）等作品。她住在加利福尼亚州的门多西诺。

致艾尔伯特·格罗策

1980年1月31日，帕萨迪纳

亲爱的艾尔，

为让你随时了解［伊利亚·］康斯坦丁诺夫斯基[②]的情况，特此告知：他从巴黎给我写了封信，说伽利玛出版社要在那儿出他的书了。他问我愿不愿意看看那本书，给他写个简介。德高望重的门肯大师在信尾签名的时候总是跟着一句“谨致以所有常用的假客套”，康斯坦丁诺夫斯基也给了我一堆常用的假客套。这我倒不在乎，我想现在这本书正在芝加哥等着我呢。哈珀拒绝出版。第一个审读的说非常好，第二个认为这是一辈子循规蹈矩的人爆发了反叛，康斯坦丁诺夫斯基根本无意回头，就是要在西方树立自己的形象，要成为我们这个时代一个重要的俄罗斯人，为此甚至招募了一群人来支持自己，都是些心甘情愿的女士。他和女士们交谈的时候，好像还埋怨她们不愿意回报他的爱抚和其他善意的举动。他不是个很有吸引力的人，可也不致如此吧。什么类型的女士都是有的，就连他那个类型也不能说没有。我看完他的书以后会给你寄一份简单的汇报。［……］

祝好。

伊利亚·康斯坦丁诺夫斯基的书是《华沙赛德》。至今没有英文版。

---

①《怎样成为一颗人豆》（*How to Be a Human Bean*）中的“人豆”或“人类的豆”与“人类”（human being）一词谐音，常用来开玩笑，其实也是美国俄勒冈州的一个咖啡品牌，有连锁店。

② 伊利亚·康斯坦丁诺夫斯基（Ilya Konstantinovski）是苏联作家，他的《华沙赛德》（*Le Seider de Varsovie*）一书出版于1980年。

致戴维·沙哈尔

1980年3月25日，帕萨迪纳

亲爱的戴维，

这事太令人震惊了！遭遇抢劫，在耶路撒冷，在你自己安静的社区里。警察说得对，你眼睛没打坏还真是幸运（希望你完全康复了），照你的说法，那可是新野蛮人的袭击啊。从信中看，袭击你的不是阿拉伯人，而是北非［也就是西班牙系犹太］年轻人，因为你说到他们要打的是德系犹太人。我想这样一来你就入门了，可以体会多年来纽约人、芝加哥人甚至伦敦人那种高度紧张的警惕状态。不包括莫斯科人。他们的体制不同：犯罪是国家垄断的。从现在起，你出去买烟的时候最好带上你的吉米［沙哈尔的狗］。希望他比跟他同名的那个人凶狠一些。你可能知道，我们那个吉米［·卡特］对我们和世界其他地方的人来说都是一种痛苦。不能说他其实就是我们衰落的原因，可他已经成了愚蠢、无能和令人反感的象征。不过写这封信可不是为了谈政治，而是为了表达同情。［……］特呈上我们俩对你们二位及孩子们的爱。

戴维·沙哈尔（David Shahar，1926—1997），第五代耶路撒冷人，颇受尊崇的以色列作家，最著名的作品是八卷本系列历史小说《碎器之宫》（*The Palace of Shattered Vessels*，1969—1994）。

致沃尔特·哈森克莱弗尔

1980年6月12日，芝加哥

亲爱的沃尔特，

收到你来信的时候，我刚要离开，从我脚下的钢丝上起飞，可是太重了，当不成一只鸟儿，罪过也太大了，当不成个什么天使（不知怎的，我还是觉得自己能飞）。你是吃顿饭就走还是待的时间长点？我可以用一篇尚未发表的稿子诱惑你。你到了以后请给我们打电话。我不会要求你来的时候把乔治·布什[①]带上——对布什先生我没什么可反对的，他在我眼里的地位有所改善，因为我听说他当过你的学生，不过他要是作为副总统用里根的机票跑来跑去，他可就没空和我们共进晚餐啦。这个国家的确需要一个总统，可上哪儿去找呢？也许下一个四年里该把这个职位给废除了。

祝福你。

致拉尔夫·罗斯

1980年6月15日，芝加哥

亲爱的拉尔夫，

我不是那种很快就给你回信的人，相反，我对信都是要慢慢琢磨的。巴菲尔德的书我不需要，我这里有几本，也有签名。我有时候想，要是没学过那个“系统”的话，能从巴菲尔德那里得到什么启发。有些是非常奇怪的，肯定属于对物理学的另类看法，比如认为能量守恒定律完全是个错误（这个想法中有很多诗学含义，不容忽视）。我的朋友都不把这些东西当回事。朋友嘛，我原谅他们，转而用其他行动来确认我有权持有独特的观点。（或者说这是一种特权，而不是普通的权利？）然后我就感觉自己是在排除艰险，忠实于真理。而且从**很长的**长远来看，这对他们有好处，也许在死后吧。[……]

亚历珊德拉让我在此同时转达她的问候。

祝好。

致迪安·博洛克[②]

1980年6月17日，佛蒙特，西哈利法克斯

亲爱的博洛克先生——

终于可以回信了。我一直想写，但是我和妻子在帕萨迪纳一直待到4月中旬，

① 指乔治·赫伯特·沃克·布什（George Herbert Walker Bush，1924—2018），即老布什，1981年至1989年任美国副总统，与时任总统的罗纳德·里根搭档，1989年至1993年任美国总统。1980年是美国选举总统的年份即大选年，一般从1月份到6月份是预选，年底最后投票，次年1月20日就职典礼后开始任职。

② 迪安·博洛克（Dean Borok，1947—2016），贝娄大哥莫里斯认可的非婚生子，皮衣设计师，作家。

然后回来，只是为了准备再次离开。这段时间非常忙（其实没必要），随着岁月流逝，生活越来越复杂了。我原以为会更简单的。

我自作主张把你的信拿给我哥哥萨姆看了，因为我看不出你会有什么理由不高兴。他很受触动——他居然也会这样。（我们俩都觉得奇怪，你会在蒙特利尔，我们就是从那儿出来的，我生在拉钦）我们俩都想不出来你有过什么样的生活经历。不过想想我们连大哥的生活经历都不清楚，这也就没什么好奇怪的了。他和我们谁都不见面——两个弟弟，一个妹妹，他前妻的两个孩子，还有孙辈——也不打电话也不写信。他不需要我们。他没有过去，没有历史。他收养的几个孩子好像不喜欢他。他现在的妻子是谁？是个谜。他可能有点钱——他这辈子除了钱几乎没想过别的事。可他现在老了，七十三岁了。还有病，他做了冠状动脉搭桥手术。把这些都告诉你是为了让你对自己似乎十分自豪的基因有所警惕。如果你继承了这些基因（这很有可能），其中有很多都必须予以控制，或者在生活中予以纠正。我自己就有过这方面的艰难经历。

你如果能找到正确的方法，也许应该把你的人生故事写下来。可以说是为了解脱。写得成功的话，你就会原谅这个过程中的每一个人。的确如此，凡得罪你的人都将蒙赦免①。（这样写个人生活经历，我认为才叫作写得成功）

谢谢你的来信。

祝你幸福。

博洛克是莫里斯·贝娄的非婚生子，他看了《奥吉·马奇历险记》以后，发现小说中讲了自己出生的过程，就给贝娄写了封信。

致海门·斯莱特

1980年7月22日，西哈利法克斯

亲爱的海门——

我要不是一直在写东西，可能回信还会及时一些。我得像个狂人一样沉溺在

① 这句话化自《圣经·旧约·列王纪上》第8章第50节中的一句：饶恕得罪你的民。（Forgive your people who have sinned against you.）

稿子里好几个小时，然后才能写写信放松一下。若干年前在巴黎，一位评论家说我有官僚主义倾向。当时我很生气。现在我比较同意他的看法了。我学会了管理日常生活以集中精力做一件事。原来还有一种强烈的欲望不得不考虑，就是生理冲动，就连这个都很快就消失了。我的情爱生活也受到了严重的影响，因为我乐于以一种无差别的行政态度来处理这些事，也就是对女人没有适当的兴趣。

(这是怎么回事，我一坐下来给你写信，就不由自主地忙着自我检查。在另一个世界里，你一定是我的忏悔牧师）佛蒙特精美雅致，我在这里做我该做的事(或者说我想做的事)，可我想念我们星期天没完没了的闲扯。发现这一点我很高兴。有的时候我怀疑自己可依赖的东西太少了。[……]

希望你身体健康。我有点心律失常或者是心动过速。不严重。

爱你。

致威廉·肯尼迪①

1980 年 8 月 22 日，西哈利法克斯

亲爱的比尔——

我不是你想象的那种漂泊者，但我的确是在一种真实的（即几乎没有察觉的）意义上漂泊着——是带着一台史密斯歌罗娜便携式打字机到处跑的某种沙漠老鼠，而不是探矿人的骡子。就连社会思想委员会也没有完全记住我。也不错。

看到你的来信我很高兴，这封信总算是抵达了佛蒙特，我在这儿埋头写（还能干什么?）一本小书——就像一颗樱桃炸弹或者一颗小手榴弹似的东西，我喜欢这么想。

我看过你的一些作品。有一本我很喜欢（想不起书名了，硬化症可能正在向我逼近吧)。我没看到《比利·费伦》②，不过你那些纽约州北部男男女女的亡命徒

---

① 威廉·约瑟夫·肯尼迪（William Joseph Kennedy，1928— ），美国作家，记者，编剧，作品多以其出生地纽约州奥尔巴尼市为背景，有“奥尔巴尼系列小说（The Albany Cycle）”。比尔（Bill）是威廉的昵称。

② 应指威廉·肯尼迪的《比利·费伦决战记》(*Billy Phelan's Greatest Game*)，出版于 1978 年。他后来的《铁草》(*Ironweed*，1983）曾遭退稿十三次，在贝娄强力推荐下得以出版，随后于 1984 年获普利策小说奖（Pulitzer Prize for Fiction），1987 年改编为电影。关于《铁草》这个译名（国内有译本译为《紫苑草》)，请看 1982 年 2 月 4 日贝娄给作者的信。

让我深受震动。你问我看了那本书以后是否写了推荐信帮你争取一笔奖金（你大概是没拿到），其实我偶尔会疑心我的推荐信就是死亡之吻。

关于可怜的汤姆·金兹伯格的事，没错，我理解，那是个可怜的民主党人[①]，钱袋子鼓鼓的。

我很愿意再见到你，和你谈谈。在里奥彼德拉斯的那几次交谈感觉很好，不过我们只是二流的先知啊（还是叫未来学家吧，以免让“先知”这个伟大的词负荷过重了）。[……]

非常高兴收到你的来信。

祝好。

致乔治·萨兰特

［邮戳标记为 1980 年 9 月 11 日，伊利诺伊，芝加哥］

亲爱的乔治——

还是别搞得太复杂了吧。很简单，就是威廉·菲利普斯这个老滑头打电话给我（非常热心而周到！），说他要出版艾萨克的日记。艾萨克在日记里说了些伤害我的话，他问我是否介意。毫无疑问这有点古怪——坟墓里出来的声音啊。毫无疑问我也说了，这些日记应该出版，而且是原封不动地出。精明的老威廉担心诽谤诉讼。我答应他我不会去打官司。让逝者说话吧。

对我来说，由此勾起的往事承载着很多情感。艾萨克给了我这么强烈的感受，我很高兴，觉得是一种额外的奖赏。我感觉**非常**奇特。当然我现在老了，无所谓“感情受伤”了。过去并非如此，我们再听听艾萨克亲切的声音吧。我想不会有什么非常可怕的发现。我很清楚他对我的看法和感觉，哪些他支持，哪些他反对。我也意识到他对威［廉］·赖希的改造很独特，就是从精神的排水系统中抽出物质——艾萨克认为他有责任弄清**真实的道理**，把合理成分提出来，让它经过自旋分离污物然后得以净化，等等。

威·菲利普斯又来了一次电话，这次他说，由于担心诽谤，他决定不出版了。

① 原文此处只是缩写“D. P.”，姑妄译之。

他想让我知道一下（“友好的行为”等等如此这般常见的废话，就他而言，就是鬼话）。[……]

艾萨克的日记读起来让人难过。他的确状态很差，是吗？我还以为他会好起来呢。好了不说这个了。我不喜欢的是你把这些日记交到了［——］手里，给了一个让人讨厌的投机分子，这人心胸狭隘，专门制造低级麻烦，是个小人①。他曾经在我的文章付印的时候给我删掉一两段，好减少我的篇幅，所以我不赞成你把艾萨克写的东西交给他。我没想到你会问我的意见，可我也没有理由认为你无意中给了他更多的弹药。②

不过你告诉我你是在不知情的情况下这么做的，我愿意相信你。我不想渲染夸大，制造些没意思的分歧。

欢迎你哪天（或者哪年）来看看我。

代我问候你姐姐③。

祝好。

乔治·萨兰特（1947—1994），赖希派精神分析学家，艾萨克·罗森菲尔德和瓦西莉奇·萨兰塔基思·罗森菲尔德（Vasiliki Sarantakis Rosenfeld）的儿子，成年之初即开始用母亲娘家姓氏的英语化形式为姓。

致约翰·奥尔巴赫和诺拉·奇尔顿

1980年10月17日，芝加哥

亲爱的约翰：

这是10月里一个气候温和的早晨，天色灰暗：我们要飞往华盛顿（我要在布兰代斯大学的一个会议上做讲座），我没有写我的临终遗嘱，而是给你写信。这封信会在奥黑尔机场④寄出。我非常想念你。一下子离得这么远，我很难适应，还

---

① 原文是意第绪语词 shtunk。

② 威廉·菲利普斯一直在主编《党派评论》。

③ 艾萨克·罗森菲尔德的女儿艾莉妮（Eleni），生于1943年，后成为佛教徒。

④ 奥黑尔（O'Hare）是芝加哥的机场。

是要走到电话机旁给你往牛顿①打电话，可是牛顿那边接电话的现在只有［弥尔顿·］欣德斯②了［约翰和诺拉此前租的是他的房子］。我很少给欣德斯打电话。无论我怎么捏那个材料，他在现实世界中也永远不会像你。

听说他们让你负责［海上田野农场的］外国代表，很高兴，又听说改让你洗盘子去了，很不高兴。我设想了一下自己处在你的位置上——洗盘子我不在乎，可要洗的是整个一个农场啊。这太不合适了，我觉得你应该抵制，可我知道你不会。希望朋友们并非出自恶意。不过诺拉可以保护你让他们别太过分。她肯定不喜欢派给你的这个任务。

好了，坏事不说了。现在给你找几件芝加哥这儿好笑的事情说说吧。其中一个是：伊利诺伊州艺术委员会的一个人让人不停地给我带话好几个星期了。他想给我个奖章，以表彰我对艺术的贡献（我对他们的贡献之一就是离他远远的）。我一个电话也没打。这些话他是让现在正在西北大学的亚历珊德拉转达的，她没怎么在意。然后他留下的消息就越来越详细了，还有了埋怨的意思。我得去伊利诺伊州的丹维尔③，由州长亲自颁奖。

这就不一样了。这位州长当美国联邦检察官的时候，以十字军讨伐的姿态起诉过我哥哥［萨姆］，把他送进监狱关了九十天。就因为这一点，这件事开始显得有点价值，有点意思，也有点精彩了。州长给我别上奖章的时候，我要低声跟他说些狠话。别的场合里他都是躲着我走的。有一次在抒情歌剧院④，我们在同一个包厢里，都是嘉宾，第一幕结束后灯还没亮起来他人就不见了，就是怕脸上难看。不过直到最后一刻，这些事才全都搞清楚。到这个时候艺术委员会的那个人就很生气了。他跟西北大学的秘书们说，这是我获得的最高级的奖。比普利策奖还高级，比诺贝尔奖还高级。可是去丹维尔要在不高级的路上开两个小时的车。我又不想在那儿过夜。这些事都早就该安排好的。亚历珊德拉还不让我坐从梅格斯机场起飞的小飞机。反正就是常见的那些吵吵闹闹和各种着急。最后我不得不打电话给委员会的那位先生，说我不能来了。说了好多道歉的话哟——他们可能还真

① 美国的牛顿市（Newton）位于马萨诸塞州东部，波士顿市西面，有三百多年的建城史。

② 弥尔顿·欣德斯（Milton Hindus，1916—1998），美国批评家。

③ 美国的丹维尔（Danville）除东部伊州的这个以外，还有一个在西部加州。

④ 指芝加哥的抒情歌剧院（the Lyric Opera）。下文中的梅格斯机场（Meigs Field）在芝加哥市中心，已经停用。

接受了。后来是别人代我领奖的，结果奖品是一本伊利诺伊州诗人的诗集。我想其中大部分人是搞房地产和公共关系的。第二天的报纸上报道了这件事，还公布了其他获奖者的名字。其中有苏珊［·格拉斯曼·贝娄］的长期情人，一个叫亨特（Hunt）的雕塑家。这个具有讽刺意味的夹心面包最上面那一片本来会是**他**。他会拿我消遣，比我有可能从州长那里得到的乐趣还要多。

屋里有电话找我了。刚刚来得及把信封写好，并向你们俩送上我们的祝福。

在和贝娄通信的人里面，约翰·奥尔巴赫（1922—2002）堪称翘楚，他是华沙的犹太人，战争期间靠伪造的证件在德国船上当锅炉工得以幸存。他在准备逃往瑞典的时候被捕，关在施图特霍夫集中营①。从1945年夏天开始，奥尔巴赫和犹太人非法移民组织②合作把犹太难民送往巴勒斯坦。后来他被英国警方逮捕，在塞浦路斯（Cyprus）岛上拘留三年。以色列建国之初，奥尔巴赫即定居于恺撒利亚海上田野农场，在那儿掌管着一支捕鱼船队。1973年赎罪日战争③中他儿子去世，之后奥尔巴赫不再出海，开始写作。他在世期间在以色列出了十二本书。

---

① 施图特霍夫集中营（Stutthof Concentration Camp）在波兰北部。

② 这个组织的名称叫摩萨德·阿利亚B（Mossad Aliyah B），字面意思是“B类移民组织”。B类移民即非法移民，合法移民为A类。这些组织的建立者都是主导犹太人迁居“圣地”巴勒斯坦的犹太人机构“伊舒夫”（Yishuv）。

③ 赎罪日战争（Yom Kippur War）也叫斋月战争或十月战争或第四次中东战争，时间是1973年10月6日至10月26日，参与方有埃及、叙利亚、以色列。

1981年

致威廉·肯尼迪

1981年1月7日，芝加哥

亲爱的比尔，

我一直没有回信的原因只有一个：我上午在打字机上一会儿小跑一会儿飞奔，下午修改，晚上就陷入莎士比亚说的那种“无尽的迷乱”①。按我们的说法就是翻来覆去睡不着。我给古根海姆搞到一份绝妙的参考资料。本想给你寄一份，可这绝对违反规定，我又不想复印违禁品。我还是愿意接受采访。我需要的只是时间。时间越来越稀缺啦。尊夫人的店给烧了，真可惜——用这种方式得知她居然还有个店，多有意思。

我根本没注意马克·哈里斯。没看过他这本书，倒是很喜欢看他在媒体上挨骂。终于有了这么一次，对比让我受益了，甚至还让我得到了一些同情。其实这也不是我想要的。我转身背对这一切，暗自希望我的后背像罗丹②《加来的义民》那样——巨大，而且是青铜铸就。

谨致新年问候与最美好的祝福。

马克·哈里斯刚刚出版了《索尔·贝娄：鼓丘旱獭》(*Saul Bellow: Drumlin Woodchuck*)一书。

---

① “无尽的迷乱”(restless ecstasy)出自莎士比亚《麦克白》第三幕第二场麦克白的一段独白，原文是：... better be with the dead... /Than on the torture of the mind to lie/In restless ecstasy... 朱生豪译文：……我们的心灵却把我们折磨得没有一刻平静的安息，使我们觉得还是跟已死的人在一起……卞之琳译文：……与其躺着让心灵折磨，辗转反侧，倒不如与死者为伍……

② 奥古斯特·罗丹(Auguste Rodin，1840—1917)，法国雕塑艺术家。《加来的义民》(*The Burghers of Calais*)是罗丹创作于1884—1886年间的一座群雕。加来是法国城市。

致艾伦·布鲁姆

［未注日期］［牛津，布雷森诺斯学院］

有什么可说的？没有你，就只能是还算完美吧。疲惫如波浪般逐渐退去，暴露出一堆邪恶的激情，这种激情劳动者原来都忽略了——绕开了。你的看法会十分宝贵。

祝好。

致丹尼尔·帕特里克·莫伊尼汉[1]

1981年5月19日，牛津，布雷森诺斯学院

亲爱的参议员：

哈珀与罗出版公司的埃德·伯林盖姆[2]告诉我，他请您帮助我妻子的姑妈安娜·保内斯库（Ana Paonescu）离开罗马尼亚，这是一位和她非常亲近的老妇人。这位姑妈七十五岁了，心脏不好。她已经处理完了自己的事情，安排好了放弃住房，把剩下的玻璃器皿和咖啡勺都分掉了，当局还给她限定了时间（她缺的正是时间）。（在此说明）请求帮助的原因是，她还没有办完放弃一小块乡下地产的各种（官僚主义）手续。她做出了努力，尽一切可能移交，可实际上一直移交不了，所以她没拿到护照。我不知道其中原因，但她的女儿在洛杉矶等她，她的侄女（我的妻子）在芝加哥等她。剩下的时间不太多了。

我向您而不是珀西参议员[3]提出这个请求，是因为珀西参议员对这种请求并不总是很关注。

尽管如此——不带对任何人（参议员珀）的怨恨，只带着对您慷慨相助的感激，谨致永远的敬意。

---

① 丹尼尔·帕特里克·莫伊尼汉（Daniel Patrick Moynihan，1927—2003），美国社会学家，民主党人，由纽约州选出，1977年至2001年任美国参议员。

② 即爱德华·伯林盖姆，埃德是爱德华的昵称。

③ 有可能是查尔斯·哈廷·珀西（查克）（Charles Harting Percy［Chuck］，1919—2011），共和党人，由伊利诺伊州选出，1967年至1984年任美国参议员。芝加哥的事，似应向伊利诺伊州的参议员提出，所以贝娄这里有所解释。

致艾伦·布鲁姆

1981年5月26日［牛津，布雷森诺斯学院］

亲爱的艾伦——

其实呢，来到这个统领天下的爬行动物堡垒总归是件好事。有些这种动物让人忍不住喜欢，有亲切的小蜥蜴，还有不少可爱的两栖动物。在这儿不会受到冷落，不像牛津傲慢于世的那个年代了。时代变坏了，现实也不如人了。但是雨下个**不停**①。当然了，所有的东西都得重写，9月份我可能会全部**从头再来一遍**②。很累，想念亚历珊德拉，想念和你聊天。我有些**新的**想法，比那些旧想法更放得开。也许我该记在个本子上——对，就这么办。我正好带着笔记本。

密特朗③想邀请我出席他的就职典礼，这让我处于尴尬的境地。巴丽·艾利森说我一**定**要去。她把我逼上了墙，可我还是从墙上的装饰条上下来了，说不去。我得把第二讲写完。[……]

在伦敦看见一本讲吸烟的小册子，我给你寄去。在牛津读了一本［保罗·］莫朗④的书，《不眠之夜》⑤，特此推荐。

真诚的祝福。

致艾伦·布鲁姆

1981年6月6日［西班牙，阿尔梅利亚，卡沃内拉斯］

亲爱的艾伦：

芝加哥有了个可以真正说说话的人，我就动身上路开始到处转了，原因你或许很快就可以理解。我觉得这是我最后一次考察欧洲，最后再看看伦敦和罗马，这些地方现在都不是非去不可了。在罗马，胜利属于亨利·福特⑥。历史**真的**成了

---

① 原文是法语：sans cesse。

② 原文是意大利语音乐术语：da capo。

③ 弗朗索瓦·密特朗（François Mitterrand，1916—1996），法国政治家，1981年至1995年任法国总统。

④ 保罗·莫朗（Paul Morand，1888—1976），法国作家，被誉为现代文体开创者之一。

⑤《不眠之夜》(*Open All Night*）是保罗·莫朗的一部短篇小说集，原作1922年出版，1923年英文版出版。

⑥ 亨利·福特（Henry Ford，1863—1947），美国汽车工程师、企业家、福特汽车公司的建立者。

空话，都看不见了，因为汽车太多。谁也没想到加大拉的猪群[①]会绕着圈子跑，找不着那悬崖在哪儿，与此同时还纵情享乐，可是上帝啊，他们是多么渴望找到那个悬崖啊。

我那些有教养的老朋友都晕了。没完没了地看现代作品把他们折腾得够呛。有的时候你会看着他们绞尽脑汁要把拼图游戏的碎片拼到一起，身后站着卡夫卡[②]和普鲁斯特，居高临下地提各种建议。[……]

虽然非常累，我在牛津还算干得不错，而且在那儿见到了一些正经人。听众里有艾丽斯·默多克和她的丈夫约翰·贝里[③]，还有以赛亚·伯林[④]这类人物，真够吓人的，我总算是都对付过来了。尽管如此，我还是做着讲课和教学的噩梦——昨天晚上就做了一个。在梦里，你和我正准备上一堂与《安东尼与克莉奥佩特拉》[⑤]有关的课，一个研究生要把他（很有价值）的论文卖给我，而且就是以这部剧为主题的。他开的价是八百块。我付给他钱数到五百的时候，突然想到他只是个学生，就停了下来，说："没听说过有这么干的。"他是那种对某种产品的经济价值绝对有数的人。我没数，所以我让步了。结果我根本就没去上课，弄得很不愉快。我要是对梦更感兴趣的话，就会想法解一解。可是我对解梦的兴趣已经让位于对洞察力的兴趣，尽管有可能还是无果而终。能当预言家，干吗还只是当个医生呢？

也许那个研究生代表的是那些坐在主桌上拿我练习势利鬼柔术的年轻教师，而我很快就给了他们警告。

我在旅行中认识了很多可爱的人，没有一个聪明到可以解释我们在罗马不得不面对的一些事。有一次着实让我震惊。有人向我介绍一位满口坏牙邋里邋遢的老妇人，我说了很高兴认识你等等诸如此类的话。她好像很熟悉我的样子，提醒

---

① "加大拉的猪群"（the Gadarene swine）典出《圣经·新约·马太福音》第8章，是耶稣的神迹故事之一：耶稣把附在两个人身上的恶鬼赶入猪群，然后猪群发疯一般冲下悬崖落海而死。加大拉（Gadara）是古巴勒斯坦（Palestine）地名，据考在今约旦（Jordan）最北部的乌姆凯斯（Umm Qais）。

② 弗兰兹·卡夫卡（Franz Kafka，1883—1924），奥地利小说家，与法国作家马塞尔·普鲁斯特、爱尔兰作家詹姆斯·乔伊斯并称为西方现代主义文学的先驱。

③ 艾丽斯·默多克（Iris Murdoch，1919—1999），英国小说家、哲学家。约翰·贝里（John Bayley，1925—　），巴基斯坦出生的英国文学批评家，作家。

④ 以赛亚·伯林（爵士）（[Sir] Isaiah Berlin，1909—1997），英国哲学家、观念史学家、思想家。

⑤《安东尼与克莉奥佩特拉》（*Antony and Cleopatra*）是莎士比亚的一部悲剧。

我说1948年我还只是个**年轻人**[①]，还没写著名的书呢，那个时候我经常去看她，有一次是在阿纳卡普里[②]。我以社交魅力为武器把这些话全都抵挡过去了。她一定认为我冷漠无情。她佝偻着腰拄着拐杖离开以后，我问保罗·米拉诺这是谁。是谁?！是艾尔莎·莫兰蒂，我一直很喜欢她的呀。是她?！我还记得她曾经是那么健美端庄，1948年我们每天晚上都会在罗马的古希腊咖啡馆见面喝上一杯开胃酒，这时我的眼泪开始夺眶而出。我的朋友米拉诺对我的伤感大加赞赏，为我在治愈我的狠心方面取得进步授予我金星。金星我自认是不配的，只是要向可怜的米拉诺解释清楚这件事实在太麻烦了，他长期以来一直靠最受推崇的现代作品来理解一切，用不着费很大的劲去问一个有病的老头子。另外我也在为他哭——**驼背**[③]，拖着脚走路，两腿无力，胸腔里装着起搏器，做了前列腺手术，视力减退。现在他的公寓由一位管家管着，屋里都是他精心挑选的古董和祖传的各种宝贝。那个北方来的农民矮小而壮实，健康而温和，有点女人气。做**意大利面食**[④]，摆唐菖蒲花，等等。保罗睡在一张双人床的左手边，右边放满了新书。就是妻子睡的那边。

其他的就没啥了——对我来说，也就是机场换来换去，一次又一次遇到宰客(罗马人管骗子叫**非法占有者**[⑤])，听不懂话着急，街道让人头晕目眩，什么也不想买，这种状态击退了商店橱窗对我终生的吸引力——老成这样了，还装饰它干吗？等等。

此刻我身处地中海边的卡沃内拉斯，巴丽·艾利森的节制比大海都执着，却远不如大海神秘美丽。我这次来做最后的考察**实在是**愚蠢。

非常想念你。我拿起一罐杀虫剂，看见那品牌名叫“布鲁姆—快开花[⑥]”，眼睛顿时一亮：“快开花消灭蚊子等昆虫”，等等。“快开花以其快速的效果和宜人的清香而闻名”。一个爱的信息。

---

① 原文是意大利语词 ragazzo。

② 阿纳卡普里（Anacapri）是意大利那不勒斯省卡普里岛上的一个村子，风光旖旎。

③ 原文是法语词 dos courbé。——原注

④ 原文是意大利语词 pasta。

⑤ 原文是意大利语词 gli abusivi。

⑥ 布鲁姆（Bloom）的意思即是“开花”，“快”（Rapide）是原文中这个法文品牌名（BLOOM RAPIDE）的一部分，这里放在一起，以与下文一致。

致丹尼尔·帕特里克·莫伊尼汉

1981 年 7 月 14 日，佛蒙特，西哈利法克斯

亲爱的参议员——

多亏您的干预，那位老太太安然抵达。本应早点告诉您，可我当时正在德国参加各种会议拯救人文学科，纠结不已，无法脱身。我现在是在佛蒙特州给您写信（用我妻子的信纸）。希望您允许我们下次去华盛顿的时候当面向您表示感谢。要不是您向大使说明情况，我想安娜姑妈现在还会在罗马尼亚。

谨致诚挚的谢意。

致艾伦·布鲁姆

1981 年 8 月 15 日，西哈利法克斯

亲爱的艾伦：

[……] 亚历珊德拉非常害怕，简直是吓坏了，因为我那本书 [《院长的十二月》] 有可能带来恶果，让家人在罗马尼亚的朋友遭到迫害；挥之不去的噩梦里最严重的一个就是，桑达 [·洛加] 会被拒签，无法探望她年迈的父母。我也为此彻夜难眠。一不做二不休，做了就是做了。我怀疑是否真的会发生这样可怕的事情，可是她很精明（这还用得着多精明呢?），说这些人都是没有理智的——用我自己的话说就是陷入了邪恶的幻想之中。

所以才有了这个打算，准备通过公共渠道向公众发出点声音——接受采访，包括哥伦比亚广播公司（CBS）和说不上讨厌但也让人不快的其他渠道。可是这样做有可能把事情搞得更复杂。如果要我谈谈这个政权，就等于让我公开树敌，他们要是真的认为我是敌人就麻烦了。也许我应该保持沉默，只跟莫伊尼汉或者斯库普·杰克逊[1]这样的人谈谈拒签了该怎么办就行了（莫伊尼汉在把老姑妈弄

① 亨利·马丁·斯库普·杰克逊（Henry Martin Scoop Jackson，1912—1983），美国政治家，民主党人，长期担任华盛顿州选出的参议员。

出来这件事上很帮忙)。要是我名利双收而桑达……那我怎么面对她啊。

我需要明智的建议。这个世界上好像没法把事情做对，除非是默默无闻，谦卑行事。做错了就会造成各种严重的痛苦，而且深入内心。亚历珊德拉会原谅我吗?

出生于罗马尼亚的物理学家桑达·洛加(Sanda Loga)是亚历珊德拉的好友，当时是，现在仍然是。

致海门·斯莱特

1981年8月21日，西哈利法克斯

亲爱的海门:

我们不停地旅行，去了西班牙、意大利、法国、德国、瑞士、英国。为什么我要这样跑来跑去，一下子真说不清楚。亚历珊德拉去马德里、巴黎、德国见那些数学家，我没这种借口。我就是在走。这些地方我都是故地重游，有的时候就感觉这是在做最后的巡视——就此诀别了。我跟罗马的一个老朋友说，我再也不来了。汽车太多，都看不见城市了，大斗兽场用围栏保护起来了，因为游客总是捡那儿的碎块当纪念品，罗马人看起来都像是大白天做了一场春梦刚爬起来，一流的酒店下水道臭气熏天，人人都匆匆忙忙追名逐利，裸露狂人在两次裸露之间甚至连拉链都不拉上，手里握着那东西在时尚的街头走来走去。而那健康的一极[1]，那位波兰人教皇，现在成了个废人。圣城于我，已不存在。

我带着我的稿子从一个国家到另一个国家，想尽快完成修改。在马德里，我可以在咖啡馆里做很多事情，周围都是和蔼可亲的西班牙人，但是直到上个星期我才把书稿寄去付印。现在我有两个星期的时间可以休息一下，同时等着校样。这个时间是不够的。现在可不是年轻时的那种疲劳。我原来总是很快就恢复活力了。现在我每天早晨都是拖着疲惫的身体走出来坐在树下。好在夏末的景色非常

---

① 1981年正是教皇约翰·保罗二世(John Paul II)在位期间(1978年至2005年)。他生于波兰，是第一个成为教皇的斯拉夫人，也是四百多年来第一位非意大利人教皇。教皇所在的梵蒂冈(Vatican)是罗马的“城中之国”，亦是罗马教廷所在地。贝娄此处用了Pole一词，可谓双关，既有“波兰人”的意思，可指教皇的族籍，又有“极”的意思，可以教会宗旨与前面提到的罗马诸多现象作对比，故有“健康的”一说。

美丽。只有电话让人害怕——苏珊要提起新的诉讼了。恶人永不言弃。律师学不会仁慈。我自己的律师和她的律师一样坏，而那白痴地狱[1]和以往一样火热。

没有和同龄朋友交谈的舒服感觉。我需要一些你那种忧郁的快乐。10月份应该不错。

祝好。

致约翰·契弗

1981年12月9日，芝加哥

亲爱的约翰：

在电话里和你交谈以后，我不断地想到你。有很多话可说，但我不想说了，那些话你不听也罢。我想告诉你的是：我们相处的时间并不多，但你我之间心气相通。我想这一定程度上是因为我们从事的职业具有自我教化的性质。我试试看能不能说得更清楚一点——我们的灵魂诉诸同样的教育，我们都有勇气在美国大众化训练的敌视下把这种基于内心的教育坚持下来，正因为如此，我们才相互吸引。不错，还有别的更深层次的共鸣，可我太笨，还不太明白。此刻我只能说说我想到的原因。你我都不太喜欢社会出身那种表面化的"给定"意义。你的出身里具有某些优势，但是你很正派，不愿意利用这些优势。我的出身带来的我想只能是要"克服"的东西，而我丝毫不想以那种方式折磨自己。不过我所处的位置让我可以观察优势群体的那些优势（盎格鲁-撒克逊族白人新教徒[2]、老南方的信奉者之类人所具有的白痴似的骄傲）。这些东西你身上是一丝都没有。你一心要做的，正如一个作家所应该做的那样，是让自己发生蜕变。我读你集子里那些短篇小说的时候就很感动，因为我从字里行间看到了这个蜕变的过程。这种灵魂蜕变的行动才是真正的价值所在，其他的都无所谓。为此我喜欢上了你。我喜欢你的很多方面，但这一点我尤为看重。

---

① "白痴地狱"（the moronic inferno）这个说法后来为贝娄的朋友英国作家马丁·艾米斯所用，成为他1986年一部文集的书名。

② 盎格鲁-撒克逊白人新教徒（White Anglo-Saxon Protestant，简称WASP［本义大黄蜂］，贝娄此处用的就是这个简称）指早期到达北美的英国白人新教徒及其后裔，现在常以富裕的美国上流社会白人为代表，政治上是美国共和党的主要社会基础。

在美国这片波涛汹涌的海面上我们起起伏伏，已经航行好几十年了，也经历过险恶的旅程——不可避免的荒唐事，恶劣的天气，这些其实都无所谓。我这里想说的是真正有价值的那种东西。

我儿子亚当正在芝加哥，他是来看我们的，我告诉他我正在给你写信，他让我跟你说，他对你那本小书［《恰似天堂》①］着迷极了。我也是。

如果你不能来芝加哥，我就飞到纽约去，时间看你的方便。

祝好。

致伯纳德·马拉默德

1981年12月22日，芝加哥

亲爱的伯恩：

现在我明白了——这本书［《上帝的恩典》②］对你来说是一次出发，正如《院长的十二月》之于我。你告诉我这一本会不同于以往，所以我有所准备，可还是准备不足。即便是最好的读者也像将军们一样，总不免按上一次战争的经验来打仗。不卖关子了，《上帝的恩典》让我兴奋，而且最终感动了我。原因或者方式我都说不清。或许解开这个谜题最好的办法就是说说我看书过程中的想法。

首先是整体表现：阅读中感觉作者职业素质很好，堪为楷模，总是让人很愉快的。你会觉得这个人可以信赖。于是你把自己交给他，这就是愉快的最初阶段。

然后开始识别类型。这是本什么样的书？末日的边缘，及之后的事：地球毁灭，洪水，天启，上帝的声音。科恩是诺亚，科恩是约伯，他甚至是鲁滨逊·克鲁索③。世界终结无法终结犹太人的智慧。不过你的上帝并不幽默，这部小说是真正的启示录。此外，这**就是**一部小说，而不是末世论的展开。这本书讲的是我们自己为最后的事情、为结局所做的准备。我们的思想和感情随着岁月延伸，不得不奔着这个方向而去。这不是一个展现“客观联系”这一主题的问题。我们先是

① 《恰似天堂》(*Oh What a Paradise It Seems*)是约翰·契弗的中篇小说，也是他最后一部作品。

② 《上帝的恩典》(*God's Grace*)是马拉默德的长篇小说，1982年出版。

③ 科恩（Cohn）是《上帝的恩典》中的主人公。诺亚、约伯（Job）都是《圣经》中的人物：诺亚在大洪水时建造方舟拯救生命，约伯为人正直，是信徒的榜样，最后苦尽甘来。鲁滨逊·克鲁索（Robinson Crusoe）是英国作家丹尼尔·笛福（Daniel Defoe，1660—1731）的小说《鲁滨逊漂流记》(*Robinson Crusoe*，1719）的主人公，一个海员，所乘的船失事后，凭借智慧在一个荒岛上生活了多年。

体会到了这些联系。由于这些联系的存在，我们做好了应对最坏状况的充分准备；我们看到这种状况真的来了，一致认为这是我们原本就应该得到也必然会得到的结果。我们以一种纵容式的报复心态认可了灾难。我们这样做的时候，呼吸的是虚无主义的空气，运用的是“科学”的方法（这种科学的任务就是告诉我们现实世界的过去、现在和未来），同时还想坚守自由主义的行为准则。所有这些都在你的书里。我给迷住了，有的时候是吓呆了，有的时候是气着了，到最后却不由自主深深地感动了。事情终于该如何就如何了。我的怀疑烟消云散，融入了背景之中。在这种情绪或者叫后续情绪的影响下，没有什么可怀疑的。

你可能会觉得很惊讶，我发现《上帝的恩典》同时体现了犹太人、犹太裔美国人、东海岸人、“自由主义者”的特点：科恩教育黑猩猩，这个低于人类的灵长类分支也许注定了哪一天就会反客为主，占据顶峰的位置；科恩决定为促成这种发展做出他身为人类应有的贡献。上帝拒绝了这种做法；动物天性形成的规律不可能在一天之内就丢掉，需要千百万年的时间才行。不错，暂时降临到玛丽·M[①]身上的莎士比亚的恩典也是如此。

最后一场灾难之后，科恩又重新开始了（就像个十足的犹太人一样，绝不轻言放弃），教说话，上课，培养思想和道德。我经常觉得自己和猿类有相同之处。（很久以前）我也曾为达尔文–华莱士[②]的正统学说深深吸引，后来却觉得这种唯物主义的正统学说不能很好地说明人类意识本质的深层次问题。这些都给科恩上的那些课带来了某种悲情。他想创造的那种社区伦理文化精神也是如此。全是出于好意。你确实用了应有的讽刺手法来处理这些事情，而且清楚地看到了这种“善意”形式中隐含的失败主义，可你似乎在暗示，科恩绝不可能有其他选择。这其中的政治意义你很清楚。科恩多愁善感的良好愿望会带来非常严重的后果。这种善良不能预见邪恶，没有力量，无法自卫，对上帝来说，和人类的邪恶一样不可接受；确实也是，科恩必须死，就像其他人一样。或者我倒不如应该说“就像科恩全方位代表的西方一样”？不管怎么说吧，科恩以撒式的牺牲[③]深深地打动了

---

① 疑指玛丽·麦卡锡。

② 查尔斯·罗伯特·达尔文（Charles Robert Darwin，1809—1882），英国博物学家、生物学家。阿尔弗雷德·拉塞尔·华莱士（Alfred Russel Wallace，1823—1913），英国博物学家、地理学家、生物学家。

③《圣经》中，以撒（Isaac）是古希伯来人祖先亚伯拉罕的独生儿子，亚伯拉罕听从神的旨意要把他祭献给上帝，中途得天使阻止，以撒遂成为甘愿牺牲、听命顺服的榜样。

我。我不知道为什么，也说不清所有这一切的意义[①]。

我可能不是你最具代表性的读者，但我是个仰慕你的读者。你可能觉得我的这些看法有点怪。比如说，好像政治性比较强，这确实有些出乎意料（我自己也没想到会这样）。不过你写的时候就带有一定的开放性，这本书让人忧虑不安，我估计会引发不同寻常的多种解读。因为这的确是一本缺乏确定感因而让人忧虑的书。在这个方面，这本书和《院长的十二月》有很多共同之处。这一点可能意味着[②]，作为令人尊敬的作家，我们在这个时代可以记录下来的就只有这些。

我祝贺你，随信附上一个深情的拥抱。

致菲利普·罗斯

1981 年 12 月 31 日，芝加哥

亲爱的菲利普，

谢谢你来信邀请。不巧的是，2 月份我不在芝加哥。我和亚历珊德拉正在办各种手续，准备去不列颠哥伦比亚[③]上冬季学期的课，我很期待，就像去住疗养院。我跟那儿英语系的人说过了，提请他们注意，要是给我压力太大，我会垮掉的。这可不是装模作样，我随时都有可能住进那种四壁装有软垫的病房。《院长》[④]让我筋疲力尽了，我是在一种兴奋的状态下一口气写完的，到现在还残留着一些很独特的感觉，不知道怎么摆脱。我都说不上来那是一种什么样的感觉。

不久前我发现，没有什么能阻止我说出我的真实想法了。我料到会挨炮轰，令人不快的结果开始出现了，不过也有人支持我，这是我没有料到的。

你面对事实的能力不比我差。把你当普通的资深公民对待就太冒昧了，我对你十分坦率，就像你对我一样。

再次感谢你的来信。我们改天再一起吃饭。

祝好。

---

① 原文是德语：was alles bedeutet。——原注

② 原文是德语词 bedeut。

③ 不列颠哥伦比亚（British Columbia）是加拿大西部的一个省。

④ 即《院长的十二月》。下同。

1982年

致威廉·肯尼迪

1982年2月4日，不列颠哥伦比亚，维多利亚[①]

亲爱的比尔：

耽搁太久了！不过《院长》让我高度兴奋十八个月，一个怪老头狂欢这么长时间，把我累坏了。为了躲避随之而来的战乱，我们筹划了一番，撤退到不列颠哥伦比亚来了。我们聪明得超出了预期，因为我们也躲过了一场严冬。这里不停地下着雨，但是绿色的苔藓十分养眼，外面已经有雪滴莲开花了。我的神经系统还不适应这个避难所。第一个月里我痛苦不已，罪魁祸首我称之为无聊：的确是无聊，不过还裹着一层深深的疲倦，灰蒙蒙的底色上青一块紫一块。

我刚看完了《铁草》(看到《柠檬草》[*Lemonweed*] 这个书名的时候，我想还是《铁草》更好，这部小说里铁的含量适如所需)。我觉得这本书和《比利［·费伦］》一样很不错。基调更低沉一些，在各个关节上都更接近死亡。这一定是对贫民区的第一次人性考察。我从没见过其他人写这个。弗朗西斯和海伦[②]属于老一代美国人，他们开始沉沦的时候，都带着一种可敬而有序的人性色彩。我的猜想是，今天的人们沉沦时的起点更为富裕却也更为无序，他们是在一片混乱中开始这个过程的，没有海伦的音乐，也没有弗朗西斯的良知。弗兰西斯是个杀人犯，也是个传统的捍卫者，那个受命运支配的人，这种类型的人物在冰岛史诗或者爱尔兰史诗中可以看到。杀人是他的宿命，他以美国式的方法去杀，技巧是在体育运动中学的，像扔棒球一样扔石头，还在胡佛村[③]挥动球棒。他认为自己是个罪

① 维多利亚市（Victoria）是不列颠哥伦比亚省的首府。

② 弗朗西斯（Francis）、海伦（Helen）和下文中的卡特里娜（Katrina）都是《铁草》中的人物。

③ 胡佛村（Hooverville）又称失业者收容住宅，是美国1930年代大萧条时期的棚户区，因为和胡佛在竞选总统时所宣称的繁荣大相径庭，所以人们称之为胡佛村。赫伯特·克拉克·胡佛（Herbert Clark Hoover，1874—1964）在1929年至1933年期间任美国总统。

人。他没有家庭的庇护。

所有这些你都写得非常精彩。个别地方有点过头。比如卡特里娜的田园诗梦想就太田园诗化了。应该重新考虑一下。不是说没有漂亮的异教女子，我自己也认识几个，可是卡还是让我不太舒服。

你《绅士》上的那篇文章编辑得并不差，这是就编辑处理而言。只要主题允许，编辑就会让文章向吸引人的方向倾斜。你的原稿是非常出色的。如果说我会不时有所避讳，那也是我自己的意思。我的确会说出“我这张臭嘴”这种话。所有的美国人都这么说，可是白纸黑字印出来，看上去就不符合个性了。

告诉科克［·史密斯］他可以相信我，代我向达娜问好。

祝好，一如既往。

肯尼迪在《绅士》上发表的文章题为《如果索尔·贝娄没有真心话要说，他就不会开口》(*If Saul Bellow Doesn't Have a True Word to Say, He Keeps His Mouth Shut*)。K. 柯利斯（科克）· 史密斯[①]是肯尼迪在维京出版社的编辑。

致艾尔弗雷德·卡津

1982年3月9日，不列颠哥伦比亚，维多利亚

亲爱的艾尔弗雷德——

听说你病了，我心情很不好。都是'15班的人，我特别关心你的健康状况，尽管有几十年的分歧和争论，或者不如说是误解，我们还是息息相关的，你得了病我就很难受。

等你好些了，我们可以讨论讨论我的缺点（多得不可胜数啊）。

致以亲切的问候。

① K. 柯利斯（科克）· 摩根 · 史密斯（K. Corlies［Cork］Morgan Smith，1929—2004），资深编辑。

致莱昂·维瑟蒂尔

1982年3月12日，不列颠哥伦比亚，维多利亚

亲爱的莱昂：

我想你不会指望我对你关于阿伦特的那篇长文很快作答吧，这个主题（不是汉娜，而是犹太历史）比亚马逊的丛林还要密实厚重，我就是拿着大砍刀的保罗·班扬[1]，也绝对闯不过去。要厘清主要问题都要谈很长时间（毫无疑问要若干年）。汉娜很鲁莽，可她并不完全是个傻瓜（不像她的朋友玛丽·麦［卡锡］）。你文章中也提到了这一点。麻烦在于她犯的错误远远超出了她的判断力。也许可以说我们所有人都是如此，可她极其自负，而且是个刻板**霸道的泼妇**[2]。她的很多精力都用在了固执己见上，而她又是有造诣的知识分子——也就是说，她总是急于迅速做出宏大的综合性结论，而她那局限得令人痛苦的人类理解力却支撑不起这么重的分量，那里面有历史分析，有缺乏认可的偏见，还有她对德国和欧洲怀有的抱负遭到的挫折，等等。她经常是可以清晰地思考的，但是简要地思考就完全超出了她的能力，她的想象力发育不足。

我问过《大屠杀王国》(*The Holocaust Kingdom*）一书的作者亚历山大·多纳特[3]，波兰犹太人怎么那么快就垮掉了。他是这么说的："在贫民区待上三天，不能洗漱刮脸，没有干净衣服，不供应食品，所有的公共设施和市政服务都切断了，你的卫生习惯乱了套，你的羞耻没人顾忌，这个时候你就会意志消沉，头脑混乱，不由自主地恐慌起来。过一种惩戒式的清苦生活是可以让我保持冷静的，可是有多少文明人过那样的生活？"如此简单的事实——假如汉娜有点想象力因此能够看到的话——足可以降低她那种知识分子的狂热程度，而正是这种狂热让她的那些理论站不住脚。她的标准是"高贵的"德国知识分子的标准，那是经典作品和欧洲哲学训练出来的一个阶层，具有你所说的那种"甜美思维的传统"。汉娜不但是热爱这一套，她还非常讨厌对这一套持异议的人，而且她不能承认这种讨厌——她讨厌的对象恰好是那些被纳粹杀害的人（这太让人尴尬了）。让她着迷的东西也让我们大家都着迷：对那些"离散"的高雅文化恋恋不舍。追求这些文化的渴

---

① 保罗·班扬（Paul Bunyan）是北美民间传说中的伐木巨人。

② 原文是意第绪语词 akshente。——原注

③ 亚历山大·多纳特（Alexander Donat，1905—1983），波兰记者、纳粹大屠杀幸存者。

望[1]不可抗拒。然而同化根本就不可能——拒绝一个人的历史绝对是做不到的事。只要以色列人信奉现世，他们就和我们一样，为希腊、法国、俄罗斯、英国所着迷，同时被这些文化吃掉。先进的头脑不受这种影响是不可能的。然而也正是这些文化中对犹太人的仇恨让你置身于你现在所在的地方——特拉维夫。更复杂的是，你的生存取决于一种技术，这种技术嘛……其实你比我知道得多。军备问题以及与之有关的外交和财政问题越复杂，就越难以设想犹太人在以色列会有什么与众不同的命运。犹太人一直是个“受排斥”的民族（我不愿意把以色列称为各国中的“贱民”），在不改变这种状况的前提下成为一个微型超级大国，这个可能是有的。既然以色列建国之初即以犹太复国主义者和犹太避难者的民族家园为宗旨，这个微型超级大国同样有可能将自己欣然打包送给美国领导人，也就是其中一部分人，用来交换这个、那个或者其他的什么。你所说的西方政治中那种带挑逗性的压力与供给侧经济学混杂在一起，与美国国务院中东使团的咨询意见和参与行动混杂在一起，可能都弄不清离散犹太人和故土之间的区别。

不管怎么说，你这篇关于阿伦特的文章写得很精彩，即便是最后一句……不过除了“继续前进”和“在黑暗中”，还能怎么结尾呢？我们不能把妖怪交给妖言惑众的学者。知识分子的清醒本身或许也要把黑暗的力量考虑进去。

致以最美好的祝愿。

维瑟蒂尔关于阿伦特的文章分为两个部分在《新共和》上连载发表，结尾的一段是：“不是因为有了犹太人所以有了反犹太的人，也不是因为有了反犹太的人所以有了犹太人。只有不同的民族，和同一个对天堂的渴望。这种渴望暗淡下去的时候，在囚车里或者在带篷的货车车厢里消失的时候，犹太人的问题就出现了。不过现在他们有了以色列，有了美国，还有了暗夜中的观察能力，这种能力始终在支持着他们，帮助他们即便是在知道最坏结果的情况下也相信那最好的结果，让他们在黑暗中保持稳定，继续前进。”

① 这里的“渴望”，贝娄用的词是 the Eros，即希腊神话中的爱神厄洛斯。

致罗伯特·博耶斯

1982年3月12日，不列颠哥伦比亚，维多利亚

亲爱的博耶斯：

是，没错，我觉得我能挺过去，老手了嘛，不过该摔跤的时候还得摔跤。非常感谢你的来信，谢谢你理智的而不是“情感”的支持。我很清楚我写《院长》让自己陷入了什么样的处境。西北大学那些年轻人指责我歪曲事实，这反映出了他们的特点——这些事实包围着他们，每天都能在报上看到，每天都能在法庭上听到（不过他们从来不去法庭）。在一部小说中，事实本身究竟如何应该不很重要，但我还是详细了解了这个具体的案子，和律师交谈，阅读他们档案中的材料。我敢肯定西北大学的孩子们没做过这些功课，他们只是翻来覆去地彼此相告，说我歪曲了事实，在这种反复的讲述中他们制造了一个案子并且判我有罪。也许事情一向就是这样做的，但是我们周围的危机提高了说谎的意愿，知识分子的脑袋放出的各种气体造成了奇怪的大气畸变，形成一种特殊的酸雨。

《院长》有点怪，这一点我不否认，同时我想弄明白我写这本书意味着什么，读者和评论家的反应又意味着什么。你说到“缺乏善意的”评论，足可见你的善意。[休·] 肯纳[①]是公开反犹的。他不会掀起一股仇视犹太人的浪潮，可奇怪的是，他竟然决定让自己的作品公开带上艾略特[②]-庞德的反犹标志。也许他认为现在可以这样做了。远比他的想法更让我感兴趣的是艾略特-庞德现象的影响，也就是这两位所代表的“传统”和“文化”核心部分里面那种致命的疯狂。可怜的庞德必须受到保护，以免他为庸俗野蛮的美国人所伤害——保护庞德就等于保护艺术。庞德到底在**说什么**无所谓。这就是为他辩护的文学界人士心目中的假定。一个诗人哪怕是痴迷于高利贷[③]、道格拉斯少校[④]、墨索里尼[⑤]、犹太人，也有可能是

---

① 威廉·休·肯纳（William Hugh Kenner，1923—2003），加拿大学者、文学批评家。

② 指英国诗人托·斯·艾略特和美国诗人埃兹拉·庞德。据称艾略特和庞德早期都有一定的反犹倾向。

③ 这里“高利贷”用的是一个源自意大利语的词 Usura。庞德一度对经济问题十分关注，甚至有一首诗即题为《关于高利贷》（*With Usura*），里面历数高利贷的恶果。

④ 克利福德·休·道格拉斯（Clifford Hugh Douglas，1879—1952）是英国工程师、经济学者，一战时曾任职于空军，或许因此常被人称为道格拉斯少校（Major Douglas）。庞德与他结识后，深受其经济学理论影响，其中最具代表性的是他的社会信用理论。

⑤ 贝尼托·墨索里尼（Benito Mussolini，1883—1945），意大利法西斯独裁者。

伟大的。这是战后文学知识分子所走的路线。不可避免的推论就是，诗人的信念可以与他的诗歌分离。这样就有了可能，可以把荣耀与耻辱分隔开。然后他们就以“文化”之名拿到荣耀，把毒瘤当宠物养起来（在民主体制下，为毒瘤提供庇护的权利是不可剥夺的）。所以我们现在有了肯［纳］先生，带着他从现代主义大师那里继承的全部声望，还有他们的文化魔力，朝专咬犹太人的群狗大喊“把他们干掉！”对着我把狗放了出来。

左边的情况也好不到哪里去。我也预料到了来自那个方向的指责——我并不觉得自己出了大力，不过是举手之劳嘛，竟有如此收获。什么我老了，我变得枯燥无味了，爱说教了，我是个新保守主义者，我放弃了新奇的东西，我的精神力量太弱，处理不了各种思想了，我屈服了，我是个工贼。没人愿意面对这样一个简单的命题或者说问题：这究竟是不是我们现在的生活方式？

好了，不说这些了。

我还没法对你的邀请做出决定。有一个原因是我记不清邀请的准确内容了，你那封信我没带到加拿大来。另一个原因是，为《院长》奔走劳作，我的鞋底子加上脑袋里的老底子全都磨光了。大概很快就能有所恢复。我们下星期回芝加哥。能给我多留点时间吗？

致以最美好的祝福。

罗伯特·博耶斯（Robert Boyers）是文学季刊《杂录》的创始人及编辑，著有《暴行与健忘症》①（1985）等书。1982年春季学期他访问西北大学的时候，遇到了一些对《院长的十二月》中“事实的准确性”持批评态度的学生。贝娄小说的部分素材取自一个广受关注的庭审案件，案子里的一对黑人男女被控把芝加哥大学的一个白人学生从他三楼公寓的窗口推下致死。这个案子引发了激进学生对被告的支持，在审理过程中，一个学生被控威胁数名证人，其中一个证人遭到了枪击。休·肯纳对贝娄这部小说带贬损色彩的评论《来自下贝娄维亚》②发表于《哈泼斯》杂志。

---

① 这本书的全名是《暴行与健忘症：1945年以来的政治小说》（*Atrocity and Amnesia*: *The Political Novel Since 1945*）。

②《来自下贝娄维亚》（*From Lower Bellowvia*）这个篇名中的“贝娄维亚”（Bellowvia）一词是肯纳杜撰的，词尾 -via 多用于地名。

致艾琳·辛普森①

1982年4月10日，芝加哥

亲爱的艾琳：

我在加拿大收到了你那本精彩的书，马上就看了。没有及时给你写信谈谈我的想法有各种各样的原因。加拿大的邮政是出了名的差劲。丢信的事都有过。我也需要时间想想。并没有急着回信，这是真的。就事实而言，尽管你重建的四十年代让我流连忘返，那种愉快同时也颇为痛苦而沉重。那根本就不是什么美好的旧日时光，我们就在那种美好中成名，其实那是个非常艰难的时期。我记忆中最痛苦的事我都不愿意面对，这应该不难理解。当时和后来，我都拒绝去仔细想那些事。真的，那会儿约翰［·贝里曼］、戴尔莫、卡尔［·洛威尔②］都在干什么？我欣赏他们的诗，我享受和他们在一起的时光，可是我深深地沉浸在我自己的困惑、计划、难题中，我只是开着我的梦想之车呼啸而过……大概就是这样。不是没有感觉，不是的，我当然和他们有共同的情感，可是我太不关注他们了，而我完全能够给予他们一千倍的关注啊。读着你的回忆录，我突然明白过来了。我想要不是约翰和戴尔莫给人那么多欢乐，展现出魔术师一般那么有趣的才能，那样具有独特的风格，要不是他们以那样千奇百怪的方式表现自己……不过说实在的，后悔自己太像他们没什么用处。难道我想当个什么非凡的道德天才，或者超级心理学家？道德天才可是不多见啊。所以你的书让我吃惊。你知道的那些事我并不知道，也不可能知道。此外在我三十多岁四十多岁五十多岁的时候，我也没那个耐心去了解。我现在可以开始了。我已经开始了。这是个用来收尾的工程。

一件小小的怪事：我也接受过惠特克·钱伯斯的面试［应聘《时代》周刊的一份工作］，是詹姆斯·艾吉③把我介绍给他的。他也用那种荒谬的方式跟我吵。对我找的借口是华兹华斯。我怀疑艾吉心里很清楚，他是把没有聘用希望的人送

---

① 艾琳·辛普森（Eileen Simpson）是约翰·贝里曼的第一任妻子，1942年和他结婚，1956年离婚，出嫁前的姓名是艾琳·马利根（Eileen Mulligan），后为心理学家。

② 即罗伯特·洛威尔，他的全名是罗伯特·特雷尔·斯彭斯·“卡尔”·洛威尔四世（Robert Traill Spence “Cal” Lowell IV）。

③ 詹姆斯·艾吉（James Agee，1909—1955），美国小说家、编剧、电影评论家。

到钱伯斯那里，由钱伯斯来下套把这些人拒绝了。这俩人是商量好的吗？真有意思，约翰和我居然从来没有谈过这件事。艾吉是圣人，钱伯斯是先知，俩人做的都是亨利·卢斯[①]的工作……约翰和我都没见过那一位。也许他会和我持不同意见，就像他对［埃德蒙·］威尔逊那样，在某种程度上也就是像对［艾伦·］泰特[②]那样。不过我们没必要在这里详细讨论这件事。我只想说（如我文中所言）你写了一本价值恒久的书，一本引人入胜的书，这就足够了。我希望这本书能获得应有的成功，特致以亲切的祝贺并且（为我得到了启发）向你表示感谢。

祝好，一如既往。

艾琳·辛普森刚刚出版了《年轻时的诗人》[③]，这是一本她与贝里曼婚姻生活的回忆录，书中描述的人物包括理·帕·布莱克默、兰德尔·贾雷尔[④]、戴尔莫·施瓦茨、吉恩·斯塔福德和罗伯特·洛威尔。

致安东尼·赫克特

1982年5月20日，芝加哥

亲爱的托尼[⑤]：

几年前瑞德·沃伦[⑥]对我说："还在上课吗？这主意不怎么样。"他说这话的时候我有点生气，不过随着我六十七岁生日将到（或者说是我快到那个地方了，就像从帝国大厦顶上跳下来快到六十七楼了），我有点理解他的看法了。写讲稿，上飞机，见个老朋友，挺好，可同时还要见一大帮非朋友呢，包括拉康[⑦]和德曼[⑧]

① 亨利·卢斯（Henry Luce，1898—1967），美国出版商，《时代》《财富》《生活》三大杂志的创办人。
② 艾伦·泰特（Allen Tate，1899—1979），美国诗人、小说家、文论家。
③《年轻时的诗人》（*Poets in Their Youth*）.这个书名化自英国诗人威廉·华兹华斯1802年的一首诗《捞水蛭的人或，决心与自立》（*The Leech-Gatherer or*，*Resolution and Independence*）（水蛭可作药用，故有人收集），相关的两行是第七节的结尾：We Poets in our youth begin in gladness；/But thereof comes in the end despondency and madness。（年轻时的诗人始于快乐张扬；/可结果来的却是消沉和疯狂。）
④ 兰德尔·贾雷尔（Randall Jarrell，1914—1965），美国诗人、批评家。
⑤ 托尼（Tony）是安东尼的昵称。
⑥ 即罗伯特·佩恩·沃伦。
⑦ 雅克·拉康（Jacques Lacan，1901—1981），法国作家、精神分析学家、结构主义文学理论家。
⑧ 保罗·德曼（Paul de Man，1919—1983），比利时解构主义文学批评家及文学理论家。

的追随者，从那种龇牙咧嘴嘲弄人的排斥态度上就可以把他们一一分辨出来。这还不算，还有一种说不清道不明的挫折感，因为不光是在文学上，而且在政治、两性关系、禁酒、营养这些方面，连最简单的基本看法都和他们不一致，还有让人不舒服的研讨会场，没完没了的晚餐，等等。我过去都是用小狗崽儿旺盛的活力摇着尾巴扫过这一切的，用我的尾巴击倒那些小破玩艺儿，可是现在……（说它干吗?）。你、我和尊夫人要坐在一个漂亮安静的酒吧里，地上铺着地毯，我们聊老［钱勒·］查普曼和艾尔玛·布［兰代斯］。

致亲切的问候。

艾尔玛·布兰代斯（1905—1990）是贝娄和赫克特在巴德学院的同事，在那里教罗曼语族诸语言。她著有《视野的阶梯：但丁喜剧研究》（*The Ladder of Vision*：*A Study of Dante's Comedy*，1960），1930年代里是二十世纪意大利最伟大的诗人欧杰尼奥·蒙塔莱[①]的情人和灵感来源女神。1950年代初贝娄有一次无端辱骂了布兰代斯，这件事让他内疚了几十年，直到1982年11月他在《大西洋月刊》上发表了长篇喜剧故事《口无遮拦的人》才一吐为快。

致玛格丽特·谢弗

1982年5月21日，芝加哥

亲爱的玛格丽特——

你的信对我很有用。《院长》树敌很多。黑暗的力量也开始关注了。我好像很容易让他们产生冲动。也许我该更为认真地思考一下这一点意味着什么。

钱［勒］·查普曼去世后，《纽约时报》想从我这儿得到证明，说他就是亨德森的原型，我拒绝评论。不过呢，一半是出于内疚，一半是觉得有趣吧，我经常想，我的确向钱勒建议过，他可以出现于混乱之中，我已经解决了他的“身份问题”；虽然我在外形上帮了他一把，但是我并没有把他写得更加和蔼可亲。如果说

① 欧杰尼奥·蒙塔莱（Eugenio Montale，1896—1981），意大利诗人、记者、批评家。

有什么不同的话，那就是我为歇斯底里赋予了新的形式，使其又狡诈又具有攻击性。书出版后，他常开着卡车到蒂沃里来看我。可他总是语无伦次，就像个并非天使的比利·巴德[1]。他语无伦次的目的是为了让人吃惊，让人害怕。真是个怪人。

请代我问候艾尔玛［·布兰代斯］——那个时候我并不知道她那么喜欢仙客来这种花。不觉得惊讶。[……]

致最美好的祝愿。

谢弗太太在信中说，就像《院长的十二月》主人公阿尔伯特·科德（Albert Corde）一样，艾尔玛·布兰代斯也喜欢种仙客来。

致路易斯·拉斯科

1982 年 5 月 29 日 ［芝加哥］

亲爱的波利卡普（Polykarp）：

非常感谢你富于诗意的问候。图里中学聚会上我们很想念你。不是所有的同学都很好。香蕉兰多（Bananas Landau）看上去有点不大对劲，虽然外形没有太大的变化。对很多人来说，也就是“又见面了——就此作别啦”。我那准确的记忆力打中了好几十个目标。女士们受宠若惊啊。“你原来就认识我！”有一个是拉斐特学校三年级的。

希望你退休快乐，可不要在所有方面都退休噢。

你永远的，

加邦·霍拉谢夫斯基（Gapon Khoraschevsky）

致埃莉诺·克拉克

1982 年 5 月 30 日，芝加哥

亲爱的埃莉诺——

我觉得保罗·米拉诺会回答你关于［朱·乔·］贝利[2]的问题。我的几封信

---

① 比利·巴德是美国作家梅尔维尔遗作《水手比利·巴德》（*Billy Budd*，*Sailor*）的主人公。

② 朱塞佩·乔阿奇诺·贝利（Giuseppe Gioacchino Belli，1791—1863），意大利诗人。

他都没回。什么原因呢？身体不好，心情不好，全身萎缩。照顾他的人身兼厨师、管家、仆人，是个身材矮小的农民，一个小心翼翼的临终看护那样的人。保罗现在腰弯得厉害，看人的时候要用力朝上看才行。他看书的时间比以往任何时候都多，也就是说，他是不停地看，床上堆的都是书。不过这些都不是让人想听的事，除了他的地址。

我想我就要有能力给雅都捐些钱了。纽约有个叫布朗的人说他能把我的一部分书稿卖掉。

我们愉快地期待着夏季和每年此时的会面。

祝你安好。

致艾尔弗雷德·卡津

1982 年 6 月 7 日，西哈利法克斯

亲爱的艾尔弗雷德，

祝你生日快乐，愿你拥有赞美、爱、长寿——反正要什么有什么。别在意鸡毛蒜皮，鸡毛蒜皮到头来什么也不是。

比你小五天的人敬上。

你女儿是个迷人的年轻女子。两个星期前我们在芝加哥一块儿喝了几杯。

致玛丽昂·米德[1]

1982 年 6 月 16 日，佛蒙特，西哈利法克斯

亲爱的米德女士，

多萝西·帕克是《绅士》研讨会上所有参与者中最友善的，主要是因为她说话最少。我们第一次见面的时候，帕克小姐已经很不年轻了，似乎比较消沉，那个时候她并没有表现出明显的巨大悲痛。我见过她几次，但是不记得和她单独交

① 玛丽昂·米德（Marion Meade，1934— ），美国传记作家、小说家。

谈过。莉莲·赫尔曼偶尔会请我们一起喝茶，大部分时间都是莉莲和达希尔·哈米特在聊天。我很少说话是因为这些大人物都是我的前辈，帕克小姐很少说话显然是因为她情绪低落。

谨致敬意。

传记作家玛丽昂·米德正在为写《多萝西·帕克：这是什么新鲜玩意儿？》(*Dorothy Parker: What Fresh Hell Is This?*) 搜集资料，这本书于1988年出版。

致内森·古尔德

1982年8月4日，佛蒙特，西哈利法克斯

亲爱的内迪[1]：

[……] 我参加了图里中学的聚会，整体来看让人丧气，就是老年人怀念青春和大萧条的岁月。他们（或者说我们）好像没别的事干了，只想着要变成中产阶级美国人，所有的人都说着同样的话，有着同样的想法，源头也都一样。有些人远道而来（鲁迪·拉普［Rudy Lapp］是从加州奥克兰［Oakland］赶过来的），有些人腿不行了，需要轮椅。有些人生来就那个样子，好像没什么变化，比如伯妮丝·迈耶·兰多（Bernice Meyer Landau）。她哥哥［香蕉］看起来保养得很好，却得了一种遗传病，影响了记忆力，我们聊天的时候，他一直是懵的，他的新妻非常不安（但是举止得体）。你提到的另外几个人嘛，帕辛我好几年没见了。四五年前我们在芝加哥一起吃午饭，他在很多方面都像个日本面具一样，人很聪明却表里不一。弗莱菲尔德现在是个步履蹒跚的老追球手，一个毫无名气的律师。忧郁。痛苦。乔治·里迪给约翰逊当新闻秘书的时候我在华盛顿常见他，他现在还是很活跃，很有创见。他是密尔沃基马凯特大学新闻学院（Journalism School at Marquette，in Milwaukee）的院长。不过我最亲密的朋友是奥斯卡和艾萨克，都去世多年了。每过十年我都要想想，他们要是还活着会是什么样子。

---

① 内迪（Natie）是内森的昵称。

至于我，内迪，我已经成了个公众人物，这绝非我的本意。按我少年时代的想法，我觉得写好书（三十年代所理解的写和书），在我这行里排个中游，我就很高兴了。被人忽视会让我很难过，可我完全没有准备引起这么大的关注，我也一直都不擅长操作“名气”。这事说来话长，我就不细说了。很多要求我做的事我都做不了，包括回复堆积如山的信件，按时看完很多书和稿子，同时还要写我想写的和需要写的东西。我给你写信是因为你在我往日的记忆里是那么生动，那么亲切，如果我不抓紧时间（就像在这堆尼亚加拉瀑布一般汹涌而来的信件下面开出一块干地方），我就会感到脱离了自己的历史，陷入**虚伪**。收到你的来信我高兴极了，也很想见到你，我们可以聊很多个晚上。可是我要给阿瑟·莱比锡[①]先生的摄影作品集写篇介绍，这显然是个非常著名的摄影家，这样我就得把我自己的稿子先搁到一边去，也就是放弃我对混乱的第一道防线。

说句跟“犹太人生活”有关的话：我一向尽力而为，不过我很少写讨好“犹太人看法”的“犹太人生活”。我一知道这是一场斗殴，就带着个黑眼圈退出来了。

祝你一切都好。

致欧文·巴菲尔德

1982年8月21日，佛蒙特，西哈利法克斯

亲爱的欧文：

克利福德·蒙克斯（Clifford Monks）把你对《院长》的评论寄给了我，建议我写一篇回复——也许是要发起和你的争论？这样做可不合适。我做梦也不会想到要推翻你的意见。或许你对这本书的理解比我要深。毕竟自己写的东西自己是绝对没法作出充分回答的。此外，《院长》并不是传统意义上或者形式意义上的“虚构”。正如有些人对我说的那样，这是一件非常奇怪的作品，而这些人的判断力我是很看重的。

这本书你看得这么仔细，对这位古怪的作者这么关心（喜欢？），我深为感动。

① 阿瑟·莱比锡（Arthur Leipzig，1918—2014），美国摄影家，以纽约街头摄影作品闻名。

不过毫无疑问，我也会读我的读者所写、批评我的批评者所说，哪怕是友好而且喜欢我的批评者呢，换言之，我要弄清对方的思路是什么。另外，我是施坦纳研究的学徒，而你是受人尊敬的老将，所以我一定会对你的观点产生极大的兴趣。这个人研究人智学五十年了。这一点带来了什么影响？现代世界在他的眼中是什么样子？等等。而在读你的评论的时候，我的感觉是你发现我的确很奇怪。从我们第一次见面起，我就意识到我对你来说远比你对我来说要陌生。美国的，犹太的，写小说的，现代的——怎么说呢，这些我自然是都占全了。如果最后一项缺失，我就不会引起任何人丝毫的关注，因为一个非当代的小说家可以说什么也不是。兰波所说“**人必须是彻底现代的**”[①]对我来说是不言而喻的真理。也许对你来说也是如此，但是你会用很多方式对“**现代的**”予以限定，结果这个词的意思就不一样了。不管怎么说，你发现我如此陌生这一事实就证明了的确是不一样。为什么我说你对我来说比我对你更不陌生呢？这个嘛，是因为你有我熟悉的特质：英语，属于上一代人的那种，接受过经典作品的教育，浸润于英语文学之中。你们的历史我很清楚，而对于我们的历史，你永远也了解不到那个程度。可以说，我的生活经历“没人描述过”。没有几个欧洲人真正了解美国。[丹尼斯·]布罗根[②]知道一点，[路易吉·]巴兹尼[③]也知道一点，但是在大西洋的这一边，有些东西确实很不一样（并不是在每个方面都非常不一样）。希望你不会为此生气，不过在我看来，你没有找到那个调号，那个音乐上的识别标志，缺了这个，像我这样的书就没法读。你在任何一本旧的手册里都找不到类似的东西。这种新颖绝非随心所欲。其来源是对整个人类处境的个人体验。但是只讲美国人的自我意识以及这种意识如何表现，或者说为什么《院长》中的思考都“塞”在句子的小角落里，其实没有意义。没有那个调号，《院长》这首曲子就没法弹。阅读成了件苦事，当然就得不停地休息，书就只好放下了。那么这个神秘的调号是什么呢？是科德强烈的激情。读者没看出这一点，就等于什么都没看出来。

这就是我觉得你看错的地方，因为你看到的不是激情，而是“极端的自我意识”，是简写的亨利·詹姆斯。根本不是。一点儿都不像。《院长》是一本强硬、

---

① 原文是法语：Il faut être absolument moderne。——原注

② 丹尼斯·威廉·布罗根爵士（Sir Denis William Brogan，1900—1974），英国历史学家、政治学者。

③ 小路易吉·巴兹尼（Luigi Barzini，Jr.，1908—1984），意大利记者、作家。

好战、愤怒的书，而科德远非一个内省的沉思者，他大胆地攻击芝加哥（美国社会），这让他处于相当危险的境地。可他关心的是清洗自己对错误思想的理解，而远远不是保护自己。的确，在想象力屈服于琐碎和扭曲的时候，有什么可保护的呢？

自传？只在最模糊的意义上是吧。如果我一直在写自己，我就会记录下来院长正在读［鲁道夫·施坦纳的］《主导思想》和《米迦勒之谜》①，他看到自己正处于东方的路西法和西方的阿里曼之间②。问题并不在于“不愿意尝试跨越”极端的自我意识，而在于对这一跨会跨进一种什么状态要有一定的而且是靠得住的了解。

我很肯定我没有改变你对任何事情的看法。其实我也没打算那么做。我尊重你的真实思想。

致以最美好的祝愿。

关于“跨越”：“一定的了解”也不对，必须跨进一个已经有了某种体验的世界。我做了铺垫，都是些非常动人的设想，但现实中的完整景象一定在各个方面都有所不同，偶像［必须］摒弃。然后就可以逃跑了。这事靠命令可办不成，不管你有多么渴望。

巴菲尔德对《院长的十二月》所做的评论《东方，西方，和索尔·贝娄》（*East*，*West*，*and Saul Bellow*）发表于《走向》（*Towards*）。

致索尔·斯坦伯格

1982年12月26日［芝加哥］

亲爱的索尔：

把这些斯坦伯格送给我们是一种很特别的慷慨之举。在寒冷的芝加哥我真的需要他们帮助我活下去。按我在巴黎的音乐厅里常听到的说法就是，“有点暖

① 施坦纳的著作有很多是其演讲稿等单篇著作的合集，英译作品只是其中一小部分，其组合与德语原著的组合有时也不同，此处提及的两本中，第一本的单篇全名是《人智学主导思想》（*Anthroposophical Leading Thoughts*），第二本《米迦勒之谜》（*The Michael Mystery*）出自施坦纳以《圣经》故事为基础编写的小剧。

② 因路西法意为金星，故在东方。路西法和阿里曼的含义见1976年2月25日贝娄致巴菲尔德信的脚注。

（心）啊。[1]”我对《帕拉斯路》[2]特别感兴趣，因为画中展现了童年的景象：一个成人般高大的男孩在原始状态的罗马尼亚布加勒斯特的街道上大步行走。由其他人所代表的世界并没有出现，这是我最欣赏的地方。有时候我会认真思考“艺术问题”，最后得出的总是这个结果。走在街上的这个男孩在我这里有我自己的版本。硬要我找专业术语的话，我会说那个时候我就有“无中介的知觉”。生活中到处都是还没有改变的东西。这些东西是上帝和人类合作的产物，人类贡献的是破旧。我还是个孩子的时候，就对这些东西有了自己的叫法，那些音节都是不请自来的。直到今天我都没有大声说出来过。你在《帕拉斯路》的窗户上画的那些脸，那些向日葵、接雨水的桶，屋顶上那些把毛梳成恐龙形状的猫，可能都出自同样的心理来源。我那时住在蒙特利尔的圣多米尼克街，和正统的犹太人混居在一起的有法裔加拿大人、松树大道兵营的士兵，还有猫，很多猫，还有好几位修女。那是 1920 年。

希望我们今年夏天能见面。亚历珊德拉和我一直在佛蒙特盖房子。在我这个年纪，这种行为称得上**无所顾忌**[3]了（犹太人的狂妄?）。

非常感谢，祝福你。

---

① 原文是法语：*Ça réchauffe un peu*。——原注

②《帕拉斯路》（*Strada Palas*）是索尔·斯坦伯格的一幅画，画上的这条路在罗马尼亚东北部古城雅西（Iasi）的城区中心，下文提及斯坦伯格幼时所居的布加勒斯特（在罗马尼亚的东南部），应是联想。斯坦伯格的画风非常现代简约，并且有意保留童趣。

③ 原文是意第绪语词 chutzpah。

第五辑

1983—1989

****

在所有奇怪的生命体和创造物中我们是最奇怪的了，我们到这儿来是来干什么的？凝胶般清澈的眼睛是用来看的，要花点时间看，而且是仔细看，有一个怦怦跳动的宇宙要看，有那么多人类信息要给予和接收。那个骨头做的盒子是用来思考和存放思想的，混沌不清的心是用来存放情感的。小小蜉蝣，碾碎别的生物，把人家的肉加上调料，加热，再吞掉。这种生命体里塞满了关于死亡的知识，也塞满了无尽的渴望。

——《泽特兰：人格见证》

1983年

致艾尔弗雷德·卡津

1983年1月24日，芝加哥

亲爱的艾尔弗雷德：

真抱歉你摔倒了。不过我相信马蒂尼克会治好你的髋部，你可以把助行器留在那儿，让那些真正需要的老家伙去用。你说睡觉的时候很难受，但是可以坐在桌前，这证明你还没意识到有多少作家是坐在桌前睡觉的。很高兴你喜欢我的这篇小说。我觉得不需要再评论了。第一个标准就是喜欢，第二个和第三个标准也是。你发现有些地方看不明白只是说明你（我希望是暂时）陷入了对这种事情总想搞个明白的坏习惯。什么？你没注意到《[口无遮拦的] 人》创作手法有多么新颖，也没注意到它和99.9999%新问世的小说（比如说近十年左右）有多么不同？那好吧，我原谅你的这些疏忽。

至于你那冗长的附言，我不喜欢自由世界委员会的那些活动分子（除了米奇[·德克特] ①，我喜欢他是因为念旧），但我是这个委员会的成员，因为对方的气味太难闻了。无法忍受！我读到葛罗米柯 ② 访问波恩的消息，看到俄国人正以多么有效的方式单方解除西欧的武装，然后就产生了一个疯狂的想法，用一块白板写上一个“不！”，大小能写下我的名字就够了。不过我从来不参加这类组织的集会，因为会干扰我写小说。喜欢《广场》。

祝好，一如以往。

---

① 自由世界委员会（the Committee for the Free World）是由美国几个基金会支持的一个智库，建立于1981年，总部在纽约市，柏林墙倒塌后不久即停止活动。美国记者、作家米奇·德克特（Midge Decter，1927— ）是这个委员会的执行董事。

② 安德烈·安德烈耶维奇·葛罗米柯（Andrei Andreyevich Gromyko，1909—1989），苏联外交家、政治家，时任苏联外交部长。波恩（Bonn）是德国西部城市，1949年到1989年是西德首都。

卡津参加了新保守主义的自由世界委员会的会议，准备在《纽约书评》上发表《在广场上拯救我的灵魂》(*Saving My Soul at the Plaza*）一文对该组织提出批评。次年2月，贝娄从自由世界委员会辞职。

致罗伯特·佩恩·沃伦

1983年2月4日，芝加哥

亲爱的瑞德——

你的来信让我高兴得都顾不上想该怎么回信了（哲学家会说这是“快乐带来的难题”。）好吧，谢谢你喜欢这个短篇。我好像找到了一种妥帖的方式来结束一部短篇小说，说这话的时候，我的感觉就像个老探矿人预感到了一个新发现。然后我想到，我们都属于一小群痴迷于写作、在沙漠中漫步的老家伙，这让我感觉既有趣又亲切。

祝贺你们荣升祖父母。只要瞎混就能成为父母。这其中可有些意外之喜的意思呢:《错误的喜剧》[1]嘛，不一定是认真所为。不过当个祖父你就得像个样子。现在你在无穷无尽的“系谱”表里有了一席之地啦。

［在西布莱特伯勒的新］房子快建好了——七间屋子，椅子、茶匙、枕头套是一个都没有。我5月底前出来，到布莱特伯勒的博尔斯特货栈（Bolster's Warehouse）去买些二手家具。所以我们很快就能见到你——在佛蒙特的快乐生活中，这可是件大事。

向你们两位致以亲切的问候。

祝好，一如既往。

致杰夫·惠尔赖特[2]

1983年2月4日，芝加哥

亲爱的惠尔赖特先生：

多谢来信。我真的在《院长》里抨击了新闻界吗？也许更接近事实的说法是，

---

①《错误的喜剧》(*Comedy of Errors*，又译《错中错》）是莎士比亚的喜剧。

② 杰夫·惠尔赖特（Jeff Wheelwright），美国自由职业记者、作家，曾任《生活》杂志的科技编辑。

我在思考一个巨大的现代谜题：为什么在这个交流的时代，我们如此接近全面的语无伦次？有文化的群众渴望信息。一群技术人员为他们提供信息。那个巨大的谜题就是，为什么这些信息居然无法摆脱不真实。有些人坚持认为大众社会一定会扼杀真正的意义。还有些人（比如我）怀疑这种混乱可能有某种认识论根源（关于“我”，我应该补一句：我偶尔会犯那种在形而上学意义上堕落的病）。科学的语言在科学的限度内是清晰无疑的，其他所有的重要问题都是怎么说都行。也许是因为从科学的角度来看，并无真正的意义蕴含其中。这些问题已经臣服于一种语无伦次的状态，同时披上了各种外衣或者叫伪装以表现其意义。“有眼无视力”有个很有趣的变体是：“有话无意义”。尽管如此，因为我们还是想要得到信息，所以我们打开电视，翻开报纸，可这一切就像脱衣舞，进入正题之前，灯光总是暗淡的。比如今天，我想看看《时报》上弗洛拉·刘易斯①的文章里对那个行刺教皇的人和保加利亚的关系②是怎么说的。弗洛拉说，也许［尤里·］安德罗波夫③知道有人会干这事。如果这是真的，我们大概承受不起知道此事的严重后果，因为那就意味着一个新的而且更为可怕的萨拉热窝④。要是我们了解了真相这件事把俄国人激怒了，就有可能迫使他们不得已用核武器把我们所有人（包括他们自己）全都毁掉。所以我们最好还是克制。我从——哦——1930年起吧，就一直在看这类东西了。认识论方面的契合要有意思得多。比沟通的幻觉强。

谨致真诚的敬意。

杰夫·惠尔赖特为《洛杉矶时报》写科学方面的文章，著作有《灾难程度：威廉王子湾⑤：自然如何收缩与反弹》(*Degrees of Disaster: Prince William Sound: How Nature Reels and Rebounds*, 1994）和《烦躁

① 弗洛拉·刘易斯（1922—2002），美国犹太裔女记者。

② 应指1981年5月13日在梵蒂冈发生的教皇被刺事件，事件中教皇约翰·保罗二世遭枪击受重伤，枪手是土耳其人，后来供述策划者与保加利亚（Bulgaria）有关，保加利亚是东欧国家，当时属于苏联的势力范围。

③ 尤里·弗拉基米罗维奇·安德罗波夫（Yuri Vladimirovich Andropov，1914—1984），苏联政治家，时任苏联共产党总书记、苏联最高苏维埃主席团主席。

④ 萨拉热窝（Sarajevo）的历史归属相当复杂，现为波斯尼亚-黑塞哥维那（即波黑）共和国的首都。1945年到1992年，波黑共和国属于南斯拉夫社会主义联邦共和国。1914年6月28日奥匈帝国皇储在此被塞尔维亚民族主义者刺杀，此事成为第一次世界大战的导火索。

⑤ 威廉王子湾是美国阿拉斯加（Alaska）的一个湾区，1989年一艘美国油轮在此失事，污染了大片海岸和海域。

的心：海湾战争的医学之谜》(*The Irritable Heart: The Medical Mystery of the Gulf War*, 2001)。

致特迪·科勒克

1983 年 2 月 9 日，芝加哥

亲爱的特迪，

我渴望回到耶路撒冷，我一直在找机会离开芝加哥。问题总是出在协调上——我简直没法把我的综艺表演凑到一起，所以我写作、教学、写信、躲律师、算账、履行父亲和丈夫的职责、自己给自己看病，等等，就像一大群训练有素的海豹一样。所有这一切的结果就是，我重返耶路撒冷和与你们［在耶路撒冷书展上］重聚及对话的梦想无法同时实现。我要私下多说一句，听说你们要接待［维·苏·］奈保尔[1]先生了，这位对我可是没什么好感，尽管我给他投过一次获奖的票，而且谈到他的书（那些比较好的）总是很愉快。这种事我记得有个拉丁语说法是 verbum sapienti[2]。（我觉得是这个格没错。）感谢你真诚的善意，贝娄夫妇向你致以最美好的祝愿和问候。

致安妮·杜比隆·沃尔特（Anne Doubillon Walter）

1983 年 2 月 17 日，芝加哥

亲爱的安妮，

真不巧，在巴黎没时间去看老朋友。弗拉马里翁[3]连一个小时的空闲时间都不给我。[……]

人们问我怎么样的时候，我总想像我见到的一个罗马人那样回答，这人让一辆黄蜂牌摩托车撞倒了，人们跑过来问他怎么样了，他说："我原来挺好的。"考

① 维迪亚达·苏莱普拉萨德·奈保尔（Vidiadhar Surajprasad Naipaul，1932—2018），英国作家。奈保尔 1983 年获耶路撒冷文学奖（Jerusalem Prize）。

② 意为"给聪明人一个字（就够了）"，可译为"聪明人一点就透"。——原注

③ 指法国的弗拉马里翁出版集团（Groupe Flammarion）。

虑到我年事渐高，我应该说：**我现在相当不错**[①]。你呢，说到你自己的情况，听起来却是相当不满，有点反叛的味道嘛——马上就要拿一份严格的养老金了，却心怀怨恨。另外，你让我感觉你像个游击队员一样躲在树后监视着我。你不会开枪的，可是你有枪啊。

你下次来信可以用打字机写吗？你很喜欢上个世纪和那种老味道，不过就连晚年的托尔斯泰也有打字机，也用电话。

谨致老朋友的亲切问候。

安妮·杜比隆·沃尔特1953年在巴德学院读书的时候与贝娄结识。她是作家、电影制片人，曾与尼古拉斯·雷[②]和罗伯特·布列松[③]合作，现居布列塔尼[④]。

致艾伦·布鲁姆

1983年2月28日［芝加哥］

亲爱的艾伦：

他们说芝加哥像春天了。这就是说，在这片阴沉的天空之外，某个地方的天空是蓝色的，天气可能很温和，气温适中。今天我停下了笔，感觉脖子很累（头太重，支撑不住了），人很疲倦，下午两点左右，步行到多米尼克食品店去依照指示买色拉油。去超市的路上，我想到你在巴黎，那么文明。[……]

我注意到百老汇街西面桑代尔大道[⑤]上开了家小书店，就停下来看了看。一个西印度群岛人，小胡子，翘牙，想卖给我一本平装本的《利维坦》[⑥]，然后是一本关于重生的精神指南（这个我准备好了，可并不想按一本手册来做）。他要我表

① 原文是法语：je me porte assez bien。——原注

② 尼古拉斯·雷（Nicholas Ray，1911—1979），美国电影导演。

③ 罗伯特·布列松（Robert Bresson，1901—1999），法国电影导演。

④ 布列塔尼（Brittany）是法国西部的一个地区。

⑤ 即芝加哥的桑代尔大道（Thorndale Ave.）。"百老汇"这个地名在美国多个城市里都有，最著名的是纽约曼哈顿的百老汇大道（Broadway），那是美国戏剧音乐活动中心。这里说的是芝加哥的百老汇街（Broadway St.）。

⑥《利维坦》（*Leviathan*）是英国政治家、哲学家托马斯·霍布斯（Thomas Hobbes，1588—1679）的著作，书中以传说中的海怪利维坦喻国家的实质。

明身份。我说我是教授。他一下子来了精神，要把他的名片给我，让我分发给朋友们。他好像是住在小店后面一个竖起来的板条箱里。现在我拖着疲惫的身躯来到百老汇东面，一位九十老妪拄着一根四叉拐杖朝我走来——她身材瘦小，脑袋上扣着一顶建筑工人用的黄色头盔，把额头都遮住了。这个幽灵飘过，又来了更多的：我猜是中产阶级的人吧，可是沦落到了被社会抛弃的地步，有一位一只手抱着个小男孩大声喊，叫一个熟人把那孩子的臭屁股从她脸上挪开，她都要憋死了，然后是一伙人凑在一起叽叽呱呱地聊天，然后是一只漂亮的警犬拴在停车计价器上汪汪叫着，一条腿断了打着石膏。他可能是在提出请求，要看看和他狗的身份相关的仁慈。我们在这一点上是一致的。我疲惫的智力没有发现丝毫的等级之差。

我走到［超市］顾客入口的铁栅前。这都是些窄小的开口，就像导流的堤堰，大小刚好可以通过，有的时候一部分开口会锁起来，这是出于安全方面的原因，我还没弄明白。我就想啊，好心的老艾伦在度假，让我来负责了。想想没什么不好，还是挺高兴的，高兴的是你不插手啦。轮流干才公平嘛。我把那瓶油买了回来，还犯了一回冲动购物，买了一盒不在单子上的印度烧烤香料，回来以后把衣服全脱掉，躺在床上，享受了一个小时天使般的纯洁和冥思，翻了翻［约瑟夫·］皮珀书里谈《斐德罗篇》[1]的部分。我看到那些诡辩家有多坏，让我感到安慰的是，我站在正确的一边，忠实于爱神厄洛斯，摒弃虚假的情欲。我终于到了这个年纪，可以把事情真正看清楚了。

致约翰·奥尔巴赫

1983年3月9日，芝加哥

亲爱的约翰，

像往常一样，这封信是急急忙忙口授打出来的。去年秋天我开始写一个短篇，现在写了大概有八十页了，还看不出结尾的苗头，我发现下午再也没力气在打字机前坐下来了。这个冬天我只写了一些很急的事务性信件，准备这部该死的小说

[1] 约瑟夫·皮珀（Josef Pieper，1904—1997）是德国天主教哲学家，著有《闲暇：文化的基础》（*Leisure, the Basis of Culture*，1948）等书。《斐德罗篇》（*Phaedrus*）是柏拉图诸种对话之一。

写完以后休个假，如果到那个时候还没有把最好的朋友都丢光，我就写它十来封长信。亚当带来了阿斯塔蒂[①]的雕像，我马上就要了，可因为她是生育和性爱之神，我也就理所当然地把她呈送给了我的夫人。月光明亮的时候，我就在一堆数学论文中寻找她（我是说阿斯塔蒂）。现在说你，约翰，你上一封信让我有点泄气，信里说你不能把你的狗留在家里时间太长，所以没法到佛蒙特来看我。我想要是我有狗的话，我说我可以为了你离开我的狗，那我同样也太傻了。我是从一个不同的狗之伦理角度来考虑的。如果我生活安定，我就会养猫和狗，可是亚历珊德拉和我到处跑，所以我只好养养室内花草算了。为此我可是尽心尽力啊。今年夏天我可能会带他们去布莱特伯勒，我现在正想法劝亚历珊德拉养一只猫。另一个办法是买一台《华尔街时报》上广告里的那种超声波机器，这样来确保把田鼠和咬人的虫子都赶走。只是我突然想到，这东西还会把那些给花授粉的虫子也赶走。我不想给你写一封乱七八糟胡说一通的信。我的既定目标是说服你9月份飞过来。[……] 狗狗们肯定很大方，会放你离开几个星期的。我把票寄给你吧。

我看到贝京在接待吉米·卡特，他们在戴维营[②]吵架的时候，卡特还叫他神经病呢。一般都觉得接待我他会开心得多。他却显然是决定了不给我采访的机会。也不能说我就为此不高兴吧。他要是提出邀请我会接受的，那样我就有理由去看你了。

祝好。

致约翰·奥尔巴赫

1983年4月8日，芝加哥

亲爱的约翰，

亚历珊德拉和我对你的决定感到非常高兴。我本来想6月份去的，但是亚历珊德拉6月中旬以前都不能离开芝加哥。她有一种孩子般尽职尽责的精神——要给学生考试，检查助手评分的情况（她其实根本用不着助手，从一开始就全是她

① 阿斯塔蒂（Astarte）是古代腓尼基人（Phoenician，在今黎巴嫩［Lebanon］、叙利亚［Syria］一带）司爱与生育的女神，又译阿施塔特。

② 戴维营（Camp David）是美国总统的度假地，在马里兰州的一个山区公园里。此句中的吵架一事指1978年9月，卡特、贝京、萨达特在戴维营会谈十三天，最终达成埃以和平协议。

自己在干），登记成绩，为那些考试不及格的人伤脑筋——这些事就让她必须在芝加哥待到 15 日，然后 20 日她要飞往德国，快到独立日了才回来。[……] 不管怎么说，9 月份是最好的时候，树叶都开始变色了，虫子都死了。猎熊的人 9 月中旬开始行动，但是两个经验丰富的老家伙拿到了特许权，半英里以外就可以开枪。我想你应该劳工节以后来。[……] 他们告诉我以色列航空公司恢复营业了，除非正统的拉比们躺在本·古里安机场①的跑道上要保护安息日②。

以色列发来好几次邀请，没有一个我能接受。最近的一次是特迪·科勒克的信，他请我去参加耶路撒冷书展，还有给奈保尔授文学奖的颁奖仪式。奈保尔又不喜欢我，我干吗要去呢。我想不出我是怎么得罪他的，可这也不一定非要有个理由不可吧，是不是？不管怎么说，反正我谢绝了，把为什么会尴尬的原因也告诉特迪了。前年还给格雷厄姆·格林发了奖牌和奖金③，那是个反犹分子啊，我觉得挺愚蠢的。他们批评流散的犹太人不肯放弃自己**异教徒**④的朋友，却把奖授给最差劲的一个异教徒，这说明他们更尊重反犹分子而不是不愿屈服的犹太人。不久前格肖姆·肖勒姆⑤和艾伦·金斯伯格之间有一次精彩的对话。肖勒姆问金斯伯格为什么不搬到以色列住，金斯伯格说："我这一辈子都在逃离布朗克斯⑥。你怎么能让我住在特拉维夫？"这个回答让肖勒姆乐了，我也乐了。

我那篇小说写完了，写了九十九页，6 月份可以好好加工一番。此刻正在换脑子，转向三十年代的芝加哥往事——写我对罗斯福第一个任期那个年代的回忆。做这件事并非完全出于自愿，主要是为了挣钱在佛蒙特买家具。就在前几天，哈丽特［·沃瑟曼］告诉我，她收到了你的两个短篇。我正在等复印本，很着急。她说她还没来得及看。她现在处于一种焦虑烦躁的状态，心情很不好，因为她父亲去世，出版业又不景气，还有些女人家说不清道不明的烦心事。

这封信我是口授给贾妮斯［·弗里德曼］打出来的，因为我打字累坏了，简

① 即特拉维夫本·古里安国际机场（Tel Aviv Ben Gurion International Airport）。戴维·本-古里安（David Ben-Gurion，1886—1973）是以色列政治家，第一任总理，被称为以色列国父。

② 犹太教的安息日（Shabbat，即 Sabbath）是每周六，基督教的安息日是每周日。

③ 1981 年格雷厄姆·格林获耶路撒冷文学奖。

④ 原文是带贬义的犹太人用语 goyim。

⑤ 格肖姆·肖勒姆（Gershom Scholem，1897—1982），以色列哲学家、历史学家。

⑥ 布朗克斯（the Bronx）是纽约市东北部的一个区，居民以非裔和拉美裔为主。金斯伯格也是俄裔犹太人，出生于邻近的新泽西州纽瓦克市。

直是虐待自己，就好像我是自己的阿亚图拉[①]一样。

请尽快回信，我好订票。

谨致友谊和热爱。

《在罗斯福先生的时代》后发表于《绅士》杂志。贾妮斯·弗里德曼此时是社会思想委员会的学生，贝娄的研究生助手。

致艾尔弗雷德·卡津

［邮戳标识为 1983 年 6 月 17 日，佛蒙特，布莱特伯勒］

亲爱的艾尔弗雷德：

再一次祝你生日快乐，没有痛苦，没有呻吟。诸如此类。

我不那么热衷于写信了，这绝对是真的；沉默并没有让我感觉愉快；相反，我也很想知道我为什么很少回信。或许是因为我一直拿着捕蝶网在外面转，想捕捉自己成熟完美的形态，那东西好像总是马上就要落在一朵花上了（而且就此落定）。可终究没有落下来，因为还没找到那朵花呢。这样解释**也许**就比较充分了。

前几天取邮件的时候拿到一份芝大的《孤岛》[②]，上面有篇文章是写我们已故的朋友艾·罗森菲尔德的，作者是个很聪明的本科生，喜欢上了他的文章和名气。我很感动，一直读到结尾才发现不对劲。闹了半天，艾萨克是忠于崇高责任的，而他那又腐败又配不上他的朋友索·贝因为和迪克·卡维特[③]混在一起，背叛了善良、真诚、美丽，背叛了犹太人，背叛了威廉·赖希、卡尔·马克思，还有从果戈理到巴别尔[④]等一众俄罗斯圣人，这些人可是我们精神上的叔叔伯伯啊。

佛蒙特的地址用到 9 月中旬为止。你的新书就要出版了吗？很想看。

祝好，一如以往。

’15 班索·贝

---

① 阿亚图拉（Ayatollah）是伊斯兰教的一个职衔名称和荣誉称号，本义是安拉的迹象，地位相当于宗教领袖或者高级学者。

②《孤岛》（*Maroon*）或称《芝加哥孤岛》（*The Chicago Maroon*）是芝加哥大学学生办的一份报纸。

③ 迪克·卡维特（Dick Cavett，1936— ），美国电影演员、编剧，电视脱口秀（Talk-Show）节目主持人。

④ 伊萨克·埃玛努伊洛维奇·巴别尔（Isaac Emmanuilovich Babel，1894—1940），苏联犹太族作家、短篇小说家。

致戴维·沙哈尔

1983年7月15日，佛蒙特，西布莱特伯勒

亲爱的戴维，

我一点也不生气。照法国人的说法我就是**"傻了**[①]**"**（乱了，慌了，糊涂了，晕头了），不得不在写信和写作之间选一个。我自然是做出了正确的选择。你精力充沛，不会经历这种危机，可喜可贺啊。我的精力是越来越不济了，只好锁上几个门来保存热量。没别的办法。今年我写了几篇文章，还有两个短篇小说，都比较长，可以称为中篇了；我为自己做了辩护，对手是美国政府和几个美国（前任）老婆；我和孩子们来往，和大学里的一些同事打交道，他们和我一样，脑力也在衰退，更别说我还有个姐姐，有两个哥哥，我还得对付这个时代带来的各种困惑。我现在要是有个软木装饰的屋子，有个塞莱斯特[②]无微不至地照料我，给我端上温度合适的咖啡，为我提供手帕，保护我不受任何侵扰，我就能像普鲁斯特一样及时处理我的信件。可是这个世界给我的压力太大了，我很少写私人信件。只有遇到急事才写。

《大西洋月刊》已经就采访贝京和摩西·阿伦斯[③]进行了磋商，我一直拿不定主意要不要接这个事，也就是要不要用轻率无知的言论去捅耶路撒冷和散居犹太人的马蜂窝。以色列人现在垄断了所有关于犹太人问题的讨论，我并不急于对此提出挑战。我怀疑写一篇文章会是个判断失误。不过明年11月我还是有可能到耶路撒冷来，做些我可能不应该做的事，我会得到的回报之一就是拜访沙哈尔伉俪。

谨致最美好的祝愿。

（不原谅我有可能是个错误噢。）

---

① 原文是法语词 ahuri。

② 塞莱斯特·阿尔巴雷（Celeste Albaret，1890—1983）是普鲁斯特忠实的管家、女佣、护士、秘书、厨师，服侍普鲁斯特直到他去世。

③ 摩西·阿伦斯（Moshe Arens，1925—2019），时任以色列国防部长。

致安妮·杜比隆·沃尔特

1983年7月16日，佛蒙特，西布莱特伯勒

亲爱的安妮，

你可能习惯了我长时间不回信。其实这并不说明我心不在焉，也不是老派的拖延习气（“时间窃贼”[①]）。我就是“来不及”。我从来都弄不懂怎么管理自己的时间，现在更没力气去费那个神想办法解决了。日子拍打着翅膀飞过去，要是能比作蝴蝶的话，可能会非常有意思，可是这种状况一点儿画面感或者快乐感都没有。相反，倒是让我心里有了负重感。不是心情沉重如铅，只是有一种似乎要永远存在下去的遗憾。我就是以这样的心情一直放着你3月3日的来信，本来想马上回信的，因为你信里有个请求需要答复。我想告诉你的是，有一本从你**眼中**[②]看我的书，我会非常高兴，你当然可以得到我的许可，没有任何限制。

我想起去年9月在巴黎想找你，但是弗拉马里翁公司没有给我留一点时间。我毫无办法，只能用眼睛越过和我交谈的人去看塞纳河。在我“有空”的时候，有人介绍我认识了爱丽舍宫[③]的密特朗先生[④]。这是个令人愉快的人，但是我与[雷吉斯·]德布雷[⑤]和[雅克·]朗[⑥][密特朗手下的文化部长]这两位先生有过一些相当激烈的交锋。我在芝加哥有个朋友说给文化设个部长是一种要命的临床症状。其含义就是“这儿的文化更多”。如果法国人一定要用这种美国式的手法上报纸、上电视，那我就不明白他们怎么能有**脸**[⑦]来批评美国人了。他们可以和美国人叫板的只有一点，就是他们的腐败进展更快。稍微帮他一把，朗先生就会超过我们。

看在老天的分上，安妮，别担心还账的事。哪天请我一顿大餐，要么就给我寄几本法国的书吧。

---

① 英谚有“拖延是时间的窃贼。”（Procrastination is the thief of time.）

② 原文是法语：vu par。

③ 巴黎的爱丽舍宫（the Élysée，即 Élysée Palace）是法国总统府所在地。

④ 指时任法国总统的弗朗索瓦·密特朗。

⑤ 雷吉斯·德布雷（Régis Debray，1940—　），法国作家，思想家，媒介学家。

⑥ 全名雅克·马蒂厄·埃米尔·朗（Jack Mathieu Emile Lang，1939—　），法国前文化部长、教育部长。

⑦ 原文是法语词 toupet。——原注

顺致老朋友的问候。

雷吉斯·德布雷此前被任命为密特朗的特别顾问。他是著名的老战士，参加过切·格瓦拉[1]在玻利维亚领导的起义，被判三十年监禁于该国，后在以让–保罗·萨特、安德烈·马尔罗等人为首的国际呼吁下获释。

① 切·格瓦拉（Che Guevara，1928—1967），阿根廷人，医师、作家、国际政治家，古巴革命主要领导人之一。1967年在玻利维亚与政府军作战被害后，成为反主流文化的一个标志。

1984年

致菲利普·罗斯

1984年1月7日，芝加哥

亲爱的菲利普：

我原想通过接受《人物》专访来做点好事，这个想法真是愚蠢之极。我让阿伦［·艾舍］告诉你，好心铺路公司①又搞砸了。那个采访的小家伙把我的观点全反过来了，她把赞扬的话都去掉，让人听起来整个就是否定、谴责、逐出教会。没办法，我们都习惯了这种事，连震惊的感觉都没有了。我同意接那个电话并且发表看法，简直就是糊涂。如果我接受的是《炽智天使周刊》②一位天使的采访，我会说你是我们最优秀、最有趣的作家之一，其实我对那个不老实的小娼妇就是这么说的。我还会说你的上一部小说给了我很多启发和乐趣，还有就是，当然了，三十年过去，我完全理解了你对作家这个职业的看法——我怎么可能不理解，怎么可能没有经历过同样的痛苦呢？尽管如此，我们心目中勾勒出来的图像是不同的，若以最简单的方式描述一下这些不同，那就是你好像接受了弗洛伊德的解释：作家的动机就是对有机会获得名誉、金钱、情色的渴望。然而我从来没有把这种三位一体的动机看得很重。不过这只是个简单的说明，我不想就此做拉比式的说教。请接受我的愧悔和歉意，以及我最美好的祝愿。恐怕我们对记者是无能为力了，只能希望那些家伙像8月底牲口身上的飞虻一样相继灭绝了吧。

① “好心铺路公司”（Good Intentions Paving Company）疑为贝娄杜撰，化自英语中的一句俗话（或名言）：The road to hell is paved with good intentions. 直译为：通往地狱的路是由善意铺成的。意思近于“好心办坏事”。

② 《炽智天使周刊》（*Seraphim and Cherubim Weekly*）：基督教中的天使分若干等级，炽（爱）天使（撒拉芬）和（普）智天使（基路伯）是天使中等级最高的两种，属于神圣阶层。

致莱昂·博特斯坦[①]

1984年1月18日，芝加哥

亲爱的莱昂，

我整个夏天都在像歌里唱的那三只蚂蚱一样不停地拉琴，可是回到芝加哥以后就一直在忙付房租的事了（你会记得，那几只拉琴的蚂蚱可是从来不付房租的）。我的手指尖上已经没有老茧了。亚历珊德拉大大松了一口气，因为我忙得不可开交，根本没时间拉琴了。树林子里面正在为我建一间小屋，我可以在那儿为狐狸和熊演奏《魔鬼的颤音奏鸣曲》[②]。

我们差不多已经不出门了，主要是压力太大。我的社交才能从来都不出色，现在已经枯竭了。我不能和很多人同时见面，虽然我并非不喜欢飞短流长，但我的习惯是将之归档，以备后用。亚历珊德拉和我的感觉一样，此外她还需要研究生做遍历理论[③]研究，没有遍历理论她很容易情绪不好。所以我们谢绝您的好意，但仍对您感激不尽。[……]

谨致快乐的问候。

致詹姆斯·索尔特

1984年1月25日，芝加哥

亲爱的吉姆，

这一期《绅士》给人很多启发啊。每个人都或多或少露出了命运赋予的本相，做着自己为人熟知的那些事情，比如杜鲁门·卡波特[④]就踩了凯瑟琳·赫本[⑤]的脚。他要是咬了她，就会造成严重伤害，不过在他所能造成的伤害里，这当然是最轻的一种啦。

---

① 莱昂·博特斯坦（Leon Botstein，1946— ），美国指挥家，美国国家交响乐团和耶路撒冷交响乐团首席指挥兼艺术总监，自1975年起一直担任巴德学院校长（president）。

②《魔鬼的颤音奏鸣曲》（*Devil's Trill Sonata*）是意大利作曲家、小提琴演奏家朱塞佩·塔提尼（Giuseppe Tartini，1692—1770）创作的小提琴独奏曲，难度较高。

③ 遍历理论（Ergodic Theory）是一种数学或统计学理论，研究数据访问中的遍历规律或遍历性。

④ 杜鲁门·加西亚·卡波特（Truman Garcia Capote，1924—1984），美国南方文学作家。

⑤ 凯瑟琳·赫本（Katharine Hepburn，1907—2003），美国电影演员。

我觉得你对艾森豪威尔看得很透，尽管你最感兴趣的是他军人这个侧面而不是总统这个侧面。白宫橱窗里的这些人真是**怪异**。现在就有一个我们应该有人关注一下的对象。

我没去参加聚会，因为我同时得了两三种亚洲流感。这个聚会我肯定会很喜欢，不过我不太愿意成为关注的焦点。最好是躲在角落里，透过珠宝鉴定镜片来观察一切。

卡莉尔［·罗斯福］(Karyl Roosevelt) 怎么样了，她得到我推荐的那份工作了吗？从长岛打来电话的那位女士希望一定要找个处事谨慎的人。机要秘书？家庭教师？妻子的替身？南安普敦以前肯定有过这种事。这好像正是卡莉尔会喜欢的那种豪华出游，所乘的游艇就叫弗·斯科特·菲茨杰拉德号（当然是现代化改造了的）。

我觉得你还是应该和迈克·斯特朗（Mike Strang）和约翰·威克斯（John Wix）一起商量，如果威克斯不是个好打交道的人，我们就不和他打交道。我坚信我们科罗拉多那块地卖出去以后，我们就都能到里维埃拉去过退休的日子了（看过罗宾·毛姆[①]写他叔叔晚年生活的回忆录，我对里维埃拉失去了兴趣。我不愿意死在离犹太肉店那么远的地方）。

顺致亲切的问候。

《绅士》的一期特刊《五十个改变世界的人》(*Fifty Who Made a Difference*)收录了索尔特写艾森豪威尔的文章。1970年代中期，贝娄、索尔特和沃尔特·波赞在科罗拉多州卡本代尔（Carbondale）附近买了八十一英亩土地，二十年后亏本出售。

致卡尔·夏皮罗

1984年2月7日，芝加哥

亲爱的卡尔，

真的很不错，是不是？你说得完全对，我们见面的时候总是和大家在一起

① 罗宾·毛姆（Robin Maugham，1916—1981），威廉·萨默塞特·毛姆的侄子，英国作家。

(弗莱菲尔德一家等等)，这次很高兴在“游牧者”[1]有机会和你及你的朋友单独交谈，结果我把自己都说晕了。如果说你我之间有某种特殊的共鸣，那我希望没把你说晕就好。我知道喜爱之情上升带来反作用是怎么回事。我也应该承认，那天晚上（照孩子们的说法）我是处于亢奋状态的，因为我在写一篇不太好写的小说，已经不分昼夜连续开火干了五个星期了。我都没意识到这一点，不过照那个样子我很快就会倒在烈火中了。我就是那种疯子，到达顶点之后马上就会崩溃。不过我现在完全好了，还给你寄了一份让我崩溃的那篇小说。你会看到那是发表在情人节特刊上的，我和拉里·弗林特[2]这类滑稽人物一起亮相。

你可别小看了你的回忆录，我在看你回忆录的时候那亢奋程度更高。请替我向你可爱的女友问好。

祝好，一如以往。

如今鲜为人知的卡尔·夏皮罗（1913—2000）上世纪四五十年代曾位列最受尊崇的美国诗人。他的主要作品包括《胜利邮件及其他诗歌》[3]，这本书1945年获得了普利策奖。1969年，他和约翰·贝里曼同获博林根奖。夏皮罗那位“可爱的女友”不久后和他结了婚，她叫索菲·威尔金斯，是位翻译。她与艾思妮·威尔金斯和欧内斯特·凯泽[4]合译的罗伯特·穆齐尔[5]《没有个性的人》英文版堪称现代翻译巨作。贝娄的中篇小说《今天过得怎么样？》刚刚发表于《名利场》杂志。

---

① “游牧者”（Les Nomades）是芝加哥的一个高档法餐厅。

② 拉里·弗林特（Larry Flynt，1942—　），美国演员。

③《胜利邮件及其他诗歌》（*V-Letter and Other Poems*）中的《胜利邮件》（*V-Letter*）是夏皮罗最具有代表性的一首诗，写这首诗的时候是1944年，他在太平洋西部的新几内亚（New Guinea）岛上服役。二战期间，美军士兵往国内写的信要经审查后拍成微缩胶片运回美国再按统一格式印出来寄给收信人，这是为了节省运输空间，也为了保密。这种信件就叫“胜利邮件”（V-Mail 或 V-Letters）。夏皮罗的这首诗反映了士兵们在写“胜利邮件”时的焦虑和矛盾心态，在美军中很有共鸣。

④ 这三位翻译是：索菲·威尔金斯（Sophie Wilkins），翻译、编辑，后成为夏皮罗的第三任妻子；艾思妮·威尔金斯（Eithne Wilkins，1914—　）和欧内斯特·凯泽（Ernest Kaiser）是夫妻。艾思妮是生于新西兰的爱尔兰裔英国人，有诗作问世，曾获诺贝尔奖的英国分子生物学家莫里斯·威尔金斯（Maurice Wilkins，1916—2004）是艾思妮的弟弟。欧内斯特·凯泽是奥地利作家、翻译。

⑤ 罗伯特·穆齐尔（Robert Musil，1880—1942）是奥地利作家，他未完成的小说《没有个性的人》（*Der Mann ohne Eigenschaften/The Man Without Qualities*）一般认为是最重要的现代主义小说之一。

致米奇·德克特

1984年2月7日，芝加哥

亲爱的米奇：

对于我参与或者赞助你们的《交锋》(*Confrontations*) 杂志特刊(《胜者》[*Winners*]) 现在已经提出了很多疑问和批评——主要是批评，所以我专门看了引发众怒的这一期，此前没有看到。你们抨击的那些获奖作品似乎的确不怎么样，但是你们的评论品位也很差，我很失望，不愿与此有所牵涉。已经有段时间了，我一直不肯相信自己越来越意识到存在着一个问题：关于尼加拉瓜[①]，我们可以达成一致的看法，但是你们一开始谈文化就会让我心惊肉跳。去年约瑟夫·爱泼斯坦在你们的研讨会上宣读了一篇论文，将并非我的观点加之于我，把我推向一个我做梦也想不到的方向，那个时候我就差一点要退出这个委员会了。那次会议我是赞助人之一，在会上如此被人误解和误用让我很不舒服，更让我不舒服的是，他的发言还登在了《评论》月刊上。但是，哪里有政治，哪里就有共享卧榻的伙伴，哪里有共享卧榻的伙伴，哪里就可能有跳蚤，所以我就默默地抓抓痒算了。然而你们的特刊不一样。我不能允许《交锋》的编辑以我的名义，或者在我作为董事会成员的默许下，对作家和文学发表意见。需要树敌的时候，我宁愿自己树敌，站在我自己的立场上，用我自己的语言。司汤达说，**坏品位引发犯罪**[②]，这话当然是对的，但他没有意识到历史会把多少犯罪分子放出来。

我在此声明从董事会辞职，并请求你把我的名字从你们的公告中除去。抱歉。

谨致敬意。

自由世界委员会的杂志实际上是《争论》(Contentions) 而不是《交锋》，贝娄可能故意把这个名称弄错。特刊上的文章《胜者》嘲笑了近期获得各种美国图书奖的一些人。

---

① 1979年，尼加拉瓜左翼政党夺取政权，得到苏联和古巴支持，美国与尼加拉瓜的关系随即恶化。1983年底至1984年初，美国在尼水域布雷，威胁了尼的安全，并造成重大事故。

② 原文是法语：Le mauvais goût mène aux crimes。——原注

致马里奥·巴尔加斯·略萨[1]

1984年2月20日，伊利诺伊，芝加哥

亲爱的巴尔加斯·略萨先生：

我写信是想邀请您参加我正在组织的一个会议，这个会议由［芝加哥大学］奥林中心（the Olin Center）主办，1984年8月20日至8月25日在佛蒙特州举行。与会者除了您以外，还有亚历山人·西尼亚大斯基[2]、莱斯泽克·科拉科夫斯基、海因里希·伯尔、维·苏·奈保尔、阿·克·拉玛努金[3]、露丝·普拉瓦尔·贾布瓦拉、费德里科·费里尼、沃纳·丹豪瑟、艾伦·布鲁姆及我本人。

我的目的是让一小群严肃的作家聚在一起，讨论我们在当今世界上的特殊处境，并就我们可能想到的任何问题分享智慧和灵感。我们这个世纪的政治倾向于粉碎想象——呈现给我们的前景和环境似乎让艺术变得无关紧要。与此同时，从各个方面都可以看出，我们这个脆弱不堪的行业仍然是人类最为美好的希望之一，前提是我们能让其继续生存下去。我倒不是说希望通过我提议的这种**漫谈会**[4]来做出多大的改变。但是我们可以互相鼓励，并且有一个难得的机会一起反思。

这次会议并不打算引发对审查制度的又一次抗议，也不准备对“资产阶级”生活缺乏艺术性的本质提出批评。同样并非其目标的是成为吹捧艺术和艺术家的一场操练。确切地说，这次会议希望在最广泛的范围内思考作家对政治生命在物质和精神两方面的依赖、作家对这种依赖所承担的责任——还有相对于这种依赖所具有的优越地位——以及作家针对这种依赖所提出的艺术要求。一些当代体制中的作家之所以希望过高，其地位过于显要，或许正是因为对艺术与政治之间长期存在的紧张关系缺乏清晰的认识。十九世纪对文化的巨大期待就为二十世纪左右两方极权主义政府的文化管理提供了可能。

我提出一个五天的计划，每天一次三个小时的会议，拟处理的主题分别如下：

---

① 马里奥·巴尔加斯·略萨（Mario Vargas Llosa，1936—　），秘鲁/西班牙作家、诗人。

② 亚历山大·西尼亚夫斯基（原文是 Alexander Sinyavsky），信息未知，疑为笔误，根据本书前面的年表，参加这次会议的是苏联流亡作家安德烈·西尼亚夫斯基。

③ 阿蒂帕特·克里什纳斯瓦米·拉玛努金（Attipate Krishnaswami Ramanujan，1929—1993），印度诗人，剧作家，批评家，长期在芝加哥大学任教。

④ 原文是源自法语的 rencontre 一词。

第一天：哲学讨论，针对艺术与政治和道德之间疑问重重的关系，从讨论卢梭的《致达朗贝尔论戏剧书》① 开始，这封信抨击了启蒙运动中的一些艺术观念，复苏了柏拉图的诗歌批评。除了这些内在的优点之外，从这里入手还可以让我们摆脱时代的局限。这篇发言稿由艾伦·布鲁姆宣读，莱斯泽克·科拉科夫斯基评论。

第二天：希特勒和斯大林：极权主义世界的作家。最好讨论不只限于迫害和反迫害，而且还着眼于作家与这些政权的关系，特别是艺术在这些政权下所采用的形式。艺术是只想保护自己，还是想做出改变？这两种选择各自对艺术有什么影响？我打算请亚历山大·西尼亚夫斯基在这次会上做主题发言，请您做评论。

第三天：怯懦无能的民主②：在轻松随和的商业社会里，与其东欧同行相比较而言，作家有可能严肃吗？他是不可避免地会自我放纵，还是摆脱生死压力之后他得到了特殊的发展机会？这次会我来发言，请费德里科·费里尼评论。

第二天和第三天会对作家在三个世界里的读者群给予一定的特别关注。

第四天：政治主题：文学在多大程度上需要政治主题？作为主角的重要政治人物消失是否缩小了文学的范围？我希望维·苏·奈保尔发言，露丝·普拉瓦尔·贾布瓦拉评论。

第五天：审美和道德之间的区别：这种区别是真实存在的吗？是否如尼采所言，是颓废的标志？艺术家的道德承诺和他的艺术有什么关系？我会请海因里希·伯尔发言，沃纳·丹豪瑟评论。

我希望发言时间为三十到五十分钟，评论十五到二十分钟。据推测，这些问题我们所有人都有所了解。我重申，这个提纲只是暂定，可以修改。希望会议记录能形成一本小书作为公开讨论的基础。

除了旅费和住宿费，您可以得到两千元薄酬。我在佛蒙特南部有夏季住宅，那里每年的那个时候都特别美丽，非常适合个人之间单独会面，这是我们这次聚会主要的好处之一。我可以保证，您会住得很舒服，吃得很好。

除了以上提到的人以外，还会有一两位作家和十来个认真的学生参加我们的

① 《致达朗贝尔论戏剧书》（*Lettre à d'Alembert sur les spectacles*）：达朗贝尔与卢梭同为十八世纪法国启蒙运动中“百科全书派”的成员。

② 这里的“怯懦无能”原文是个俚语词 Weak-Sister，有方言译法为“衰妹妹”（并非指女性）。

会议。

希望您也能来。我个人对此感激不尽。由于时间紧迫，希望您尽快答复。

谨致敬意。

致琼·阿尔曼·施瓦茨（Joan Ullman Schwartz）

1984年4月9日，芝加哥

亲爱的琼，

我忙得不可开交，根本不可能写信，可是你上次的联系是那么聪明，那么温柔，弄得我是非写几句不可了，那就直接说正事吧。不久前，我想起亚历山大·蒲柏[①]给一位名叫阿拉贝拉·弗莫尔的女士写信谈《秀发遭劫记》[②]所说的话。我查了一下，找到了。蒲柏说："贝琳达这个人物……和你的相像之处只有美丽而已。"他还说，他诗中所有的部分都是"寓言"，"人物都是虚构的，就像那些虚无缥缈之物一样"——此处他指的是贝琳达身边环绕的那些虚无缥缈的精灵。我感到极为幸运，一个魔鬼般恼人的复杂问题，在一位大师这里得到了彻底的澄清。

希望一切都好（或者好转），希望你在纽约得到快乐。下次来芝加哥，我们一起友好地喝一杯吧。

谨致最美好的祝愿。

琼·施瓦茨是哈罗德·罗森伯格多年的情人，她认为自己是《今天过得怎么样？》里面卡特琳娜·戈利格（Katrina Goliger）的原型，小说中的维克多·伍尔比（Victor Wulpy）很像罗森伯格，而卡特琳娜是他的情人。

① 亚历山大·蒲柏（Alexander Pope，1688—1744），英国诗人，文学批评家。

②《秀发遭劫记》(*The Rape of the Lock*）是蒲柏1712年的一首长篇讽刺诗，是对英雄史诗的仿拟，故事起于一个男孩偷剪了一个女孩的一缕金发，由此引起两家争执。这首诗基于伦敦的一件真事，女孩就叫阿拉贝拉·弗莫尔（Arabella Fermor），在诗中的名字叫贝琳达（Belinda）。

致索菲·威尔金斯

1984年4月18日，芝加哥

亲爱的索菲，

希望你不介意我把这封信和我给卡尔的信放在同一个信封里。你的来信对我极为有用，特别是这几个有力的字：“**干得好！**①”你可能还会说：“**要刚强！**②”——这是神对约书亚的第一个要求。我担心流言蜚语已经扑向了［《今天过得怎么样?》里的］维克多和卡特琳娜，我现在是正处于责骂和怒火的围困之中。对这种局面，恰当的希伯来语说法是 Gam zeh ya’avor ——“**这也会过去的**”。不过这句话得从无可争议的法国智慧中借一句悲伤的名言来限定一下：“**一切都会过去**”，同时“**一切都会破碎**”③。保德信④不会为这种事情承保，而希伯来语没有告诉你的是，“ya’avor”的最终形式就是蹬腿咽气。

好了，别管什么腿不腿的啦。你和卡尔感觉就像一对双胞胎，出生的时候分开了，四十年后重又相聚，这是谁都看得出来的事，神奇得让人没法嫉妒啊。感谢上帝，居然有这样的事情。

祝一切都好！

致卡尔·夏皮罗

1984年4月18日，芝加哥

亲爱的卡尔，

我们年轻时的岁月是多么美好啊，那个时候，努力搏击的作家被人打倒了，他几分钟就能站起来，毫无问题，不说是更为精神抖擞吧，起码毫发无伤。老了就是明白了全面恢复的力量已经消失，不再做那种指望了（有些人除外，他们失去了理智，已经不知道还要指望什么了）。所以我现在好些了，但是不能

---

① 原文是希伯来语：Yasher Koach!——原注

② 原文是希伯来语：Khazak!——原注（事见《圣经·旧约·约书亚记》第1章第6节和第7节。——译注）

③ 这两句的法语原文是：tout passe，tout casse。——原注（后面应该还有一句：tout lasse，意为“一切都会消失”。——译注）。

④ 原文是 Prudential，或指美国保德信金融集团（Prudential Financial）的保险业务。

确定状态很好，我现在开始觉得唯一可能恢复的是兴奋的情绪。你的信，还有索菲的信，让我感觉到了说不出的鼓舞。作为回报——谈不上什么补偿吧——我准备让哈珀与罗给你寄一本《口无遮拦的人及其他短篇小说》①。我想你可能会喜欢最后一篇《堂表亲戚们》(*Cousins*)，那是去年夏天在佛蒙特的树下写成的。[……]

你觉得我们有可能把那些讨厌休·肯纳的人组成一个俱乐部吗？五十年前我和我的朋友艾萨克·罗森菲尔德经常参加这种俱乐部。记得我们成立了一个"《仙后》②俱乐部"，凡是读过《仙后》的人都进不了这个俱乐部。我读了第一章就给判了个缓刑，又读了一些就给开除了。不过绝对没人能把我从"讨厌肯纳学会"赶出去。[……]

顺致亲切的问候。

致齐波拉·邓斯基–什内（Zipporah Dunsky-Shnay）

1984年5月14日，芝加哥

亲爱的邓斯基–什内太太，

我很希望能接受您的盛情邀请，可我这次并非凯旋而归所以要在蒙特利尔发表演讲。我是要重访故地，做一次感伤的朝圣之旅。我要去看望我年迈的亲戚和儿时的朋友。接受犹太公共图书馆（Jewish Public Library）的邀请有可能让我在拉钦的东道主不高兴，他们拥有好莱坞人士说的那种"独占权"。从1918年到1924年，我是圣多米尼克街上的一个小孩，家里把我送到弥尔顿街一个地下室里的**犹太儿童宗教学校**③去上课。我在蒙特利尔有良好的犹太背景，我很高兴承认这一点，可是我没有时间做演讲。

谨致敬意。

---

① 以下简称《口无遮拦的人》。

②《仙后》(*The Faerie Queene*)是英国文艺复兴时期的诗人埃德蒙·斯宾塞(Edmund Spenser，1552—1599)1590年至1596年期间写的长篇史诗。

③ 原文是希伯来文 cheder。

致巴丽·艾利森

1984年5月25日，芝加哥

我亲爱的巴丽，

《口无遮拦的人》相当成功，这应该让你对这本书在英国的前景非常乐观了吧。当然了，这种事谁也说不准。如今英国的书评比我们的还要冷清，专业的书评家可能还没有准备好敞开铁石做的心扉，接受芝加哥释放的阵阵暖流。尽管如此，我还是挺有信心，觉得他们会欢迎来点儿变化，不至于总是面对冷藏的粥饭，加上我们两国之间一直在互相出口的那些肮脏玩意儿。

这本书我下了很大功夫，还做了不少推广方面的琐事好让哈珀与罗高兴，可把我累坏了。我床底下好像装着原电池组，夜里总是让我突然惊醒，尽管我还不像伊夫林·沃《吉尔伯特·平福德受难记》[①]里那个可怜的笨蛋一样吃安眠药吃到出现幻听，却也真是需要进佛蒙特的干船坞修整一番了。（顺便说一句，亚历珊德拉一直在等你定下日期，盼着你从天而降呢）

哈丽特告诉我英文版现在可以拿到了，我想请你给这几位寄书：安德鲁·诺比尔（Andrew Nobile）先生，希尔德加德·尼古拉斯太太（布雷森诺斯学院院长夫人[②]），鲁迪·里索（Rudi Lissau）先生。你已经给特里·基尔马丁（Terry Kilmartin）、理查德·梅恩（Richard Mayne）、小艾米斯[③]寄了，没问题吧。我不会请你替我寄一本给基思·博茨福德，因为我知道你不情愿。所以我会叫哈丽特从纽约给他寄。不过请务必给迈克尔和苏珊-玛丽（Michael and Susan-Mary）[巴丽的哥嫂]一本。我们一起吃过饭的一位先生，很活跃但是很忧伤，我现在想不起来他叫什么了，他向我投来的目光那么热情而锐利，他说话很有品位，却谨慎寡言，我几乎听不懂他在说什么。他需要有益而友好的激励。其实我挺喜欢他的。也给**他**寄一本吧。

附上老朋友的爱与吻。

---

①《吉尔伯特·平福德受难记》（*The Ordeal of Gilbert Pinfold*）是伊夫林·沃1957年出版的小说。

② 希尔德加德·尼古拉斯（Hildegard Nicholas）的丈夫是巴里·尼古拉斯（Barry Nicholas），英国牛津大学布雷森诺斯学院前院长，比较法学教授。

③ 应指英国小说家马丁·路易斯·艾米斯，其父是金斯利·艾米斯（Kingsley Amis，1922—1995），英国小说家、诗人、评论家。

致玛格丽特·斯塔茨

1984 年 8 月 6 日，西布莱特伯勒

没多少机会，满屋子都是客人，但是我想说几句非说不可的话：我从来没有感受过如此非凡的体贴入微和如此富有女性特点的慷慨大度。你很清楚，我知道你是多么的与众不同——只有少数几个人能够了解你的天性，我是其中之一。你确实需要有人知道这一点，因为这是应该为人所知的事。

有电话，我要走了。再叙。

永远祝福你。

致玛格丽特·斯塔茨

1984 年 9 月 16 日，芝加哥

你直截了当，我也直截了当，不得不仔细考虑这件事的前景，在这种情况下，出国并不会让我太高兴。去的时候，我身后还是要拖着六千英里融化了的奶酪，排成一长串在大西洋上漂着。有些事必须马上去做，我最好还是不管怎么样先做起来再说，正面攻击这些奶酪。我不得不答应我所有的朋友要玩得开心。事情说清楚以后，每个人心中那精彩纷呈的度假美梦就都冒出来了。“汝已得胜，噢《假日杂志》(*Holiday Magazine*）”。可是有个朋友告诉我，非常真诚，说我是孤独者中的孤独者，是冰川和火山的结合体，还说我独处的力量已经完美无瑕了。那好啊，这样一来，不管去哪里就都无所谓了。不过我还是和一些人保持着密切的联系，这些人是谁只有我知道，也只有那些人自己知道。你应该清楚，你是其中最主要的人之一。我好像从来没有接受过我所处的环境。把自己培养成一个艺术家；七十年的努力，不向我处境中那些主要的现实低头。其实呢，我是个懦弱的人——名气很大，却无可置疑地怯懦软弱。

我最担心的是，如果事情败露，我的夫人会精神崩溃。我不夸张。我发现这才是最让我烦恼的事，而我的发现要归功于你。正是因为你，我才有可能为她遗憾而不是和她打架。整个这件事就是个遗憾，遗憾，遗憾！女人应该拥有最温暖

的同理心之处出现了一个缺口，那是早年形成的，现在甚至感觉不到，也不认可那是个缺失。

好啦就这样吧，我现在不想做任何改变。

她想让我们俩都去看心理医生。不用说，那一定很有趣。我的回答是行啊。当然可以。去哪儿都行，干什么都行。我有个独特的优势，那就是不管出了什么事，都可以为我所用。你觉得这就是“存在的都合理！”真正的含义吗？

1985年

致理查德·劳里[1]

1985年1月12日，芝加哥

亲爱的劳里先生，

作家总是拖拖拉拉的，你在自己的小说［《第一忠诚》(*First Loyalty*)］里就这么说过，所以我希望你能原谅我回信这么慢。

刚看了你的大作，惊险紧张的内容和稀奇古怪的事混在一起，十分精彩，写我们的大敌苏联和东部沿海的移民，我觉得很生动，新鲜，大胆，激动人心。你提到的那些科学事实在多大程度上是可靠的，轮不到我这种普通读者来判断。我读起来感觉既舒服又安全，才不管那些事准确不准确，也不管纽约警察局会不会对你笔下的侦探索利挑毛病——那都不过是专业知识的问题。我感兴趣的是你纵横千年或者说富于启示录意义的对话，因为这些对话很可能是最具特色的，我压根儿就不关心将其视为历史命题来予以检验这回事。我不在乎，其他不吹毛求疵的读者也不会介意，不会严格检验你对当前文明状况的描述。你所处的位置介乎于詹姆斯·邦德[2]和海德格尔[3]之间，谢天谢地，邦德元素占了上风。[……]

[安德烈·] 西尼亚夫斯基大师一些反对现实主义等等的教导你已经吸收进去了，值得赞赏。这是一本生动活泼的书，让我度过了一个非常愉快的夜晚。

祝一切顺利。

---

① 理查德·劳里（Richard Lourie，1940—　），美国作家、记者、翻译、电影制片人、俄罗斯问题专家。

② 詹姆斯·邦德（James Bond）是英国作家、记者、前特工伊恩·兰开斯特·弗莱明（Ian Lancaster Fleming，1908—1964）创作的《007》系列小说（及据小说改编的电影）中的主角，特点是英俊潇洒，神通广大，战无不胜。

③ 马丁·海德格尔（Martin Heidegger，1889—1976），德国哲学家，二十世纪存在主义哲学的创始人和主要代表之一，认为个体就是世界的存在。

致玛格丽特·米尔斯（Margaret Mills）

1985年2月21日，芝加哥

亲爱的米尔斯女士，

我必须请你原谅我不能做这件事。辛格和我不是最好的朋友，我并不嫉妒他获得这个奖，或者别的什么奖，但是我装糊涂的能力不强，满足不了你的要求。

谨致敬意。

玛格丽特·米尔斯要求贝娄为艾萨克·巴什维斯·辛格的《忏悔者》（*The Penitent*）获美国艺术文学学会暨协会的豪威尔斯奖[1]写一句赞语。

致罗伯特·希夫诺

1985年10月15日，芝加哥

亲爱的鲍勃，

过了好几个月我才偶然看到你那封信，你在信里问起玛丽·曼海姆（Mary Manheim）的事，还提到凯蒂·卡弗给你的信。我根本不了解玛丽。我的确认识她的精神分析师，在科德角去看过他，那次他正好在自己那间工具房里给她（玛丽）做分析。去他家的客人都严禁露面，以免吓着她。不过职业道德并没有阻止他传些零七八碎的闲话。到今天为止，我从来没跟任何人说过玛丽的这件事，就是现在，我也不提那个分析师的名字，尽管他可能已经得到了奖赏，甚至可能正在上帝的工具房里胡吹海聊。

他要是凯蒂·卡弗的精神分析师就好了，那是个更有吸引力的病人。我为她俩感到难过，可怜的小姑娘。凯蒂把我逐出殿堂已经十年了。她在伦敦多佛街牛津大学出版社工作的时候帮我保存过一个轻型打字机，可是后来我把她给惹恼了，那是约翰·贝里曼去世以后，她和我在喝啤酒，我说起了约翰，她就说：“你怎么

① 豪威尔斯奖（the Howells Medal）：威廉·迪恩·豪威尔斯（William Dean Howells，1837—1920），美国小说家、文学批评家，1909年担任该组织第一任主席。

敢在这种地方提约翰？”约翰的酗酒加快了他走向死亡的步伐，所以我看不出在这么多酒瓶子面前提起往事有什么不妥。但是凯蒂用颤抖的声音说：“把你的打字机拿走，再也别来看我了。”为此我敢打保票，我快死的时候她也不会来看我，这张保单我十有八九能拿到手。

这封信我没法签名，因为我是用电话录音口授的，我的秘书再根据录音打出来，我后天要去都柏林。

贾妮斯可以证明我此刻对你的深情和良好祝愿。

致特迪·科勒克

1985年12月6日，芝加哥

亲爱的特迪，

这是一场不折不扣的重度流感，头也疼，胃也难受，还发高烧。[……]

世界犹太人大会（The World Jewish Congress）请我去耶路撒冷，我要在一个仪式上公开露面，这个仪式的情况你肯定都了解吧。我想1月26日左右和你见面，希望天气不要太坏。我请你在凯悦酒店吃午饭，或许顺便看看你们最近的改进情况，好吗？然后我们可以讨论一下今后的计划。

谨致最诚挚的问候。

1986年

致挪威诺贝尔委员会（Norwegian Nobel Committee）

1986年1月8日，芝加哥

我将与耶路撒冷市长特迪·科勒克一起角逐下一届诺贝尔和平奖，我相信他会得到认真考虑。我对这一提名有信心的理由是不言而喻的。科勒克市长是一位非常特殊的政治家。在耶路撒冷，他得到所有各方认可；在中东其他地方，他作为公正善意的化身，发动了一场激烈的战争。老城的阿拉伯人和世界各地的穆斯林都知道，他们各自的圣地都受到了尊重和保护；宗教的和世俗的犹太人，所有教派的基督徒——天主教徒，新教徒，希腊东正教徒，亚美尼亚基督教徒，埃及基督教徒——共享着这个城市而毫无冲突。耶路撒冷无人遭褫夺正义。违法者受到公正的惩罚。旧的纷争即派系间的暴力冲突都保持在谨慎的控制之下。在这个方面，中东没有哪个首都能与耶路撒冷相比。科勒克传统的敌人都承认他是个坚定公正的人，在道德上具备想象力和人道精神，他的管理树立了一个榜样，使得相互敌对的人有可能共同生活在一个和平美丽的城市里。作为对照，只要看看开罗和开罗城中的暴徒，看看穆斯林和基督徒军队轰炸烧毁的贝鲁特那种混乱的惨状就够了。科勒克是政治家，他相信中东的分歧最终能够和解，而且的确用事实向整个地区同时也向全世界表明，这种信念并非空想。

致爱德华·伯林盖姆

1986年2月4日，芝加哥

亲爱的埃德，

你要飞到芝加哥来，真是太感谢了。我觉得你跑这一趟没什么用。有好几次我和你商量《口无遮拦的人》这本书的事，每次我的感觉都是在恳求哈帕与罗要对我公平。好像我所有的建议和要求都不过是转交给了你们搞营销的人，他们一概拒绝了事。你一次都没按我的要求做过。我不禁感觉我让自己落入了一种耻辱的境地，我能得出的结论只有一个，那就是在你眼里，我的书都只是为你们的营销专家写的。

简而言之，我不想再受到这种对待了。

顺致并无敌意的问候。

1980 年哈维·金斯伯格离职后，伯林盖姆成为贝娄在哈珀与罗的编辑。

致卡尔·夏皮罗

1986 年 2 月 18 日，芝加哥

亲爱的卡尔，

梅勒最想要的是一场超大型的媒体活动——他说这才叫活着，我敢肯定我们给他吃的药够他活这几个月了。看到激进派是多么贪婪地追求兴奋点的“激进风格”，我简直震惊。我说的是那些红极一时的颠覆者，像金斯伯格、娜丁·戈迪默①、格蕾丝·佩利、多克托罗②等革命洪流的代表。我小时候，蒙特利尔有个叫消费者联盟的组织，领头的是桑德斯太太，她男人是做家具的木匠。她内着紧身胸衣去犹太洁食肉店当纠察员的时候，就可能是格蕾丝·佩利的母亲。这样一比，你就想象得出笔会的政治水平了。[君特·] 格拉斯③根本听不进别人的话，读一本美国书这种主意本身他就接受不了。我私下里跟他说，翻翻《院长的十二月》，你就不会对南布朗克斯④胡说八道了，可就是建议他看看我的书这一点，就让他惊讶得下巴都掉下来了。我从来不喜欢讨厌人，现在也慢慢地不得不如此了。

你一片好心希望我“保重”。可是接受不接受你的劝告和祝福多少由不得我。

① 娜丁·戈迪默（Nadine Gordimer，1923—2014），南非作家。

② 埃德加·劳伦斯·多克托罗（Edgard Lawrence Doctorow，1931—2015），美国小说家。

③ 君特·格拉斯（Günter Grass，1927—2015），德国作家。

④ 南布朗克斯（the South Bronx）是纽约市北部的一个区，居民以黑人为主，环境较差。

十一年婚姻之后，在七十岁的年纪，我竟然被逐出家门，对我的怨恨大部分都基于想象。不过美国人个个都有重新开始生活的特殊天赋，所以我正在整装待发，准备迎接又一次挑战。

这场不同寻常的抗争地点是伊利诺伊州芝加哥市多切斯特大道南5825号11E室，邮政编码60637，电话号码（312）684-0758。一群新的律师正在一点一点地啃我的生活基础。这让人想起托·斯·艾略特和本世纪最可恨的一首诗（《伯班克》）。为什么相互交流要神神秘秘的还要搅起烦恼呢？最好是直接说事。

向你们俩致以深情问候。

贝娄在这里指的是国际笔会在纽约举行的一次会议，会上交锋十分激烈，他遭到君特·格拉斯的抨击，他反击说：“没有一个有头脑的作家是缺乏政治感情的。另一方面，也绝不应该对作家的力量持自大狂式的观念。”美国笔会中心（the PEN American Center）的主席和这次活动的主办人是诺曼·梅勒。托·斯·艾略特在他的反犹诗《伯班克带着旅行指南：布莱斯坦叼着雪茄烟》中写道：“老鼠在成堆的货物下面，犹太人在那一票货下面。钱在皮草里面，”等等。①

致巴丽·艾利森

1986年2月27日，芝加哥

亲爱的巴丽，

你可能在报上看到了，我要来［伦敦］在笔会上发言。我不是很想出门，但是生活中的一些变故弄得我很伤心，这种情况下出国走走也许有些好处。治不了心痛，或许能让我转移一下注意力。

上次在饿马餐厅吃饭感觉太恶劣，我们是老朋友了，我斗胆建议到哈雷花园

---

①《伯班克带着旅行指南：布莱斯坦叼着雪茄烟》（*Burbank with a Baedeker: Bleistein with a Cigar*）这首诗见于托·斯·艾略特的诗集《诗歌1920》（*Poems* 1920）。这里提到的几句出自倒数第三节，原文是：The rats are underneath the piles./The jew is underneath the lot./Money in furs. 其中“the lot”也有“命运”的意思，这里根据前后两句的情景，译为“那一票货”。这首诗写了题目中的两个人在威尼斯游逛，点明布莱斯坦是“芝加哥犹太人”。

去简单吃点就行了。**不麻烦的话**，能见见马丁·艾米斯伉俪和一两个其他老友就太让人心情舒畅了，或许梅尔·拉斯基可以算一个。我非常喜欢他，有好长时间没见他了。客人走了以后，我们可以聊聊亚历珊德拉的事。那可是真像希罗多德讲的故事一样，太吓人了——王子战败，杀死他的那个野蛮人把他的头砍下来扔进满是鲜血的浴盆里。讲一点就够了。我不想回到首都酒店[1]以后，让可恨的失眠闹得整晚就那么直挺挺地躺着。

请不要为我安排任何办公室的聚会。我没心思去面对你手下的人——那些漂亮姑娘都是只会盯着名人看。

我会带来一大包书稿。这个消息我想还可以让你安心吧。

附上老朋友的挚爱。

致菲利普·罗斯

1986年2月27日，芝加哥

亲爱的菲利普，

本公告通知阁下：敝人将于3月20日抵达，下榻于巴兹尔街的首都酒店。我想哈丽特·沃瑟曼已经接受了希斯出版公司[2]（我在伦敦的代理人，马克·汉密尔顿 [Mark Hamilton]）21日的晚宴邀请。我在笔会发言是22日，那天晚上我理应有空吃晚饭。要么再过一天，或者再过一天。其实我不想出门，就像不想在脑袋上挖个洞，可我脑袋上已经有很多洞，弄得我的脑袋都变形了，再多一个谁也不会注意到的。请给我打电话约个时间吧，我大概是哪儿都没有你的电话号码，我试试看能不能从我儿子亚当那里弄到。

我好像在信里说过，这次我是一个人出门。

祝你一切都好。

---

① 贝娄这里的原文是 Capitol Hotel，即很多国家都有的国会大厦酒店，这是笔误，伦敦巴兹尔街（Basil Street，有译为瓦西里街）上的这家酒店应是 Capital Hotel 即首都酒店。这一段里前面两家餐厅的名称（原文）如下：饿马餐厅（The Hungry Horse），哈雷花园餐厅（Harley Gardens）。

② 希斯出版公司（Heath and Co.）总部位于美国波士顿。

致蕾切尔·E.G.舒尔茨

1986年3月16日，芝加哥

亲爱的蕾琪[①]：

我细心的老爸，你的曾祖父老贝，出门旅行的时候总是先把账单付清。女士送洗内衣的一个翻版。在急诊室里别吓着人家。[……]

这是为你爸爸生日做的一件好事啊……很快乐，这样在这个也许并不是最好的世界里就能继续走下去了。

爱你们俩。

蕾切尔·E·G·舒尔茨（Rachel E. G. Schultz），医学博士（生于1960年），是索尔·贝娄的哥哥塞缪尔的一个孙女。

致菲利普·罗斯

1986年4月27日，芝加哥

亲爱的菲利普：

你《时报》上那篇写马拉默德的文章让我非常感动。我从中看到了这个人的人生，那是我在其他地方不可能看到的。你起初把他看成一个保险代理人。我私下里认为他是个注册会计师（CPA）。可我总忍不住想看看代理人和会计师那些不为人所知的方面。我从来就下不了决心去根据表象做出判断。不相信类型（我是说人的社会类型）。不错，他确实利用犹太人贫困生活中的鸡毛蒜皮写出了东西。然后他就为不能做更多的事情而痛苦。也许他的确是不可能做到了，但是他期待着一个变不可能为可能的美好晚年。这个美妙的渴望由死亡接手处理了。我们也都可以寄希望于此。

我想再次感谢你在伦敦对我的照顾。你也看出来了，我那个时候情绪非常低落。皇家体育俱乐部正合我意。肖斯塔科维奇的四重奏对我大有好处。极度的痛

① 蕾琪（Rache）是蕾切尔的昵称。

苦差不多都能由艺术来覆盖。尽管不完全如此。盖不住的地方总是有的。

还有那次和埃德娜［·奥布莱恩］共进晚餐，那可是带爱尔兰春色的圣女贞德①啊，身后是成群火辣辣的男人。太可爱了。迪克［·斯特恩］说克莱尔［·布鲁姆］②模仿她惟妙惟肖。希望哪天能看到。

祝福你。

伯纳德·马拉默德3月18日去世。

致约翰·奥尔巴赫

1986年4月28日，芝加哥

亲爱的约翰，

写信的时候不多，因为我现在的状况简直是歇斯底里。不过你给我的信很宝贵，我以诚挚之心认真看了，然后把内容锁进我脑袋里的一个隐秘之处存放起来。是这样：我取消了我的巴黎之行，因为你的新计划不再变动了。你不是要去马萨诸塞吗？你准备好出门的时候，佛蒙特会有一个房间等着你。现在我在新的住处安顿下来了，第一千次重新面对生活。离婚的安排已经得到双方同意。因为我让亚历珊德拉遭受了可怕的伤害，她安排了补偿，价格是每一次幻想的创伤一千块钱。不言而喻，她遭受了一百二十次带来永久性伤害的虐待。所以我必须挣更多的钱，而这种需要是对我能力的考验，这一点挺有意思。我认为我的脑子还很健全。所以我们可以试试看。［安东尼·］克里根到这里来住了两天，他长出了一把白胡子。这让他看起来很像鱼肝油瓶子上的格洛斯特③渔民，我妈妈给我灌鱼肝油的时候，那气味冲得我只能把鼻子捏住。他好像过得不错，其实手里根本没钱，就是一种身无分文却洒脱不羁的百万富翁。《赫索格》出版以前，我就是这种人中间的一个，不能算穷，什么都可以办到。他靠社会保险金和退伍军人津贴生活，

① 圣女贞德（Joan of Arc，1412—1431）是法国的天主教圣女，英法百年战争（1337—1453）中的民族英雄。

② 克莱尔·布鲁姆是菲利普·罗斯的妻子，英国演员。

③ 这里指美国马萨诸塞州的格洛斯特（Gloucester），这是美国东北部北大西洋海岸线上毗邻加拿大的一个港市，盛产鳕鱼（Cod），而贝娄此处说的鱼肝油就是用鳕鱼做的。英国西南部的格洛斯特（郡、市）不靠海。

看得出来他还养活着他儿子埃利呢。他们好像是睡在橱柜的大抽屉里，吃罐装的辣椒肉末。因为戒酒，托尼没有威士忌账单。还有，他打算很快到古巴去，他的幻想是卡斯特罗会在那儿把他杀掉，这样就解决了他（托尼）所有的经济问题，因为他成了个有钱的烈士。他还是和以往一样富于魅力，非常像一张极为陈旧的有轨电车换乘车票，上面满是售票员打的洞，却总还是有地方可以再打一个。他在这儿挣了五百块，这笔钱可能就会用来买他去古巴的票了。还可以为托尼再做些事，可我就是不知道再做些什么。我尽力帮他找机会再挣上几块钱吧。

这封信我是口授给贾妮斯的，也是为了让大家乐一乐。

很希望再见到你。

祝福你们俩。

安东尼·克里根（Anthony Kerrigan，1919—1991）以其翻译作品闻名，他翻译的作家有博尔赫斯①、聂鲁达②、奥尔特加·伊·加塞特、塞拉③等。1973年他获得国家图书奖，获奖作品是他翻译的乌纳穆诺④著作《人与国家的生命悲剧意识》⑤。

致西格蒙德·科克⑥

1986年5月1日，芝加哥

亲爱的科克教授，

我收到斯蒂芬·图尔明⑦的一封信，他告诉我你在成为专业心理学家之前和纽约大学的戴尔莫·施瓦茨走得很近。这个推荐可是太重要了。斯蒂芬跟我说我会感觉和你合得来，跟你说话不会觉得是在浪费宝贵的时间。采访者是起决定作

① 豪尔赫·路易斯·博尔赫斯（Jorge Luis Borges，1899—1986），阿根廷诗人、小说家、散文家。
② 巴勃罗·聂鲁达（Pablo Neruda，1904—1973），智利诗人。
③ 卡米洛·何塞·塞拉（Camilo José Cela，1916—2002），西班牙作家、诗人。
④ 米格尔·德·乌纳穆诺（Miguel de Unamuno，1864—1936），西班牙作家、诗人、哲学家。
⑤《人与国家的生命悲剧意识》（*The Tragic Sense of Life in Men and Nations*）是作者1913年的著作，克里格的英文版有美国普林斯顿大学出版社（Princeton University Press）的1968年版等。
⑥ 西格蒙德·科克（Sigmund Koch，1917—1996），美国哲学家、心理学家。
⑦ 斯蒂芬·埃德尔斯顿·图尔明（Stephen Edelston Toulmin，1922—2009），英国哲学家、作家。

用的。常见采访者以激烈的口气质问胆怯的画家或者诗人，要么就反复问同样的问题，于是被采访的人就满脑子都是疯狂的念头，想着怎样跑掉才好，这种事太多了。

我夏天都是在佛蒙特过的，要是9月份以前我能写完手头这本小书，也许可以到波士顿来待一两天。放下一部没写完的稿子去聊美学，这绝无可能。9月的第二周或者第三周或许可以考虑。

谨致敬意。

致巴丽·艾利森

1986年7月18日，西布莱特伯勒

亲爱的巴丽，

你那个“偶尔发几篇”的主意纸面上看起来不错，读出来也很好听，但是我做梦也不会想到要去骚扰马丁·艾米斯，他有重要得多的事情要做，要他处理我的旧稿不啻为一种可怕的强人所难。我看得出来，你根本就不相信夏季结束以前我会有一本书可以出版。在无视我最庄严的保证这一点上你从来不会让我失望。**还是老样子**①啊。

你这封信太厚了，不能用作书签，却又不是很厚，不能用来垫我那张摇摇晃晃的餐桌桌脚。我不能采纳信里的建议，也不能因为听自己的而导致更大的伤害。

说实话，亚历珊德拉对你施展的是她构筑最为精巧的花言巧语。她让一大帮朋友都相信是**我**要和**她**离婚，你是其中之一。这件事整个儿看起来是多么有道理啊：两个哥哥死了，我过七十了，然后我就让自己流落街头。知道惠灵顿公爵②的那句话吗？有位绅士走近他问道：“阁下，您是琼斯先生吗？”惠灵顿回答说：“阁下，您要是能相信这个，那您就什么都能相信。”

---

① 原文是基于法语的一个英语俗语：Plus ça change。

② 指第一代惠灵顿公爵阿瑟·韦尔斯利（Arthur Wellesley，1st Duke of Wellington，1769—1852），英国陆军将领，曾任英国首相。这里说的是有人把他错认为琼斯上尉（Captain Jones，或琼斯船长），事见英国著名传记作家伊丽莎白·朗福德（Elizabeth Longford，1906—2002）伯爵夫人的《惠灵顿传：剑的岁月》(*Wellington: The Years of the Sword*，1969)。

现在简单说明一下亚历珊德拉的数学：你可以让你在塞克与沃伯格[①]的调研助手帮你在剑桥或者牛津查查看。即便是最能干的数学家，其能力在第三个十年也开始下降。亚历珊德拉现在五十多岁了。她可能很享受到处跑参加各种大会这种事儿，而且肯定会受到热烈欢迎，因为她很漂亮，多亏了我，她衣着也很考究。她可以和年轻的天才们共进午餐，但是她对会议其实没什么可贡献的东西。不久以前她还对我强调过，说她的研究已经有很长一段时间没能取得重要成果了，这**全都怪**我。

还有很多很多事可说，但是我不想说了。

你依然健在的朋友深深地祝福你。

致约翰·奥尔巴赫

1986 年 7 月 29 日，西布莱特伯勒

亲爱的约翰，

佛蒙特乡下的一个特点是，我们这里没有现代的联系电话，上星期日想给你往海上田野农场打电话，试了很多次都不行。这些农村的接线员可能都不知道有个国家叫以色列。我觉得这封信你 8 月 11 日启程之前应该能收到。不知托尼［·克里根］是否提起，我们春天在芝加哥算是见过面的，那个时候他正在计划让人把他空投到他的出生地古巴去。他是哈瓦那的，我是拉钦的，你是华沙的，诺拉是纽约的——我不提布加勒斯特，我们是个很像样子的世界小家庭啊，就像你们基布兹里的人一样。(上星期我重读了你的两个短篇，其中一个是《女巫》[*The Witch*]，非常精彩的作品，我们一定要再想想办法找个地方发表）最后一件事(我在口述，速度很快)，我看到一封肯·摩尔（Ken Moore）的信，他要你的地址，他和托尼关系不好，不过我看把地址给他没什么坏处吧。这样他会把信寄到海上田野农场去，而你会在马萨诸塞州的牛顿。

祝好运不断，爱你们俩。

---

① 塞克与沃伯格（Secker and Warburg）是英国的一家出版社，总部在伦敦。

致莱昂·博特斯坦

1986年9月24日，芝加哥

亲爱的莱昂，

你的小提琴在佛蒙特州西布莱特伯勒的柜子里好好地放着。你的信早寄一个星期，我就把这东西带到芝加哥来了。我那所房子离马尔波罗学院[1]不远，如果你的朋友能顺便到学院去取一下，我可以找人送到那儿去。我不知道怎么托运，不过我不在的时候帮我管理那个地方的人也许能把它送到本宁顿，或者马萨诸塞的格林菲尔德（Greenfield），或者布莱特伯勒。有一把小提琴可以拉一拉我本来挺高兴的，可我的本事真是对不起这把琴，所以我只好让它在盒子里待着，有一年左右没挨它的边了。

原打算专门给你写封信说说威廉·亨特（William Hunt）的情况，我高度评价而且强力推荐他，作为诗人，作为教师，同时也作为一个人。我过去就经常在芝加哥见到他，现在还是和他尽量多见面，因为他很健谈，能给人很多启发，和他交谈之后有很多天我都心情十分愉快。他告诉我说他向你提出了求职申请。你可能已经做好了［巴德学院］明年的人事安排，不过假如真的有个空缺，你恐怕找不到比他更合适的人选了。

祝一切都好。

致博比·马克尔斯

1986年11月4日，芝加哥

亲爱的博比，

似乎所有的好事都开始找上你了。我就觉得有这个可能，我就觉得会这样，所以我为你感到高兴。现在你重新戴上了玫瑰色的眼镜，又乐观起来，我就可以告诉你了：去年我失去了两个哥哥，三兄弟里只剩下了我，再就是我妻子决定和我离婚，再就是我现在七十一岁了，与高年资相伴的一些苦恼我也有了。把所有

[1] 马尔波罗学院（Marlboro College）在佛蒙特州马尔波罗镇，建于1946年，规模很小。

这些事情或者说灾难放在一起来看，你也许就能更好地理解我收到你这么多沉浸于自我的信息为什么会恼火。自我专注并不完全是坏事，但是收到一大堆要鼓励、要推荐要这个要那个的请求是让人很难接受的。不是说我不愿满足这些要求，只是对于自己就属于受伤的或者烦恼缠身的一方来说，坐在打字机前拿着几张纸按对方的请求或者要求敲打出一封接一封的信来，这种活儿并不总是具有吸引力。诺贝尔奖落在我身上以后我发现，我从此被人当成了个资深政治家，一个为那些还没有竭尽全力的年轻人做好事的公职人员。到我办公室来一趟你就会看到，成垛的书等着看，成堆的信等着回，成群的天使飞不进来，还有大群激情燃烧的**讨厌鬼**[①]，妈妈告诉他们他们是天使，英语教授告诉他们我是个大善人："给他寄稿子，给他寄两百四十八万一千五百二十六封越来越歇斯底里的信，都要求回信，都以谩骂和威胁结尾。"行啊，全都见鬼去吧。我还是只看我认识我喜欢我爱的人来的信，不过脑子里偶尔也的确会闪过这种念头：他们也许还是喜欢我爱我的，可他们已经有十好几年没说过这个话了，要么就是他们的感情耗没了，要么就是他们的礼貌见鬼去了。你要不是近几个月给我来过两次很热情的信，我都不会跟你做这些解释。这是**交换条件**[②]。你不再摇我的树，就**免费**[③]得到一个桃子。

顺致亲切的祝福。

纪念伯纳德·马拉默德

（1986年12月5日，纽约，美国艺术文学学会暨协会年度午宴，贝娄缺席，由霍华德·内梅罗夫代为宣读）

大约三十五年前，我在俄勒冈做了一次演讲，伯纳德和安·马拉默德从他教书的科瓦利斯[④]赶过来听。我不记得我说了些什么——演讲是时不时地总要做的——但是我们的会面我记得很清楚。他那双会说话的眼睛打动了我。我当然不知道那双眼睛想说什么。我也没法知道，直到随着岁月流逝，我读了他的小说

---

① 原文是意第绪语词 nudniks。——原注

② 原文是拉丁语：quid pro quo。

③ 原文是拉丁语：gratis。

④ 科瓦利斯（Corvallis）是美国俄勒冈州城市，马拉默德在位于该市的俄勒冈州立大学（Oregon State University）任教多年。

之后。

在一个来自纽约的人眼里，俄勒冈内陆地区似乎是个古怪的地方，记得我当时还想，科瓦利斯引进这样一位新奇的人才真是件增光添彩的事。他对我来说倒并不新奇。我们是同一个品种的猫。作为东欧犹太移民的后代，我们很早就走上了各自城市的街头，学校、报纸、地铁、有轨电车和小孩们玩球的空地让我们都美国化了。我们是大熔炉的孩子，都把美国程式视为正品：无障碍获得最自由和最充分的美国选择。我们当然明白，这不是一个简单的公民课程问题。我们对贫民窟了解得太多，我们在母亲的厨房里听了太多黑暗的历史，不会成为头脑发热的乐观主义者。如果我们的目标是当店主、药剂师、会计、律师，愿望是很容易实现的。如果能想办法解决配额制度的问题，当医生也不难。当然还有更高的抱负。有犹太裔哲学家，比如莫里斯·拉·科恩①，也有学者，比如哈佛大学的［哈里·］沃尔夫森②。在一个更令人兴奋的层面上，有［伯纳德·］贝伦森③式的人物，他们进入了全球艺术界，相当于或者几乎相当于婆罗门④和英国贵族。但是如果你没有这种类型的社会野心，也不是特别想成为富人，摆脱移民的粗鄙，住上意大利别墅，而是打算为自己找个小地方当作家，你就要在未知的领域里自寻烦恼了，而且就是你自找的。当然了，是钦佩，是爱，把我们吸引到那些令人眼花缭乱的大师身边，他们全都属于新教多数派——其中有些人是明确的反犹主义者。别的不说，想想亨利·亚当斯⑤，要么就回想一下亨利·詹姆斯《美国景象》(*The American Scene*)中的某些章节，他躲避东区犹太人的那种苦恼。但是人不能屈服于这种偏见的控制。我自己的看法是，在宗教上，基督徒曾经和我们生活在一起，生活在犹太人的《圣经》里，而犹太人想和他们一起生活在西方历史里的时候却遭到了拒绝。似乎那段历史现在已经不是我们共有的了。难道（比如说）德国的过去里面就没有犹太人的位置吗？

不管怎么说吧，我们到了这里，第一代美国人，我们的语言当时就是英语，

---

① 莫里斯·拉斐尔·科恩（Morris Raphael Cohen，1880—1947），出生于俄国的美国哲学家。

② 哈里·奥斯特林·沃尔夫森（Harry Austryn Wolfson，1887—1974），出生于立陶宛（Lithuania）的美国希伯来文学及历史学者。

③ 伯纳德·贝伦森（Bernard Berenson，1865—1959），出生于立陶宛的美国艺术史学家。

④ 婆罗门（Brahmins）是印度种姓体制中的最高等级。

⑤ 亨利·亚当斯（Henry Adams，1838—1918），美国历史学家、小说家，曾任美国历史学会主席。

而语言是一座精神大厦，没人能把我们赶出去。马拉默德在他的小说里发现，纽约移民贫瘠粗粝的习惯用语中有一种交际天赋。他是个神话制造者，是个寓言家，能写出精妙的隐喻故事。英国小说家安东尼·伯吉斯[1]在谈到他的时候说他“从不忘记自己是美国犹太人，他最擅长的就是描述美国城市社会中一个犹太人的处境”。然后他说：“他是个表现极为稳定的作家，从来没有写过一部平庸的小说……他既没有老套的虔诚，也没有多愁善感……总是让人深为信服。”我代表自己补充一句吧，从马拉默德的话里总能听出一种来之不易并且带有个人情感的真实。他是富有的独创之源，属于第一等级。

---

① 约翰·安东尼·伯吉斯·威尔森（John Anthony Burgess Wilson，1917—1993），笔名安东尼·伯吉斯，英国作家。

1987 年

致瑞典文学院

1987 年 3 月 6 日，芝加哥

亲爱的先生们，

我希望为诺贝尔文学奖提出一个人选。我的候选人是罗伯特·佩恩·沃伦，美国最年长亦是最为杰出的诗人。沃伦在人生走过六七十年的时候获得了诗意的重生，以高龄之身创作了一些最有影响力的作品。他现在八十出头，却处于前所未有的高产期。在生命的中段他获得了巨大的成功（创作了《国王班底》等小说作品）。同时他也是知名度很高的评论家和学者。他对柯勒律治、西奥多·德莱塞等许多人都有过重要的研究成果。六十年代他还写了大量民权斗争方面的文章。对于他的评选资格不必作详细说明了，我相信学院会认真考虑这一提名。

谨致敬意。

致蕾切尔·E.G. 舒尔茨

1987 年 6 月 2 日［西布莱特伯勒］

亲爱的蕾切尔，

三十年前我参加你母亲婚礼的时候就知道这是件好事，会结出硕果的，看来我完全正确。你就是一个最佳的硕果，我衷心祝贺你从医学院毕业。看到凡人的选择有时也会带来美好的结果，我这颗衰老而又愤世嫉俗的心顿感温暖。我希望能到辛辛那提来，可是简单说吧，我疲惫不堪，出不了远门啦。你的住院实习只要一结束，我就只接受你的麻醉，其他人都不行。

你的叔祖父署名。

致辛西娅·奥奇克

1987年7月19日，西布莱特伯勒

亲爱的辛西娅，

在［艺术文学］学会见到你很高兴，随即就是一阵尴尬攫住了我，因为你让我想起了我的疏忽和失礼。你提醒我说我还欠你一封信呢（隔了两年啊），这倒不是有意要让我难堪。尴尬发自内心，抑制了我的晕眩。在学会的大屋顶下和这么多人欢畅交流让我十分兴奋。太多的湍流，太多的激荡，还有心中一种可怕的刺痛——那种感觉是，这一天的快乐简直让人绝望，如此无边无际，如此狂野热烈，实在是谈不上享受。有那么多人要见，可是我和他们全都有账还没算清呢。

我**确实**早就该给你写信，用我两个哥哥故去当借口已经来不及了。他们去世后，我写了一本书，怎么就不能写封信呢？一个不可思议却很真实的回答是，我可以加足马力为写一部小说做准备，而信件和现实中的各种交流我却感觉太多，难以承受。过去我都是很轻松地就把这些事迅速处理完了，为什么现在给朋友和熟人写信这种挑战我就受不了了呢？因为我成了某种孤独的人，不是亚里士多德[①]说的那种孤独：不是禽兽，不是神[②]。准确地说，是个独行者，为渴望所苦恼，找不到一种合适的语言，为无法用一种可行的调子来组织想说的话而绝望——好像我已经不能理解那些可敬的人所用的密码，而他们很想听到我的声音，也有很多话要回复我，只要清除了那些障碍就行。到现在为止，我只有自己书中那种颇为怪异的调子——某种神秘个性、某个绝顶怪人的总体语言风格，这人走投无路，只好发明了一种自我表现的技巧。

你是那种我可以对你说这些事的人——而且是作家，我这种类型的作家（在写作方面没有僵化）。我想还是不说你是我这种类型的人吧。那样说没有根据，我是通过你的书认识你的，我经常看你的书，因为那是靠真功夫写出来的。我们身边没有太多真货（这是个众所周知的事实，详细说就太没劲了）。你本可以成为一

---

① 亚里士多德（Aristotle，前384—前322），古希腊哲学家，柏拉图的学生。

② 亚里士多德在《政治学》（*Politics*）中说，孤独的人，自我充实的人，脱离社会（城邦、国家）的人，“不是禽兽就是神灵”（must be either a beast or a god）。

个光芒耀眼的大师，像［威廉·］加迪斯[①]那样。如果不是因为这样那样的原因我一心要当个有真功夫[②]的人，我也可以在那条路上走得很好。在文学音乐厅做巡回演出，日子会好过一些。不过帕格尼尼不是犹太人。

我的表达非常拙劣，不过我的意思你也许明白了。我一直在向你的《［斯德哥尔摩的］弥赛亚》[③]缓缓走去，我是以仰慕者的身份说话，而不是以批评者的身份。关于布鲁诺·舒尔茨[④]，我的感觉和你非常相似，虽然我们从来没有讨论过犹太问题（或者其他什么问题），而且我们肯定会有分歧（犹太人讨论问题总是这样），但是无论如何，我们都一定会发现彼此都是十足的犹太人。不过你的《弥赛亚》还是让我困惑。我苦苦思索着这本书。我喜欢斯堪的纳维亚[⑤]国家的一个首都里你那位诚恳的穷苦年轻人身上汉斯·克里斯蒂安·安徒生[⑥]式的魅力，他不切实际，很容易受骗，而且执迷不悟，靠虚构的犹太人身份活着，过着似乎不食人间烟火的生活，以非常感人的方式努力设计自我。可是在他面对现实挑战的时候，我们看到了他最糟糕的一面——九九八十一个魔鬼（且借另一部《圣约》[⑦]说话）冲进他的身体，最终，因为他不是唯一正宗的舒尔茨阐释者，他成了一个单纯的职业写手，也就是说，成了个无足轻重的人。我是在去以色列的飞机上看你这本书的，在海法把我看的这本给了亚·布·耶霍舒亚。他想要，我怂恿他好好看看。所以在给你写这封信的时候，我没有原文可以参照，只能相信我的记忆或者我记忆中的印象。我看的时候是非常喜欢的。回想起来，我感觉你可能过于依赖你的控制能力或者说你的精湛技巧了（和我经常对自己做出的判断一样），你想

---

① 威廉·加迪斯（William Gaddis，1922—1998），美国小说家，以全对话体叙述独树一帜。

② 贝娄多次用到 the real thing 这个说法，可见其十分看重这一概念，因每一次出现时的上下文有所不同，统一译法有时会不符合汉语表达习惯，所以主要采用“真货”“真功夫”“真东西”等来译，或可传达出其基本含义。

③《斯德哥尔摩的弥赛亚》（*Messiah of Stockholm*）是辛西娅·奥奇克出版于 1987 年的小说，“弥赛亚”是犹太人期待的救世主，在书中是一部遗稿的书名。

④ 布鲁诺·舒尔茨（Bruno Schulz，1892—1942），波兰犹太作家，被纳粹杀害。奥奇克书中的主人公拉尔斯·安德曼宁（Lars Andemening）认为自己是他的儿子，要去寻父。

⑤ 北欧的斯堪的纳维亚半岛（Scandinavia）主要由挪威和瑞典两个国家构成，丹麦（Denmark）在南边的日德兰半岛（Jutland）上，但也属于斯堪的纳维亚国家。斯德哥尔摩是瑞典首都。

⑥ 汉斯·克里斯蒂安·安徒生（Hans Christian Andersen，1805—1875），丹麦童话作家。此句中的年轻人指奥奇克书中的主人公。

⑦ “另一部《圣约》”原文是 the other Testament，疑指《新约》（因犹太教的《圣经》仅指《旧约》），而此句中的九九八十一个魔鬼云云或化自《新约·马太福音》中“加大拉的猪群”这一典故，见 1981 年 6 月 6 日致艾伦·布鲁姆的信注释；又见 1949 年致戴维·贝兹伦的第一封信关于“七乘七”的注释。

从主题中得到的东西比实际效果要多。[……]

毫无疑问，“美国的犹太作家”（一种让人厌恶的分类！）错过了对他们来说应该是他们那个时代占中心地位的事件，也就是欧洲犹太人的毁灭。我不能说对我们的责任可以如何评价。我们（我现在说的是犹太人，而不仅仅是作家）本来应该考虑得更为充分、更为深入一些。在美国没人认真对待这件事，只有其他地方的少数犹太人（如普里莫·利维[1]）有能力看清楚这一切。犹太人作为一个民族对此事的反应是完全正当的。所以我们有以色列，但是在更高层次的理解这个问题上——怎么说呢，本世纪的精神生活已经被产生“最终解决方案”[2]的那种畸形力量损毁了，没有哪个思想家**适合**去做这种理解。而知识分子［……］所接受的训练就是期待并且要求艺术去做智力做不了的事（遵从高尚品格那些愚蠢的常规）。于是各方都在推卸责任，每一颗诚实的良心都为此感到耻辱。

四十年代我忙忙碌碌，一心要当小说家，无暇关注时局。我竭力参与“文学”，满脑子都是艺术，都是语言，都是在美国这个舞台上的奋斗，都是要让自己的才能得到承认，要不就是和我在《党派评论》的那些伙伴一样，关注的都是现代主义、马克思主义、新批评，都是艾略特、叶芝、普鲁斯特等等——什么都参与，唯独没有关注波兰那些可怕的事件。逐渐意识到这种难以启齿的逃避之后，我甚至都不知道如何在我的内心世界中开始接纳这件事。这一点是绝对无法否认的。而且我真的能说出——其他人也是一样——该做些什么或者这个“事情”**必须**如何应对吗？四十年代末以来我一直在思考这件事，有的时候我想象着自己可以看出一些东西。然而这种思考可能得出的结论也许没什么意义。我甚至都无从说起我们当中的哪个人在这种事情里可能承担什么责任，因为这件罪行涉及面太广，把所有人都逼到了面临最后审判的地步。[……]《麦克白》里某人所言（上帝宽恕这个大脑吧，居然从这个角度借用这样一个人物的话）“神异的力量”[3]要比“责任”更为准确一些；也就是来自精神世界的仲裁，假设的前提是这里还有人能为如今没人当回事的那些力量所感动。现在人人都是“鸿蒙已开”的文明人

---

① 普里莫·利维（Primo Levi，1919—1987），犹太裔意大利化学家、小说家，二战中纳粹奥斯维辛集中营幸存者。

② “最终解决方案”（the Final Solution）即纳粹对欧洲犹太人的大屠杀方案。

③ 原文是 metaphysical aid，出自《麦克白》第一幕第五场麦克白夫人一大段独白的最后两行：（...the golden round,）/Which fate and metaphysical aid doth seem/To have thee crown'd withal. 这里用的是卞之琳的译文，全句是：（……一顶金圈……）/ 既然命运和神异的力量似乎要 / 为你加冕了。朱生豪的译文是“玄奇的力量”。

了。我让自己摆脱一定程度的启蒙状态，这样我就至少还可以有些这种性质的思想。我在夜间放纵我的这些思绪，因为那个时候理性的审查在睡觉。说到底，启示居于犹太人理解的核心位置，而启示是不能邮购函索的东西。下命令也得不到。[……]

前面我说你好像没有从《弥赛亚》这部小说中得到你真正想要的东西。这种自言自语式的说法我想不至于冒犯你吧。我经常是匆匆忙忙一头扎进一本书的写作，写了三四十页以后，也就是刚刚起飞，我就感觉自己是发了疯跳出去的，真是抽疯了，这种疯狂完全没有必要，都是自发的，也许永远都恢复不过来。一开始，快速起飞似乎是一件那么美妙而令人激动万分的壮举。我仍然相信是这么回事。可是就算我能完成，我会平安着陆还是会掉进海里？你的小说我看到中间的时候（下面是地中海）就体验到了这种焦虑。你有充分的理由把这称为一种心理投射转移，以此来反驳我。不管怎么说，我确实感觉到了大气湍流，一种危险的空中风暴。我觉得你控制得很聪明，也很勇敢。[……]

谨此致以最美好的祝愿。

致卡尔·夏皮罗

1987年7月31日，西布莱特伯勒

亲爱的卡尔，

每次我出一本小说，结果都成了一种考试——不，是两种，一种是评论家打分，考的是我；另一种是我打分，无意中考了我的美国同胞。这些人里有一半是全文盲，百分之三十多是功能性文盲，其余的，知识上没问题，却极不情愿给予支持。我是民主主义者，我为每个人写作，可是恰如你所深知，并不是每个人都很在乎。我感谢我能得到的一切，所以我赦免所有的人。你我的成长环境并没有教过我们要有优越感。让所有的美国人都做一次人文方面的罗夏墨迹测验[①]这个想法太吓人了。尽管如此，那些极为严重的事实（比如我们的灵魂缺氧）是掩盖不了的。有的时候我在我们这整个物种里只看到一种动物，就像西北沿海地区印

① 罗夏墨迹测验（Rorschach test）是瑞士精神病学家赫尔曼·罗夏（Hermann Rorschach，1884—1922）1921年创立的一种心理实验方法，即通过了解被试对一套墨渍图案的反应来分析其性格，又称投射法人格测验。

第安人的画里画的那个样子。这种生物身上所有的部分——眼睛、牙、肚子、尾巴——都是分开的，排列的位置有前有后，看上去牙、耳朵、爪子都过度肥大，而别的比较重要的部分都极小。这么说吧，东西全**都在**，可是我祈祷着能有所发展的那些部分都萎缩了。总有一天这些部分会复元，判断力会合理归位。

与此同时，我把希望寄托在像你和索菲[①]这样的人身上，这些人和我一样，毕生献身于小说、诗歌、音乐、绘画、宗教、哲学。对大多数美国人来说，我们是受人尊敬的畸形人，有资格像其他人一样生活。他们不需要像为盲人做的那样为我们去掉马路牙子。我们有自己的位置，就像大脑速度超过电脑的麻痹症患者，或者警察用尽一切办法都找不到尸体的时候去求助的那些通灵的人。最近我在电视上看到一个得了怪病的科学神童给一群天体物理学家讲课，一个接受过训练能听懂他说话的人给听众现场翻译。他使用一种只有两个人会说的语言，很长的公式都写在黑板上。这对你来说一**定**意义匪浅。

不过没什么可抱怨的。我很幸运，发现了少数几个真心认同我的读者。甚至都可以组成一个**祈祷班**[②]了，这真是让人欣喜若狂。(几十年奉献于盎格鲁-美国文学[③]之后，我居然会说，这幸福的少数看起来正像是犹太人嘛!)

我坐下来写这封信是想感谢你和索菲，感谢你们给我信心，让我知道我的确走对了路，手里做的和心里想的一致，甚至让我注意到了在我昏头涨脑的时候忽略了的事情。还有你信里附的这首诗，我每个星期都要重读好几遍，你的做法极具象征意义，是来自内行同道的认可，而你更胜我一筹（或一筹以上）。卡图卢斯要是活到了你这个年纪，这就是他有可能写出来的一首诗——“所有这一切都再见吧。[④]”解放女士们[⑤]读你的诗也许会发怒，但是这首诗包含了历史，而历史，正如林肯所言，是我们无法逃避的[⑥]。

我和我的朋友贾妮斯9月底前离开佛蒙特，不过在芝加哥我们也能而且一定

---

① 指卡尔·夏皮罗的妻子索菲·威尔金斯。

② 原文是希伯来语词 minyan，意为可以每日三次在一起举行祈祷的最低法定人数，即十个成年男人。——原注

③ 盎格鲁-美国文学（Anglo-American literature）即以英裔美国人的价值观、审美观等为基础形成的文学，不同于英美文学。

④ 古罗马诗人卡图卢斯只活了三十岁，“你好，再见”是他的名句，此处是化用。见 1956 年贝娄致菲利普·拉夫信的脚注。

⑤ 指从事妇女解放运动的女性，近似于现在所说的女权主义者。

⑥ 此句出自 1862 年林肯给国会的一封信，原句是：We cannot escape history。（我们不能逃避历史）

会给予你们同样的盛情款待。

永远祝福。

这首诗很像是夏皮罗的《成人书店》(*Adult Bookstore*)。

致约翰·奥尔巴赫

1987年8月5日，西布莱特伯勒

亲爱的约翰，

由于我不理性的固执，你还没收到过我的信呢。我一直想给你打电话，试了五十来次吧，贾妮斯和我只有一两次听到了对方振铃。可是你那边没有应答。所以我写信是想说，我们都很好，健康快乐，正在从沉重疲惫的重压下恢复过来——正在康复。我开始对恢复抱有希望了，也许明天你就会得到消息说我又回到书桌前了。[……]

说实话，我的感觉好像是浸饱了水，半沉半浮在新英格兰绿色的热浪里（一个异常闷热的夏天），我有强烈的欲望要做些事，却没什么力量去行动，所以我是既激动又迟钝。不过我得告诉你一声，我不得已给托尼［·克里根］写了一封相当严厉的信。他给《评论》去了封信，解释瑞典文学院为什么忽略了博尔赫斯，还有为什么有那么多不太优秀的作家获了奖。我不认为叶芝、艾略特、塞缪尔·贝克特、加缪、丘吉尔等人远远低于博尔赫斯，我很惊讶克里根竟然公开说出了我一直认为他私下里所持的看法。我追问他这件事，他要是真给我回信，大概会推脱说这不过是常见的怪话而已。他也许会也许不会向你提及此事，我觉得最好现在就跟你说一说。我不太在乎我在托尼那个等级表里是高还是低，但是我觉得我的朋友或者友好的熟人不应该发表些负面的观点让我吃惊。就在昨天，我还向国家人文基金会（National Endowment for the Humanities）推荐了托尼申请一笔翻译拨款，我说英译博尔赫斯没有比他更好的译者了。提到此事是想让你知道，我不是要整他。

博尔赫斯很久以前就宣称，当代作家不应该写长篇小说，由于托尼忠实于这位大师，我和他就有一个听从哪种教义的问题。每个人都有自己的正统观念。就是对自己我也是这么说，《更多的人死于心碎》比博尔赫斯写雷蒙多·拉尔

(Raimondo Llull）的那个短篇小说要好看，这是托尼向国家人文基金会申请拨款的时候提交的翻译作品，里面还带着中世纪那些神秘的图表。不过我知道你的两个朋友之间闹别扭会让你不舒服，所以我只想告诉你，我不是想闹翻，只是为了维护自尊，和托尼划清界限。我也不打算和［亚・布・］耶霍舒亚吵架，我是真的喜欢他（只有一点点保留意见）。我今天就准备就给他写封和解信。

房子周围的花开了又谢，只有贾妮斯不变如常，像花一样，但是不会像植物王国那样要经受盛开和凋零的过程。

向诺拉致以亲切的问候。

深深地祝福你们。

致赖特・莫里斯

1987 年 8 月 10 日，西布莱特伯勒

亲爱的赖特，

能给我寄一本《悲伤的起源》① 吗？你说这本书对我们共同的损失而言是一种深思。我们交往已久，而且颇不寻常，你也许记得我们俩人性格中的某种古怪，那是一种始终存在的不协调。我提到这一点是因为这一次我们完全跨越了点头之交的距离。《更多的人死于心碎》是一本有趣的书，或者说作者希望如此。你寻找笑声的雷达一定是指错了方向。你的信令人愉快，使人陶醉，信中赞扬我让“灵魂”这个词恢复了通常的用法，然后你说我把“自我分裂”(一种加州分类②）和心碎搞混了。现在我的看法是，那些不想用**灵魂**这个词的人，那些至今都不知道还有这种东西存在的人，一定会经历一种内心的窒息。我冒昧地把这称为心碎。置人死地的悲伤是可以接受的一种替代，正如我们的老朋友乔叟③ 所说：“死于心底之悲伤者多矣。”我用这种对诗意的双重借用，送你一个同道的拥抱。

---

①《悲伤的起源》(*The Origin of Sadness*）是赖特・莫里斯出版于 1984 年的一部短篇小说集。这封信后编者列出的几本书都是他的长篇小说。

②“自我分裂”的原文是 ego-crack；加州分类或指心理学中“加州心理量表（California psychological inventory，CPI）”里的分类。

③ 杰弗里・乔叟（Geoffrey Chaucer，1343—1400），英国小说家、诗人。这里的这一句原文是：Sorrow at hearte killeth full many a manne.

如今颇受冷落的赖特·莫里斯（1910—1998）写过很多为人称道的好书，如《阁楼上的世界》（*The World in the Attic*，1949）、《男人与男孩》（*Man and Boy*，1951）、《爱的作品》（*The Works of Love*，1952）、《幻象之地》（*The Field of Vision*，1956）、《孤树酒店里的庆典》（*Ceremony in Lone Tree*，1960）、《平原之歌》（*Plains Song*，1980）①。他两次获得国家图书奖小说奖。莫里斯土生土长于内布拉斯加州②，他的大部分小说都以那里为背景，后来他在加利福尼亚州的磨坊谷③住了多年。

致安·马拉默德

1987年8月30日，西布莱特伯勒

亲爱的安，

你关于《更多［的人死于心碎］》的来信特别让人高兴，这么多年了，我越来越重视你的意见。要看清楚一个同行的妻子需要更长的时间，这是真的，挺古怪吧。直接看到她并不容易，特别是在一年见面不超过两次的情况下。可是你在《院长的十二月》里认出了迪克·罗维尔④，这着实把我打晕了。这要么是超常的洞察力，要么是天才。我开始认真倾听了。真正的读者差不多和使徒一样少。道路崎岖不平，而且越来越不平，除了为数不多的几个人以外，其他人都给甩下了马车。（你很幸运，只看了一篇评论，整体状况极为可怕）我想我其实可以再多下点功夫让书名的意思更清楚一些：现在一般都觉得人是死于**外部**原因的。他们自己的灵魂无关紧要，**算不上**一个原因。所以人的天性转入地底，埋藏得比以往任何时候都深，远在柏拉图的洞穴⑤之下，只考虑生物化学，活着，却对自己全然

① 这本书的全名是《平原之歌：女声》（*Plains Song: For Female Voices*）。

② 内布拉斯加（Nebraska）是美国中西部一个以农业为主的州，处于高平原区的中心，所以 *Plains Song* 这个书名也有人译为《高原之歌》。

③ 磨坊谷（Mill Valley）又译米尔山谷，在旧金山附近。

④ 这里的迪克·罗维尔（Dick Rovere）应指巴德学院校友、《纽约客》名记理查德·罗维尔（Richard Rovere，1915—1979）。

⑤ 柏拉图在《理想国》（*State*）第七卷中用洞穴里的囚徒作比喻来说明人的认识障碍等多重意义。

无知。在我看来，这自然就是个真正的喜剧主题。

我喜欢你对那些老犹太人的看法。尽管如此，我有时候还是会想，是不是美国还没有让他们觉得受不了。

致以最亲切的问候。

致马丁·艾米斯

1987 年 10 月 20 日，芝加哥

亲爱的马丁，

我经常制定计划然后又不得不取消计划，所以痛苦的时间表相当稳定，而焦虑的时间表总是排得满满的。我自己的身体就不太好，我有个姐姐，身体更不好，需要照顾。她刚出院，我得照顾她到 11 月下旬她去佛罗里达为止。要是我跑到伦敦去尽享欢乐，而这里只有一个护士每星期来看她两次，我会非常伤心。

听说你有部小说快写完了，我很高兴。我太需要看点新东西了。从佛蒙特回来后，我发现办公室里堆满了刚出版的书，估摸了一番数量之后，我问自己这里会有什么我不可或缺的东西吗？这成堆的书里，有没有那么一页，那上面的内容对发展或者生存是绝对必要的？漫长的痛苦经历把答案硬塞进了耳朵里，确定无疑。**这些书**没有丝毫生存的分量。

我已经向两位伦敦的采访者提到，在大西洋两岸的年轻一代中，你就像长庚星一样引人注目。所以他们**肯定会**认为你我是同谋，结成伙来对付其他人，密谋从别的小娃娃手里把糖果夺走。可我年纪大了吃不了糖果，而且奇怪的是（我可是个写小说的啊），已经有些年头了，我一直是怎么想（只要我想清楚了）就怎么说。阴谋论想象在我们这里十分活跃而且可怕。有传言说我的朋友艾伦·布鲁姆只不过是我虚构的人物，我用他欺骗了美国，骗取作品的成功和所有的一切。所以对我友好宽容确实要冒挨骂的风险，而你同意做英国广播公司的节目，**自然是**对我十分宽容。我留在芝加哥照顾我姐姐简，至少可以帮你免除一点这种风险。[……] 真抱歉我们不能在一起高高兴兴吃顿晚饭了。贾妮斯和我仍然有可能 12 月份飞过来，如果不行，明年夏天我们俩一定在佛蒙特好好地款待你。

谨祝安好。

1988 年

致托德·格里姆森[1]

1988 年 1 月 27 日，芝加哥

亲爱的格里姆森先生：

这个磨粉机磨得很慢，不过确实能磨。谢谢你去年 8 月的来信。我把信放一边了，因为我觉得你真好，并没有要我做什么事。人们有个说法叫“逼得要撞墙了”，我那个时候和现在，都正好在那堵墙上的某个地方待着。

我没听说乔治［·萨伦特］[2]心脏病发作的事，［后来是］他父亲的老朋友告诉我的。他和我很少通信，所以能请你向他转达我诚挚的问候吗？要是确如你所说他笃信赖希疗法或者赖希的新疗法，他就用不着这些情绪表示，可我是他家的老朋友，我记忆中的他还是个孩子呢，所以他一定会允许我拥有一个家族老友的情感吧。

要跟上新书出版的速度很难，特别是又总感觉时间不多了，而每一次拿起一本新的小说都充满热情是不可能的。每天都有三四本新书送来，更不用说信件、杂志、说明书、宣传册、请愿信、电报和不请自来的书稿了。不过我确实也是尽量把所有的书都翻翻。先看上几页，如果给吸引住了（很少如此），就坐下来把书看完。奥斯卡·王尔德[3]说他除了诱惑以外什么都能抵抗，他的意思也许是他很少受到诱惑。把诱惑换成吸引力，这句话就对我也合适了。［……］

谨致敬意。

---

① 托德·格里姆森（Todd Grimson，1952—　），美国作家。

② 乔治·萨兰特是贝娄好友艾萨克·罗森菲尔德的儿子。

③ 奥斯卡·王尔德（Oscar Wilde，1854—1900），爱尔兰 / 英国作家，诗人，唯美主义代表人物。这里引的这句话是他的名言之一，整理他著作的后人曾将其用作书名，王尔德的原文是：I can resist everything except temptation.

致约翰·奥尔巴赫

1988年3月1日，西布莱特伯勒

亲爱的约翰，

贾妮斯和我到佛蒙特十天了，现在我们正坐在厨房里享受冬日的阳光。斯玛达尔［奥尔巴赫的女儿］两口子都很和气，跟我们讲了你手术的情况，各方的消息都说这次手术很难，也很危险，我们以自己的方式在遥远的地方和你一起经历了整个这件事，但愿能有些帮助。我们唯一能做的就是从千里之外告诉你，你对我们有多么宝贵，我们有多么想看到你。

记得弗洛伊德在哪里说过，痛苦停止，幸福就开始了，所以我们的喜悦可以说就是一次又一次的逃避。如果说贾妮斯和我在这里过得很开心，那是因为我们就像是逃离芝加哥的难民一样。在佛蒙特，我们可以在路上走来走去，而不用担心让瘾君子、色狼或者枪手追上。我们不光步行，还越野滑雪。贾妮斯教我以老迈年高之身如何避免摔倒。还有摔倒了以后怎样坐起来再站起来。我从中得到了某种孩童般的乐趣。我想年龄也是那种偶尔放松一下就能带来快乐的身体条件之一。或许这才是人生第二个童年也就是老糊涂的真正含义。我还带过来了一些书稿，我最靠得住的镇静剂，还有几十本书。我还没感觉到我看不完这些书，但是我抱着书不放，一直在看，就像虔诚的基督徒抱着他们的念珠①，或者牧师抱着他们的弥撒书。不过我也经常走出门外，用上帝冰冷的空气冲洗我的大脑，却不知我眼中的泪是源自寒风还是源自对造物主的感激。孩子们也来：丹尼尔上周末在这里，亚当和他的妻儿很快就要来了。没有芝加哥来的邮件，那些东西下星期一就会在那儿等着我们了，成堆的信和账单。真不明白怎么会有这么多保险公司出现在我的赡养名单上。

托尼·克里根在布鲁克林和朋友们还是**破鞋们**②还是两者都有一起过冬天。我们关系很好，时常通信。我有时觉得托尼总是建议我做些改变，希望能纠正我的性格。如果现在学习还来得及的话。有点无奈，跟你开个玩笑。一个朋友能做

---

① 基督教教派不同，有的用念珠，有的不用。

② 原文是意第绪语词 nafkes。——原注

的无非就是爱你，开些这种小玩笑，给爱加点调料。你回到农场以后，我们会打电话给你。

贾妮斯和我在此向你和诺拉问好。

顺致朋友的祝福。

致蕾切尔·E.G. 舒尔茨

1988 年 3 月 11 日，芝加哥

亲爱的蕾切尔，

我太坏了，没有给你回信，你的信写得那么体贴而优美。不过你只要允许自己有一点点诗意的放纵就会理解，像你一样，我也经常和病人一起熬夜，不仅是生病的人（小说里的），还有我自己越来越严重的神经衰弱。总是有很多遭受痛苦的人让我们日夜忙碌。

你谈到我哥哥［萨姆］也就是你祖父的时候说的那些话打动了我，我觉得有趣的是，你看到他和女人在一起总是手足无措，浑身不自在，甚至对他自己的几个孙女也是如此。他去世后，你妈妈和我经常谈起他，我觉得我哥哥尽管很有魅力，但即便是和他的直系亲属在一起，他也从来都没自在过。在这个世界里他取得了巨大的成功，可他和身边人的关系却全都是一塌糊涂。我相信他永远都在为自己的毛病道歉。青少年时期他对女孩有着很正常的兴趣，但是他也感觉到了她们的威胁，想在婚姻中寻求安全庇护。你和你的同龄人会发现很难理解困扰老一辈人的那种对性的恐惧程度。在我看来，我哥哥的恐惧最终表现为退缩。他缩成一团，实际上是把自己交给了他的妻子，他妻子给他提供了一个正统的堡垒，在那里她可以随心所欲地折腾他。在生意上他能全面而清晰地思考，可他看不透他身边围着的那些人和取代他的人。他是个活例，让人看到一个人为自我怀疑和恐惧所左右，从来没学会对比较重要的问题做出像个人样的判断，除了商业判断以外。我看到了这一点，我知道他这些弱点是怎么回事，只有一奶同胞的兄弟姐妹才能这样亲近，我为此而可怜他，而且我爱他，不求任何回报。他甚至原谅了我无数次荒谬的婚姻，他一定是在某种程度上很怕这种事的。不过我什么要求也没向他提过，我知道他永远也不会明白我在搞什么名堂。我学会了不光爱我的姐姐，还爱我的两个哥哥，甚至觉得他们很讨人喜欢，还有点过分呢，我都没法开口和他们说话，可这对我来说完全无所谓。我不得不放弃所有的联系，唯独不能放弃的就是自幼时起经年累月的亲情对我形成的影响。那种影响可是太大了。那里面有大约四千年的犹太历史——我不是说《塔木德经》[①]那种历史。我是说犹太人情感的历史。

你居然看到了这一点，我很感动。有一个可喜的进展是我从来没预料到的：那些不能对我们这代人说的话，可以对侄女和侄孙女说，偶尔也可以对我自己的孩子说。

深深地爱你。

溺爱你的叔祖父。

致菲利普·罗斯

1988年3月15日，芝加哥

亲爱的菲利普，

我决定不参加阿巴·埃班的布鲁塞尔会议了（我的队友有可能是以色列的另一个朋友，水塔广场[②]的菲·克鲁茨尼克[③]先生），这样我就可以去看你，或许还能听克莱尔[④]朗读弗吉尼娅·伍尔夫作品选段呢。你愿意的话，我可以给你讲讲我十五年前住在罗德梅尔伍尔夫老宅里的情况。我在那儿住了有六个星期吧。我想用法语说应该是sequestré[⑤]。什么也比不上德米扬鲁克[⑥]审判中那些可怕的事实。你一定要跟我说一说。至于闲聊天，我就更喜欢了。

在报上看到你最近得了奖［因《反生活》(*The Counterlife*）一书获国家图书

---

①《塔木德经》或《塔木德》(*Talmud*）是犹太教法典或称犹太圣典，成书于公元二世纪至公元六世纪。

② 水塔广场（Water Tower Place）是芝加哥的一处大型购物中心，因靠近水塔得名。

③ 原文是P. Klutznick，应指菲利普·克鲁茨尼克（Philip Klutznick，1907？—1999），芝加哥的建筑师，地产商，慈善家，著名犹太人事务活动人士。

④ 罗斯的妻子，英国演员。

⑤ 意为“隐居”。

⑥ 约翰·德米扬鲁克（John Demjanjuk），乌克兰人，原在苏军服役，被俘后派往纳粹集中营当看守，协助杀害2.79万犹太人。战后辗转定居美国。2011年德国法院判其五年监禁，此时他已年过九十，坚持不认罪，上诉前去世。

奖]，很是高兴。这些日子报上让人高兴的事太少了（我写这封信的时间是3月15号，这是芝加哥的初选日。我可不想看明天早上《论坛报》登出来的结果）。

祝好。

罗斯出席了对约翰·德米扬鲁克的审判，德米扬鲁克是底特律①的汽车工人，因反人类罪引渡到耶路撒冷受审。他被指控是臭名昭著的"恐怖伊万"，在特雷布林卡和索比堡②折磨杀害了成千上万人，1988年被定罪并判处死刑（十年后以色列最高法院推翻了这一判决。德米扬鲁克后来被引渡到德国再次接受审判，除原有罪名之外又增加了指控，他的案子仍在继续审理）。

致约翰·奥尔巴赫

1988年4月15日，芝加哥

亲爱的约翰，

头晕目眩啊，对我来说——人人不得喘息，不得休憩，没有例外。我能理解浪漫主义诗人为什么热爱乡村生活。农民看太阳安排生活，有闲暇闻闻花香。贝多芬的田园交响曲以新鲜的田野开始，接着是暴风雨，暴风雨过后，你听到一只可爱的小杜鹃在唱歌，那是一只资本主义小鸟，坐在还没搭起来的窝里。所以暴风雨之后，浪漫主义者期待着和平，而你我要明智一些，在我们每天的暴风雨之后，并不期待解脱。不管怎么说，我继续写我的。我希望你也在写。很高兴收到一封你手写的信，所以我觉得你还能写小说。我尽可能地漠视健康问题和年龄增长带来的各种不便，觉得这些烦恼对讲故事形成诸多障碍——我刚刚写完一部中篇，叫《偷窃》。等我清理完哄着贾妮斯打出来以后，马上给你一份。

我不太明白你说的"搬到美国去"是什么意思——从我的角度来说，如果可行，那就是这世上最好的事情了。托尼的消息不断，他打电话告诉我你的进展情

① 底特律（Detroit）是美国密歇根州城市。

② 索比堡（Sobibor）是波兰东部一小村，纳粹灭绝营即在其附近。

况，我是能跟他说的就都告诉他，哪怕最近其实没多少事情可说，因为我不愿意给斯玛达尔打电话，她现在是心无旁骛啊。不过我们5月1日要去费城[①]，也许到那个时候孩子已经生了。贾妮斯和我今年去佛蒙特的时间比较早，5月初就去。这些日子烦恼够多了，尽量安排一个平静的夏季好用来工作。在以色列问题上，我和大多数派别都保持距离，尽管在特迪·科勒克的督促下签了一封公开信，在这封信上签名的还有以赛亚·伯林和艾萨克·斯特恩[②]。我的记忆有可能总是抑制着指挥家"伯因斯坦"[③]。[……]

这封信我是口授给贾妮斯的，里面包含着我们俩对你的爱。

致辛西娅·奥奇克

1988年5月18日，西布莱特伯勒

亲爱的辛西娅，

我环顾四周，你不见了，我非常失望。我们的接触让我想起了台球比赛——轻轻一碰，我们就又回到了桌子的两端。难道是天意决定的，碰一下比放开接触要好？不管怎么说，我很难过，但是在吃饭的时候，我的情绪因为你而有些好转，因为你不必听那些人讲话。这些人地位越高，财富越多，讲得越差，到最杰出的那位上场的时候，我都有些痛苦了。他［沃尔特·J. 安嫩伯格[④]］把萨特的虚无讲得让人感觉像是时代广场[⑤]。其他人的发言里我觉得［哈伊姆·］波托克[⑥]是个例外，他讲得非常之好，而且是用他自己的话讲的。别的人都说着媒体合成的语言，比奥威尔的双重语言（double-speak）糟糕得多。双重语言和双重思想（double-think）毕竟有政治含义，而安嫩伯格先生的话里看不出什么理性，用纪德的话来说

① 费拉德尔菲亚（Philadelphia），简称费城，美国宾夕法尼亚州最大城市。

② 艾萨克·斯特恩（Isaac Stern，1920—2001），出生于俄罗斯的美籍犹太人小提琴大师。

③ 这里应该是贝娄开的玩笑，把指挥家伦纳德·伯恩斯坦（Leonard Bernstein，1918—1990）故意说成"伯因斯坦"（Boynstein）。伯恩斯坦是美国出生的犹太裔著名美国指挥家、作曲家。

④ 疑指沃尔特·休伯特·安嫩伯格（Walter Hubert Annenberg，1908—2002），犹太人，美国传媒大亨，出版业巨头，慈善家、地产商、外交家。他姓名中间的缩写字母H. 美国就曾有人错写为J.。

⑤ 时代广场或时报广场（Times Square，早年因《纽约时报》总部大楼在此而命名）是纽约曼哈顿最热闹的街区之一。

⑥ 哈伊姆·波托克（Chaim Potok，1929—2002），美国作家、犹太拉比。

就是一种**任性胡为**[①]——对思想或者语言的谋杀。

你提到学会颁奖典礼的时候，我想我是点头表示了同意，不过我今年并不打算出席。佛蒙特到纽约来回要十个小时，我受不了。我不贪图坐在约翰·厄普代克旁边的荣幸。

见到你总是对我有益，我觉得我们该面对面聊聊了。和你丈夫一起来听一场马尔波罗音乐会[②]吧。要来的话，我们可以给你们提供晚餐和一个晚上的住宿。

你的来信写得很美，我这真算不上一个同等的回复。我过去写信都是很轻松随意的。上帝知道我从来没有遇到过写作障碍，可随着年龄增长，"写信问题"变得严重起来了。这个题材能写篇有趣的小说，也许我可以来做这件事。

（我觉得他们给我们的奖牌可以用来砸核桃。要么就用来砸那些**讨厌鬼**[③]。不过如今这样做会成了某种滥用。）

现在到了这封信最难的部分——要写个合适的结尾：我一般会写"致以最美好的祝愿"。对你，我的祝愿的确是最美好的。

贝娄和奥奇克都在美国犹太出版协会（Jewish Publication Society of America）于费城举行的百年庆典上发了言。

致哈罗德·布洛基[④]

1988年12月5日，芝加哥

亲爱的哈·布：

夏天快结束的时候我告诉安·马拉默德，我要给你写信谈谈你的几个短篇，我读的时候是满怀喜悦的。现在是12月初了，我准备写写我的几个印象——对我来说，这时间就不算长了。我的节奏好像慢下来了——有想法和实际去做，这两者之间相隔的时间越来越长。直接切入正题吧：我发现对于在现代文学中、在小

① 原文是法语：acte gratuit，意为免费行为或非理性行为。
② 指马尔波罗音乐节上的音乐会。这个音乐节每年夏季在马尔波罗学院举行，贝娄住处离此地不远。
③ 原文是意第绪语词 nudniks。
④ 哈罗德·布洛基（Harold Brodkey，1930—1996），原名阿伦·罗伊·温特拉布（Aaron Roy Weintrub），美国作家。

说中如何表现人这一点，我们的看法一致。各种模式让我们厌烦，觉得无聊，都已经用完了嘛，很单薄，但是可以用，用了一个世纪，现在分崩离析了，成了一团飘忽不定的线头。就我个人看来（或许你也这么看），我发现大多数小说中对人的认识不但不充分，而且让人生气，而在你的小说里，我看到了对直觉的持续跟踪，其频繁程度让人无法忽视。我说的对吗？以《霍夫施泰德》(*Hofstedt*)（第97页）为例："讲述会像地图一样，根据我灵魂的地理位置标上颜色……我扑向智慧，偶尔抓住智慧，那是个全副武装能置人死地的蜥蜴。"(你信里称我为一个有智慧的作家，可我真的是认为智慧是属于内衬里面的东西。任何理智的裁缝都知道这一点)。

你作品里我最喜欢的地方都有一种兴致盎然甚至是充满激情的生命力爆发出来，就像大量流鼻血，一股血流，一次大出血，比如《维罗纳：小女人言》(*Verona*：*A Young Woman Speaks*)——虚荣而热衷炫耀的父母到处展示的孩子自我净化了心灵。只有瑞士阿尔卑斯山上的雪才让她冷静下来。要么就是，那雪只不过让孩子更为入迷？一刻比一刻更美丽，可她还就是睡着了。"那个时候，这就是幸福。"

在比较长的小说里，这种表现更为间接，但是在那种情况下，所有延伸迂回的目的都是探索，最后导向发现（或者惊讶于然后捕捉到）直觉。与爱有关的。与存在有关的。

这就是我对你书名中"准经典"的理解。

附上感谢和最美好的祝福。

布罗基的书是《准经典型短篇小说集》(*Stories in an Almost Classical Mode*)

1989 年

致迈克尔·艾利森[1]

1989 年 6 月 12 日，西布莱特伯勒

亲爱的迈克尔，

巴丽去世后，我一直在回想她的一切。不知怎的，人从来不会为生者这样做。你和苏珊-玛丽一定也在回想她的点点滴滴，而且更为痛苦。巴丽在身体上有多么羸弱，在精神上就有多么坚韧。她用生命划出了自己的行为界限，以非凡的决心和毅力笃行不悖。她排除在外因此不能允许自己奢望的好处，她就真的不许用来干扰或者削弱她的决心。同时她又慷慨大度，希望别人能得到她不得不放弃的那些好处。

我并不是总能理解她的思路，但是我从她的举止中看出，她始终在接受我听不见的信号——或许我也听不懂。她是诚挚可亲的朋友，是我认识的人里极为宽容的一个。

我不太善于哀悼，可我是敬爱她钦佩她的朋友，我会继续想到她，感受她的心情，我一向如此，有四十年了吧。

祝好。

致辛西娅·奥奇克

1989 年 6 月 15 日，西布莱特伯勒

亲爱的辛西娅，

不需要你专门做什么文章，关于《复元》[2]和哥伦比亚 / 巴解组织 / 以色列左

---

① 贝娄多年的编辑巴丽·艾利森的哥哥。

②《复元》(*Tikkun*) 是一份犹太人左翼杂志。

翼[①]，你的看法完全正确。我要是什么事都没有就去参加你的文学艺术博览会[②]了，虽然你对我像总统一样排得满满的日程表不会太感兴趣，我还是忍不住要拉个单子，用以说明：1）有利可图的活动；2）出于学院和个人的责任非参加不可的活动；3）虚荣心和其他要命的弱点作怪而不得不去的活动。你知道的，今年秋天我不在芝加哥。我没怎么细想就同意了到波士顿大学去教书。但愿我没把自己封闭起来。11 月 9 日我得去纽约，11 月 10 日回波士顿上课。11 月 30 日飞华盛顿参加纪念马拉默德的活动。紧接着第二天再回波士顿。然后 12 月 9 日，俄克拉荷马州塔尔萨。这些活动都需要往返，包括你 12 月 3 日的会。这么说吧，尽管如此，我还是尽量来。也就是说，如果我能准备一份适当的声明，我就来。坐飞机有的时候有启发灵感的作用。飞行能让我兴奋。[……]

至于笔会，我极为蔑视，我现在就把笔会的会员账单扔进壁炉。另外，与斯泰伦、冯内古特[③]、梅勒之流为伍对我来说并不是件愉快的事，更不用说那些个学术专家、公关人员和赞助人了，而会员名单里充塞着这些人的名字。你说我理应不受干扰，安安静静地多写点东西，我也可以给你同样的祝愿。媒体专家等在政治领域里到处都影响着我们，弄得我经常想，走纳博科夫纯文学的路也不错。或许这样做对他来说比较容易。俄国流亡者（毕竟是个基督徒）的处境无法与犹太人为特殊的复杂性和独特的恐怖体验所笼罩的处境相比。你最近这部文集里有一篇关于普里莫·利维的佳作，那位女作者就不可能独善其身，既站在纯文学立场上，同时又保持其自尊。我只出过一本非小说类的书，今后也不大可能再出了，这就是那本《耶路撒冷去来》。那个时候我的感觉是这本书我非写不可，但那是我可以按自己的意愿去做的事，用不着什么开会、出席午餐会、做演讲、向媒体呼吁来公布我的立场。我没法相信这二者择一（政治，或者没有政治）能回答那仅有的一个真正重要的问题。因为我们是犹太人我们就**遭受诽谤**，而遭受诽谤就让我们与众不同——也就是说，我们必须被“所有人”孤立。

---

① 哥伦比亚：指南美国家哥伦比亚的左翼武装力量；巴解组织（PLO）：巴勒斯坦解放组织（Palestine Liberation Organization）的简称，1964 年 5 月在耶路撒冷成立，是和以色列对立的巴勒斯坦武装力量的主要代表；以色列左翼：主要代表是以色列工党，其立场是支持犹太复国主义，但也承认巴勒斯坦人的民族自决权。

② 原文是 Writers' and Artists' Fair，可直译为“作家与艺术家展销会”。

③ 库尔特·冯内古特（Kurt Vonnegut，1922—2007），小说家，美国黑色幽默文学代表。

既然提到了你那本精彩的文集我就想说说了，我觉得你对乔治·斯坦纳[①]太好了，在所有招人讨厌的人里，乔治·斯坦纳是最让人无法忍受的，因为他装洋蒜，而且势利。他不是个好的存在主义者——也就是尼采或者海德格尔的信徒，因为信奉尼采和海德格尔的人都不向现在的（或者十九世纪的）欧洲提出任何要求，他们把所有的希望都建立在一个还没有出现的欧洲上。他们认为老的文明已经一去不复返了，对那些穿着从旧日华服里翻出来的破衣服大摇大摆的人不屑一顾。《查拉图斯特拉如是说》里的“末人”[②]没说是个美国人。最近我在看《纽约书互评》[③]上丹尼斯·多诺霍[④]谈［保罗·］德曼那篇文章的时候，一直在想斯坦纳的机会主义老欧洲游戏。你对语言学的事情感兴趣，大概也看过他那篇翻来倒去的文章（“纳粹主义当然很糟糕，德曼仇恨犹太人是邪恶的，但是我们可以想想这个人不愉快的心理结构，以此来缓和我们的判断，等等”）。德曼和他的导师海德格尔一样（他对海德格尔从来不是特别忠诚），认为对我们这个文明再也没什么可说可做的了，任何加速其瓦解的力量从历史角度来看都是有道理的。［……］德曼以这种说法赢得了成百上千知识分子的赞誉，对他们来说，西方的衰落不过是又一场游戏。

我给你写信从来就没短过，是吗？几个星期以前，《纽约时报》的角谷美智子[⑤]小姐说我是个挺唠叨的作家。没准她的意思是说流畅呢。当然了，谁也弄不清自己什么时候也许就成了波洛纽斯。

祝好。

---

① 乔治·斯坦纳（George Steiner，1929— ），奥地利犹太裔，出生于法国，美国文学批评家、翻译理论家，同时以研究犹太大屠杀与西方文化之间的关系闻名。

②《查拉图斯特拉如是说》（*Thus Spoke Zarathustra*）是尼采的散文作品，书中创造了“超人”（the Superman）这一理想人的概念，与“末人”（the Last Man）形成鲜明对照。“末人”即“最后的人”（德文为 der letzter Mensch），指缺乏创造力、没有思想、循规蹈矩、平庸自满的享乐主义者。查拉图斯特拉（Zarathustra，前 628—前 551）是古代波斯（今伊朗）雅利安人，拜火教的创始人。

③《纽约书互评》（*The New York Review of Each Other's Books*）是对《纽约书评》的戏谑说法。

④ 丹尼斯·多诺霍（Denis Donoghue），爱尔兰裔美国纽约大学资深文学教授。

⑤ 角谷美智子（Michiko Kakutani，1955— ），美国《纽约时报》首席书评人。

致索菲·威尔金斯

1989年8月15日，西布莱特伯勒

亲爱的索菲：

如今要数数得了多少福气并不难，根本不需要把脚指头和手指头全都用上。让我快乐的是这些福气降临的范围，发现这一点我真是感激不尽。在今天这个时代，拿出一两本小书，听听你和卡尔对这本那本的看法，就是我独享的幸运。我几乎感觉不到什么“文学生活”，不过我是作家嘛，还是远远高于贫困线的。“我的读者”是如何保持其纯洁和理智的，这是个难解的谜，想想他们不得不从文学新闻和“受过教育的”主张中普遍存在的那种**糊涂**[①]里面吸收些什么东西吧。那种主张带有浓厚的意识形态色彩，在很大一部分持这类主张者看来，我有点像个反动妖怪。另外我还是个分量很重的老家伙，必须严管。毫无疑问，卡尔也得忍受这种严管。对谁都不例外。

我们人数越来越少的这一代对这幅景象的看法，只能出自和我们有共同经历的人——毕业于同样的街头大学，参加过同样的战争，摆脱过同样的错误和偏见，呼吸过三十年代、四十年代、五十年代那种正在消失的空气——这些人是我们最好的裁判。我在看或者不如说是研读你某一封来信的时候，就会想起老朋友之间的交谈，想起那些美好时光的语调，想起格林威治村的聚会中那种思维和评论的风格。已经逝去的朋友们也回来开导我、安慰我，提醒我说我们这些余下的生者现在孤独了，或者说是差不多孤独了。大部分幸存的人越来越沉默，有些是连一个字都不愿说了。那些还在的人，有几个已经暗淡下去，要么就是变得很古怪，不想让人明白他的意思。所以在我看来，你坦荡大度，很是不凡。我不过给你寄了本小书，你却特地给我回了封信，这才是真正有价值的老派联系方式。有的时候我觉得我是用写书代替了写信，而真实的信里其实含有更多的善意，那都是特地写给某一个朋友的。我乐见你和卡尔愉快，得到了回报。因为你们告诉我，我多少还是走对了路[②]。

祝好。

---

① 原文是德语词 Schlumperei。——原注

② 见贝娄 1987 年 7 月 31 日给卡尔·夏皮罗的信。

致辛西娅·奥奇克

1989 年 8 月 29 日，西布莱特伯勒

亲爱的辛西娅：

我写本小书都比写封信轻松，怎么回事？这与其说是个问题，不如说是个谜，而且还是个挺傻的谜。我写小说的时候，始终处于挂好了快挡全力动员的状态（你看我是怎么用上机械类或者军事类修辞的）。我好像不太容易变成我自己，除非我写的是小说作者。但这并不是（感谢上帝！）一个身份问题。信件和小说的真实来源都是可以找到的。克尔凯郭尔[1]在什么地方写到过人将万物相互关联的力量。犹太人认为那就是**灵魂**[2]。可我还是觉得写信很难，这个毛病非同小可，而且也让人不愉快。不过你对《贝拉罗莎暗道》的看法让我高兴得不知如何是好，你的信怎么看都是那么丰富和宽容，把我变成了一个读者，一个对你钦佩不已的读者。

好，在说正事之前，有些事先和你说说，也算个关联吧：我的小友马丁·艾米斯上星期来看过我，我很喜欢他，也很敬佩他。一个朋友把他从科德角带过来的，这人我从没见过，甚至都没听说过。他们在这儿住了一晚。我们坐下来吃晚饭的时候，这位朋友说自己是《国家》周刊的记者和定期撰稿人。我上次看这份杂志是因为戈尔·维达尔写了篇文章，说犹太人对美国不忠，而且偏爱嗜血的以色列。我们相识多年，盐都堆成了小山，可以让戈尔说的那些荒唐事有点滋味，不至于太难以下咽了。他是要和美国算一笔账。在任何其他地方，他都可能既是个同性恋**又是个**有教养的贵族。可是在这儿，他就不得不混迹于粗鄙的行当以及黑人和犹太人之间。民主已经让人不可能当个既不正常又机智聪明的绅士了。而且正是他这个悲伤的源头也让他名利双收啊。不过别管戈尔了，不提他也罢。还是接着说我们那位晚餐的客人，马丁的同伴。他叫克里斯托弗·希钦斯[3]。

---

① 索伦·阿比·克尔凯郭尔（Soren Aabye Kierkegaard，1813—1855），丹麦哲学家、神学家、诗人、存在主义创始人、后现代主义先驱、现代人本心理学先驱。

② 原文是希伯来语词：neshama。——原注

③ 克里斯托弗·希钦斯（Christopher Hitchens，1949—2011），美国作家、记者，多家杂志撰稿人。

吃饭的时候他说起他是爱德华·萨义德[①]的好友。莱昂·维瑟蒂尔和诺姆·乔姆斯基[②]也是他的好友。一提到萨义德的名字，贾妮斯就说了几句不满的话。我不太相信他这是无意之举，因为希钦斯几乎肯定认为我是个可怕的反动派——犹太右翼。我们的客人从小所受的教育是既尊重礼貌又排斥礼貌的，他先是和面目不清的[③]记者进行了一番短暂而沉默的搏斗，最后［后面这位］还是开口了。他说萨义德是个很好的朋友，他必须为和贾妮斯的分歧道歉，但是对朋友的忠诚要求他必须把话说清楚。每个人都保持着礼貌。看在艾米斯的分上，我不想闹起来。幸运的是（或者说不幸的是），我手头就有从萨义德在《批评探索》[④]上发表的文章里摘录出来的好几段话，我拿出来做了证据。犹太人（或多或少）就是纳粹。希钦斯说，可是明摆着嘛，大家都知道伊扎克·沙米尔[⑤]在战争期间和希特勒接触过，要做交易。我反驳说沙米尔是沙米尔，他不代表犹太人群体。另外我也不相信这些证据。于是就这样你来我往争了起来。艾米斯把萨义德的那几段话拿过去要自己看看。他一时无话可说，可是第二天早上又想提起这件事，为了避免更为难堪的局面，我就说这都不过是小题大做罢了。

希钦斯对艾米斯很有吸引力。我理解这种诱惑。但是你喜欢写的那种人并不总是适合相处的，尤其是在餐桌上。

其实呢，希钦斯这些人不过是靠煽动发家的第四等级[⑥]里的花花公子，而煽动犹太人是很容易的事。有时候（我要会就好了！）我倒是很想写写犹太人在西方衰落时期的命运，要是你不爱听衰落这个词，也可以说是西方漫长的危机时期。朝同化发展的运动与虚无主义到来正好同时。这种虚无主义在希特勒时代达到了顶峰。犹太人对大屠杀的回答是建立一个国家。集中营之后是政治活动，而这些政治活动充满了虚无主义色彩。你的希钦斯这些人属于以左翼乱军形式出现的政

---

① 爱德华·瓦迪阿·萨义德（Edward Wadie Said，1935—2003），阿拉伯裔美国著名文学理论家、批评家，支持巴勒斯坦立国，也同情犹太人。

② 艾弗拉姆·诺姆·乔姆斯基（Avram Noam Chomsky，1928— ），犹太裔美国哲学家、理论语言学家。

③ 原文是法语词 louche。这句似指希钦斯自己内心两种身份的矛盾心理。

④《批评探索》（*Critical Inquiry*）是芝加哥大学的一份杂志。

⑤ 伊扎克·沙米尔（Yitzhak Shamir，1915—2012），波兰裔犹太人，以色列政治家，两次任以色列总理。

⑥ 第四等级（Fourth-Estate）是新闻界的别称，起于 18 世纪的英国，当时英国议会在贵族、僧侣、平民的议席之外专设了记者旁听席，称他们为远比前三者都重要的第四等级。

治媒体中最为愚蠢的那一种，就是侏儒（假如虚无主义有个等级的话）。侏儒不需要知道任何事情，却专横傲慢，你童话中的女主人公遇到大麻烦的时候他们就出现了，做个交易，以后再来接她的孩子。你要是真愿意去了解他们就会知道，这些《国家》杂志型的侏儒酗酒、吸毒、撒谎、诈骗、追逐、勾引、搬弄是非、诽谤、借钱、从不付孩子的抚养费等等。就是让马克思在《雾月十八日》[①]里勃然大怒的波希米亚人。你看，这就是虚无主义，怎么说也是虚无主义一个很小的分支。可是对很多人来说，这东西却莫名其妙地具有巨大的吸引力。那是因为这许许多多的人就是虚无主义的基层大众，他们想要听到希钦斯和萨义德等人说话，像吃快餐一样消费谎言。而给犹太人制造麻烦太容易了。没有比这更容易的事。电视台喜欢，大报放任，大学里有一个庞大的接受群体，对他们来说，阿拉法特是好人，以色列是坏人，甚至坏到了种族灭绝的程度。

面对这一切，现在怎么办呢？

说得更具体一点，12月3日我该怎么做呢？我一点头绪都没有。想象着自己在讲台上气急败坏，出洋相，还要把你们的会给搅了，实在让人郁闷。我们自己的犹太虚无主义分子们要高兴死了。

你需要的，也许你自己也想到了，是珍妮·柯克帕特里克[②]关于巴解组织的一个理性的发言。

永远钦佩你热爱你的朋友。

希钦斯和贝娄夫妇之间的关系后来非常友好。爱德华·沃·萨义德在《批评探索》上的那篇文章是《代表被殖民者：人类学对话者》（*Representing the Colonized: Anthropology's Interlocutors*）。

---

① 指马克思写于1851年至1852年的《路易·波拿巴的雾月十八日》（*The Eighteenth Brumaire of Louis Bonaparte*）一书。马克思在书中批评一类“民主浪荡汉”或“波希米亚人”人为制造革命危机，使革命成为混乱思想的即兴之作。

② 珍妮·柯克帕特里克（Jeane Kirkpatrick，1926—2006），美国政治学者，新保守主义先锋，曾任里根政府美国驻联合国大使。

致詹姆斯·阿特拉斯[①]

1989年9月20日，波士顿

亲爱的詹姆斯：

今天早上重读你那篇罗森菲尔德的文章，发现基本上是准确的。虽然心里不太舒服，我有时候也意识到了，原以为很熟悉的一个人到头来却还是让我不能理解。在螺旋式发展的每一个转弯处，事情看起来全都不一样。不过这篇文章很公正，甚至宽容大度，我很受触动。戴尔莫有时候会警告我提防艾萨克，说他极为嫉妒。也许他想取代艾萨克在我心中的感情地位。他们俩有一个共同点，就是都相信心理分析是真实的。而我是五十年代末就受够了“心理学”，我说艾萨克让我不能理解，不是指我脑子里那种心理学意义上的理解。我租给精神分析学的时间绝对不超过两年。当时精神分析很流行，我觉得挺有趣，现在我把它视为一种无伤大雅的智力游戏。让我伤心的是那个时候我们不知道自己在做什么。十字架上传来的呼喊“天父啊，饶恕他们吧”比弗洛伊德全部的著作都要真实。

我觉得你根本没必要把莱昂纳尔·阿贝尔的话当真。我在《知识分子的愚蠢》[②]里面看到了他的各种评论，给我的印象是荒唐愚蠢，很能体现这个人的特点，又十分好笑。阿贝尔并不是喝多了，我也不相信他真的吸过毒，他用的是他自己（或许是秘藏）的某种可以改变思想的东西，他听到看到的只是他自己的想象，别的什么都没有。说给我牵线做媒的是第四国际[③]，这太有趣了。我脑子没那么聪明，想不出来这种话——在那个时候。莱昂纳尔一定是从别人那儿听来的，忘了是谁说的，顺手就扣在了我头上。

我知道有一本以我为主题的书马上就要出版了，我想到马达加斯加[④]一个偏远的地方去避难，等评论过了、讨论过了、被人忘了，我再回来。

致以最美好的祝愿。

阿特拉斯写艾萨克·罗森菲尔德的文章《金童》(*Golden Boy*)发表

---

① 詹姆斯·阿特拉斯（James Atlas，1949—　），美国出版人、编辑、传记作者。

② 指莱昂纳尔·阿贝尔1984年的书《知识分子的愚蠢：纽约和巴黎的文学冒险回忆录》。

③ 第四国际（the Fourth International）是1938年由流亡海外的托洛茨基及其追随者组成的国际性联合组织，又称世界社会主义革命党，目前仍有活动，称第四国际是与当时由斯大林控制的第三国际相抗衡。

④ 马达加斯加（Madagascar）是印度洋西部的一个非洲岛国。

在《纽约书评》上。以贝娄为主题的那本书是露丝·米勒的《索尔·贝娄：想象的传记》，要过两年才出版。

纪念罗伯特·佩恩·沃伦

（1989年10月8日，在佛蒙特州斯特拉顿［Stratton］市的斯特拉顿教堂宣读）

1946年我到明尼阿波利斯的时候，《国王班底》刚刚出版。瑞德很少提到他的小说，也很少说起这本书的成功或者他的名气。写完之后，他就置诸脑后了——他不想出什么风头。他从来不提他正在写的东西。我看了他《国王班底》现代书库版（Modern Library Edition）的前言，才知道他当时快要写完他那篇谈《古舟子咏》[①]的文章了。

在明尼阿波利斯，我是英语系一个资历很浅的成员，有一次约瑟夫·沃伦·比奇邀请我们几个教员去见辛克莱·刘易斯[②]。我们被领进房间的时候，刘易斯推开椅子站起来，举起他长长的双臂说："看在上帝的分上，别告诉我你们的名字。"

说这件事是为了做一个很有启发性的对照。瑞德就想知道这些名字。你要是有天赋的话，他就对你的天赋特别感兴趣。他想知道你在写什么。他主动提出要看你的稿子。他对我尤其宽容。可是他不愿接受感谢，他教给我的关于节制和缄默的课程是我从其他人那儿学不到的。我认识的人里，数他最不受世俗偏见的影响。希望他没觉得我是个不可救药的笨学生。

两年前我挨了他一次训，这是很罕见的事。每年夏天我们在佛蒙特见面，9月道别，我说："明年再见。"他一听恼了，纠正我说："别说这种谎话。"他拒绝接受我那种笨拙难堪的假话，当然是对的。

可是第二年我确实见到了他。

他去世前几周我们再次见面的时候，他笑着对我说："你没想到我还活着吧？"

---

① 沃伦的这篇文章很长，题为《一首纯粹想象的诗》（*A Poem of Pure Imagination*），是和《国王班底》几乎同时写的。长诗《古舟子咏》（*The Rime of the Ancient Mariner*）是英国诗人塞缪尔·泰勒·柯勒律治的代表作。

② 辛克莱·刘易斯（Sinclair Lewis，1885—1951），美国小说家。

我说没有，不过我当然很高兴能再和他说说话。

他家里挤满了小孩子，看得出来，用目光追随他们给了他莫大的乐趣。

和他在一起我特别专注，因为他是个灵魂高尚的人。这一点我很清楚。刚才我说希望他没觉得我是个笨学生。瑞德当然不缺弟子，我现在这个年龄也是谁都教不了了。可是达到瑞德这个高度的人是不多见的。其罕见程度足以让你不知不觉中密切关注着他们，满怀感恩和崇敬（身处教堂，我斗胆用上了如今不太常用的词语）。

致约翰·奥尔巴赫

1989 年 10 月 23 日，波士顿

我亲爱的约翰，

这可是一个阴差阳错的实例：我接受波士顿这份工作的时候，以为你还在牛顿[1]呢。你要是在的话，我和贾妮斯会在这里多待些时间，可现在我们就是在波士顿大学和佛蒙特州之间来回跑了。我告诫别人说要安定，我自己就做不到，像我其余的同胞一样。这种每个星期来回跑的长途驾车没有留下多少写作的时间，而时间的匮乏正好赶上了我没什么事情要做的这个时间空当。夏天我写了个有趣的故事，一百来页，可是就像沙漠里建的摩天大楼。我忽略了水的问题。

不管怎么说，贾妮斯和我一直在到处飞——纽约、辛辛那提、芝加哥——手头还有去华盛顿、俄克拉荷马州塔尔萨的机票。我的打字机和贾妮斯的电脑都闲着。不过我觉得再考虑一下没坏处。我们一般都是干得太猛了，根本顾不上去想。

波士顿还不错。要是能把那些树砍倒，我们就能从窗口看到查尔斯河，不过树倒了，也就不值得看了。我们离布鲁克莱恩的面包房和熟食店只有十五分钟的路程，可我们得避免吃撑了。简言之，每个优势后面都跟着一长串随之而来的难题。不过感谢上帝，我不在贾妮斯的难题之列，她也不在我的难题之列。也许这说明，只有奇特的婚姻才是幸福的婚姻。贾妮斯把我们说成是一对老夫妻。分解一下我想就是：老是说我，夫妻是说我们俩。除了这些社会学和统计学意义上的

---

① 牛顿在波士顿近郊。

事实以外，我们彼此相爱。

你的书还没到，我很为你担心，不过要是那批书不来，我打算把新图书馆的核心部分给你寄去。别忘了你是我们俩珍爱的朋友，你的几次信里讲了在岸上散步，在海里游泳，然后又生活于老朋友之间，你说的这些让我们也深感**愉快**[①]。

附上我们俩人深切的爱。

向诺拉问好。

贝娄和贾妮斯·弗里德曼8月25日在佛蒙特州威尔明顿市政厅举行了婚礼。

致赖特·莫里斯

1989年11月15日，波士顿

亲爱的赖特：

经典的问题：该做什么？答案更为经典：我们有很多选择。

你读给我听的东西没有薄弱之处。只是旁观者（听者）弱，所以他从中汲取了力量。

多年前我发现，编辑对一部稿子的接受，或者评论家和公众对一本书的接受，就像是一种索引，可以让人大致了解这个国家的文化状况，那是一场接一场可悲的灾难啊。心理学家把这个过程称为观察外部轮廓。等看到书里面那些肠肠肚肚（要看的不就是这个嘛）读者就要喊了："赶快把这只死鸡给我拿走！"你的代理人对读者的高期望值所说的那种话，就是一堆烂肠子，臭不可闻，就像我对今年这个年度的感觉一样。

别忘了你是赖特·莫里斯，你送给国人的书是无价之宝。

有件事你得知道一下，这一年半里，《大西洋月刊》《绅士》等等都退过我的稿。

你问我现在过得怎么样，那我就知会一声：今年夏天我娶了个漂亮的年轻女

① 原文是意第绪语词：nakhes。——原注

子。有些人会认为这说明我该去精神病院了，可是我太看重我的妻子了，不会把这话当真。

祝好。

致凯瑟琳·林赛·乔特（Catherine Lindsay Choate）

1989 年 12 月 6 日，波士顿

亲爱的凯瑟琳：

莱克伍德学院（Lakewood College）给了你一门课让你教非常明智。坐在你的课堂上，以半隐身的状态听你讲课，我会非常高兴。你自己说过你记得我还在这个世界上，哪怕是听不见我的声音，也看不见我的身影。好啊，我就在你的教室里默默地看着。这让我非常愉快。直到今天，我还是喜欢你，你似乎想说你的信很乏味，这是不对的。你一点乏味的地方都没有，从来没有过。

从一开始，我的一个错误就是想在疯狂和理智之间划一条界限，观察你这么长时间之后，我现在可以看出，你不想接受你人际关系中的任何此类界限，你从心所欲，在各种界限之间上下内外游走自如。我这种画线痴呆肯定把我弄得非常不通情理了。可你似乎是跟着感觉走的，哪怕是和疯子打交道的时候，你也把感觉放在第一位。我肯定是把我的家人都视为正常人的。现在他们大部分都死了，活着的也很老了，有证据表明他们一点也不正常。我的老姐姐回蒙特利尔去重访故地的时候，费了很大的劲要找一家她六十五年前很熟悉的咖啡店。她就没有想到那个店可能并不在她记得的那个地方。她找了两三天，当然谁也想不起来有这样一个地方。她把所有的事情都放到一边去，自己还是那个美丽迷人的姑娘，过去常被人带到舍布鲁克[①]大街上这个漂亮的地方去款待一番。那么**到底出了**什么事？父母去世了，丈夫毁了，儿子自杀了。但是在有些方面，什么都没变。所以想到那些我认识很久而且爱过的人，不管是或多或少爱过还是无比珍爱的人，我就看到大量的习惯控制着最初的那个人，最终取代了他。

当然了，我们都是转瞬即逝的生灵，可我们又不完全相信这一点。

---

① 舍布鲁克（Sherbrooke）是蒙特利尔的一条主街，富庶繁华。

我从芝加哥挤了点时间出来，到波士顿去待了几个月，离我在佛蒙特州的家不远。我已经算是喜欢上了波士顿，芝加哥让种族政治给接管了——黑人和白人在争夺控制权。我觉得很没意思。15 日波士顿的假期结束我们就回去。

植物园很漂亮吧?

你的朋友，一如既往。

凯瑟琳·林赛·乔特是 1950 年代初结识贝娄的。贝娄在世时一直和她保持着联系。

第六辑

1990—2004

****

从太阳燃烧的热力中他又会得到一种神秘而确定的信念，那就是我们这个地球之所以存在的目标，就是要让大地充满了善，浸透着善。尽管发生过那么多荒唐事，狗吃了狗，鳄鱼死了还把大家都拖进它那一摊烂泥里。

——《银碟》

1990年

致约翰·奥尔巴赫

1990年2月5日，芝加哥

我亲爱的约翰，

［……］人近七十五岁，我目前状况还不错。贾妮斯十分可爱，把我性格中一些挺可怕的毛病都给治了。

熟人去世的消息越来越多（最近的是伊迪丝·塔科夫，一个可敬的女人，你大概认识），我还活着，却越来越没有了胜利的感觉。回想着前前后后各种事情，心里总像是百爪挠心，莫名地难受。

下个星期我要让斯玛达尔①给我带来些好消息——你手术结束，安全无虞。

附上老友深深的爱。

致约翰·奥尔巴赫

1990年4月5日，芝加哥

亲爱的约翰：

你的信听起来更开心一些。我想“**一息尚存就有希望**②”这句话一定是有些道理的。在最糟糕的时候，你以自己的本色挺了过来，尽管病痛和年纪都在作怪，你还是呼吸不止。

这封信是告诉你我出了一个新的短篇，这些小说似乎就是我们写给彼此的信啊。

---

① 约翰·奥尔巴赫的女儿。

② 原文是拉丁语：Dum spiro spero。——原注

希望诺拉很快康复。贾妮斯和我听说她出事都很难过。

祝福你们俩。

致马丁·艾米斯

1990 年 6 月 3 日，西布莱特伯勒

亲爱的马丁，

这个时候你应该已经听说或者看到消息了（我无法想象希钦斯会错过传递这种消息的机会），我们在伦敦的最后一天，贾妮斯和我在唐宁街 10 号受到接见，首相用茶款待我们，闲谈了一会儿。现在说句实话，你能想象两个来自芝加哥的美国乡巴佬会拒绝邀请，不去亲眼看看大人物们的座席？就像儿歌里的小猫，去了伦敦，在女王的椅子下面吓坏了一两只老鼠，别的也没什么可说了。安排这次会面的是乔治·沃尔登①［撒切尔政府的前任教育部长］，就是这个沃尔登，你没获布克奖②他表示愤慨，所以我们很喜欢他。

设身处地想想：罗纳德·里根或者乔治·布什听说你在华盛顿，请你喝茶，而你，因为一向忠实于崇高的原则，所以回之以无情的拒绝。

有美国的朋友问起我的印象："这么说吧，你开车在州际高速公路上跑着，前面几百英尺处你看到一辆非常普通的汽车，就像通用、克莱斯勒或者日本车一样，然后它突然打开了威慑力十足的蓝色警灯，你意识到这辆看上去很普通的车其实充满了力量。正是这种超凡的蓝色闪光造成了这种差别。"

在希思罗（Heathrow）机场候机的时候，我打开一份伦敦的报纸，在上面看到自己任人编排嘲笑。这位作者用他自己的蓝色闪光向全世界也向我揭示，《偷窃》中的克拉拉（Clara）不是别人，正是玛格丽特·撒切尔，以纽约时装装扮起来的首相身份隐藏于世。苏格拉底之前有位哲学家③说，人永远不可能两次踏进同一条河流，我现在要建议他这么说：人注定要踏进去一次又一次，一次又一次。

① 乔治·沃尔登（George Walden，1939— ），英国政界人士，曾出任外交官，现为记者。

② 布克奖（Booker Prize）一般认为是当代英语小说最高奖，1969 年起每年颁发一次，由于赞助商的变化，现在的全名是"曼氏布克奖"（Man Booker Prize）。

③ 这句话出自古希腊哲学家赫拉克利特（Heraclitus，前 544/541—前 480，或前 535—前 475）。

不过意识形态不太可能成为我们之间的障碍。我们很喜欢看到你和安东尼娅[1]。她为我们准备的晚餐让欧洲其他所有的晚餐看起来都很恶心。另外，雅各布［·艾米斯］马上就意识到我是朋友，这大大恢复了我的自信心，近来我在这一点上已经不太坚定了。

祝好，一如既往。

贾妮斯也问你好。

致罗杰·沙特克[2]

1990年6月5日，西布莱特伯勒

亲爱的罗杰：

你的信完全合情合理，我承认不该为一件小事如此动怒。我为自己辩护唯一的理由是，你让我在罗莎娜［·沃伦］的晚宴上很难堪，从我的公开演讲说起，一直说到我在作家中的排名——不管那有可能是什么意思。我已经很习惯安分守己了，我能感觉出来有一双可信赖的手在摆布我的时候，就并不是很在乎。

这些挑衅都是次要的。善意的取笑我一点都不介意。不过我对指摘我一些书里的语言很敏感，要是从用法上批评我，我可能会有点生气。拿着一份参考书目冲进你的办公室是不可原谅的。如果我们彼此熟悉，我肯定会接受这种取笑，甚至觉得挺有趣，你也可能以友好的心态容忍我偶尔发怒。当然，我知道你写过一篇正面评价《洪堡》的书评，或许你还记得我说过很欣赏《宴会年代》[3]和你那本写普鲁斯特的书[4]。我们没有**宣战的理由**[5]。

在我这个年纪，斗胆采取一个重大行动就让我很紧张，但是对我这种不切实际（一意孤行?）好发少年狂的人来说，万事皆有可能。

---

① 安东尼娅（Antonia）是马丁·艾米斯当时的妻子，儿子雅各布（Jacob）生于1986年。

② 罗杰·惠特尼·沙特克（Roger Whitney Shattuck，1923—2005），美国作家、法国文学学者。

③ 这本书1960年初版为《宴会年代：法国的艺术，1885—1978》（*The Banquet Years：The Arts in France，1885—1978*），1968年修订版为《宴会年代：法国先锋派起源——1885年至第一次世界大战》（*The Banquet Years：The Origins of the Avant-Garde in France—1885 to World War I*）。

④ 书名是《马塞尔·普鲁斯特》（*Marcel Proust*），1974年出版。

⑤ 原文是法语：casus belli。

非常感谢你很有礼貌的来信。

祝好。

致菲利普·罗斯

1990 年 6 月 24 日，西布莱特伯勒

亲爱的菲利普：

在你身上，我有一个属于我同类的见证人和一个平衡点。没有你的支持，愤怒的海浪早就把我冲到犹太海岸坚硬的礁石上去了。我很喜欢沃利亚表兄[①]，他简直就是故国的一位英雄，在俄军骑兵中服役，从列宁格勒[②]打到柏林。很容易把他认错。他向［索尔·］斯坦伯格解释拉脱维亚（Latvia）和立陶宛的区别，斯坦伯格说，这就是马克斯兄弟[③]电影里的一段对白嘛。但是还有很多拿着机枪的人呢。不过我理解斯坦伯格的意思。马克斯兄弟是带着和平归来的。

不管怎么说，你对我是个莫大的安慰——你代表了最需要代表的东西。我想你一定很喜欢那首歌。那是千头万绪交织而成。

原则上我是反对这种聚会的，可是惊喜让原则暂歇，这个时候，我好像又从中得到了很大的快乐。

祝好，一如既往。

你的信让贾妮斯很高兴。

罗斯和克莱尔·布鲁姆伉俪出席了为祝贺贝娄七十五岁生日在佛蒙特举行的聚会，贝娄对这个活动事先并不知情；出席者有贝娄的表兄、来自里加[④]的沃利亚，以及索尔·斯坦伯格、埃莉诺·克拉克、罗莎娜·沃伦、玛姬·斯塔茨·西蒙斯[⑤]、来自以色列的约翰·奥尔巴赫，还

① 原文是 Cousin Volya，cousin 可以是堂兄弟姐妹也可以是表兄弟姐妹，且作此译。

② 列宁格勒（Leningrad）是前苏联西北部港市，现恢复旧俄原名圣彼得堡（St. Petersburg），二战中有著名的列宁格勒保卫战。

③ 马克斯兄弟（Marx Brothers）是美国早期的一个喜剧团体。

④ 里加（Riga）是拉脱维亚共和国的首都。

⑤ 玛姬·斯塔茨·西蒙斯（Maggie Staats Simmons）应是玛格丽特·斯塔茨婚后的名字。

有艾尔伯特·格罗策、贝蒂·豪兰、乔纳森·克莱因巴德、两个儿子亚当和丹尼尔·贝娄和其他许多人。

致朱利安·贝尔斯托克

1990年6月26日，西布莱特伯勒

亲爱的朱利安：

我从来没想过要把自己看作亘古常在的神，可这是个躲不开的问题。是什么阻止了我意识到我已经变得如此苍老——是执着的少年情怀？还是固执？还是拒绝承认我在镜子里看得清清楚楚的模样？

昨天我在屋前侍弄花草，一脚踏空，从四英尺高的地方摔了下来，仰面朝天倒在地上，立刻爬起来继续干我的活，直到贾妮斯命令我上楼躺下。没有骨折，看不出瘀伤，只是晚上髋部有点僵硬。我的姐姐简，比我大九岁，去市中心的路上在高架轻轨车站摔下了楼梯，却还是按时赴约了。她也没有骨折。

你给我的生日祝福感动了我。贾妮斯原来是个很有天赋的组织能手，真想不到。你要在也会很高兴的。到场的有七十个人，其中有两位是初来乍到的亲戚，和我同龄，刚刚离开苏联。当然还有孩子们，孙子辈的也有，还有老伙伴，都是像你这样多年的好友。

上个星期我接受了一家基金会的一笔资助，他们什么意图我不是很清楚。我想是要我91年冬天到巴黎索邦大学[①]去上一门课。这件事提出和接受都是通过电话，具体细节我不太清楚。可以确定的是，贾妮斯和我会在2月初飞过去，一直待到5月底。有的时候可以通过大学来交换公寓。正好认识某个2月份去刚果、5月份回来的人，这个可能性是很小的。我身上长期存在的少年意气却坚信一切皆有可能。我心中成年人的写信目的是告诉你这个消息，同时对你说我是多么高兴，因为明年初就能见到你了。

爱你。

---

① 索邦大学（Sorbonne University）始于十三世纪的索邦神学院，是巴黎大学的一个部分，现为一综合体统称，是欧洲最古老的大学之一。

致乔纳森·克莱因巴德

1990年7月1日，西布莱特伯勒

亲爱的乔纳森，

有的时候公民贝娄不得不与自己的内疚搏斗，因为他会想，这是个什么样的世界，要是把那些自己坚称为“艺术”的无聊玩意儿扔掉的话，他可以为公众利益做多少事啊。他的那些书是个大错误，不仅诚实认真的律师、心理学家、工程师、经济学家等这些务实的人这么看，持不同立场的作家也指责我无视眼前的危机，为此而痛骂我。我要当个记者或许还是不错的。可是现在为时已晚，我只能做我自己学成的事情。你说“打开心扉”。人们似乎都怀疑是不是真有这么个器官存在。某种先进的观点是，根本就不存在这种东西，能找到的证据很多，比我们用自己的信念所能找到的要多。

不过我要在此打住了，只留下一点空间来说，一个像你这样的人赞同，胜过了万千“他们”的批评。

还有别的问题要和你讨论，以后再说吧。

谢谢你，也谢谢琼，爱你们。

致索尔·斯坦伯格

1990年7月10日，西布莱特伯勒

亲爱的索尔：

生日的喧嚣过后，佛蒙特复归宁静。现实生活的代表是那只猫，它刚刚过来向我们展示了它咬死的鸟，弄得贾妮斯现在满脑子都是素食主义的各种想法。

你漂亮的绿色证书挂在卧室的墙上，早上起来看到了，我就会联想到一些不可思议的去处。也就是说，假如我可以把这东西带走的话。另外我给你订购了一本书，作者是我们的一个朋友萨拉·沃尔登（Sarah Walden），她的工作是修复艺术品。按封套上的介绍，她“在欧洲许多重要的博物馆做过修复工作，包括卢浮宫：……画作所涉艺术家范围从维米尔[①]到毕加索。”我们觉得这挺有趣，也很有教益。这就是无知的好处，总是可以得到教益，而且感觉永远不需要消磨时间。

你飞到这儿来我们真是太荣幸了，希望你这次玩得开心。也许是我的俄罗斯表兄弟们让你感觉值得跑这么一趟。

贝娄的凡尔赛宫就这么多东西啦。我们现在能为你提供的是贝娄疗养地，或者叫**温泉小镇**[②]。我保证贾妮斯做的饭很好吃，聊天也差不到哪里去。

爱你。

致思蒂·科根

1990年7月18日，西布莱特伯勒

亲爱的思蒂：

非常感谢你的信、你的美言，还有那张我穿着网球衫的彩色照片。我好些年不打网球了，不过还留着那件网球衫，袖口都有点开线了。这件衣服就在佛蒙特我家里衣柜架子上的一堆破烂下面放着。记不清是谁拍的这张照片了，不过等天冷的时候我穿上这件网球衫，跌跌撞撞地下楼到厨房里去生火，我就会想起你来。

你对［詹姆斯·］阿特拉斯先生很客气了。我并不热衷于写传记，反倒很想在第二十六街和哈莱姆大道[③]为自己保留一方天地。这件事我一直在拖。我说这话是为了表明我不支持阿特拉斯，也不想让我的朋友们满足他的要求去回忆我的不当行为。

夏加尔[④]那张明信片太出色了。新郎找了个可以背着玩的美人。那杯酒加得很漂亮。

祝好，爱你，吻你。

① 约翰内斯·维米尔（Johannes Vermeer，1632—1675），荷兰画家。

② 原文是德语：Kur-Ort，指老式的温泉疗养胜地，如卡尔斯巴德（Karlsbad），玛丽亚巴德（Marienbad），巴登-巴登（Baden-Baden），等等。——原注（这里提到的三个地方都是欧洲著名的温泉小镇，前两个在捷克［卡尔斯巴德即卡罗维发利，玛丽亚巴德又称玛丽亚温泉城］，后一个在德国。——译注）

③ 第二十六街和哈莱姆大道（26th and Harlem Avenue）是芝加哥地名。思蒂·科根是贝娄的中学同学。

④ 马克·夏加尔（Mark Chagall，1887—1985），白俄罗斯裔法国画家，犹太人，现代绘画史上超现实主义的代表人物。这里明信片上印着的应是他的代表作《生日》，其画作《新娘》等里面也有类似场景。

致艾尔伯特·格罗策

1990年8月5日，西布莱特伯勒

亲爱的艾尔：

我们也住在奥古斯塔大街——当时路还没铺好，在罗克韦尔街和沃什特瑙大道之间，在街道的南侧。我记得地址是2629号，我们住在二楼，就在波兰房东的正上方。我还穿着高帮靴，记得芝加哥的零度低温像尖利的牙齿一样咬我的脚指头。那个时候我九岁。我们的高帮靴上有一把小刀，那是赠品，还有鞘。我还记得内斯托尔·约翰逊牌（Nestor Johnson）溜冰鞋，是在北大道靠近加州大道那个地方[①]生产的。一双冰鞋三个男孩用，我穿大了两三码。我在洪堡公园的湖面上是尽了全力啦。

我上高中以后才接触了哈默斯马克的书店。是［伊萨多·］伯尼克（Isadore Bernick）带我去的。那应该是1930年。1936年萨姆·哈默斯马克（Sam Hammersmark）动员过我参加亚伯拉罕·林肯旅[②]。可我是斯巴达克斯青年团[③]的早期成员。萨姆和我的关系很和气，也就是说我们从来不讨论政治。我还记得跟弗莱菲尔德借过托洛茨基谈德国问题的小册子。那本书让我大受震动。不过我真正的兴趣是在文学方面，我需要哈默斯马克为我提供那些只能在市中心买到的书。顺便说一下，伯尼克向我介绍了无产阶级艺术。哈默斯马克墙上挂的都是这类作品。有一幅画上是一个肌肉发达的无头躯体，叉着有力的双臂，伯尼克说这“象征着没有领导的无产阶级”。在阴郁的日子里，这样的回忆让人愉快。

不知是什么让我们对这座老城如此迷恋。我想我们都有这种本能，知道这座城市满足了我们对诗意的需求。此外，成熟意味着工作，而工作是既暗淡又盲目的，少年时代结束，我们就不得不投入其中。在我看来，我们充分利用了当学生

① 芝加哥的北大道（North Avenue）是东西向的，加州大道（California Av.）是南北向的。前面提到的奥古斯塔大街是东西向，罗克韦尔街（Rockwell St.）和沃什特瑙大道（Washtenaw Av.）都是南北向。

② 亚伯拉罕·林肯旅（Abraham Lincoln Brigade）由美国志愿者组成，1937年至1938年参加了西班牙内战。

③ 斯巴达克斯青年团（Spartacus Youth League）是美国当时的左翼青年组织之一，到1970年代仍有活动。斯巴达克斯（Spartacus，？—约前69年），古罗马角斗士，起义军领袖。

的时候所享有的自由。

正在看你的托洛茨基那本书。看得很是入迷。过去觉得对托洛茨基主义很了解，看了你写的东西，觉得自己太业余了。比如说，我根本就不知道托洛茨基先天不足，因为他并不是个正宗的老布尔什维克，他在和斯大林、季诺维也夫①等人的斗争中放不开手脚，因为他缺乏完备的资质。在墨西哥审判期间，他对夺取政权和无产阶级专政的性质回答得含糊不清，这件事也让我很受触动。

1940年夏天，赫布·帕辛和我跟托洛茨基约好了时间见面，从塔斯科②赶去，却听说他遭遇袭击，头部受伤送到医院去了。我们马上去了医院，自称记者，有人把我们领进一个房间，托洛茨基就躺在那儿，已经死了，头上缠着带血的绷带，脸上涂着荧光色的碘酒。艾尔·戈德曼③到了以后，我们又去了一次，记得他莫名其妙对我们大发了一通脾气。

你这本书有一点很值得注意：我发现大多数人改变不了自己早期的信念。我注意到，大多数人认为他们最初接受的教育是在他们最美好最重要的岁月里做出的一种付出。我认识的许多马克思主义者都不愿放弃努力，而是继续钻研难懂的著作。他们一般都会坚持到底。一种很奇怪的僵化。其实他们的大部分知识很久很久以前就没用了。看到你是多么愿意重新考虑你过去的信仰，我感到很欣慰。没有多少人具备这种理智的勇气。

谢谢你对我小说的美言，告诉玛姬［玛格丽特·霍斯特·格罗策（Marguerite Horst Glotzer），艾尔的妻子］我很高兴她喜欢。贾妮斯正在等我把你的书给她，她要我向你转达她最亲切的问候。

顺致深情的祝福。

格罗策的书是《托洛茨基：回忆与批判》(Trotsky: Memoir and Critique)。

---

① 格利戈里·季诺维也夫（Grigori Zinovyev，1883—1936），乌克兰犹太人，俄国工人运动和布尔什维克党早期著名活动家和领导人，共产国际前期领导人。

② 塔斯科（Taxco）是墨西哥的一个小镇。

③ 即艾尔伯特·戈德曼（Albert Goldman，1897—1960），美国律师，托洛茨基的支持者。

致弗朗西丝·基尔南①

1990年8月8日，西布莱特伯勒

亲爱的基尔南太太：

我和玛丽［·麦卡锡］很熟，但并不亲近。她和我一直处不好。你要么和玛丽关系很好，要么就成了——嗨，管它叫什么，反正就是我们那种关系了。她恨了我十几年，相当公开。我没法以同样强烈的感情回报她，可我已经尽我所能了。我不遵守为逝者讳②的规则，但是从另一个方面说，我觉得也没必要平白无故地诋毁玛丽，那样做好像不对。你并没有让我诋毁她，所以我们也许可以在电话里谈谈她，尽管我更喜欢面谈。时间可以短点儿，别再像《纽约客》的消防演习那么长时间就行了。我确实很喜欢蕾切尔［·麦肯齐］，就是现在也很想念她。

祝好，等等。

前《纽约客》小说编辑弗朗西丝·基尔南开始写《直观玛丽：玛丽·麦卡锡生平》(*Seeing Mary Plain: a Life of Mary McCarthy*)。她提醒贝娄说，她与贝娄结识是在《纽约客》办公楼一次消防演习的时候，当时蕾切尔·麦肯齐给他们彼此做了介绍。

致乔治·萨兰特

1990年9月9日，西布莱特伯勒

亲爱的乔治：

不，我想艾萨克从没见过［威廉·］赖希。那个时候我自己也在接受治疗，所以他去了缅因（Maine）肯定会告诉我。他的确跟我说过，有好几次他都幻想着赖希一得知他正在接受治疗，马上就会派人把他接去。简而言之，他这是在承认有过非常夸张的幻觉。

是的，我认识保罗·古德曼。他跟你父亲关系不错，跟我不行。艾萨克认为古德曼避开了对治疗的恐惧，办法是转而求助于［格式塔疗法的共同创始人］弗

---

① 弗朗西丝·基尔南（Frances Kiernan，1944— ），美国传记作者、编辑。

② 原文是拉丁语：de mortuis。

里茨·皮尔斯[①]——走了个捷径。

艾萨克后来认为治疗对他伤害很大。他去世前一两个月左右我们长谈了一次，他说他精神错乱已经十年了，现在想找到某种基础来重建理智。他是个极有天赋的人。照他的解释，“村”里的生活是他毁灭的原因。我并不认为这完全是格林威治村的责任，但是他的自我解放的确变成了个人生活的混乱。我很高兴赢得你的好评。希望所有的得分都算进去以后，达到的纪录不会让我们失望。

你的忘年之交祝福你。

致凯瑟琳·林赛·乔特

1990年9月17日，西布莱特伯勒

亲爱的凯瑟琳：

每次在信箱里看到有你的来信我都会高兴起来。不错，我身体很好，虽然有点犹豫，我还是得承认，我也很幸福。我真的没法解释为什么不情愿这么说——个性上有点傻吧，要么就是有种迷信，也许是遗传的。我没有大病，以七十五岁的年纪，带着傻乎乎的热情，骑着自行车在佛蒙特山区跑来跑去。邻居们认为我是某种疯狂的天才。有些终生的怪癖仍然存在。我还是与其共存，不相信什么别的可能。这是我玩的一个有趣的游戏。举个无害的例子吧，我的拉丁文忘了有六十年了，现在却逼着自己去读《恺撒纪事》。这个活儿我干得不错，可我其实自己也说不清为什么要干这个。不过让我觉得有趣的正是这种不可思议。不久前我忽然想到，上帝把亚当和夏娃放在生命树和知识树之间可能是出于教育的动机。这一定是某种教学测验。他们不及格的话，就另外给他们再设计一套课程。很有可能我一生中都是这样想的，所以我才去硬啃恺撒和拉丁语中那些夺格词和动名词。

很抱歉我没有在旧金山演讲的计划。不过还是很想见到你，希望你一切都好。

致美好的祝福。

---

① 弗里茨·皮尔斯（Fritz Perls，1893—1970），德国精神病学家、心理治疗医师，格式塔疗法或称完形疗法（Gestalt Therapy）的创始人。格式塔疗法是一种非分析性心理治疗方法，关注的是完整的个体和所有即时心理、生理、情绪、感觉过程的整合，其理论基础是哲学上的存在主义、现象学和心理学中的格式塔心理学。

致约翰·奥尔巴赫

1990年9月17日，西布莱特伯勒

亲爱的约翰：

现在是9月中旬，贾妮斯和我正在打点行装准备回芝加哥。佛蒙特现在正是最好的时候。黑蝇、鹿蝇和蚊子都没了，可以坐在草坪上看书，所以我们自然是更想待在这儿不走。我们会想念乡下，城里不用说是很糟糕的——不如纽约那么糟糕，哪儿也比不上纽约啊，不过也还是糟糕。尽管如此，我们也还享有一定程度的保护。有的人天黑以后就不到外面的车道上去了，我们有个地下车库，可以很安全地到城里去吃晚饭。那些出了故障不得不遗弃的车到早上就有人把部件都拆走了。你住的地方离萨达姆①很近，你会觉得这种事其实没啥了不起，正是如此。

很抱歉，你订的《评论》不能取消。我不喜欢这份杂志，那些编辑认为我性格不好，也不再评论我的书了。不过这仍然属于还算可以的一份期刊，虽然那些作者的语言有点像过去救生衣里塞的木棉，可也总是还能找到一两篇值得一读的文章。[……]

祝福你。

致路易斯·拉斯科

1990年10月11日，芝加哥

亲爱的莱布尔（Laibl）：

（这次没有父名了。）

鲁迪·拉普来信说，你做了心脏搭桥手术，情况比以往任何时候都好，像“一座一百七十岁的宏伟雕像”。雕像让我想起罗马，也想起图里高中课堂上讲罗马，你还给大家读了一篇关于罗马浴盆的论文呢。可是考古对我们来说不再是个笑话了。我最近有机会去了一趟［伊利诺伊州森林公园的］瓦尔德海姆公墓

① 萨达姆·侯赛因（Saddam Hussein，1937—2006），伊拉克政治家，前总统。

(Waldheim cemetery),在那儿看到了一些同学的墓。家族共用的地面已经满了,街道上飘荡着回忆——忧郁的人行道,我们曾在这里嬉笑打闹,浪费生命中宝贵的机会。你从来不多愁善感(除了用你独特的方式),我也不是有意怀旧。是我的记忆在捣乱。要么也许甚至都不是我的记忆问题,而是某种固执的思维定式在起作用。过去可能是一部劣等电影的连续镜头,导演就是我自己。

[……]

记得五十年前在宿舍(领主楼 [Lord Manor]?),我告诉你哈里·利希滕斯坦(Harry Lichtenstein)死了,你只是耸了耸肩。你我都不会在得知对方去世的时候这样做。

相对完整的老友致以兄弟的问候。

致菲利普·罗斯

1990 年 11 月 15 日,芝加哥

亲爱的菲利普:

我们要是**当时就**能接到就好了。然后我就可以亲口[①]告诉你我有多喜欢你的《遗产》[②](我正在看)。这本书给了我正好一直都很需要的情感磨砺,于文学乐趣之外。

我们要去纽约探亲。去你那里喝一杯如何?我们会打电话给你,看看你是否有空。

祝一切都好。

致约翰·奥尔巴赫

1990 年 12 月 3 日,芝加哥

亲爱的约翰:

为了给我的一个梦想筹集资金——就是那种总是让我落入彀中的非文学类梦想,我给自己排好了日程,在全国各地演讲、参加朗读活动。经验应该是警告过

① 原文是拉丁语:viva voce。
②《遗产:一个真实的故事》(*Patrimony: A True Story*, 1991)是菲利普·罗斯的一部纪实作品。

我的，这样做会有多么疲惫不堪，可是我有一种体验这种经历的梦幻方式。现在更高层次的理解能力告诉我，我就是想疲惫了，我内心的打算就是让疲惫把我一些最可怕的毛病赶走，让自己脱身。我希望这些毛病没那个能力追上我。结果还没出来。另外还曾经有过一种无法预见的并发症。9月份艾伦·布鲁姆得了格林–巴利综合征，这是一种能让人瘫痪的病。他没有妻子，没有孩子，除了朋友没人照顾他，所以我和贾妮斯只要一有时间，就从圣安东尼奥、蒙特利尔、迈阿密等地方跑回芝加哥来。有段时间他的情况非常危险，现在好些了。康复的可能性还是很大的。他也许还能恢复行走的能力。

就在这个当口，我们听说你中风了。

你的大脑和循环系统从解剖和生理方面一起全力向你下手。你战胜了加诸你的一切，也许这股力量会放过你，饶你一二十年的时间，因为钦佩你的抵抗能力。你的右手幸免于难让我对此有了希望。甚至有可能是你通过某种不为人知的内在力量保护了你的右手不受伤害。想象力能让你活下去，只要你有故事可讲，就能把死亡拒之门外。我相信是还没有完成的工作让我活下来的。写作与生存同在，我觉得。[……]

继续写吧，写你的那些小说，我们会通过灵魂的电台发出爱的电波。

爱你。

致马丁·艾米斯

1990年12月30日，安大略省舍姆贝格（Schomberg）

亲爱的马丁，

贾妮斯和我在安大略，她父母家农舍的顶层，看着飘落的雪花、树木、田野、池塘，直视着一个特洛伊头盔空白的面孔，那是个冒着烟的烟囱，木柴是我劈的。我们刚洗完澡，坐在一个巨大的白色观景浴缸旁边，浴缸里有个漩涡池，或许可以叫按摩池，把泡泡浴膏倒进去会大量起泡，让你看起来像奥林匹亚山上古老的宙斯巨像，俯瞰着白色的香奈儿[①]之云。

① 香奈儿（Chanel）是法国化妆品品牌。

糟糕的是，我关心的人在地球表面分布的范围如此之广。不过这样一来想到他们的时候就更多了。距离并不是一切。在这间卧室里，我发现了一本奥尔德斯·赫胥黎[1]战时书信集，其中有很多他发自好莱坞的信，收信人都在伦敦等地很远的地方。他要是没有离开英国，可能就不会有那么古怪的观点了。不过也有内在距离和土生的或者说本土的怪癖这种东西。我常在芝加哥这个自己的地盘上产生一些古怪想法，英国的朋友也把**他们的**古怪观点寄给我。多年前在格林威治村我跟某个朋友说过："只有我和阁下是神志清醒的，有时候我还怀疑阁下呢。"之所以有这种想法是因为早餐桌上提到了［萨尔曼·］拉什迪[2]的名字，说起他投入或者重新投入伊斯兰教怀抱这件事。我当时提出，他可能有个错误的认识，觉得西方文明已经永远战胜了异族的基要主义。不管怎么说，教皇并没有因为乔伊斯写了《尤利西斯》而将他逐出教会，基督教比伊斯兰教还要古老呢。简而言之，现在还不能说这样那样的现象已经成为历史。就在我们认为**改革**和**开放**[3]彻底净化了俄罗斯的时候，我们看到了克格勃[4]首脑的一篇讲话，他指责美国把含有放射性的小麦和有毒食品送到苏联去让那些挨饿的人吃。

我们这种人就应该放弃政治，坚守梦想。听说我最近在你的梦里现身了，真是乐事一桩啊。我最近的梦是：

第一个梦：我认出高速公路上一辆白色破面包车的司机是托尔斯泰。有个老头开着一辆晃晃悠悠的面包车，车门快掉了，我跟他说，能不能别让他的车门刮我的车。他朝右边俯下身来，我一看，这不是列夫·托尔斯泰嘛，瞧那胡子什么的。他叫我跟着他离开高速公路，来到一家酒馆，说："我想请你吃这罐腌青鱼。"然后又说："我认识你哥哥。"一提到我去世的哥哥，我眼泪就出来了。

第二个梦：我的隐秘部位用汉字写着一个治绝症的秘方。为此我的生命处于危险之中。我儿子格雷格保护着我躲在加州的一个藏身之处，不让一家制药公司的代理人找到我，等等。

第三个梦：我发现自己在一个图书馆里，周围全是亨利·詹姆斯、约瑟

---

① 奥尔德斯·赫胥黎（Aldous Huxley，1894—1962），英国作家。

② 萨尔曼·拉什迪（Salman Rushdie，1947—　），印度裔英国作家，出身于伊斯兰教家庭，但从小不信教。

③ 这里原文用的是两个源自俄语的词，专指1980年代末苏联的改革（perestroika）和开放（glasnost）。

④ 克格勃（KGB）是苏联国家安全委员会（Komitet Gosudarstvennoi Bezopasnosti）的缩写译名，1954年成立，1991年11月终止职能。

夫·康拉德等作家不为人所知的巨著。那些书名从未见有人提过。我又惊又喜，翻开康拉德的一本，读了几页，一句一句又一句，都是这位老兄的典型风格，那精彩真是绝无仅有。“我怎么居然就没听说过这一本呢？”我问。某些人一直在瞒着我们啊。我非常愤怒。

我就靠着这些梦来理清思路。或者也可以说是更为全面地记录我的混乱。

我们有可能根本就去不了法国。我们的朋友布鲁姆得了有瘫痪危险的格林-巴利综合征，已经好几个月了，我们得先确定这种瘫痪是不是暂时性的，然后才能做出行的安排。也有可能不是暂时性的。他的情况正在好转，但是在把他的病情搞清楚之前我们不会出去度假。前段时间英国广播公司有个人请我5月份去做个节目，安排好的话，我们可以在你离开伦敦之前飞过去见到你。

贾妮斯和我祝你和安东尼娅及孩子们新年快乐。

爱你们。

为了摆脱阿亚图拉霍梅尼[①]对他的追杀令[②]，萨尔曼·拉什迪发表了一份战术性声明（后来又收回了），宣布他转向了伊斯兰教。

① 鲁霍拉·穆萨维·霍梅尼（Ruhollah Musavi Khomeini，1902—1989），波斯族人，伊朗什叶派宗教学者（大阿亚图拉），伊朗最高领袖。

② 原文是个源于阿拉伯语的词 fatwa，意为伊斯兰法律的裁决，或译伊斯兰教令，音译为法特瓦。

1991年

致路易斯·拉斯科

1991年1月18日［芝加哥］

亲爱的路易：

旧日的纽带似乎还是难解难分。你信里说还得继续手术，这让我非常难受。我的老伙伴有很多都走了（还走了一个前妻和几个哥哥）。情感上的影响总是多变的。我并不怎么为老鱼[1]悲伤。可我发现你是我在感情上不会放弃的人。为了得到消息我打电话给鲁迪·拉普，他又联系了阿贝·赫尔德（Abe Held）。阿贝是克拉奇–曼德尔[2]（Cratch-Mandel）那些老家伙在美国的化身，这些人过去经常给派去坐在病危的正教教徒身边。你记得他吗？洪堡公园的左翼分子。黑脸，挺讨人喜欢，下巴不突出，目光温和。他说你没有登记的号码。他会继续关注这件事。可他后来也没消息了。

所以你的信让我暂时放下心来。你一直在我的脑海里挥之不去。我妻子带我去看了《西拉诺》[3]，我是同时带着两种眼光去看的，至少是带了个分裂的大脑吧。一半的关注在你身上。坐在（南密歇根大道）古老的艺术大厦里[4]，我与这位恋人兼剑客兼诗人之死所激起的情感波澜搏斗。我败下阵来。只好含泪走出去，下楼到洗手间去方便。

现在说说这封信里最张不开口的事情：如果一笔借款对你有用（不要硬充好汉，记住，1929年，我们曾经把所有的零钱凑在一起，想打败界区街利维特街口

① 原文是the Fish，或指一老朋友的外号，这个词在口语中还有怪人、倒霉蛋的意思。

② 克拉奇–曼德尔（Cratch-Mandel）信息未知，根据上下文看，似指某个医院或教会类的机构。

③《西拉诺》(*Cyrano*）全名是《伯吉拉克的西拉诺》(*Cyrano de Bergerac*）即《大鼻子情圣》，原作是法国诗人剧作家埃德蒙·罗斯丹（Edmond Rostand，1868—1918）于1897年创作的舞台剧，后来先后被改编为歌剧、音乐剧、电影。

④ 芝加哥南密歇根大道上的艺术大厦（the Fine Arts Building，S. Michigan Ave.）里有剧院、画廊等。

西蒙杂货店的老虎机），我这里有。

[……] 你的老友盼你来信。

致美国艺术文学学会暨协会

1991 年 1 月 23 日，芝加哥

诗歌金奖提名：

年轻的时候，卡尔·夏皮罗以发表激烈的异议闻名。他敢于抨击托·斯·艾略特和埃兹拉·庞德。他写道，艾略特让我们这个时代成了一个批评的时代，批评在本世纪代替了诗歌。简言之，他是个特立独行的持异见者。美国人特别喜欢自己特立独行这个特点，这是个世人皆知的事实。可是很多特立独行者不过是怪人或者装腔作势的人，好炫耀的人，有的仅仅是名人而已。那些有原则要捍卫的贤哲诗人或者政治家才是真正的异见英雄，因为他们捍卫的是需要他们付出忠诚的真理。夏皮罗曾写道：**诗人如子弹，羞怯也大胆**[①]，十个字道尽其自身特点。他是个文静的作家，也是个深沉而好斗的作家，有点像美国的约拿，既顺从又不顺从。他那本颇有争议的书叫《为无知辩护》(*In Defense of Ignorance*)，然而他为之辩护的是诗而不是无知。他是个天生的诗人，桀骜不驯的争辩是他对信念的宣示。进入耄耋之年他已经超脱了争议，继续为我们呈上精彩的成熟诗作，供我们研读欣赏。

致斯坦利·克劳奇[②]

1991 年 1 月 25 日，芝加哥

亲爱的斯坦利·克劳奇：

我怎么能不欣赏你的书［《无忌法官笔记》[③]］？集智慧、风格、勇气于一体，

---

① 原文是：The poet shy and bold as a bullet ...

② 斯坦利·克劳奇（Stanley Crouch，1945—　），非裔美国诗人，评论家，小说家。

③ 完整书名为《无忌法官笔记：1979—1989 随笔评论集》(*Notes of a Hanging Judge: Essays and Reviews, 1979—1989*)，1990 年出版。

这是多么难得见到的事！你的主题为煽动所垄断。讨论这些主题的语言阻碍着思考，让思考根本就没有了可能。种族问题（所有相关问题构成的复杂整体）是战后我们不得不面对的最为可怕的事情。所以才很少有人能够真正去面对。公开讨论这些问题实际上根本不可能。别说讨论了，真实的描述也是禁止的。即便不禁止（即成为禁忌），或许也没有很多知识界和艺术界的人来做这件事。

明明白白的事实还都没有说出来，只有像你这样的人才刚刚开始说而已。所以我希望（我祈祷！）其他人以你为榜样。

在你的督促下，我到图书馆去查了一下［迈耶·］兰斯基①。只有一本书，写得很聪明但是比较粗略，作者是个叫汉克·梅西克②的人。我已经开始看了（看了一半），我保证好好想想。

非常感谢，并致以最美好的祝愿。

致露丝·怀斯

1991年2月12日，芝加哥

亲爱的露丝：

自上次（非常愉快地）共进晚餐以来，我一直在追求虚荣的东西（写小说），我（很没礼貌，也懒得过分）没能回复重要的信件（比如你的信）。我多次考虑过你的建议，也就是把我在蒙特利尔的讲话发表出来，可我现在没法停下手里的工作来修订那篇文章。另外，我的讲座你很喜欢，那才是我唯一看重的“发表”方式呢。至于登在哪儿——《哈泼斯》月刊还是《大西洋月刊》？《花花公子》吗？你认为我和《评论》月刊素有不和，其实并非如此。诺曼［·波德霍雷茨］和［尼尔·］科佐多伊（Neal Kozodoy）认定了我是不存在的。他们评论戈尔·维达尔却漠视我。他们还刊发了乔·爱泼斯坦写的一个白痴般的短篇小说，很明显我是其中的“主角”，一个来自芝加哥的二流犹太作家。粗野，低能，写作方法十分笨拙。

---

① 迈耶·兰斯基（Meyer Lansky，1902—1983），波兰裔美国犹太黑帮老大。

② 汉克·梅西克（Hank Messick）的这本书是《兰斯基》（*Lansky*），1971年纽约出版。

我可以把这些人描写出来，让他们非常不高兴。**不过这事对我来说无关生死**[①]。再说也不会真正让我开心。

你对《评论》如此忠诚，我对你的看法是好上加好了，可我不相信你能把事办成——我是说，和解。

不过我还是看了这份杂志，也看了你那篇谈反犹主义的文章。我认同。我喜欢。你当然说得很对，我爱你，即便你在《评论》上发文章。

谨致亲切的问候。

致卡尔·夏皮罗

1991年2月23日，芝加哥

亲爱的卡尔：

努力公平处事，却忐忑不安！

[为确定美国艺文学会诗歌金奖获得者，] 安排了（而且也开了）一次电话会议，参加的有 [唐纳德·] 霍尔[②] 和 [哈罗德·] 布鲁姆[③] 这两位经验丰富的政治内斗高手。我和霍尔有一面之交。从没见过布鲁姆。他的嗓音听起来像一种新乐器，形状像萨克斯管，声音像双簧管——我想是叫巴赛特单簧管。声音发抖，口音介于牛津和布朗克斯之间。这两个东部的阴谋家事先见过面，商定了一个名单。我这个额外的提名 [你] 让他们吃了一惊。其中一个说："加到名单里去吧，不过我不会投给他的。"另一个说："我也不会。"然后俩人都挂了我的电话。学会邀请我合作已经十五年了。他们会说我还是不懂要按规矩办事。不过谁知道呢，也许正义会得到伸张。看投票结果吧。我可能会轻狂一下，或许也应该轻狂，若果真如此，我就会写个正义者伤寒玛丽[④] 的故事，她携带着病菌，医疗警察在东西海岸到处追捕她。

---

① 此句原文是意第绪语：Ober es geyt mir nit in lebn。——原注

② 唐纳德·霍尔（Donald Hall，1928—2018），美国著名作家、诗人、文学批评家。

③ 哈罗德·布鲁姆（Harold Bloom，1930—2019），美国著名文学批评家、文学理论家。

④ 正义者伤寒玛丽（Typhoid Mary of Justice）："正义者"之名是贝娄加上的。"伤寒玛丽"是纽约历史上一起著名的公共卫生事件：玛丽·马伦（1869—1938）是爱尔兰移民，自身健康但携带伤寒杆菌，因以厨师为业，相继传染多人，后被隔离于传染病房，治疗多年无效，三十年后死于肺炎。

听说你得了静脉炎我很难过——我是说你的铁含量超标这件事[①]。不过这年头我们需要铁，能搞到多少算多少。我目前没什么病，如果不算右眼出了点血的话。这一小块血让我看起来相当邪恶，而且老是消不掉。在我这个岁数，我的身体状况不错了。贾妮斯像照料花草一样照料我，时不时地就会得到一朵花作为回报。

爱你和索菲。

致罗杰·卡普兰

1991年3月27日，芝加哥

亲爱的罗杰：

很抱歉，我应该写信跟你说说我们的近况，可是贾妮斯和我，用个中西部的说法吧，有很长一段时间那道岔就是扳来扳去的，就像老吉米·杜兰特那首歌[②]里唱的那样："你有没有感觉想走/开始走/决定留/开始留/决定走？"应该就是这么回事。

我们暂时决定留［在芝加哥］。我们还决定92年春天走［去巴黎］。91年照现在这个样子是不可能了。我要给维京出版社交一份稿子，9月或者10月——宽限期一个月。希望明年春天所有的事还都来得及。我给文化部长［雅克·］朗先生写了一封信，问他的那个部能不能为来访的荣誉军团司令[③]提供食宿。到现在五个月了，没有回音。所以什么军团司令整个这件事原来就是哄人的。"梵蒂冈有多少个师[④]"的又一个例子。我还以为我有**关系**[⑤]呢。其实连一根汽水吸管都没有。

① 人体血液中铁含量较高或者治疗缺铁性贫血等病所做的静脉输蔗糖铁的确是造成静脉炎的原因之一，因铁剂对血管壁的刺激较大。

② 吉米·杜兰特（Jimmy Durante），即詹姆斯·杜兰特（James Durante，1893—1980），美国二十世纪上半叶著名歌手、演员、编剧。这里提到的这首歌曾出现在好莱坞的电影里，歌名就是《你有没有感觉想走》(*Did you ever have the feeling that you wanted to go*），歌词有十行，贝娄这里做了简化。

③ 这里应该是贝娄在开玩笑。"荣誉军团司令"应指法国的荣誉军团勋章（the Legion of Honor），这是法国政府颁授的最高荣誉骑士团勋章（Chivalric order），分为五个级别，对应五种官阶，其中一个是司令（Commander）。贝娄1968年获得过法国颁发的另一种奖即文学艺术骑士勋章（见1968年1月20日致爱德华·希尔斯的信脚注），准确名称是法国艺术及文学勋章（Ordre des Arts et des Lettres），其勋位分为三个等级：司令、军官、骑士，贝娄所得的应是骑士勋位。

④ 据称是斯大林提的一个问题："教皇有多少个师？"（How many divisions does the Pope have?）以示对梵蒂冈的蔑视。

⑤ 原文是法语词：tuyau。——原注

[……]

致以最亲切的问候。

哈罗德·卡普兰的儿子罗杰·卡普兰是《美国观察家》(*The American Spectator*)杂志的定期撰稿人，住在华盛顿特区。

致路易斯·拉斯科

1991年3月27日 [芝加哥]

亲爱的老伙计——

没说的，我应该早点给你回信。不过在这个年纪，几个月感觉不出来像是什么了不起的拖延。这不是狡辩，更像是《七旬老者自然史》[①]中的一页。想写和真写其实是**一样的**。用你的话说，我干吗**非要**“费那个劲”去写信呢？因为六十多年来，你在我的生活里，我也在你的生活里，大部分时间我们都是付出了感情的。我们十五年见一次面，情感交流中没有**实用的**因素。

说我“轻蔑”是完全弄拧了。我看不出四五十年前我写的东西和后来的情感有什么关系。我始终把你当真朋友看，今天也是尽最大可能做你的朋友。说这话的意思是，我们不但在空间上相隔甚远，在时间上也是如此。我们彼此拥有的是**照片**。我的可能比你的看上去更让人愉快一些。可是我没有理由生你的气啊。

我可能的确曾经是个**傻瓜**[②]，是个不值得尊重的混蛋，可是另一方面，你我之间始终存在着温暖和同情。不管你怎么看我，我一直都很尊重你。听说你病了，我马上想到的就是要帮一把——如果需要帮助的话。

永远是你的老朋友。

我根本就没生气。

---

①《七旬老者自然史》(*The Natural History of Septuagenarianism*)：应是贝娄杜撰的书名。

② 原文是意第绪语词 putz。

致詹姆斯·阿特拉斯

1991 年 3 月 29 日，芝加哥

亲爱的詹姆斯，

想不想考虑另一个方案？

设想一下：不是去翻检文法学校那些没什么意思的档案，而是在这座城市里转上一圈——带私人导游，去看看海德公园、洪堡公园，还有其他几个地方，如何？我很愿意奉陪，很可能还乐在其中呢。你要是觉得这个提议还合理，我会腾出时间来，一个或者两个下午吧。仔细考虑一下。拒绝无妨。

致以最美好的祝愿。

致路易斯·拉斯科

1991 年 4 月 9 日 [芝加哥]

其实呢，路易，有一点你说对了——这也许是你唯一说对了的一句话：战争没有必要。过去我喜欢你，因为你和我认识的人全都不一样。最重要的是，你和我们家的任何人都不一样。突然间，到了老年（你的老年，也是我的老年），你就像我所有的亲戚合为一体——自己骂，对着骂，公开骂。我那可怜的、有病的、虚弱的、愚蠢的、虚荣的血肉一块块填进了粉碎机。

不知你是不是还记得一个叫亚迪·奥本海默（Yaddi Oppenheimer）的孩子？好像他是进了我们俱乐部的。他不敢碰鸡肉，因为一吃鸡肉他就肚子胀气。这个瘦削苍白的小孩昨晚回到了我的脑海里，他的名字和他的那些事，都出现了。他跟我们打招呼说，绝对不要让他吃鸡肉。我们从来不会想到要指责谁放屁。相反我们还很高兴，因为他太逗了。很有可能亚迪已经不在了，我们都会走的，用不了多长时间。我用麦克白夫人的话对自己说：“不必再拘泥着形式告退，即刻请便吧。”[1] 我会走的，接到指令我就走。

---

① 这是《麦克白》第三幕第四场里麦克白夫人对客人们说的一句话，原文是：“Stand not upon the order of your going，but go at once.”（贝娄引用时去掉了末尾的 at once。）这里用的是孙大雨先生的译文。

把那首老歌改一下："就算都是**我**错，我也仍然爱你。"

衷心祝福，一如既往。

致路易斯·拉斯科

1991年5月24日［芝加哥］

亲爱的路易——

好吧，我不是你梦中的那个贝娄，你不是我**自以为**了解的那个拉斯科。你认为我祝福你是出于自怜，我想用怜悯之心感染**你**，却茫然不知你已经做过两次心脏手术，而且不能肯定自己就能挺过去。

我的看法稍有不同。我们是儿时的朋友，所以我希望你一切都好。不是因为我想破坏你高傲的决心和独立性，也不是因为我要以这种方式来幸灾乐祸。别当这种**傻瓜**[①]。

至于下次一起吃饭谁付账，可以扔硬币决定。

几天前我去了一次界区街。你们住的那一片全拆了，街两边都是。新建的医院（我们原来常在电厂旁边的杂草那儿小便的）非常宏伟。可以给波兰人当奥运会赛场了[②]。

毒品贩子每个街角都有。我们那会儿要的是胆固醇。

永远是关心你的老伙伴老朋友。

致斯蒂芬·米切尔[③]

1991年6月22日，佛蒙特，西布莱特伯勒

亲爱的米切尔先生，

对你所做的事我给予最为深切的同情之理解。我来解释一下。我八岁的时候成了蒙特利尔皇家维多利亚医院的病人，住在儿童病房里，病情危急。

---

① 原文是意第绪语词 putz。

② 奥运会从未在波兰举办过。

③ 斯蒂芬·米切尔（Stephen Mitchell，1943— ），美国诗人、学者、译者。

我的族人是正统的俄罗斯犹太人。我生长于一种宗教环境中。那个时候，四岁的孩子已经在读希伯来文、背诵《创世记》和《出埃及记》了。这就是我的背景——蒙特利尔贫民窟里的孩子，属于一个被人看不起的族群。

我从没和家人分开过。那是个地狱般的冬天（1923—1924），大雪纷飞，窗子上的冰挂奇形怪状，有轨电车上盖满了冰霜。我父母轮流来看我——每个星期可以探视一次，时间很短。我等着他们。做了三次手术。我的肚子用刀划开——里面的东西都快要流干了。我身上发出恶臭。我知道可能会死。在这一点上我觉得我的认识很稳定。我妈妈来的时候和走的时候我都没哭。对死这件事我相当实际。小孩子用床单盖上推走了。早上，一张空床重新铺好，什么都没有。就是这么回事。

然后来了一位女士，是哪个教会团体的，她给了我一本《新约》。

耶稣征服了我。我当然听说过他——都是无关紧要的信息，不太友好。（为什么应该友好？）可是读福音书的时候，我感动了。这不是一种多愁善感的反应。我不是个爱哭的人。我得渡过这场危机才行。对此我下了决心。可我还是不由自主地动容，为耶稣，为“让小孩子到我这里来”①，为野地里的百合花。耶稣用他的言行感动了我，超出了所有的界限。他的死对我来说是件可怕的事。我还不得不面对福音书中对犹太人的指控，那是我的族群，法利赛人和撒都该人②都是。在病房里，犹太人也招人讨厌。我的想法是（这是我当时所想）：这怎么会是我的错呢？我在住院啊。

可我身不由己，被耶稣（马可③和马太）感动得忘乎所以了。我把这事深藏于心底。不和我的父亲母亲讨论。那不是**他们的**《圣经》。对他们来说，没有《新约》④。很明显，耶稣的事是不能和他们讨论的。像所有犹太人必须承受的那样，他们不得不生活在诅咒之中，而他们不准备向一个八岁的孩子解释这件事。在他们为生存而搏斗的过程中，也绝对不应该要求他们作出解释。可这样我就得欺骗

---

① 此句出自《圣经·新约·路加福音》(Gospel of Luke) 第 18 章第 16 段，原文是 “suffer the little children to come unto me”。

② 法利赛人（Pharisees）：古代犹太教法利赛教派的教徒，特点是严守教规，自恃清高，被视为伪善的人；撒都该人（Sadducees）：古代犹太教撒都该教派的教徒，反对法利赛人的主张。

③ 指《圣经·新约》中的《马可福音》(Gospel of Mark)。

④ 即只有《旧约》。

他们了，毫无疑问，这属于不忠诚。我也感觉到了这个问题。

我还从来没有落入过这种境地，也就是在没有宗教认可的情况下，必须自己去思考上帝的事。这回在皇家维多利亚医院我可以做到了，我的能力给激活了——我可以无拘无束地自己思考。

现在你明白了吧，我为什么以同情之理解读你的书。我明白你那种冲动，要自己去翻译福音书。但是理解不是赞同。我不赞同你们这一代人的观点。我不能认同约翰·列侬[①]站在先知的行列里，与以赛亚和其他先知比肩。在我看来，这是时尚造成的一种扭曲，把宗教人物和摇滚明星混为一谈太随意了。不错，我喜欢摇滚明星，我敬佩那些精神领袖（每一位都有独特的长处），可我不像你们那样随心所欲地普世化。你我都是犹太人，体验大致相似，我们是自己作出的判断。耶稣，挺好的，可是两千年的犹太史怎么说？你觉得该如何接受基督教的大敌犹太人？有一本书影响了我对这些事情的理解，你可能会感兴趣，就是海亚姆·麦科比[②]的《犹太地革命》[③]。这本书认为耶稣接受了涂膏[④]，是弥赛亚，是要把犹太人从罗马暴政下解放出来的法利赛人。福音书的希腊作者把犹太人指为敌对种族，为人类中的其他族群所普遍憎恨。如此一来，对耶稣的爱和对犹太人的恨就分不开了。这个问题，你我这类人必须认真考虑。

谨致敬意。

贝娄看了米切尔的新著《耶稣所传福音：信徒与非信徒通用耶稣基本教义新译及指南》(*The Gospel According to Jesus*：*A New Translation and Guide to His Essential Teachings for Believers and Unbelievers*)。

---

① 约翰·温斯顿·列侬（John Winston Lennon，1940—1980），英国摇滚音乐家，社会活动家。

② 海亚姆·麦科比（Hyam Maccoby，1924—2004），犹太裔英国学者，戏剧家，研究重点是犹太教与基督教传统。

③《犹太地革命》(*Revolution in Judea*)。书名中的 Judea（即 Judaea）除犹太地这个译名外，又译犹地亚、犹大亚，是古罗马统治下的地名，在古巴勒斯坦南部，今约旦河西岸，1947 年划归巴勒斯坦阿拉伯国，1967 年以后为以色列占领。

④ 指以膏油涂抹，以示受命于神而册立为王或祭司等，这是犹太人的一个宗教习俗即“膏立”。后文中的弥赛亚是犹太人期盼的救世主。

致约翰·奥尔巴赫

1991年7月7日，西布莱特伯勒

亲爱的约翰，

随着文明的衰落，对文明规则的解释就落在了像我这样的人（自封的）手里，而我们似乎做得一点也不好。所以我知道我应该像伏尔泰[①]那样，撩起燕尾服的后摆，摘下假发，坐下来写信。只是伏尔泰在写作中大谈自由的时候有一群随从照料他。我只有贾妮斯，我爱她胜过伏尔泰爱任何人一千倍。所以我在人性上领先，但在文化上落后。

我当然应该写信给你，我的良心非常不安。我时时刻刻都想着你，而且我似乎已经把“想着”视为交流了。这意味着文明已经陷入唯我主义。我认为唯我主义有两种类型：安宁的，忙碌的。忙碌很快就会把你出卖给野蛮。什么事让我这么忙呢？“岁月飞奔百事忙。”[②]（约翰·弥尔顿，时年二十三岁。）我有不知多少页的稿子要写，而且都是在“来不及了”这种阴影的威胁下写的。所以……我正在努力赶上一份合同规定的最后期限，我签这份合同就是为了激励自己干得更快。可我已经没有了往日的精力。快七十岁的时候我还可以工作一整天呢。现在我一点钟就收工。大多数时候我是一定要午睡的。然后起床，竭力让自己醒过来。我骑自行车或者在池子里游泳。如此活动一番之后，就又得休息了。现在是晚上，该吃晚饭了。百分之九十该做的事现在好像都来不及做了：为了让自己不受焦虑的侵扰，我随便翻开一本书，或者抓紧看最新的报纸。我发现驼鹿的数量增加了，路上由此造成的伤人车祸越来越多。我给花园浇水，跟自己承诺明天要有所改进。

我看了你的小说，和看你所有的小说感觉一样。这些作品直接来自你的感受，也直接进入了我的感受。我看得很愉快，即便是有所保留。最新的这一篇里，我觉得你说熵说得多了一些，没有必要。这个故事是独立的，用不着物理学或者哲学。熵的例外只意味着死亡的例外。生命抗拒熵，就像抗拒万有引力定律一样。

---

① 弗朗索瓦-马利·阿鲁埃（François-Marie Arouet，1694—1778），笔名伏尔泰（Voltaire），法国启蒙思想家、文学家、哲学家。

② 这是弥尔顿一首十四行诗《时间啊……》(*How Soon Hath Time ...*）里面的一行，原文是“My hasting days fly on with full career”，这里 career 的意思应是 speed（速度），因上下文中有虚度时光的感慨，所以屠岸的译文为“我的年华在飞逝，全速地奔流”。贝娄引用此句中将 with 写为 in，据下文看，或许着意于 career“事业”的含义。

我不太明白为什么男爵夫人迪内森-布利克森[①]会出现在小说里。对我来说，她总是有点太时髦了。我喜欢她的大部分故事，但是不喜欢她周围形成的那种狂热崇拜。你的小说中最能体现水平之高的是人的品质，读者瞬间就能确定作者及其关联人物所具有的意义。给这些人物带来生命的是你的温暖。

那套双日版的康拉德全集[②]现在应该在海运途中了。希望能赶上你下次生日吧[③]。在此期间，由于那份口碑两极的杂志《文汇》停刊了又不给失望的订户退款，贾妮斯和我以你的名义订了一份《经济学人》[④]。这是一本商业杂志，没错，可现在全球铺天盖地的到处都是商业啊。在最近的一期上，我了解到了为什么魁北克人认为自己的金融状况很好，可以单打独斗。不是最有趣的话题，但是描述得简单而尖锐。一个星期一个星期的，让我看到这个世界给管理得井井有条，这对我的大脑有好处。智力层次平均值高，总体可靠。至少不像《纽约客》那样主要是宣传。

顺告：《波士顿尼亚》（*Bostonia*）挺过了危机，要以季刊形式出版了。对我们这边有利。你上次在那儿发的那篇太精彩了。这封信是口授给贾妮斯打出来的，这里有我们俩对一位亲密好友的爱。

（我保证勤写信）

致弗罗伦丝·鲁本菲尔德（Florence Rubenfeld）

1991年7月15日，佛蒙特，西布莱特伯勒

亲爱的鲁本菲尔德女士：

我和克莱姆［克莱门特·格林伯格］[⑤]的个人关系在二战期间中断了。我给他的几本书写过评论，发在《评论》月刊上，自然也一直关注着他的职业生涯，注

---

① 男爵夫人迪内森-布利克森（Baroness Dinesen-Blixen）：笔名是伊萨克·迪内森（Isak Dinesen），《走出非洲》（*Out of Africa*，1937）的作者。

② 这套全集的书名是：《约瑟夫·康拉德全集》（*The Complete Works of Joseph Conrad*），20卷，纽约双日出版社于康拉德去世的当年1924年出版。

③ 约翰·奥尔巴赫的生日是7月11日。

④《经济学人》（*The Economist*）是一份英国周刊，创办于1843年。

⑤ 克莱姆（Clem）是克莱门特的昵称。

意到了两三次改变，他先后成了海伦·弗兰肯塔勒[①]的辅导员、教员、精神顾问。我最后一次见到他是在芝加哥艺术俱乐部为他举行的午宴上。他横刀冷面的假装不认识我，可我并没有让他劈死。他就坐在邻桌，却背对着我。我面前有一盘水果，就向他扔葡萄，引起了他的注意。他再也不能无视我了（有一颗葡萄打中了他），就转过身来说："我从来就不喜欢你。"要知道，普鲁斯特或者乔伊斯都可以把我打残，而克莱姆根本就没那个分量。我心情愉快地回家，为自己感到高兴。[……]

西德尼·胡克遭到了他的报复，真是太倒霉了。他对克莱姆的战时政治持很尖锐的批评观点。

谨致问候。

弗洛伦丝·鲁本菲尔德正在写《克莱门特·格林伯格传记》[②]，这本书1998年出版。

致弗罗伦丝·鲁本菲尔德

1991年8月18日，西布莱特伯勒

亲爱的鲁本菲尔德女士：

谁都知道，我从没开过恶作剧类的玩笑，以前也不知道特里林[③]这件荒唐事。我看得出来为什么戴安娜会认为我是那个作恶的人。诺曼［·波德霍雷茨］是莱昂纳尔的门客[④]，而诺曼曾经要整我［给《奥吉·马奇》写负面评论］。他在自传里就是这样说的。莱昂纳尔很像是在玩双面游戏，因为他曾［在发表于《狮鹫》的文章里］对我这本书大加赞赏[⑤]。对这件事，我和他有过言辞激烈的交流，可我绝没想过要打吓唬人的电话。

的确，我很有点模仿的天赋，和我格林威治村的朋友在一起的时候，我可能

---

① 海伦·弗兰肯塔勒（Helen Frankenthaler，1928—　），美国抽象表现主义画家。

②《克莱门特·格林伯格传记》（*Clement Greenberg: A Life*）的初版是1997年，纽约斯克里布纳出版公司出版。

③ 指莱昂纳尔·特里林的妻子戴安娜·特里林（Diana Trilling，1905—1996），波兰犹太裔美国社会评论家。

④ 原文是法语词protégé。

⑤ 见1953年10月11日贝娄致莱昂纳尔·特里林的信。

戏弄过莱昂纳尔——他举止的怪异那么明显，我这算不上什么了不起的成就。但是我从来没想过要给他打电话或者给克莱姆捣乱。[……]

戴安娜永远取代不了阿加莎·克里斯蒂[①]。

顺致大安。

黛安娜·特里林显然认为1953年贝娄打过骚扰电话，在电话里模仿她丈夫的声音。

致卡尔·夏皮罗

1991年8月21日，西布莱特伯勒

亲爱的卡尔，

我写今年夏天这本书的时候，不停地祈祷不要让索菲失望。她告诉我，去年夏天那篇《我留下的纪念》让人很难效仿。她说得对。我勾画出了两难困境的概略，也就澄清了这难处所在：如何用短篇小说所必需的精确来写长篇小说？她会让我知道我做得好不好，可是等待审判日的到来自然会让我焦虑。我不得不调和这两种不同写作方式给我留下的习惯。我从来没有加入过任何教会，索菲是最接近我想象中那种教皇不会说错话状态的人。

其他事情按部就班，几十年如一日。在文学方面，牛群低声叫着离开草地，黑暗降临在你我奉献了一生的事业上。我感觉自己就像一个在年轻的尼采证明上帝已死之前四十年就接受了圣职的人。我仍然相信我们做的是正确的事，如果我们错了，我们就是以最佳方式犯的错，我们从失败中学到的东西比我们的任何敌人都要多。这听起来是不是有点像南部联盟高贵的士兵在思考胜利的北方所面临的厄运？[……]

随附友人无尽的爱。

① 阿加莎·克里斯蒂（Agatha Christie，1890—1976），英国侦探小说家。

致杰夫·惠尔赖特

1991 年 8 月 28 日，芝加哥

亲爱的惠尔赖特先生：

我否认赫索格患有躁狂抑郁症不过是在保护他。我不想让他被人推入临床病人那一类。我认识一个真正的躁狂抑郁症病人，我的好友，已故的戴尔莫·施瓦茨。赫索格的品性一点也不暴躁，而且并不邪恶。

祝好。

致弗吉尼娅·达加尼[1]

1991 年 9 月 11 日，佛蒙特，西布莱特伯勒

亲爱的弗吉尼娅：

为对艾萨克·辛格公平起见，我建议你另找一位学会会员写悼词。我很欣赏他的作品（对他性格的看法稍差一些），但他并不怎么喜欢我，如果悼词能出自一位与他关系更好的作家之手，我想他的灵魂会更舒服一些。

谨致问候。

艾萨克·巴什维斯·辛格 7 月 24 日去世。

致乔治·萨兰特

1991 年 9 月 21 日，西布莱特伯勒

亲爱的乔治：

简单说明一下：不知怎的我总是没时间做我想做的事。也许我是在变着法儿地延长寿命吧。并不仅仅是那种“植物人寿命”。为了把某些事情做完，我需要活着，可是一些重要的事做到一半，又发现另外一件事更重要，然后就去做那件更重要的事，如此这般。

① 弗吉尼娅·达加尼（Virginia Dajani）是美国艺术文学学会的执行董事（executive director）。

我暑期的计划之一就是给你写一封那种最重要的长信，可适当的时机始终没有出现。我相信很快就会出现了。

有一条父子关系方面的知识我现在可以和你分享了，这就是：不是所有的儿子都想让我跟他们说说自己的父亲是什么样子的。从我这里听到的和老爸或者老妈有关的事越少，他们就越高兴。

非常爱你。

1992 年

致斯坦利·埃尔金

1992 年 1 月 27 日，芝加哥

亲爱的斯坦利——

老毛病了，拖拖拉拉的。

我经常想到要写信给你，说说我有多喜欢你的书。我们在圣路易斯一次挺傻的活动中匆匆见过一面。美国没有“亲爱的师父[①]”这种表达。同等意思的近似说法我一个也想不出来。我要说得很简单：你是有真功夫的——我早就该写信把这一点告诉你了。可生活就是这么过来的——没有目标的良好愿望一个接着一个，冲动埋起来了，机会错过了，或者一点一点地浪费了。

致以最美好的祝愿。

致弗朗索瓦·福雷

1992 年 2 月 2 日，芝加哥

亲爱的弗朗索瓦，

真遗憾，没能参加上次的教员会议。我倒希望起码我的魂儿能去，在会场四周的墙上游荡着。讨厌的希尔斯，狄更斯笔下可笑的怪物之终极版本，做出最邪恶的表演。布鲁姆描述这个场景的时候乐不可支，快笑疯了。戴维·格雷纳有一次说爱德华是个没切开的疖子（你们叫 un furoncle[②]）。

我喜欢先开个玩笑，这是我的特点，不过说正经的，你给爱德华的回复这么

① 原文是法语：cher maître。
② 法语，即“一个疖子”。

简单，这么得体，我对你真是感激不尽。这是布鲁姆跟我说的，我完全相信他，他说你的发言既庄重又严厉，而我要加倍感谢你，不但因为你制止了他，还因为你明确表示委员会不会容忍他那些可怕的阴谋诡计。

一位好心的朋友给我寄来了《扎姬坐地铁》①。可以请你帮我解释一下里面的俚语吗？

对你和黛比致以衷心的问候。

弗朗索瓦·福雷（1927—1997），法国著名历史学家，曾任法国社会科学高等研究院②教授和芝加哥大学社会思想委员会主席。他是法兰西学术院③院士，有多部研究法国大革命的重要专著，还有《一个幻想的过去：二十世纪共产主义观念文集》（*Le passé d'une illusion*：*essai sur l'idée communiste au XXe siècle*，1995）。

致露丝·怀斯

1992年2月20日，芝加哥

亲爱的露丝，

迟到的备忘录：我们很高兴在耶路撒冷见到你的女儿。她好像成熟了，像朵花一样骤然开放。我们以前只见过她一次，是和你们共进晚餐的时候。她显然很聪明也很有魅力，可她完全就是个大学生，一点儿也不像个世故的年轻姑娘，专门跑到和平社区来和我们一起喝茶。我会把她和［内森·］沙朗斯基④还有另外几个耶路撒冷人归为一类，正是这些人让我们不虚此行。科勒克也应该列在这类人里。听到他的事情越多，他就越让我着迷——真是一种非凡的个性。不错，特

①《扎姬坐地铁》（*Zazie dans le Métro*）是法国诗人、作家雷蒙·格诺（Raymond Queneau，1903—1976）1959年的中篇小说，中文译本又名为《地铁姑娘扎姬》，写一外省小姑娘到巴黎想坐一回地铁，到最后也没坐上。

② 书中这里是 École des hautes études 即高等研究院，经查，福雷所在的应是 École des hautes études en sciences sociales（EHESS）即法国社会科学高等研究院，故以全名译出以免误解为美国的机构。

③ 法兰西学术院（Académie Française）是法兰西学院/学会（L'Institut de France）下属的五个学术院之一。

④ 内森（纳坦）·沙朗斯基（Nathan［Natan］Sharansky，1948—　），又译沙兰斯基、夏兰斯基，本名阿纳托利·鲍里索维奇·沙朗斯基（Anatoli Borisovich Shcharansky），俄裔犹太人，苏联异见人士，1989年12月回归以色列，曾任以色列内阁部长、副总理，在以色列犹太人事务局（the Jewish Agency）主持工作多年。

迪那些事我全知道，搞阴谋、骗人、瞎张罗什么的。他这些品质不怎么让人佩服，可他还是比我认识的大部分政治人物高出一头。

看了看上面写的，不明白怎么扯进这么多话题，我没打算说这些的啊。12月份我就感觉不太好了。贾妮斯和我先是去了意大利。我不得不在佛罗伦萨的一大批观众面前表演。像往常一样，我只好在旅馆房间里重写我的讲话稿。整个过程让我疲惫不堪，然后我们到以色列去恢复体力。一离开耶路撒冷，我们就不得不重新买票直接回芝加哥，比计划的时间早了大概十天。到家以后我就上了床，连着躺了几个星期。疲劳可是当务之急，我现在已经恢复过来了。于是看到你的信在等着。

阿比（Abby）告诉我们你在考虑搬到哈佛去。[……] 我想你在剑桥[①]会感觉很好的。你也不必想念蒙特利尔了。在布鲁克莱恩的哈佛街，你可以买到任何你需要的犹太食品。

贾妮斯和我希望这个夏天能再见到你。

致以亲切的问候。

致约翰·奥尔巴赫

1992年3月2日，芝加哥

亲爱的约翰——

回到芝加哥以后在床上躺了几个星期，用去了1月份的大部分时间，原因是疲劳累积。然后又用了几个星期做检查——医生敲敲打打，血检，食道插管，前列腺检查。全部做完以后，结果相对没问题。奎宁剂量增加了，老花镜开了个新处方。他们（医生）说："你的情况很好啊，"又补了一句："这是就你这个年龄的人而言噢。"

去医院我不在乎，真的。我喜欢和诊所的人在一起——怎么也得**见见**人吧，不能总是**从书里读**啊。我们是多么怪异的一群，人人都在互相娱乐。这种状况甚至影响到了黑手党的高层——戈蒂[②]在审判中的表现显然是在模仿马龙·白兰度。

① 指哈佛大学和麻省理工学院所在的美国马萨诸塞州波士顿都市区的剑桥市。

② 指美国纽约黑帮甘比诺家族（Gambino family）第七任教父约翰·戈蒂（John Gotti，1940—2002），他1991年入狱接受审判，1992年被判终身监禁，后因病死于狱中。马龙·白兰度主演的电影《教父》(*The Godfather*）上映于1972年。

当然还有这一季的政客，都在扮演“候选人”。在贫民窟里，孩子们用“便宜的”手枪杀来杀去。在法庭上，被判谋杀罪的人对警察提起“虐待”诉讼。芝加哥现在就有几个这样的案子正在审理。

电视和报纸上都在讨论美国的未来，有些人认为我们很快就会属于第三世界了。日本人和德国人在我们前面。总统又软弱又虚荣，[帕特·] 布坎南[1]与其说是法西斯分子，不如说是个眼界狭隘的投机朋克混混。甚至连墓地都不安宁。我父母的墓地附近“开发”了一个购物中心，扩音器日夜播放着摇滚乐。

你千万别以为我抑郁了——我只是此刻情绪不好。写信给我恨不得天天见到的好友让我有点伤感。

你近日寄来的那几页要再加工一下——不过你当然是**尽到了**努力的，那区区几页也胜过从成百上千个源头里生产出来的大量废话，正是这些废话填满了杂志，抢占着机场书架上的空间。

替我拥抱诺拉。

爱你。

贾妮斯向你致以亲切的问候。

致斯坦利·埃尔金

1992 年 3 月 12 日，芝加哥

亲爱的斯坦利：

我们是笔友，可不必拘泥。自今日始，只用名不用姓。

我年轻的时候十分热衷于和艾萨克·罗森菲尔德这些朋友通信。他 1956 年去世了，还有几个人也是五十年代去世的，不知从何时起，我的私人信件不像过去那样写得很长了，这是挺悲哀的一件事，我现在才开始明白个中原委。并不是因为我耗尽了朋友情谊。而是习惯改变了。不再倾泻浪漫情怀。我们青少年时期非常**俄国化**，或许也是在练习当作家吧。让我意识到这一点的正是艾萨克。他搬到

① 帕特·布坎南（Pat Buchanan，1938—　），美国保守派政治评论员，1992 年共和党总统候选人。

纽约去以后，我几乎每个星期都从芝加哥给他写信。然后过了些年，有一天他对我说："希望你不要介意。我们从西区搬走的时候（当然是搬到"村里"去）我把你的信都扔了。"他的意思很清楚，就是要让我震惊，言外之意是我会觉得这是文学史上的重大损失。我没有那种感觉。其实是我摆脱了未来可能出现的一种窘境。

但是治好了这个毛病并不是一件好事——我是说热衷于写信这个毛病。我意识到至关重要的基础已经不复存在了。我认识的人里多半都有过这种经历，只是方式不同——那是一个逐渐消减的过程，向内心隐秘意识回归，一种吝啬的状态。你开始和自己任命的代理人一起工作。

我想《赫索格》里的那些信反映了这种唯我的状态：亲密关系是怎样以及为什么消亡的，还有由此导致的"走向公开"那种不理智。我的做法是，在很长一段时间里，我要么就写在小说里，要么就不写。那么，亡羊补牢还来得及吗？（一个维多利亚时代基督徒式的问题①）

看了你的作品，我敢肯定你没有这种毛病，或者说这种无能。你可以"和盘托出"。其他人都做不到如此饱满、流畅、开放。在这个部门，你才是亲爱的师父②。

致威廉·肯尼迪

1992 年 5 月 6 日［芝加哥］

亲爱的比尔——

很高兴你又回到了家族主题——以费伦为主角的时候你总是处于最佳状态。我忍不住猜测，我们那些从天而降、没有家庭的同事是基于意识形态而反对家庭的（有些来自马克思主义阵营，有些来自存在主义阵营）。要真是从天而降的话这样做倒没什么，但是对大多数人来说，持这种观念就是一种做作，一种欺骗。

我们这些人的早期关系凝聚力相当强，当然了，我们可以拒绝这些关系。不

① 英国的维多利亚时代即十九世纪盛行说教式小说，典型的如小说家、戏剧家查尔斯·里德（Charles Reade，1814—1884）的小说《改过不嫌晚》（*It Is Never Too Late to Mend*）。

② 原文是法语：cher maître。

管接纳还是拒绝，我们都得和这些人公开生活在一起。乔伊斯对都柏林的家人很冷淡（对巴黎的家人或许也是如此），他笔下的布鲁姆却在怀念他夭折的幼子和他自杀的父亲。比较残酷，有一种变形的真实，却并非没有新奇的感觉。如果乔伊斯生在田野里的一片卷心菜叶子下面（塞缪尔·巴特勒情愿自己是如此出生的），就不会有《尤利西斯》了。

闲言少叙：我很喜欢《老骨头》(*Old Bones*)。一口气看完了，感觉大有裨益。

祝好。

致约翰·奥尔巴赫

1992年6月23日，西布莱特伯勒

亲爱的约翰：

[……] 我六点看新闻。没什么看头。我和这个国家的其他人一样打不起精神来。布什无计可施，又无话可说，我也同样。愤怒给我提了提神——洛杉矶暴乱，连芝加哥都发生了抢劫，电视上是白痴，报纸上是懦夫，政府里是傻瓜。自由市场经济理论家们干得太好了，他们教导美国说是自由放任主义赢得了冷战。另外我觉得人们害怕改变了保障系统形式的计算机。他们怕万一计算机出错会让他们的储蓄、养老金、保险全部化为乌有——电脑化的官僚机构把他们吓得要死。出了问题找人询问，得不到人的回应，只有打印输出的回复或者电子模拟的声音。[罗斯·] 佩罗① 和政府签合同，把医疗保险还是医疗补助什么的计算机化，用这个办法赚了几十亿，有人说这个怯懦的小男人是个奇才。还没人公开说过这话，我这是专门说给你听的一种解释。佩罗提议把民主建立在电子基础上。按下按钮让大家知道你的观点，我们就不需要国会了。如果总统让大多数人不高兴，马上就可以公投逼他下台。所以我们不需要宪法，也不需要最高法院来解释宪法；只需要技术人员。

所有这一切都有可能过去，可没人确信必然过去。

与此同时，树在长，鸟在唱，花在做自己的事，绿色空前浓郁。还有贾妮斯，

① 罗斯·佩罗（Ross Perot，1930—2019），美国计算机企业家，富商，曾作为独立候选人参加1992年大选。

要没有她，我的血就不会循环了。

我也很依赖我的朋友。

附上对你和诺拉无尽的爱。

致斯坦利·埃尔金

1992年7月22日，西布莱特伯勒

亲爱的斯坦利：

你可真是给自己找了个笔友啊。

我已经好几个月没给人写信了，非常困惑，这是太专注于自我了呢，还是太自负了，还是怎么回事。不是真正的自我专注，因为我并不把自己视为自省的对象，从来不把自己放在心理证人席上，与其说我谦虚，倒不如说我对研究自己的动机不感兴趣。多年前我的一个岳父是个“大画家”，风格有点像是斯大林主义的红磨坊[①]。他对我当时的妻子说我是个守财奴一样的“守话奴[②]”。他不考虑我对语言的认真态度。我不喜欢唠叨。同时我也为他所吸引：他在四方形中表现艺术、性、集体无意识的深度，他对马克思和荣格[③]的混合，他的狡诈，他的哲人风度——他对自己的洞察力坚信不疑。有些事物的相似之处常令人难以置信，登峰造极的就是：他很像一个叫圣-让·佩斯[④]的诗人。佩斯会踮起脚尖，一动不动，睁大眼睛，把你看穿。恰如艾略特的那句诗（从你上一本书中看到，你很喜欢艾略特）：**“等我被模式制住了，在别针下挣扎扭动。”**[⑤]你就让他们用别针钉住了。我只是每次都逃得奇快而已。

不，不是自我专注。我一直在想的是人。也许因为我没有回你3月份的信，

① 红磨坊（Moulin-Rouge）是法国巴黎一个著名的歌舞酒吧。

② 见1978年1月18日致莱昂·维瑟蒂尔的信脚注。

③ 卡尔·古斯塔夫·荣格（Carl Gustav Jung，1875—1961），瑞士精神分析学家，创建分析心理学。

④ 圣-让·佩斯（St.-Jean Perse）似应是圣-琼·佩斯（Saint-John Perse，1887—1975），法国外交官诗人，1960年获诺贝尔文学奖。

⑤ 艾略特的这句诗出自《杰·阿尔弗雷德·普鲁佛洛克的情歌》，应是两行：And when I am formulated, sprawling on a pin, / When I am pinned and wriggling on the wall...（阮一峰译文：当我被公式化了，趴在一枚别针上，/让我被钉在墙上扭动不休……）贝娄引的原文把两行合成了一行，成为：When I am formulated, wriggling on a pin. 查良铮和汤永宽的译文也是把这两行合成了一行，与贝娄不约而同，因此本书取汤永宽的译文按贝娄原文稍作了些调整，汤的原译是：等我被客套制住了，在墙上挣扎扭动……

几个月来我每天都想到你，经常读你的文集［《皂片》(*Pieces of Soap*)］，不管是赞同还是持异议。不，这是另一个问题，完全是另外一回事：我并没有像孩子们说的那样调整好状态。这已经有很长时间了。也许有个深层次的原因：我需要一次全面的大规模更新改造。我毕竟是个老人了。我得重新思考、重新组织、重新修正。我不写作的时候，几乎就没有了自我，就是写也不像从前那样去写了（即以其他人的形式去生活）。这不够好。不够深。不够全面。不能满足情感上的渴望，那种终极追求。我从来没有遇到过我昔日“村”里伙伴们所说的“写作障碍”。就是遇到了障碍，也是在交谈中。所以我那位革命画家岳父才叫我“守话奴”。从某个角度看，他说得不错。我不说话是因为，他属于那种可以听他说而不能和他说的人。

也许是季节作妖。夏天灵魂会变得很奇怪。鲁道夫·施坦纳的书我有很多，他写道，夏天里大自然会昏倒，失去知觉，陷入沉睡。人们会以为大自然是在冬天里睡觉，那个时候万物凋零，所有的机能都冻住了。其实正好相反，冬天是个意识强烈或者说清醒的季节。正是在丰饶的夏季，大地为睡眠所笼罩，臣服于繁殖的意乱情迷。灵魂若能随心所欲，整个夏天都会躺着，昏昏沉沉。

和你一样（在很多方面），我也认为写作就是写作。我写感谢信、推荐信什么的总觉得费劲，所以我更愿意把我的小说稿当成信，写给没有和我通信的人里面那些最优秀的人。那些我爱的人——其中绝大多数我都不认识。

老恰克巴索夫甚至都不能听人说话，那是个让人讨厌的老家伙，招摇撞骗，层次很低，却装腔作势，想当卡拉马佐夫老爹[①]，可既不聪明，也不机智。我无奈出现在他的画室里，因为我娶了他的女儿。她也把我视为“艺术家”，而且以此来攻击我。最后她还是把我扫地出门了，因为我又成了她的父亲，只是换了个次级版本。

衷心祝福你。

① 陀思妥耶夫斯基巅峰之作《卡拉马佐夫兄弟》里面的人物，行为荒唐，后被害。

致特迪·科勒克

1992年8月17日，西布莱特伯勒

我亲爱的特迪，

我经常想起我们在和平社区的交谈，那次是谈给我耶路撒冷那本书写续篇的事，我们做了一些展望。有的时候我觉得，我可怜而老迈不堪的各种器官会承受不了，我这副长期为时间所销蚀的身板也绝对难以胜任。我需要的是听到神召唤的声音，撒母耳的回答是“**我在这里**[①]”。你以乐观心态建议我晚上睡觉都要睁着眼睛——也许要戴着助听器。你是耶路撒冷的市长啊，有可能提前知道给先知发出的这个声音什么时候出现。

贾妮斯和我10月份会在芝加哥。我们做不到亿万富豪普里茨克家族（Pritzkers）那个程度，总可以诉诸穷人的资源来款待你吧，也就是用我们的爱和尊敬。把你的到达日期告诉我们，我们会把**城里的人**[②]给你拢一拢，精心安排一两个难忘的夜晚。

我的一个朋友，《假日旅行》杂志的主编玛格丽特·[斯塔茨·] 西蒙斯，9月22号到23号在耶路撒冷，她想到处转转，看看古迹。她下榻的地方是大卫王酒店[③]。《读者文摘》公司旗下的《假日旅行》发行量很大，西蒙斯太太的品位也很好。只要有一点古老的壮美她就会很高兴了。她会给你的办公室写信的。

祝你一切都好。

致罗莎娜·沃伦

1992年10月21日，芝加哥

亲爱的罗莎娜，

纠缠吗？我要是发放纠缠许可证的话，你会排在这个名单上很靠前的位置。我原来常以没时间为托辞，现在我可以在礼貌的拒绝中加上年迈这一条了。更重

① 原文是希伯来文：*Hineni*.《创世记》里亚伯拉罕听到上帝的召唤时即如此说。——原注（亚伯拉罕此事出自《圣经·旧约·创世记》第22章。贝娄这里提到的撒母耳也有此经历，事见《圣经·旧约·撒母耳记》上卷第3章。撒母耳［Samuel，即塞缪尔］是古以色列先知。——译注）

② 原文是希伯来文／意第绪语：anshey ha' ir，意为城里人，在此特指显要人物或知名人士。——原注

③ 全称是耶路撒冷大卫王酒店（King David Jerusalem Hotel）。

要的是，最近我的一位老朋友［艾伦·布鲁姆］去世，一下子把我打垮了。不过比尔［·阿罗史密斯[①]］也是老朋友，读他翻译的蒙塔莱[②]与其说是任务不如说是乐趣。我连保证都可以下，一定尽快看。

过去我们常说像［约翰·肯尼思·］加尔布雷斯[③]这样的人是用留声机唱针接种疫苗的。不过明年夏天我们还会再去佛蒙特，要是你来看我们，他肯定不会来。

致约翰·奥尔巴赫

1992年11月12日，芝加哥

亲爱的约翰——

正在习惯一种新的但是不太令人愉快的生活方式——有些空缺需要填补，而实际上是填不起来的。我路过艾伦家门口，那座巨大的公寓楼就像纪念碑，一座用全部重量把人自身压在下面的金字塔。我感觉到，我也相信，这些天我看起来像另外一个人——也许是我自己家里的一位长者，但肯定不是我，索·贝娄。一位叔叔或者是一位婶婶。我还感觉到一种强烈的冲动，想逃跑，想摆脱身为某某人的束缚，这个人（在身体上）对我毫无用处。

这些体验和我通常对自己的认识很不相同，所以让我困惑，这一定源自我的哀痛，也许会过去，也许不会。（**我**怎么弄得清楚？）

我有时想，如果我在海上田野农场，我们可以互相安慰。要是我能坐地铁到那儿去就好了！我多么想和你一起在海边散步，看着海水涨上来。

希望这封信不会让你心情低落。我难过的时候会向你求助，因为我们求助的都是我们所爱的人。

为了“摆脱困境”，我让自己忙得不可开交。我有很多工作要做，我逼着自己去把这些事做完。这是愚蠢的办法，很体现我的特点，只能是雪上加霜。贾妮斯

---

① 即威廉·阿罗史密斯。

② 应指1975年获诺贝尔文学奖的意大利诗人欧杰尼奥·蒙塔莱，威廉·阿罗史密斯译了他不少诗，由罗莎娜·沃伦编辑后出版。

③ 约翰·肯尼思·加尔布雷斯（John Kenneth Galbraith，1908—2006），美国经济学家，政府官员，有中文译名为高伯瑞。

认为在佛蒙特待几天补一补觉会对我们有好处，所以我们下星期就要走了。芝加哥现在有了第一丝冬天的味道——你会记得你去以色列之前，季节变化是怎么来回折腾人的。

请向诺拉转达我们最深情的爱。

你的朋友。

致约翰·西尔伯

1992年12月27日，芝加哥

亲爱的约翰，

你可能很想知道我变成什么样了。不过请让我先说一声，你的提议是多么好，多么优惠——我是多么高兴，多么感激。

现在可以继续了。你的提议让我的全部生活都从我眼前闪过，就像溺水时的体验一样。我的妻子贾妮斯和我不得不考虑一下该怎么生活——也就是说，以后该怎么安排。整体上看是件让人高兴的事，尽管地平线上闪着可怕的光，似乎在发出什么启示，而地平线又那么近，让人不安。搬家和安家的难题出现了。还有，随着年龄的增长，我想减少花在教学上的时间。

波士顿和波士顿大学都有很多吸引人的地方，我可以半工半薪吗？我可以在公共场合露面，对此我不太介意，而且住在布鲁克莱恩或者后湾区[1]也很惬意。有没有可能给贾妮斯找个教职？她在社会思想委员会学习，刚刚拿到了博士学位。她在学院里教政治理论课和文学课，非常适合你们的本科人文类课程。

对你的盛情邀请我感激不尽，还请原谅老年人"怎么安排我的生活呀"这类瞎操心。

顺致无尽的感谢和最美好的祝愿。

此时西尔伯是波士顿大学的校长。

---

① 后湾区（the Back Bay）是波士顿上层社会住宅区。

1993 年

致乔纳森 · 克莱因巴德

1993 年 4 月 25 日，巴黎

亲爱的乔纳森，

[……] 芝加哥的生活我是受不了了。来巴黎一个月，我就回到了过去熟悉的生活——自由活动，公园里和平的人群。我不指望波士顿和芝加哥有什么不一样，不过那旁边就是佛蒙特。我不想在马其诺防线[①]上（[多切斯特大道] 5825 号 11E 室[②]）咽气。

我会想念你，想念琼，想念你们的友谊。贾妮斯会感到离开琼是个严重的损失。

不过大家都心照不宣，觉得我们离开芝加哥是出于不得已。艾伦曾对我说："你是在想我死后你去哪儿吧。"这话让我非常难受，不过他无疑是对的，所以我就不说话了。过了一会儿我说："是，不过我很快就会赶上你的。"他表示同意，然后我们就又开始讨论公牛队对阵尼克斯队[③]会不会赢。

所以——是哪个体育界人物说的"不到结束不算结束[④]"？他说得完全正确。

不管是在波士顿、佛蒙特还是在哪儿，在未来的日子里，我们会始终挚爱你们。

我们 5 月 17 日回去，要收拾行李什么的，到时候会有更多的话要说。

祝福你。

---

① 马其诺防线（Maginot Line）是法国在一战后为防止德军入侵，耗费十几年的时间和大量资源在其东北边境构筑的一条防线，号称坚固无比，实际上在二战中没起什么作用，因此这个名称有了昂贵却不可靠的含义。

② 贝娄夫妇在芝加哥的住处。

③ 公牛队（the Bulls）是芝加哥的篮球队，尼克斯队（the Knicks）是纽约的篮球队。

④ 原文是：It ain't over till it's over. 这是美国棒球界的一句名言，出自棒球名人尤吉 · 贝拉（Yogi Berra），其本名为劳伦斯 · 彼得 · 贝拉（Lawrence Peter Berra，1925—2015），是意大利移民之后，因盘腿坐姿像瑜伽信徒（yogi）而得到"尤吉"这一绰号。

致菲利普·罗斯

1993年7月20日，西布莱特伯勒

亲爱的菲利普，

真是不可思议，面对这种情况，善意竟然毫无用处。个人道德全部系于一发——就像一场拔河比赛，那些无法衡量的东西以百万分之一的几率超过了我的分量。需要的话我就来看你，尽管我从来不认为自己能干好修修补补的事。回头想想我的经历，灵丹妙药一种都想不出来。我想到的办法相当于一个**成年礼**[①]，就是给你讲个笑话，就像建议你在地下室装个摩天轮一样。这主意当然没什么用。

我这大概像是来自地平线的问候，其实我根本没那么遥远。一点距离感都没有。

谨致深情的关切。

罗斯大病一场，与克莱尔·布鲁姆的婚姻也随之破裂。

致罗杰·卡普兰

1993年7月20日，西布莱特伯勒

亲爱的罗杰，

别以为我们把你忘了——不是忘了，是在搬家，太忙乱了。芝加哥三十年积攒下来的破烂要运走，更不用说我们的猫“驼鹿”了，没有它，就不可能有稳定的居家生活。

不知道我对你能有多大的用处，你做了这么一件极其复杂的工作（就像我在你这个年纪的时候一样）。我在《雨王亨德森》的前几页就是想把这个挺复杂的事解决掉，我做了个目录，把各种负担、责任、障碍全都列出来。

我们都在巴黎，这一点就给了我一种有帮助或者说有用的感觉。我说不上来

---

① 原文是意第绪语词 mitzvah。

对你那些心理问题有什么理解。心理学（对有些事不妨怀有感恩之心）不是我的本行。我也不觉得你是那种会把一切都告诉心理医生的人。你肯定会在口袋里留着几块压顶石甚至是地基石（带着这么多石头会减慢速度，不过这是最安全的策略）。

另外，我不要你的基石，只要你的真情。要双向的保证。

祝好。

致内森·塔科夫

1993年8月18日，西布莱特伯勒

亲爱的内森，

你的邀请充满善意，谢谢你了。目前感觉有点困难，我得先抽空做好安排，让自己在波士顿大学的生活走上正轨，还得制定这个学年的计划。明后年去我觉得更好一些。把年份说得这么清楚我是有些犹豫的。在我这个年纪，提前约定时间的时候都会比较谨慎，不过最自然的做法就是该约就约，由于某些时常提到（我）却从未见到的强大势力阻挠而失约，这种经历我还从来没有过。

归结起来就是：我很想去，但眼下还定不了时间。我会好好考虑，看哪一本书适合拿到实力雄厚的研讨会上去讨论。

星期日出版的《时报》上对艾伦的书有篇评论，看了以后心情很不好。从知识界的角度来看，这是犯罪，不仅如此，从中还可以看出《时报》堕落到了什么地步。要不是与我个人有涉，我就给马克斯·弗兰克尔[1]写信了，问问他怎么能允许这种东西发出来，还有他为什么愿意把自己的观点和《国家》周刊的观点等同。这个卡莎［·波利特[2]］就是如今那种在纽约底层环境中养大的打手。

谨致真诚的问候。

内森·塔科夫是奥斯卡和伊迪丝的儿子，多年来一直是芝加哥大学

① 马克斯·弗兰克尔（Max Frankel，1930— ），美国记者，《纽约时报》执行编辑。
② 卡莎·波利特（Katha Pollitt，1949— ），美国作家。

社会思想委员会的政治哲学教授。他的著作包括《洛克的自由教育》①。《国家》周刊的特约撰稿人卡莎·波利特在《纽约时报书评》上对艾伦·布鲁姆身后出版的《爱情与友谊》发表了负面评论。

致约翰·奥尔巴赫

1993年10月18日，西布莱特伯勒

亲爱的约翰，

我们正在品味佛蒙特岁末的严峻。树叶在这个季节应该是灿烂无比的。现在来了冷雨、雾，树叶在滴水。跟你记忆中波兰的冬天并无不同。

我常常想起你，可我现在好像写不了信了，这种能力缺陷是有症状的。为了写几页纸的信，我好像要牺牲一切似的（一般都是写不好就扔一大堆）。到处都是散乱的纸——账单和函件，窗台上和纸箱里堆着人家的稿子，都来不及看。所有的事情都在等着。我没法面对力不从心这个事实。[……]

“你没有青春，也没有老年，
一如往日，只有晚饭后的睡眠，
无论年轻年老，都是梦中所见。”②

（《一报还一报》）

唯一的补救办法是向生物学事实妥协，而我似乎是在苦苦抗拒。我用的是我幼时在病中（1923年，蒙特利尔）学来的办法，就是阅读，读书报杂志，读剪报、商品目录（里昂比恩③），甚至读药方，读盒子背面的用法说明。我躲在文

① 内森·塔科夫的《洛克的自由教育》(*Locke's Education for Liberty*)出版于1984年。约翰·洛克（John Locke，1632—1704），英国哲学家。

② 这几句出自莎士比亚《一报还一报》第三幕第一场公爵的道白，原文是：Thou hast nor youth nor age，/But，as it were，an after-dinner's sleep，/Dreaming on both；... 朱生豪的译文是：你没有青春也没有年老，二者都只不过是你在餐后的睡眠中的一场梦景；……

③ 里昂比恩（L.L. Bean）是美国著名的户外用品品牌，创始于1912年，这个名称是其创始人里昂·里昂伍德·比恩（Leon Leonwood Bean）名字的简写。

字里。我需要做的只是承认我不再是三十岁，也不再是四十岁、五十岁、六十岁、七十岁。原来我去看老亲戚路易［·德沃金］的时候他常说："我现在是糊涂岁！"[1]

我想我是在竭力找到一条自己的路——这件事是这样，其他所有事情也都是这样。

好了，告诉我吧：《泰晤士报文学增刊》来了吗？我们两个月前订了一份。

替我向诺拉问好。

爱你们。

"糊涂岁"显然是老亲戚路易自己用的词，指七十岁以后这一段。

① 原文是（in the）slemonium，查无此词，这里根据德语、意第绪语等语言中相近词素的基本义及上下文推测译出，或可理解。

1994年

致玛格丽特·斯塔茨

1994年1月4日，波士顿

亲爱的玛姬——

一番混乱之后，我们现在在波士顿，准备与大量家产和随之而来的操心事所造成的疼痛共存了。此刻万物皆为冬天的暴风雪所关闭。我面对查尔斯河坐着，这条河已经冰封雪裹，也是哪儿都不去了。我们得等到1月融雪[①]的时候——我知道那个时候会来，北方佬的传说和传统里都说得很肯定。**然后**我们再出门好好看看波士顿。我对绿线算是比较了解了——其他颜色的地铁线还不太熟。

贾妮斯为西奈利-科隆比尼夫人[②]（你记得**她**吧）找了个精美的蛋糕盘，准备寄到蒙塔奇诺[③]去。你记忆力绝佳，一定熟悉这个名字。我写《冬游托斯卡纳》那篇文章的时候，西-科夫人招待过我们。你说我们应该送一件合适的礼物，我和贾妮斯总算是选了一个。

今天早上我想做“旋转托钵”[④]——绝不夸张。这是西藏喇嘛的一种操练，目的是用**脉轮**[⑤]（精神-虚幻自我的生命中枢）来调整自己。我头晕起来（这可是我第一次做），摔倒了。摔得很重，连房子都颤了一下。无损伤报告。

你坚不可摧的老朋友。

---

① 原文是the January thaw，这是美国北方州常用的一个概念，指1月下旬气温降至全年最低点之后，一般在1月23日左右，此后气温开始缓慢回升，冰雪处于将化未化反复冻结的状态，或称假融化。

② 西奈利-科隆比尼夫人（Signora Cinelli-Colombini）是意大利托斯卡纳大区一个著名葡萄酒酒庄的主人。

③ 蒙塔奇诺（Montalcino）是意大利托斯卡纳地区的一个小城，以葡萄酒酿制闻名。

④ 原文是whirling dervish，直译为“旋转的托钵僧”，这是伊斯兰教苏菲派一种宗教仪式性质的舞蹈，特点就是不停地旋转。

⑤ “脉轮”原文是chakras，指源于印度瑜伽的三脉七轮说，“轮”指人体经络中的能量中心或精神力量的中心，又称“轮穴”。这套理论经运动瑜伽和藏传佛教传播，有多种演绎。

《冬游托斯卡纳》是《假日旅行》的约稿，1992年11月在该刊发表。

致马丁·艾米斯

1994年7月24日，西布莱特伯勒

亲爱的马丁，

我的朋友要是有什么不舒服，一般情况下我看［他们写的小说］作品就能给他诊断出来。经验告诉我，一个真正的喜剧演员最痛苦的时候往往处于最佳状态。我一点都不喜欢弗洛伊德，但是他在书中说过，幸福就是痛苦得到了缓解，这话说到了点子上，这大概是他从叔本华①那里偷来的。你该猜出来了，我这封信的灵感来自《格兰塔》②上的［艾米斯短篇小说］《作者，作者》③。这是一种有趣的X光，让诊断医生心往下沉，却让鉴赏家心中无比愉快。我在那篇小说里听到了一个回声，呼应着勃鲁托斯刺杀恺撒后所说的话：我们爱恺撒，因为他伟大；我们杀了他，因为他有野心。④

不过当然了，写得好也是治愈和恢复的标志。

贾妮斯也为之倾倒，倒得很开心。她问候你。

祝安好。

致朱利安·贝尔斯托克

1994年9月15日，西布莱特伯勒

亲爱的朱利安——

估计你也想到了，听说你得了病，动了大手术，我担心极了。你有什么坏消息的时候，总是非常厚道，首先想到安慰别人。我知道这是你的一个天性。经历

---

① 亚瑟·叔本华（Arthur Schopenhauer，1788—1860），德国著名哲学家，非理性主义哲学唯意志论创始人。

②《格兰塔》（*Granta*）是英国老牌文学杂志，其形式独特，又称主题杂志书。

③《作者，作者》（*Author*，*Author*）这部作品，本书编者在这里补充信息指为马丁·艾米斯的短篇小说。英国作家、学者戴维·洛奇（David Lodge，1935—　）有一部写亨利·詹姆斯的同名小说，出版于2004年（中译本2007年）。

④ 这是贝娄的综合表达，出自《裘力斯·恺撒》第三幕第二场勃鲁托斯（Brutus）在刺杀了恺撒之后对民众讲的一段话，原文是：... As Caesar loved me，I weep for him；as he was fortunate，I rejoice at it；as he was valiant，I honour him；but，as he was ambitious，I slew him. ... 朱生豪的译文是：……因为恺撒爱我，所以我为他流泪；因为他是幸运的，所以我为他欣慰；因为他是勇敢的，所以我尊敬他；因为他有野心，所以我杀死他。……

化疗的过程一般都免不了极度疲劳，听听电子音乐，好好休息，沉思默想，可以重获**生活乐趣**[①]，让情绪积极起来。

其他问题——心律不齐，偶尔心跳失控——不影响生活。我多年如此了，每天吃大剂量的奎宁。和年龄有关的其他毛病我也有啊，医学术语叫老视眼。没什么理由要详细说嘛。戈雅有一幅蚀刻版画的名称就是《**高龄之辱**[②]》。即便是很理性的人也会在生活的教导下学会祈祷，不管他愿意不愿意，这些天我就把你加进我悄悄举行的祈祷仪式（我喜欢称之为冥想）里来了。

今年暑期我们待在佛蒙特几乎没动。我透过窗子看着夏天，手里胡乱写着一本也许永远都不该开头的小说。生活现在已经为我做好了准备，可以写一篇叫作《怎样不写小说》的文章了。很多评论家会说题目应该是《**为什么不写一本**》。全世界都接受了生物学的（"历史的"）标准。一颗心开花结果了，然后不可避免地枯萎消亡了，同类中一个更高级的品种随即诞生。这个新品种嘴巴更大，上下颌骨更结实。我会很快再给你去信。

祝福你。

致尤金·卡伦·肯尼迪[③]

1994年11月10日，圣马丁岛，格朗卡斯[④]

亲爱的吉恩——

治疗起作用了。这么说是因为，我开始明白贾妮斯把我弄到这儿来是多么有必要——要我自己，说说是可以的，但绝不会真来。我缺的就是这种性格，有必要做的事情我未必就去做。今天我看到我和那些因为酗酒让医生送去戒酒的人之间有一个相似的地方。用奥利弗·萨克斯[⑤]博士的话说，大概就是紧张步态[⑥]的表

---

① 原文是法语：joie de vivre。

② 原文是西班牙语：Edad con sus disgracias. 戈雅的画上是一个年迈的男子挣扎着从便壶上站起身来。——原注

③ 尤金·卡伦·肯尼迪（Eugene Cullen Kennedy，1928—2015），美国心理学家、作家，其余见信后编者说明。下面的吉恩（Gene）是尤金（Eugene）的昵称。

④ 格朗卡斯（Grand Case）位于圣马丁岛西部，是法属圣马丁首府马里戈（Marigot）的一个小渔村。

⑤ 奥利弗·萨克斯（Oliver Sacks，1933—2015），美国神经病学专家，畅销书作家，因擅长于将许多临床病例写成纪实作品，被誉为"神经文学家"、"医学桂冠诗人"。

⑥ 病态性的步幅减小、步子加快；动作狂乱而不准确。——原注（紧张步态［festination］又称慌张步态。——译注）

现太多了。我觉得你可以看看他的书《觉醒》①，还有书里那些帕金森氏病②的病例。莎拉可能看过。他对紧张步态和肌肉紧张症的解释直接指向那个一边跳动一边等待的目标，也就是我的心脏。我从这扇开着的门里看到的加勒比海那一片湛蓝，就是我的多巴③。**紧张步态**！我犯过一次，很严重。我想萨克斯博士大概认为这是一种地方病。文明人都有这种病，表现形式不同。我的办法是每天两次泡在海水里。我们的小公寓（通风很好）没有电话，这里也找不到报纸。**没有**邮件转寄这回事。我每天仅有的一次过失或者逃避——属于治疗中的作弊——就是投入文学。我每天上午写我的《弹珠》④那本书。也许要到圣诞节前才能把这只猴子从我背上赶走了。

我在格林威治村的那段时间里，每天有一句打招呼的话是“圣诞节前离开沙发”！据说吉姆·艾吉⑤不得不在《时代》打工来付他做心理分析的费用。他亲口说过：亨利·卢斯⑥和西格蒙德·弗洛伊德是一伙的。当时一半以上的卢氏玻璃心们（或者说卢氏启明星们）⑦都在接受心理治疗。

不管怎么说，这些天沉浸在加勒比的多巴海里，我的情绪振奋起来，可以用一种新的冲动送上我的真情。你是个可爱的好人。真希望能用地道的土腔说这句话。

我们 11 月 30 日返回慌忙紧张的波士顿。但愿我们到时候在生活中能按那句古老的口号去做：**慢中求快，从容赶急**⑧。

好，以同样的方式——**不断向上**⑨！

祝你们俩幸福无量。

---

①《觉醒》（*Awakenings*）（有中译本书名为《睡人》）出版于 1973 年，据其改编的同名电影 1990 年上映，中文名为《无语问苍天》。

② 帕金森（氏）病（Parkinson's disease，PD）又名震颤麻痹，主要特征有手抖、行动平衡困难等，是一种常见的中老年人神经系统变性疾病。

③ 多巴（El Dopa）是一种氨基酸，能于体内转变为多巴胺（Dopamine），用于帕金森等病的治疗。

④ 指《所有的弹珠还都算数》，这本书贝娄一直没有写完，去世后出版。

⑤ 指小说家、编剧詹姆斯·艾吉，吉姆（Jim）是詹姆斯的昵称。

⑥《时代》周刊的创办人。

⑦ 这是贝娄借用改造的两个词，前半部分都与“卢斯（Luce）”谐音，指在卢斯手下《时代》周刊工作的人。“卢氏玻璃心”原文是 Lucite，即“有机玻璃”；“卢氏启明星”原文是 Luciferite，即“启明星”一词 Lucifer 加了个表示人的后缀 -ite。

⑧ 原文是拉丁文：Festina Lente。——原注

⑨ 原文是拉丁文：Excelsior! 这是美国纽约州州印上刻的箴言。

尤金·卡伦·肯尼迪当过牧师，是持不同政见的罗马天主教徒，此时是芝加哥洛约拉大学（Loyola University）的心理学荣誉退休教授，有多部著作，如《未愈合的伤口：教会与人类性行为》(*The Unhealed Wound: The Church and Human Sexuality*，2001）和《我的兄弟约瑟夫》[①]（*My Brother Joseph*，1998），书中回忆了与红衣主教约瑟夫·伯纳丁[②]的友谊。贝娄写完这封信后不久就中了鱼肉毒，病势危重。有一个月的时间他昏迷不醒，在波士顿大学医院接受重症监护。年底前后，他回到了海湾州路公寓家里，慢慢恢复了健康。

---

① 这本书的全名是《我的兄弟约瑟夫：一位红衣主教的心灵和一种友谊的故事》(*My Brother Joseph: The Spirit of a Cardinal and the Story of a Friendship*)。

② 红衣主教约瑟夫·伯纳丁（Joseph Cardinal Bernardin，1928—1996），意大利裔美国人，天主教芝加哥教区总主教。美国天主教徒曾希望他能继任教皇。1993 年卷入性侵丑闻。

1995年

纪念拉尔夫·埃里森

（1995年4月4日，美国艺术文学学会晚宴，

贝娄缺席，由约瑟夫·米切尔[①]代为宣读）

拉尔夫·埃里森去年去世，享年八十岁，一生只出版了一部小说。在巴德学院举办的一次有外国名人参加的研讨会期间，和我们同桌的乔治·西默农[②]问埃里森写了多少小说。听说只有一本，他说："要当小说家就必须写出很多本小说。你不是小说家。"这位写了几百本书的作家，写作和说话的速度都很快，没法停下来斟酌自己的话。爱因斯坦是个更为深刻的思想者，社交场上一位女士向他请教量子理论的问题，他回答说："可是夫人，一难道就不是多吗？"

就拉尔夫的情况而言，一当然就是多。西默农的书仍然是可读性很强的，很好看，但是梅格雷探长属于一个非常大的家族，有警察、私家侦探，也有像夏洛克·福尔摩斯那样的侦探天才，还有达希尔·哈米特和雷蒙德·钱德勒[③]等人笔下的英雄。这些可敬而有才华的人是在从事写作这门行当。埃里森做的不是这种事。看《隐形人》，我们见证的是一位艺术家发现其真正主题的过程，出版快五十年了，这本书仍然位居本世纪最佳小说之列。五十年代末，埃里森一家和我们合住在达奇斯县一座阴森森的房子里，西边地平线上是卡茨基尔山（the Catskills），中间是哈德逊河。作家天生好独处，拉尔夫和我白天都不去找对方。碰见的时候点点头就行了。晚饭前，拉尔夫调好了马提尼酒我们一起喝，这个时候一般都不会沉默。在我们长谈的过程中，我逐渐了解了他的观点，其中有一些我现在用他

---

① 约瑟夫·米切尔（Joseph Mitchell，1908—1996），美国作家，《纽约客》杂志记者。

② 乔治·西默农（Georges Simenon，1903—1989），比利时/法国畅销书作家，创造名探人物梅格雷探长（Inspector Maigret）。

③ 雷蒙德·钱德勒（Raymond Chandler，1888—1959），美国硬汉派侦探小说家。

自己的话来予以转达：

“我们不是一个单独发展的民族，”他在接受詹姆斯·麦克弗森[1]采访的时候说，“我们是在一个白人的环境中发展起来的。没错，我们有一种特殊的意识，因为我们的经历在某些方面和白人的经历不同，可也并不是完全不同。”他又说：“我告诉白人孩子们，不要总是说什么白人世界里的黑人或者白人社会里的黑人，应该问问自己有多黑，因为黑人一直在影响着这个社会的价值观和这个社会的艺术形式……我们不是一个单独发展的民族。”

“就我而言，”他说，“有些努力是必不可少的……然后我才能识别出，生活和人格中有哪些领域超越了**很显然**是我的种族身份强加给我的局限而占据了我的头脑。”还有：“这不是突然顿悟的事，而是缓慢而且笨手笨脚的发现，是一种挣扎，要战胜那种用种族来解释这个世界之所以如此的诱惑，这种诱惑让人昏昏欲睡，却能置人死命。”在一个要求甚至强求公众人物支持种族团结的时代，像拉尔夫这样坚持艺术的优先权和艺术家的独立性需要很大的勇气。他说：“小说成为我的代言人，通过这个中介，我想回答这些问题：我是谁，我是什么人，我是怎样成为现在这种状态的？我该如何看待我周围的生活？……要是用我**自己的**眼光来看，根据我**自己**对过去的认识来理解，以我**自己**对现状的复杂感觉来观察，美国社会意味着什么？……很有可能，”他接着说，“不少美国黑人作者颇有潜力的小说恰恰就失败在这一点上：作者拒绝采纳与他们复杂的实际生活环境相应的生活视角和丰富手法（经常是因为乡土意识，或者缺乏勇气，或者有投机心理）。他们害怕离开那个并不舒服的种族避难所到艺术的世界里去闯天下，这种事太常见了。”拉尔夫没那么做。

刚才是我让他自己说话。还有一件事，属于个人性质，我想在结束发言的时候多说几句。我想到拉尔夫的时候，脑子里经常会跳出卡明斯的一句诗：“天哪，他是个帅气的汉子，”[2]这是卡明斯写的——他指的是水牛比尔[3]。拉尔夫没有骑一

① 詹姆斯·麦克弗森（James McPherson，1936—　），美国内战史研究专家。

② 出自卡明斯一首题为《水牛比尔》（*Buffalo Bill*）的短诗，原句是：... /Jesus/he was a handsome man/... 下文中提到的“骑一匹溜光水滑的骏马”（ride a watersmooth stallion）和神枪手等也是出自这首诗。

③ 水牛比尔是美国西部传奇人物，本名威廉·弗雷德里克·科迪（William Frederick Cody，1846—1917），是南北战争期间的军人，后在西部拓荒，然后以马戏表演为主业，塑造了典型的西部牛仔形象。“水牛”是殖民者对美洲野牛（American bison）的误称，后习非成是，成为通称。

匹溜光水滑的骏马，也不是有名的神枪手。可他确实有一副早年沧桑时代汉子的模样，那个时代和我们今天相比，更为理性，更为严肃，更为勇敢。

致约翰·亨特（John Hunt）

1995年6月18日，波士顿

亲爱的约翰，

抱歉拖了这么久这么久。部分原因是我的病，基思［·博茨福德］可能告诉你了。我往下沉啊，沉啊，沉了好几个月。我平时就是这样，有的时候就弄不清怎么回事——总是不能集中注意力，可这一次所有的现实都抽离了，像地毯一样存放了起来。我觉得自己好像是在另一个世界里，这种感觉似有似无——我和这个世界的关系从来都是相对稳定的。不管我好像是到了哪里，那个地方都没有“时间”这回事。我并不是毫无知觉，却也不是一般意义上的清醒。六个星期以后，我从重症监护病房转到了“康复”病房。“康复”是一种委婉说法，指的是像婴儿一样虚弱。我不得不重新学习走路，学着像个成年人一样上厕所，辨认时间，等等。

我（我们！）多么希望能在法国和你在一起啊。可是就目前而言，我只能待在波士顿大学医院里。生活远离常规。我用的血液稀释类药物剂量很大，不过有人警告我说，阿司匹林吃两片就可能要了命。告诉你吧，我偶尔还写点东西呢，而且我又能看书了，可以放纵我对书终生的迷恋——就是太多了，看不过来。

搬到法国南部去是令人无比向往的事，不过有两个条件：1）要能找到一个人来买我们佛蒙特的房子；2）我肺部和心脏的病没有把我打垮——这个威胁现在还情况不明（而且可能性不大）。我所依赖的花岗岩全都变成了松散的沙砾。这就是兰波热衷的那种**所有感官的紊乱**[①]。可怜的兰波，他活的时间不长，而我呢，一个星期以前刚刚“庆祝”了我的八十大寿。人们说我看起来一点毛病都没有。**不开玩笑**[②]！

---

① 原文是法语：déreglement de tous les sens。——原注（兰波是十九世纪法国诗人，只活了三十七岁。这句话是兰波自己对“醉”的解释。兰波名诗之一即《醉舟》。——译注）

② 原文是法语：Sans blague!——原注

非常感谢你热情的来信。祝你和尚塔尔（Chantal）一切顺利。

约翰·亨特（生于1925年）是作家、科学家，五六十年代在巴黎的文化自由代表大会[①]工作过，先后供职于加利福尼亚州拉霍亚的索尔克生物研究所[②]、阿斯彭研究所和新泽西州普林斯顿的高等研究院[③]。

致赫伯特·戈尔德

1995年6（？）月，波士顿

亲爱的赫布——

你想过我们居然会活到本世纪末吗？我原来经常做心算游戏做到底，可从没想到能做过千禧年。也许我过不了啦。就像那位伟大的棒球哲学家说的，不到结束不算结束吧。

收到你5月24日的信有一个星期了吧。看信里说你哥哥去世了，很难过。我知道这种事意味着什么。我有两个哥哥，十年前去世，在同一个星期之内。我发现自己不知不觉地每天都会想到他们，不管在怎样奇怪的时候——就是不停地想。

我没有了对他们不满的理由。我不再像过去那样说他们的不是。我现在的年纪比他们都要大了，我的责任之一就是要以我的深情来保护他们。从这个意义上说，我也比我的父母大得多了。也许还真是好人命不长吧。给了我们更多的时间，就是要重塑我们的美德，让我们去适应死亡。

[你我之间] 好像的确是有点不对劲，也许主要还是空间上的原因造成的。中间隔着一整块大陆，没法常叙友情。不过我对你的感觉始终很温暖。可能有几个不协调的地方，但无论现在还是以往，都不是什么大事。我很看重你的判断和你的称许，希望你一切都好。

---

① 文化自由代表大会（the Congress for Cultural Freedom）是美国中情局1950年建立的冷战组织。

② 索尔克生物研究所（the Salk Institute for Biological Studies）位于美国加利福尼亚州南部圣迭戈（San Diego）的拉霍亚市（La Jolla）。

③ 这个高等研究院（the Institute for Advanced Study，IAS）1930年成立，是世界著名理论研究机构，但并不是普林斯顿大学的一部分。

赫伯特·戈尔德（生于1924年）作品很多，其中包括《心不在焉的人》（*The Man Who Was Not with It*，1956）和《还活着！暂时状态》（*Still Alive! A Temporary Condition*，2008）。

致索尔·斯坦伯格

1995年7月28日，西布莱特伯勒

亲爱的索尔——

收到你照片的时候，我正好又一次陷入了困境——我正在吃的一种药让我的舌头和上颚都肿起来了，没法吞咽。

简单说吧，我都快憋死了。我再次打起精神，挺了过来。不过那一个星期的时间可是太不愉快了，也没法打电话告诉你照片收到了。所以这可不是**无礼**[①]噢。再次击退那些暗杀的势力之后，我现在可以欣赏你和谐的构图了。我把照片放在厨房的壁炉台上，一边喝茶一边仔细看。我非常需要我正在欣赏的那种平衡尺度和比例，有的时候我甚至觉得自己在你的头脑里安营扎寨了，那可是平衡的源泉啊。

非常感谢！祝你安好！

贾妮斯和我期待着你的到来。

致约翰·亨特

1995年9月13日，西布莱特伯勒

亲爱的约翰，

我要是有更高的写作天分，就可以告诉你今年究竟是怎么过来的——可我表达不出心灵的神经蠕动和霍然展翅，还有那各种各样的思想等等，我只是这些东西得以释放的一个通道。

① 原文是法语：manque de politesse。——原注

总的来说，这个夏天并不讨厌。困难之处也很奇怪：我有足够的精力来完成上午的工作，然后就**没有效率**了。我散散步，午休时间躺下，下午就没了。写信的习惯也丢了。天黑以后，我就没法回到书桌前了。

许多个晚上我都在看福克纳的照片，就在你费心给我寄来的那本书里。本该写信给你表示谢意的，但是好几个月以来，今天是第一次有了一个完整的上午。[……] 对这本书，我**万分感谢**①。

一如既往（一切）。

致朱利安·贝尔斯托克

1995 年 9 月 13 日，西布莱特伯勒

亲爱的朱利安——

我不愿意想到你的化疗，可是每天都在想。医学好像在这个领域取得了很大的进步，就像在其他领域一样。不止一个医生告诉我，要是在五年前，我就挺不过来了。我有一种很明确的感觉或者说直觉，你我注定能撑下去，往前多走一点。保险统计常识告诉我们，我们能合理指望的也只有这么一点。我用祈祷把这些数据包围起来，问上帝他能不能再给我们一次喘息的机会。

随信附上的短篇小说［《圣劳伦斯河畔》］是我 1 月份出院的时候写的。杂志都变得很严肃（或者说很严肃地讲色情），几乎没有小说的空间了。《纽约客》愿意发我的东西，但是告诉我说，可发的字数要低于非小说作品，也就是那些中伤他人的“展示②”和对没什么恶意的人施加的诋毁。所以我接受了《绅士》更高的报价。他们的小说编辑拉斯特·希尔斯为我保留了一处多愁善感的软肋。

对我来说，如今还是像当年的吉本③一样。乔治三世见到他的时候对他说：“老是写呀写呀写呀，嗯，吉本先生？”

你永远的老朋友。

---

① 原文是法语：merci mille fois。——原注

② 原文是法语词 exposés。

③ 爱德华·吉本（Edward Gibbon，1737—1794），英国历史学家。

致马丁·艾米斯

1995年9月30日，西布莱特伯勒

亲爱的马丁——

如何解释我为什么没有写信：我马上就发现按这个打算去做只能放个臭弹。

说我“身体欠佳”，所有的事都暂停了，大半年的时间都在养病，说明不了多少问题。我是振作不起来。上午我看起来很正常——至少在我碰到了某些脆弱的地方之前是这样，然后这些脆弱的地方开始出毛病，我感觉到了自然规律对衰老的恶意。于是我怀疑自己永远也恢复不过来了——我太老了，没法恢复了。我有心脏问题（“房颤”），在这种心脏肌肉的颤动之下有一种无法忍受的惰性，也就是这种死罪原始的怠惰。我有足够的精力写一两个小时，然后我就回到床上去午休了！到三点钟，我才意识到这一天不知怎么就没了。我吃很多药——“受体阻滞剂”——这些药对大脑的影响很古怪。我很容易情绪低落。一天一天的日子飞逝而去，一星期一星期的都控制不住，一个月一个月，一季度一季度，就像旋转木马。

所以我做出的唯一认真的努力就是想，或者尽量去想，怎样摆脱这种紊乱而随波逐流的状态，落到比较坚实的地面上。

身边有很多书，可我并没有真正去读——书里的内容只是掠过我的脑海，没有进去。

怎么说呢，所有这些都是事实。但这还远远不是全部事实。我真的很喜欢贾妮斯的陪伴，喜欢这里的气候，夏日的蓝天绿地。我身体太弱，没法照料我们种的西红柿，也没法去挖地或者是修剪，可我并没有完全报废[1]。我也没有身体好到可以看见那个没肩膀的阿特拉斯[2]。这倒是个绝不掺假的好处，额外赠品，相当不错。

看你那篇谈《奥吉》的文章心里充满感激之情。不过你太宽容了。那本书我是一页都看不下去了。依我现在看，那就是一种狂风暴雨般形态不定的美国现

---

① 原文是法语：hors d'usage。——原注

② 阿特拉斯（Atlas）是古希腊神话中的巨人，因反抗众神之王宙斯（Zeus）被罚用双肩支撑苍天。

象——像行动绘画[①]一样。当时的确是有必要创造一种方法来应对美国生活中那些怪异的现实，显然我也确实有所创造。可我现在发现，这本书结构混乱得让人脸红，吵闹发火没有太多的意义。

真诚地祝福你。

艾米斯为人人文库[②]新版《奥吉·马奇历险记》写了一篇导言。

① 行动绘画（Action Painting）或动作绘画属于行动画派，这是抽象表现主义艺术的一个重要分支，1940年代出现于美国纽约。

② 人人文库（Everyman's Library）或人人丛书是一种大众普及版文学经典丛书，1906年由英国人创立，先后归属几家英美出版商。

1996年

致艾尔伯特·格罗策

1996年1月9日，布鲁克莱恩

亲爱的艾尔，

我在和俄罗斯史学家理查德·派普斯[①]聊天的时候想到了你。他正准备出一本列宁文集，收录的是最近开放的列宁早期文献——从1917年到1923年。他跟我说了说其中一些文献的内容，真希望你也在这儿听听。有一份文件是个命令，要求找到一百个富农然后把他们吊死。他的指示是，吊死就行了，就那么吊着，时间越长越好。我们几年前在美国把这叫作提高觉悟。另一方面呢，在哈佛还是会碰到一些人，他们自始至终对苏联本质上的善意有一种“恶语不听”式的执着。当然了，我们现在谈的是中产阶级的人格形成，而不是政治。

很多年没看《罪与罚》了——我准备今年冬天看的，但是对拉斯柯尔尼科夫杀那两个人的情景有着清晰的记忆。他等着，直到高利贷老太婆的妹妹离开，可就在他用斧子砍了老太婆的脑袋这个时候，门开了，他看到那个缺心眼的妹妹回来了，满脸震惊。他别无选择，只好把她也杀了。让他良心受到折磨的是他第二次的杀戮。我不记得他对第一次杀戮有过悔意。但是这个意外返回完全无辜的妹妹是个真正的信徒，而且和拉斯柯尔尼科夫最终与之结婚的妓女索尼娅是亲密的朋友。请转告玛姬，希望没有让她不高兴。我3月份看这本书，如果我弄错了第二个受害者，我会寄去一打美国丽人玫瑰赔罪。

我的健康状况日益好转。这话我只跟朋友说。生病给了我一大堆绝妙的借口来拒绝邮件里成千上万的各种请求。

---

① 理查德·派普斯（1923—2018），波兰裔美国学者、苏俄史学家。

星期四，贾妮斯和我要飞到科勒尔盖布尔斯[①]去参加我小儿子丹尼尔的婚礼。小儿子？3月份他就三十二岁了。都不年轻了，除了孙辈，就连他们偶尔也好像有了点皱纹——当然了，这是用我自己的老眼去看。我的眼角膜一定有问题了。[……]

祝安好。

致朱利安·贝尔斯托克

1996年1月19日，布鲁克莱恩

亲爱的朱利安，

我刚要走出树林，感觉自己基本正常了，医生们追了上来，把我叫回医院去做胆囊手术。第一轮康复还没有全结束，这就不得不又来了个第二轮。结果是又住进了同一个医院的同一条走廊，和我去年1月住的病房只隔两个门口。跟你这样一个从不抱怨的人发牢骚，这种事我做梦都想不到。我只是按时间顺序记录，可不是怨天怨地噢。现在手术已经过去三个星期了。我的肚子一定很像毕加索的邮票收藏品，手术留下的青肿已经消退了。只有一道明显的伤疤穿过我的肚脐。出于某种纯粹原始的神奇信念，我本来觉得肚脐是神圣不可侵犯的。我好像一直相信这地方永远不会切断。也许是某种恋母情结[②]的残余吧。不管怎么说，得知你身体很好，可以携家[③]出游了，我很高兴。

今天的邮件里有一封巴黎文化部的来信，邀请我出席3月下旬的“书展[④]”。这次书展的全国中心，信不信由你，在维尔纳伊街53号（53 rue de Verneuil）。你一定没忘维尔纳伊街吧。

不过这只是白日做梦。我不可能飞到巴黎去待三天，带回来一场时差反应，再花好几个星期缓过来。

贾妮斯和我已经从海湾州路搬走了，大学的这个样板公寓现在用来接待来访

① 科勒尔盖布尔斯（Coral Gables）是美国佛罗里达州东南部沿海城市，又译珊瑚阁。
② 恋母情结（oedipal 或者 Oedipus complex）又译俄狄浦斯情结，是心理学用语，源于希腊神话中俄狄浦斯无意中杀父娶母的故事。
③ 原文是法语：en famille。
④ 原文是法语：Salon du livre。

的消防员。[……]

希望这封信的两端都不要再有医疗方面的消息了。以上说明了为什么你一直没有收到我的信。

谨致亲切的问候。

致索菲·威尔金斯

1996年1月19日，布鲁克莱恩

亲爱的索菲，

我好像是落到只能写很短的信这个地步了，哪怕我很想写得和你一样长来回复你令人愉快的信。

我花了将近一年时间才康复，摆脱了心脏衰竭、双侧肺炎和神经系统中毒，然后，就在我以为可以把这一切都抛诸脑后的时候，医生们决定必须切除我的胆囊，这场手术又把我放倒了好几个星期，现在刚刚开始恢复。所以尽管我有好多七七八八的事情要告诉你，却做不到上午写小说、下午写长信了。看着图书馆里的书架，我也没法理解伏尔泰或者亚历山大·蒲柏这样的写信狂魔了。我太老了，不想看他们的书，更不用说他们的信了。年轻的时候我做什么都有时间。我看了很多书，在田径队赢得一席之地，追女孩子，站在肥皂箱上演讲。对伏尔泰我只能想到他的青春期一定特别长。可是歌德也在什么地方跟爱克曼[①]说过，他一开始认真写作，岁月就都消失不见了，他又回到了十六七岁。

不管怎样，我已经从第二次坠落中脱身了。我的小儿子丹尼尔上星期天在佛罗里达的科勒尔盖布尔斯结婚，贾妮斯和我星期四从这个通往北极的门户飞往南方冰雪全无的美景。结果被迫在洛根（Logan）机场等了四个小时的飞机。我事先就发誓绝不忍受长时间待在机场的那种折磨，而且我还真的带了医生写的一封信，证明我身体太弱，不能经受疲劳。可我还是忍了。我不想让孩子说我重要的场合**全都**不见踪影。所以我全程参加，包括和我的前妻、丹尼尔的母亲一起第二次走

① 约翰·彼得·爱克曼（Johann Peter Eckermann，1792—1854），德国诗人、作家，歌德的助手、助理，《歌德谈话录》（*Conversations with Goethe*）的辑录者。

向圣坛。整个罗马没有一个斯多葛学派[①]的人会不为我的哲学姿态而祝贺我。

请让我在弗洛伊德的批评者名单上加入我的名字。他要纯粹是个科学家，就远远不会有这么多读者。让他声名鹊起的是热爱文学的人（而且还不是其中的佼佼者）。他的病人是文本，他的诊断是文学批评。十九世纪伟大的**讨厌鬼们**[②]赠给我们的是由天赋予的隐喻才能。马克思的隐喻是阶级斗争，弗洛伊德的隐喻是俄狄浦斯情结。只要读过马克思的著作，就得用一场自我革命才能推翻阶级战争这个强有力的隐喻——整整十年，我都没法从其他角度来看历史。弗洛伊德同样用强有力的隐喻征服了我们，一段时间之后，我们就只能用弗洛伊德的医学观点来看待人际关系了。感谢上帝我解放了自己，否则就来不及了。

不管怎么说吧，这封信的目的是告诉你我们是多么爱你，多么想念你们俩。贾妮斯和我4月16日去纽约，因为要参加皇后学院的一个读者见面朗诵会。也许我们到时候能见到你。麻烦的是我们必须回波士顿来到学校去上课。如果皇后学院方面允许我改个日期，我们就可以加上一个周末，这样就有时间办点真正重要的事了。

祝你一切都好。

纪念埃莉诺·克拉克

（1996年3月9日在波士顿一神普救会第一暨第二教堂宣读）

四十年代末，我在曼哈顿见到了埃莉诺·克拉克。介绍我们认识的是保罗·米拉诺。那时她住在上东区，保罗说：“我要去拜访她，一起去吧。”我在《党派评论》上看过埃莉诺的文章。或许她也看过我的吧。回想起来，那时她是个活泼的年轻女子，身材优美，很有魅力，十分健谈，喜欢问一些很刁钻的问题。我想保罗是在罗马认识她的。我知道三十年代后期，她是托洛茨基在墨西哥城的一个工作人员。我总想问她，那次画家西凯罗斯[③]带领武装人员袭击托洛茨基的

① 斯多葛（Stoic）学派是古希腊哲学四大学派之一，强调听从理性和天命，主张坚忍禁欲，对痛苦或困难默默承受，泰然处之。

② 原文是意第绪语词 nudniks。——原注

③ 达维德·阿尔法罗·西凯罗斯（David Alfaro Siqueiros，1896—1974），墨西哥油画家和壁画家，墨西哥现代壁画的开拓者，墨西哥共产党领导人之一，曾参加西班牙内战。1940年5月23日带二十多人袭击托洛茨基在墨西哥城的别墅。

别墅，还用枪扫射，当时她是否在场。可不知怎么的，我一直没机会问。

《党派评论》早期带有托洛茨基政治思想的强烈色彩。这本杂志在三十年代就相当于二十年代的《日晷》，处于全盛时期，在玛丽安娜·穆尔[①]的主持之下——那是一本国际性的文学艺术期刊。十年后的《党派评论》中，艺术和左翼政治混在了一起。中西部的大学生们通过《党派评论》拓宽了视野，看到了广阔的世界。在这份杂志上，他们可以看到的作者有马尔罗、西洛内、纪德、奥威尔、奥登以及美国老一辈诗人和评论家艾伦·泰特、罗·佩·沃伦、约翰·克劳·兰塞姆、詹姆斯·伯纳姆、西德尼·胡克、迈耶·夏皮罗。突然间，年轻一代的美国人开始出现在这个让人觉得不可企及的群体里，而这本来在威斯康星州的麦迪逊和伊利诺伊州的厄巴纳这些地方都是做梦都想不到的事。正是在《党派评论》上，我们第一次看到我们自己的同时代人展露天赋之才——罗伯特·洛威尔、戴尔莫·施瓦茨、约翰·贝里曼、克莱门特·格林伯格、吉恩·斯塔福德、哈罗德·罗森伯格、詹姆斯·艾吉。埃莉诺·克拉克就属于这些有天赋的人，而且在我看来，还是上天赋予特殊恩典的人——先锋派、波希米亚人，一种开创者，他们踏入的领域代表着最美好、最深刻、最勇敢、最微妙的一切。

那些年纽约似乎是存在着一种文学家、画家、知识分子所独有的生活。时间很短。还没怎么到六十年代就消亡了。五十年代期间，作家们就已经纷纷流入大学从事教学工作。所以我 1946 年去明尼苏达的时候，就认识了罗伯特·佩恩·沃伦。他那时还没遇到埃莉诺·克拉克。我从来都不擅长记住时间。在这种事情上，我跟大多数人一样，用感情记钟点，用爱记日期。这些回忆的目的是想从某种侧面的或者间接的角度来看埃莉诺的生活。我还记得冬天和弗雷德·杜比[②]伉俪从纽约莱茵贝克[③]开车到康涅狄格州沃伦家去参加他们的一次聚会，弗雷德开车，让我们都按爵士乐时代的方式拿着酒瓶子大口喝威士忌。聚会持续到后半夜，而埃莉诺和瑞德与大多数客人不同，毫无疑问是一家人。

多年来，我在各种不同的情况下见到沃伦夫妇。记得埃莉诺以《洛克马里亚

① 玛丽安娜·穆尔（Marianne Moore，1887—1972），美国诗人，1925 年至 1929 年任《日晷》杂志编辑。《日晷》于 1929 年停刊。

② 即弗雷德里克·威尔科克斯·杜比（Frederick Wilcox Dupee，1904—1979），美国文学批评家，哥伦比亚大学教授，爱德华·萨义德的朋友。弗雷德（Fred）是弗雷德里克的昵称。

③ 莱茵贝克（Rhinebeck）是纽约州的一个镇。

凯的牡蛎》[1] 获得国家图书奖的时候，我们三个人一起坐在车里。那年我得了小说奖[2]，瑞德对我们俩说："够了。你们俩都拿了奖。趁这两个奖还有效赶紧走吧。"

二十年来，夏天我们经常在佛蒙特见面。埃莉诺的眼睛几乎看不见了，但是她仍然很有风度地招待客人。我们坐在屋外的平台上喝酒。谈话之间，她几乎没有注意到日落时的凉风和蚊子的叮咬。就像个真正的女族长一样，她做好了饭，坐在首席上，把炖菜舀出来，放进客人的盘子里。她经常因为我对社会问题摆老资格的观点对我大吼大叫，还抓住我的语法或是用法错误不放。不过那是因为她喜欢争论，喜欢尖锐的回答，喜欢对社会问题持激进的态度。她是一个英俊、勇敢、心胸宽广的女人。如果你没见过她漠视自己的残疾和虚弱，仍然像几十年前自己曾经健壮而美丽的时候那样生活，那么你就错过了机会，没有看到战斗精神和英雄气概最杰出的表现。

致理查德·斯特恩

1996年3月12日，布鲁克莱恩

亲爱的理查德——

你是我所知道的最宽厚的作家，无可匹敌。你这些萤火虫朋友可以确信，自己尾巴上亮起一种新色彩的时候，你纯洁的心一定会报之以欢欣。

去年冬天我出院以后（慢慢爬出来的），很自然地试了一两次，想看看电池里还有没有电。不用说，重复——也就是把老部队拉出来上阵——是行不通的。

而且……我至少还有四五个读者呢。上帝并没有抛弃我。万军之耶和华[3] 为什么让他们的人数减少，谁说得清？**我们继续干！**[4]

你健康而充满感激的朋友祝福你。

---

① 《洛克马里亚凯的牡蛎》（*The Oysters of Locmariaquer*）是一部美食游记，获1965年的美国国家图书奖。洛克马里亚凯（Locmariaquer）是法国西北部的一个海滨小镇。

② 贝娄1965年以《赫索格》获美国国家图书奖小说奖。

③ "万军之耶和华"（the Lord of hosts）出自希伯来语《圣经·旧约》，意为统辖万军之主。

④ 原文是法语：Continuons!——原注

致马丁·艾米斯

1996年3月13日，布鲁克莱恩

我亲爱的马丁：

我明白自己成了个非常差劲的通信对象。不是我把你忘了。我常常想起你。可是一想起来我就觉得应该好好给你写一封特别精彩的信才行。结果你就进了“善意库房”：

“现在不行。”

“那就先放一放。”

这是人的一种策略，用于应对衰老，还有死亡——因为还有那么多义务未尽，人是**不能**死的。我们这个聪明的物种在否认自己的弱点方面是如此富于想象力，如此足智多谋。

我是94年进医院的，在生物学意义上是个四十多岁的人[①]。95年出院的时候，我就成了“老水手[②]”，而“水手”是不写小说的。他只有一个故事要讲，是口头讲的。可是［我告诉自己］你仍然是个作家嘛，或许最好的办法就是接受这个“老”字。

这些困难我也许马上就可以全部解决，可我深陷于其中已经两年了。

我也变得健忘了。完全不同于你父亲的称名失语症[③]。我发现自己想不起来不喜欢的人叫什么名字——从某种角度看，这是一种令人愉快的残疾。我又发现，有些人的名字我想得起来是因为这样就不必去想他们了。有他们的名字就足够了。就像清点人数。

我猜得出来，你父亲坐在打字机前，有一本书要完成，这个时候他心里一定会是什么感觉。我的办法是转而去写那些比较好完成的短篇。我已经写了几篇这种东西了。就像重新学习走路一样——不过要是真正想做的是**跑**，怎么办？

我相信你在看着你父亲受这些罪的时候也想到过这些事。

上星期六我参加了罗·佩·沃伦的遗孀埃莉诺·克拉克的追思会。我跟她女儿罗莎娜说，不知不觉间，失去父母就像开车穿过一扇平板玻璃窗。你都不知道

① 或指自我感觉。

② 即柯勒律治的诗《古舟子咏》的主人公。

③ 称名失语症指看见东西叫不出名称，但言语相对流利。

它在哪儿，直到它粉碎，然后在很多年的时间里，你都不停地在捡那些碎玻璃片，一直捡到最后那些细小的玻璃碴。

你当然**就是**你父亲，他也是你。我对自己的父亲常有这种感觉，还多少有点希望死了以后能见到他呢。你父亲面对未完成的小说坐在打字机前会是个什么感觉，我相信我非常了解。就像我很理解你说你就是你爸爸一样。我可以在我父亲身上看到这一点，准确度相当高。他和我**好像是**从来就没有融洽过：我们对很多基本问题的想法**非常**不同。可这些现在看来都是表面现象。我对我儿子的做法就很像他对我的做法：烦得喘不上气来，然后深深地吸进一口亲情。

我很愿意承担起某种养父的责任。我对你确实有父亲一样的感情。把我们联系在一起的不光是语言，或者"风格"。对一些更为遥远却也更为重要的问题，我们有共同的基本认识。

而且我也没有真的到了最后关头。我应该还能活一阵子（不是预测而是期望）。"只要这副机器还属于我"[1]，哈姆雷特说。

爱你，祝福你。

马丁·艾米斯的父亲金斯利·艾米斯是知名作家，著有《幸运的吉姆》(*Lucky Jim*，1954年）等多部作品，在长期卧病身体状态逐渐恶化之后，于前一年10月去世，马丁在随后的回忆录《经历》[2]（2000年）中对此做了记载。

致莱因霍尔德·内文·杜蒙特（Reinhold Neven du Mont）

1996年4月12日，布鲁克莱恩

亲爱的莱因霍尔德：

哈丽特·沃瑟曼和我已经不能延续代理人和委托人的关系了。你可能听说了，

---

① 这句话出自《哈姆雷特》第二幕第二场，大臣波洛纽斯给国王和王后读哈姆雷特写给他女儿奥菲利娅的情书，这是情书的最后一句，原文是"...，whilst this machine is to him，..."，him 指哈姆雷特自己，"机器"指身体。朱生豪的译文是"只要我一息尚存"。这里用的是卞之琳的译文。

② 这本书的全名是《经历：回忆录》(*Experience: A Memoir*)。

我的新代理人是安德鲁·威利。哈丽特把我撵走，不再和我联系了，尽管还有些事情没有处理完。

不管怎样，我写信是想通知你，威利先生将代理我的所有事宜，他有全权代表我说话。你我一向关系很好，我们友好的来往方式不会改变。

希望你健康快乐。我得了几场病，大体恢复，又开始写作了。我刚完成一部中篇小说，希望与以往完全不同。

祝好。

内文·杜蒙特是贝娄的德国出版商奇维出版社的编辑。

致艾尔伯特·格罗策

1996 年 4 月 19 日，布鲁克莱恩

亲爱的艾尔，

我和耶塔［·巴尔舍夫斯基·沙赫特曼］说了说话，她告诉我，你看波士顿马拉松比赛的时候总是在终点处等你儿子跑过来，这是你的习惯。我也鼓励我三个儿子和我唯一的孙子安德鲁（Andrew）那些怪异的做法，安德鲁是在加州长大的，那个地方从来不缺稀奇古怪的事。所以我一直想上个星期一能见到你，可是耶塔说你都是很快就回去，不会过夜。本来上星期二要去皇后学院参加一个读书活动，是定好了的，可是皇后学院英语系的人瞎担心，星期一打电话来说第二天天气不好。他们催我赶紧乘下一班飞机过去。所以我实际上是星期一晚上到纽约市里的。星期二把该做的事做了。星期三下午以前就回到了波士顿。这是我第一次独自出门，很后悔没带上贾妮斯。我和你一样，有股孩子气，拒绝衰老。老古董啦，干吗不直接承认呢？冬天滚个雪球，想象着趴在雪橇上，像美丽的二十年代那样疯玩——1925 年我十岁啊。现在只留下了记忆，那种冲动的感觉仍然鲜活。

上星期日，就在波士顿，我在哈佛大学理查德·派普斯的那些朋友集会的时候［在商店俱乐部[1]］做了个发言，这个群体的成员都是波兰知识分子和（波兰

① 这是原文（the Shop Club）的直译。

来的）犹太知识分子。最起码来说，能加入进去的人都很特殊。要论知识分子风度，没人比得上这些东欧人了。我觉得那是个非常古怪的地方。我的主题是文学中的反犹主义（也称为对犹太人的仇视），几乎完全谈的是陀思妥耶夫斯基和路-费·塞利纳。后来我们参加了在派普斯家举办的一个聚会。客人中有许多人对我那个主题比我了解得更多，真希望能记住他们的名字。只有一个人的名字我还真想起来了，那是已故的詹姆斯·梅利尔的哥哥，一个鹤发童颜的老人，红脸庞，蓝眼睛，白色的鬈发，看上去就像刚刚把棒球外野手的手套忘在了大厅的桌子上。他身家数十亿，却那么清新，那么富有吸引力，让我为之倾倒。原来他是个对波兰历史和文学深感兴趣的业余学者。不过有两个人非要和我说话不可，我实在抽不出身来，一个是我一定是前世就认识的数学家，另一个是研究塞利纳的波兰专家，他用法语跟我讲塞利纳那些推荐“最终解决方案”的小册子，都是些让人恶心的笑话。

在乡下盖房子是个好主意，可完全是乌托邦式的理想。我喜欢独处，不过我最珍视独处的时候是在可以找到很多人作伴的情况下。此时此刻，佛蒙特的道路是泡在泥水里的。有泥水的时间该如何打发？或许我可以开创一种新的时尚：滑泥。我好像属于那种天然的革命家，经常想出一些花费昂贵的主意。[……]

我请你明年来看马拉松比赛的时候到我家来住。这会让你我增加一点生活的盼头。

祝好。

致约翰·奥尔巴赫和诺拉·奇尔顿

1996年5月3日，布鲁克莱恩

亲爱的约翰和诺拉——

不给你们写信的话，我几乎就不写东西了。和我通信的人都把我放弃了。不写东西意味着基本失常，我觉得我就可以说处于这种状态。我不是“醉了”而是“乱了”——我还没来得及做好变老的准备就老了。我一直在想到**那个时候我应该**做什么事，可我还在考虑应该做什么呢，**那个时候**就把我压倒了。

在重症监护室待了一个月，昏迷不醒，就这么厉害。最后我服气了。

我到波士顿来是很有必要的，因为［这里有合适的］医生。我有个五英尺长的搁板，上面全是药片。贾妮斯保障我按时服药，还要去看心脏内科医生、神经科医生、皮肤科医生、泌尿生殖科医生、眼科医生等。一位很友善的医生跟我解释说，在重症监护室待四个星期要六个月才能恢复。1996 年年底以前我绝对别指望恢复正常。

不过有很多事情还是值得我感谢的。要是没有贾妮斯，我现在就已经和我的祖先们在一起了。我确实经常想到**他们**，也慢慢向他们靠近。但是我想象不出哪一种生活或者哪一个维度里会没有她。见到我的父母、兄弟、朋友毕竟绝对不是一件确定的事。在我们获得的暗示上都覆盖着一大片模糊的许诺——那是暗示具有的一种不可知的气氛。在死亡的这一面，关于死后的生活，找不到任何确定的信息。

人最多能做的（**我**最多能做的）也就是写小说。我写了一部中篇——很撩人，但背景（总体而言）是一片墓地。等写得差不多了，我给你们寄去一份。

一定不要以为我把你们忘了。你们俩我都会想到的。但是我很少寄出信去了。我也几乎没法主动去看邮件。

希望你们健康，兴旺，快乐。

爱你们。

贾妮斯要我把**她**对你们的爱也写上。

这部撩人的中篇小说第二年春天问世，题为《真情》。

致詹姆斯·索尔特

1996 年 5 月 20 日，布鲁克莱恩

亲爱的吉姆，

我可比不了你那种喋喋不休的满不在乎，谁都比不了。真正的满不在乎深植于性格之中。那是老天爷扣住没有给我的禀赋之一。如果我能把事情看淡，我就会参加这次出游了。今年春天我出门两次，一次是去多伦多，把我累得筋疲力

尽，另一次是去皇后学院，弄得我心情很不好。跨大西洋旅行是我想都不敢想的事情。如果有两三个月的时间在巴黎恢复恢复，也许我能对付，但是跑一个来回是不可能的。还有，我比较不宽容，不会去写**没心没肺的**[①]奇闻趣事。就从你的信里摘一个体现这种技巧的例子吧，我喜欢纳博科夫的出租车这件轶事，可是你最后提到的毛茸茸的胸前一朵玫瑰这种形象把我的火给搓起来了。纳博科夫就是这样——史上搓火巨匠之一，专门和人对着干。他在什么地方说过，说得很好，他说博尔赫斯是个了不起的作家，然后又说博尔赫斯的作品就像漂亮的长廊，在第十八个或者第二十个门廊之后有人就说了："很好，可是房子在哪儿？"这是纳博科夫最好的一面。在他最为阴森可怖的一面，他就把女性的玫瑰别在了猿猴的胸口。

过去我常住在波顿街[②]伽利玛出版社的顶楼，那是一间小小的卧室，就像大萧条时期我在芝加哥已经习惯了的那种卧室一样：一个星期三块钱。我最喜欢的事就是跟着你在巴黎转，从一个热闹的聚会转到另一个。你很擅长让好朋友陪你消磨时光啊。把你的书信汇集起来，你就可以和塞缪尔·佩皮斯[③]一起上课了。

祝一切都好。

致朱利安·贝尔斯托克

1996年7月25日，西布莱特伯勒

亲爱的朱利安——

我好像开了个家庭产业，专门提供和病有关的消息，周围全是药（法语说就是médicaments）。写篇东西也得让吃药打断。心脏是主要问题——我一直怀疑这东西最后还是会找到我头上来。最凶险的是可迈丁，这是一种抗凝血的药，用来防止我中风。我出生的时候很正常，现在成了个血友病[④]患者，就像沙

---

① 原文是法语词dégagé。——原注

② 法国伽利玛出版社的地址就是巴黎塞巴斯蒂安-波顿街5号（5，rue Sébastien-Bottin）。

③ 塞缪尔·佩皮斯（Samuel Pepys，1633—1703），英国贵族，作家、政治家，以其散文和日记闻名，《佩皮斯日记》(*Pepys' Diary*)成为十七世纪最丰富的英国生活文献。

④ 血友病是遗传性凝血功能异常，即容易出血不止，和可迈丁（Coumadin）的使用有一定冲突。

皇的长子还有维多利亚和阿尔伯特[①]的后代里其他那些王子一样（这是他们跟我说的）。

上个月我想到了你（是**特别**想到的，因为我其实经常想起你），想起我们九年前在西北大学的队列里一起行进［为1937届毕业生举办的活动］。明年就六十周年了。这对我们俩来说都是个好事，对你的妻儿也很有纪念意义。

我在国内坐飞机出行了两三次。那次在加勒比海度假差点要了我的命，后来就没出过国。贾妮斯很想去巴黎。我们在工商信贷（拉斯帕伊大道上的银行）[②]留了一大笔钱，还有三年的利息，贾妮斯说我们可以住在克利翁大饭店，找一家四星级的餐厅请贝尔斯托克夫妇吃饭。这是个很不错的安排。贾妮斯不是个只有小创意的人。我支持她。我们可以在克利翁花天酒地一回，然后再和37届的毕业生一起行进。

此时此刻，我们在佛蒙特，看书，写作（运气好的日子里），种花。

我不问你的健康状况，因为我不想让你费那个劲来回答。不过你是知道的，我始终竭尽全力给你打气。

你的老朋友。

致海门·斯莱特

1996年7月25日，西布莱特伯勒

亲爱的海门——

几个月前，我儿子格雷格带着他那副意大利街头风琴手式的小胡子来看过你，说你身体不太好——这提醒了我，你我认识有六十多年了，在人生的这个阶段，我们体验的既是现在，也是过去。我写信是想说，希望你的病已经好了。当然了，老人对还活着的朋友生病是不会感到惊讶的。我最近可是提前实实在在地尝到了死亡的滋味（94年），这对所有八旬老者来说都是寻常事。

很奇怪，不知过去和现在是怎么在老年人的意识中混在一起的。我姐姐九十

① 即阿尔伯特亲王（Prince Albert，1819—1861），德国出生，英国维多利亚女王的表弟和丈夫，全名是弗朗西斯·阿尔伯特·奥古斯都·查尔斯·埃曼纽尔（Francis Albert Augustus Charles Emmanuel）。

② 法国巴黎拉斯帕伊大道（Blvd. Raspail）上的这家银行名称即为工商信贷（Credit Industriel et Commercial，CIC）。

了，住在迈阿密海滩[①]，每天都要到购物中心去买衣服，她不停地换呀退呀，衣柜里满满的，全是裙子、衬衫、鞋。她那些化妆品就像科学怪人的实验室，借助于那些东西，她觉得自己在世人面前还是六十五年前那个绝世美人。

至于我，你也许会问我为什么现在给你写信，因为我都失踪了有十一年了。你是个成熟的旁观者，也有可能觉得根本就不该问，所以就只是耸耸肩。

可是想象一下这些情景吧：一个星期里，我的两个哥哥都去世了，我参加了两个葬礼。84 年 6 月 10 日[②]，我六十九岁。就在那天，亚历珊德拉说她要和我离婚。她当时就搬出了公寓。走之前，她在她的东西和我的东西上分别贴上了圆形贴纸，很大的那种，绿的和白的。甚至浴袍上和软拖鞋上都贴着这种胶纸标签，像下了一场怪异的雪，绿色和白色的雪片又大又圆。

我没有跟你解释或者谈论这件事，因为我们的关系从来没有近到那个程度，所以我只是不联系了。我消失了。你肯定能理解，有些荒唐矛盾的事情是不能也不应该到处说的。我找到了一个开启新生活的机会（第五百次）。我离开了谢里登路[③]，而我们的友谊，唉，就搁置起来了。

向你和伊芙琳致以最美好的祝愿。

你满怀深情的老友。

致马丁·艾米斯

1996 年 8 月 8 日，西布莱特伯勒

亲爱的马丁——

飞机上的一位朋友拿了一份《美国之路》(*The American Way*)，这是美航（American Airlines）的内部杂志，我在上面看到了对你的采访，特别高兴，因为你的回答非常简短：

问：这座城市的哪些文学地标很重要？

① 迈阿密海滩（Miami Beach）是美国佛罗里达州一个海岛上的城市名。

② 本书前面的年表中，这些事都发生在 1985 年。

③ 指芝加哥的谢里登路（Sheridan Rd.）。

答：卡尔·马克思的墓。有很多人到海格特公墓[1]去看。

一个星期天上午，柯立芝总统[2]从教堂回来，他妻子问：

问：今天布道讲的什么？

答：罪恶。

问：牧师对罪恶是怎么说的？

答：他反对。

有趣得很（我的爱尔兰朋友戴维·格雷纳喜欢说“有趣得很”，我也沾上了这个习惯），你唠唠叨叨讲了半天民族风味的饮食。你做梦也不会想到要到西区去吃饭吧。我也不会。我在土耳其餐馆吃过非常好的饭菜。真奇怪，你回答一个饮食问题居然说了这么多，我很少看到你把一顿晚餐吃到结束，所以我对你谈的那些看法非常感兴趣。

这些天我吃得少了，睡得也少了。各种老年病迅速找上门来。抱怨身体不好是不礼貌的。我以前不这样，那个时候没有问题，我精力充沛，足可以浪费在各种蠢事上。可是现在我连做那些最重要的事都没力气了。在书桌前坐一个小时就累得够呛。写信谈谈 [你的新小说]《信息》(*The Information*) 现在对我也并非易事。一页一页读下去，你的文笔让我感觉很愉快。你的书总是这样。那些文字就把我震住了。可是不知不觉中我对你的这部小说开始抗拒，最后还是退缩了。

很久以前读塞利纳作品的时候，我就意识到了他的发现十分重要。在《长夜行》(*Journey to the End of the Night*) 中他好像在说，他的那些虚无主义者身上还总是多少残留着一点原则。所以鲁滨逊的女友要他表白的时候，他拒绝了。她气坏了，简直不相信自己的耳朵，说：“**你不也脱了吗？**[3]”——“你不也和别人一样硬了吗？这不是爱吗？”可是他不能对她撒谎。这是他唯一的原则，于是她用枪打

---

① 海格特公墓（Highgate Cemetery）在英国伦敦北部。

② 小约翰·卡尔文·柯立芝（John Calvin Coolidge，Jr.，1872—1933），美国第 30 任总统，以少言寡语闻名，有很多此类轶事流传。

③ 原文是法语：Tu ne bandes pas?

死了他。他为自己唯一的信念死了。

我的感觉是，在“先进的”国家里，鲁滨逊们已经变成了塞利纳们——他们独立思考，他们似乎是独立的哲人。这是你所谓“坏消息”和“糟糕信息”的一部分。作者和角色都在“思想之旅”的途中，以这样那样的方式和盛行的虚无主义搏斗。在遇见的和/或者写到的人寻找（而且找到了）思想的时候，作者需要或多或少切断与抽象概念的联系，紧紧抓住现象不放，全心全意拥抱这些现象。我们没有义务在智慧的层次上向占统治地位的哲学证明自己是对的，以便获得“真实可信”这种承认。

当然精神上的痛苦是巨大的。我们不想抛弃那些遭受折磨的人。可是加入他们的思想偶像崇拜其实对他们没什么帮助。

所以我或多或少赞成贾妮斯的看法。她这么说：“我们应邀去凝视虚无。可我们发现的不是空虚，而是信息。”我的建议是，我们和思想领袖也就是那些所谓虚无主义者达成一致——我们乐于如此。塞利纳的鲁滨逊仍然拥有一个自己的想法。那是他独立的限度。我们连这个都正在失去。

一封不太欢乐的信。不过你的确指定了我作为你精神上的父亲，而以上所说就是这个精神上的父亲认为你需要的东西。

毫无疑问，他这里随信寄去的是他最深情的爱。

致海门·斯莱特

1996年9月9日，西布莱特伯勒

亲爱的海门，

我这辈子都想不起来对你的“性格”有过什么不满。我们认识有六十来年了（一想到这个年头我就崩溃了）。要是真有人让我拿我的性格和你的性格相比，你不费吹灰之力就赢了。不过我得承认，那些年在北谢里登路，我的生活一塌糊涂。我要是说了什么的话，也许我真正的意思是，要当个小说家，就必须有一种不那么让人佩服的性格。

不管怎么说吧，在我们这个年龄，和死亡这样近距离接触，应该让我们彼此宽容了。我很高兴你解释了慢性病造成的贫血。否则我不会知道这种情况有多么严重。就我自己来说，我是真受够了这些病了。就说今天吧，我就一直在等一个医护人员来给我静脉注射抗生素。正常情况下（也就是说过去）这不是什么大事。但是经历了两年反反复复的病啊康复啊，谁都会不耐烦了。我想死了的人会说我们发牢骚太不知感恩了。可是健康这事，非有即无。让我整天不能出门的不是因为这个混蛋没来，而是因为我的病症挥之不去，到头来把我逼得发疯。我摆脱不了啊。

原来阿贝·考夫曼去世了。二十年他一封信都没给我写过——想想好像有四十年，我们只知道他走了，除此以外还是什么都不知道。我尽我所能，频频向考夫曼示好。可他对我趾高气扬到了可笑的地步。二战前不久我在大英百科全书莫蒂默·艾德勒[1]手下工作，阿贝要求我、强求我或者说命令我把他放进发工资的名单里。我想了些办法做到了。然后阿贝讲了一番话开导我："你能这样做是很自然的事，说明你理解人的上下之分。你知道因为我的地位比你高，所以你对我有服从的义务。"

侮辱我比向我道谢容易。无论如何，他也不想为什么事被迫对我表示感谢。最后一次收到他来信的时候他刚在哈佛大学拿到博士学位。行啊，希望他下次投胎比这次幸福吧。想到我们可能会在永恒中一次又一次地冒出来倒是挺有趣的。

保持联系是个好主意。我感觉你康复的可能性比你想的要大。

祝福你。

致詹姆斯·伍德

1996年9月9日，西布莱特伯勒

亲爱的伍德先生，

用国会的行话来说，这是一封**暂时解决问题**[2]的信。

我本打算认真写一封长信来感谢你多次善意的表示，包括《新共和》上的许多评论在内。贾妮斯和我特别感谢翻译作品中能收入波兰诗歌。

① 莫蒂默·杰罗姆·艾德勒（Mortimer Jerome Adler，1902—2001），美国哲学学者、编辑。

② 原文是拉丁语：pro tem。

我是个着迷的或者说**狂热的**[①]读者，几十年来阅尽小说戏剧中各色老男人形象，自认为对这类人已经了解透了。可是真正**成为**其中一员却让我惊讶不断。我想想看：有《俄狄浦斯在科罗诺斯》[②]，有易卜生[③]的《当我们死而复苏时》[④]里面那位老雕塑家，当然还有李尔王[⑤]、《麦克白》里的邓肯[⑥]和《哈姆雷特》里的波洛纽斯，还有乔纳森·斯威夫特笔下的斯特鲁布鲁格人[⑦]——让人讨厌又杀不死的老人，还有《战争与和平》里的保尔康斯基老公爵[⑧]，有《卡拉马佐夫兄弟》里的佐西玛长老[⑨]，有《小老头》[⑩]，还有生命中最后几年的叶芝[⑪]。然而说到令人费解的年龄和青春，所有这些对于了解你自己都毫无用处。这个话题就谈到这里吧。我都说不出来到底是个什么感觉。

我现在才明白我一直都是个多么拖拉的人。我把想做的事都放进库房（就是我老说的那个善意库房），相信以后还有无穷无尽的时间，可以把事情都处理完，可是几年前我终于开始明白，我年纪太大，已经做不完储存柜里也就是日历上那么多应该做的事了。我一边看你那篇托·斯·艾略特的文章，一边就开始构思回信，有的时候还在脑子里考虑措辞，可是我还没有把信写在纸上，你就会早早地把你那篇文章给忘了。话音甫落即为一股狂风吹走，无论如何也是听不见了。

这封信我想先简单写几句说明一下情况。近几个月内我会好好给你写一封长信。

谨致最美好的祝愿。

---

① 原文是法语词 enragé。

②《俄狄浦斯在科罗诺斯》（*Oedipus at Colonus*，前 401 年）是古希腊悲剧作家索福克勒斯的最后一部剧作，写暮年的俄狄浦斯失明后流浪到科罗诺斯城，内心十分平静。

③ 亨利克·易卜生（Henrik Ibsen，1828—1906），挪威戏剧家，诗人。

④《当我们死而复苏时》（*When We Dead Awaken*，1899 年）是易卜生最后一部作品，有自传性质，又名《尾声》，因又译《当我们死者醒来的时候》而有时简称为《醒来》。

⑤ 莎士比亚悲剧《李尔王》（*King Lear*）的主人公。

⑥ 即剧中被麦克白所杀的邓肯王。

⑦ 斯特鲁布鲁格人（Struldbruggs）是乔纳森·斯威夫特《格列佛游记》第三卷里拉格耐格王国（Luggnagg）里的人，他们出生时正常，但不会死，只是会变老，因为永不死亡的可怕前景而变得固执、乖戾、贪婪、孤僻、自负、饶舌，被人遗弃，永生成了无尽的痛苦。

⑧《战争与和平》主角之一安德烈·保尔康斯基（Bolkonsky）的父亲。

⑨ 佐西玛长老（Father Zossima）是陀思妥耶夫斯基在书中塑造的一个正面形象。

⑩《小老头》（*Gerontion*）是托·斯·艾略特 1920 年的一首诗。

⑪ 据称叶芝晚年作品更趋个人化，而且非常高产。

致赫伯特·密特冈[1]

1996年9月21日，佛蒙特，西布莱特伯勒

亲爱的赫伯特，

我现在口授几句话，回复你9月2日的来信。

我一直很喜欢斯塔兹［·特克尔］[2]。我们都是在芝加哥的洪堡公园区那一带长大的。这片城区最初是德国人最多，后来依次是斯堪的纳维亚人、波兰人、乌克兰人、犹太人，现在主要是波多黎各人。斯塔兹本来是雄心勃勃要当演员的，他裤子后面的口袋里总是露出《综艺》(*Variety*)杂志，从这一点就能看出来。

斯塔兹的芝加哥肯定不是我的芝加哥。他的芝加哥充满神话。他的神话很普通。要想说清楚的话，有个方便的办法，就是请你看看卡尔·桑德堡的作品。桑德堡自有其诗人的天赋，但是他做广告也很有天赋。如果说他们向世界展示的芝加哥是经过风格化的形象，我觉得并不过分。那就是《人民，好》[3]！大众主义是他们神话的来源。对他们来说，没有必要去思考如何描述哪种现象，因为他们已经有了意识形态上的现成材料、图形、模式等。诗人和街头演说的人可以用口号，可是口号不适用于作家。我很容易就能看出斯塔兹·特克尔使用的资料来源，因为我很年轻的时候也用过这些东西。大萧条初期，我们都是左翼分子。我想说的是，正如你很快就会发现的那样，随着我的年龄增长，我对左翼的同情逐渐消失。在保守派执政时期（艾森豪威尔等）——冷战期间也是同样——斯塔兹始终很坚定，他很忠诚地原地踏步，直到［六十年代］年轻的中产阶级大众又一次准备在他身后排起队来为止。

我一直认为你是个好人，希望你不会利用我的坦率来对我不利，让我看起来像个滴水的丑八怪石雕像。现在我算是明白了，为安全起见，绝对不能认为一个好人就不可能以不公正的方式利用又粗心又轻信的**傻蛋**[4]。

顺致安好。

---

① 赫伯特·密特冈（Herbert Mitgang，1920—2013），美国作家、编辑、记者、媒体制作人。

② 路易斯·斯塔兹·特克尔（Louis "Studs" Terkel，1912—2008），美国作家，口述历史开创者，演员，播音主持人，曾获普利策奖。

③《人民，好》(*The People*，*Yes*）是卡尔·桑德堡1936年的一首诗。

④ 原文是意第绪语词：schnook。

纪念耶塔·巴尔舍夫斯基·沙赫特曼

（录自1996年9月22日，纽约，耶塔·沙赫特曼的追思会程序册）

六十五年前，在芝加哥洪堡公园区，我和耶塔·巴尔舍夫斯基是图里高中的学生。我们是同一年出生的，她比我早一点，也就是1932年毕业。耶塔是班上的演说家。她演讲的题目，有一次我记得很清楚，是《未来属于年轻人》。这个嘛，当然的确是这么回事。保险统计数据表明，不管你喜不喜欢，年轻人**一定会**继承未来，而且不太令人愉快的一面是，未来即便不是扔给他们的也是硬塞给他们的。艾尔·格罗策告诉我说，这个笨拙的口号是卡尔·李卜克内西①发明的。三十年代的极权主义产生了非常恶劣的青年组织——德国的希特勒青年团、苏俄的先锋队和共青团。墨索里尼有黑衫军。英国和美国最糟糕的就是贝登堡②的童子军运动。童子军最可称道的一点就是他们没有对未来造成太大的伤害。

耶塔在高中的时候有段时间是共青团的一员。她离开了这个运动。也许是开除的。她太善良，太温和，太有魅力，当不了第三时期③铁面无私的斯大林主义者。我记得耶塔退出运动的时候她母亲很难过。那是个非常端庄健美的黑发女人。要知道，我就住在街角，在勒莫因街。巴尔舍夫斯基一家住在斯波尔丁大道（Spaulding Ave.）上，就在界区街北面。我经常去她家。我认识她的几个兄弟，也认识她父亲。我想他是个木匠。他那辆破车的后座上到处都是锯子和锯末。那个时候人们不会既有轿车又有卡车。有家室的男人会买一辆旧旅行车④而不是卡车，卡车前面坐不下四个孩子和一个妻子。巴尔舍夫斯基很少说话，看得出来脾气很好，很爱孩子。我还认识了耶塔的祖父，我为我母亲念祈祷文的时候经常在犹太会堂见到他。他是个单纯而极为正统的矮个子驼背老人，一把大胡子好像是从他体内冲出来的，把他的脸裹了起来。他戴着圆顶硬礼帽，穿着有松紧边的靴子。老妇人们似乎是狂热激进的共产主义同情者。祖父们则是虔诚的教徒。

---

① 卡尔·李卜克内西（Karl Liebknecht，1871—1919），德国革命家，国际共运宣传组织领导人。

② 罗伯特·斯蒂芬森·史密斯·贝登堡，第一代贝登堡男爵（Robert Stephenson Smyth Baden-Powell，1st Baron Baden-Powell，1857—1941），英国陆军中将、作家、童子军运动的创始人。

③ 第三时期（the Third Period）是1920年代末国际共运向左倾转化的过程中共产国际对形势的一种总体估量理论。

④ 这里的旅行车（touring car）指带折叠式顶棚的敞篷车。

出席毕业典礼的移民父母们都很喜欢耶塔的演讲。在台上，这位身材苗条、声音高亢的年轻女子无畏而强势。她的举止好斗且急迫。从她口中出来的有“赤贫”和“和缓”这种字眼。“和缓”这个词我只在书上看到过。我从来没听人说过。以天然的自信公开说出来是需要勇气的。而耶塔是个温和的人，她向毕业班的家长们传递的是一个无法抑制的强烈信息。“我们会好好待你们的，”这就是她要对他们说的话，“我们会让你们感觉到和缓。”耶塔身上有一种奇异的认真。

别忘了，这是1932年。大萧条即将来临。希特勒和罗斯福在世界舞台上刚刚开始说话。

耶塔让我多少了解了一点世界政治。我们经常放学后一起穿过洪堡公园。那个时候我已经是“文学的”了，而她是政治的。她给我看托洛茨基谈德国问题的小册子。我记得托洛茨基论证的观点是，斯大林的政策促进了希特勒的崛起。斯大林不会与社会民主党和其他左翼派别结成防御同盟。

天气好的时候，我们坐在洪堡公园船屋的台阶上，巨大的拱门下面，或者坐在玫瑰园里，那儿立着两只青铜的北美野牛。她给我讲列宁主义，讲集体化，讲民主集中制，讲斯大林比不上托洛茨基的地方。那个时候她已经和内森·戈尔茨坦订婚了，而戈尔茨坦从激进思想转向了托洛茨基主义。

到1933年，我和耶塔都升学进了克莱因专科学院，这所学校很快就因为缺钱倒闭了——那些年里，这种事很平常。

罗斯福在前一年11月的大选中获胜以后，［安东·］瑟马克①市长前往佛罗里达，目的是筹款以便支付教师工资。正是在那里，一个刺客向罗斯福开枪却打中了瑟马克。因此瑟马克是一位烈士，是为教育牺牲自己生命的。随着他的去世，爱尔兰裔民主党人接了班，造出了一部从那以后一直统治着芝加哥的政治机器。

我充其量不过是政治活剧的外围旁观者。不过耶塔也喜欢小说。她让我看罗曼·罗兰②的《约翰·克利斯朵夫》——足足三卷。非常激动人心，看一个浪漫巨人如此生活。几十年后我想重读一遍，却感觉书里不过都是些废话而已。

---

① 安东·约瑟夫·瑟马克（Anton Joseph Cermak，1873—1933）是捷克裔移民，时任芝加哥市长，1933年2月在佛罗里达被误伤，一个月后去世。

② 罗曼·罗兰（Romain Rolland，1866—1944），法国作家、思想家、音乐评论家、社会活动家。其长篇巨著《约翰·克利斯朵夫》（*Jean Christophe*）完成于1912年。

我想我加入耶塔热衷的活动是为了耶塔的缘故，因为她对我极为重要。有的人可以把你拉入其生活之中，同时又在你的生活中驻留，她就是这种人中间的一个。即便是基因上的小意外让她的一只眼睛看起来位置不大对劲，却也为她的外貌增添了温暖和悲伤。我总觉得她有一种很明显的犹太人之美。这种事是说不清楚的，就像那些听了毕业演讲的移民家长说不清楚“和缓”这个词的意思一样。另一个人的特性中总有某种东西是非常神秘的，而每个人还都能以这样那样的方式对这种东西做出回应。爱是个不错的词，可以解释这种回应。今天的纪念证明了耶塔的神秘力量，那就是身为耶塔的力量。

致海门·斯莱特

1996年11月25日，西布莱特伯勒

亲爱的海门，

我今天不会用我深刻的思想来骚扰你。首先想说的是，看了你的来信非常高兴，想了很多种回信的方式。几年前我得了一场大病，从那时起我就知道了，人们问你身体怎么样，其实并不是真想要你详细回答。当然这个病人对自己的情况和病是有很多考虑的，可以告诉他们一些比较深入而且具有长期价值的东西。不过你可能也会发现，讲到紧要关头了，他们的目光却是呆滞状态。病后康复的人能做的最高尚的事就是帮他们解困，也就是说，不要让他们因为提了问题而不得不承受结果。在某种意义上，这就像变老一样。最好不要打算告诉别人老了是什么感觉。

贾妮斯和我在佛蒙特和布鲁克莱恩之间来回跑。每年的这个时候，佛蒙特都变得很阴沉，也有点危险。猎人们出门去找免费的肉，一头鹿，来做感恩节大餐。我们买了深红色的风雪大衣，因为打猎的人在树林里喝醉了，四面八方乱放枪。开枪狩猎到这个月底就结束了。贾妮斯教我在野地里滑雪，可我担心最近腿不行，滑不了雪。我好像没跟你说起我的小儿子丹尼尔吧，他是个记者，一直在我们当地的一家报纸《布莱特伯勒改革者报》(*Brattleboro Reformer*) 工作。佛蒙特的吸引力之一就是他们两口子就住在附近。他们搬到两个小时车程以外的拉特兰（Rutland）城里去了，因为他有了个新工作。他成了《拉特兰先驱报》(*Rutland*

Herald）的编辑，这样我们以后见到他的时候就少了。他长大以后喜欢写东西，爱看书，不过他现在对生活的了解比我在他这个岁数的时候可多多了。我大儿子，今年春天好像去看过你的那个，他现在在加利福尼亚。他女儿长得挺好看，是个二十四岁的年轻姑娘，现在在纽约，我二儿子亚当也在那儿。丹尼尔是我最常见到的孩子。

至于波士顿，这是个傲气十足的城市，非常看重自己丰富的文化资源。那么多艺术画廊，那么多室内乐演出，那么多文学社团，河对面就是哈佛，随时可以回答你能想到的任何问题。它并不垄断最优秀的人才，但是最优秀的人才确实是或者说号称是在它这里集中得最多。我们住的布鲁克莱恩有几个好朋友，在哈佛也有两三个。我们很少见到他们。想做什么就做什么，面面俱到，这我从来就无能为力，但是要想拥有真正的天赋去维系各种关系，得比现在年轻得多才行。我们年轻的时候拥有的东西仍然是最好的。住在海德公园，有一件事让我心烦，让我伤心，那就是要路过我那些去世的朋友们住过的房子，甚至是五十多年前我自己经常往外看的窗子。每天路过这些地方我都感伤不已，这是促使我搬到东部来的原因之一。这里没有让我感伤的过去来烦扰我。

我们有的是一伙令人愉快的伙伴和对手，对吧？

我在波士顿大学只教春季学期，所以一年有八个月的空闲时间。我们不再经常旅行了，因为我很容易疲劳。我一年多没去纽约了，不过贾妮斯和我明年4月要去芝加哥。这给了我们四个月的时间来做聚会的计划。

你完好无损的朋友祝你一切都好。

1997年

致朱利安·贝尔斯托克

1997年1月14日，布鲁克莱恩

亲爱的朱利安：

1997——都这个年份了！很久很久以前，我常玩算术游戏，算算到本世纪结束的时候我多大（1915年生）。2000年是八十五。一个非常不自然而且挺可笑的数字。所以我八十一岁那年我感觉特别不真实，一笑而已，只是那绝非玩笑。我埋怨自己怎么总生病的时候，其实埋怨的是我的恢复能力在下降。过去我做手术或者得了肺炎都不怕，很快就又能活蹦乱跳了。现在我穿裤子的时候都站不稳。平衡感没了。我住重症监护室减了六磅。康复期间增加了有八十磅，现在都减不掉了。不管怎么禁食，系腰带的时候都得屏住呼吸。

还有呢，脸上、头上、手上、脚腕上都有老年的标记了。脚腕就像带蓝纹的乳酪一样——对自恋者竟如此惩罚！而且是在一辈子对自己顽固坚持现实主义、为忠实记录事实而如此骄傲之后！从很多方面来说，最糟糕的是记忆力衰退。昨天我竟然把缪丽尔·斯帕克[1]给忘了。今天是有个剑桥教授的名字想不起来了，他的书我很喜欢——博根（Bogan）吧，也许。有个笑话是说一个老家伙的，我现在能理解了，他跟医生说："有三样东西是我记不住的：名字，脸——第三样我想不起来了。"这是那个知道你哥哥亚瑟管你叫什么的家伙说的，1935年的事！那么我该奋起搏斗，把这副正在垮塌的骨头架子给建起来吗？

所有这些，都是为了解释我们通话的时候为什么我有可能听起来情绪低落。其实呢，听见你那熟悉的声音那么有劲，我有点吃惊，也很高兴。你听起来不慌不忙，刚收到的信上，你的字很有力，字迹也很清楚。

---

① 缪丽尔·斯帕克（Muriel Spark，1918—2006），苏格兰小说家。

对了，**不是**博根——那个人叫丹尼斯·**布罗根**，那本书是写十九世纪法国政治的。布罗根简直黄到家了。他跟我说了一件事，太难忘了，是说他的一个女朋友。他们在出租车里，她说："丹尼斯，我想让你看看我对你的感觉。"她撩起裙子，把他的手放在她的隐秘部位——正如我们的国歌所唱的那样，真是勇敢地流淌。和你说起此事是**为了让你开心，亲爱的老朋友**[①]。我向你致以世界上最美好的祝福。

继续战斗，有空来信。

致菲利普·罗斯

1997年5月7日，布鲁克莱恩

亲爱的菲利普，

你的信迫使我重新思考了一番我这部小说，我承认，到现在我都没有想明白。我想过痛苦这个问题。跟着人物走下去，他们引导着我去审视他们的玩世不恭。他们不得不"以幽默的方式"玩世不恭，他们可能希望的是结束他们机智的然而最终令人疲惫不堪的彼此观察。也许他们觉得自己的痛苦可以消耗殆尽，或者可以减弱，或者在他们的有生之年就可以结束。

所以我的结论是，必须把痛苦视为理所当然。

哈里·特雷尔曼（Harry Trellman）很愿意——不，应该说很高兴——最终拥有艾米（Amy），不为别的，就因为她是艾米。她就是抹不掉的、不可替代的真情所系。所以，就像博多·海辛格（Bodo Heisinger）很高兴娶回曾经和他签过合同的妻子一样，哈里向艾米求婚了，尽管他听到了她在某个来自纽约的陌生人身下发出的叫声。他意识到了自己很想和她在一起，数十年来几乎每天都在（单方面）和她说话。

但是他并没有做什么事来让她想到自己。尽管如此，他还是看出自己不知何故总归要属于艾米。因为她是他的真心所爱。

这一切都是有迹可循的，这条线索隐藏得非常之深，不但可以逃过夏洛克·福尔摩斯的眼睛，就连夏洛克的哥哥迈克罗夫特（Mycroft）都看不出来，而这俩人中迈克罗夫特要聪明得多。这个必不可少的暗示是什么呢？就在艾米和博

① 原文是法语：pour t'égayer，cher vieux copain。——原注

多太太的对话里。艾米跟博多太太讲杰伊（Jay）怎样为他的勾引行动做铺垫。他的智力给两位女士留下了深刻印象。他引用大作家之言——当然不说明出处。她一字不差地背了一段。杰伊是从一本书里摘的，她找到了那本书。书里画线的那一段讲的是人脸的精神特征。宇宙中没有一件东西与之相似。整个主题总结成了几句话："一个人的脸是世界上最神奇的生命形态。从中可以看到另一个世界的光芒。"像哈里这样一个世故的人，他的世故没什么用处，就把艾米的脸当成了他的**真实寄托**。他有这个需要。非拥有不可。

好啦，不敢妄言我已经说清楚了。我只是感觉如此。不过我是（短期）死而复生的人，没有能力把这个道理讲得让人（你或者我）可以接受。

你真能干，帮我找到了或者说联系上了伊利亚德。你有［诺曼·］马内阿那篇文章的副本吗？［……］

5月底以后我们在佛蒙特。

祝好。

罗斯对贝娄新作《真情》作了评论。诺曼·马内阿的文章涉及贝娄在芝加哥社会思想委员会的前同事、宗教历史学家米尔恰·伊利亚德，文中详细讲述了伊利亚德二战期间在罗马尼亚的亲纳粹活动。这篇文章先发表于《新共和》，后收入马内阿的著作《论小丑：独裁者与艺术家》（*On Clowns: The Dictator and the Artist*，1993）。

致理查德·斯特恩

［未注日期］西布莱特伯勒

亲爱的理查德——

你做得对，把可怜的思蒂［·科根］去世这个消息告诉我。我是从［乔纳森·］克莱因巴德和她儿子［马克·科根］那儿听说的。**砍伐的橡树**[1]倒下得越

① 原文是法语：chênes qu'on abat，出自维克多·雨果，安德烈·马尔罗用作书名《砍倒的橡树》，讲述与戴高乐最后一个下午在一起的情景。——原注（雨果的诗句是：噢！为赫丘利焚身而砍倒的橡树，在黄昏里发出何等狂暴的轰鸣！——译注）

来越快，树林越来越稀疏了。在洪堡公园的那些岁月里，思蒂家和我家在同一条街上。我少年时代的一个壮举就是，每个星期天早上从她家前门这边爬上去，把她从二楼的房间里接出来，和我们一起去郊游。一卡车的高中生欢呼雀跃。

现在来点儿健康的怀旧吧，换换心情。

你可以相信我，我开列的在国家肖像馆发言的人名单上是有你的。那些安排没有征求我的意见。不过你从芝加哥飞过来真是太好了。你穿着那件双色衬衫，看起来也很帅。而且你笑得也很灿烂，面色鲜艳。"容光焕发啊，"少年女子体操队的老师们喜欢这么说，"不是大汗淋漓，而是容光焕发。"

深情问候阿兰。

永远是你的朋友。

诗人阿兰·罗林斯①是理查德·斯特恩的妻子。

纪念思蒂·科根

（1997年5月16日，伊利诺伊州，海德公园，思蒂·科根创办的"精选音乐"[Mostly Music]组织的纪念会，贝娄缺席，由他人代读）

几十年前，一个6月的早晨，我们乘着卡车到了思蒂的家。她的房间在二楼，俯瞰着洪堡公园。去郊游的人按着汽车喇叭，大声喊叫。我们准备到沙丘去。她的门铃可能是坏了，要么就是我觉得坏了，于是我就像约翰·巴里摩尔②还是道格拉斯·范朋克③那样爬上那栋楼的正面，砰砰地敲她卧室的门。我想这让她很高兴。说了什么我不记得了。不过那是个非常美好的时刻。

思蒂身上有一种俄罗斯风味。她穿着吉卜赛人的衬衫，戴着珠子和手镯。那个时候我们都有些像俄罗斯人。我们没穿内衣，而是穿着系带的粗布游泳衣。在那些虚荣的青春岁月里，我们的口袋和我们的脑袋一样，几乎都是空空如也。

对思蒂的少女时代，这是我最喜欢的回忆之一。如今我们在世上的日子快用

---

① 阿兰·罗林斯（Alane Rollings）是理查德·斯特恩的第二任妻子。

② 约翰·巴里摩尔（John Barrymore，1882—1942），美国默片时代著名演员。

③ 道格拉斯·范朋克（Douglas Fairbanks，1883—1939），美国默片时代著名演员。

完了，我十分珍视那个青春的时刻。炫耀吗？那还用说。不过惊鸿一瞥间，她的确美丽，而我并没有自大到那个程度，居然会看不出来。

致菲利普·罗斯

1997年6月17日，西布莱特伯勒

亲爱的菲利普，

先说明一下：你提到［诺曼·］马内阿对罗马尼亚的幻想是“他在流放中想象出来的神话”。我跟他谈得还不够多，对这个神话没什么概念，听你讲讲应该会很有趣。我很纳闷他的笔记本怎么会在汉莎航空[①]上丢了。你说他下飞机的时候把笔记本落在他旁边的座位上了？你一定知道，我不是弗洛伊德学派的人，我从来不相信一个人的生命只不过是他无意识活动的一个幌子。尽管如此，把他访问祖国的日记弄丢，一定有某种充分的理由。

我不知道奥威尔谈斯威夫特的文章。我会想办法从布莱特伯勒图书馆或者波士顿大学要一份。的确，我们很难认识到奥威尔的深度，因为他非常清楚自己在做什么。

几年前，贾妮斯和我接到邀请去参加一个为欢迎［瓦茨拉夫·］哈维尔举办的晚宴，在我们住的纽约酒店里看到一个通知，大意是说晚宴已经改为一场公开的庆祝活动，地点在河滨大道一百二十街路口的大教堂（忘了叫什么名字）。我们到那儿的时候，教堂里边和在门口挤着要进去的人已经有成千上万，电视台工作人员和大批好莱坞名人全都在场。好像有阿瑟·米勒，还有保罗·纽曼[②]等百十来个吧。亨利·基辛格[③]来了，代表着政治上的重视，对我的要求就是向公众介绍他。那些捷克人不知道自己撞上了什么场面。他们全都坐在教堂的前排——他们就是这次娱乐界大亮相的理由。哈维尔和我聊了大约三分钟，然后我们就分开了，像消化道里的西红柿籽一样。从那以后，我接到好几次邀请，要我去布拉格

① 汉莎航空（Lufthansa）是德国的国家航空公司，也是欧洲最大的航空公司。

② 保罗·纽曼（Paul Newman，1925—2008），美国演员、导演、制片人。

③ 亨利·阿尔弗雷德·基辛格（Henry Alfred Kissinger，1923—　），德国犹太人后裔，美国著名外交家、国际问题专家，美国前国务卿。

出席这个那个大会，可我还一次都没去过呢。

祝好。

致沃纳·丹豪瑟

1997年9月1日，西布莱特伯勒

亲爱的沃纳，

这是个美好的早晨，正适合良心上一阵阵的痛。夏天凝滞了，天色灰白，沉郁，压抑，无风——连一丝风都没有。我感觉我在下面，在大自然的肚子里，而她似乎消化不良。

我没有给和我通信的人写信，因为……因为，因为，还因为。我没有把过去六个月里众多朋友的死亡数字加起来。[弗朗索瓦·] 福雷你认识，也许你还记得思蒂·科根，几个星期前去世了。其余的都是多年老友：一个大学同学，在巴黎的 [朱利安·贝尔斯托克]。纽约是耶塔·[巴尔舍夫斯基·] 沙赫特曼，美国托洛茨基派领导人的遗孀。她和我经常一起从学校回家，穿过洪堡公园（芝加哥），边走边讨论新出版的托洛茨基谈德国问题的小册子。我们还读了《共产党宣言》[①]和《国家与革命》[②]。她是个认真的姑娘——很可爱的那种——耶塔同志。她爸是个木匠，他那辆老纳什[③]车里满是工具、刨花、锯末。现在她没了——成了人类的锯末和刨花。还有个脑瓜聪明、举止笨拙的大个子叫 [海门·] 斯莱特，（我们年轻的时候）他认为幽默感应该是所有支持上帝存在的论点里都包含的一个部分。笑就证明了上帝是存在的。可是到头来上帝把两种癌症加之于他，很快就把他带走了。我们都快到七十岁的时候，在东罗杰斯公园（East Rogers Park），每个星期四要聚在一起喝茶，讨论关于不朽的问题。我们俩谁也没有读过康德。

---

① 《共产党宣言》（*Communist Manifesto*）由马克思、恩格斯共同起草，马克思执笔写成，1848年初次出版。弗里德里希·恩格斯（Friedrich Engels，1820年11月28日—1895年8月5日），德国思想家、哲学家、革命导师，卡尔·马克思的挚友，马克思主义创始人之一。

② 《国家与革命》（*State and Revolution*），列宁著，1918年初次出版。列宁（Lenin）为化名，本名弗拉基米尔·伊里奇·乌里扬诺夫（Vladimir Ilyich Ulyanov，1870—1924），俄罗斯人，马克思主义者，无产阶级革命家、政治家、理论家、思想家。

③ 纳什（Nash）是美国早期汽车品牌。

接着是戴维·沙哈尔去世的消息。他生命中有那么多女人。我在耶路撒冷街头遇见他，身边又换了一个，擦身而过之际，他就会把一根手指放在嘴唇上。可是［他的妻子］舒拉太聪明了，谁都骗不住——即便她自己很希望给骗住都不行。我原来以为他一定是不停地换女人，可他显然就像个黑手党头子一样。他有一帮黑手党女孩，每个人都有自己的地盘：巴黎、耶路撒冷，还有特拉维夫，或者贝尔谢巴[1]。他的这番生涯仔细研究起来应该会有成果的。我确实喜欢他，可我更深的同情是在舒拉这边。这也值得研究——有那么多人致力于这些研究呢。围绕着我们正在进行的研究数量是多么惊人啊。可我为什么会认同舒拉？我猜是因为舒拉对他的了解远远超过他对自己所能够达到的了解。我还怀疑他那些沉溺于爱情的下午对他文学上的失败是一种安慰。他为什么就不能到舒拉这里来寻找安慰呢？

一个愚蠢的问题！其实我很清楚，不该这么问。

我还要提到一个去世的人，是芝加哥的一个学生，很聪明，也很英俊。他的论文发表了，有很多评论。我和他争论这件事。这对我的品位来说有点太时髦了。我感觉出来他把我看成个老顽固了，然而并非如此……多年以后，他还是认同了我的观点。他学业有成，在南加州（克莱尔蒙特[2]？）获得了终身教职。他娶了一个特拉华州杜邦家族[3]的女孩，不过一两年以后就离婚了。他很有魅力，很活泼，而且对我特别忠诚——每年都到佛蒙特来找我谈事情。他最后一次来是7月份，异常热情亲近。一个月后，他死于一场高速公路车祸，他父母哭着打电话把事情告诉了我——他们通知我是因为……因为他一直和我很亲近，我陪着他度过了一些艰难时光。

除了所有这些之外，我还有种感觉，就是我和他还有前面提到的那些人是融为一体的。一点一点地死去。我的腿不太好。白天晚上都疼。就身体而言，在很多方面，我就是这个人，那个人，还有别的人。好像我的泪腺已经干了，眼球发黏。详细的没必要多说。鱼肉毒素给我造成的伤害，我可能永远都恢复不过来。

---

① 贝尔谢巴（Beersheba）是以色列南部城市，《圣经》中称为别是巴。

② 克莱尔蒙特（Claremont）是美国加利福尼亚州洛杉矶东北部的一个小城，高校云集。

③ 以其同名公司闻名于世的杜邦（Dupont）家族起家于美国特拉华州（Delaware），是美国最古老、最富有、最大的财富家族之一。

我在这里想说的是，就你的“病史”来看，你是世上最不该抱怨的人。不过说到底，这可能也是一种抱团取暖的表示。战争期间我们经常看到报上消息说轰炸德国的“调车场”，也就是铁路上的一些操作中心，把货运列车“编组”，组织运行。

你得明白，对许多人来说，你是年长的政治家，受人尊敬，是为真正的信仰而战的斗士，等等。我也许不过是说，我只是个腿脚受伤的老步兵。我很清楚，你不需要再找一个**残疾老兵**①向你表示和你有密切的关系。我想从你这里获得亲近的感觉，和我那位去世的学生每年来找我是一样的性质。

好像他说过他的病诊断是霍奇金淋巴瘤②。我很肯定这一点是说过的。我没有再提。不知道怎么说。议论一番有什么用？

这封信我想给你提供了一个路线图吧。可以看出来我现在走到哪一步了。其实没那么糟糕。今天我只是需要把这一堆全吐出来罢了。我不用“祝你开心”来结束了，我用

爱。

沃纳·丹豪瑟是康奈尔大学③政治学荣誉退休教授，著有《尼采的苏格拉底观》(*Nietzsche's View of Socrates*，1976)。贝娄的学生是布赖恩·斯通希尔④，在波莫纳学院教媒体研究，他的书是《自我意识小说技巧》(1988)。

致詹姆斯·伍德

1997年10月14日，西布莱特伯勒

亲爱的伍德先生——

昨晚失眠的时候突然想到，你可能没收到《文坛消息》。我今天问了问克里

---

① 原文是法语：mutilé de la guerre。——原注

② 霍奇金淋巴瘤（Hodgkin's disease）又译何杰金（氏）病，即淋巴网状细胞瘤，一种恶性肿瘤，年轻人多发。

③ 康奈尔大学（Cornell University）在美国纽约州的伊萨卡（Ithaca）。

④ 布赖恩·斯通希尔（Brian Stonehill，1953—1997），波莫纳学院（Pomona College，位于克莱尔蒙特）英语教授，其著作的全名是《自我意识小说技巧：从乔伊斯到品钦》(*The Self-Conscious Novel: Artifice in Fiction from Joyce to Pynchon*)。

斯·沃尔什（Chris Walsh），他说博茨福德已经“处理了”。博茨福德是个很有天赋的人，可他办事不太让人放心。他今年挺倒霉，臀部受伤，进进出出医院好几次。他在法国一条偏僻的高速公路上开车开得太快了。法国医生笨手笨脚的，把手术做坏了，不得不在波士顿重做。然后他拄着拐杖又回了法国南部（他在地中海岸边有座房子）。波士顿的“操作”他主要靠研究生来做，他那些复杂的指令，这些学生执行起来也就是尽人事而已了。

他和我以前做过这种事。五十年代我们办了一份杂志叫《高贵的野蛮人》。主要就是想展示一下怎样满足作者的需要。《高贵的野蛮人》是平装本，子午线图书公司出版，这个公司几十年前让西部印刷公司（Western Printers）给吃了，这个印刷公司又让《洛杉矶时报》什么的给吞掉了。

博茨福德和我没有留下出版社——没有公司，没有慈善基金会，没有赞助人。我们自己花钱办《文坛消息》。用最省钱的办法来办——印数不超过一千五百份。我们想放在巴诺书店①卖，但是巴诺书店不直接和杂志打交道，只和官方经销商联系。我们想先办上一年，希望能吸引五六百个订户。六七百个好人与真理②就能让《文坛消息》活下去。

没有什么比风华少年的进取心更能给老人们带来他们亟须或者说热望的震撼感了。我感觉欠你这个解释，因为你是一片好心，才让我们来发表你谈易卜生和契诃夫的文章。我们只能略致薄酬，完全不抵文章的价值。所以你有权了解我们的情况。你的契诃夫那篇是第二期的华彩之一。我们的钱可以出五六期。然后，如果订户的支持达不到要求，我们就放弃了。

十年下去，你手里的一份或者若干份《文坛消息》就有可能值不少钱了。收藏家会感兴趣，视其为珍品。

祝你万事如意。

---

① 巴诺书店全称是巴恩斯与诺布尔（Barnes and Noble），又称邦诺书店，建立于1917年，是美国最大的实体连锁书店。

② 此句化自1922年美国西部默片名《好人与真理》（*Good Men and True*）。

致艾尔伯特·格罗策

1997 年 11 月 8 日，西布莱特伯勒

亲爱的艾尔：

好像人人都没有喘息之机嘛。治这些毛病不管用什么办法，都是一律平等啊。要能见到他我就说，艾·格罗策应该放松一下了，让他喘口气吧，他还有重要的事情要做呢。

我自己已经连续 个星期心律不齐了，走不了一段路就喘得要命。上个星期到辛辛那提去看我姐姐，回来就喘不上气来了。我的心脏病医生正好休假。我姐姐九十一了。她还在弹钢琴，尽管她耳朵聋得厉害，听不出弹错的地方——和弦里漏了很多音符。她还是像以往一样觉得自己弹得很好。

她讲起 1923 年在蒙特利尔，她去上课的路上，感觉到自己的内裤在往下掉——橡皮筋太旧，坏了。她双臂抱着好多书，腾不出手来去拽。于是她就随它去了，把脚抬出来迈步走开，那东西就留在了人行道上。这事我听过几十次，都有点神话色彩了。1923 年我八岁，她十七岁。你还没当法庭记者吧，我觉得是没有[①]。

我会在内心深处为你鼓劲——那是精神上的边远地区，曾经是做祈祷的地方，那时我们都还没有如此“开化”。

你芝加哥时期的挚爱老友。

致赫伯特·麦克洛斯基

1997 年 12 月 16 日，布鲁克莱恩

亲爱的赫布，

我现在签收的只有信。你 8 月份的来信我很喜欢。可后来不知放哪儿去了。我也没力气到处去找，昨天居然又冒出来了，我就满怀同情又看了一遍，还流了几滴泪呢。你的信写得太好了。我本来这方面也很在行的，可是生病啊，年老啊，吃药都吃烦了，八旬老头注意力也不集中了，我好像就把这门手艺给丢啦。要说

① 1923 年艾尔·格罗策十五岁。

我有什么天赐之物的话，我的妻子贾妮斯就是，她告诉我不必为写信的事感觉不安。我带着一大包信，从佛蒙特到波士顿，再回到佛蒙特。但是她说我不必写信，我已经写了成千上万封信了，那些埋怨我不回信的人根本就不明白，写一上午我就累垮了，而我的下午应该是留给自己的。

还有一件事让我纠结。你对我们巴纽尔斯[1]之旅的回忆我觉得没什么问题。只是当时我开的是我自己的车吗？是你的车吧？之所以这么问，是因为在巴纽尔斯我是搭一位瓦尔斯先生的车去巴塞罗那[2]的，那是个很洒脱的商人，不过他没说他做什么生意。[……] 在巴塞罗那他带我去看歌舞表演，同行的还有几个很带劲的女人。我美美地吃了一顿海鲜——我的祖先大概要吓死了。那些恶心的小动物都是从海底的烂泥里捡出来的。第二天我坐渡船去了离岸不远的几个海岛，在那儿追着一位可爱的美国姑娘到处跑。很遗憾，这次追逐在要拥抱的那一刻遭遇了惨败。我忍不住要相信安妮塔是用某种妖术把我打发走的了。不管怎么说，我还是灰溜溜地回来了。不过真正让我纠结的是我想不起来我把车放在哪儿了。

无论如何吧，你的信写得非常出色，对我这颗冰封起来的心产生了直接作用。我原来在芝加哥偶尔还会见到 [——]，但是她丈夫生性粗鲁，是那种技术独眼龙式的人物，不鼓励我们见面。她是个多么美丽的姑娘，而且年轻得惊人。我还记得你没完没了地逗我们，说你小时候不能吃全麦饼干，非得把那些饼干放在门廊秋千的坐垫下面压熟了才行。

我要是自己写这封信，现在就累得筋疲力尽了。很幸运，我可以口授给我宝贵而又很好相处的秘书，他叫克里斯·沃尔什，不但帮我取信，还不厌其烦按约定的时间开车送我去医院。要是哪天我出不了院了，你可以用我在大学的地址找克里斯了解详细情况。我过去十分自信，觉得自己有能力避开死亡。可是死亡始终是强大的，我的抵抗要弱得多了。

你的老友给你无限的爱。

---

① 巴纽尔斯（Banyuls）是法国南部的一个葡萄酒产地。

② 巴塞罗那（Barcelona）是西班牙第二大城市。据本书前面的年表，贝娄第一次去欧洲是 1947 年。

1998年

致菲利普·罗斯

1998年1月1日，布鲁克莱恩

亲爱的菲利普——

抱歉回信这么慢。贾妮斯先看到了你的书稿，然后她所有的热情、同情、预感都传达给了我。罗斯出了本新书在我们这里是件大事。用二十年代芝加哥的话来说，我们是你的啦啦队，你的后援。

圣诞节她到加拿大去看父母、姐姐、哥哥、孩子们，把《我嫁给了共产党人》[①]留下来让我在假期里看。在这所空寂的房子里看你的书给了我安慰。看你的书稿是一种享受——我实话实说，可这次的整体效果不太令人满意。我特别注意到了距离的缺失——我并不是说作者**必须**在自己和书中人物之间留出空间。但是作者自己的激情中应该有一定的超然。如此说是因为我在《赫索格》里也犯了同样的重大错误。当时我希望喜剧效果也许能保护我。尽管如此，我还是越境次数太多，没有对敌方营地造成突袭的效果。可赫索格是个笨蛋，是个失败的知识分子，说到底是个多愁善感的人。而在你的书里，那个给了我们伊芙和西尔菲德的人是个**狂热的人**[②]，一个真正的狂热分子。

这并不是《我嫁》的突出缺陷。你的读者出于对你能力的尊重，非常愿意跟着你走。像我过去一样，他没能力跟着你的艾拉走，而这个人物大概是所有人物里最没有吸引力的一个了。我猜你像读者一样不能忍受艾拉。可是你忠诚地站在这个生铁铸就的笨蛋一边，一个强壮愚蠢的大个子男人，他吸引着你，我却看不出其中的理由。

---

① 《我嫁给了共产党人》（*I Married a Communist*）是菲利普·罗斯的小说，1998年出版。下文中的伊芙（Eve）、西尔菲德（Sylphid）、艾拉（Ira）都是书中人物。

② 原文是法语词：enragé。

现在西方对共产主义者有一种真正的迷惑不解，我只说这一点吧。他们怎么可能做到的接受了斯大林呢？你可能会认为，斯大林-希特勒造成的波兰分裂，为希特勒入侵俄罗斯打开通道的法国人成为战胜国，会让共产党人重新考虑他们的忠诚所向。但是没有。我1948年抵达巴黎的时候就发现，知识界的领袖们（萨特、梅洛-庞蒂等人）依然忠诚。其实每个国家、每个政府都有**自己的**海，或者湖，或者池塘。尽管与希特勒有着明显的相似之处，斯大林却仍然是“**那个**希望”。

不过简单说吧——原因：原因在于对自己国家的憎恨。对法国人而言，这是“自由的精灵”也就是艺术家与资产阶级统治者之间的宿仇。在美国，反对麦卡锡之流①的斗争，包括反对那些调查颠覆活动的众议院委员会等，为左翼也就是亨利·华莱士②等人的追随者提供了合理正当的依据。主要的敌人在国内(列宁在一战中提出的口号)。你反对共产党，你就是麦卡锡主义者，没有其他选择。

怎么说呢，这是一种深植于内心却有悖常理的愚蠢。不需要非凡的头脑就能看出斯大林主义是什么。但是好斗分子和活动分子拒绝考虑人人都能看到的简单事实。

无须多说了：你会说所有这些在《我嫁》里面都得到了表现。这话也对，也不对。你告诉我们艾拉是个畜生，是个杀人犯。可是别的人还有谁？艾拉和伊芙处于你小说的中心位置——这俩人合在一起意味着什么？

你有一个反复出现的主题，就是人只有通过愤怒才能得到净化。侵略在客观上形成的力量就是解放，等等。我可以把这视为一种合理的观点。如果你的人物是巨人，没问题。而伊芙只是个可怜巴巴的女人，西尔菲德是个惯坏了的胖女孩，长着野牛似的驼背。她们不是巨人。

---

① 麦卡锡之流（the McCarthys），指麦卡锡主义（McCarthyism），即1950年至1954年间由美国参议员麦卡锡掀起的美国国内反共、排外极右浪潮，这场运动涉及美国政治、教育、文化、外交等各个层面，因其恶意诽谤、无端猜疑、制造恐慌气氛、用行政体制手段处理问题等等做法，成为政治迫害的同义词。一些调查颠覆活动的众议院委员会（the House Committees investigating subversion）即是其产物之一。约瑟夫·雷蒙德·麦卡锡（Joseph Raymond McCarthy，1908—1957），美国共和党人。

② 亨利·阿加德·华莱士（Henry Agard Wallace，1888—1965），美国政治家、农学家、民主党人，罗斯福时期曾任美国农业部长、美国副总统，杜鲁门时期任商务部长。

我可以这样敞开心扉的人并不多。我们彼此一直都是坦诚相待，希望你我能继续直言不讳。你会生我的气，不过我相信你不会永远抛弃我。

永远是你的朋友。

致约翰·奥尔巴赫和诺拉·奇尔顿

1998年2月23日，布鲁克莱恩

亲爱的约翰和诺拉，

[……] 多年前博比·肯尼迪①有好几次跟我说，他很关注那些有可能（不费什么力气就）制造出核装置的小独裁者。我一直怀疑的一件事就是，怪人反正总能找到办法实现他们妄自尊大的疯狂梦想。总的趋势是把想象转化为现实，这种例子不计其数。他想用像一袋化肥这样的廉价材料制造炸弹炸掉一座联邦政府大楼，就把这些东西装进一辆停放的卡车里，卡车爆炸，炸死男人女人和小孩。所以在怪人心目中，就没有不可能的事。[……] 与此同时，我们的总统却困在情色问题里出不来。罗斯福甚至杰克·肯尼迪都是值得赞颂的，因为他们的情色问题并没有妨碍他们治理国家，而克林顿②在处理外交事务的时候能不能带着莫妮卡，我没有完全的把握。关于这一重大历史事件我唯一能肯定的是，从中可以看出，伟大的政治可以是多么强大的催情剂。

与此同时，我的大多数同时代人都去了下一个世界，这样我对下一个世界十分关注也就是情理之中的事了，在我这个年龄，多想想还活着的朋友，同样也是很自然的事。

希望克里斯·沃尔什把《文坛消息》给你们寄去了。我们刚出了第三期。

祝你们俩幸福无量。

---

① 即罗伯特·肯尼迪，第35任美国总统约翰·肯尼迪（即下文中的杰克·肯尼迪）的弟弟，在约翰任期内任美国司法部长。

② 威廉·杰弗逊·克林顿（William Jefferson Clinton，1946— ），通常称为比尔·克林顿（Bill Clinton），美国民主党人，1992年至2000年任美国总统，连任期间的1998年，同白宫女实习生莫妮卡·莱温斯基（Monica Lewinsky，1973— ）的性丑闻曝光，受到司法部门调查。

致特迪·科勒克

1998 年 4 月 14 日，布鲁克莱恩

亲爱的特迪，

以赛亚·伯林去世的时候，我觉得应该给你写封信，可当时心情特别不好，没法写。我只是回想着在和平社区那几个星期里的事，以赛亚和他妻子就住在那条街上不远处的大卫王酒店。

后来我和以赛亚在牛津吃过几次饭，我们愉快地回忆那些在耶路撒冷的日子，那可是在你手下完全改变了的耶路撒冷。

最近常感觉到，死亡是个无家可归的人，也就是如今美国人说的流浪汉，他和我一起搬进了这座房子，我却不知如何把他赶走。唯一的办法就是让他成为这个家庭的一员。

好了，不说这些让人心情沉重的往事和幻觉了。我要向一位老朋友表示支持，交流共鸣之情，我希望他身体健康，生活幸福。

爱你。

致艾尔伯特·格罗策

1998 年 6 月 3 日，西布莱特伯勒

亲爱的艾尔——

我过去很急于写信，可是现在面对着越来越多等着回复的信，我心里却充满了对自己的厌恶。大概主要是年龄的缘故——现成的原因嘛，我就用这个了。生活越来越没有声音。我注意到，老年人大部分用脑的工作（至少就这位老人的工作而言）是在沉默中完成的（比如说）。我发现自己常和死人说话。别的人也跟我说过，他们也是如此。即便是理性主义无神论者和唯物主义者，老了以后也会承认，很想在来世[1]见到自己的母亲。

你不愿屈服，让我大为赞叹。我也是个好打架的。屈服于病是不可想象的事。很奇怪，三十年的老心脏病（纤颤）之后，我现在没症状了。我把药摆脱了。另

① 西方文化概念里的“来世”（afterlife）一般指死了以后去的另外一个世界即永恒世界，不一定指下一个生命轮回。

一方面呢，走路成了件痛苦的事。我有关节炎，坐下以后站起来就很困难。但是用意第绪语说，我 makh zikh nit visndik[①]。翻译过来就是：“不理它！”日复一日，活动范围越来越小，视野越来越窄，我们被迫在这种环境中做着自己的事。还是那句话，makh zikh nit visndik。[……]

爱你，也爱玛姬。

致索菲·威尔金斯

1998 年 6 月 17 日，西布莱特伯勒

亲爱的索菲，

[……] 你寄来的美味巧克力在橱柜里。贾妮斯特别注意我们平时不吃巧克力，除非是生日——对不起，是家里人的生日——和纪念日。我以我的名誉担保，未经允许决不吃那些宝贵的糖果，不过当然啦，我还是吃的。我偷着吃。我特别喜欢松露巧克力糖。当然我不该吃。我并不是病得要死了，却也不是处于最佳健康状态。房颤是我的主要麻烦。一般我都忽略。偶尔也会发发牢骚，可是在内心深处，我仍然认为自童年以来，一切照旧。也许精神病学家说的病人“拒绝接受现实”就是这个意思吧。

很高兴得知卡尔[②]的状况有所好转。他摆脱不公和愚蠢，休了个长假，合情合理。也许他会逐渐感觉恢复得不错，可以再次拿起剑来了。至于托马斯·伯恩哈德[③]，那就是一只怪鸟。我以尊敬甚至仰慕之心读他的作品，他却并没有触动我更深的情感。他真正触动的是我自己对纳粹尤其是奥地利纳粹无尽的恨。他会让你觉得，实际上所有的奥地利人过去是、现在也仍然都是纳粹。我看不出有什么理由反对这个说法。卡尔那首写奥登之墓的佳作，我读的时候就在想，为什么奥登居然希望在［基希施泰滕[④]］这群卑鄙小人中度过他最后的岁月。我好像记得，他甚至对那里的一些人说过充满深情的话。不过奥地利那个时候一直是资产阶级

① 直译是：假装看不见。

② 即卡尔·夏皮罗。索菲·威尔金斯是他的第三任妻子。

③ 托马斯·伯恩哈德（Thomas Bernhard，1931—1989），奥地利作家。

④ 基希施泰腾（Kirchstetten）是奥地利维也纳西南郊的一个小镇，奥登即安葬于此。

舒适生活的一个典范，奥登晚年也喜欢在厨房里慢悠悠地做点杂活，睡在资产阶级的羽绒床上。

贾妮斯也问你好。

致菲利普·罗斯

1998年9月15日，西布莱特伯勒

亲爱的菲利普——

拖了这么长时间，非常抱歉。

我现在真的是个老人了，需要有些秩序才行，可我周围总是乱七八糟，一片混乱。

永远是你的老朋友。

致伊芙琳·奈夫

1998年8月8日，布鲁克莱恩

亲爱的艾薇[1]，

本来很想去看你的，可正如贾妮斯所说，医生命令我去装个起搏器。我这漫长的一生里，和医生之间总是难解难分。我的病史可以追溯到1923年，当时我在蒙特利尔切除了阑尾，又得了腹膜炎，差点死掉。然后是在芝加哥大病一场，然后又在波士顿大病一场。现在我八十三岁了，还想站在击球手的位置上再打它一棒。所以我的起搏器会很高兴和我一起来拜访你，在你宏伟的新居里坐下来。贾妮斯和我——还有沃尔特［·波赞］——带着可以预料的愉快心情期待着和你再次见面。

祝你安好。

作家、语言学家、心理治疗师、慈善家伊芙琳·斯蒂芬森·奈夫

---

① 艾薇（Evvy）是伊芙琳的昵称。

（Evelyn Stefansson Nef，1913—2009）是贝娄社会思想委员会长期同事约翰·乌·奈夫的遗孀。她曾是巴克敏斯特·富勒的情人，木偶剧演员比尔·贝尔德[①]的妻子，探险家维赫贾穆尔·斯蒂芬森[②]的妻子。

致理查德·斯特恩

1998年11月15日，布鲁克莱恩

亲爱的理查德，

你的信总是给我很大安慰。

你问我还好吗？不太好，只是部分还好。我的记忆力曾经是我西点军校一般的骄傲，现在让我一次又一次失望。上个星期我想不起凯瑟琳·赫本的名字了，她情人的名字，叫什么屈赛[③]的，我有好几天想不起来。结果只好去查参考书，真是太丢脸了。怎么说呢，也许上帝是想告诉我，别看我什么都能记住，我可未必什么都懂。不过起搏器让我的心脏保持正常，吃饭的时候我可以想喝什么酒就喝什么酒，对咖啡碱[④]不屑一顾。

我不会扔毛巾认输[⑤]——还不到时候。讲个小故事来说明一下吧，我是上个月给杰克·迈尔斯[⑥]写信的时候发现这个故事的：一个老人独自生活在森林里，为准备过冬取暖捡柴火，有一天，他捆好一捆柴火，却怎么也搬不动了。他举目望天说："哦上帝啊，把死神送来吧。"死神来了，说："先生，是你叫我吗？"老人答道："是啊，搭把手吧，帮我把这捆柴火举起来。放在我肩上就行啦，别的不用你管。"

也许哪天你想要那块毛巾来擦你那灵感迸发的脑门呢。

向阿兰问好。

祝福，一如既往。

---

① 比尔·贝尔德（Bil Baird，1904—1987）1932年和伊芙琳结婚，1936年离婚。

② 维赫贾穆尔·斯蒂芬森（Vihjalmur Stefansson，1879—1962），加拿大出生的美国探险家、人类学家，1941年和伊芙琳结婚。

③ 斯潘塞·屈赛（Spencer Tracy，1900—1967），又译斯宾塞·屈塞，美国电影演员。

④ 此处或指药用咖啡碱（caffeine）也即咖啡因，可用于协助改良心脏功能。

⑤ 拳击比赛中，一方的教练或者助理向场内扔进一条白毛巾就是示意比赛可以停止了，也就是认输、放弃、投降，据称起于十八世纪。现代的比赛中，裁判可以把毛巾再扔出来，表示不允许停止。

⑥ 杰克·迈尔斯（Jack Miles，1942—　），美国作家、宗教学者。

1999 年

致爱德华·西蒙斯（Edward Simmons）

1999 年 6 月 3 日，西布莱特伯勒

亲爱的爱德华：

你妈妈告诉我你干得很不错。你现在要去上大学了，这就难免让我想起了我三十年代上大学的时候。那是大萧条时期，我们都知道父母拮据，凑两块钱给我们交学费都很难。在那段艰难的日子里，一年三百块钱可不是个小数目，总有人提醒我说，闲逛啊酗酒啊都是绝对不允许的。少数人钱多得可以烧着玩，绝大多数人却是一文不名，都快要破产了。尽管如此，我还经常逃课去打台球呢。很幸运，我也是个聪明的犹太孩子，自己读了大量的书，所以那些考试我都通过了——前面几年是侥幸通过的。直到大学三年级，我的成绩才开始好起来，毕业的时候成绩优异，还拿到了威斯康星大学的一笔奖学金。

你自己头脑里的力量，你不掌握，就会反过来和你作对。最后会把你干掉的。根据以往的情况来看，你自己好像也发现了这一点。

不过这些警句式的东西就此打住吧。我祝贺你。你做得很好，为你自己的缘故我感到高兴，为你父母也是同样。

祝贺你。

你的教父。

致沃纳·丹豪瑟

1999 年 10 月 6 日，布鲁克莱恩

亲爱的沃纳：

该跟你说说我的看法了。

我答应了删掉你认为会引发异议的材料，写了一个修订版的《拉维尔斯坦》。费了很大的力气，而这力气却与设想格格不入。完成以后，结果让人很不满意，里面缺乏的是罪过所提供的弹性。在这个漫长、耗时、最终一无所成的过程中，我想起了布鲁姆①对《院长的十二月》是多么不高兴。他反对以虚假的方式塑造亚历珊德拉的人物形象，一点都不原谅我。尽管现在情况完全不同，我却看不出为什么要在《拉维尔斯坦》里做上面那部小说中艾伦本人强烈反对的事情。我毕竟是在努力满足艾伦的愿望，我做不到两全其美。我不能既真实又伪装。所以我采用了自己觉得符合他愿望的做法。我知道这样做会疏远我大部分施特劳斯学派②的朋友。有些这样的老朋友我失去了无所谓，可你不在其列。就你来说，这种损失我难以承受。相信我，这里绝对没有文学上的轻率之举。对整个这件事我的态度非常——可以说极为——严肃。希望我已经说清了我处于什么样的约束之中。**很有可能**失去朋友，但我不希望你是其中一员。别的没什么可说的了。我经常想犹太人会对什么样的人处以**绝罚**③，也就是基督教说的逐出教会。真希望这部小说不会让我们成为路人。

现在我的压力来自三个方面：1）即将再为人父④——以八十四岁的高龄重新出发；2）詹姆斯·阿特拉斯以传记的形式为我准备了一锅爆炸性大杂烩；3）[《拉维尔斯坦》]会引起一片叫嚣，为此我必须振作起来。贾妮斯偶尔跟我说，也许我们应该搬到乌拉圭⑤去。我有个远亲属于那个独裁者⑥的家族，高中的时候我的西班牙语还真得了个 A 呢。……

---

① 指贝娄的好友艾伦·布鲁姆，《拉维尔斯坦》即为纪念他而写。《院长的十二月》问世于 1982 年，书中很明显地把作者当时尚未离婚的罗马尼亚裔妻子亚历珊德拉写了进去。

② 列奥·施特劳斯（Leo Strauss，1899—1973），德国犹太人、作家、思想家、芝加哥大学政治哲学教授，其政治哲学思想的主要特点是对西方现代性和自由主义传统进行最彻底的批判。

③ 原文是意第绪语词 kherem，指逐出犹太人的社区。

④ 贝娄的女儿娜奥米（罗茜）1999 年 12 月 23 日出生。

⑤ 乌拉圭（Uruguay）是南美洲东南部国家。

⑥ 1973 年至 1984 年乌拉圭为军事独裁政权统治，其间经历几任总统，被视为独裁者最为有名的是最后一任总统格雷戈里奥·阿尔瓦雷斯（Gregorio Alvarez），2016 年底以九十一岁高龄死于狱中。

2000 年

致瑞典文学院

［未注日期］［布鲁克莱恩］

我谨提名美国小说家菲利普·罗斯为诺贝尔奖候选人。其作品已得到广泛研究与赞扬，无须我在此赘言，对其天赋予以描述或赞颂。

致马丁·艾米斯

2000 年 2 月 7 日，布鲁克莱恩

亲爱的马丁，

我原来是个写信很勤快的人，可不知怎的，这么多年下来，我把写信的习惯给丢了。也许最根本的原因是很多朋友都去世了，第一代走了一个，然后是第二代的一个，甚至一个第三代的也走了。我大概是数着数着就数不过来了。甚至有可能成了这样：我对朋友们吐露的秘密现在都给了我的读者。要真是这么回事，可不是个好的苗头——不过我不想再往下探究了。我只想说，我喜欢和你说话，不知不觉间经常在你这里寻求安慰。小孩常玩的一个游戏就是在想象中和人对话，不知怎的就是相信——孩子们都这样——想象的东西完全可以经过转化进入朋友的头脑。

不过我一直在想的是《拉维尔斯坦》。我从来没写过像《拉维尔斯坦》这样的东西，事实和虚构混在一起已经无法控制了。除此以外还有其他因素，因为事实太不纯粹了。先是有了事实，然后是新闻中的事实，带着通常都有的那些新闻腔调。看都能看出来记者把事实改造成了丑闻，快要登峰造极的时候，丑闻又一晃而成了神话，进入中世纪瘟疫肆虐的隔离区。我不想在爱和奇异之魅交叉的路口

听到麻风病人的铃声[1]响起。

似乎很多人都知道艾伦的真实情况。如果不是纯粹的真实，那就是能屈能伸的、适用于多种用途的那一种，学界权术对此是驾轻就熟的。于是我就遭到了狂热分子的挑战。很快我就发现艾伦有敌人，这伙人正准备揭露他死于艾滋病。这个时候我就不知所措了，《纽约时报》给我打电话求证此事，我简直要崩溃了——论聪明我可比不上记者。所以就成了这样，我的书是一种致敬，却让人改造成了一个谁都没有料到的那种文明的灾难。

你很清楚，公众和媒体的关注很少令人愉快，而且除了罕见的关注对象（比如教皇）以外，不会给任何人以喘息之机。我跟人们说，拉维尔斯坦让我写一本回忆录，要是我在讲述他生平的时候不提那场夺去他生命的病，就太虚假了，也太不道德了。拥有他那样无所不知的智慧，他不可能预料不到说实话的后果。但是我已经准备好了，我想过，我会处理所有那些必然会蜂拥而至的难堪局面。如果我将拉维尔斯坦这种高度的人物搁置不理，我就无法面对自己。很久以前我就明白了，我们所谓的小说艺术正在凋敝，因为——怎么说呢，因为现代民主体制缺乏英雄气概。

不过这么一来，我就得向记者和公众解释什么叫缺乏英雄气概的民主，这可太让我灰心了，超越了以往我所有的灰心丧气程度。想想到我这个年纪了，小店无论如何都快要关门大吉，我是无限欣慰啊。上个星期我飞到辛辛那提去看我年迈的姐姐，她比我大九岁。听说阿拉斯加航空公司的一架飞机在太平洋海岸附近坠毁[2]，我就想，“达美航空[3]怎么不也出个事，掉进俄亥俄河里去？”可它就是没掉。我安全着陆，他们开车把我送到我姐姐住的豪华精神病院。她很高兴我来了，想看看小宝贝的照片。有件事我们都不讨论，就是家族墓地里只剩下一个墓的地方了。

贾妮斯觉得这封信挺压抑的，不过倒是让我提了提气。

---

① 当时对麻风病人的一种隔离方法是，让他们行走的时候手里摇着铃，其他人听见铃声即回避。

② 指阿拉斯加航空公司（Air Alaska）261 号班机坠机事故，时间是 2000 年 1 月 31 日下午 4 时，失事飞机因零件故障倒着冲入美国加州西面的太平洋，机上八十八人无一幸存。

③ 美国达美航空公司（Delta Airlines）又译三角（洲）航空公司。

致马丁·艾米斯

2000年4月13日，布鲁克莱恩

亲爱的马丁，

你的书稿寄到的时候，我正在给《拉维尔斯坦》收尾，于是贾妮斯独占了《经历》[1]。这么说可能有点误导，其实她为你我双方服务，所以她在看书稿的过程中是随时发布消息的，午餐时、小饮时、晚餐时，她都会讲讲你写了什么，对你在文体上的突破深表赞扬。她是个好激动、好兴奋还挺苛刻的读者。她说你已经找到了一种方法，可以不动声色地跑题，卸下大量信息，却丝毫没有让人觉得是在漫无边际地闲扯。

你那些星号标出的旁白把我吸引住了。总体而言，你想出了一种完全属于你自己的写法。表达单位不再是一个句子，而是一段有特征的话语。会不会是艾米斯家的人以某种方式逐渐形成了一种比较一致的表达方法？我要是对你父亲的作品了解得更多一些，也许就能把这些特征说清楚。实际上就是如此，很明显有一种独特的说明文风格。这本书从不同角度讲述了你父亲的死。我越来越怀疑，这些文学成就是不是可以追溯到一个家庭的说话方式。我很想看看，路易斯和雅各布［艾米斯的儿子］会不会受到影响。我父母和我姑姑在我生长的环境中说的不是英语，而是一种和天才、智者、巫师说的话同源的语言。你的两个儿子有可能像火蜥蜴一样，在火焰中感觉非常自在。你父亲还有你自己的做法体现出了那种方式，所以《经历》读起来才不像是书面文件。我是想解释你父亲给我留下的深刻印象，他的好酒，他的风流。还有他对英语惯用法的专注，他的吸收能力，他对正确使用词语的忠诚——到了狂热的地步。我发现这个人非常令人心动，当然我也忍不住想，在我生命最后的日子里，我在自己的儿子们面前会是什么样子。

俄国有一个或者说曾经有一个叫［瓦西里·］罗扎诺夫[2]的思想家，他激起了我的兴趣。这人断言我们要等上几千年才会生出来，然后我们就匆匆忙忙，过完我们的时间（这个说法是从美国囚犯的暗语里面借来的，指服完刑期）。在数不清的年代里我们并不存在，之后我们睁开眼睛，第一次看到了一切，我们存在了，

---

① 即此句中的书稿。马丁·艾米斯的《经历》一书也是2000年出版的。

② 瓦西里·瓦西里耶维奇·罗扎诺夫（Vas［s］ily Vassilievich Rozanov，1856—1919），俄罗斯作家、思想家，百科全书式的传奇人物，俄国白银时代文化和宗教思想复兴的主将之一。

我们走进了自己那些令人陶醉眼花缭乱的“权利”。在我们这一代人中，我们对他人只是匆匆一瞥，刚开始了解，非常短暂但是充满激情。所以你表妹露西被害的事对我们的打击才这么沉重。她的目标是活下去，完善自己，继承遗产。可是她被杀害埋掉了。我不禁想到，对这种暴行，媒体给了我们一个多么不同的视角。[……]

我等着你 6 月的来访，我会好好钻研一番罗扎诺夫的思想。他确实值得一谈。

爱你。

1973 年，艾米斯二十一岁的表妹露西·帕丁顿（Lucy Partington）失踪。二十年后，她的遗骸被人发现，埋在格洛斯特连环杀手弗雷德和罗斯玛丽·韦斯特的房子下面[1]。

致理查德·斯特恩

2000 年 8 月 12 日，布鲁克莱恩

亲爱的迪克，

我不想看［詹姆斯·］阿特拉斯写的东西。他的书和酒吧侍者擦吧台用的毛巾有相似之处。阿特拉斯让我感到不舒服的地方在于，他对诋毁我的人很有吸引力。他生来就是为了取悦他们的。又是一场天作之合。

祝你安好。

致菲利普·罗斯

［未注日期］［布鲁克莱恩］

亲爱的菲利普——

［戴维·］雷姆尼克[2]肯定知道他这次走了大运——没有哪个英语文学教授能

① 格洛斯特（Gloucester）是英国西南部一个港市，也是一个郡。弗雷德·韦斯特（Fred West，在狱中自杀）和罗斯玛丽·韦斯特（Rosemary West，终身监禁）共同制造了至少十二起虐杀案，肢解后的尸体都埋在了自家的地下室里或者花园中。

② 戴维·雷姆尼克（David Remnick，1958—　），美国作家。

像你这样谈我的书。我也从你那儿学了不少东西。过去我单打独斗显然不懂，现在我明白了：我做的事别人也做。每个人都有认知的路径。我们像社会学家一样去理解，像心理学家一样去分析。没有什么了不起的。

真正了不起的是我出了故障，你帮我处理了。你掩盖了我的混乱失序，让我看起来很正常——这就是了不起的成就。

祝好。

罗斯的文章《重读索尔·贝娄》(*Re-Reading Saul Bellow*)是《纽约客》主编戴维·雷姆尼克的约稿，10月9日发表于该刊。

2001 年

致基思·博茨福德

2001 年 1 月 9 日，布鲁克莱恩

亲爱的基思，

今天上午脑子里想着几件小事，像砂砾一样硌得不太舒服，但是还好都不大。我想最好还是把我的名字从《文坛消息》的报头上拿掉，从下期开始；你下次订制信纸的时候也把我的名字去掉；还有，联合银行账户中我的名字也应该去掉。（我的纳税申报单上，《文坛消息》会列为我的一项投资，我会申报资本减值，也可以按会计人员的意见写，写什么都行）

相信你不会反对我逐渐消失。在这个树干和大雪黑白交织的早晨，某种简化的本能陡然上升。我感觉自己就像俾斯麦[①]，应年轻的德皇要求让位。我的老朋友越来越少了。不过我们还是要吃饭、喝酒、讨论问题，如果我时不时地给你去信，希望你能将其视为投稿。希望你继续把我当作撰稿人，要是在这方面有什么建议，我会非常高兴由你当我的编辑。

顺致美好的祝福。

---

① 奥托·爱德华·利奥波德·冯·俾斯麦（Otto Eduard Leopold von Bismarck，1815—1898），德国强势政治家，德意志帝国首任宰相，1890 年被德皇威廉二世解职。

2002年

致威廉·肯尼迪

2002年2月28日，布鲁克莱恩

亲爱的比尔，

就是现在告诉你我有多喜欢《罗斯科》(*Roscoe*)，我也不觉得为时已晚。我认为这是你迄今为止最成功的小说，我期待你更多的作品问世。在此之前，我一直关注着你如何把你独特而美妙的世界观和你内心深处始终存在的一个宏大的小说构思结合起来，我想你终于把这两者结合在了一起。我总是唠唠叨叨催你这样去做，我看到，尽管我的唠叨挺招人烦，你还是拿出了我以及美国公众一直都非常渴望得到的东西。希望你能原谅我的迟误，不过和大多数人相比，我要花更长的时间来赶上事情的进度。

你心满意足的读者。

致卡琳娜·戈登[①]

2002年2月28日，马萨诸塞，布鲁克莱恩

亲爱的卡琳娜，

由于我母亲的关系，我也是半个戈登家的人，所以我想说，能再次和家人取得联系，我是心怀感激之情的，你的来信也让我很高兴。

艺术家们觉得自己周围全是山羊和猴子，因此而失去希望，这种时候总是有的，而且越来越多。我反对因为上述这种肤浅的观察而陷入绝望。其实我从来没有停止过寻找真货，我也经常能找到真货。陷入绝望不过是以一种高级方式诉诸毒品而已。我的选择是笑，而且我嘲笑自己并不比嘲笑别人少。

祝安好。

---

① 卡琳娜·戈登（Karina Gordin）是贝娄母亲娘家（姓戈登）的亲戚。

2004年

致尤金·肯尼迪

2004年2月19日，布鲁克莱恩

亲爱的吉恩，

昨天我想给你打电话的。Spurlos——这是德国潜艇指挥官用的词，意思是“不留痕迹”：就连大西洋正中都找不到一片浮油。（我忽然想到，你一定是跟好莱坞德语专家学的德语）

这些天我没做什么事，大部分时间都待在家里。我迄今为止最愉快的消遣就是和罗茜一起玩，她现在四岁了。我的感觉好像是我父母想要我赶快长大，而我抗拒，拖着脚步磨蹭。我父母（不是我的脚）什么有用的东西都缺。他们总是在问：“那人说啥？”我就给他们翻译成啰啰嗦嗦的英语。那也没什么用。老辈人不懂英语，就像他们不懂加拿大法语一样。我们经常在卖童鞋的摊子前面停下来。我母亲很想给我买一双漆皮凉鞋，上面有一条**极为优雅**[1]的带子。我终于得到了这双鞋——我用黄油擦鞋来保护皮面。那个时候我六七岁，比罗茜现在大一点。真是神奇，所有这些往事都凝聚在了一双漆皮凉鞋上。

送上衷心的祝福……

① 原文是意大利语词 elegantissimo。

编者后记及致谢

本书收录了索尔·贝娄已知书信的五分之二。有些地方为了行文清楚，我改动了不合常规的标点，同时以不加标记的方式订正了几处拼写错误，还有三处不太严重的事实错误。有些信里都是单句组成的段落，为了阅读方便，我做了重新安排。删去的部分，多数是因为没有什么意义，有极少数是出于法律上的考虑，全都依惯例用方括号加省略号的方式标出。我没有完全遵守只有已经出版的书才予以突出标示这个标准做法，因为对正在写作中的作品，贝娄一般是在书名或篇名下划线而不是用引号，特别是在一段摘录之后；为了保持一致，我在年表中也用同样的方法标示。至于方括号中用于说明或者起连接作用的部分，我有时用作者的口气（比如在给苏珊·格拉斯曼的一封信里："现在加拿大广播公司出乎意料居然给了我三百块，要在电视上播出［我的独幕剧］《破坏者》"①）；有时用第三人称角度（比如在给约翰·奥尔巴赫的一封信里："斯玛达尔［奥尔巴赫的女儿］两口子都很和气"②）。这些书信原件大约有一半是打字机打的，一半是手写的。贝娄的手写文字对坚持手写的人来说是很清楚的。我都能辨识出来，只有一处模糊，也许是沾了一滴雨，也许是（因为某种情境）一滴泪。

一封信就是命运的一个抵押品，像子孙后代一样很容易流失以致湮没无闻。除了贝娄给艾萨克·罗森菲尔德的信件大部散失以外，贝娄给以下几位的信件有很多遗失也十分令人痛惜：西德尼·贾·哈里斯，赫伯特·帕辛，哈罗德·卡普兰，戴尔莫·施瓦茨，保罗·米拉诺，萝塞塔·拉蒙特③。尽管如此，还是有一大批保存了下来。纸张是很容易损坏的，对所有保存了这些信件的个人，我的感激之情无以言表。我要对梅尔文·图明的遗孀西尔维娅·图明表示特别的感谢，在众多个人中，她第一个允许我分享信件和照片。内森·塔科夫教授提供了贝娄给

① 见 1961 年 2 月 8 日致苏珊·格拉斯曼。

② 见 1988 年 3 月 1 日致约翰·奥尔巴赫。

③ 萝塞塔·拉蒙特（Rosette Lamont）是纽约市立大学的比较文学和法语教授。

他父母奥斯卡和伊迪丝·塔科夫数量众多的所有信件（我还要格外感谢塔科夫教授邀请我在芝加哥大学社会思想委员会介绍了我的研究状况）。凯瑟琳·鲍尔斯提供了贝娄给她父亲詹·法·鲍尔斯的信件。我要感谢尤金·肯尼迪的合作与友好。蒙罗·恩格尔十分耐心地付出了自己的时间。奥利弗·萨克斯回忆了在佛蒙特贝娄家水池里游泳的情景，热情地翻找贝娄的来信。《纽约书评》的编辑罗伯特·W. 西尔弗斯[①]帮我公开征集贝娄的信件。我要感谢辛西娅·奥奇克，我从她多年来几篇文章里对贝娄深思熟虑的看法中获益不少。威廉·亨特提供了信件，还和我饶有兴致地聊了很久。詹姆斯·索尔特翻遍了旧箱子，总是有求必应。我非常感谢丹尼尔·贝尔[②]教授，他和我进行了一次长谈，对我很有启发。我要感谢朱利安·贝尔斯托克夫人和纽约克里斯蒂拍卖行允许我拍摄在那里寄售的贝娄写给她丈夫的信件。罗莎娜·沃伦提供帮助弄清了几个与她父母有关的重要细节问题。苏珊·契弗[③]欣然回复了我的询问，亚·布·耶霍舒亚和伊恩·麦克尤恩[④]也是如此。莱昂·维瑟蒂尔澄清了几封信的背景，并且为一些意第绪语词语提供了明确的英语对等说法。琳达·艾舍[⑤]和伊丽莎白·西夫顿提供帮助澄清了贝娄在维京的责编先后顺序。戴维·里夫[⑥]对一件和他父亲有关的怪事提出了解决办法。玛丽亚·坎贝尔（Maria Campbell）讲了埃里希·林德的情况。阿曼达·维尔[⑦]告诉我琳恩·奥斯汀是谁。乔伊丝·卡罗尔·奥茨讲了贝娄给自己写信的缘由。我亲爱的朋友弗朗西丝·基尔南破解了一个谁都看不懂的句子。牛津大学沃尔夫森学院研究员、以赛亚·伯林爵士遗产执行人亨利·哈迪[⑧]教授热情地和我保持着联系，同样如此的还有美国诗人学会执行理事特里·斯文森，以及伊迪丝·库兹韦尔、尼古拉斯·克里斯托弗、黛布拉·罗曼尼克·鲍德温、朱迪思·邓福德、本·西得兰[⑨]、尤金·古德哈特和莱斯利·爱泼斯坦。《杂录》季刊编

---

① 原文如此：罗伯特·W. 西尔弗斯（Robert W. Silvers）。《纽约书评》的创始人、主编是作家罗伯特·B. 西尔弗斯（Robert B. Silvers，1929—2017）。

② 丹尼尔·贝尔（Daniel Bell，1919—2011），美国学者、思想家，东欧犹太移民后裔。

③ 苏珊·契弗（Susan Cheever，1943—　），约翰·契弗的女儿，美国作家。

④ 伊恩·麦克尤恩（Ian McEwan，1948—　），英国作家。

⑤ 琳达·艾舍（Linda Asher）应是维京编辑阿伦·艾舍的家人。

⑥ 戴维·里夫（David Rieff）是美国学者菲利普·里夫和苏珊·桑塔格的儿子。

⑦ 阿曼达·维尔（Amanda Vaill），美国作家、编剧、制片人。

⑧ 以赛亚·伯林的大部分书都是由亨利·哈迪（Henry Hardy）发现、整理、编辑出版的。

⑨ 路易斯·西得兰的儿子。

辑罗伯特·博耶斯解释了贝娄给他去信的来龙去脉。纽约州立大学布法罗校区的马克·谢克纳教授也是如此。扎卡里·利德正在写一部贝娄传记，经他慨然允诺，我得以收录贝娄写给戴维·佩尔茨、赫伯特和米琪·麦克洛斯基夫妇的信。我和扎克①经常交流信息，从中获益匪浅，他是我不可或缺的朋友。迪安·博洛克专程到布鲁克林去从一个储藏柜里取出了一封特别重要的信。书中提到的欧文·巴菲尔德的孙子欧文·巴菲尔德欣然允许我查阅他祖父收藏于牛津大学博德利图书馆的文件。诺拉·奇尔顿从恺撒利亚附近的海上田野农场把贝娄给她及其亡夫约翰·奥尔巴赫的信影印件寄给了我。斯蒂芬·米切尔提供的文件令人难忘，贝娄在里面讲述了他童年时发现耶稣的体验，马丁·E.马蒂②教授耐心回答了我关于原件的问题，原件现在存放在芝加哥大学神学院。路易·加洛从特伦顿专程到纽约来送他珍藏的信件同时喝一杯冰镇咖啡。弗朗西丝·简德林和我保持着友好的联系。达芙妮·默金③跟我讲了她在佛蒙特去看望贝娄的情景。约书亚·豪斯是贝娄儿时朋友路易斯·西得兰的一位后人，他解释了西得兰家族的亲属关系。诺曼·马内阿回忆了玛格丽特·谢弗的情况。芭芭拉·普洛斯特·所罗门④讲述了她与贝娄通过电话交流的长期友谊。多米妮克·纳博科夫⑤回忆了和他一起在阿斯彭研究所度过的几个夏天。雪莉·哈泽德生动地描述了他 1984 年访问卡普里接受马拉帕特奖的情景。埃莉诺·福克斯·西蒙斯说她丢失了一批情书，否则这本书会更有意思。

我要感谢贝娄的儿子格雷格、亚当、丹尼尔，对我提出的许多问题，他们给予了迅速而友好的回答。丹尼尔慨然允诺，让我看了贝娄写给他母亲的信，亚当和我讨论了这批信中的一个难题。贝娄的侄女莱莎·贝娄斯·格林格斯和侄孙女蕾切尔·舒尔茨博士从一开始就提供了巨大的帮助。亚历珊德拉·约内斯库·图尔恰·贝娄对 1973 年至 1985 年的年表提出了很有必要的修订建议。玛姬·斯塔茨·西蒙斯很勇敢也很慷慨，愿意把非常私人的事情公布于众，她还解决了年表中的一个问题，并且帮我找到了贝娄写给塞缪

---

① 扎克（Zach）是扎卡里［·利德］(Zachay［Leader］）的昵称。

② 马丁·E·马蒂（Martin E. Marty），芝加哥大学神学教授。

③ 达芙妮·默金（Daphne Merkin），美国作家。

④ 芭芭拉·普洛斯特·所罗门（Barbara Probst Solomon，1928—2019），美国作家。

⑤ 多米妮克·纳博科夫（Dominique Nabokov）是俄裔美国作曲家尼古拉斯·纳博科夫的第四任妻子。

尔·S. 戈德伯格的信。南茜·克兰普顿提供了她多年来拍摄的许多贝娄的照片，本书精装封面上和插页中的几幅即是她的杰作。

我感谢宾夕法尼亚大学珍本与手稿图书馆提供了贝娄给詹姆斯·托·法雷尔的信。我要感谢明尼阿波利斯的明尼苏达大学埃尔默·李·安德森图书馆手稿部提供了贝娄给约翰·贝里曼的信。哈佛大学霍顿图书馆提供了贝娄给詹姆斯·劳克林的信。我怀着特别愉快的心情感谢耶鲁大学拜内克图书馆的蒂莫西·扬，每次我在那个极为美丽的研究环境中工作，他都给予我热情款待，那里存放着贝娄写给埃德蒙·威尔逊、德怀特·麦克唐纳、罗伯特·佩恩·沃伦、埃莉诺·克拉克、约瑟芬·赫布斯特和索尔·斯坦伯格的信。澳大利亚墨尔本乐卓博大学教授伊恩·托普利斯正在写索尔·斯坦伯格的传记，他提出了非常重要的建议。纽约公共图书馆伯格藏品部提供了贝娄给艾尔弗雷德·卡津、约翰·契弗、路易斯·拉斯科的信件。我曾无数次去国会图书馆手稿部查阅他们的藏品，爱丽丝·伯尼博士都非常耐心地接待了我，贝娄写给拉尔夫·埃里森、汉娜·阿伦特、诺曼·波德霍雷茨、丹尼尔·帕特里克·莫伊尼汉和菲利普·罗斯的信都在那里。特拉华大学的珍本与手稿部欣然提供了存放在该部的贝娄给戴维·贝兹伦和马克·哈里斯的信。威廉·肯尼迪提供了信息，使我得以到位于奥尔巴尼的纽约州立大学特藏部去查阅贝娄寄给他的众多信件。我感谢波士顿大学霍华德·戈特利布档案研究中心允许我查阅威廉·菲利普斯、菲利普·拉夫、莱斯利·菲德勒、罗杰·沙特克、理查德·劳里、罗莎琳·图里克的资料。我在得克萨斯大学哈利·兰塞姆中心的收获特别丰富，这里保存着贝娄给亨利·沃尔肯宁、帕斯卡尔和多萝西·科维奇、伯纳德·马拉默德、斯坦利·伯恩肖、爱丽丝·亚当斯、詹姆斯·索尔特、艾萨克·巴什维斯·辛格和基思·博茨福德的信。哥伦比亚大学珍本与手稿图书馆十分友好地提供了以下诸位的档案：詹姆斯·亨勒，莱昂纳尔·特里林，迈耶·夏皮罗，本杰明·纳尔逊，理查德·沃·蔡斯，约翰·莱格特和赫伯特·戈尔德。贝娄给方圆剧院《最后的分析》演职员写的贺信以及他给泽罗·莫斯特尔的信抄录自林肯中心的纽约表演艺术公共图书馆。贝娄给西奥多·韦斯的信由普林斯顿大学费尔斯通图书馆珍本与特藏部惠允提供。贝娄给吉恩·斯塔福德的信保存在科罗拉多大学博尔德分校特藏部。贝娄给安东尼·赫克特和埃德娜·奥布莱恩的信在埃默里大学特藏部，给托比·科尔的信在加利福尼亚大学戴维斯分校特藏部。维京企鹅公司耐心地查阅了他们的档案，发现了很多珍贵的文件，包括贝娄给蒙罗·恩格尔、马歇尔·贝斯特和伊丽莎白·西夫顿的信件。我感谢杜克大学珍本、手稿与特藏图书馆开放了哈丽特·沃瑟曼的档案。我非常感谢弗吉尼亚大学珍本与手稿收藏室允许我看到贝娄给威廉·福克纳的那封热情洋溢的信。贝娄写给斯坦利·埃尔金（我年轻时的好友，我们经常谈起贝娄的书）的信收藏于华盛顿大学（圣路易斯）约翰·M. 奥林图书馆特藏部。约翰·西蒙·古根海姆纪念基金会提供的是贝娄写给亨利·艾伦·莫伊和戈登·雷的信以及为詹姆斯·鲍德温、格蕾丝·佩利、伯纳德·马拉默德和路易丝·格吕克写的推荐信，我很高兴在此向基金会主席爱德华·赫希[1]和副主席兼秘书安德烈·伯纳德表示感谢，谢谢他们的热情接待。非常感谢罗伯·考利的帮助，使我得以在芝加哥纽贝里图书馆查阅贝娄和他父亲马尔科姆·考利的通信。马萨诸塞大学阿默斯特分校威·爱·伯·杜波依斯[2]图书馆特藏与档案部提供了贝娄写给哈维·斯威多斯的信件。在美国艺术文学学会，凯茜·金霍兹欣然同意我查看学会保存的大量与贝娄有关的档案资料。

其他所有信件，无论是复写的还是影印的，全都来自芝加哥大学雷根斯坦图书馆特别收藏研究中心，我在那里尤其得到了戴维·佩夫里奇的帮助，工作因此得以快速而有序进行。我特别要感谢非凡的埃丝特·科尔宾，她已届百岁，却容光焕发，从 1971 年到 1976 年担任贝娄的秘书期间，科尔宾太太复写了贝娄寄出的数百封信件存档。我要感谢艾伦·布鲁姆的遗产执行人迈克尔·Z. 吴[3]，他允许我现场查阅布鲁姆的文件；还有理查德·斯特恩，他的档案也在雷根斯坦图书馆，他从一开始就对这个项目非常支持；还有爱德华·希尔斯的遗产执行人约瑟夫·爱泼斯坦。詹姆斯·阿特拉斯的一部分资料也保存在雷根斯坦图书馆，他十分慷慨地给我提供了贝娄致以下各位信件的复印件：内森·古尔德，弗朗西丝·简德林，威利·格林伯格，威廉·罗斯，乔纳斯·施瓦兹，伦纳德·昂格尔，拉尔夫·罗斯，罗伯特·希夫诺，艾尔伯特·格罗策，威廉·马克斯韦尔，格特

---

① 爱德华·赫希（Edward Hirsch，1950—　），美国诗人。

② 威廉·爱德华·伯格哈特·杜波依斯（William Edward Burghardt DuBois，1868—1963），美国黑人作家，历史学家。

③ 迈克尔·Z. 吴是艾伦·布鲁姆的同性友人，也是他的遗产执行人，本书编者在这里把他的姓（Wu）误写为 Yu。

鲁德·巴克曼，安·伯斯坦，拉迪斯拉斯·法拉戈，巴尼特·辛格，本·西得兰，还有伊芙琳，那位两个眼珠一个蓝色一个棕色的姑娘，别处没人知道她是谁。阿特拉斯先生在雷根斯坦图书馆的档案资料永远是贝娄研究的重要基础。

本书年表基于美国经典书库出版社多卷本贝娄作品集中詹姆斯·伍德的年表。我还大量采用了加布里埃尔·乔西波维奇①《索尔·贝娄便携读本》(*The Portable Saul Bellow*) 中的参考书目 (著作起止年份为从1941年到1974年)。作为“耶路撒冷文学项目”的一部分，诺曼·马内阿对贝娄做了采访，其内容令人很受启发，我从中获益匪浅，《杂录》季刊后来发表了访谈摘录，我在年表中也用了这次访谈的一些片段。杰奎琳·韦尔德以优雅的风度帮我解决了贝娄让人头疼的西班牙语翻译问题。哈佛大学的露丝·怀斯教授耐心回答了我关于意第绪语和希伯来语没完没了的问题。凯瑟琳·希利解答了与贝娄那种丰富而又跳跃的法语有关的问题。为了查一个贝娄以为他1947年夏天从滨海的巴纽尔斯搭车去巴塞罗那的时候听到的说法，安卡·穆尔斯坦和路易·贝格利非常热心地去翻了他们的《大罗贝尔》②(结果那个说法根本不存在)。

我亲爱的朋友斯蒂芬·莫蒂卡和我一起去了芝加哥，帮助我做初期的研究工作。布雷特·胡尔、林赛·亚历山大，尤其是帕特里克·“孟菲斯”·卡利汉，帮我抄录了大量资料，保持着很高的准确程度。帕特里克随叫随到，以确保拍摄在许可的时间内完成。我的自由职业编辑克里斯汀·坎普·斯珀伯尔一向严谨，观察力敏锐无误。我的校对珍妮特·比尔多次拯救我于重大失误之中。在维京企鹅苦干了这么长时间的人全都应该得到我的感谢：卡罗琳·卡尔森、比娜·卡姆拉尼、阿曼达·布劳尔、尚农·图米和弗朗西丝卡·贝朗格。《纽约客》杂志发表了本书的摘录，我从中看到了戴维·雷姆尼克和凯瑟琳·斯特林超群的专业素养。

索尔·贝娄遗产代理人安德鲁·威利和杰弗里·波斯特纳克不遗余力的宣传对这本书的出版厥功至伟。我还非常感谢他们的同事亚历山德拉·利文伯格，她愉快而熟练地处理了一个又一个问题。索尔·贝娄的律师沃尔特·波赞起了重要的指导作用，偶尔也会对贝娄持严厉而直率的批评态度。善良睿智、目光敏锐的乔

① 加布里埃尔·乔西波维奇(Gabriel Josipovici，1940—)，英国小说家、文学评论家。

②《大罗贝尔》(*Grand Robert*) 即《罗贝尔法语大词典》(*Le Grand Robert de la langue française*)。

尔·科纳罗仔细校阅了全部清样。菲利普·罗斯不啻为本书的教父，我对他心怀无限的感激之情。

我还要感谢索尔·贝娄的小女儿罗茜（爱猫的人，小提琴手，深沉的思想家），感谢她友好待我，感谢她有一次责备了我，而那次的确是我活该应得。罗茜的母亲，那位极有天赋又不知疲倦的贾妮斯·弗里德曼·贝娄，复印了在贝娄一生中最后的二十三年里他所有写成的信件，对此我真是感激不尽，为她的学术远见，为她赋予我的信任，为她始终如一的温暖和智慧。假如我有权把本书题献给某人，我会题献给贾·弗·贝。

最后，我要感谢索尔·贝娄，让我有幸在过去三年里的每个下午都与他一起度过。